마케팅 MARKETING

: 패션트렌드와의 만남

고은주 | 김경훈 | 문희강 지음

박 영 사

Intro

최근에 상류층 중국소비자들은 'Made in Korea'가 표시된 한국 옷을 선호한다. 그래서 한국의 의류회사에서는 자신들의 중국 공장에서 생산된 제품을 한국으로 수입하여 몇 개의 공정을 거친 후에 다시 중국으로 역수출하는 기현상이 발생하고 있다.

반면에 상류층 중국소비자들은 Nike와 Adidas 등의 외국 브랜드신발들을 선호하여 유명 브랜드 신발업체들은 앞을 다투어 중국소비자들의 기호에 맞는 디자인을 선보이고 있다. 중국 신발의 생산기지인 광동성과 저장성의 신발공장이 밀집해 있는 도시에서 한국 브랜드 신발을 판매하는 도매상들을 찾아볼 수 없다.

전세계의 유명 패션 쇼핑거리는 다음과 같다: 본드 스트리트(런던), 아브뉴 드 몽테뉴(파리), 몬테나폴레오네(밀라노), 소호(뉴욕), 로데오 드라이브(LA), 오차드 로드(싱가포르), 캔톤거리(홍콩), 오모테산도(동경). 이러한 쇼핑거리에서 명품반열에 올라선 국내 브랜드는 현재 전무한 형편이다.

하지만 미국의 주부들은 TROMM 세탁기와 PAVV TV를 가지고 싶어한다. 과거에 선진국시장에서 세탁물 배달차 정도로 취급되던 한국자동차들이 이제는 일본자동차의 경쟁자라는 평가를 받고 있다. 과거 Samsung이나 LG의 이동전화는 유럽에서 통화품질이 좋지 않다는 평을 받았으나 이제는 가격대비 성능이 대폭 개선되었다는 평가를 받고 있다.

마케팅은 이러한 평가를 결정하는 기업활동의 마술이라고 할 수 있다. 아직 한국 기업들의 마케팅수준은 글로벌수준에는 미치지 못하고 있다. 일단 중국에서 한국산 옷을 고급품으로 파는 마케팅까지는 성공하였으나, 신발마케팅은 실패하였다. 국제시장에서 럭셔리마케팅은 아직 갈 길이 멀다. 하지만 전자제품과 자동차와 관련된 마케팅은 성공을 거두고 있다.

이 책은 이러한 한국 기업의 현실을 감안하여 집필되었다. 본문은 주로 마케팅의 원리와 테크닉에 관하여 서술되었다. 사례들은 주로 패션마케팅과 관련된 분야에서 선택되었다. 패션마케팅은 의류에만 한정된 개념이 아니라 산업 전반에 응용이 가능하여 한국경제를 더 높은 수준으로 끌어올릴 수 있는 차세대성장동력임을 명심해야 한다.

21세기형 마케팅교과서를 집필하기 위하여 저자들은 과거 마케팅분야에서 중요하게 사용되었던 내용들과 새롭게 태동하고 있는 분야들을 과감하게 mix하려고 노력하였다.

이 책의 내용을 더욱 풍부하게 되도록 도와준 김지영 양, 이창한 군 등을 포함한 모든 연세대학교 패션마케팅 연구원들과 럭셔리한 표지디자인으로 세련됨을 더해준 연세대학교 이지현 교수님에게 감사함을 표한다.

독자 여러분의 많은 질책과 격려를 부탁드립니다.

2008년 8월

저자 일동

Contents

제 1 부 마케팅 개념의 이해

chapter 1 마케팅 개념

제 2 부 마케팅 환경분석

chapter 2 마케팅조사

chapter 3 마케팅 환경분석

제 3 부 마케팅 전략수립

Contents

제 4 부 마케팅 프로그램 개발

chapter 7 제품관리

chapter 8 제품수명주기와 신제품관리

chapter 9 서비스관리

chapter 10 가격관리

chapter 11 경로정책 및 도소매관리

Contents

제 5 부 마케팅평가

chapter 14 마케팅활동의 조직 · 집행 · 통제

PART I 마케팅 개념의 이해

1부

chapter 1 마케팅 개념

1

Chapter 1
마케팅 개념

이탈리아 럭셔리쇼핑의 1번지인 '몽테나폴레오네(Via Monte Napoleone)' 거리에는 전세계 럭셔리브랜드들의 매장이 서로 치열하게 경쟁하고 있다. 조르지오 아르마니(Giorgio Armani), 토즈(TODS), 살바토레 페라가모(Salvatore Ferragamo), 베르사체(Versace), 구찌(Gucci), 프라다(Prada), 돌체앤가바나(Dolce & Gabbana) 등의 이탈리아 브랜드들이 주를 이루고 있으며, 미국의 랄프 로렌(Ralph Lauren), 프랑스의 루이 비통(Louis Vuitton), 샤넬(Chanel), 일본의 켄조(KENZO) 등도 선전하고 있다. 이 지역에 매장을 입성시킨 브랜드들은 모두 플래그십매장(flagship store)을 설치하여 자사 브랜드가 럭셔리브랜드 집단에 속해있다는 사실을 고객들에게 커뮤니케이션하려고 노력하고 있다.

매년 여름휴가시즌에는 이 지역의 럭셔리브랜드들이 40%에서 50%의 세일을 실시한다. 럭셔리브랜드의 세일기간 동안에는 전세계에서 쇼핑을 하려는 관광객들로 이곳의 거리가 가득 찬다. 과거에는 주로 일본인 쇼핑관광객들이 주요 고객층이었으나, 현재는 한국, 러시아, 중국, 인도 등 신흥국가들의 고객도 눈에 뜨인다.

유럽의 럭셔리브랜드들은 주로 하이엔드(high-end)시장에 포지셔닝되어 있는 반면에, 비유럽권의 럭셔리브랜드들은 고급시장에서 브랜드의 인지도를 쌓은 후에 럭셔리시장으로 진입하는 마케팅전략을 구사하고 있다.

마케팅의 키워드는 시대의 변화에 따라서 달라지고 있다. '고객만족', '서비스마케팅', '디지털마케팅', '고객관계관리' 등의 시대를 지나서 최근에는 '럭셔리마케팅'의 시대가 도래하고 있다. 신흥공업국가인 브라질, 러시아, 인도, 중국이 포함된 소위 BRICs국가들의 급속한 경제성장으로 인하여 '럭셔리마케팅'의 중요성이 더 한층 강조되고 있다. '럭셔리마케팅'은 의·식·주와 관계되는 모든 분야에 응용이 가능한 개념으로써 의류에서부터 디자인, 문화, 건축까지 다양한 분야에서 적용이 가능하다.

또한 학문적인 측면에서도 전세계의 유명학술지들이 앞을 다투어 '럭셔리마케팅', '럭셔리브랜드관리' 등에 관한 수준 높은 특별호나 논문들을 게재하고 있다. 특히 (사)한국마케팅과학회(Korean Academy of Marketing Science)에서는 지난 10년 간 이 분야에 대한 연구를 지속적으로 진행하였다.

'럭셔리마케팅'은 마케팅분야의 가장 최근에 소개되고 있는 개념으로써 전세계의 모든 국가들이 차세대 성장엔진으로 생각하여 국가적인 지원을 아끼지 않고 있는 새로운 마케팅 분야이다. '럭셔리'라는 고객의 가치를 경쟁사보다 더욱 효율적으로 창조, 커뮤니케이션, 배달함으로써 회사나 사회 모두에게 긍정적인 효과를 가져다 주는 조직의 활동을 의미한다.

[본 장에서는 마케팅의 정의, 마케팅 개념의 발전단계, 마케팅 개념의 활용에 관하여 설명하기로 한다.]

1. 마케팅의 개념

마케팅의 의의

생산의 목적은 소비에 있다. 생산을 위해서는 원자재, 부자재, 자금, 기술, 시설과 설비 및 인력이 필요하다. 즉, 생산을 위해서는 귀중한 자원과 자금, 기술, 인력 등이 사용된다. 소비는 소비자의 필요와 욕망을 충족시키는 행위이다. 소비 수준을 양적으로 또 질적으로 향상시키는 것은 바로 풍요로운 인류사회의 발전과 연결된다.

그런데 생산이 소비를 만족시키지 못하면 귀중한 자원이 낭비되고 또한 인간 생활의 향상에도 기여하지 못하게 된다. 따라서 생산이 그 목적인 소비를 효과적으로 달성하려면 생산과 소비를 연결시켜 주는 활동이 있어야 한다. 이것이 현대적 마케팅의 역할이다.

위와 같은 의의를 가진 마케팅이 체계적으로 연구된 것은 1910년대에 미국에서 시작되었는데, 특히 그 중에서 1919년에 발표된 A. W. Show의 논문, 〈시장배분에서의 문제(Some Problems in Market Distribution)〉는 제품, 가격, 유통, 광고의 네 가지 마케팅의 기본적인 문제를 체계적으로 분석한 최초의 논문으로 인정되고 있다. 마케팅이 학문으로서 한국에 도입된 것은 1950년대 후반인데, 처음에는 마케팅에 해당되는 적절한 표현이 없었기 때문에 '시장론', '배급론', '시장배급론', '시장유통론' 등 여러 가지 이름으로 대학에서 강의되기 시작하였다. 이제 오늘날에 와서는 한국을 포함하여 영어 사용국이 아닌 독일, 프랑스, 일본 등지에서도 'Marketing' 이라는 원어가 전세계적으로 그대로 사용되고 있다.

마케팅의 정의

'마케팅'의 정의는 관점에 따라서 달라질 수 있고, 학자에 따라서 수많은 정의가 소개되었다. 첫째로 법률적 관점에서 보면 "마케팅이란 재화나 용역의 소유권의 교환행위"라고 하는 것을 예로 들 수 있고, 둘째로 경제적 관점에서는 "마케팅이란 시간효용, 장소효용 및 소유효용의 창조를 취급하는 경제학의 한 분야"라든지 또는 "재화나 용역의 교환을 통해서 인간의 욕망을 충족시키는 기업행위"라고 하는 것을 예로 들 수 있다. 셋째로는 '사실의 기술'이라는 입장에서 정의할 수 있는데 마케팅 분야에서 가장 권위가 있다고 인정되는 미국마케팅학회(American Marketing Association: AMA) '정의위원회(定義委員會)'가 채택한 정의는 이러한 세 번째의 입장이었다. AMA에서는 마케팅에 관한 각종 용어들을 정의하기 위하여 19명으로 된 마케팅 용어 '정의위원회'를 구성하여 1933년에 첫 보고서를 내고, 1948년에 수정보고서를 발표하였는데, 1960년에 발표된 제 3 차 보고서에서는 "마케팅이란 생산자로부터 소비자에 이르는 재화나 용역의 흐름을 규제하는 기업활동의 수행이다"라고 정의하였다. 이것은 전문 학자나 기업가들이 다 같이 이해할 수 있도록 사실을 기술한 것이고, 또 이 속에는 시장조사, 수송, 제품포장, 할부판매 또는 신용제공 등 마케팅의 구성요소들도 포함되고, 또 이것이 권위 있는 AMA의 공식적 정의였기 때문에 가장 많이 인용되었다.

그러나 기업행위 속에서 마케팅이 차지하는 비중이 커지면서, 마케팅의 개념도 생산된 것을 판매하여 이익을 극대화시킨다는 판매의 개념에서 소비자의 욕구를 충족시켜 줌으로써 적절한 이윤을 기대한다는 소비자욕구 충족의 개념으로 바뀌었다. 또한, 소비자중심의 마케팅적인 사고와 관리적 문제해결방식(managerial problem solving approach)은 기업활동뿐만 아니라 비영리기관, 정부, 정치문제 등 여러 분야에도 응용되기 시작하였다. 미국마케팅학회(AMA)는 급속하게 변화하고 있는 경영환경에 적용될 수 있는 마케팅의 정의를 5년마다 새롭게 발표하고 있으며 다양한 마케팅의 정의를 연구한 결과 서사는은 다음과 같이 마케팅을 정의하였다.

"마케팅은 고객가치를 창조하여, 고객에게 커뮤니케이션하고, 배달하는 조직의 활동이며, 이러한 활동을 통하여 조직, 고객, 협력자, 사회 모두가 긍정적인 효과를 획득해야 한다."

Marketing is an organizational activity for creating, communicating and delivering value to customers in ways that benefit the organization, customers, partners and society at large.

MARKETING NOTE

미국마케팅학회(AMA)의 '마케팅정의'의 변화

1985년

Marketing is the process of planning and executing the conception, pricing, promotion, and distribution of ideas, goods, and services to create exchanges that satisfy individual and organizational objectives.

마케팅은 개인이나 기관의 요구 또는 목표를 충족시키기 위한 교환이 이루어지도록 아이디어, 재화 또는 서비스의 개념화, 가격책정, 촉진 및 유통을 계획하고 집행하는 (관리적) 과정이다.

2004년

Marketing is an organizational function and a set of processes for creating, communicating, and delivering value to customers and for managing customer relationships in ways that benefit the organization and its stakeholders.

마케팅은 고객가치를 창조, 커뮤니케이션, 배달하는 과정이며, 조직과 이해관계자들에게 긍정적인 측면으로 고객관계를 관리하는 과정인 동시에 하나의 조직기능이다.

2007년

Marketing is the activity, set of institutions, and processes for creating, communicating, delivering, and exchanging offerings that have value for customers, clients, partners, and society at large.

마케팅은 고객, 의뢰인, 협력자, 사회가 필요로 하는 가치를 창조, 커뮤니케이션, 배달, 교환하는 일련의 활동, 기관 그리고 과정이다.

마케팅의 기본용어

마케팅의 개념과 정의를 이해하기 위해서는 마케팅의 개념을 이해하는 데 꼭 필요한 다음 몇 가지의 용어의 뜻을 명백히 알아야 한다.

필요(needs)

필요란 기본적인 만족이 충족되지 않은 상태를 말한다. 인간은 배가 고프면 배고픔을 면할 필요를 느끼고, 추위를 해결할 필요를 느끼고, 안락한 생활을 해야 하겠다는 필요를 느끼고, 남보다 돋보이고 싶은 필요를 느낀다. 애인에게는 사랑을 받고 싶고, 위험으로부터 보호 받아야겠다는 필요도 느낀다. 즉, 결핍 또는 부족을 의미하는 필요는 생리적 필요(춥다, 배고프다), 사회적 필요(그룹에 속하고 싶다, 사랑을 받고 싶다), 개인적 필요(지식을 얻고 싶다, 나를 돋보이게 하고 싶다) 등 여러 가지가 있다. 이러한 필요는 사람이 만들어 낸 것이 아니고 인간의 생리와 인간의 본능 또는 근본성질에 의해서 생기는 것이다.

욕구(wants)

욕구는 필요를 충족하기 위한 구체적 해결방법을 말한다. 예컨대 "추워서 몸을 따뜻하게 해야겠다"라는 필요를 해결하기 위해서는 몇 가지 방법이 있다. 난로를 이용할 수 있고, 소주 한 잔 먹고 몸에 따뜻한 기운을 느끼게 할 수도 있고, 테니스나 조깅을 통해서 추위를 이겨내는 방법도 있다. 즉, "추위를 해결해야겠다"라는 필요에 대해서 생기는 욕구는 "난로를 갖고 싶다", "술을 마시고 싶다", "테니스를 치고 싶다" 등 여러 가지의 욕구로 나타날 수 있다. 필요는 같아도 그것을 해결하기 위한 욕구는 문화와 사회적 환경 또는 개성에 따라서 다양하게 나타난다. 그리고 또 욕구는 사회의 변화에 따라서 계속적으로 바뀌어져 간다.

수요(demand)

수요는 욕구가 구매력에 의해서 뒷받침되었을 경우를 말한다. 즉, "추위를 해결해야겠다"는 것은 필요이고, 그것을 해결하기 위해서 "난로를 갖고 싶다"고 하는 것은 욕구이고, 난로를 사고 싶은 의사도 있고 또 살 돈도 있을 경우에 기업으로 보아서 '수요'가 된다. 즉, '뽐내고 싶은 필요'를 충족시키기 위해서 '고급승용차를 갖고 싶은 욕구'를 가지는 사람은 많으나, 그것을 살 의사가 있고 살만한 돈이 있는 사람(수요)은 많지 않을 것이다. 따라서 기업으로서는 자기회사 제품을 원하는 사람이 얼마나 되는가를 측정하는 것도 중요하지만 더 중요한 것은 그 중에 몇 사람 정도가 자기회사 제품을 살 수 있는가를 아는 것이 더욱 중요하다.

- 필요 … 기본적으로 무엇이 부족한 상태
- 욕구 … 필요가 구체적인 형태 또는 해결방법으로 표시된 것
- 수요 … 욕구 + 구매의사 + 구매력

이렇게 용어의 뜻을 정리하고 보면 "기업이 수요를 부추긴다", "상인들이 사람들에게 필요 없는 물건을 사게 만든다" 등의 사회적 비판은 재고해야 할 것이 분명하다. 기업이 필요를 창조할 수는 없다. 왜냐하면, 필요는 기업이 마케팅활동을 하기 이전에 이미 인간에게 존재하는 것이기 때문이다. 단지 기업은 욕구에 영

그림 1-1 마케팅의 기본개념

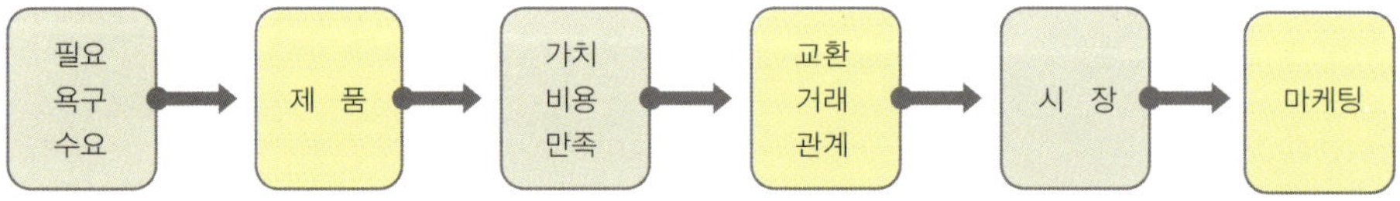

향을 미치는데 그것은 기업뿐만 아니라 여러 가지 사회적 환경이 모두 다 욕구에 영향을 미친다. 단지, 기업은 사회적인 신분을 과시하고 싶다는 필요를 느끼는 사람에게 "그것을 위해서 고급 자동차가 적합합니다"라고 욕구에 영향을 미칠 뿐이다. 그리고 한 걸음 더 나아가서 수요에 영향을 주기 위해서 자동차를 더 세련되고 수리하기 쉽게 만들며, 가격도 적절하게 책정한다. 즉, 기업은 인간의 필요를 창조할 수는 없지만, 필요에 의해서 생긴 욕구와 수요에 영향을 줄 수는 있다.

제품(products)

필요와 욕구를 충족시키기 위하여 주어지는 것을 제품이라고 한다. 즉, "사회적 존경을 받고 싶다"는 필요를 위해서 "고급 자동차를 갖고 싶다"는 욕망이 생기는데 이것을 충족시키기 위하여 '벤츠 승용차' 라는 구체적인 제품을 기업이 제공한다.

제품은 흔히 물리적으로 형태가 있는 것, 예컨대 자동차, 카메라, 옷 등을 말한다. 그러나 형태가 없는 서비스(청소, 경비업무, 수리업무, 노래 등)도 제품과 마찬가지로 사람의 필요와 욕구를 충족시킨다. 제품의 가치라는 것은 제품 자체가 가치를 가지고 있다는 것보다도 제품이 가지고 있는 가치가 우리의 필요와 욕구를 얼마나 잘 충족시켜 주는가가 더 중요시된다. 전자레인지를 사는 목적은 그냥 두고 보려는 것이 아니라 그것을 이용하여 요리를 손쉽게 하려는 것이다. 이렇게 볼 때에 물리적 제품이란 우리가 필요로 하고 원하는 서비스를 제공해 주는 방편에 불과하다.

물리적 제품이 아니고 사람, 장소, 활동, 조직, 생각 등에 의해서도 서비스는 제공될 수 있다. 심심하면 음악회에 가서 인기 가수(사람)의 노래를 듣고, 신혼여행을 위하여 제주도(장소)에 가고, 건강을 위하여 친구와 테니스시합(활동)을 하고, 친목을 위하여 동창회(조직)에 가입하며, 자기만의 인생관을 위한 새로운 행복론(생각)을 주장하는 것 등은 모두 서비스를 통해서 사람의 필요와 욕구를 충족시키는 경우이다. 그러나 일반적으로 제품이라고 할 때에는 서비스도 포함해서 말한다.

기업이 물리적인 제품에만 치중한 나머지, 그것이 제공하는 서비스나 가치를 등한시한다면 많은 문제가 발생한다. 소비자는 제품을 사는 것이 아니라 그 제품이 제공하는 효용이나 서비스를 사는 것이다. 소비자가 주유소에 갈 때에는 휘발유를 사러가는 것이 아니고 자동차를 움직이도록 하는 힘(에너지)을 사러 가는 것이며, 자동차를 사는 것은 자동차를 구입하는 것이 아니고 편리한 교통수단을 사는 것이다. 즉, 소비자는 제품이 제공하는 서비스를 사는 것이지 제품 그 자체를 사는 것은 아니다. 기업이 제품 그 자체의 판매에만 치중하고 그것을 통하여 얻고자 하는 소비자의 필요나 욕구를 등한시하는 사고방식을 '마케팅 근시안(marketing myopia)' 이라고 한다.

FASHION MARKETING TREND

Veblen effect – 프리미엄 진 가격상승

세븐진의 광고컷과 크리스털로 장식된 129만원짜리 세븐진

프리미엄 진 브랜드의 청바지 한 벌 가격이 100만원까지 치솟았다. 이들 브랜드의 가격은 일반 청바지보다 30% 이상 비싼 30~40만원대 수준을 형성했으나, 최근 가격이 더 올라 60만원~70만원대가 주를 이루고 있으며, 일부 초고가 아이템은 100만원을 넘고 있다. 슈퍼 프리미엄 청바지로 불리고 있는 이들 아이템은 강남권 백화점의 편집샵이나 압구정동 가두점에서 판매되고 있다.

현대백화점 데님 편집샵에는 큐빅을 부착한 '세븐진' 데님 팬츠가 109만 8천원, 청재킷이 129만 6천원에 팔리고 있다. 신세계백화점 편집샵 '블루핏' 은 크리스털로 장식된 129만원짜리 '세븐진' 청바지를 판매중이다. 또 '트루릴리젼' 은 백 포켓에 뱀가죽을 댄 뱀피 진을 75만 9천원, 남성제품을 65만원에 내놓았다.

자료: 어패럴 뉴스, 2006. 3. 2.
그림: 삼성디자인넷

효용(utility), 가치(value), 만족(satisfaction)

효용이란 "소비자가 제품을 통해서 얻고자 하는 편익(benefits)"을 말한다. 즉, 자신을 돋보이게 하고 싶다는 필요를 위해서 고급 자동차에 대한 욕망이 발생하는데 그것을 위해서 '벤츠 300' 정도의 크고 좋은 차는 그 사람이 바라는 효용을 가지고 있다고 하겠다.

그러나 효용(또는 효익)은 무상으로 주어지는 것이 아니고 비용이 든다. 이러한 효용에 값을 부여한 것이 가치이다. 고급 벤츠 자동차를 사기 위해서는 1억 5천만원 이상의 돈이 필요한데, 소비자는 자기가 원하는 이상적인 효익을 위해서 이만한 비용을 지불해야 한다. 이것이 소비자에게 주어지는 가치이다. 그러나 이 값이 너무 과분하다고 생각되면 바라는 가치의 수준을 낮추어야 한다.

만족이란 "그 제품에서 바라는 가치와 또 그 제품에 대해 지불해야 하는 비용을 함께 고려하여 자기에게 가장 적절하다고 느껴지는 제품을 선택했을 때"를 말한다. 자동차의 경우, 가치와 비용을 함께 생각할 때에 '현대 소나타' 정도가 가장 적합하다고 생각되면 이 제품이 그 소비자의 만족을 극대화시키게 된다. 따라서 소비자가 바라는 효용(효익)과, 그것을 위해서 지불해야 할 비용을 고려한 가치 및 그 두 가지를 통해서 얻을 만족도의 극대화, 이 세 가지는 마케팅의 중요한 개념이다.

교환(exchange), 거래(transaction), 관계유지(relationship)

교환이란 "상대방이 필요로 하는 대가를 주고 그로부터 원하는 것을 얻는 행위"를 말하는데, 이것은 마케팅의 중심적인 개념이다. 교환이 이루어지려면 다음 조건이 갖추어져야 한다.

첫째, 둘 또는 그 이상의 교환 상대자가 있어야 한다.
둘째, 각자는 상대방이 원하는 것(돈, 제품, 서비스)을 가지고 있어야 한다.
셋째, 각자는 자유롭게 의사교환을 할 수 있어야 한다.
넷째, 각자는 자유롭게 의사결정을 할 수 있어야 한다.

이러한 조건이 구비되면 교환이 이루어질 가능성이 있는데 실제로 교환이 이루어지느냐 하는 것은 '교환조건'에 달려 있다. 교환조건의 기준은 교환함으로써 각자가 교환 전보다도 만족을 더 높일 수 있다고 생각하는 정도를 말하는 것으로, 교환은 가치를 증가시키는 창조적 행위라고 볼 수 있다.

이러한 교환은 거래를 통해서 이루어지는데, 거래란 "두 당사자 사이의 가치의 교환행위"를 말한다. 거래가 성립되려면 상대방이 교환할 가치가 있는 것을 가지고 있어야 하고, 교환수량, 거래시간, 거래장소, 거래조건 등에 합의해야 한다.

그런데 올바른 마케팅을 위해서는 거래가 한 번에 끝나서는 안 되고, 비슷한 거래가 계속 반복되도록 거래 상대방과의 관계가 유지되어야 하는데, 이것을 관계유지(relationship) 마케팅이라 한다. 관계유지를 위해서는 장기적으로 기업과 고객이 서로 이익이 되도록 관계를 맺어야 하는데 그러기 위해서는 언제나 상대방이 원하는 품질을 적절한 가격으로 제공해 주고 안심할 수 있도록 사후 서비스를 잘 해주는 장기적인 안목이 필요하다. 이렇게 하여 기업과 고객과의 신뢰관계가 수립되면 거래를 위한 흥정이 쉬워지고, 거래시간이 단축되고 거래조건도 정예화되어 거래비용이 절감된다. 즉, 관계유지 마케팅을 잘하면 유리한 거래가 뒤따를 수 있다.

시장(market)

교환과 거래가 이루어지려면 시장이 있어야 한다. 시장이란 "특정한 필요와 욕구의 충족을 위하여 교환과 거래에 참가하고자 하는 잠재적 고객의 전체"를 말한다. 경제학자의 입장에서 보면 시장이란 주택시장, 증권시장과 같이 특정제품을 거래하고자 하는 판매자 집단과 구매자 집단을 의미하지만, 기업 측에서 보면 판매자는 기업이 되고 소비자는 시장이 된다. 이러한 개념을 가진 시장은 통상적으로 효익시장(건강시장, 미용시장), 제품시장(신발시장, 자동차시장), 인구통계학적 시장(청소년시장, 노인시장), 지리적 시장(중동시장, 서울시장) 등으로 분류되는데 이것을 더 확장하면 노동시장(노동자의 수요와 공급), 유권자시장(찬성 투표 예상자), 기부금시장(기부금을 낼 수 있는 단체의 수와 금액과 그 수요) 등도 포함될

그림 1-2 현대교환경제에 있어서의 거래의 흐름

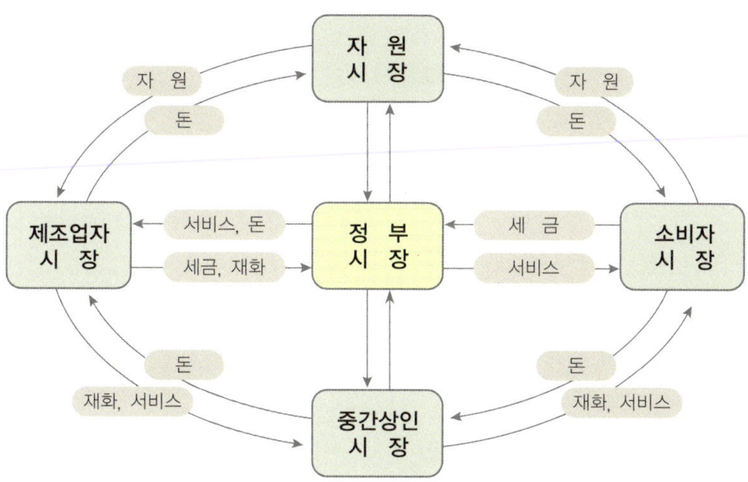

수 있다.

정부와 납세자를 포함해서 현대경제사회를 교환과 거래 및 시장의 관점에서 보면 현대경제에서의 재화(제품), 서비스 및 그 대가로 지불하는 돈과 자원의 흐름을 [그림 1-2]와 같이 표시할 수 있다.

마케팅(marketing)

이상과 같이 시장의 뜻까지 이해되고 나면 마케팅을 이해하는 데 필요한 기본개념들이 파악된 셈이다. 위에서 알 수 있는 바와 같이, 마케팅이란 시장과 관련된 사람의 활동이고, 시장을 통하여 인간의 필요와 욕구를 충족시키기 위한 교환을 달성하려는 각종 활동이다. 여기서 마케팅의 정의를 다시 한 번 반복하면 다음과 같다.

> "마케팅은 고객가치를 창조하여, 고객에게 커뮤니케이션하고, 배달하는 조직의 활동이며, 이러한 활동을 통하여 조직, 고객, 협력자, 사회 모두가 긍정적인 효과를 획득해야 한다."

이러한 마케팅활동을 적극적으로 조성하려고 노력하는 측이 있고, 상대방이 마케팅활동을 해오면 이를 소극적으로 받아들이는 측이 있다. 전자를 마케터(marketer)라고 한다. 마케터는 제품이나 서비스를 사는 측이나 파는 측의 어느 경우도 될 수 있는데, 대부분의 경우 기업이 마케터가 된다. 그래서 마케터는 시장관계, 수요관계, 공급관계, 경쟁관계를 잘 고려하여 가장 가치가 큰 교환을 달성하고, 그러한 거래를 장기적으로 유지하려고 노력해야 한다.

마케팅관리(marketing management)

마케터가 마케팅활동을 적극적으로 계획하고 추진하려고 할 때에 마케팅관리의 필요가 생긴다. 이러한 마케팅관리는 다음과 같이 정의할 수 있다.

> 마케팅은 고객가치를 창조하여, 고객에게 커뮤니케이션하고, 배달하는 조직의 활동을 계획, 집행 및 통제하는 마케터의 활동과정이다.

즉, 요약해서 말하면 마케팅관리란 "마케팅활동을 계획, 집행 및 통제하는 과정"이라고 할 수 있다.

여기서 계획이란, 마케터의 목표달성을 위한 가장 적절한 마케팅정책이나 전략 및 집행프로그램의 작성을 말하고, 집행이란 이러한 계획이 그대로 추진되도록 적절히 실천에 옮기는 행위를 말하며, 통제란 그 기의 집행결과를 분석해서 잘 되었으면 다음 기에 같은 방법을 더욱 강화하고, 잘못된 점이 있으면 이것을 수정하여 다음 기의 계획에 반영시키는 것을 말한다. 즉, 경영학에서의 '계획(plan), 집행(do), 통제(see)'의 개념이 그대로 마케팅관리에도 활용된다.

FASHION MARKETING TREND

'랑콤-샤넬-SK-II' 화이트닝 마케팅 경쟁 뜨거워

무차별적 광고 진행

국내 화이트닝시장이 세계 굴지의 화장품 기업과 국내 대표기업의 마케팅 격전장으로 치닫고 있다. 특히 화이트닝시장을 선점하기 위해 유럽지역의 세계 명품 브랜드인 랑콤 및 샤넬과 일본 대표기업인 SK-II, 국내 대표기업인 아모레퍼시픽 등이 가세함에 따라 관심을 끌고 있다.

랑콤은 국내 화이트닝시장 선점을 위해 '랑콤 뉴로 화이트 X3'를 출시했으며, 연령층과 상관없이 모든 여성들에게 잡지, 신문, 인터넷, 전단광고 등을 통해 지속적인 샘플링을 하였고, 매장을 방문하는 고객들을 대상으로 고객의 멜라닌 지수와 피부 상태를 확인하고 화이트닝의 필요성을 강조하였다.

샤넬 프레씨지옹의 화이트닝 라인인 '블랑 에쌍씨엘'은 화이트닝 스킨케어기능까지 강화된 트윈 케익과 스폿 컨실러를 출시했다. 샤넬은 화이트닝 기능을 알리기 위해 신문, 잡지 및 옥외 광고를 강화하고, 소비자들의 입장에서 그 성분과 효능을 이해하기 쉽도록 신문, 잡지, 방송 등에 홍보를 강화하였다.

또한, '화이트닝 소스 덤데피니션'을 출시한 SK-II는 자사 홈페이지에서 테스터를 모집하는 한편 공중파 및 케이블 CF를 통해 적극적인 마케팅을 하였다.

자료: 더데일리코스메틱, 2007. 3. 13.

2. 마케팅 개념의 발전 단계

마케터(마케팅활동의 적극적인 추진자)인 기업이 처음부터 마케팅을 제 1 절에서 설명한 것과 같은 수준으로 이해하고 추진한 것은 아니었다. 현대적 마케팅의 개념을 파악하려면 그것이 어떻게 발전되어 왔는가를 이해할 필요가 있다.

일반적으로 기업 측에서 본 마케팅의 개념의 다음과 같은 5단계를 거쳐서 발달되었다.

생산중심개념(production-oriented concept)

이것은 가장 오래된 마케팅 개념인데 생산량이 부족한 단계에서는 기업이 기본적으로 지향하는 활동이 ① 능률적인 대량생산과, ② 그것을 통한 제품의 가격인하에 치중하게 된다. 즉, 개발도상국에서처럼 생산량이 절대적으로 부족할 경우에는 어떻게 하면 생산을 증가시키는가 하는 것이 기업활동의 중요 관심사가 되고, 한편 제품가격이 비싸서 시장 확대가 어려울 경우에는 어떻게 하면 생산의 능률화를 통하여 생산비를 절감할 수 있는가 하는 것이 기업활동의 주요 관심사가 된다.

미국 포드(Ford)자동차 회사에서 시작된 대량생산체제는 이러한 생산중심개념(production-oriented concept)의 전형적인 예라고 할 수 있다. 즉, 자동차시장을 확대하기 위해서는 일반 소비자가 감당할 수 있는 수준까지 자동차가격을 낮추어야 했으며, 이를 위해서 도입된 것이 조립라인에 의한 대량생산방식이었다.

오늘날에 와서도 많은 기업이 생산중심개념을 채택하고 있다. 즉, 시장경쟁에 있어서 저가정책에 의한 가격경쟁을 주로 할 경우에는 기업활동의 주요 관심사가 동일품목의 대량생산을 통해서 제품단가를 인하시키는 것이다. 일본기업이 주로 이러한 방식을 채택하고 있고, 오늘날 많은 한국기업도 이 개념을 채택하고 있다. 그러나 가격을 시장경쟁의 유일한 무기로 이용하는 것은 계속적으로 가격 인하방법이 모색되지 않는 한 오래가지 못한다. 기업 간의 경쟁에서 이용하는 경쟁적 우위(competitive advantage)조건 중에서 가격경쟁력 우위조건은 가장 불안한 단기적인 우위조건이므로 매우 신중하여야 한다.

제품중심개념(product-oriented concept)

생산중심개념에 입각한 저가정책의 유지가 어려우면, 가격이 싼 제품이 아니고, 좋은 제품을 생산하는 데 치중하게 되며 따라서 제품품질의 우위를 이용하여 시장경쟁을 하고자 하게 된다. 즉, "소비자는 제품의 품질만 좋으면 가격이 약간 비싸더라도 살 것이다"라는 가정하에서 제품의 품질향상과 제품성능의 고급화, 다양화에 주력하게 된다. 단 제품이 기술적으로는 매우 훌륭해도 소비자의 변화하는 '필요와 욕구'를 충족시키지 못하면 경쟁에서 뒤지게 된다.

나일론을 개발한 것으로 유명한 미국의 듀퐁(Dupont)사 연구진은 1972년에 나일론보다 훨씬 우수한 직물소재인 Kevlar를 발명하였다. Kevlar는 인조섬유인데 강철만큼 강하고 무게는 강철의 1/5밖에 되지 않았기 때문에 듀퐁사의 경영진에서는 Kevlar의 큰 수요가 있을 것이라고 생각하고 그 용도를 개발하도록 지시하였다. 그의 가장 적합한 용도는 방탄복을 만드는 데 사용하는 것인데, 불행하게도 오늘날까지 세계적으로 방탄복의 수요가 많지 않으며 따라서 '기적의 섬유' Kevlar의 수요도 개발되지 못하고 있다.

흔히 발명가들이 기술적으로는 우수한 제품을 발명했는데도 그것이 제품으로서는 성공하지 못하는 경우가 많은데 이것은 기술자가 보는 '우수한 제품'의 개념과 그것을 사용할 소비자가 보는 '필요한 제품'의 개념이 상당히 다르기 때문이다. 기술자들은 공장에서 기술적으로 훌륭한 '기계'를 생산하고, 소비자는 자기의 필요와 욕구를 충족시켜줄 '효익'을 찾고 있는데 그 '훌륭한 기계'가 소비자의 효익 욕구를 충족시키지 못하면 팔리지 않는다. 기업이 제품에 너무 집착하면 '마케팅 근시안'이 되고 만다. 무엇이 좋은 제품인가 하는 것은 소비자가 판단한다. 지나치게 제품중심개념(product-oriented concept)에 빠져있는 기업은 거울만 들여다보고 있는 것과 마찬가지인데 이보다는 창문 밖을 내다보는 자세가 필요하다.

판매중심개념(selling-oriented concept)

이는 소비자는 그냥 두면 구매하지 않기 때문에 기업은 적극적으로 판촉활동과 판매활동을 추진해야 한다는 관점이다. 이러한 개념은 다음 몇 가지 경우로 흔히 적용된다.

첫째로, 기업에서 제조해 내는 제품의 판매경쟁을 위하여 각종 광고, 경품, 세일 등 판촉활동 행사와 판매사원의 적극적인 판매활동을 주요 전략으로 이용하는 경우이다. 이것을 위해서는 현재 있는 제품에 대해서 소비자가 구매의욕을 느끼도록 각종 판매기법을 동원하여야 한다. "팔아야 살아남는다", "판매는 사지 않겠다는 고객으로부터 시작된다", "사지 않겠다는 답을 듣고서는 그냥 오지마라" 등 각종 세일즈 구호와 판매원교육은 모두 이러한 개념의 소산이다.

둘째로, 소비자는 보통 필요를 모르고 있기 때문에 스스로 나서서 구하지 않는 상품, 즉 비탐색품(unsought goods)의 판매를 위해서 흔히 판매중심개념(selling-oriented concept)이 이용된다. 가령, 생명보험, 백과사전, 건강용품 등은 통상적으로 소비자가 스스로 찾는 상품이 아니기 때문에 기업 측에서 적극적으로 나서서 그 효능을 선전하고 구매를 권유한다.

셋째로, 자선단체의 기부금 모금, 선거 때의 후보자 선전 등에도 판매중심개념이 흔히 이용된다. 대통령이나 국회의원 선거 때에 유권자에게 적극적으로 호소하여 특정후보에게 투표해 주도록 광고, 포스터, 선거연설, 선거운동원 활동 등을 추진하는 것은 이러한 이유에서이다.

그러나 이 개념의 문제점은 기업을 중심으로 생각하여 '이미 제조된 상품'을 팔려는 데 주력하고, 그것을 위해서 소비자의 생각을 기업의 생각에 따르도록 하려는 데 있다. 그 기본적인 가정은, 소비자는 설득만 잘하면 우리 회사의 제품을 좋아하게 되어 구매할 것이고, 만일 구매 후 만족스럽지 못하더라도 다른 소비자에게 그런 말을 하지 않을 것이며, 시간이 경과하면 불만경험을 잊어버리고 그 제품을 다시 구매하기를 바라는 것이다. 이러한 가정은 대단히 위험한 가정이다. 코카콜라(Coca-cola) 회사에서 사람들의 의사소통 양상을 검사한 결과, 만족한 소비자는 4~5명의 사람에게 이야기했지만, 불만족한 고객은 9~10명에게 불만을 이야기했다고 한다.

기업 간의 시장경쟁이 치열해짐에 따라서 소비자의 선택범위가 더욱 넓어지고, 이로 인해 '판매중심개념'에 의한 경쟁방식이 더 어려워지고 있다.

마케팅중심개념(marketing-oriented concept)

이와 같은 판매의 어려움을 해결하기 위해서는 소비자의 필요와 욕구를 잘 이해해서 그들이 필요로 하고 또 원하는 제품이나 서비스를 제공해야 한다. 이러한 생각에서 마케팅중심개념이 나오게 되었으며 기업의 판매활동은 더욱 쉬워질 수 있다. 마케팅에서의 소비자중심적인 사고의 필요성은 점차 다양해지는 소비자 욕구에 의해 더욱 강조되고 있으며, 소비자 욕구 및 취향의 빠른 변화 속도는 마케팅적 사고의 중요성을 강조하는 시대적 변화의 원인이 되었다. 고전적 마케팅의 기본적 개념은 다음과 같다.

"기업이나 조직의 목표달성을 위해서는 고객이나 목표시장의 필요와 욕구를 정확히 파악하여 그 필요와 욕구를 다른 경쟁자보다도 더 잘 충족시켜 주어야 한다."

즉, 판매는 판매자의 필요와 초점을 맞추지만, 마케팅은 구매자의 필요에 초점을 맞추는 것이다. 구체적으로, 마케팅의 중심개념은 ① 수요에 초점을 맞추어야 하고, ② 고객 지향적이라야 하며, ③ 이것을 위한 활동을 통합적으로 그리고 조화롭게 실시해야 하고, ④ 이러한 활동을 통해 고객을 만족시키며 그 대가로 적절한 이익을 얻어야 한다는 네 가지로 요약할 수 있다.

표 1-1 판매와 마케팅의 차이

개 념	출발점	초 점	수 단	목 적
판매개념	공 장	제 품	판촉과 판매활동	판매증가에 의한 이익의 극대화
마케팅개념	시 장	고객의 필요	관련활동의 조정	고객만족을 통한 적절한 이익

이러한 마케팅개념을 항목별로 설명하면 다음과 같다.

1 시장파악

판매개념의 출발점은 공장에서 시작되므로, 공장에서 제조되는 제품을 판매하는 데 치중하지만, 마케팅에서는 기업이 목표로 하는 시장을 먼저 파악하고 그 시장의 기본적 수요를 분석한다. 현대사회에서는 한 기업이 한 가지 제품을 가지고 모든 시장의 모든 수요를 다 충족시킬 수는 없다. 따라서 기업은 목표시장과 그 시장의 수요특성을 정확히 파악하는 것에서부터 출발하여야 한다. 이렇게 생각하면, 자동차시장의 경우 상용차시장, 승용차시장, 스포츠카시장으로만 파악할 것이 아니라 더 나아가 여성용 자동차, 도시업무용 자동차 등으로 세분해서 생각하면 시장수요에 더 정확히 응할 수 있으며, 이러한 생각은 제품설계에 그대로 반영된다. 즉, 시장을 분석하여 그 중에서 기업이 봉사할 목표시장의 특성을 정확히 파악하는 데서부터 마케팅은 시작된다.

2 고객지향

목표시장을 정확히 파악한 다음에는 그 시장 내의 고객의 필요와 욕구를 구체적으로 파악하여 거기에 맞는 제품을 생산, 공급해야 한다. 기업의 지상목표는 고객을 만족시켜 주어야 한다는 것이며 고객에는 신규고객과 반복고객의 두 종류가 있는데 시장이 성숙된 현대사회에서는 신규고객의 창조는 점점 더 어려워지고 비용이 많이 드는 한편, 만족한 고객의 경우에는 다시 우리 제품을 구매하는 반복고객이 될 수 있는데 이 반복고객을 유치하는 것이 더 효과적이다. 만족한 고객은 다음에도 그 제품을 구매하고, 다른 사람에게 그 회사에 대해서 좋게 얘기하며, 경쟁품이나 경쟁품의 광고에 관심이 적고, 그 회사의 다른 제품도 구매한다.

기업은 고객을 만족시켜 줄 뿐만 아니라, 한걸음 더 나아가서 '고객을 기쁘게' 해 주어야 한다. 만족한 고객이나 기뻐하는 고객은 회사나 제품을 선전하는 데에도 신문, 방송광고보다 훨씬 더 효과적이다. 코카콜라(Coca-cola)사의 연구에 의하면 불만족한 고객의 13% 정도는 한 사람이 평균 20명에게 그 회사나 제품에 대해서 불평을 한다고 한다.

그러나 고객의 불만을 즉시 해결해 주면 좋은 효과가 발생한다. 백화점에서 물건을 구매한 후 불평이 있는 고객이 그 백화점에 찾아가 불평하여 문제가 해결되면 그 중에 54~70% 정도는 그 백화점에서 물건을 다시 사고, 불평을 호소하여 문제가 즉시 해결된 고객은 95%가 다시 그 백화점과 거래를 하며, 이 사람들은 평균 5명의 지인들에게 그 백화점에 대해서 좋게 이야기한다고 한다. 고객의 만족도를 유지하거나 향상시키기 위해서는 '고객만족도지수'를 수시로 점검해야 한다. 즉, 최고만족도지수를 100으로 보고 우리 기업이나 제품에 대한 만족도를 측정하여 이를 향상시키도록 노력하여야 한다. 고객만족도지수가 향상되고 있다면 단기적으로 특수한 사정에 의하여 회사의 이익이 감소하더라도 별로 걱정할 것이 없으나, 만족도지수가 계속해서 떨어지고 있다면 단기적으로는 이익이 발생해도 기업의 장래를 우려해야 한다. 즉, 고객만족도지수는 기업의 미래 이익에 대한 지표가 된다.

3 관계활동의 통합, 조정

이러한 마케팅을 위해서는 기업 내의 여러 가지 활동과 여러 부문이 관련되어야 하며, 이들의 활동이 조정되어야 한다. 여기에는 두 가지 측면이 있다.

첫째로, 제품개발, 가격결정, 유통경로운용과 관리, 광고 판매원활동과 같은 판촉활동 등 마케팅의 관련활동들이 서로 조정되어야 한다. 가격을 높게 정하고 광고를 적게 하든지 유통경로를 잘못 선정하면 판매량목표달성에 영향이 있을 것이다. 반면에 가격을 너무 낮게 책정하고 유통경로를 지나치게 개방적으로 결정하면 제품의 이미지 관리에 영향을 미치게 된다. 따라서 이러한 관련활동들을 기업의 마케팅목표에 맞추어서 조정하여야 한다.

둘째로, 기업 내의 각 부서의 활동을 조정해야 한다. 영업부에서는 많은 종류의 상품이 항상 재고가 충분하여 주문이 들어오면 즉시 공급해 줄 수 있도록 하고, 생산부에서는 적은 종류의 제품을 대량생산함으로써 생산비를 절감시킬 수 있도록 하고, 창고 관리부에서는 될 수 있는 한 제품재고를 줄여서 보관비를 절약하도록 하고, 수송부에서는 한 목적지에 많은 양을 수송함으로써 운송비를 절약하도록 한다.

따라서 이처럼 이해관계가 서로 다른 각 부서별 활동을 조정해야 하는데 그러한 권한은 최고경영자만이 가지고 있다. 따라서 "마케팅활동은 마케팅부에만 맡겨두기에는 너무나 중요한 활동이다"라는 말이 나오게 된다.

또한 기업은 대내 마케팅과 대외 마케팅의 두 가지 마케팅활동을 해야 한다. 대내 마케팅이란 적절한 종업원을 채용하여 잘 훈련시키고, 동기를 부여하여 고객만족을 위하여 능동적으로 노력하도록 하는 활동인데, 이 대내 마케팅이 대외 마케팅을 앞서야 한다. 기업 내의 종업원들이 고객을 만족시킬 자세가 되어 있지 않으면 고객만족을 위한 대외 마케팅을 수행할 수가 없다.

4 수익성

마케팅의 궁극목표는 기업이나 조직의 목적을 달성하도록 하는 데 있다. 기업의 경우에는 그 목표가 이윤이고, 비영리단체의 경우에는 그 단체의 활동을 계속하는 데 필요한 기부금 모집이다. 그러나 이윤을 직접 목표로 해서는 안 되고, 고객을 만족시켜 주는 부산물로 이윤이 생기도록 하여야 한다. 자동차 회사가 "우리는 이익을 올리기 위해서 활동하고 있다"든지 혹은 "우리는 자동차를 제조, 판매하여 이익을 올리고 있다"고 생각하는 것은 잘못된 것이다. 이 자동차 회사는 목표고객들의 교통수단소요를 충족시켜 줌으로써 적절한 이익을 기대하여야 한다. 다음 이야기는 기업내 각 부서의 관점의 차이를 여실히 말해준다.

한 신발회사가 신발시장개척을 위해서 경리부장, 영업부장, 마케팅부장을 아프리카의 어느 나라에 보냈다.

며칠 후에 경리부장으로부터 보고가 들어왔다. "이곳 사람들은 신발을 신지 않음. 따라서 시장성 없음."

영업부장으로부터는 다른 보고가 들어왔다. "이곳 사람들은 신발을 신지 않음. 따라서 커다란 시장이 있음."

마케팅부장으로부터는 다음과 같은 보고가 들어왔다. "이곳 사람들은 신발을 신지 않음. 그러나 신발을 신으면 좋아할 것으로 생각됨. 단, 이곳 사람들의 발에 맞도록 신발을 새로 설계해야 함. 신발의 효능을 가르쳐야 하는데 그러자면 먼저 이곳 추장의 협조를 얻어야 함. 여기 사람들은 돈은 없지만, 아주 맛있는 열대과일을 생산하고 있는데 이것을 신발대가로 받아서 유럽시장에 수출하면 전체적인 수익률이 연간 30% 정도 될 것으로 전망됨. 따라서 이곳 시장에 진출할 것을 권고함."

이 이야기에서 분명히 마케팅부장은 '이익을 가져다 주는 고객을 창조' 하려고 하였다. 이렇게 볼 때에 마케팅은 생산, 재무, 인사와 같이 기업 내의 하나의 기능에 불과한 것이 아니고, 고객만족을 지향하는 기업의 여러 가지 활동을 통합하고 조정하는 중추적인 역할을 한다.

즉, 기업조직 안에서 마케팅은 생산, 인사, 재무 등의 기능과 같이 취급되었었다. 그러나 기업의 경쟁력강화를 위하여 다음에는 마케팅이 다른 기능보다도 더 중요시되었고, 더 나아가서는 마케팅이 기업활동의 중심이 되고 다른 기능은 마케팅을 보조하는 역할을 담당한다. 여기서 '고객중심' 개념이 생겨서 마케팅을 포함한 모든 기업활동은 고객만족을 위한 활동으로 인정된다. 이것이 발달하여 모든 기업활동은 고객만족을 그 목표로 하되 마케팅은 다른 기능을 통합하는 중추적 역할을 담당하게 된다.

고객만족(customer satisfaction)을 기업의 임무로 간주하면 기업 내의 위계조직도 다르게 생각하여야 한다. 즉, 일반적으로 기업조직은 사장 아래 중간관리층이 있고, 그 아래에 일선 종업원이 있으며 그 밑에 고객이 있는 것으로 간주된다. 이것은 "기업 내에 현재 있는 각 부서가 고객을 위하여 무엇을 해야 하느냐"라는 문제에 초점을 둔 것이다. 즉, 제품을 어떻게 팔 것이냐 하는 '판매중심개념' 과 비슷하다. 진실로 고객중심의 경영이념이라면 이러한 일반적인 조직도를 거꾸로 세워야 한다. 그러면 "고객만족을 위해서 어떤 부서가 필요하며 그 각 부서는 무엇을 해야 하는가"를 생각하게 하는 것이다.

FASHION MARKETING TREND

"고객의 변화 간파해 이미지 메이킹으로 장기불황벽 넘는다"

이제는 브랜드 이미지 메이킹 시대 !

패션업계의 장기불황이 계속되는 가운데 올해는 패션기업간 시대와 시장, 고객의 변화를 읽어내는 적극적인 마케팅전략 구사가 최고조에 달할 것으로 전망된다. 브랜드 이미지와 제품의 퀄리티를 높여 브랜드 로열티를 확고히 다질 수 있는 공격 영업과 마케팅이 시장재편에 큰 변화를 가져올 것으로 예상된다.

업계는 상품을 구매하는 것에서 만족하지 않고 브랜드 '이미지'를 사기 원하는 고객들을 공략하기 위해서 스타들을 앞세운 단편적인 마케팅에서 벗어나 브랜드의 가치상승을 도모할 수 있는 체계화된 마케팅전략으로 올 한해를 맞을 계획이다. 남성복 업계의 시장전망은 밝지 않지만 2~3년차에 접어든 브랜드들이 앞다투어 공격마케팅에 나서며 시장안착에 도전하고 있다. 단편적이고 무분별한 스타마케팅에 의존하기보다는 가격, 시장, 브랜드 가치에 맞는 합리적인 마케팅이 구사될 것으로 보인다.

여성복 업계는 고객중심의 다양한 마케팅전략을 적극 펼칠 것으로 예상돼 시장에 신선한 변화를 예고하고 있다. 브랜드 이미지를 사는 20대 여성 특유의 소비패턴에 키워드를 둔 가운데 대중적 인지도 확산은 물론이고, 고감도 타겟층의 뉴트렌드를 제시하면서 브랜드 가치상승을 도모하는 데 마케팅 총력전을 펼칠 예정이다. 캐주얼 업계는 유명모델을 기용해 감도 높은 비주얼로 고객확보에 사활을 걸면서 브랜드 인지도를 제고하고 특히 젊은 고객의 참여도를 높일 수 있는 이색 마케팅을 구사하는 데 주력할 것으로 보여 치열한 경쟁이 예고되고 있다.

아웃도어는 리딩 브랜드들의 마켓쉐어 확보를 위한 움직임에 후발주자들이 합세한 가운데 지난해보다 더 활발한 마케팅전을 펼칠 계획이다. 특히 신규 및 후발 주자들은 브랜드 인지도를 높이기 위한 방안으로 광고 및 홍보물량을 확대하는 등 공격 마케팅에 돌입할 전략이다. 피혁잡화시장은 보다 확실한 전문성과 독창성을 강조한 글로벌 마케팅이 강화될 것으로 보인다.

자료: 한국섬유신문, 2007. 1. 8.

사회 지향적 마케팅 개념(societal marketing concept)

경제의 발전과 더불어, 기업 간의 경쟁이 치열해짐에 따라 소비자의 필요와 욕구를 충족시키기 위한 마케팅활동은 장기적으로 보면 오히려 소비자와 사회 전체에 해를 끼치고 기업성장 자체에도 나쁜 영향을 미치고 있다. 즉, 환경공해, 자원부족, 폭발적 인구증가, 청소년 범죄, 세계적 기아와 빈곤 등의 문제에 시달리고 있는 오늘날 사회에서, 단기적인 고객만족을 중심개념으로 하는 마케팅 개념이 적절한가라는 의문이 제기되게 된다.

"자동차 회사가 교통수단을 필요로 하는 소비자의 욕구를 충족시켜 준다 하더라도 자동차가 내뿜는 배기가스로 인해 소비자의 건강을 해치게 된다면 궁극적으로 그 기업은 존재할 수 없게 될 것이다.

청량음료 회사가 필요할 때 어디서나 갈증을 해소하고자 하는 소비자의 욕구는 충족시켜 주어도 그 때문에 버려지는 일회용 빈병이나 빈 깡통으로 인해 자원이 낭비되고, 자연경관에 피해가 간다면 그러한 청량음료 회사는 사회적으로 비난받지 않을 수 없다.

강력한 세제가 흰 것을 좋아하는 소비자의 단기적 욕구는 충족시켜 줄지라도 그 세제가 강물을 오염시켜 식수원으로 사용되지 못하고, 물고기가 살 수 없게 된다면 그것을 판매하는 기업은 사회와 공존할 수 없게 될 것이다.

이러한 상황 속에서 기업의 이익을 장기적으로 사회와 소비자의 복리에 연결시켜 기업이 장기적으로 소비자 및 사회와 더불어 공생하고 번영하도록 마케팅이 유도해야 한다는 개념이 나오게 되었는데 이것을 사회 지향적 마케팅(societal marketing)이라고 한다. 이러한 개념은 기업이 마케팅정책을 구상할 때에 기업의 수익성, 소비자욕구 충족 및 공공이익, 이 세 가지의 균형을 맞추도록 해야 함을 말한다.

오늘날 사회에 있어서, 기업의 목적은 '단기적인 이익의 극대화' 가 아니고, '기억의 장기적인 존속과 발전' 에 있다. 그러자면 사회가 장기적으로 번영해야 하고, 이를 위해서는 소비자의 욕구충족방식이 사회의 장기적인 발전에 방해가 되지 않도록 하여야 한다. 즉, 소비자-사회-기업의 3자가 다 같이 발전하도록 마케팅활동을 수행하는 것이 사회적 마케팅의 기본개념이다.

이러한 사회 지향적 마케팅의 일환으로 근래에 새로운 마케팅활동이 중요시되고 있다. 환경마케팅(ecological marketing) 또는 녹색마케팅(green marketing)은 소비자가 환경을 덜 오염시키면서 욕구를 충족하도록 하는 마케팅활동이다. 환경마크가 붙은 제품의 홍보, 쇼핑백 사용을 줄이는 쇼핑방식의 제도, 일회용 그릇을 적게 사용하는 마케팅방식 등은 모두 이러한 녹색마케팅에 속한다. 자원의 효율적인 회수와 재활용을 위한 재-마케팅(re-marketing)도 크게 중요시되고 있다. 생산품을 공급하는 것을 '동맥산업' 이라고 한다면, 폐기물을 회수하는 산업은 '정맥산업' 이라고 할 수 있다. 오늘날 한국에서는 종이의 60%, 빈병의 70%, 고철의 50%, 빈 깡통의 80%, 건전지의 90%가 회수되지 않아서 자원을 낭비시키고 자연을 오염시키며 건강에 위험이 되고 있다. 따라서 이러한 정맥산업의 '재마케팅'

을 효율적으로 조직하면 기업－소비자－사회의 이익을 동시에 달성할 수 있는 사회적 마케팅활동이 된다.

이와 같은 사회적 마케팅활동은 환경친화적인 측면 외에 기업의 윤리적인 책임을 강조하는 모습으로도 나타나는데, 기업의 홍보에 있어서 근로자에 대한 정당한 대우와 작업환경 합리화와 같은 기업의 윤리적 제품철학을 강조하는 것을 말한다. 윤리적 마케팅 혹은 윤리적 브랜딩(ethical branding)으로 일컬어지는 이러한 새로운 마케팅활동은 의류산업과 같은 노동집약적 특성을 지니고 있는 산업분야에서 특히 중요하게 부각되고 있다. 예를 들어, 글로벌 의류브랜드인 나이키와 영국의 패션브랜드 Topshop은 수년 전 위험한 근로환경에서 부당하게 착취된 노동력에 의해 제품들이 제조되었다는 사실이 보도되면서 브랜드 이미지가 크게 손상된 바 있다.

기업의 공익적인 측면을 강조하는 메세나 마케팅(Mesena Marketing) 또한 기업이 벌어들인 수익금의 일부를 기부 및 후원활동을 통해 사회에 환원하고자 하는 것으로, 차별화된 기업 및 브랜드의 이미지를 전달하는 방법으로 활용되고 있다. 아프리카의 AIDS 퇴치를 위한 기금마련을 위해 애플사와 패션브랜드 아르마니(Armani)를 비롯한 세계적인 기업들이 공동으로 참여한 'RED Project' 와 같은 움직임은 기업의 이윤창출과 더불어 기업 이미지 제고라는 두 가지 측면을 모두 고려한 사회 지향적 마케팅활동이라고 할 수 있다.

한편, 기업의 사회 지향적인 마케팅활동의 영향력이 증대됨에 따라 기업의 마케팅윤리 또한 점점 더 중요시되고 있다. 마케팅활동에는 과대광고, 허위광고, 허위 바겐세일, 불량품의 판매, 판매원들의 뇌물주기 등 기업윤리에 관한 문제가 많은데 기업의 장기적 발전을 위해서는 기업윤리수준을 높게 유지해야 하며 또한 마케팅윤리를 실천해야 한다.

그림 1-3 그린마케팅의 예

영국의 럭셔리핸드백 디자이너 Anya Hindmarch의 한정판매 재활용백(영국 슈퍼체인 Sainsbury에서 판매)

그림 1-4 윤리적 브랜딩의 예

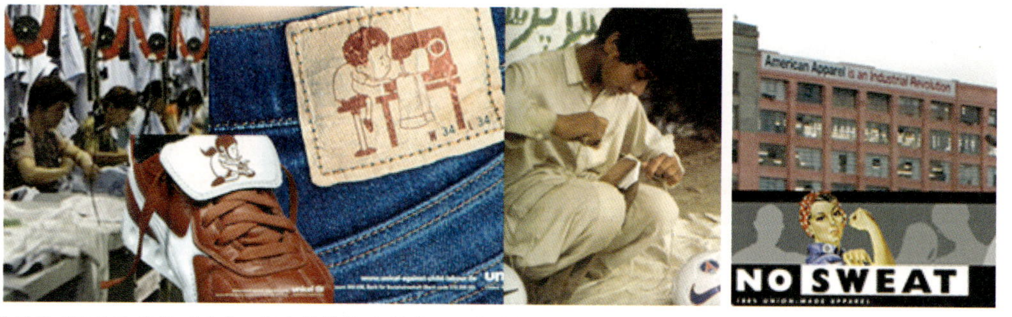

해외 생산으로 인한 어린이 노동력 착취 등의 불법 노동력 사용에 대해 반대하는 미국 브랜드 American Apparel의 'No sweat' 캠페인

그림 1-5 메세나마케팅의 예

Apple, Armani, Converse 등의 브랜드들과 유명인사들이 참여하여 스페셜 에디션 상품판매로 인한 판매액 일부를 '세계 에이즈, 결핵, 말라리아 대책기금'에 기부한 'RED PROJECT'

FASHION MARKETING TREND

"패션업계에 자연주의 바람 분다"

패션업계에 자연주의(내추럴리즘) 바람이 강하게 불고 있다. 핸드백, 캐쥬얼 의류, 등산복, 속옷에 이르기까지 패션의 다양한 분야에 걸쳐 적용되고 있다. 내추럴리즘은 소재와 디자인 등 그 영향이 미칠 수 있는 곳곳에 나타나고 있는데, 업계는 이른바 '친환경' 콘셉트로 소비자의 심미적 감각뿐 아니라, 녹색 의식을 가진 소비자 마인드까지 마케팅 차원으로 접근하고 있다.

소재 친환경화로 접근

프랑스 패션브랜드 루이까또즈(www.louisquatorze.com 대표 전용준)는 최근 패션업계의 화두인 '그린이슈(Green Issue)'를 반영, 2008년 여름 컬렉션인 지베르니 라인을 4월 초 선보인다. 지베르니 라인은, 면 100%의 옥스포드 소재와 친환경 염료를 사용했으며 이 제품은 특히 표면을 폴리우레탄으로 코팅 처리해 오염 및 올풀림을 원천 방지해 디자인은 물론 실용성까지 겸비한 제품이다.

루이까또즈는 또한 이번 시즌에 친환경적 소재로 떠오르고 있는 베지터블 가죽으로 만든 코오스 라인도 출시하였다. 베지터블 가죽은 마지막 염료 과정에서 식물성 염료인 베지터블 오일로 처리하여 가죽 냄새가 나지 않고, 가죽 염색시 화학성분이 발생시키지 않아 환경오염을 일으키지 않는 천연 소재다.

LG패션 헤지스도 지난해 처음으로 봄 여름 시즌 오가닉 데님을 출시했으며, 판매율이 90%를 넘을 정도로 반응이 좋다. 헤지스 오가닉 데님은 3년 동안 농약을 치지 않은 유기농 식물에서 추출한 원단을 활용해 만든 제품이다.

헨리코튼의 오가닉 코튼 티셔츠도 베스트 상품이 될 정도로 인기가 높았다. 화학비료를 사용하지 않은 목화에 염색을 하지 않은 유기농 티셔츠로 아토피가 있는 소비자들이 많이 찾았다. 일반 면 제품보다 10~20%(1~2만원) 비싸지만 판매율이 70%를 넘어설 정도로 인기를 끌었다.

친환경 디자인

내추럴리즘 바람은, 소재에만 국한되는 것은 아니다. 패션의 본질적인 특성상 기능성과 실용성이 아무리 갖춰졌다 하더라도 아름답지 않으면 절반의 성공일 뿐이며 천연 소재에 걸 맞는 디자인의 조화가 이루어져야 판매로 연결될 수 있기 때문이다. 앞서 소개한 루이까또즈가 세계적인 화가 '모네'의 작품을 닮은 프린트를 자체 개발하고, 의류 업체들이 천연 소재에 어울리는 다양한 컬러들을 내놓는 것도 바로 그런 이유 때문이라고 할 수 있다.

이와 같이 내추럴리즘이라는 콘셉트에 소비자의 마음을 움직이는 트렌디한 디자인을 가미하는 것은 전세계적인 추세가 되었다.

자료: 내일신문, 2008. 4. 3.

패션마케팅 개념(fashion marketing concept)

최근 대다수의 TV광고를 보면 고객의 패션 라이프스타일을 강조하면서, 패 션 라이프스타일을 충족시킬 수 있는 자사의 상품과 서비스를 광고하고 홍보하고 있다. 삼성애니콜의 모델명을 미니스커트폰이라 명명하였고, LG사이언은 프라다폰을 판매하여 브랜드이미지를 향상시켰다. 핸드폰의 수명주기가 평균 7개월로 매우 짧아, 디자인과 기능에서 유행을 민감하게 반영하고 있는 상품으로 자신을 표현할 수 있는 대표적인 패션상품으로 간주되고 있다. 또한, 삼성래미안은 유비쿼터스 아파트상품을 패션상품인 목걸이와 패션드레스를 입은 광고모델을 통해 패션리더가 사는 패션라이프스타일을 영위할 수 있는 주거공간임을 광고하고 있다.

또한, 호주의 베르사체리조트는 모든 장식 및 시설들이 패션브랜드 베르사체의 패션 및 디자인 상품들로 구성된 럭셔리 호텔로써 최근 소비자들이 중시하는 패션감성을 충족시켜 주고 있다. 이렇듯, 패션은 사람들의 의생활뿐만 아니라, 식품산업, 주거산업, 서비스산업, 전자산업, 디자인산업, 문화산업 등 생활 전반에 걸쳐 패션과 패션라이프스타일이 중요한 마케팅 개념으로 적용되고 있다. 다양한 영역에서 적용되고 있는 패션마케팅은 소비자의 끊임없는 새로움에 대한 욕구를 충족시켜 주기 위한 소비자 지향적인 마케팅 개념이다.

패션상품은 소비자의 패션에 대한 욕구, 즉 변화에 대한 욕구와 자기표현 및 차별에 대한 욕구를 충족시킬 수 있는 대상물로 일반적으로 정의된다. 특히, 패션상품은 다른 제품군과 비교하여 소비자들의 개인적 취향에 따라 다양한 욕구와 수요가 존재하며, 유행의 변화나 시즌에 따라 수요의 변동이 매우 큰 대표적인 제품이다.

패션마케팅은 패션관련 고객가치를 창조하여, 고객에게 커뮤니케이션하고, 배달하는 활동이며, 이러한 활동을 통하여 조직, 고객, 협력자, 사회 모두가 긍정적인 효과를 획득해야 한다. 패션마케팅은 타 산업군의 마케팅과는 차별적인 몇 가지 특징을 나타낸다.

첫째, 소비자의 필요와 욕구를 파악하고 충족시킴에 있어 다양한 차원의 필요와 욕구가 존재함을 이해해야 한다. 패션상품의 소비자 선택에 미치는 사회적, 심리적 영향력이 매우 크므로, 유행이나 영향력 있는 주위 사람들과 같은 사회적 영향력과 개성을 추구하는 개인 심리적 영향력을 동시에 고려하는 것이 중요하다.

둘째, 유행변화나 사회적 영향력으로 인해 전통적인 수요-가격 함수가 적용되지 않는 경우가 많으므로 소비자의 욕구와 수요를 파악함에 있어 이러한 비함수적인 수요가 존재함을 이해해야 한다. 예를 들어, 일반적으로 가격이 상승하여 전체적인 시장수요가 감소하는 상황에서는 특정 개인의 수요 또한 감소하게 된다. 그러나, 가격이 상승하여 전체 시장수요가 감소함에도 불구하고 특정 개인 소비자의 수요가 발생하는 경우가 존재하는데, 이는 대표적인 비함수적 수요의 형태로 과시적 소비행동(Veblen effect)으로 설명된다. 즉, 다른 사람들이 높은 가격으로 인해 살 수 없는 상황에서 구매를 함으로써 자신의 능력을 과시하고자 하는 심리로부터 비롯된 행동을 말한다. 90년대 말부터 시작된 고가 디자이너 프리미엄 진의 인기는 프리미엄 가격전략을 통해 Veblen effect를 활용한 마케팅 예라고 할 수 있다.

이와 정반대의 현상도 존재하는데, 이는 가격이 하락하여 전체 시장수요가 감소하는 상황에서 특정 개인 소비자의 욕구와 수요가 오히려 감소하는 것이다. 이 경우, 다수의 사람들이 구입하게 되어 희소성과 가치가 떨어지게 됨에 따라 구매 욕구가 감소하는 것으로, 속물효과(snob effect)로 설명된다. 과시적 소비효과와 속물효과는 가격 변화나 전체 수요의 변화 측면에서 표면적으로는 정반대의 현상으로 나타나나, 내면적인 소비자 심리는 과시욕구 혹은 차별화욕구 등의 비슷한 이유로 설명될 수 있다.

마지막으로, 패션상품은 빠른 유행주기와 그로 인한 짧은 상품주기로 특징지어지는데, 이에 따라 마케팅활동에 있어 상품가치에 대한 관리가 그 어떤 제품보다 중요하다. 따라서 시간에 따른 상품가치의 적절한 평가와 관리가 중요하며, 이에 적절한 마케팅전략이 수반되어야 한다. 이러한 이유로 패션상품의 마케팅활동은 소비자들의 변화추구 욕구에 부응하거나 혹은 자극하기 위해 기존상품을 의도적으로 진부화시키는 전략을 사용하기도 한다.

이상에서 마케팅 개념의 발달을 살펴보았는데 그 개념의 변화는 대체로 시대적으로 보아 생산중심시대(~1910), 제품중심시대(1920~30), 판매중심시대(1930~50), 마케팅중심시대(1950~80), 사회지향적 마케팅시대(1980~1999), 패션마케팅시대(2000~)의 순서로 발달하였다. 그러나 이러한 시대적 구분은 나라에 따라 다르다. 뿐만 아니라 같은 시대에 같은 나라 안에서도 기업에 따라서는 생산지향적인 정책을 쓰는 기업도 있고, 마케팅지향적인 정책을 쓰는 기업도 있다. 심지어는 같은 기업인데도, 시장이 판매자시장이냐 구매자시장이냐에 따라서 마케팅의 지향을 변화시키기도 한다.

이러한 것은 단기적인 기업의 '전술'에 속하겠지만, 현대사회에서 기업이 적절한 이윤을 남기면서 사회와 같이 존속하고 번영하려면 올바른 마케팅의 개념을 중심으로 기업이념을 정리하는 것이 가장 필요하다.

3. 마케팅 개념의 활용

오늘날, 현대적 마케팅 개념은 급속히 보급되어서, 기업뿐만 아니라 정부, 비영리단체, 국제경제 등 각 부문에서 마케팅 개념을 원용하고 있다.

기업부문

마케팅 개념이 가장 널리 적용되고 있는 부문은 물론 기업부문이다. 생산력이 부족하여 생산이 수요를 따라가지 못하는 시대를 지나서, 생산력은 충분하여 수요만 있으면 생산에 필요한 자원을 동원할 수 있는 시대로 넘어오자 시장은 기업(판매자)이 주도하는 판매자시장(sellers' market)에서 소비자가 주도하는 구매자시장(buyers' market)으로 변화되었다.

이에 따라서 기업 간의 판매경쟁이 치열해졌고, 이러한 문제를 해결하기 위해서 새로운 마케팅 개념이 급속히 확산되었다. 산업구조와 기업경쟁의 특징 때문에 소비재산업에 마케팅 개념이 먼저 도입되었다. 커피, 과자, 의류, 통조림, 장난감, 화장품, 세제 등의 산업은 경쟁이 치열해서 이 부문에 "소비자는 왕이다"라는 마케팅 개념이 먼저 도입되었다. 그 다음에는 내구소비재 산업에 마케팅이 도입되었다.

냉장고, TV, 에어컨, 자동차 등 내구소비재의 시장이 성숙해짐에 따라서 마케팅 개념의 도입이 불가피해졌다. 그 뒤에 기계, 공구 등을 생산하는 산업기기 산업에 마케팅 개념이 도입되었으며, 끝으로 종이, 강철, 시멘트 등 품질차이가 별로 없는 산업자재 산업에도 마케팅이 도입되었다. 가장 최근에는 공인회계사, 변호사, 의사, 건축사 등 전문직산업에도 마케팅 개념이 도입되어 가고 있다. 이렇게 하여 각종 산업에 마케팅 개념이 도입되기는 하였지만 그 정도는 각기 다르고 또 일정하지도 않다. 일반적으로 소비재산업에 마케팅 개념이 가장 많이 보급되어 있고 산업재 산업에는 마케팅 개념이 적게 보급되어 있으며 전문직산업에서의 마케팅 개념은 도입단계라고 볼 수 있다.

그림 1-6 마케팅 도입의 산업별 차이

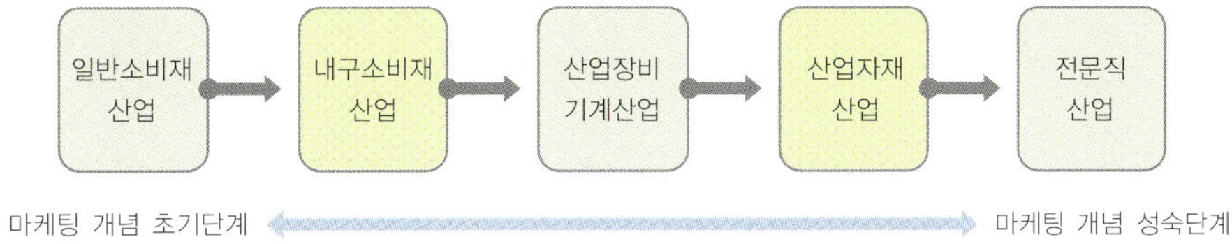

비영리부문

고객의 욕구를 파악하여 그것을 충족시켜 줌으로써 적절한 대가를 얻고자 하는 마케팅적 개념은 근래에 와서는 기업뿐만 아니라 비영리부문에서도 많은 관심을 끌고 있다.

교회에서도 마케팅 개념이 필요하며 이것을 잘 활용하는 교회는 번창한다. 그러자면 먼저 신도(고객) 또는 잠재신도(잠재고객)가 무엇을 구하러 교회에 나오며 교회에서 어떤 서비스를 해주기를 원하는지 파악하여야 한다. 이것을 기초로 하여 신도들이 원하는 필요와 욕구를 설교, 강론 혹은 각종 교회의 서비스를 통하여 충족시켜야 한다. 이러한 마케팅적 개념을 활용하면 신도들의 욕구를 충족시켜 주고, 새 신도의 흡수도 가능하게 될 것이다.

적십자사나 헌혈운동 같은 자선활동에도 마케팅 개념이 활용된다. 사람(고객)들이 자선활동에 참여하는 이유가 무엇이냐(만족감, 성취감, 사랑, 선린애, 자녀의 교육 등)를 파악하여 그들이 원하는 서비스를 적십자사가 제공해 주고 있음을 알려야 한다.

적십자에서 가두에 헌혈용 차량을 세워두고 "피를 헌혈하세요"라고 마이크로 선전해도 별로 효과가 없었다. 그래서 다음에는 구호를 바꾸어서 "당신의 피를 맡겼다가 필요할 때 쓰세요"라고 방송을 하였더니 많은 사람들이 와서 헌혈을 하였다.

한 영화관에서는 헌혈증을 기증하는 고객에게 무료 영화 관람권을 지급하는 '작은 힘 큰 사랑' 행사를 진행하였다. 이 행사는 사랑의 헌혈증 1,004장이 모일 때까지 계속되며 '사랑의 장기기증 운동본부'를 통해 백혈병 투병 어린이에게 전달될 예정이다. 사랑의 헌혈증 모으기 행사에 참여하고자 하는 고객은 영화관의 창구 앞에 비치된 헌혈증서 기증함에 헌혈증을 넣고 영화 관람권을 수령하면 된다.

또한, 어느 '평화애호단체'가 기부금을 모으고 있는데 성과가 부진하였다. 그래서 단체의 이름을 '전쟁방지단체'라고 바꾸었더니 기부금이 많이 모아졌다고 한다.

위의 예에서 '피를 헌혈하는 것', '평화 애호' 등은 좀 소극적인 욕구인 데 반하여 '피를 맡기는 것', '전쟁방지' 등은 적극적인 욕구이므로 이 점을 이용한 것이다. 동창회 장학금모금, 불우이웃돕기운동 등에도 같은 원리를 도입할 수 있다.

위와 같이 사회적 공익을 위한 서비스나 이념의 보급을 위한 마케팅활동을 사회마케팅(social marketing)이라고 하는데 이러한 개념은 여러 가지 부문에서 이용될 수 있다. 독서운동, 좋은 노래 보급운동, 산아제한운동, 쓰레기 줄이기 운동 등 각종 공익개념의 보급을 위해서 마케팅 개념이 활용될 수 있다. 이 분야에서는 최근 많은 논문이 나오고 있는데 그 일반적인 접근방법은 ① 지각된 소비자의 기대(perceived consumer expectation: PCE)라는 개념을 사용하여 먼저 고객이 그런 운동에 참여함으로써 바라는 것이 무엇인지를 파악하고, ② 어떤 특성을 가진 사람들이 그런 운동에 적극적으로 참여하고 어떤 특징을 가진 사람이 그런 운동에 적극적으로 참여하지 않는가를 시장세분화(market segmentation) 기법을 이용하여 구분하고, ③ 공익운동에 비적극적인 사람들의 특성이 적극적인 사람들의 특성으로 바꾸어지도록 교육하고, 홍보하고, 설득하도록 한다.

근래에 와서는 정치에 마케팅이 활발히 활용되고 있다. ① 먼저, 유권자는 어떤 특성을 가진 후보자를 원하는가를 여론조사(시장조사)를 통하여 정확히 파악하고, ② 다음에는 그러한 유권자의 욕구에 맞는 후보자를 정당에서 추천하고(제품개발), ③ 유권자가 바라는 이미지와 요건을 구비하였음을 쉽게 알 수 있도록 화장하고, 옷을 입고, 행동하고, 말하도록 하고(포장), ④ 유권자가 바라는 특성을 이 후보자가 갖추고 있다는 것을 정견발표회, 연설회, TV광고 등을 통해서 알리고(광고, 판촉), ⑤ 그 대가로 유권자가 많이 투표해 주도록(가격) 유도한다. 이러한 이유 때문에 근래에 와서 우리나라에서도 대통령선거, 국회의원선거 등 각급 선거에 마케팅 전문기관이나 광고대행사가 많이 활용되기 시작하였다.

4. 마케팅관리

마케팅관리의 의미

마케팅이란 개념을 실제화시키기 위해서는 마케팅관리라는 활동이 필요하다. 관리란 어떤 활동을 계획 · 집행하고, 그 집행결과를 평가 · 통제하여 차기의 계획에 반영시키는 활동을 말한다. 따라서 마케팅관리를 다음과 같이 정의할 수 있다.

> "마케팅관리란 마케팅활동을 계획하고, 집행하고, 그 결과를 통제하는 과정이다."

마케팅관리는 조직이 목표로 하는 노동시장, 원자재시장, 자금시장 등 어떤 시장에서도 있을 수 있기는 하지만, 일반적으로 마케팅관리라고 할 때에는 '고객시장' 을 대상으로 하는 과업이나 사람들의 활동을 말한다.

흔히 마케팅 관리부장(Marketing Manager)이라고 하면 회사제품에 대한 수요촉진이 그 주 임무라고 인식하고 있지만, 이것은 마케팅 관리책임자가 책임져야 할 여러 가지 과업을 다 포함하지 못한 말이 된다. 마케팅관리란 "어떤 조직이 그 목적달성에 도움이 되도록 수요의 양과 시기 그리고 그 내용에 영향을 미치는 것"이 그 주 과업이다. 이런 의미에서 마케팅관리란 '수요관리' 가 그 핵심이다. 어떤 조직(또는 기업)의 제품이나 서비스에 대한 수요는 목표수준과 다를 수 있는데, 이런 문제를 해결하려고 하는 것이 마케팅 관리활동이다.

시장수요 유형에 따라 마케팅 관리자가 수행해야 하는 과업은 다르며 마케팅 관리책임자는 마케팅조사, 계획, 집행, 통제로 대처해 나간다. 계획을 수립하는 경우 목표시장, 목표시장에서의 위치, 개발하여야 할 제품, 적절한 가격선, 이용해야 할 유통경로, 물류방법, 광고판촉방법 등을 결정하여야 한다. 따라서 마케팅

관리책임자는 위와 같은 활동을 효과적으로 수행하기 위한 여러 가지 기법에 충분히 익숙하여야 한다. 본서에서는 이와 같은 문제를 다룰 것이다.

마케팅 관리과정

마케팅 관리활동은 다음의 [그림 1-7]과 같은 마케팅 관리과정으로 구체적으로 실시될 수 있다. 마케팅 관리과정이란 ① 시장을 분석하여 마케팅할 만한 기회가 있으면, ② 마케팅조사를 통하여 목표시장을 선정하고, ③ 그 시장에서의 마케팅전략을 수립하여, ④ 이 마케팅전략을 집행하기 위한 구체적인 마케팅 프로그램을 작성하고, ⑤ 프로그램된 마케팅활동을 조직하여 실시하고 그 결과를 통제하는 일련의 활동을 말한다. 본서에서는 이러한 마케팅 관리과정에 따라서 설명하기로 한다.

그림 1-7 마케팅 관리과정

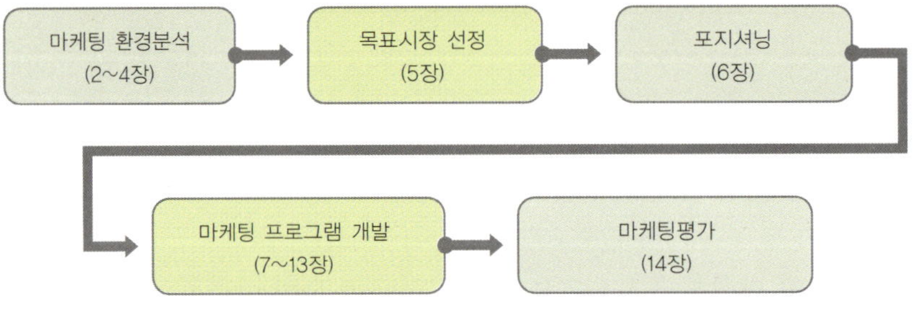

마케팅 관리과정의 단계에 대해서는 위에 표시한 각 장별로 상세히 설명하겠다.

요 약

1. 마케팅은 고객가치를 창조하여, 고객에게 커뮤니케이션하고, 배달하는 조직의 활동이며, 이러한 활동을 통하여 조직, 고객, 협력자, 사회 모두가 긍정적인 효과를 획득해야 한다.

2. 마케팅의 개념은 여러 가지 단계를 거쳐서 발전되어 왔는데 기업의 관점에서 대량을 저가로 생산하는 것에 중점을 두던 생산중심단계에서, 제품의 품질을 주로 생각하는 판매중심단계를 거쳐, 소비자의 욕구는 교환을 통하여 충족시켜 주고 적절한 이익을 취하는 마케팅중심단계로 발전하였고, 더 나아가 사회의 공익을 아울러 생각하는 사회 지향적 마케팅 개념으로 확산되었으며, 최근에는 패션과 라이프스타일이 중요한 패션마케팅 개념으로 발전되었다.

3. 마케팅관리란 기업의 마케팅활동을 계획하고, 집행하고, 통제하는 활동을 말한다. 이러한 마케팅관리를 위해서는 ① 마케팅 환경분석, ② 목표시장 선정, ③ 마케팅 전략 수립, ④ 마케팅 프로그램 개발, ⑤ 마케팅활동 평가의 다섯 단계를 거쳐야 한다.

생각해 볼 문제

1. 패션마케팅의 중요성은 무엇인가?
2. 시대의 변천에 따라 마케팅 개념은 어떻게 변화하였는지 알아보고 패션산업이 생산 중심에서 마케팅 중심으로 변화한 이유에 대해 생각해 보자.
3. 마케팅관리란 무엇이며 마케팅관리 과정을 개략적으로 설명해 보자.
4. 고객만족을 기업의 임무로 간주하는 패션기업을 찾아 어떠한 마케팅활동을 하고 있는지 조사해 보자.

2부

PART Ⅱ
마케팅 환경분석

Chapter 2
마케팅조사

2008년 3월 기준으로 인도 섬유산업은 520억 달러 규모의 시장을 보유하고 있으며(인도 GDP의 4%), 전체 제조업의 26%, 산업 고용의 18%를 차지하고 있다. 섬유산업과 직접적으로 관련 있는 고용인원은 3,500만 명에 이르고, 5,000만 명이 섬유 관련 산업에 종사하고 있다. 인도 정부는 섬유산업이 향후 연평균 16%의 높은 성장을 지속하여 2012년에는 1,150억 달러 규모로 성장할 것으로 전망하고 있다.

미국의 주요 섬유류 수입국 현황

(단위: 백만 달러, %)

순위	수입국명	2006년		2007년		
		수입액	증감률	수입액	증감률	점유율
1	중국	27,067.6	20.8	32,320.4	19.4	33.5
2	멕시코	6,376.3	-12.0	5,625.5	-11.8	5.8
3	인도	5,031.1	9.0	5,104.0	1.4	5.3
:	:	:	:	:	:	:
10	이탈리아	2,067.9	3.5	2,233.5	8.0	2.3
19	한국	1,665.8	-12.7	1,324.5	-20.5	1.4
-	세계 전체	93,278.7	4.6	96,407.4	3.4	100.0

미국 상무부 섬유국

2008년 1분기, 경기부진으로 인하여 미국의 총 의류 수입액이 전년 대비 5% 감소하였으나, 인도는 1% 정도 대미 수출이 증가하였다. 2008년 들어 외국인투자자금 유입 증가 속도가 둔화되면서 인도 루피화 가치가 상대적으로 약세를 보였고, 이것이 가격경쟁력 상승으로 이어진 것으로 분석된다. 인도 정부는 2008년 총 섬유 수출금액이 전년 대비 15% 증가한 236억 달러를 기록할 것으로 예상하고 있다.

그동안 미국, 유럽 등 선진국으로의 수출에 주력하던 인도 의류업체들은 인도 국내 의류시장을 적극적으로 공략하고 있다. 이들은 고유의 브랜드로 직접 시장에 진출하기도 하고, 외국 브랜드, 대형 유통업체와 협력하여 간접적으로도 제품을 판매하고 있다.

니트의류를 주로 수출하는 S.P. Apparels은 인도 국내시장에 진출하기 위해 뉴욕생명 계열의 사모펀드(Private Equity Fund)로부터 850만 달러의 투자를 유치하여 2006년과 2007년 각각 Crocodile과 Natalia라는 두 개의 브랜드를 인수하였다. 첸나이에 기반을 둔 의류 수출업체 Celebrity Fashions는 수출부진으로 인해 2006~2007 회계연도에 순손실을 기록함에 따라, 주요 수출품 생산공장을 매각하였다. 이후 Indian Terrain이라는 자체 브랜드와 Reliance Retail과의 협력을 통한 Private Label로 인도 국내시장에 적극 진출하고 있다. 인도 최대의 의류 수출업체

고객들의 상품에 대한 생각과 만족도 등을 알아보기 위해 '마케팅 정보시스템'이나 '시장조사' 등이 고안되어 경영자들로 하여금 시장상황을 보다 명확하게 이해하는 데 큰 도움을 주고 있다. 본 장에서는 '마케팅 조사'와 '수요와 판매의 예측'에 대해서 알아보기로 한다.

인 Gokaldas는 2007년 8월 미국의 사모펀드인 Blackstone에게 인수되었다. 또한 20,000명의 인력을 고용하고 있는 Leela Lace는 2007년 7월 다른 인도 의류기업인 Bombay Rayon Fashions에게 인수되었다.

어려워진 수출 여건 속에서 인도 의류업계는 새로운 성장동력을 찾기 위하여 인수 합병을 추진하고 있으며, 이에 주요 수출기업들은 지배구조에 변화를 겪고 새로운 사업전략을 구축하고 있다.

인도는 세계 두 번째의 면화 생산국이며, 다양한 섬유제품에 대한 생산체제를 갖추고 있다. 또한 저렴한 숙련 노동자들이 풍부하며, 디자인 역량과 거대한 내수시장을 보유하고 있다. 그리고 정부가 섬유산업에 대해 적극적으로 지원하고 있어 성장잠재력이 높은 편이다. 반면, 대규모 생산시설 부족으로 인한 규모의 경제 실현 실패, 섬유기계 등 생산설비의 노후화, 경직된 노동법, 물류 시스템의 낙후 등이 문제점으로 지적되고 있다.

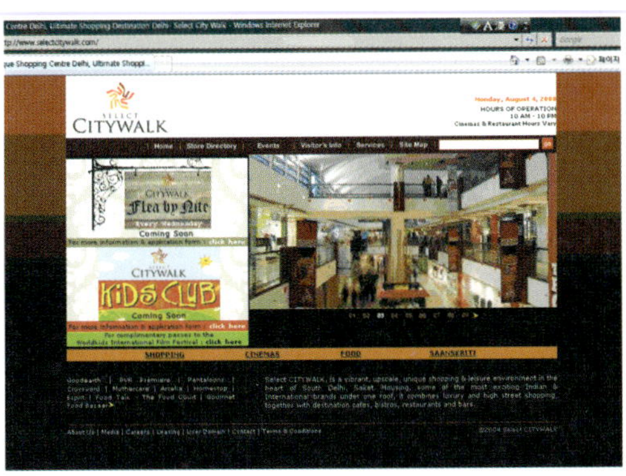

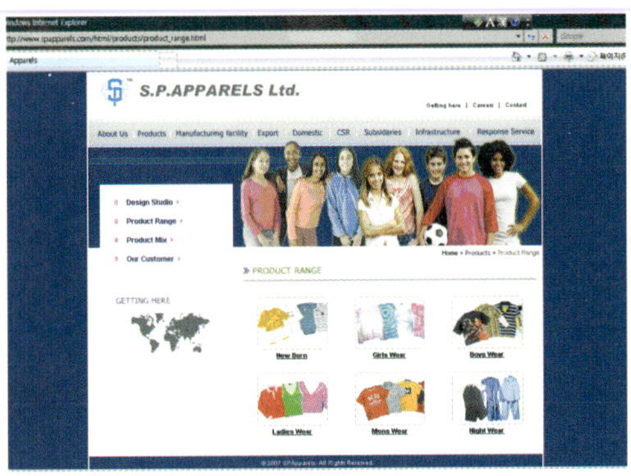

자료: 한국수출입은행 해외경제연구소 국별조사실(2008. 6. 30.)

1. 마케팅조사

마케팅조사의 의의

마케팅 관리자는 단편적인 정보의 흐름인 마케팅 경영정보시스템에만 의존할 수는 없으며, 시장상황을 보다 구체적으로 연구할 필요가 있다. 예를 들어 애플컴퓨터는 얼마나 많은 사람과 어떤 종류의 사람이 노트북 컴퓨터를 구매할 것인가에 대한 정보를 필요로 할 때가 있다. 혹은 지방의 모 사립대학은 표적시장의 몇 퍼센트가 본 대학에 관하여 들어보았고, 무엇을 알고 있으며, 어떻게 알게 되었으며, 어떻게 느끼는지에 대해 알 필요가 있을 것이다. 이와 같은 상황에서 마케팅 경영정보만으로는 필요한 모든 정보를 상세히 제공받지 못할 것이다. 따라서 이 경우에는 공식적인 마케팅조사가 필요하게 된다.

마케팅조사란 수집된 정보를 이용하여, 소비자, 고객, 공중 등과 마케팅 담당자를 연결하는 기능이다. 수집된 정보는 마케팅 기회와 위협을 확인하고, 마케팅 활동을 수립, 수정하고, 평가하며, 마케팅성과를 측정하고, 마케팅 관리과정에 대한 이해를 돕기 위하여 사용되어진다.

마케팅조사의 활동영역은 판매량과 시장점유율의 분석에서부터 사회적 가치관과 국가정책에 이르기까지 꾸준히 확대되어 왔다. 가장 일반적인 마케팅조사의 10가지 활동은 사장잠재수요의 측정, 시장점유율분석, 시장특성의 발견, 판매분석, 기업추세연구, 단기예측, 장기예측, 경쟁제품 연구, 마케팅 경영정보시스템 연구 및 가격연구 등이다.

MARKETING NOTE

국내 마케팅조사 산업의 문제점

우리나라에서는 현재 수많은 마케팅조사 회사들이 제각기 시장정보를 판매하고 있다. 주식투자에 대한 시장정보는 비교적 표준화되어 원하는 고객이면 누구나 구입할 수 있다. 그러나 특정제품계열에 관한 소비자의 태도, 선호도, 만족도와 같은 분야에 있어서 표준화된 마케팅조사 자료를 국내시장에서 구입하는 데는 아직도 매우 복잡한 문제들이 존재한다.

그 이유는 다음과 같다. 첫째, 국내 시장조사 전문회사들은 매우 영세하기 때문에 소비자 행동이나 시장판도에 대한 광범위한 데이터베이스를 구축할 능력을 갖추고 있지 못하다. 둘째, 이들 시장조사회사들은 우수인력을 확보할 수 있는 재정적 능력이 없기 때문에 자료수집 및 분석에 한계를 가진다. 셋째, 국내에는 아직도 시장조사와 같은 소프트웨어에 대한 상품적 가치를 인식하고 있지 못한 기업들이 대단히 많다. 따라서 시장조사자료에 대한 객관적인 가격구조가 정해져 있지 못하다. 넷째, 대기업은 대부분 동일 계열사 내의 시장조사기관을 사용하고 있다. 결국 대부분이 중소기업 수준인 국내 시장조사 전문회사들은 자신들의 서비스를 판매할 시장이 대단히 한정되어 있는 것이 현실이다.

마케팅 조사과정

마케팅 조사과정은 [그림 2-1]에서 보는 것처럼 조사목적의 설정, 조사계획의 수립, 조사계획의 집행, 그리고 조사결과의 해석과 보고의 순으로 이루어진다. 이에 관하여 자세히 살펴보자.

그림 2-1 마케팅 조사과정

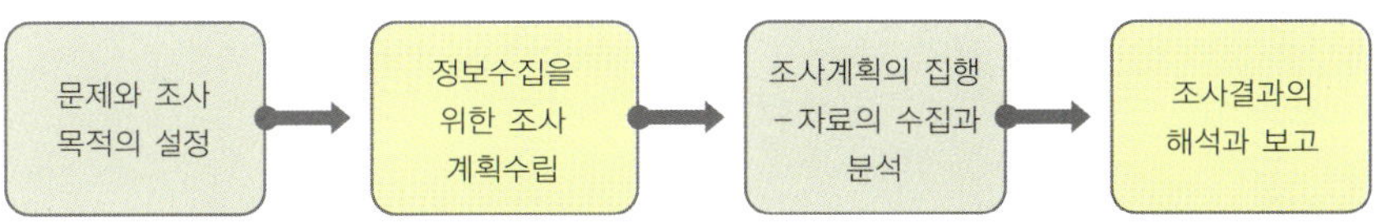

1 문제와 조사목적의 설정

마케팅 관리자와 조사자는 적절한 조사문제를 정의하고 조사목적에 합의하기 위해 긴밀히 협조하여야 한다. 관리자들은 어떠한 정보가 필요한가에 대하여 잘 알고 있으며 조사자는 마케팅조사와 정보를 획득하는 방법을 잘 알고 있다.

마케팅 관리자의 문제를 이해하고 있는 경험 있는 마케팅조사 관리자들이 조사문제 및 조사목적 설정단계에 참여하여야 한다. 조사자는 관리자가 문제를 정의하는 데 도움을 줄 수 있어야 하고, 관리자가 보다 좋은 의사결정하는 데 도움을 줄 수 있어야 하며 관리자가 보다 좋은 의사결정을 하는 데 도움을 줄 수 있는 조사방법을 제시해야 한다. 조사문제와 조사목적의 설정은 전체 조사과정 중에서 가장 힘든 단계이다.

조사문제가 정확하게 정의되고 나면, 관리자와 조사자는 조사목적을 설정해야 한다. 마케팅조사 프로젝트는 다음 세 가지 형태 중에서 하나를 취하게 된다.

① 탐색적 조사 : 문제정의와 가설제시를 보다 잘 할 수 있도록 예비 정보를 얻는 것을 조사의 목적으로 한다.

② 기술적 조사 : 조사의 목적이 제품의 시장 잠재력 또는 제품을 구매하는 소비자의 태도와 인구 통계학적 특징과 같은 것을 설명하기 위한 것이다.

③ 인과적 조사 : 인과관계에 관한 가설을 검증하기 위한 조사이다. 예를 들어 사립대학에서 학비의 10% 인하가 이로 인해 발생할 재정적 손실을 상쇄시키기 위하여 등록자수를 몇 % 증가시켜야 하는가와 같은 조사를 말한다.

흔히 관리자들은 탐색적 조사를 먼저 실시하고 이어서 적절한 기술조사 또는 인과조사를 수행한다. 문제와 조사목적의 정의는 전체 조사과정의 방향을 설정하는 역할을 한다. 관리자와 조사자는 조사의 목적과 기대되는 결과에 동의할 수 있도록 조사목적을 명확히 해두어야 한다.

2 조사계획의 수립

마케팅 조사과정의 두 번째 단계로서의 조사계획의 수립과정은 요구되는 정보를 결정하고 그것을 효율적으로 얻을 수 있는 계획을 수립하는 것이다. 조사계획에서는 2차 자료원을 개괄적으로 제시하고, 측정한 조사방법, 접촉방법, 표본추출계획 및 1차 자료의 수집방법 등을 명시하여야 한다.

구체적 필요정보의 결정

조사의 목적에 따라 필요한 정보의 종류가 결정된다. 예를 들어 N사는 값은 좀 비싸지만 착용시 감촉이 좋으며 땀 흡수가 빠르고 시원함을 더해주는 신소재의 등산복 대해 소비자들이 어떻게 반응할 것인가를 알기 위하여 조사를 계획했다고 가정하자. 이러한 조사는 다음과 같은 구체적인 정보를 필요로 할 것이다.

- 현재 등산복 착용자의 인구통계적, 경제적 그리고 생활양식의 특성
- 소비자의 등산복 사용 패턴—소비자들이 언제, 어디에서, 얼마나 많

은 등산복을 착용하며 이용하는지에 대한 정보(새로운 소재의 등산복은 등산 마니아들에게 편리함을 줄 것이다.)

- 새로운 소재에 대한 소매상의 반응(소매상의 지지를 얻지 못하면 새로운 용기의 판매에 제약을 받는다.)
- 새로운 소재와 현재 소재의 판매량 예측(새로운 소재는 N사의 이익을 증가시킬 것인가?)
- N사의 관리자는 신제품을 소개할 것인가 아닌가를 결정하기 위하여 이러한 것 외에도 많은 종류의 다른 정보를 필요로 할 것이다.

2차 자료의 조사

관리자의 정보요구에 대처하기 위하여 조사자는 2차 자료와 1차 자료를 사용할 수 있다. 2차 자료는 다른 목적을 위해 수집되어진 것으로서, 이미 어느 곳인가에 존재하는 정보이며, 1차 자료는 현재의 특수한 목적을 위해서 수집되는 정보를 말한다. 보통 조사자들은 2차 자료를 수집함으로써 조사를 시작한다. 내부원천과 외부원천을 포함한 다양한 2차 자료의 원천을 보여준다. 보통 2차 자료는 1차 자료보다 빠르게 그리고 저렴한 비용으로 얻을 수 있다. 예를 들어 N사는 공공도서관으로부터 무료로 신소재에 관해 필요로 하는 모든 정보를 제공받을 수도 있다. 만약 1차 자료를 수집하려면 몇 주나 몇 달이 걸릴 수도 있고, 그리고 많은 비용이 들 것이다. 또한 2차 자료원천은 회사가 직접 구할 수 없는 자료이거나 수집에 너무 많은 비용이 들고 또는 직접적으로 구할 수 없는 정보를 제공하기도 한다. 예를 들어 N사가 시장점유율, 가격, 경쟁사 상표의 전시 등에 대한 정보를 얻기 위해서 계속적으로 소매점조사를 수행한다는 것은 너무 많은 비용이 소요될 것이다. 그러나 회사가 전국의 대리점이나 백화점의 판매동향을 정기적으로 조사하여 이러한 정보를 제공하는 시장 조사회사의 소매점 목록을 구입하면 훨씬 쉽게 정보를 획득할 수 있을 것이다.

2차 자료의 문제점은 다음과 같다.

필요로 하는 정보가 없을 수도 있기 때문에 조사자들은 2차 자료로부터 그들이 필요한 모든 정보를 얻는다는 것이 거의 불가능하다. 예를 들어 N사가 지금까지 시장에 나오지 않았던 자사의 새로운 소재에 대한 소비자의 반응에 관한 기존 자료를 2차 자료의 원천으로부터 획득하는 것은 불가능하다. 심지어는 자료가 입수되었다 하더라도 특정한 목적을 위해 그 정보가 사용가능하지 않을 수도 있다. 조사자는 2차 자료를 평가하여 그것이 관련성이 있는가(조사 프로젝트의 욕구가 일치

표 2-1 2차 자료: KOSIS국가통계포털

인 구	가 구
인구 · 가구	인구총조사, 인구동태, 인구이동, 추계인구 · 가구, 생명표, 주민등록인구통계
고용 · 노동 · 임금	고용, 노동, 임금
물가 · 가계	물가(소비자물가, 생산자물가, 가공단계별 물가, 수출입물가, 농가판매 및 구입가격, 전국지가변동률), 가계(가계소득 · 지출, 가구소비실태, 가계자산)
보건 · 사회 · 복지	보건, 사회, 복지
환경	오염, 상 · 하수도, 폐기물, 기후, 환경보호 지출 및 수입, 기타, 재활용, 지하수조사
농림어업	농업, 임업, 어업
광공업 · 에너지	광공업, 에너지
건설 · 주택 · 토지	건설, 주택, 토지
교통 · 정보통신	교통, 정보통신
도소매 · 서비스	서비스업총조사, 호텔이용객동태, 중소유통업, 재래시장실태, 도소매업통계조사, 서비스업통계조사, 전자상거래, 소매판매액 통계, 서비스업생산지수
경기 · 기업경영(사업체)	경기, 기술혁신조사, 기업경영(사업체), 기업경기(BSI)
국민계정 · 지역계정 · 국부	국민계정, 지역계정, 국부통계
재정 · 금융	재정, 금융
무역 · 외환 · 국제수지	무역, 외환, 국제수지
교육 · 문화 · 과학	교육, 문화, 과학
사법 · 행정	사법, 행정
시군구 주요통계(간행물)	국토 및 인구, 산업 및 경제, 노동 · 보건 · 환경 및 상수도, 교육 및 문화, 재정 및 공공행정
남북한경제사회상비교	자연환경, 인구, 농림수산, 광공업, 대외거래 및 경제협력, 경제총량, 사회간접자본, 교육, 에너지 및 통신, 보건, 남북한 교류, 남북한협력기금, 수교국 및 국제기구 가입현황
광복이전 통계 (1934~1943)	국토 · 기후, 인구 · 가구, 고용 · 노동 · 임금, 물가, 보건 · 복지, 농림어업, 광공업, 건설 · 주택 · 상수도, 교통 · 정보통신, 재정 · 금융 · 보험, 무역 · 외환 · 국제수지, 교육 · 문화 · 과학, 범죄 · 재해, 사법 · 행정

하는가), 정확한가(신빙성 있게 수집되어 보고되었는가), 현실성이 있는가(현재의 의사결정에 충분한가), 편견이 없는가(객관적으로 수집되어 보고되었는가) 하는 것을 확인해야 한다. 2차 자료는 조사를 위하여 좋은 출발점을 제공하며 흔히 문제점 발견과 조사목적 설정에 도움이 된다. 그러나 대부분의 경우에 있어서 2차 자료만으로는 필요한 정보를 제공할 수 없으며, 그래서 기업은 1차 자료를 수집해야만 한다.

FASHION MARKETING TREND

패션기업의 2차 자료 수집방법과 정보원천

패션기업의 마케팅 조사과정 또한 다른 산업과 마찬가지로 2차 자료와 1차 자료의 수집과 분석으로 이루어진다. 패션기업이 마케팅활동을 원활히 수행하기 위해서는 패션마케팅활동에 영향을 미치는 거시적 환경, 미시적 환경, 기업내부환경에 대한 끊임없는 분석이 필요하며, 정보분석의 결과를 마케팅전략에 효과적으로 반영해야 한다.

패션기업 또한 1차 자료 수집 이전에 2차 자료 수집을 먼저 수행하는데, 기업 내의 판매기록, 경쟁사 매출정보 및 의류시장 규모, 소비자 의류실태현황, 트렌드 정보 등 패션기업이 마케팅환경을 파악하기 위해 필요한 모든 종류의 정보를 2차 자료를 통해 수집할 수 있다. 물론, 2차 자료를 통해 얻을 수 있는 정보의 종류나 깊이는 제한적이기 때문에 추가적인 1차 자료 수집방법을 수행해야 한다. 다음은 패션기업이 2차 자료 수집할 수 있는 다양한 정보의 원천을 정리한 것이다.

1. 기업내부기록: 부서별 판매기록, 아이템별 판매분석자료, 판매자 분석, 반품분석, 직무분석기록
2. 정부기관
   - 통계청 www.nso.go.kr
   - 대한상공회의소 www.korcham.net
   - 대한무역투자진흥공사 KOTRA www.kotra.or.kr
3. 통상협회: 특정통상분야
   - 한국섬유산업연합회 www.kofoti.co.kr
4. 온라인 데이터베이스 및 전문리서치 업체
   - 삼성디자인넷 www.samsungdesign.net
   - Firstviewkorea www.firstviewkorea.com
   - WGSN
   - Nelly Rodi, CFT(컬러앤패션트렌드) 등 국내외 다수 패션정보 업체
5. 패션정보 전문지 및 패션잡지
   - 패션정보 전문지: International Textile, 어패럴뉴스, 패션신문
   - 패션잡지: Fahionbiz, WWD, VOGUE, ELLE, Collezioni

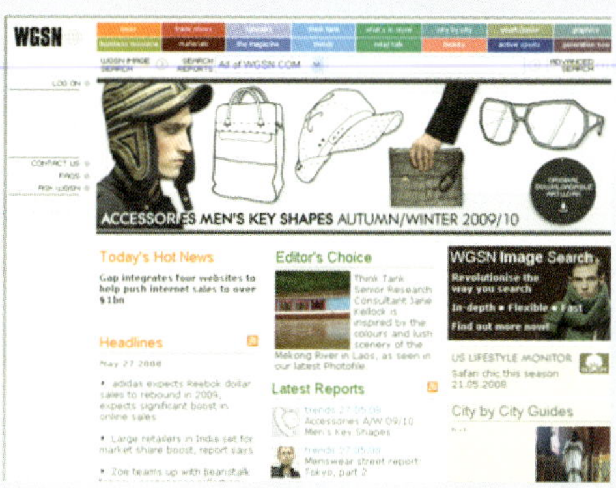

1차 자료 수집계획

우수한 의사결정을 하기 위해서는 좋은 자료가 필요하다. 조사자는 획득한 2차 자료의 질을 신중하게 평가하는 것과 마찬가지로, 마케팅 의사결정자에게 관련성과 현실성이 있으며 편견이 없는 정보를 제공할 수 있도록 1차 자료를 수집하는 데 주의를 기울여야 한다. [표 2-2]는 1차 자료 수집계획을 수립하기 위해서는 조사방법, 접촉방법, 표본 추출계획과 조사수단 등에 관한 의사결정이 필요하다는 것을 보여준다.

표 2-2 1차 자료 수집계획

조사방법	접촉방법	표본추출계획	조사수단
관찰조사	우 편	표본추출단위	설문지
질문조사	전 화	표본 크기	기계적 수단
실험조사	개 인	표본추출절차	

조사방법

관찰조사: 관찰조사는 관련된 사람, 행동 그리고 상황 등을 관찰하여 1차 자료를 수집하는 것이다. 예를 들자면 아래와 같다.

- 식품 제조업자들은 소매업자들이 경쟁상표의 가격 또는 자사상표의 진열 위치와 전시 등을 어떻게 행하고 있는지를 알아내기 위하여 조사원 등을 슈퍼마켓으로 보낸다.
- 은행은 경쟁은행의 위치와 교통사정 그리고 주위 여건 등을 조사함으로써 자사의 신설지점의 위치를 평가한다.
- 제조업자들은 소비자들에게 몇 가지 광고 문안을 보여주고 눈의 움직임, 맥박, 기타 신체적 반응을 측정함으로써 회사의 광고를 사전 테스트한다.
- 백화점은 고객으로 가장한 관찰자를 가매장에 보내 경영 상태와 고객 서비스를 점검한다.
- 미술관은 전시품 둘레의 마룻바닥이 닳아 해진 정도를 주시함으로써 여러 가지 전시품에 대한 인기도를 알아낸다.

기계적 관찰을 통하여 정보를 수집하기도 한다. 예를 들어 어떤 마케팅조사 회사는 누가, 어떤 프로그램을 시청하는가를 기록하기 위하여 몇몇 가정을 선택하여 'People meters' 를 TV에 부착시킨다. 이때 이 회사는 TV프로그램별로 주로 시청하는 사람들의 숫자와 인구 통계적 특성을 정리하여 일람표를 만든다. 소매점의 Check-out Scanner 또한 기계적 관찰 자료를 제공한다. 이러한 스캐너들은 소비자들이 구매하는 품목을 상세히 기록한다. 몇몇 시장조사 회사들은 고객인 기업들을 위하여 스캐너 데이터를 수집한다.

관찰조사는 사람들이 제공하기를 꺼려하거나 제공할 수 없는 정보를 얻는 데 사용될 수 있다. 경우에 따라서는 관찰만이 필요한 정보를 얻을 수 있는 유일한 방법일 수도 있다. 관찰법이 사용되는 가장 대표적인 예는 패션상품을 사용하는 소비자조사에 활용되는 스트리트 패션조사(street fashion analysis)를 들 수 있는데, 이는 거리에서 소비자들의 의복 착용 상태를 관찰하고 카메라로 촬영하여 분석하는 것이다. 국내와 해외 스트리트 패션조사가 모두 이루어지며, 이를 통해 현재 유행하고 있는 스타일, 아이템, 컬러, 디테일, 액세서리 등 구체적인 내용들이 분석되어 상품기획에 즉각 반영된다. [그림 2-2]는 스트리트 패션분석 보고서의 예이다.

한편, 어떤 현상은 간단히 관찰할 수 없는 경우도 있으며, 장기적인 행동이나 드물게 일어나는 행동은 또한 관찰하기가 어렵다. 이러한 한계 때문에 조사자들

그림 2-2 해외 스트리트 패션분석

은 관찰조사와 함께 다른 자료수집 방법들을 병행하여 사용하여야 한다.

질문조사: 질문조사는 현상이나 사건을 설명하기 위하여 필요한 정보를 수집하는데 가장 적절한 방법이다. 사람들의 지식, 태도, 선호도 혹은 구매행동 등에 관하여 알기를 원하는 기업은 사람들에게 직접 질문함으로써 그 해답을 얻을 수 있다. 질문조사는 체계적으로 할 수도 있고, 비체계적으로 할 수도 있다.

- 체계적 질문조사: 모든 응답자에게 똑같은 질문문항을 사용하여 필요한 정보를 수집하는 질문조사이다.
- 비체계적 질문조사: 면접자가 나름대로 응답자에게 묻고 그들의 대답에 따라 면접을 이끌어가는 비정형적인 형태의 조사이다.

질문조사는 직접적일 수도 있고 간접적일 수도 있다.

- 직접조사: 조사자는 행동이나 사고에 관해서 직접 질문을 한다. 예를 들면 "당신은 왜 신세계백화점에서 옷을 사지 않느냐?" 하는 것이다.
- 간접조사: 위와는 대조적으로 "어떤 부류의 사람들이 신세계백화점에서 옷을 산다고 생각하느냐?"는 식으로 간접적인 질문을 할 수도 있다. 이러한 간접적인 질문에 대한 대답으로부터 조사자는 왜 소비자들이 신세계백화점의 옷을 회피하는지를 발견할 수도 있으며, 소비자들이 미처 스스로 깨닫지 못한 이유를 발견할 수도 있다. 질문조사의 가장 큰 이점은 융통성에 있다. 여러 가지 상이한 마케팅 상황에서 다양한 종류의 정보를 얻는 데 사용될 수 있다. 조사 설계에 따라서 질문조사 방법을 이용하면 관찰이나 실험조사보다 빠르고 적은 비용으로 정보를 획득할 수도 있다.

질문조사 역시 몇 가지의 문제점이 있다. 때때로 사람들은 자신들이 무엇을 했고, 왜 그렇게 했는지에 대해서 기억할 수 없거나, 생각해 보지 않았기 때문에 질문에 대답할 수 없는 경우가 있으며, 또 사적인 질문에 대해서는 대답하기를 꺼려하는 수도 있다. 바쁜 사람들은 시간이 없어 질문에 응할 수 없기도 하고, 응답자들이 질문에 대한 답을 모르는 데도 불구하고 정보를 많이 아는 것처럼 보이기 위해 엉터리로 조사 질문에 대답하는 경우도 있다. 또 응답자는 면담자가 듣기 원한다고 생각하는 대답을 함으로써 면담자를 도우려고 하기도 한다. 따라서 이러한 문제들을 최소화하기 위해 질문조사를 위한 설계는 신중히 이루어져야 한다.

실험조사: 실험조사는 인과관계의 정보를 획득하는 데 가장 적합하다. 반면에 앞에서 언급된 관찰조사는 탐색적 연구에 질문조사는 기술적인 연구에 적합하

다. 실험조사는 실험집단과 통제집단을 선정하여 이들에게 여러 가지 실험처리를 하고, 관련 없는 요인들을 통제한 후에 집단 간의 반응차이를 조사하는 것이다. 이러한 과정을 통해서 실험조사는 원인과 결과의 인과관계를 설명한다. 실험조사에서 이용할 정보를 수집하기 위해서 관찰조사와 질문조사를 병행할 수도 있다.

접촉방법

정보는 우편, 전화 또는 대인면접을 통해서 수집될 수 있다. [표 2-3]은 이러한 접촉방법들의 장 · 단점을 보여주고 있다.

표 2-3 세 가지 접촉방법의 장 · 단점(상, 중, 하로 분류)

	우편조사	전화조사	대면조사
1. 융통성	하	중	상
2. 수집될 수 있는 자료의 양	중	중	상
3. 면접자 영향에 대한 효과	상	중	하
4. 표본의 통제	중	상	중
5. 자료수집의 속도	하	상	중
6. 회수율(응답률)	하	중	중
7. 비용	중	중	하

우편질문: 우편질문은 많은 이점을 가지고 있다. 우편질문은 적은 비용으로 많은 양의 정보를 수집할 수 있다. 응답자들은 처음 만나는 면접자와의 대면조사나 전화조사보다는 우편질문을 사용한 경우에는 보다 정직하게 답할 수 있고, 보다 사적인 질문에도 답할 수 있으며, 어떠한 면접자도 응답자의 대답에 편견이나 영향을 줄 수 없다.

우편질문의 단점은 다음과 같다. 우편질문은 매우 융통성이 적기 때문에 단순하고 명확하게 글로 표현된 질문이어야 조사가 가능하다. 모든 응답자들은 똑같은 질문에 똑같은 순서로 대답하며, 조사자는 질문지를 고칠 수 없다. 우편조사는 자료를 수집하는 데 많은 시간에 걸리며, 또한 응답률이 매우 낮다. 조사자는 우편지문의 대상인 표본에 대해 거의 통제할 수 없다. 즉, 누가 설문지에 응답하는지 통제하기가 어렵기 때문에 좋은 우편조사 목록을 가지고 있다 할지라도 우편주소지에 있는 사람 중 누가 질문지를 작성했는지는 파악하기 어렵다는 단점이 있다.

전화면접: 전화면접은 정보를 가장 빨리 입수는 가장 좋은 방법이며 우편질문보다 조사의 융통성이 많다. 응답자가 이해하지 못하는 질문에 대해 설명을 해줄 수 있으며, 응답자의 대답에 따라서 어떠한 질문은 넘어가고, 어떤 질문은 보다 깊이 조사할 수도 있다. 전화면접은 표본통제가 용이하며, 면접자가 응답자에게 필요한 특성이나 이름까지도 밝히도록 요구할 수 있다. 그리고 응답률이 우편질문보다 높은 것이 보통이다.

전화면접 역시 단점이 있다. 응답자 개인당 비용이 우편질문보다 많이 든다. 그리고 사람들은 사적인 문제를 면접자에게 이야기하기를 원치 않는다. 면접자의 편견이 개입될 가능성도 또한 높다. 면접자의 질문하는 방법, 그리고 말투의 차이점 등이 응답에 영향을 미칠 수 있을 것이다. 또한 응답을 해석하고 기록하는 것도 면접자에 따라 다를 수도 있으며, 시간적인 압박으로 인해서 면접자들이 질문을 하지도 않고 대답을 기록함으로써 속일 수도 있다.

대인면접: 대인면접은 면접조사자가 소비자를 직접 대면해서 구두질문을 통해 정보를 수집하는 것으로, 면접자와 응답자가 일대일로 자유롭게 묻고 응답하는 개별면접과 여러 명으로 구성된 응답자 집단을 대상으로 면접자가 실시하는 표적집단면접의 두 가지 형태가 있다.

- 표적집단면접(FGI: Focus Group Interview): 6~10명을 초빙하여 훈련된 면접자가 장시간에 걸쳐 제품, 서비스, 조직 등에 관하여 토론하면서 정보를 얻는 것을 말하며, 포커스그룹 면접이라고 한다. 면접진행자(moderator)는 객관적 토론방법, 토의주제나 시장에 대한 지식, 집단사고나 소비자행동에 관한 지식을 갖추어야 한다. 일반적으로 참가자들에 대해 약간의 보수를 제공하고, 회의는 쾌적한 장소에서 진행되어야 하며, 간단한 음료수 등을 제공하기도 한다. 면접자는 광범위한 문제에서 시작해서 보다 구체적인 문제로 접근하여야 하며, 토론이 자유롭고 쉽게 이루어지도록 분위기를 만들어 주면서 집단의 상호작용에 의해 실질적인 감정과 사고 등이 나타나도록 한다. 참가자들의 의견은 서면이나, 비디오테이프를 통하여 기록되고, 이 기록을 이용하여 소비자의 구매과정을 이해하기 위한 연구를 진행한다. 포커스그룹은 소비자의 사고와 감정에 대한 통찰력을 얻기 위해서 사용되는 주요한 마케팅 조사수단의 하나이다. 예를 들어 패션기업들은 브랜드에 대한 고객들의 선호도나 만족사항 혹은 불만족사항 등을 파악하기 위해 표적집단면접을 수행하며, 분석결과를 향후 브랜드전략에 활용하고 있다.

MARKETING NOTE

FGI(Focus Group Interview)의 실제

FGI는 소수의 응답자들 간의 자연스러운 대화과정에서 조사목적과 관련된 유용한 정보를 얻거나 공식적인 설문조사에서 기대하지 못한 결과를 얻는 데 그 목적이 있다. 일반적으로 정량조사(양적조사)에 앞서 예비조사로 실시되는 것이 일반적이며, 문제의 파악 및 정량조사에서 사용될 가설을 확정하는 것이 그 목적이다.

따라서, 브랜드의 신상품개발을 위한 아이디어 및 기본적인 탐색조사, 브랜드 광고의 수용도 사전조사(pre testing)나 반응진단조사, 그리고 목표고객에 의한 상표 및 제품의 평가 등의 목적으로 주로 활용된다.

보통 1시간에서 2시간 정도의 시간이 걸리며, 참석자들의 자연스러운 토론이 단절없이 이루어질 수 있도록 면접진행자(moderator)가 함께 참여한다. 면접진행자는 토론의 전체적인 진행을 맡으며 토론 시작 전에 논의할 내용에 대해 간단한 설명을 제공함으로써 토론이 매끄럽게 진행되도록 하는 역할을 담당한다.

FGI 실제 진행모습

일반적으로 FGI 진행과정은 녹음 및 녹화가 이루어질 뿐만 아니라. 옆의 사진에서처럼 FGI를 의뢰한 기업의 담당자들이 직접 토론과정을 참관하면서 정보를 얻거나 진행중에 추가적으로 필요한 사항을 첨가할 수도 있다. 물론, 토론에 참석한 사람들이 이들 참관자들을 볼 수 없도록 되어 있다.

그림: http://blog.naver.com

– 개별대인면접: 매우 융통성이 있으며 대량의 정보를 수집할 때 사용된다. 훈련된 면접자들은 응답자의 주의를 집중시킬 수 있고, 복잡한 문제를 설명할 수도 있다. 면접자들은 상황에 따라 면접 방법을 수정하거나 주제를 수정할 수도 있고 응답자들을 면밀히 관찰함으로써 관찰조사를 병용할 수도 있다. 개별대인면접은 사전에 설문지를 준비하여 이 설문지를 가지고 면접을 질행시킬 수도 있으며, 면접자들은 참가자들에게 제품실물, 광고 또는 포장 등을 보여주고 반응과 행동을 관찰할 수도 있다.
  개별대인면접의 단점은 비용과 표본의 문제이다. 개별대인면접은 전화면접보다 3~4배의 비용이 소요되며, 보통 조사기간과 비용을 줄이기 위하여 소규모의 표본을 사용한다. 따라서 그 결과를 일반화한다는 것은 매우 어렵다. 또한 면접자들이 응답자를 면접할 때 면접자의 편견이 조사결과에 반영될 가능성이 극히 높다.

컴퓨터와 커뮤니케이션의 발달이 정보수집 방법에 영향을 미치고 있다. 예를 들어 미국 조사 기업들은 WATS(Wide Area Telephone Service)라인과 자료입력 터미널을 혼합하여 사용함으로써 CATI(Computer Assisted Telephone Interviewing: 컴퓨터의 보조를 받는 전화면접) 방식으로 면접을 한다. 면접자는 비디오 화면을 통해서 질문을 읽고 컴퓨터에 응답자의 대답을 곧바로 입력시킨다. 이러한 과정은 자료의 편집과 기호화 과정을 생략할 수 있고, 실수를 줄일 수 있으며, 시간도 절약할 수 있다.

FASHION MARKETING TREND

KARMALOOP.COM

KARMALOOP.COM은 패셔니스타들과 트렌드 세터들을 위한 최고의 Shop이라는 명성을 가진 온라인상 Urban boutique이다. 5년 된 BOSTON회사로서 나이 어린 Tastemaker들의 소비 습관에 tag을 달음으로써 스트리트웨어 패션을 하나의 과학으로 만들어내었다. 15명의 moonlighting artist들, DJ들, 디자이너들에게 KARMALOOP 브랜드에 대한 말을 퍼뜨리고, 새로운 트렌드를 퍼뜨려줄 스트리트팀 채용하였다.

이들 스트리트팀은 현재는 3,000명에 달하는데, 길거리, 나이트클럽, 콘서트 등에서 flier와 스티커들을 돌리는 활동과 더불어 그들이 실제 현실 트렌드 속, 각종 이벤트 속에서 보게 되는 것에 대한 보고활동도 하고 있다.

자료: www.karmaloop.com

표본추출계획

마케팅 조사자들은 대체로 전체 소비자 집단에서 추출된 소규모표본에 대해서만 조사하면서도, 그 결과를 가지고 전체 집단에 대한 결론의 도출을 시도한다. 표본이란 모집단 전체를 대표하기 위하여 선택된 모집단의 한 부분이다. 이상적인 조사가 되려면 표본은 대표성이 있어야 한다. 그렇게 되면 조사자는 전체 집단의 사고와 행동을 정확하게 추적할 수 있게 된다.

표본추출계획에는 다음의 세 가지 의사결정이 포함된다.

첫째, 조사대상이 누구인가(표본단위는 무엇인가)? 이에 대한 대답은 항상 명확한 것은 아니다. 예를 들어 가족의 자동차 구매의사결정 과정을 조사하기 위해서 조사자는 남편, 아내, 기타 가족구성원, 판매원, 혹은 이들 모두 중에서 과연 누구를 면접해야 하는가? 조사자는 어떤 정보가 필요하고, 누가 그런 정보를 가지고 있을 가능성이 가장 큰가를 결정해야 한다.

둘째, 얼마나 많은 사람을 조사해야 하는가(표본크기는 얼마로 할 것인가)? 큰 표본은 작은 표본보다 신뢰성 있는 결과를 제공한다. 그러나 믿을 만한 결과를 얻기 위해서 전체 표적시장을 모두 조사한다거나 또는 반드시 큰 표본을 추출하여야 할 필요는 없다. 잘만 선택한다면 모집단의 1% 미만의 작은 표본도 우수한 신뢰성을 보유할 수 있다.

셋째, 표본에 포함될 응답자는 어떻게 선정되어야 하는가(표본추출절차)?

여기에는 다음 세 가지 방법이 있다.

① 확률표본: 표본은 전체 모집단에서 무작위로 추출될 수 있다.

② 편의표본: 획득이 가장 용이한 소집단을 표본으로 추출하는 방법이다.

③ 할당표본: 조사자가 다양한 인구통계적 집단으로부터 특정수의 사람을 면접하는 것이다.

이러한 여러 가지 표본추출법은 소요비용과 시간적 제약성이 각기 상이할 뿐 아니라 정확성과 통계적 특성이 서로 다르다. 어느 방법으로 표본을 추출할 것인가는 조사연구 프로젝트의 필요성에 따라 달라진다.

조사수단

1차 자료를 수집하는 데 있어 마케팅조사는 질문지와 기계장치의 주요한 두 가지 조사수단 중 어느 것을 택할 것인가를 결정해야 한다.

① 설문지: 설문지는 지금까지 사용되는 가장 보편적인 조사수단이다. 일반적으로 볼 때, 설문지는 일련의 질문들로 구성되며, 여러 가지 방법으로 질문을 물어볼 수 있기 때문에 매우 융통성이 있다. 설문지는 표본 전체에 대해 조사를 시작하기 전에 미리 개발하고, 테스트를 하여야 한다.

설문지를 작성할 때, 마케팅 조사자들은 질문할 내용, 질문의 형태, 질문에서 사용할 단어, 질문의 순서 등에 대해서 결정하여야만 한다. 설문지에는 대답할 수 없는 질문, 대답하지 않을 질문, 불필요한 질문 등이 포함되거나 필요한 질문이 생략되는 경우도 많다. 따라서 그 질문이 연구목적에 적절한가를 검토해야 한다.

질문의 형태는 응답에 영향을 줄 수 있다. 질문항목은 주관식 질문(자유응답형)과 객관식 질문으로 구분되는데, 객관식 질문은 모든 가능한 대답들이 나열되어 있어서 그 중의 하나를 선택하면 된다. 객관식 질문은 다항목선택 질문과 척도

MARKETING NOTE

문제성 있는 설문 항목들

다음 질문들은 국내에서 실시된 시장조사에 실제 사용된 적이 있는 것으로 질문 내용 및 방법의 적절성을 평가해 보기 위해서 예시되었다.

1. ('휴대용 컴퓨터'의 비사용자만 응답해 주십시오.) '휴대용 컴퓨터'를 구매하신다면 희망가격은?
   - 한번도 '휴대용 컴퓨터'를 사용해 본 적 없는 사람이 어떻게 희망가격을 생각할 수 있겠는가?

2. 나는 ○○잡지를 받으면 대개는
   a. 별로 읽지 않는다.
   b. 관심 있는 기사만 읽는다.
   c. 모든 기사를 다 읽는다.
   - '대개는'이라는 단어와 '별로'라는 단어의 뜻이 매우 모호하다. 그리고 'a. 별로 읽지 않는다'와 'b. 관심 있는 기사만 읽는다'의 내용구분이 불명확하다.

3. '나는 이 상표가 고급스러우면서도 저렴하다고 생각한다.'
   - 이것은 기술내용에 대해 동의하는 정도를 표시하도록 한 설문문항의 예이다. 그러나, '고급스럽다'라는 평가와 '저렴하다'라는 두 가지의 평가를 하나의 질문으로 동시에 묻고 있기 때문에 매우 혼란스러운 내용이다. 좋은 문항이 되기 위해서는 단순성이 필요하다. 고급스럽다고는 생각하지만 저렴하다고 생각하지 않을 때 어떻게 답할 것인가?

4. '당신은 신분을 나타내기 위해 명품을 구매하십니까?'
   - 응답자가 대답하기 곤란한 질문은 응답자의 직접적인 질문이 아닌 일반적인 문제로 바꾸어 질문한다. 예를 들어, '당신은 사람들이 신분을 나타내기 위한 목적으로 명품을 구매한다고 생각하십니까?'라는 질문을 사용함으로써 보다 솔직한 응답을 얻을 수 있도록 한다.

5. 거주 지역(경남동부, 경남중부, 경남서부, 기타 지역)
   - 지역별 응답번호도 주어져 있지 않으며, 어느 도시가 구체적으로 어느 지역에 속하는지 주관적인 판단이 될 수 있다.

질문 등이 있다. 주관식 질문은 응답자가 자기마음대로 대답을 할 수 있도록 한 것이다. 보통 주관식 질문은 응답자들이 대답을 하는 데 제한을 받지 않기 때문에 객관식 질문방법보다 많은 정보를 얻을 수 있다. 주관식 질문은 특히 탐색적 연구에 유용하다. 탐색적 연구 단계에서는 사람들이 어떻게 생각하고 있는가를 파악하는 것이 주목적이다. 그러나 이러한 주관식 질문은 낮은 응답률이 단점이다. 반면에 객관식 질문은 해석과 응답결과의 요약을 간편하게 할 수 있는 이점이 있다.

질문을 할 때의 단어선택에도 주의해야 한다. 조사자는 간단하면서도 직접적이며, 편견 없는 단어를 사용해야 한다. 질문들은 표본 전체에 대해 질문하기에 앞서 사전조사를 거쳐야 한다. 질문의 순서도 무척 중요하다. 최초질문은 가능한 흥미 있는 것이어야 한다. 어렵고 사적인 질문은 질문지의 맨 마지막 부분에 위치하여야 한다. 질문은 논리적인 순서로 구성되어야 한다.

② 기계적 수단: 비록 설문지가 가장 일반적인 조사수단으로 사용되기는 하지만, 기계적 수단도 역시 빈번히 사용된다. 우리는 이미 본장의 앞에서 두 가지 기계적 도구인 'People Meter'와 'Check-out Scanner'에 대해 살펴보았는데, 또 다른 기계적 도구로 피조사자들의 육체적 반응을 측정하기도 한다. 예를 들어 검류계는 어떤 대상이 광고나 그림에 노출되었을 때 보이는 관심과 감정의 정도를 측정한다. 검류계는 감정적 흥분으로 생기는 약간의 땀까지도 측정한다. 순간주의력측정장치(Tachistoscope)는 1/1,000초 이하에서부터 몇 초에 이르는 짧은 시간 동안 측정대상자들에게 광고를 보여주는 장치이다. 이러한 광고에 노출이 된 후, 피조사자는 기억하고 있는 모든 것을 기록한다. 안구이동 측정 카메라는 응답자의 눈동자의 움직임을 조사하기 위해서 사용되는 것으로 응답자의 눈동자가 제일 먼저 머무는 곳과 특정항목에 얼마나 오래 머무는가를 측정한다.

조사계획의 제시

이 단계에서 마케팅 조사자는 문서화된 계획안을 통해 조사계획을 요약한다. 조사 프로젝트가 크고 복잡하거나, 외부 조사기관이 조사를 수행할 때 문서화되는 계획안은 특히 중요하다. 조사계획안에는 이미 설정된 경영관리상의 문제점, 조사목적, 획득해야 할 구체적인 정보, 2차 정보의 종류와 1차 자료 수집방법 그리고 조사결과가 경영의사결정에 얼마나 도움이 될 것인가에 대한 평가 등이 포함되어 있어야 하며, 조사에 소요되는 비용도 제시되어야 한다. 문서화된 조사계획은 마케팅 관리자와 조사자들에게 조사의 모든 중요한 측면이 고려되었다는 것을 확신시킬 수 있어야 한다. 그리고 조사가 왜, 어떻게, 수행되어야 하는가에 대해서 조사계획서를 통하여 관계자들이 모두 이해할 수 있어야 한다.

조사계획의 집행

조사자는 조사계획을 실행에 옮겨야 된다. 이 단계는 정보의 수집, 처리, 분석 등이 포함된다. 자료 수집은 기업의 마케팅 조사요원이나 외부기관에 의해서 수행될 수 있는데, 기업은 자체의 요원을 사용함으로써 자료 수집과정과 자료의 질에 대한 통제를 더욱 효과적으로 할 수 있다. 그러나 자료 수집을 전문으로 하는 외부기관을 이용하면 조사를 좀더 빨리 진행시킬 수 있고, 비용도 오히려 적게 소요되는 경우가 많다.

수집된 자료는 중요한 정보와 결과를 도출하기 위하여 분석되어야 한다. 설문지를 통해서 수집된 자료는 정확성과 완전성이 검토된 후에 컴퓨터 분석을 위해 기호화된다. 조사자는 결과표를 작성하거나 주요 변수의 평균을 구하거나, 기타 통계치를 구하기 위해 컴퓨터 프로그램을 이용하게 된다.

결과의 해석과 보고

조사자는 결과를 해석하고 결론을 내린 후에 마케팅 관리자에게 보고하여야 한다.

조사자는 어려운 수치계산이나 통계기법 등을 사용해서 마케팅 관리자를 압도하려고 해서는 안 된다. 즉, 조사자는 경영자가 주요한 의사결정을 내리는 데 유용하게 사용할 수 있는 실질적인 결과를 제시해야 한다.

결과의 해석은 마케팅 조사과정에서 매우 중요한 단계이다. 관리자가 조사자로부터 보고받은 잘못된 해석을 맹목적으로 받아들인다면 아무리 잘된 조사라 하더라도 의미 없는 것이 되어 버린다. 이와 마찬가지로 관리자들도 편견을 가지고 해석을 내릴 수 있다. 관리자들은 그들이 기대했던 바와 일치하는 조사결과는 받아들이고, 바라지 않았던 조사결과들은 거부하는 경향이 있다. 관리자와 조사자는 조사결과를 분석할 때 긴밀히 협조해야 하고 조사과정 및 의사결정의 결과에 대한 책임을 함께 분담해야 한다.

회사에서 제품을 시장에 내놓을 경우 자기가 들어가고 싶은 시장을 우선 정의하여야 하고 그리고 나서 그 시장의 수요는 어느 정도이며, 또한 앞으로의 판매량은 어느 정도 될 것인가를 예측하여야 한다. 수요는 다양한 방면에서 측정될 수 있다. 제품의 품목이나 형태 등과 같은 제품의 수준별로 측정할 수 있으며, 지역에 따른 지역별 수준과 장 · 단기의 시간별로도 수요를 측정할 수 있다. 아래에서는 시장에서의 수요의 측정과 판매의 예측에 관하여 알아보기로 한다.

2. 수요와 판매의 예측

현재 수요의 측정

1 수요의 개념

수요란 간단히 표현하면 특정상품이 시장에서 팔리는 양이다. 그런데 수요는 회사에서 기울이는 마케팅노력의 수준과 믹스, 소비자의 행동, 그리고 환경의 변화(불황과 호황)에 따라 달라진다. 마케팅노력을 기울이는 만큼 판매량은 증가하지만 아무리 마케팅노력을 기울이지 않더라도 시장에서 최소한의 매출은 발생하는데 이를 최소수요(market minimum)라고 한다. 그러나 어느 시점이 지나면 아무리 마케팅노력을 기울여도 판매량은 증가하지 않게 되고 이 수준을 잠재수요(market potential)라 한다. 또한 어떤 특정한 마케팅노력을 기울였을 때(마케팅노력 수준 E) 나타나는 수요의 수준이 곧 수요의 예측치(forecast of demand)가 된다.

산업수요와 기업수요를 구별하여 이해할 필요가 있는 데 [그림 2-3]을 중심으로 이 두 개념을 살펴보기로 하자. 산업수요(industry demand)란 특정산업 내에 있는 모든 기업의 판매량을 말한다. 그리고 이러한 기업들이 일정기간 동안 소비자들에게 팔 수 있는 최대의 판매 가능액(량)(total possible sales)이 잠재수요(market potential)인 것이다. 이 잠재수요는 이상적인 상황하에서 달성될 수 있는 최대 판매수준을 뜻하기 때문에 마케팅비용을 아무리 투입한다 할지라도 더 이상 판매량이 늘지 않게 된다.

산업노력의 주어진 수준하에서([그림 2-4] 참조) 우리는 시장예측(F_M)을 할 수 있다.

그림 2-3 마케팅 노력의 함수로서의 수요

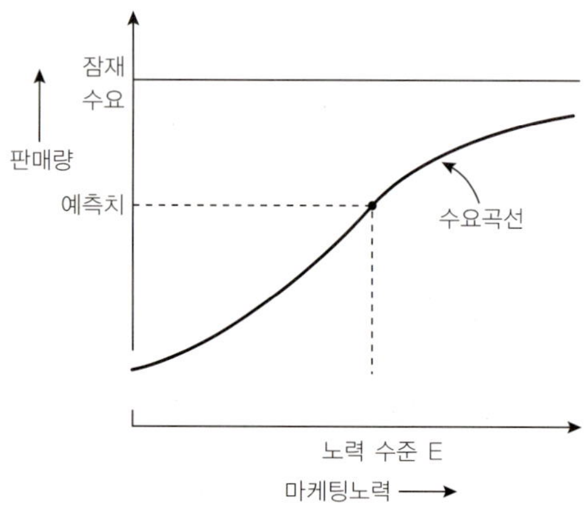

그림 2-4 산업 및 기업의 수요

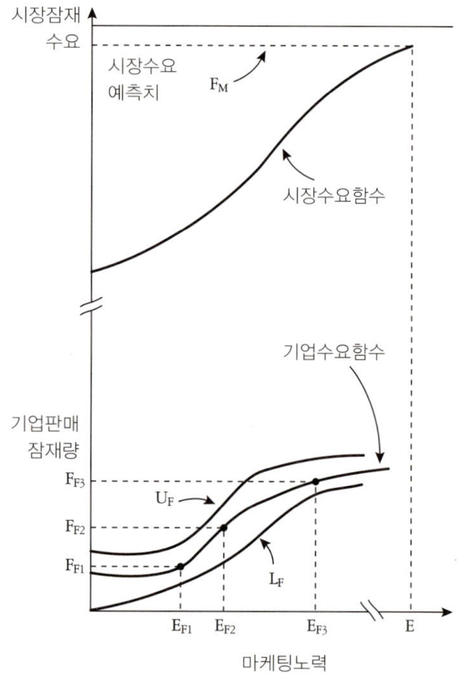

이 때 산업노력은 그 산업에 종사하는 모든 기업들의 마케팅노력을 합한 것이다. 산업노력에 따른 그 산업 전체의 판매량은 시장수요함수로 설명된다. 즉, 수요는 마케팅노력의 수준에 영향을 받아 결정된다는 의미인 것이다. 또한 특정 산업에 속해 있는 특정한 하나의 회사는 시장의 잠재수요 중에서 오직 일정한 몫을 판매할 뿐인데 이를 기업수요(firm potential)라 부른다. 그리고 주어진 마케팅 환경에서 특정회사의 제품이 시장에서 올릴 수 있는 최대 매출가능액(량)이 기업 판매잠재량 혹은 판매가능액인 것이다. 기업수용의 한계는 물론 시장의 잠재수요이다. 만일 어떤 기업이 전체 시장을 독식해 버린다면 이 둘은 같아질 수 있다. 그러나 대부분의 경우 아무리 마케팅비용을 경쟁자보다 많이 투입한다 하더라도 기업판매 잠재량은 시장의 잠재수요보다는 적게 마련이다. 왜냐하면 어느 회사 할 것 없이 최소한의 충성스런 고객은 확보하고 있기 때문이다. 기업에서는 수요를 예측하기 위하여 몇 가지의 마케팅노력 수준을 선택하게 된다. [그림 2-4]에서는 세 가지 수준의 마케팅노력, 즉 E_{F1}, E_{F2}, E_{F3}를 보여주고 있는데 이는 각각 특정시점에서 기업이 투입하는 마케팅비용의 수준일 수 있다. 또한 F_{F1}, F_{F2}, F_{F3}는 이러한 세 가지 수준의 노력에 따른 기업의 수요예측치를 나타내 주고 있다. 또한 [그림 2-4]에서는 기업에서 수요예측을 할 경우에 발생할 수 있는 오차의 범위를 나타내 주고 있는데 상한선은 U_F 그리고 하한선은 L_F로 기업수요함수 위, 아래에 설정되어 있다. 이는 단순히 수요예측의 허용오차범위를 말하는데 불확실성과 측정상의 오류가 적으면 적을수록 상한선과 하한선이 기업수요함수에 근접하게 된다.

2 수요의 측정방법

연쇄비율법

연쇄비율법은 회사의 특정상표에 대한 수요를 추정하는데 주로 사용되는데 시장의 잠재수요를 파악하고 난 다음 여기에 일련의 비율을 곱해 나가서 궁극적으로 특정상품에 대한 특정시장에서의 수요를 측정하는 방법이다. 스포츠웨어를 생산하는 N 업체에서 주머니가 달린 등산용 바지 카고팬츠 style A를 시장에 내놓기로 하고 내년도 서울 강남지역에서의 최대 판매가능액, 즉 기업판매 잠재량이 어느 정도 될 것인지를 연쇄비율법을 사용하여 측정한 아래의 예를 보기로 하자.

	₩6,000,000	강남지역의 총인구
×	₩ 10,000	1인당 연간 등산복 소비에 대한 지출액
	₩60,000,000,000	연간 등산복 소비에 대한 지출액
×	.4	등산바지에 대한 지출비율
	₩24,000,000,000	등산바지에 대한 연간 총지출액
×	.2	카고팬츠 소비예측률
	₩4,800,000,000	카고팬츠에 대한 예상 총판매량
×	.8	자사의 카고팬츠 style A의 예상점유율
	₩3,840,000,000	style A의 예상 총판매량

위에서 보는 바와 같이 시장의 잠재수요는 48억원에 해당하지만 내년도 N사의 판매가능액, 즉 기업의 판매잠재력은 38억 4천만원에 이를 것으로 예측할 수 있다. 그런데 위에서 우리는 몇 가지 조정비율을 예측하여 계산해 나갔다. 즉, 카고팬츠의 소비예측률을 20%, 그리고 style A의 예상점유율을 80%로 예측하였다. 여기에서 예측상의 문제가 발생할 수 있는데 다름 아닌 경쟁 환경과 마케팅노력 등을 고려하지 않고 "대충 이 정도로 하자"로 예측을 할 수 있다는 것이다. 이 문제를 해결하는 방법은 시장에 있는 전체 기업의 마케팅비용에 대한 구체적인 마케팅비용의 비율을 나타내는 아래와 같은 공식을 사용하는 것이다.

$$ms_1 = \frac{A_i{}^{e_{ai}} P^{-e_{pi}}}{\sum(A_i{}^{e_{ai}} P^{-e_{pi}})}$$

ms_i ; 회사 i의 시장점유율
A_i ; 회사 i의 광고비용
P_i ; 회사 i의 제품가격
e_{ai}, e_{pi} ; 회사 i의 광고와 가격에 대한 탄력성

구매력 지수법

구매력지수법(buying power index)은 소비재의 수요를 측정할 때 자주 이용된다. 이 방법은 지역시장의 인구, 소득, 소매판매량 등에 가중치를 부여하여 지수를 개발하여 지역시장에서 수요를 측정하는 것이다. 미국의 Sales & Management 잡지에 실리는 구매력지수(BPI)가 여러 가지의 요인을 고려한 다요인 지수의 대표적인 예이다.

H양말 회사에서 양말의 시장 잠재량이 인구와 직접적인 관련이 있다고 가정을 한다고 하자. 그리고 부산시 인구가 우리나라 15%를 차지한다고 하면 H사에서는 간단하게 부산시가 자사제품 총 판매액의 15%시장이 될 것이라고 판단할 수 있다. 그러나 제품의 판매는 인구요인뿐만 아니라 그 외에 소매 판매량, 소득 등과 같은 여러 요인에 의해 결정된다. 그러면 H사는 부산시 지역에서 어느 정도 소화할 수 있겠는가를 아래의 구매력지수를 통하여 알아보기로 하자.

$$\text{BPI}_i = .5I_i + .3R_i + 2P_i$$

BPI_i = 전국 구매력에 대한 지역 i의 비율
I_i = 전국 가처분소득에 대한 지역 i의 비율
R_i = 전국 소매상매출에 대한 지역 i의 비율
P_i = 전국 인구에 대한 지역 I의 비율

예를 들어 부산시가 전국 가처분소득의 20%, 전체 소매상매출의 5%, 총인구의 15%를 차지하고 있다면 부산시의 구매력지수는

$0.5(20) + 0.3(5) + 0.2(15) = 14.5\%$이다.

따라서 H사에서는 전국의 양말판매량 중 14.5%가 부산시 지역에서 이루어질 것으로 추정할 수 있다.

표준산업분류법

산업재나 서비스의 지역별 잠재수요를 측정하는데 효과적인 방법은 표준산업분류법(Standard Industrial Classification Method)이다. 이 방법은 모든 제조업을 20개의 주요 산업분야로 분류하고 이를 다시 150개 정도의 산업집단으로 재분류한다. 이렇게 재분류된 산업집단을 다시 약 450개의 제품범주로 분류하는데 사업집단은 두 자리수, 산업집단은 세 자리수 그리고 제품범주는 네 자리수의 코드를 사용한다.

우리나라에서는 2차 자료가 충분하지 않아 이를 이용한 수요의 측정은 힘들다. 미국의 경우에는 구매력 지수법으로 소비재의 수요를 측정하고 산업재는 표준산업분류를 사용하여 측정하고 있다. 우리나라에서는 한국표준산업분류(Korea Standard Industrial Classification: KSIC)에서 일반적인 산업분류를 하고 있다.

미래 수요의 예측

시장에서의 수요는 대부분 안정적이지 못하다. 이럴수록 예측의 정확성은 기업의 영업활동에 더욱 결정적이 된다. 가령, 예측을 잘못하면 재고가 쌓이게 되고 가격을 낮추어서 판매해야 할 경우가 생긴다. 반대로 재고가 부족하면 시장에서의 판매기회를 잃을 수도 있다. 따라서 마케팅 관리자들은 정확한 예측을 위하여 예측방법과 절차를 잘 알아야 한다.

1 주관적인 예측방법

주관적인 수요예측방법에는 최고경영자의 판단, 전문가 의견통합법, 판매원 의견통합법, 구매의도 조사법의 세 가지가 가장 널리 사용된다. 이에 관하여 아래에서 살펴보기로 하자.

최고경영자의 판단

아마 가장 간단한 판매예측절차는 경영자들에게 어느 정도 되겠습니까 하고 물어서 판매량을 예측하는 것일 것이다. 경험이 풍부한 경영자들은 경기전망, 경쟁관계 등에서 자신들의 주관적인 견해를 예측에 포함시키기 때문에 자신들의 판단에 대단한 자부심을 갖고 있다. 경영자의 판단에 의한 예측은 경영자들이 모여서 향후 판매량에 대한 의견을 교환하여 결론을 얻는 것이 바람직하다.

델파이 방법(delphi method)

이 방법은 판매예측을 하는 데 있어서 전문가들의 의견을 들어 이들의 의견을 일치하게 하는 것이다. 이 방법을 전개하는 절차는 아래와 같다.

- 판매예측과 관련한 전문가 집단을 구성한다.
- 전문가 개개인에게 자기 나름대로 예측을 하게 한다(대체로 설문지를 통하여).
- 개개인의 의견을 다른 구성원에게 무기명으로 보낸다.
- 각 전문가는 보내온 다른 사람의 의견을 보고 다시 예측한다.
- 다시 구성원들의 의견을 모두 모아서 구성원들 간에 비슷한 결과가 나올 때까지 이러한 과정을 되풀이 한다.

실제적으로 이러한 과정을 통하여 쉽게 의견이 접근되며 대체로 두 번 안에 의견의 일치가 이루어진다. 또한 집단의 구성원이 5~10명 선일 때 가장 신뢰성이 있는 것으로 나타나고 있다. 따라서 이 방법은 판매예측뿐만 아니라 기술개발, 소비자 행동의 변화가능성, 시장의 규모 및 환경변화의 추세 등에 많이 적용되고 있다.

판매원 의견통합법

이 방법은 자사의 판매원들에게 자기구역의 판매예측을 하게 하여 이를 모아 회사 전체의 판매량을 예측하는 방법이다. 이 경우에 판매원들은 품목 하나하나에 대하여 자기의 의견을 보일 수도 있다. 회사에서는 판매원의 의견과 과거의 실제매출액 등을 비교하여 예측치를 최종적으로 조정하는 것이 일반적이다. 이 방법을 이용하는 목적은 판매원들이 최소한 자기구역에 관해서는 미래에 어느 정도의 수요가 있을 것인가를 알고 경쟁에 대비할 수 있도록 준비해야 한다는 데 있다. 따라서 이 방법 최대결점은 판매원들이 보다 적은 양을 할당받기 위해서 고의로 적게 판매예측을 할 수도 있다는 점이다.

그러므로 판매원의 예측치를 보다 정확하게 하기 위해서는 판매원들에게 예측의 불확실성 정도를 물어 이들이 예측한 것을 조정하기도 하고, 구역의 책임자가 예측한 것과 실제 판매원이 예측한 결과치를 비교하여 결점을 보완하기도 한다. 이 방법은 소수의 대규모 구매자들을 상대로 하는 기업에 유용하다.

구매의도조사법

앞에서 얘기한 방법들은 판매자에 의해서 예측이 주도되었다. 즉, 경영자의 주관이나 판매원의 판단이 판매를 예측하는 수단이었다. 하지만 구매의도조사를 통한 판매의 예측은 구매자를 중심으로 이루어진다. 그러므로 이 방법은 구매자들에게 전화나 편지 혹은 개인적인 면담을 통하여 특정제품을 구매할 의사가 있는지를 조사하여 판매를 예측하는 것이다. A브랜드 상품에 대한 구매의도를 조사하는 질문을 예로 보기로 하자.

질 문 : 당신은 1년 이내에 A브랜드 상품을 구입할 의사가 있습니까?

가중치 :	0	.2	.4	.6	.8	1.0
	전혀 없다	조금 있다	꽤 있다	많다	매우 많다	확실하다
빈 도 :	100	200	300	100	200	100

1,000명을 대상으로 어느 A회사에서 실시한 구매의도조사가 위의 예와 같다면 이 회사에서는 1년간의 판매량을 아래와 같이 예측할 수 있다.

물론 일인당 한 대의 A브랜드 상품 구매를 전제로 할 때이다.

$$200(0.2)+300(0.4)+100(0.6)+200(0.8)+100(1.0)=480\text{명}$$

위의 결과로 볼 때 이 회사에서는 1,000명의 구매자를 대상으로 할 때 480개의 상품을 판매할 수 있다고 예측할 수 있다. 따라서 시장의 크기가 1,000,000명이라면 480,000대를 판매할 수 있다고 예측할 수 있다. 여기서 중요한 점은 가중치인데 이는 회사에서 경험적으로 부여하게 된다.

이 방법은 구매의사가 항상 행동으로 연결되지 않는다는 단점이 있다. 실제로 구매자는 여러 가지 환경의 영향을 받아 조사시점과 비교하여 구매시점에서는 마음이 바뀌어질 수도 있다. 따라서 소비재시장에서보다는 산업재시장에서 이 방법을 많이 사용하는 경향이 있다. 왜냐하면 산업재는 공정상 꼭 필요하기 때문에 구매의사를 좀처럼 바꾸지 않기 때문이다.

2 객관적인 예측방법

시계열분석방법

단순예측법

이 방법은 가장 간단한 예측방법으로 바로 전기의 판매량을 다음 기의 판매량으로 예측하는 것이다. 지금이 2006년 말인데 2007년의 판매량을 예측한다고 가정하여 보자. 가장 간단히 예측하는 방법은 미래의 판매량은 과거의 판매량의 평균 정도될 것이라고 예측하든지 아니면 단순히 2007년도의 제 4 분기 판매량은 2006년도의 제 4 분기 판매량과 동일할 것이라고 예측하는 것일 것이다. 따라서 이 단순예측법은 최근의 자료를 토대로 미래의 판매량을 단순히 전년도와 동일하게 예측하든지 아니면 추세에 맞추어 예측하는 방법인 것이다.

계절적 조정

스키복 등과 같이 계절적으로 수요가 몰리는 상품에 대한 판매량의 예측은 과거의 판매량을 기초로 하여 이를 계절적인 특성에 맞추어 조정해 줄 필요가 있다. 아래의 [표 2-4]를 보면서 이해하기로 하자.

표 2-4 회사 A의 분기당 실제매출액 및 계절적 조정절차 (단위: 천원)

실제 매출액	연도	2004	2005	2006
	1분기	10,000	10,100	10,150
	2분기	10,100	10,200	10,300
	3분기	13,000	14,000	15,000
	4분기	10,500	11,000	12,000
계절적 조정절차	1. 분기별 평균(2004～2006) 10,000+10,100+10,150=30,250/3=10,083 10,100+10,200+10,300=30,600/3=10,200 13,000+14,000+15,000=42,000/3=13,000 10,500+11,000+12,000=33,500/3=11,167 2. 분기당 평균 10,000+10,100+⋯+12,000=136,350/12=11,363 3. 계절적 지수 1분기 : 10,083/11,363=.887 2분기 : 10,200/11,363=.897 3분기 : 13,000/11,363=1.144 4분기 : 11,167/11,363=.983			
계절적으로 조정된 자료		2004	2005	2006
	1분기 :	11,274	11,387	11,443
	2분기 :	11,260	11,371	11,483
	3분기 :	11,364	12,238	13,112
	4분기 :	10,687	11,190	12,208

앞의 표는 제 3 분기에 판매량이 폭주하고 있는 회사 A의 판매량을 계절적인 영향에서 오는 불규칙적인 변동을 제거하여 조정된 자료를 만들기까지의 과정을 나타내주고 있다. 이와 같이 계절적으로 판매량의 변화가 심한 경우에 마케팅 관리자는 위 표에서와 같이 분기별 평균, 분기당 평균, 그리고 계절적 지수를 구하고 난 다음 실제 판매액을 분기별 지수로 나누어 조정된 자료를 구할 수 있다. 이렇게 계절적으로 조정된 자료는 다른 예측방법의 자료로도 활용할 수 있다. 다음의 이동평균법과 지수평활법이 그 예이다.

이동평균법

이 방법은 과거의 일정기간별 평균을 구하여 이 추세를 파악함으로써 판매량을 예측하는 방법이다. 이동평균법으로 미래의 판매를 예측하는 일반적인 공식은 아래와 같다.

$$S_{t+1}=\frac{S_t+S_{t-1}+\cdots\cdots\cdots\cdots\cdots+S_{t-n+1}}{n}$$

$S_{t+1}=t+1$ 기의 판매예측액
$S_{t-n+1}=$전년도의 판매액
$S_t=t$ 기의 판매량
$n=$이동평균계산에 사용된 기간수

[표 2-4]의 자료를 가지고 2007년도 1분기의 판매량을 예측해 보기로 하자. $n=3$일 때 이동평균에 의한 판매예측치는

$$S_{2007}=\frac{11{,}274+11{,}387+11{,}443}{3}=11{,}368 \text{ (단위: 천원)}$$

이다.

이동평균법에 의한 판매예측은 기본적으로 과거판매량의 평균을 기초로 하고 있으며 따라서 과거의 자료가 미래의 예측치에 미치는 영향은 동일하게 적용된다. 여기서 중요한 문제는 기간의 수를 어떻게 결정할 것인가 하는 문제인데, 기간을 많이 포함시키면 자료의 추세가 완만해질 수는 있지만 급격한 자료의 움직임이 반영되지 않을 수도 있다. 따라서 평균값을 구하려고 하는 기간은 가급적 자료 움직임의 주기와 동일한 크기 중에서 가장 작은 값으로 하는 것이 좋다.

지수평활법

지수평활법(exponential smoothing)은 과거의 판매자료에 가중치를 두어 평균을 구하는 방법이다. 따라서 이 방법은 과거자료의 영향력을 동일하게 간주하는 이동평균방법과는 다르다. 또한 가중치를 통하여 자료에 의미를 부여할 수 있어 오래된 자료가 판매예측치에 끼치는 영향력을 체계적으로 감소시킬 수 있다. 지수평활식은 아래와 같다.

$$S_{t+1} = \alpha S_i + (1-\alpha)\overline{S_t}$$

> S_{t+1} = 현재기간 t에 대한 평활된 판매액
> α = 평활상수
> S_t = t기의 실제 혹은 계절적으로 조정된 판매액
> $\overline{S_t}$ = $t-1$기의 평활된 판매액

여기서 평활상수 α는 0에서 1 사이의 숫자 가운데 임의로 조사자가 선택한다. α값은 판매량의 변화가 적을 때는 적은 숫자(0.1, 0.2)를 선택하고, 높은 α값(.8, .9)은 급격한 판매량의 변화가 있을 때 적절하다. 다시 말하면 α값이 적으면 자료의 움직임이 예측치에 늦게 반영되는 단점이 있고 반대로 α값이 너무 높으면 최근의 자료변동에 예측치가 크게 영향을 받게 된다. 따라서 지수평활법에서는 α값의 선택이 대단히 중요한 문제이다. α값을 선택하는 하나의 방법은 과거의 자료를 대상으로 시행착오를 통하여 선택하는 것이다. 앞의 [표 2-4]의 자료를 가지고 지수평활법으로 2007년도 1분기의 판매액을 예측하는 예를 보기로 하다. 계산을 위하여 2004년과 2005년도의 자료를 가지고 시작하여야 한다(사용된 평활상수=.1)

$$S_{2005} = (.1)(11,387) + (.9)(11,274) = 11,285$$

$$S_{2006} = (.1)(11,443) + (.9)(11,285) = 11.301$$

2007년 예측치 = (11,301)(.887) = 10,023 (단위: 천원)

Box Jenkins

대부분의 경우, 시계열자료는 네 가지의 주기, 즉 순환적 주기, 추세, 계절적인 주기, 임의적 주기를 지닌다([그림 2-5] 참조).

시계열에 있어서 임의적 이동특성은 어떤 예측모델로도 예측을 곤란하게 하

며 계절적인 주기는 식별이 가능하며 계절적 지수를 다른 예측모델과 함께 사용함으로써 예측이 가능하다. 또한 추세는 지수평활법이나 통계적 추세분석모델로 예측이 가능한 반면에 순환적 주기는 주기의 불규칙성이 있을 때는 대단히 어렵다.

여하튼 회사의 입장에서 가장 중요한 문제는 판매가 증가하다가 감소하는 지점 혹은 감소추세에 있던 것이 돌아서는 지점을 아는 것이다. 다시 말하면 주기의 전환점(turning point)을 아는 것이다. 지수평활법이나 통계적 추세분석모델로는 이와 같은 전환점을 파악할 수가 없다. 왜냐하면 이와 같은 방법으로 예측을 할 경우에 전환점에서 많은 오차가 발생할 수 있기 때문이다.

그림 2-5 판매의 임의적, 순환적 추세, 계절적인 주기

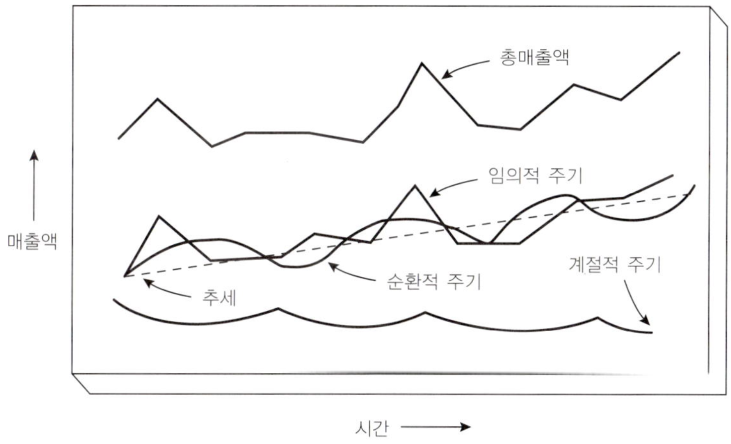

박스젠킨스(Box Jenkins)방법은 이와 같은 전환점을 식별할 수 있는 아주 좋은 방법이다. 이 방법은 시계열자료들 간의 상관관계를 예측에 이용하는 데 자기회귀요인(autoregressive factor)과 이동평균요인(moving average factor)으로 구성된다. 이 방법을 이용한 판매예측은 매우 복잡하며 많은 양의 과거자료를 필요로 하는데 최소한 50기의 관찰자료가 요구되는 것으로 알려지고 있다.

통계적 분석방법(회귀분석)

지금까지 살펴본 시계열분석방법은 판매에 직접적인 영향을 미치는 요인에 근거하여 판매를 예측한 게 아니라 시간에 근거하여 예측하였다. 그러나 수요를 보다 정확하게 예측하고 의미 있는 것이 되게 하기 위해서는 판매에 영향을 많이

미치는 요인과 이들이 판매에 영향을 미치는 정도를 파악하여 판매를 예측할 수 있는 기법이 필요하다. 이를 위한 것이 바로 회귀분석방법이다.

회귀분석은 판매량을 종속변수로 보고 판매에 영향을 미치는 여러 가지 요인을 독립변수로 하여 판매를 예측하는 기법이다. 소득, 인구, 가격, 커뮤니케이션 수단 등이 가장 많이 이용되는 독립변수들이다. 회귀분석의 기본적인 모형은 아래와 같다.

$$S=\alpha+\beta 1X_1+\beta 2X_2+\beta nX_n+e$$

S=판매예측액
X_1=독립변수
α=상수
β=회귀계수(독립변수가 S에 미치는 영향력)
n=독립변수의 수
e=오차항

이 회귀분석방법은 대체로 통계적인 절차를 통하여 모형의 산출이 이루어지며 산출된 회귀모형에 대한 각 독립변수의 설명력 정도 역시 통계적인 유의도를 통해 알 수 있다. 요즈음 SPSS 혹은 SAS와 같은 컴퓨터용 통계패키지의 발달로 이 회귀분석에 의한 판매의 예측이 점차 인기를 끌고 있다. 그러나 이 방법을 사용할 때에는 아래의 문제점들에 유의해야 한다.

- 자료의 관찰치가 너무 적지 않아야 한다.
- 독립변수들 간의 상관관계가 너무 많을 수 있다.
- 관찰된 자료들이 정규분포의 가정에 위배되지 않아야 한다.
- 독립변수가 이원적인 인과관계를 맺고 있을 수도 있다.
- 최초 모형에 고려하지 않은 새로운 변수가 나타날 수도 있다.

요 약

1. 마케팅조사는 수집된 정보를 이용하여, 소비자, 고객, 공중 등과 마케팅 담당자를 연결하는 기능을 하며 수집된 정보는 마케팅 기회와 위협을 확인하고, 마케팅활동을 수립, 수정하고, 평가하며, 마케팅성과를 측정하고, 마케팅 관리과정에 대한 이해를 돕기 위하여 사용된다.

2. 마케팅 조사과정은 조사목적의 설정, 조사계획의 수립, 조사계획의 집행 그리고 조사결과의 해석과 보고의 순으로 이루어지며 가장 일반적인 마케팅조사의 활동으로는 사장잠재수요의 측정, 시장점유율분석, 시장특성의 발견, 판매 분석, 기업 추세연구, 단기예측, 장기예측, 경쟁제품 연구, 마케팅 경영정보 시스템 연구 및 가격연구 등이 있다.

3. 수요란 특정상품이 시장에서 팔리는 양을 의미하며 이는 회사에서 기울이는 마케팅노력의 수준과 믹스, 소비자의 행동 그리고 환경의 변화에 따라 달라진다.

4. 주어진 마케팅환경에서 특정회사의 제품이 시장에서 올릴 수 있는 최대 매출가능액(량)이 잠재수요가 되며 수요의 측정 방법으로는 주로 연쇄비율법과 구매력지수법 그리고 표준산업분류가 사용된다.

생각해 볼 문제

1 마케팅 조사과정에 대해 설명해 보자.

2 마케팅조사가 기업의 마케팅 컨셉 설정에 있어 어떠한 역할을 하는가?

3 마케팅조사시 세 가지 접촉방법의 장단점을 비교해 보자.

4 포커스 집단 면접 방법이 사용된 사례를 조사해 보고 그 장점과 단점에 대해 생각해 보자.

3

Chapter 3

마케팅 환경분석

계절이 사라진 미래 패션

패션의 가장 기본적 공식, 계절이 사라지고 있다. 트렌드 혼동에 영향을 미치는 중요한 요소는 바로 기후의 변화이다. 계절별로 해 왔던 옷장정리보다 4계절 내내 입을 수 있는 옷을 사는 편이 더 실용적이다. 월스트리트, 타임지 등 해외 유명 저널과 각종 트렌드 정보 업체들에서는 몇 해 전부터 계속해서 시즌리스(seasonless), 노 트렌드(trans-seasonal), 연중 의상(all-year)의 용어를 발표하며 미래 패션에 가장 중요한 영향을 미칠 요인으로 현재의 극심한 이상 기후, 기후 혼란을 지적하고 있다. 기후 변화에 따른 예측 불가능한 날씨는 패션 컬렉션 및 상품 기획의 오랜 기준이었던 S/S, F/W 시즌의 존재마저 근본적 혼란으로 밀어 넣고 있다.

[우리나라의 기후변화와 향후 전망 및 영향]

		기후변화 현상	향후 전망
생태계	기상	•1912~1920년 대비 1991~2000년 약 1.5°C 상승 •1920년 대비 1990년대 겨울이 한달 정도 단축 •지난 겨울(11월~1월) 가장 포근 •열대야 증가 •오락가락 장마, 장마 후 많은 비 •집중호우 발생빈도 증가	•2020년 1.2°C, 2050년 2.5°C, 2080년 4.4°C 상승 •2090년 서울의 겨울 일수가 1920년대 대비 63일 줄고 여름은 45일 증가 예상 •아열대기후구가 서해 및 중부까지 북상
	해수면	•동해 해수면 최근 30년간 연평균 3.2mm 상승 •부산은 1973년 이후 7.85cm 상승 •동해 해수온도 110년간 1.9°C 상승	•2100년 한반도 해수면 40~59cm 상승 •40cm 상승시 서울시 면적의 약 4배 침수
	동식물	•한류성 → 난류성 어종으로 교체 •해파리 등 아열대 생물 출현 •남방계, 아열대 곤충 출현	•어획량 지속 감소 •아열대 어종, 동식물의 증가 •말라리아, 질병 및 병충해 증가
	농작물	•벼, 사과, 한라봉, 감귤, 포도, 녹차 등 농작물 재배한계선 북상 •열대 작물 증가	•2080년 기온이 5°C 상승시 벼 수확량 1990년 대비 14.9% 감소 전망
생활	패션/스포츠	•겨울 패션 쇠퇴 •여름 스포츠 호황, 겨울 스포츠 불황	•전천후 패션, 스포츠 확산
	음식	•신토불이 농작물 쇠퇴	•특산품 지도, 식탁의 변화
	주거/건축	•기후친화형 주거문화 확산 •첨단방재 구조물 확대	•부동산 투자 기준의 변화(남향보다는 북향 선호 증가)
	건강	•말라리아 및 신종 질병 증가 •연중 식중독 환자 증가	•Health 비즈니스 호황 •건강관리 프로그램 보급

패션의 변화 – 스타일

기후변화는 사람들의 옷 입는 방식을 근본적으로 변화시키고 있다. 레이어드 룩은 날씨변화에 적응하면서 스타일의 다양함도 잃지 않는 최상의 방법으로 하이패션에서 스트리트 패션까지 지속적으로 꾸준한 인기를 얻고 있다. 사람들은 이제 한 겨울에 트위드 코트를 사는 대신 민소매 니트드레스, 헐렁한 터틀넥, 7~9부 바지들과 같이 일 년 내내 입을 수 있는 옷을 구입한다.

지난 몇 시즌간 하이패션 디자이너들은 미니멀리즘에 기능적인 부분을 강조한 경량감의 소재들로 새로운 방식의 레이어링을 선보이고 있으며, 스트리트 패션에서의 레이어드 룩은 더욱 과감하고 다양한 스타일로 변화하고 있다

(SFI 2007 Spring Street Fashion 보고서中).

시장환경이 변화하면서 새로운 시장기회가 나타나고, 이로 인해 필연적으로 기존의 시장구조도 변화할 수밖에 없다. 이렇게 마케팅환경은 기회와 위협을 동시에 주기 때문에, 기업은 마케팅조사와 마케팅 정보수집활동을 통하여 변화하는 환경에 대처하여야 한다.

마케팅환경은 미시환경과 거시환경으로 구성된다. 미시환경이란 기업이 고객에게 제품과 서비스로 봉사할 수 있는 능력에 영향을 미치는 행위자들로서 기업, 유통경로 관련 기관, 고객, 경쟁사 및 공중 등을 의미한다. 거시환경은 좀더 광범위한 사회적 요인으로서, 기업의 미시환경 내의 모든 행위자에 영향을 미치는 것들, 즉 인구통계적, 경제적, 자연적, 기술적, 정치적 및 문화적 제반 영향요인을 말한다. 본장에서는 기업의 미시환경에 대해서 검토하고 다음에 거시환경에 대해 알아보기로 한다.

패션의 변화 – 기능

얇고 가벼운 스타일의 부상은 기능성 소재의 개발로 이어진다. 섬유의 생분해성이나 재배 및 가공에서의 친환경성을 고려하는 최첨단 소재의 개발과 함께 가벼우면서 보온성을 가진 시즌리스 아이템을 위한 기능성 소재의 개발이 각광받고 있다.

친환경 최첨단 소재의 개발

최근 친환경 기능성 섬유 개발의 흐름은 다기능, 초경량에 초점이 맞춰져 있다. 최근 국제환경규제에 대응하는 섬유 생산기업들과 함께 N&S, 월마트, H&M 등 글로벌 메이저 소매업체들이 웰빙트렌드를 반영한 섬유 제품의 구매를 확대하는 등 친환경 제품이 산업 전반을 리드하고 있다. 이에 따라 섬유 업체들은 기능성 소재 개발에 집중하고 있으며 화학섬유 업체들도 재활용이 가능한 생분해성 합성섬유 등을 내놓으며 친환경 기업으로 변신을 도모하고 있다. 유럽의 경우 친환경 웰빙 소재, 일본은 초기능성 소재 개발에 주력하고 있으며 미국은 실용성과 내구성에 기능성, 친환경을 접목한 사례가 두드러지고 있다. 또한 독일과 일본에서 기능성 원료와 천연섬유를 복합 방적해 만든 폴리코튼, 폴리울 등 복합 다기능 소재 개발이 확대되고 있다.

기능성 소재의 개발과 또 다른 움직임은 완성품 디자인에 있어서의 기능성이다. 기후변화에 대한 위기감은 디자이너들로 하여금 보호와 안전에 대한 감각을 불러일으키며, 컬렉션의 주제 선정 및 기능적 디자인 개발에 영향을 미치고 있다.

자료: 기후변화가 패션에 미치는 영향, 삼성디자인넷

1. 기업의 미시환경

마케팅 관리자의 과업은 표적시장에 매력적인 제품을 제공하는 것으로부터 출발한다. 그러나 마케팅관리의 성공 여부는 기업의 여타 부문, 중간상, 경쟁사 및 기타 공중에 의해 결정된다. 이러한 기업의 미시환경을 구성하는 행위자는 [그림 3-1]과 같다. 마케팅 관리자는 단순히 표적고객의 욕구에만 집중할 수 없으며, 의사결정시 기업의 미시환경의 모든 행위자들을 동시에 고려해야 한다. 따라서 본장에서는 섬유제조업체 K사를 예로 들면서 기업의 미시환경에 대하여 설명하기로 한다.

그림 3-1 기업의 미시환경

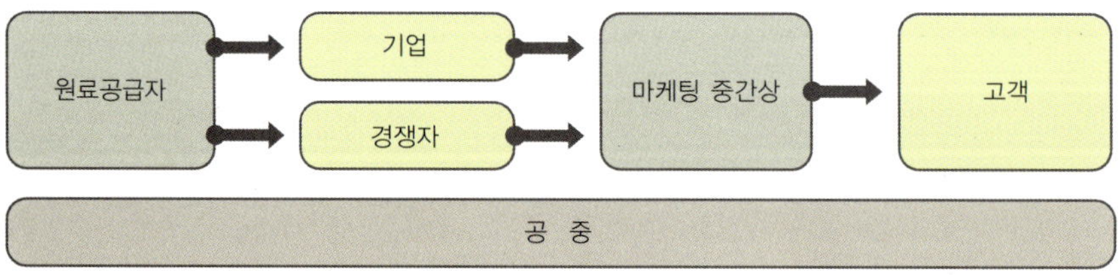

기 업

마케팅계획을 수립할 때, K사의 마케팅 관리자는 최고경영층, 재무, 기술개발부, 구매, 제조 및 회계부문 등 여러 부문을 고려해야 한다([그림 3-2] 참조). 이러한 모든 상호 관련된 부문들은 마케팅 계획수립자에게는 기업 내의 미시환경이 된다.

K사의 최고경영층은 섬유사업부문 대표이사, 전무, 상무, 이사, 담당 등으로

그림 3-2 기 업

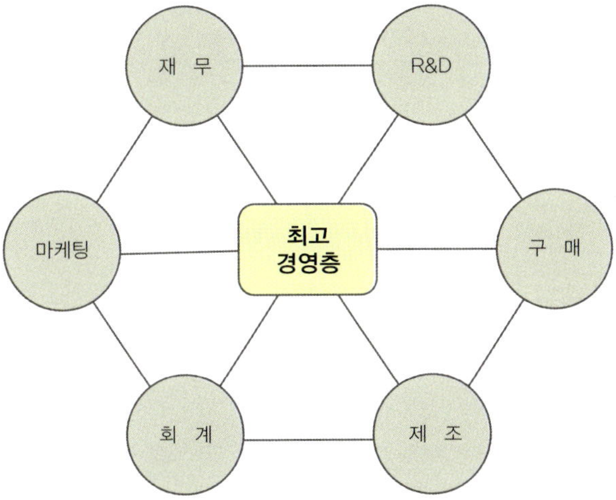

구성되며 이들은 기업의 사명, 목표, 전사적 전략 및 방침 등을 수립한다. 마케팅 부문 경영자는 최고경영층이 설정한 계획범위 내에서 의사결정을 하며, 마케팅계획을 실행하기 전에 최고경영층의 승인을 받아야 한다.

마케팅 관리자는 또한 타기능 부문과도 긴밀히 협조해야 한다. 재무담당 관리자는 마케팅 계획수립을 위한 자금의 조달가능성 및 운영에 관심을 두며, 기술개발부문 관리자들은 우수한 기능의 신소재를 개발하는 문제에 관심을 집중한다. 구매부서는 예측된 양을 생산하는 데 필요한 원자재를 충분하게 확보하는 데 관심이 있으며, 제조부문은 충분한 생산설비능력과 노동력을 확보하고, 생산목표를 달성하는 것을 책임진다. 회계부서는 계속적으로 이익, 비용을 측정하여 기업의 목표가 잘 달성되고 있는가를 마케팅부서가 알 수 있도록 하는 데 책임이 있다. 즉, 모든 부서들은 마케팅부의 계획과 활동에 영향을 미친다.

원료 공급자

원료 공급자란 기업이 제품과 서비스를 생산하는 데 필요한 원재료를 공급하는 기업이나 개인을 말한다. 예를 들어 K사는 섬유를 생산하기 위해 다양한 원료를 확보해야 하며 노동력, 생산설비, 연료, 전기, 관리용 컴퓨터 및 기타 생산요소들을 구입해야 한다.

원료 공급자와 관련된 환경의 변화는 기업의 마케팅활동에 막대한 영향을 준다. 원자재 공급부족, 노동파업, 가격상승 등은 단기적으로 판매비용을 증가시키며, 장기적으로는 기업에 대한 고객신뢰도까지 상실하게 한다.

마케팅 중간상

마케팅 중간상이란 최종구매자에게 제품을 촉진, 판매, 유통시키는 과정에서 기업을 도와주는 기관을 뜻한다. 이에는 중간상인, 물적 유통 회사, 마케팅서비스 대행사 및 금융기관 등이 있다.

1 중간상인

중간상인은 고객을 찾아 판매를 하는 데 도움을 주는 유통기관이다. 이에는 상품을 구매하여 다시 판매하는 도매상과 소매상이 포함된다. K사의 섬유판매를 위한 기본방법은 각각 자신의 영리를 추구하기 위해 재판매하는 독립적인 수백 개의 중간상인을 이용하는 것이다.

왜 K사는 중간상인을 활용하여야 하는가? 중간상인들은 K사가 직접 수행하는 것보다는 더 저렴하게 판매와 관련된 여러 가지 중요한 기능을 수행하기 때문이다. 중간상인들은 고객들의 주거지 근처에서 재고를 보관하여 소비자들이 구매하고자 할 때 제품을 보여주고 또한 배달해 줄 수가 있고, 광고도 하고 소비자와 판매조건을 상담할 수도 있다. K사는 자체의 대규모 판매 창구를 소유하고 운영하는 것보다는 독립적인 중간상인을 이용하는 것이 훨씬 효과적임을 깨달았기 때문에 중간상을 이용하고 있다.

그러나 중간상인의 선택과 관리는 쉬운 것이 아니다. 제조업자들은 많은 소규모의 독립적인 중간상인들만을 선택할 수는 없는데, 그 이유는 중간상인의 조직체들이 그 규모가 커지고 성장하였기 때문이다. 이렇게 대규모화된 중간상인들(국내에서는 소위 '딜러' 라고 함)은 그들의 막강한 판매능력을 바탕으로 시장에서 제조업자를 견제할 수 있는 능력을 보유하게 된다.

2 물적 유통기업

물적 유통기업은 상품을 생산지에서 목적지까지 이동 혹은 보관함으로써 기업을 도와주는 일을 하는 회사를 일컫는다. 국내 물적 유통기업으로는 '대한통운'이나 '천일고속화물' 등을 들 수 있다. 기업의 입장에서는 비용, 배달, 속도 및 안전성 등을 고려하여 비용을 가장 절감할 수 있는 저장 및 선적방법을 결정하여야 한다.

3 마케팅서비스 대행사

마케팅서비스 대행사에는 마케팅조사 회사, 광고대행사, 매체 및 마케팅 자문회사 등이 있는데, 이들은 기업이 최적표적시장을 선정하고, 제품을 촉진하는데 있어서 기업을 도와준다. 외부기관에 의뢰하는 경우에는 이러한 기관들의 창의성, 서비스의 질, 가격 등이 상이하기 때문에 신중하게 선정해야 한다. 또한 정기적으로 이 기관들의 성과를 검토하고, 더 이상 성과가 좋지 못한 서비스 대행사는 대체할 것을 고려하여야 한다.

4 금융기관

금융기관은 제품의 구입과 판매와 관련된 위험에 대한 재무적 비용이나 보증을 도와주는 은행, 보험회사 및 기타 금융관련 조직들을 포함한다. 대부분의 기업과 고객들은 거래에 필요한 자금을 조달하기 위해서 금융기관에 의존한다. 기업의 마케팅성과는 신용비용의 증가, 신용한도 또는 이들 모두에 의해서 크게 영향을 받는다. 따라서 기업은 주요 금융기관과 원만한 협력관계를 조성해야 한다.

고 객

기업은 고객시장을 면밀히 연구해야 한다. 기업은 [그림 3-3]과 같은 다섯 가지 종류의 고객시장을 접하게 된다.

① 소비자시장: 개인소비를 목적으로 재화와 서비스를 구입하는 개인이나 가구
② 산업시장: 생산과정에 사용하기 위해 필요한 재화와 서비스를 구입하는 조직체
③ 재판매업자시장: 이익을 바라고 재판매하기 위하여 재화와 서비스를 구입하는 조직체

그림 3-3 고객시장

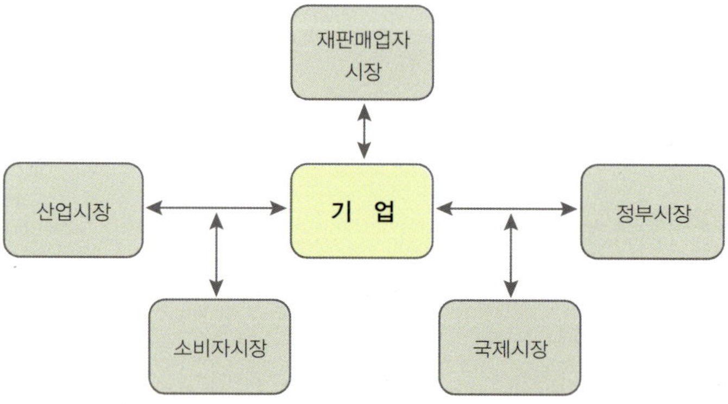

④ 정부시장: 공공서비스를 생산하거나 필요한 사람에게 이전시키기 위하여 재화와 서비스를 구입하는 정부기관

⑤ 국제시장: 외국의 소비자, 생산자, 재판매업자, 정부 들을 포함하는 해외 구매자

K사는 위의 모든 시장에서 섬유를 판매한다. 공장에서 직접 소비자에게 판매하기도 하며, 소비자시장, 재판매를 위한 도매상과 소매상에게도 판매한다. 그리고 외국의 소비자, 생산자, 재판매업자, 정부기관 등에 판매하기도 한다. 이들 각각의 고객형태, 즉 시장형태는 제각기 독특한 특징을 갖기 때문에 신중한 연구가 필요하다.

경쟁기업

모든 기업은 다양한 형태의 경쟁을 하고 있다. 마케팅 지향적인 경영이념이 그 효력을 발휘하기 위해서는 기업은 경쟁사보다 고객의 욕구를 더 잘 충족시킬 수 있어야 한다. 따라서 기업은 단순히 고객의 욕구에 적응한다는 생각에서 벗어나, 동일한 표적시장에서 영업활동을 하고 있는 경쟁사의 전략을 능가하는 것을 목표로 삼아야 한다. 즉, 고객의 마음속에서 경쟁사의 제품보다 강력한 위치를 확보할 수 있는 전략적 우위를 달성하여야 한다.

FASHION MARKETING TREND

제일모직-LG패션, 주력 브랜드로 마케팅 경쟁

남성복 대형사들이 마케팅을 강화하고 있다. 제일모직과 LG패션은 브랜드 로열티와 인지도가 높은 남성복을 중심으로 광고, 홍보, 아이템 등을 통한 아이덴티티 정립에 나섰다. 특히 제일모직은 '빈폴(Bean Pole)'과 '갤럭시(Galaxy)'에, LG패션은 '마에스트로(Maestro)'와 '헤지스(Hazzys)'에 역량을 집중할 계획이다.

제일모직의 '빈폴'은 이미 기네스 펠트로와 다니엘 헤니를 전속모델로 기용해 대대적인 마케팅 캠페인을 벌이고 있으며 '빈폴인터내셔널'이라는 슬로건으로 명품 브랜드로의 도약을 꾀하고 있다. 이 회사 마케팅팀 임명선 과장은 "고객들의 '빈폴'에 대한 선입견을 종전 상품에서 사람 중심으로 표현하려고 했으며 국내 소비자들에게 세계적인 브랜드가 되겠다는 상징적인 의미를 솔직하게 전달하려 했다"고 말했다.

LG패션의 '헤지스' 역시 최근 광고를 통해 남녀 커플을 등장시켜 남성복과 여성복의 브랜드 이미지를 동시에 표현하는 등 등장인물을 통해 브랜드 가치를 나타내는 데 주력하고 있다. 또 '마에스트로'는 작년 하반기 신사복을 시작으로 신규 패턴에 대한 마케팅과 TV-CF를 통해 홍보 효과를 높여 왔다. 올 상반기에 이어 하반기에도 정장은 물론 캐주얼 패턴까지 새롭게 추가해 인지도를 강화하고 있다. 이 회사 관계자는 "'마에스트로'가 꼭 신사복이라는 고정 관념에서 벗어나 하나의 패션 브랜드로 인식되도록 매 시즌 새로운 요소를 추가할 것"이라고 말했다.

이 밖에 제일모직의 '갤럭시'도 내년부터 대대적인 브랜드 마케팅을 준비하고 있다. '갤럭시'는 토털 브랜드로서의 위상과 업계 1위 자리를 지킬 브랜드 아이덴티티 확대 관점에서 준비하고 있는 것으로 알려졌다. 이 같은 현상은 기존의 남성복이 상품 중심이었다면 이제는 고객의 라이프스타일 표현을 통한 인간 중심의 마케팅이 필요하다는 인식 전환에 따른 것으로 풀이된다.

자료: 어패럴뉴스, 2005. 10. 18.

공 중

공중은 기업이 목적을 달성하는 데 필요한 능력에 실질적 또는 잠재적으로 이해관계를 갖고 있거나, 영향을 미치는 집단을 의미한다. 모든 기업은 일곱 가지 형태의 공중에 둘러싸여 있다([그림 3-4] 참조).

① 금융공중: 금융공중은 기업의 자금조달능력에 영향을 미치는 집단으로 은행, 투자 회사, 주주 등으로 구성된다. K사는 경영실적에 관한 연간보고서 발행 및 관련 금융단체에게 회사의 재무 상태에 대한 정보를 제공함으로써 우호적인 관계를 유지하여야 한다.

② 매체공중: 매체공중은 뉴스, 방송 및 특집기사 등을 제공하는 조직으로 특히 일간 신문, 잡지, 라디오, TV 방송국들을 의미한다. K사는 보다 다양한 종류의 매체들을 확보하기를 원할 것이다.

③ 정부공중: 경영자는 마케팅계획 수립시에 정부정책의 변화를 고려하여야 한다. K사의 마케팅 담당자는 제품의 안전성, 광고의 진실성, 거래자의 권리 등과 같은 민감한 문제에 대해서 기업법률고문과 상담을 실시해야 한다. 또한, 보다 나은 입법을 위해 다른 섬유제조업체와 협동하여 로비활동도 해야 한다.

④ 시민운동공중: 기업의 마케팅 의사결정은 소비자단체, 환경보호단체, 소수집단 등에 의해 영향을 받는다.

⑤ 지역공중: 모든 기업은 인근주민, 지역사회단체와 같은 지역공중과 접촉한다. 보통 대기업의 지역사회 담당자는 지역사회와의 관계개선, 회의참석, 지역주민의 질문에 대한 답변, 지역사회운동에 동참 등을 한다.

⑥ 일반공중: 기업에 대한 공중의 이미지는 그들의 구매행동에 영향을 미치기 때문에 기업은 제품과 활동에 대한 일반공중의 태도에 관심을 가져야 한다. 소위 '기업시민' 이라는 강력한 이미지를 형성하기 위해서 K사는 지역사회 행사에 담당자를 파견하여 조력하고, 자선 사업에 참여하며, 고객의 불만처리를 위한 시스템을 구축하여야 한다.

⑦ 내부공중: 기업의 내부공중에는 사무원, 근로자, 경영자, 이사회 등이 있다. 대기업은 내부공중에게 정보를 제공하고 동기를 부여하기 위해서 기타 형태의 사내 통신문을 사용한다. 구성원들이 기업에 대해 호의를 가질 때, 그들의 긍정적인 태도가 외부공중에 파급된다.

그림 3-4 공중의 유형

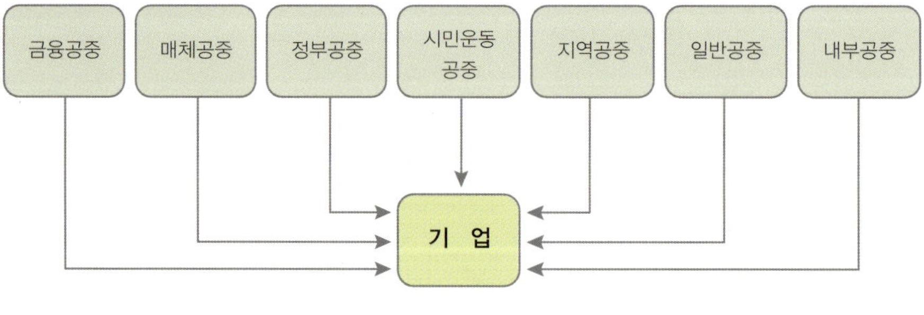

FASHION MARKETING TREND

패션기업의 미시적 마케팅 환경분석의 예

패션기업의 미시적 마케팅 환경분석은 패션시장 현황 및 경쟁상황, 패션소비자, 패션트렌드에 대한 조사 및 분석을 포함한다.

1. 패션시장 현황 및 경쟁 분석

패션시장 현황에 대한 분석에서는 전체 의류시장의 규모추이 및 성장률, 유통구조, 원부자재나 협력업체의 변화 등을 파악해야 한다. 또한, 보다 세부적인 단계의 분석으로 복종별 시장점유율 추이나 복종별 신규브랜드 현황에 대한 조사가 필요하다.

다음은 2008년도 의류시장 규모추이와 시장성장률, 복종별 의류시장 규모를 예측한 자료이다. 2008년 전체 의류시장 규모는 4.5%대 성장이 예상되어 22조 3천4백억원으로 추정되며, 스포츠, 캐주얼화의 지속되는 가운데, 여성복시장 비중이 회복되고 있는 것을 알 수 있다.

의류시장 규모추이 및 시장 성장률

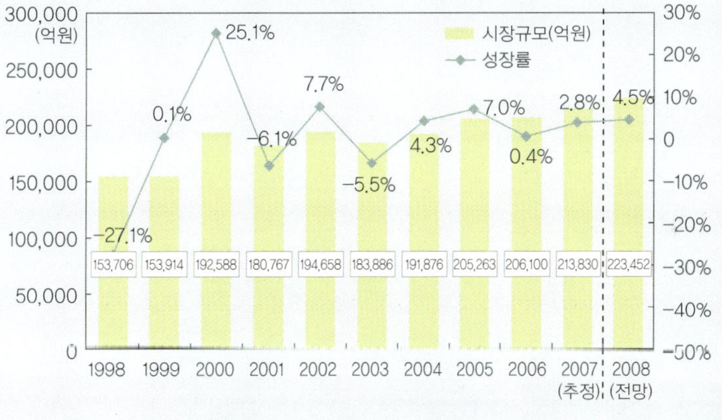

자료: 07 추동/08 춘하 의류시장 규모 및 수요추이조사, 삼성디자인넷, 2008.

세분 시장별 Market Share 추이

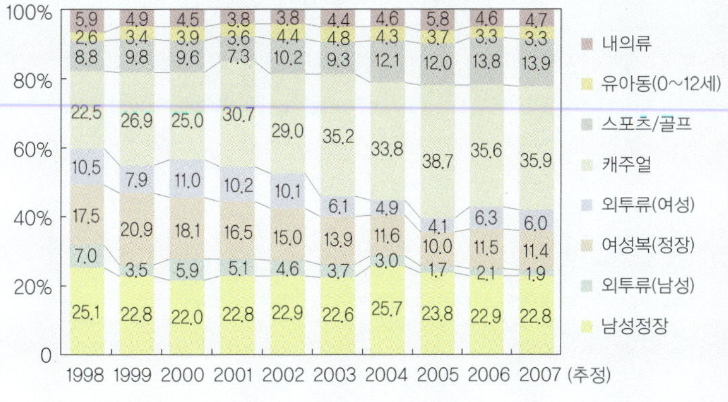

자료: 2007 Fashion Distribution Analysis, 삼성디자인넷, 2008.

2. 패션소비자 분석

패션소비자 조사영역에는 소비자의 라이프스타일, 소비자의식, 구매동기, 인지도 및 선호도, 구매행동, 착용도 및 패션거리조사, 광고효과조사 등이 포함된다. 이는 소비자들이 누구인지, 무엇을 원하고 구매하는지, 언제 어디에서 얼마나 자주 구입하는지에 관한 정보라고 할 수 있다. 다음은 소비자의 패션감성 트렌드의 변화추이에 대한 조사결과이다.

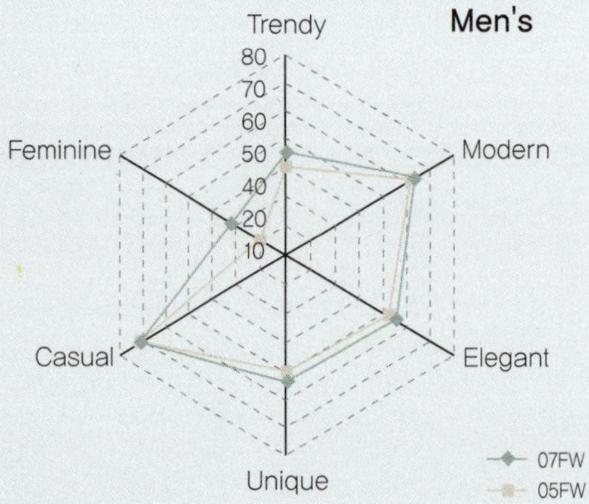

자료: 07/08년 패션시장 분석, 삼성디자인넷, 2008.

3. 패션트렌드 분석

2009 S/S Fashion Influence & Fashion Theme

변화로 특징지어지는 패션시장에서 패션마케터나 MD, 디자이너들은 패션트렌드에 대한 정보를 끊임없이 수집해야 한다. 이렇게 수집된 정보는 각 브랜드나 리테일러의 컨셉에 맞도록 적절히 보완되어 반영된다. 패션트렌드 정보의 내용은 패션에 영향을 미치는 패션 인플루언스(fashion influence), 패션테마(fashion theme), 색채, 소재, 실루엣, 스타일, 디테일 등 다양한 정보를 포함한다.

자료: 삼성디자인넷

2. 기업의 거시환경

기업의 거시환경은 [그림 3-5]와 같은 6개의 주요 요인으로 구성된다. 아래에서는 거시환경이 마케팅계획에 어떻게 영향을 미치는가를 검토하고자 한다.

그림 3-5 기업의 거시적 환경

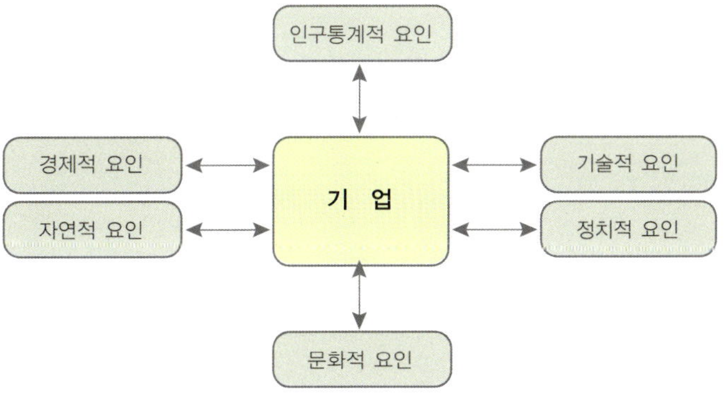

인구통계적 환경

인구통계적 환경이란 인구수, 인구밀도, 주거지, 연령, 성별, 인종, 직업 등의 통계치를 말한다. 인구통계적 환경은 사람을 포함하고 또한 사람은 바로 시장을 구성하기 때문에 인구통계적 환경은 마케팅 관리자의 주된 관심사 중의 하나가 된다. 우리나라에 있어서 가장 중요한 인구통계적 환경 추세들을 살펴보기로 하자.

대한민국의 총인구는 1970년의 31,435,252명에서 2005년에는 47,274,722명으로 50.4% 증가하였다. 1인당 국민총소득(GNI)은 1970년의 254 US달러에서 2007년에 20,045 US달러로 무려 7,792% 증가하였다.

즉, 인구의 증가비율이 둔화되고 있는 반면에 인구의 노령화가 가속되고 있다. 따라서 노인층을 목표시장으로 하는 사업들이 앞으로 전망 있는 산업으로 각광받기 시작할 것이다. 예를 들자면 노인들을 위한 관광프로그램, 노인용 고급의류, 노인전용병원, 고급 양로원, 노인용 잡지 등이다. 이러한 분야에 대한 마케팅을 소위 '실버(Silver)마케팅'이라고 한다.

지난 30년간 인구이동을 살펴보면 서울, 부산, 대구, 인천, 광주, 대전 등의 대도시는 극심한 인구유입을 경험하였으며, 경기도를 제외한 다른 지역, 즉 강원, 충북, 충남, 전북, 전남, 경북, 경남, 제주도는 인구의 유출을 경험하였다.

최근 가장 인구유입이 극심한 지역으로는 인천과 경기도로 나타났는데, 이는 수도권인구증가 억제정책의 일환으로 시행되고 있는 신도시건설로 인한 것으로 보인다. 최근 가장 극심한 인구유출을 경험한 지역은 강원도와 전라남도로 나타났다. 따라서 앞으로 우리나라의 구매력은 수도권을 중심으로 한 인천, 경기지역에 주로 분포할 것으로 전망된다.

표 3-1 연령별 인구통계의 변화

연령별	연 도	1970년	1980년	1990년	2000년	2005년
	구 분	인구 (명)	인구 (명)	인구 (명)	인구 (명)	인구 (명)
15세 미만	인구(명)	13,241,433	12,655,775	11,134,215	9,638,756	8,986,128
	비중	42.1%	33.8%	25.7%	21.0%	19.0%
15~59세	인구(9명)	16,489,183	22,482,863	28,936,759	31,184,010	31,801,235
	비중	52.5%	60.1%	66.7%	67.8%	67.3%
60세 이상	인구(명)	1,704,636	2,268,177	3,319,400	5,162,523	6,487,359
	비중	5.4%	6.1%	7.7%	11.2%	13.7%
총인구	인구(명)	31,435,252	37,406,815	43,390,374	45,985,289	47,274,722

경제적 환경

경제적 환경이란 소비자들의 구매력과 소비 형태에 영향을 미치는 요인을 뜻한다. 소비자의 구매력은 소득수준, 제품가격, 소비자의 저축수준 등에 의해 좌우된다. 마케팅 관리자는 소득수준의 변화와 소비형태의 변화에 세심한 주의를 기울여야 한다. 아래에서는 우리나라의 지난 30년간의 경제적 환경의 변화에 대해서 알아보기로 한다.

농가소득은 91년에 가구당 평균 1천 3백만원으로 20년 전에 비해 약 37배가 늘어났다. 우리나라의 총재정 규모는 25년 전 2천 3백 10억원에서 91년 59조 2천 4백 57억원으로 2백 56배가 늘어났으며, 1인당 총외채는 61년 3달러에서 91년에는 9백 4달러로 불어났다. 국민 1인당 납세금액도 61년에는 1천 1백원에서 90년에는 76만 7천 2백원으로 증가하였다. 총 저축률은 61년에는 11.7%였으나 91년에는 36.1%로 높아졌다. 금 외환 보유고는 91년 1백 37억 달러로 30년 전에 비해서 66배가 증가하였다. 1인당 저축성예금은 30년 전 1천원에 불과했으나 현재는 2백 27만 7천원으로 증가했다.

국민소득증가와 소비생활의 고급화에 따라 국민들의 소비지출 패턴이 크게 바뀌었다. 총소비지출은 가중치를 1천으로 했을 때 지난 85년 92.4이던 쌀의 가중치는 90년 53.4로 격감했다. 이에 비해 지금까지 가중치가 없었던 승용차, 휘발유, 개인용 컴퓨터, VTR, 우황청심원 등에 높은 가중치가 새로 매겨지고 있다. 그러나 수요가 거의 없는 수수쌀, 들기름, 기와, 창호지, 양은솥, 성냥 등은 물가조사대상에서조차 탈락되었다. 소비지출변화가 가장 두드러진 분야는 식료품부문으로 식생활의 고급화, 수입식품의 범람, 외식비의 급증 등의 현상이 특징이다. 그러나 식료품의 가중치는 85년 3백 79.9에서 90년 3백 24.9로 감소하였다.

표 3-2 소비자물가조사대상 주요 품목의 변화

기준연도	조사대상 품목수	주요 품목
1936년	10	쌀, 콩, 쇠고기, 계란, 소금, 설탕, 청주, 숯, 간장
1965년	285	들기름, 양배추, 수박, 포도, 고등어, 아이스케키, 껌
1970년	338	고속버스료, 항공료, 피아노, 전축, 냉장고, 보리쌀(압맥), 고추장, 맞춤복(신사, 숙녀), 병어, 당근, 밀감
1980년	394	컬러TV, 전철료, 도시가스, 세탁기, 가스레인지, 손목시계, 카세트테이프, 마요네즈, 케첩, 경유, 한방약, 위스키
1985년	411	피아노학원비, 입시학원비, 햄, 생맥주, 케이크, 과실넥타, 풋고추, 시내버스료(좌석), 시외전화료, 병원검사료, 미용료(커트)
1990년	470	승용차(소형, 중형), 휘발유, 개인용 컴퓨터, 에어컨, 진공청소, VTR, 전화기(무선), 맛김, 기차료(새마을), 김치, 바나나, 오렌지주스, 튀김닭, 보일러, 냉동만두, 우황청심원
2008년	489	간병도우미료, 골프연습장이용료, 공항이용료, 국제항공료, 노트북컴퓨터, 쇠고기(국산), 쇠고기(외국산), 스키장이용료, 쓰레기봉투료, 씨리얼식품, 외래진료비(MRI), 이동전화기, 이동전화통화료, 치과진료비(치아보철), 행정수수료

FASHION MARKETING TREND

패션기업의 거시적 마케팅 환경분석의 예

패션기업의 거시적 마케팅 환경분석 중에서 거시경제지표와 소비지표에 대한 분석의 예는 다음과 같다.

1. 거시경제지표

- 상반기 국내경제성장률 4.5%, 하반기 뚜렷한 회복세로 2007년 전체 4.3~4.8% 전망
- 국내 경제지표의 상승과 대조적으로 국제금융시장 불안 확대
- 2008년 소비를 주축으로 한 내수 증가세가 확대되면서 4.5~5.0% 성장 예상

주요 경제지표 전망

(단위: %)		2001	2002	2003	2004	2005	2006	2007 상반기	2007(예측)				2008(전망)			
									삼성경제연구소	LG경제연구원	OECD	IMF	삼성경제연구소	LG경제연구원	OECD	IMF
세계경제성장률		2.3	3.0	3.9	4.3	3.6	3.9	3.8	3.8	4.9	2.7	5.2	3.5	4.4	2.7	4.8
	미국	0.3	2.4	3.1	4.4	3.2	3.3	1.7	2.0	1.8	2.1	1.9	1.9	1.5	2.5	1.9
	일본	0.4	0.3	2.5	2.7	2.6	2.2	2.4	2.2	1.9	2.4	2.0	1.8	1.8	2.1	1.7
	EU	1.5	0.8	0.9	2.0	1.3	2.8	2.8	2.6	2.5	2.7	1.9	2.2	2.2	2.3	1.9
	중국	7.3	8.0	9.3	9.5	9.9	11.1	11.5	11.2	11.2	10.4	11.5	10.7	10.0	10.4	10.0
국내경제	경제성장률	3.1	6.3	3.1	4.6	1.0	5.0	4.5	4.8	4.8	4.3	4.3	5.0	5.0	4.8	4.6
	민간소비	4.7	6.8	-1.4	-0.5	3.2	4.2	4.1	4.4	4.4	4.4	-	4.5	4.7	3.6	-
	소비자물가	4.1	2.7	3.6	3.6	2.7	2.2	2.2	2.5	2.4	2.5	2.6	3.0	2.7	3.0	2.7
	실업률	3.8	3.1	3.4	3.5	3.7	3.5	3.4	3.3	3.3	3.4	3.3	3.2	3.2	3.4	3.1

* 과거 자료는 삼성경제연구소 자료 기준. 1) OECD 가입국 기준
* 전망시점: 삼성경제연구소(11월)/LG경제연구원(10월)/OECD(5월)/IMF(10월)

자료: 07/08 패션시장 분석, 삼성디자인넷, 2008.

2. 소비지표

물가지수 및 소비자 태도지수 변화추이

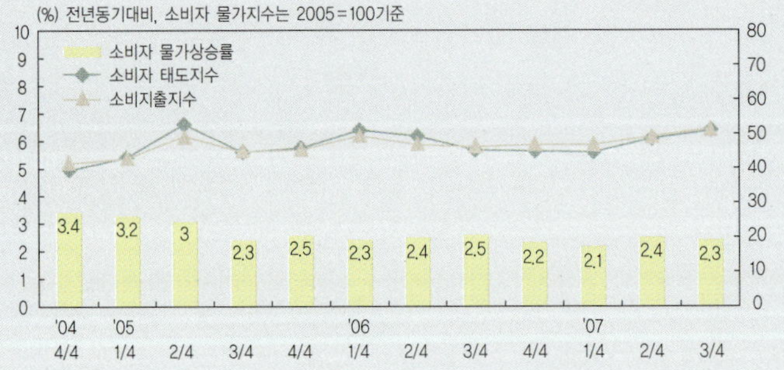

자료: 07/08 패션시장 분석, 삼성디자인넷, 2008.

- 소비자 태도지수 회복세 2006년 4/4분기 이후 연속 상승세, 2007년 4/4분기 51.5
- 가계소득/소비증가세 회복
- 3/4분기 도시근로자가구의 월평균 소득 전년대비 9.2% 상승한 3,783,000원
- 전 연령대에서 소비지출 증가. 2030세대 소비, 50세 이상 소비에 주목할 필요

분기별 가구소득/지출 증감률 추이

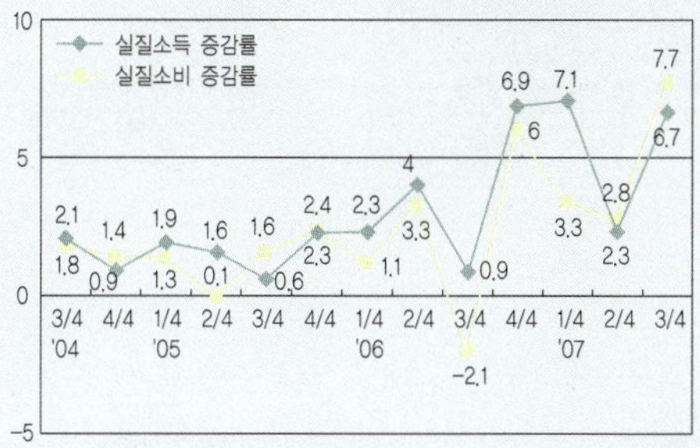

가구주 연령대별 소비지출 증감률 추이

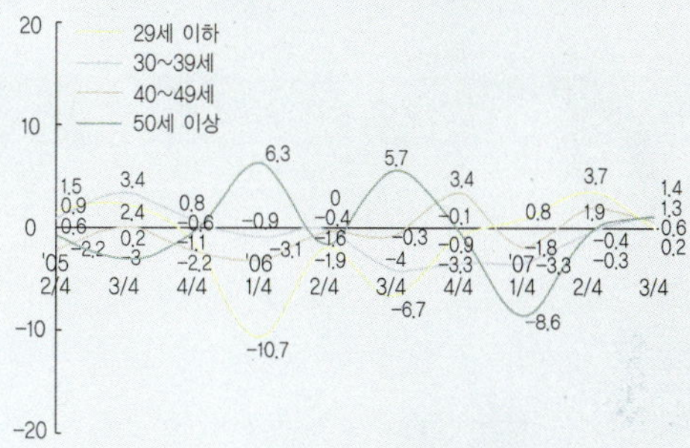

자료: 07/08 패션시장 분석, 삼성디자인넷, 2008.

경제적 환경은 의류제품을 비롯한 패션제품을 취급하는 기업에 매우 직접적인 영향을 미치는데, 이는 이들 제품이 소비자의 기호와 여유소득에 영향을 받는 선매품이기 때문이다. 경제적 호황에 의해 소비자들의 여유소득이 증가하여 구매력이 향상되면 패션상품에 대한 관심과 욕구가 증대하는 것이다. 반면, 불경기에는 매출이 급감소하거나 혹은 패션트렌드의 변화에도 영향을 미친다. 경제적 불안정 상태가 여성들의 스커트 길이가 길어지는 원인이 된다는 사실은 널리 알려진 사실이며, 이 외에도 불경기에는 여러 개의 의복을 겹쳐 입는 레이어드 룩이나 과거에 대한 향수가 반영된 복고풍(레트로 룩) 패션이 유행하기도 한다. 최근에는 장기 경제침체와 캐주얼화라는 트렌드의 복합적인 원인으로 인해 믹스앤매치(mix and match) 스타일이 오랜 기간 유행하는 현상이 나타났다.

FASHION MARKETING TREND

레이어드 열풍: Box-T Shirts, 레깅스, 빅백, 원피스, Mini & Short

몇 시즌 동안 지속되어온 레이어드 착장이 2007년에도 여전히 강세를 보였다. 특히 올해는 컬러와 실루엣이 단순해진 미니멀리즘의 영향으로 특별한 디테일보다 볼륨 있는 실루엣의 원피스가 크게 유행하면서 이에 어울리는 티셔츠와 레깅스의 레이어드룩이 큰 인기를 모았다.

헐렁한 티셔츠와 레깅스의 매치로 볼륨감의 대비를 이끌어낸 스타일과 함께, 착시효과를 이용해 하나를 입어도 두 개를 걸친 듯 레이어드 효과를 낼 수 있는 눈속임 패션 아이템도 캐주얼 브랜드를 중심으로 인기를 끌었다. 지난해 시작된 레깅스의 인기도 꾸준히 지속되고 있고, 올해는 색상과 디자

인에 변화를 준 제품이 많아 선택 폭이 넓어졌다. 실용성을 겸한 레이어드 트렌드는 향후에도 그 인기가 지속될 것으로 보인다.

자료: 2007년 패션산업 10대 이슈와 2008년 전망, 삼성디자인넷

단품 아이템들의 믹스앤매치로 레이어드 코디네이션을 제안하는 codes combine

그림: 삼성디자인넷
http://www.codes-combine.co.kr/intro.asp

자연적 환경

자연적 환경이란 마케팅활동의 결과에 의해 영향을 받거나, 마케팅 관리자에 의해 투입요소로 사용되는 자연자원을 말한다. 일반대중들은 산업화 과정이 자연환경을 파괴하지는 않는지에 관하여 많은 관심을 보이고 있다. 자연환경 감시단체들이 활발한 활동을 하고 있으며, 국회에서는 자연을 보호하기 위한 입법활동이 추진되고 있다. 자연관리에 대한 정부의 개입과 함께 기업들의 자연환경에 대한 관심 또한 증대되어, 그린마케팅(green marketing)의 중요성이 부각되고 있다. 따라서 마케팅 관리자는 자연환경의 변화에 대한 다음과 같은 네 가지의 주요한 추세에 대해 관심을 가져야 할 것이다.

FASHION MARKETING TREND

Sustainable Movement: Green, Eco, Charity 열풍

최근 지속가능한 발전/성장(Sustainable development/Growth)이 새로운 패러다임으로 등장하면서 이에 대한 관심이 고조되고, 환경뿐 아니라 경제, 사회 각 분야에서 이의 실현을 위한 정책과 계획이 수립되고 있다. 무엇보다 환경에 대한 이슈가 두드러지면서 소비자들은 점점 친환경 제품에 관심을 기울이게 되고, 에너지 절감이나 재생 가능한 소재가 각광받고 있다. 이런 지속가능한 제품들은 식품에서 패션으로 상품의 범위가 확대되고 있는데, American Apparel은 오가닉 코튼 사용을 전체의 80%까지 늘릴 예정이며 LA 공장에 대규모 태양열 시스템을 설치하고 있다. NIKE의 경우도 2010년까지 전체 신발 라인을 친환경 소재로 바꿀 계획이라고 한다.

자료: 2007년 패션산업 10대 이슈와 2008년 전망, 삼성디자인넷, 수정보완

1 원자재의 부족

공기, 물과 같은 자원은 당장 자원부족의 문제는 없으나, 장기적으로 위험에 처할 수 있는 자원이다. 에어로졸 등이 오존층을 파괴할 잠재력이 있으므로 이의 사용을 금지하는 규정이 만들어지기도 했다. 또한 수질문제는 90년대 초 낙동강이 모회사의 '페놀'에 오염되는 사건 때문에 국내에서 크게 문제가 되기도 했다.

삼림, 식량 등과 같은 재생가능 유한자원은 현명하게 이용하여야 하는 자원이다. 목재회사는 토양 보호와 미래의 목재수요에 원활히 대처할 수 있기에 충분할 정도의 나무를 심는 것이 바람직하다. 식량공급 역시 경작가능지역은 상대적으로 고정되어 있는 반면에, 도시지역개발에 경작 가능지역이 계속적으로 사용된다는 점이 주요 문제로 대두되고 있다.

석유, 석탄 및 기타 광물자원 등과 같은 재생 불가능 유한자원은 심각한 문제를 제기한다. 백금, 금, 아연 및 납은 현재 수요를 충족시키지 못하고 있으며 은, 주석, 우라늄은 금세기 말쯤에는 그 값이 아무리 비싸더라도 공급부족현상이 생길 것이며, 이러한 소비가 계속된다면, 21세기에는 더 많은 광물이 고갈되어 버릴 것이다.

이러한 자원고갈현상이 마케팅에 주는 의미는 대단하다. 부족한 자원을 사용하는 기업은 원료를 구입할 수 있다 하더라도 상당한 원가상승 요인에 직면하게 된다. 이렇게 증가하는 원가를 소비자에게 전가시키는 것은 쉽지 않으므로, 연구개발, 탐사 등을 전문적으로 수행하는 기업들로 하여금 새로운 대체자원 및 공급자원을 개발하게끔 협력을 아끼지 않아야 하겠다.

2 에너지비용의 상승

재생 불가능한 유한자원 중의 하나인 석유는 미래의 경제성장에 가장 심각한 문제로 대두되고 있다. 산업경제는 석유에 크게 의존하고 있으며, 원가효율성을 갖는 대체에너지 개발이 있기 전에는 석유가 계속 세계의 정치 · 경제를 지배할 것이다. 석유가격이 높아짐에 따라 대체에너지 연구에 박차를 가하게 되었다. 현재 많은 기업들이 태양열, 원자력, 풍력, 기타 에너지 등을 개발하기 위한 연구를 진행하고 있는데 태양에너지 분야에서는 많은 기업이 가정의 난방 등에 태양에너지를 사용할 수 있는 제품들을 시판하고 있다.

3 공해수준의 증가

대부분의 산업 활동은 불가피하게 자연환경의 질을 손상시킨다. 화학물질과 핵폐기물 처리문제, 해양의 위험수준인 수온농도, 토양과 식품에서의 화학물질의 양, 미생물에 의해서도 분해가 불가능한 용기, 플라스틱 및 기타 포장물질에 의한 자연환경 파괴가 그것이다.

한편 공해 없는 자연환경에 대한 공중의 민감한 관심은 이러한 분야에 주의를 기울이는 기업에게 여러 가지 마케팅기회를 가져다준다. 그것은 폐수처리 장치, 유해폐기물 소각 장치와 같은 공해방지시설에 대한 대규모 시장의 창출을 의미한다. 또한 환경을 오염시키지 않는 생산방법과 포장제품 등의 연구도 추진되고 있다.

4 자연자원관리에 대한 정부의 강력한 개입

여러 정부기관은 자연환경보호에 적극적인 역할을 수행하게 될 것이다. 따라서 마케팅 관리자는 자연환경에 더욱 주의를 기울여야 한다. 기업은 정부와 압력단체로부터 강력한 통제를 받을 수 있다. 이러한 각종 규제를 반대하기보다는 국가가 직면하고 있는 자원 및 에너지 문제에 대해 적절한 해결방안을 모색하는 데 도움을 주어야 한다.

MARKETING NOTE

환경성적표지제도

'환경성적표지제도(EDP: Environmental Declaration of Products)'는 제품의 전 과정(Life cycle)에 걸쳐 사용되는 자원과 배출되는 환경 오염물질들을 정량화하고, 이들이 미치는 환경영향을 수치화하여 제3자인 환경관리공단이 인증하고 공개하는 제3유형 환경선언(Type III Environmental Declaration)제도를 말한다. 현재 여러 국가에서 이 제도를 시행중이다.

• 스웨덴 EPD제도

EPD제도는 1997년에 스웨덴 정부의 지원을 받아 스웨덴 산업계에 의해 시작되었다. EPD 신청자(기업, 기관)는 ISO 표준과 EPD 가이드라인에 의거 LCA를 수행하고, 독립된 인증기관에 의해 환경선언의 전문가 검토 및 검증이 수행된다. 운영, 등록기관인 SEMC(Swedish Environmental Management Council)가 제도운영을 관장하고 있으며, 인정기관인 SWEDAC(Swedish Board for Accreditation and Conformity Assessment)가 인증기관을 인정하는 업무를 수행하고 있다. 2004년 11월 현재 84개 제품이 EPD 인증을 받았으며, 58개 제품군이 대상제품군으로 선정되어 PSR(Product Specific Requirements)이 개발되었다.

• 일본 ECO-Leaf제도

일본의 제3유형 환경선언은 1998년 일본산업 환경관리협회(JEMAI, Japan Environmental Management Association for Industry)에 의해 시작되어 정부의 지원을 받아 운영되고 있다. 이처럼 JEMAI에 의해 인증받은 환경선언을 Eco-leaf라 하며, Eco-leaf제도의 목적은 제품의 정량적 환경정보를 공개하는 것이다. Eco-leaf의 핵심은 LCA에 근거한 정량적 데이터를 포함하는 것과 이를 바탕으로 사용자에게 제품의 환경선언을 공개한다는 점이다. JEMAI는 이러한 데이터 신뢰성을 인증한다. 2004년 11월 현재 24개 제품군에 대한 PSC(Product Specification Criteria)가 개발되었으며, 93개 제품이 Eco-leaf 인증을 받았다.

• 캐나다 EPDS제도

EPDS(Environmental Profile Data Sheet)제도는 1995년에 펄프, 제지업자의 구매 의사결정시에 활용하기 위해 캐나다 펄프제지협회(현, 캐나다 산림제품협회)가 민간의 제3자 검증기관인 Terrachoice Environmental Services Inc.와 협정하여 시작된 제도이다. 즉, 전 과정 목록, 위해성 평가와 정보시스템을 포함하는 보고형식들을 통해 제품의 전반적인 환경정보를 제공한다. EPDS제도가 제공하는 데이터는 제품과 공정 향상을 꾀하고, 지속가능한 개발과 경쟁력 증대를 지원한다. 산업계와 시장에서 1997년 이후로 EPDS를 활용하고 있으며, 2004년 11월 현재 34개 펄프, 제지제품이 EPDS 인증을 취득하였다.

• 미국 CEP제도

1993년 SCS(Scientific Certification System)에 의해 시행된 CEP(Certified Eco-Profile Labeling System)제도는 제 3 자에 의한 제품의 중립적 환경선언이다. 이 제도는 LCA를 통해 관리자, 제품 설계자, 구매자, 소비자와 정책 입안자가 제품의 환경성과를 이해하고, 보다 합리적인 의사결정을 하기 위해 고안되었다. LCA에 근거하여 CEP에서 인증되는 사항은 크게 최신 환경(Environmental State-of-the-Art), 환경개선(Environmental Improvements), 그리고 환경이익(Environmental Advantage)으로, 2004년 6월 현재 33개 제품군에서 1,000여개의 제품이 인증을 받았다.

자료: 환경성적 표지 인증, www.edp.or.kr

기술적 환경

인류의 운명에 가장 큰 변화를 미치는 요인은 기술이라 할 수 있다. 기술적 환경은 새로운 시장기회와 신제품개발에 영향을 미치는 새로운 기술로 구성되어 있다. 기술발전은 항생제, 심장수술, 슈퍼컴퓨터 등 경이적인 결과를 가져온 반면에 수소폭탄, 신경가스, 기관총 등의 공포도 가져왔다. 또한 자동차, TV, 비디오게임 등 경이와 공포를 동시에 갖는 제품도 나왔다. 모든 신기술은 오래된 기술을 대체시킨다. 트랜지스터는 진공관산업을, 전자복사기는 먹지산업을, 자동차는 철도산업을, TV는 영화산업을 쇠퇴시켰다. 기업이 새로운 기술을 거부하거나, 무시하게 되면 그 기업은 몰락한다.

새로운 기술은 새로운 시장과 기회를 창조하므로, 마케팅 관리자는 기술 환경에 있어서의 다음과 같은 추세를 살펴보아야 한다.

1 기술변화속도의 가속화

오늘날 우리가 쓰고 있는 기술제품은 100년 전에는 이용할 수 없었던 것들이다. 자동차, 비행기, 전기, TV, 냉장고, 전기세탁기, 에어컨, 항생제, 복사기, 녹음기, 피임약, 인공위성, 컴퓨터, CD 플레이어, VTR, 워드프로세서 등의 이 모두는 인간생활의 패턴을 바꿔놓은 발명품들로서, 금세기에 개발된 것들이다. 따라서 급속한 기술변화에 적응하지 못하는 기업은 곧 도태되며 이는 곧 신제품과 새로운 시장기회를 잃어버린다는 것을 의미한다.

2 무한한 혁신기회

오늘날 가장 큰 관심을 끄는 것은 유전공학, 로봇 공학, 자원공학 등의 분야에서 유망한 신제품을 개발하는 것이다. 현재 가장 전망 있는 혁신분야는 태양에너지, 산업용 우주선, 초전도제, 항암치료제, 고성능 소형컴퓨터, 전기자동차, 정신병 치료제, 청소 · 요리용 로봇, 고통제거용 전기마취, 비만방지 영양식, 음성인식 컴퓨터 등과 같다.

이 밖에도 과학자들은 소형 비행자동차, 입체 TV, 우주식민지, 인조인간 등 꿈같은 제품을 연구하고 있다. 이러한 도전은 기술적으로 가능할 뿐 아니라, 상업성이 있는 실용적이고 경제적인 제품을 개발하려는 것이다.

3 기술개발 예산의 증대

오늘날 세계경제의 유행어는 '기술패권주의' 이다. 즉, 기술의 우위만이 세계시장을 지배할 수 있는 유일한 길이라는 의미이다. 따라서 국제경쟁력을 높이는 방법 중에 가장 정상적인 경영방법으로 연구개발비의 과감한 투자를 들 수 있다. 과거는 듀퐁(Dupont)사, 벨(Bell)연구소, 화이자(Pfizer)와 같은 연구중심 기업만이 연구개발비가 회사의 예산에 주요 부분을 차지하는 것으로 인식하였지만 오늘날은 제너럴 모터(General Motor)사나 포드(Ford)사와 같은 자동차 대량생산업자들마저도 엄청난 양의 연구개발비를 예산에 책정하고 있다. 우리나라의 기업들은 최근에 들어서야 연구개발비의 중요성을 깨닫고 있으나 그 절대적 예산규모에 있어서는 아직까지 국제적인 수준에 미치지 못하고 있는 실정이다.

4 부분적인 개선의 중시

신기술과 신제품을 개발하고 도입하는 데는 많은 비용이 소요된다. 따라서 대부분의 기업들은 아주 주요한 혁신제품을 개발에 필요한 투자를 하기보다는 부분적인 개선에 치중하는 경향이 있다. 대부분의 기업은 경쟁제품을 모방하거나 미세한 특성, 스타일의 개선 등에 자금을 투입하고 만족해하며, 대부분의 연구는 공격적이라기보다는 방어적인 목적으로 이루어진다.

5 규제의 증가

제품이 복잡해짐에 따라 소비자들은 제품의 안전성에 관심을 가지기 시작하고 있다. 그래서 정부기관은 안전하지 못한 제품을 조사하여 판매를 금지시킬 수 있는 권한을 확대시켰다. 이로 인하여 연구비의 증대, 제품개발비의 증대 및 제품개발에서 도입기까지의 기간연장의 결과를 가져왔다. 따라서 마케팅 담당자들은 신제품의 개발에 있어서 이러한 규제를 고려해야 한다.

FASHION MARKETING TREND

아이패션 세계 첫 상용화 추진

패션의류도 이제 컴퓨터상(Avatar-가상공간 속의 나) 가상현실 속에서 착용해 보고 색상과 디자인을 선택해 주문하면 며칠 후 집에서 제품을 받아볼 수 있게 됐다.

아이패션이란 섬유기술을 주(主) 기술로 하고, IT의 하드웨어 기술 및 소프트웨어 응용기술을 종(從) 기술로 하는 퓨전기술에 의해 창출되는 공정, 생산, 판매(마케팅), 시장 및 섬유패션 제품을 총칭해 일컫는다.

아이패션이 본격적으로 상용화되면 소비자는 언제 어디서든 직접 옷을 입어보지 않고도 가상공간에서 자신의 치수 정보가 입력된 3차원 개인 아바타를 활용해 자신에게 어울리는 옷을 골라 입을 수 있다.

또 업체는 온오프라인 디지털 패션매장에서 스마트 카드나 RFID 등 무선 자동인식기술의 활용을 통해 의류 주문-제조-판매 관리를 손쉽게 해 소비자 요구에 빠르게 대응할 수 있다.

자료: 어패럴뉴스, 2007. 4. 26.

정치적 환경

마케팅 의사결정은 정치적 환경의 변화에 의해 크게 영향을 받는다. 정치적 환경은 법률, 정부기관, 및 압력단체 등으로 구성되며, 사회 내의 여러 조직과 개인에 영향을 주고 압력을 준다. 여기서는 중요한 추세와 마케팅관리상의 의미를 검토하고자 한다.

1 기업규제법률 증가

기업에 영향을 주는 법률이 수년간 꾸준히 증가되었다. 이러한 법률은 다음과 같은 여러 가지 이유에서 제정되었는데 첫째, 기업 상호간에 기업을 보호하자는 것이다. 공식적으로 경영자는 모두 경쟁을 찬성하지만 실제로 그것이 발생하는 경우, 어떠한 방법을 동원해서라도 경쟁상황을 탈피하기를 원한다. 정부로서의 이러한 경우에 발생할지도 모르는 불공정 경쟁행위를 규제하여야 하는 것이다.

둘째, 불공정 기업행위로부터 소비자를 보호하기 위한 것이다. 어떤 기업은 저질제품을 생산하거나, 광고를 통해 보도하거나, 포장으로 속이면서 가격을 미끼로 삼기도 한다. 따라서 국가기관에서는 불공정 거래행위에 대한 규제를 강화하고 있다. 어떤 경영자는 소비자보호법으로부터 파생되는 시장기회를 마케팅에

표 3-3 마케팅에 영향을 주는 법률(시행일)

법률(시행일)	내용
① 소비자기본법 (일부개정 2008. 3. 21)	소비자의 권익을 증진하기 위하여 소비자의 권리와 책무, 국가 · 지방자치단체 및 사업자의 책무, 소비자단체의 역할 및 자유시장경제에서 소비자와 사업자 사이의 관계를 규정함과 아울러 소비자정책의 종합적 추진을 위한 기본적인 사항을 규정함으로써 소비생활의 향상과 국민경제의 발전에 이바지함을 목적으로 한다.
② 전자상거래 등에서의 소비자보호에 관한 법률 (2009. 2. 4)	전자상거래 및 통신판매 등에 의한 재화 또는 용역의 공정한 거래에 관한 사항을 규정함으로써 소비자의 권익을 보호하고 시장의 신뢰도 제고를 통하여 국민경제의 건전한 발전에 이바지함을 목적으로 한다.
③ 정보통신망 이용촉진 및 정보보호 등에 관한 법률 (2008. 12. 4)	정보통신망의 이용을 촉진하고 정보통신서비스를 이용하는 자의 개인정보를 보호함과 아울러 정보통신망을 건전하고 안전하게 이용할 수 있는 환경을 조성하여 국민생활의 향상과 공공복리의 증진에 이바지함을 목적으로 한다.
④ 할부거래에 관한 법률 (2008. 9. 29)	할부계약에 의한 거래를 공정하게 함으로써 소비자 등의 이익을 보호하고 국민경제의 건전한 발전에 이바지함을 목적으로 한다.
⑤ 독점규제 및 공정거래에 관한 법률 (일부개정 2008. 9. 29)	사업자의 시장지배적 지위의 남용과 과도한 경제력의 집중을 방지하고, 부당한 공동행위 및 불공정거래행위를 규제하며 공정하고 자유로운 경쟁을 촉진함으로써 창의적인 기업활동을 조장하고 소비자를 보호함과 아울러 국민경제의 균형있는 발전을 도모함을 목적으로 한다.
⑥ 표시 · 광고의 공정화에 관한 법률 (일부개정 2008. 2. 29)	상품 또는 용역에 관한 표시 · 광고에 있어서 소비자를 속이거나 소비자로 하여금 잘못 알게 하는 부당한 표시 · 광고를 방지하고 소비자에게 바르고 유용한 정보의 제공을 촉진함으로써 공정한 거래질서를 확립하고 소비자를 보호함을 목적으로 한다.
⑦ 방문판매 등에 관한 법률 (일부개정 2007. 7. 19)	방문판매, 전화권유판매, 다단계판매, 계속거래 및 사업권유거래 등에 의한 재화 또는 용역의 공정한 거래에 관한 사항을 규정함으로써 소비자의 권익을 보호하고 시장의 신뢰도 제고를 통하여 국민경제의 건전한 발전에 이바지함을 목적으로 한다.

이용하기도 한다.

셋째, 기업행동으로부터 사회의 보다 중요한 관심사를 보호하기 위한 것이다. 기업이 그들의 제품 및 생산 활동에 대한 사회적 비용을 부담해야 할 책임을 규정하기 위해 많은 입법활동이 행해지고 있다.

이런 종류의 새로운 법률과 그 집행이 계속해서 증가할 것이므로, 마케팅 관리자는 경쟁구조와 소비자 및 사회의 보호를 목적으로 하는 법률에 대한 지식이 있어야 한다. 규제법안과 지역법률을 연구하여 이들이 마케팅활동 수행에 미치는 영향을 사전에 파악하여야 한다. 마케팅 관리자가 알아두어야 할 국내관련 법규를 요약하면 [표 3-3]과 같다.

2 정부집행기관의 변화

정부의 행정부처는 재화와 용역을 공급하는 일정규모 이상의 사업자에 대해 자율적인 소비자피해 보상기구설치를 지정하였다. 또한 품목별 소비자피해보상규정을 제정하여 운영하고 있으며 정부 및 지방자치단체는 소비자보호법에 의해 소비자단체에 대해 국고보조금 및 지방비를 매년 확대 지원하고 있다.

3 공공이해집단의 증가

지난 20여 년간 우리나라를 포함하여 전세계적으로 공공이해집단의 수와 세력은 계속 증가되고 있다. 우리나라의 소비자운동 변천과정을 보면 1922년에 설립된 YMCA가 효시가 되어 1955년 1월부터 소비자를 위한 값싸고 우수한 상품을 제공하고자 하는 소비자협동조합에 대해 소비자교육과 계몽을 시작한 이래 각종 단체와 협의회에서 공공의 이해를 위해 다양한 사업을 하고 있다. 이러한 우리나라의 민간소비자 단체들은 거의 대부분 소비자 고발센터를 운영하고 있으며, 매년 고발빈도수가 늘어나고 있다.

이외에도 마케팅 담당자가 고려해야 될 기타 단체들로는 환경보호단체와 여성과 노인의 권리를 증진시키려는 단체 등이 있다.

문화적 환경

문화적 환경은 사회의 기본적 가치관, 지각방법, 선호패턴, 행동방식 등에 영향을 미치는 기관이나 요인으로 구성된다. 사람들은 그들의 기본적 신념과 태도를 형성시키는 특정한 사회적 환경 내부에서 성장한다. 그 안에서 그들 자신과 다른 사람들과의 관계를 규정할 수 있는 세계관을 형성해 간다. 다음의 내용은 마케팅 의사결정에 영향을 미치는 문화적 특성에 관한 것이다.

1 문화적 가치의 지속성

특정한 사회에서 인간은 많은 신념과 가치를 갖는데, 이들 핵심적 가치와 신념은 대단한 지속성을 갖는다. 예를 들면 대부분의 한국인들은 효도라든가 결혼에 대하여 거의 동질적인 신념을 가지고 있다. 이러한 신념은 일상생활에서의 특정 태도와 행동을 형성시키는데, 이러한 핵심적 신념과 가치는 부모로부터 자녀들에게 전승되며 학교, 종교기관, 기업, 정부 등 사회의 주요 기관에 의해서 강화된다.

이와 같은 2차적 신념과 가치관은 핵심적 신념에 비해 변화하기가 쉽다. 결혼제도를 믿는 것은 핵심적 신념이지만, 조혼은 2차적 신념이다. 마케팅 담당자는 때에 따라 이러한 2차적 가치관을 변화시킬 수 있을지는 모르지만, 핵심적 가치를 변화시킬 수는 거의 없다. 예를 들어 가족계획을 담당하는 관리자는 '사람들은 결혼해서는 안 된다' 고 얘기하는 것보다는 '늦게 결혼을 하는 것이 좋다' 라는 식으로 주장해야 한다.

2 하위문화

모든 사회는 동일한 인생경험이나 환경에서 나타나는 가치관을 공유하는 사람의 집단인 하위문화(Subculture)를 갖고 있다. 기독교나 불교신자, 10대, 직업여성 등은 모두 각 구성원이 공통의 신념이나 선호패턴 그리고 행동양식을 공유하고 있는 별개의 하위문화를 나타내고 있다. 하위문화집단은 세대집단, 라이프스타일집단, 사회적 집단(social community) 등과 같이 그 분류의 기준에 있어서는 다양한 형태로 나타나고 있으나, 이와 같은 하위문화집단이 서로 다른 욕구나 구매행동을 보이는 한 마케팅 담당자는 자신의 표적시장으로 특정한 하위문화를 선택할 수밖에 없다.

3 2차 문화적 가치의 변화

비록 핵심적 가치관이 상당히 지속성을 갖는다 해도 문화는 변화하게 마련이다. 그룹사운드, 영화배우, 기타 문화적 우상들이 얼마나 젊은 층의 머리모양, 의복, 성적규범에 영향을 미치는가를 생각해 보면 쉽게 알 수 있을 것이다. 이와 같은 2차 문화적 가치의 변화는 대중매체의 발달에 의해 더욱 가속화되고 있으며, 마케팅 담당자들은 새로운 기회와 위협을 찾기 위해 문화적 변화를 예측하는 데 커다란 관심을 가져야 한다.

FASHION MARKETING TREND

대중문화, Mega Trend로 부상

각 시대에는 그 시대의 키워드가 있다. 21세기 패션필드에 불고 있는 열풍 중 가장 큰 핵은 콜레보레이션(Collaboration)일 것이다. 브랜드와 브랜드 간에 혹은 브랜드와 아티스트 간의 공동작업은 서로 다른 두 색이 만나 독창적인 작품을 만들어 내며, 새로움에 목말라 있던 패션 피플을 열광케 하였다. 그리고 디자인을 생명으로 하는 많은 패션업체들은 독특하고 차별화된 디자인 상품 개발과 홍보 마케팅 효과를 위하여 스타, 대중 문화와의 콜레보레이션을 선택하였다. 이러한 대중문화와 패션의 전략적인 만남은 영화, 스타 아이콘, 그리고 아티스트의 영향력을 막강하게 만들며, 대중문화를 패션의 중요 키(Key)로 부상하게 하였다.

일본 팝아트 작가 무라카미 다카시를 영입해 출시한 무라카미백　　루이비통과 힙합스타 패럴 윌리엄스의 제휴

최근 루이 비통(Louis Vuitton)은 힙합스타 패럴 윌리엄스와 제휴하여 스트리트 이미지가 가미된 새 라인을 내놓았다. 그 밖에 리복(Reebok)은 스칼렛 요한슨과의 협업을 통하여 페미닌 빈티지룩을 전개하고 H&M은 마돈나만의 독특하고 글래머러스한 스타일과 함께 소위 'feel'이라고 할 수 있는 그녀만의 열정까지 반영한 'The M by Madonna' 패션라인을 3월부터 전개한다.

리복과 스칼렛 요한슨의 콜라보레이션(COllaboration)　　'The M by Madonna' H&M

이러한 현상은 국내 패션시장에서도 마찬가지로 보인다. 글래머 스포츠웨어 브랜드 GGPX의 이번 봄 트렌드는 '드림걸즈' 영화의 비욘세 스타일(Beyonce's Style Pick in the 'Dream Girl')에서 영감을 받아 60's Optical Dress, 60's Minimal Look, 60's Futurism Look으로 전개된다.

영화 '드림걸즈' '드림걸즈'영화의 비욘세 스타일에서 영감받은 GGPX 봄 트렌드

이처럼 스타, 대중문화는 패션계의 전략적인 콜레보레이션과 인터넷의 발전으로 커다란 메가트렌드로 자리하며, 대중문화와 패션의 향후 방향성에 대해 주목해 볼 필요가 있다.

팝 디바 카일리 미노그(Kylie Minogue)의 패션에 초점을 맞춘 전시회 '카일리전(Kylie-The Exhibition)'

자료: 퍼스트뷰코리아

사회구성원들의 문화적 가치의 변화는 소비행동에 영향을 미친다. 최근 개방적이고 진보적인 사고의 진전에 따라, 전통적인 남성상과 여성상에서 벗어난 메트로 섹슈얼과 알파걸 등의 개념들이 등장하기도 하였다. 이들의 등장은 패션유행에도 영향을 미쳤는데, 부드러운 남성상을 과감하게 표출하는 메트로 섹슈얼의 등장에 따라 여성적 취향이 반영된 화려한 이미지의 남성패션이 유행하였으며, 남성 화장품시장을 성장시키는 원동력이 되었다. 알파걸의 등장 또한, 기존의 딱딱한 커리어 우먼의 이미지를 벗어나 부드러운 여성미를 당당하게 표출하는 여성복 아이템들의 판매 증가를 가져왔다. 예를 들어, 뉴욕타임즈의 기사에 의하면 알파걸의 영향으로 여성의 구속의 상징이던 스커트에 대한 인식에 변화가 생겨 스커트와 원피스 아이템의 매출이 30% 정도 성장하였다고 한다.

3. 마케팅 환경관리와 환경분석

기업은 마케팅환경을 통제할 수 없기 때문에 적응하여야 하는 요인으로 보고 있다. 그래서 기업은 마케팅환경을 주어진 것으로 받아들일 뿐이지, 그것을 변화시키려고 노력하지 않는다. 그러나 환경적 요인을 분석하고, 환경에 제공하는 기회를 이용하고, 환경의 변화에 의한 위협을 피할 수 있는 전략을 수립하여야 한다.

마케팅환경의 변화를 효과적으로 추적하기 위해 마케팅 담당자는 환경탐색과 환경분석을 수행해야 한다. 현존하는 환경요인과 그 변화를 관찰하고 분석하며 예측하는 체계적인 노력을 환경탐색이라고 하는데, 환경탐색기능은 마케팅 의사결정에 필요한 모든 자료를 수집, 분석, 처리하는 마케팅 정보시스템을 구성하는 하부시스템으로 보는 것이 적절하다.

환경탐색을 체계화하기 위해서는 이 기능을 조직화할 필요가 있다. 조직의 규모는 전문인력 한두 사람으로 할 수도 있고 아니면 별도의 부서를 둘 수도 있다. 경우에 따라서는 이 기능을 대행해 주는 서비스업체의 용역을 사용하는 것도 현명한 방법이 된다. 그러나 환경탐색을 위한 조직의 규모나 방법을 결정하기에 앞서 최소한 다음의 사항들이 검토되어야 할 것이다.

① 기업의 규모
② 환경요인의 변화율
③ 상품의 유형
④ 일반적인 경쟁의 정도
⑤ 해당 산업에서 혁신의 중요도
⑥ 최고경영자의 경영철학

마케팅 환경분석을 위해 기업은 다양한 환경변화 요인에 존재하는 기회와 위협 요인과 경쟁기업과 비교하여 자사가 지니는 강점과 약점을 분석해야 한다. SWOT분석은 기업의 마케팅환경을 분석하는 가장 보편적으로 사용되는 분석틀로서 기업의 내부요인과 외부요인을 통합적으로 고려하여 경쟁적 강약점에 분석의 초점이 맞춰지는 분석방법이다. SWOT분석의 궁극적인 목적은 자사 브랜드나 기업을 둘러싼 다양한 환경요인의 기회와 위협요인을 분석하고 이를 내부의 경쟁력 분석과 종합적으로 분석 평가하여 마케팅전략의 방향을 설정하기 위함이다.

SWOT분석에 기초한 구체적인 마케팅전략 수립단계에서는 자사의 강점과 약점을 구분하면서 경쟁사와의 차이점을 발견하고, 이를 바탕으로 자사의 약점을 보완하고 강점을 더욱 강하게 하는 전략의 수립이 중요하다. 또한, 마케팅환경의 기회요인과 위협요인을 분석한 후 위협요인을 기회요소로 전환하거나 위협요소를 최소화하고 기회요인을 극대화할 수 있는 전략의 창출이 필요하다.

예를 들어, 'SO'전략은 자사의 강점전략을 전개할 수 있는 유리한 상황에서 적극적으로 브랜드나 기업을 성장시키는 육성전략이며, 'ST'전략은 위협요인을 피하기 위해 자사의 강점을 적극적으로 활용하여 공격적인 시장침투전략이나 신상품 개발전략을 활용하는 것이다. 한편, 'WO'와 'WT'는 모두 자사의 강점이 부족한 상황이므로, 'WO'전략은 기회를 포착하기 위한 자사의 핵심역량 강화전략이 효과적이며 'WT'전략은 위협적인 상황을 극복하기 위한 생존전략으로 축소나 집중화 전략이 그 예라고 할 수 있다.

어떤 기업은 적극적인 자세로 마케팅 환경관리에 임한다. 이러한 기업들은 환경을 관찰하고 그 변화에 따른 적절한 대응을 하는 것에서 벗어나서, 마케팅환

그림 3-6 SWOT분석을 활용한 전략창출

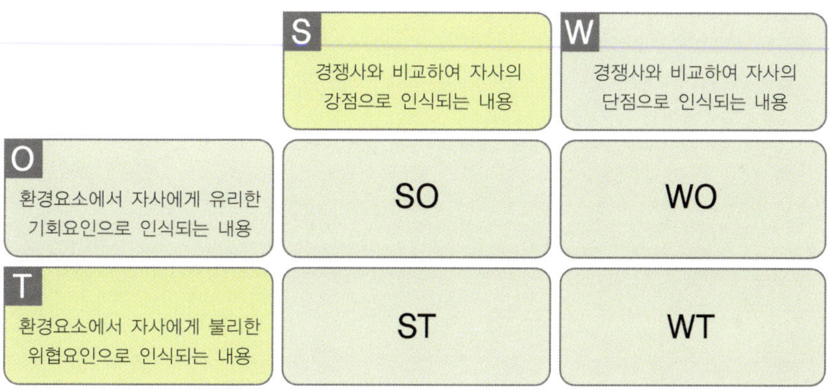

경을 구성하는 요인과 공중들에게 적극적인 행동을 취하고 있다. 예컨대 그들에게 유리한 입법 활동이 이루어지도록 로비활동을 하기도 하고 언론매체들과 우호적인 관계를 유지하기 위해서 노력한다. 또한 기업은 경쟁자들과 결속하여 법률 제정자들에게 불평사항을 알리기도 하며 유통기관에 대한 통제력을 높이기 위해 유통기관과의 계약을 강화하기도 한다.

마케팅 관리자는 통제 불가능한 환경적 장애를 극복하는 데 노력하여야 한다. 다시 말하면 모든 환경변화요인을 사전에 분석하고 이에 능동적으로 대처하여야 한다는 말이다.

요 약

1. 기업의 마케팅환경은 기회와 위협을 동시에 주기 때문에, 기업은 마케팅조사와 마케팅 정보수집활동을 통하여 변화하는 환경에 대처하여야 한다.

2. 미시환경이란 기업이 고객에게 제품과 서비스로 봉사할 수 있는 능력에 영향을 미치는 행위자들로서 기업, 유통경로 관련기관, 고객, 경쟁사 및 공중 등을 의미한다. 거시환경은 좀더 광범위한 사회적 요인으로서, 기업의 미시환경 내의 모든 행위자에게 영향을 미치는 것들, 즉 인구통계적, 경제적, 자연적, 기술적, 정치적 및 문화적 제반 영향요인을 말한다.

3. 기업은 마케팅환경을 통제할 수 없기 때문에 환경적 요인을 분석하고, 환경이 제공하는 기회를 이용하고, 환경의 변화에 의한 위협을 피할 수 있는 전략을 수립하여 마케팅환경에 적응하여야 한다.

4. SWOT분석(SWOT Analysis)은 기업의 마케팅환경을 분석하는 가장 보편적으로 사용되는 분석틀로서 기업의 내부요인과 외부요인을 통합적으로 고려하여 경쟁적 강약점에 분석의 초점이 맞춰지는 분석방법이다. SWOT분석의 궁극적인 목적은 자사 브랜드나 기업을 둘러싼 다양한 환경요인의 기회와 위협요인을 분석하고 이를 내부의 경쟁력 분석과 종합적으로 분석평가하여 마케팅전략의 방향을 설정하기 위함이다.

생각해 볼 문제

1 환경적인 트렌드가 패션상품개발에 어떻게 영향을 미치는가?

2 기업의 마케팅 환경구조를 설명하라.

3 기업의 거시환경을 구성하는 6개의 주요 요인은 무엇이며 마케팅 계획에 어떤 영향을 미치는지 알아보자.

4 최근 패션업계에 영향을 미칠 수 있는 새로운 환경요인에 대해 토의해 보고 패션기업이 이를 어떻게 활용할 수 있을지 생각해 보자.

Chapter 4
소비자 행동분석

급격한 사회 변화는 기업의 마케터들에게 신속한 소비자 욕구파악과 신제품개발 등의 동태적인 마케팅 전략수립을 요구하고 있다. 과학적인 마케팅 전략수립을 위해서는 소비자들의 특성과 욕구분석이 선행되어야 하는데, 여러 가지 경제적 변수만으로는 복잡하고 다양한 소비자행동을 충분히 규명할 수 없기 때문에 소비자들의 태도 및 행동을 포함하는 라이프스타일 분석이 중요한 가치를 지니고 있다. 특히 마케팅에서 중요시되는 이유는 라이프스타일 분석을 통해 각 세분시장별 차이점을 밝힐 수 있음은 물론 그 사회 전체의 행동 패턴을 알 수 있기 때문이다. 라이프스타일은 고정된 것이 아니라 개인들의 가치, 태도, 신념 및 외부의 사회문화적 환경의 변화로 인하여 표적 소비자들의 라이프스타일을 수시로 분석하고 평가하여 능동적인 마케팅 전략수립의 필요성이 크다.

최근에 들어서 소비자들의 라이프스타일별로 소비의 선택과 집중 현상이 뚜렷해지고 있는 추세이다. 타인 의식적이기보다 개인가치를 중시하는 소비자들은 개인별 생활패턴에 맞게 검약과 투자항목을 명확히 구분하여 소비를 하고 있다. 이러한 소비자들의 개인별 생활 패턴으로써 지금까지 사회적인 관심을 끌고 있는 신조어로는 웰빙(well-being)이니, 다운시프트(Downshift), 로하스(LOHAS) 그리고 슬로비(slobbie), 우피족(Woopies), 여피족(Yuppie), 딩크족(Dink) 등을 들 수 있겠지만 그 중에서 특히 마케터 입장에서 보면 웰빙(well-being), 다운시프트(Downshift) 그리고 로하스(LOHAS)와 같은 단어들이 훨씬 더 눈에 띄고 있다.

풍요롭고 아름다운 삶의 추구 : 웰빙(well-being)

웰빙족의 소비문화는 새로운 소비트렌드로 최근 급부상하고 있으며 앞으로도 한동안 계속될 것으로 예측된다. 웰빙바람은 고급소비라기보다는 신체적 건강과 정신적 여유를 희구하는 합리적 소비라고 보아야 한다. 따라서 기업들은 단순한 웰빙 브랜드 부착에 급급하지 말고 웰빙의 건강 지향적 라이프스타일에 맞춘 퓨전마케팅으로 시너지효과를 창출해야 할 것이다

[모든 마케팅적 사고의 출발점은 소비자이며, 소비자행동을 경쟁자보다 더 잘 파악하는 것이야말로 경쟁력 제고의 가장 강력한 수단이라고 할 수 있다. 본 장에서는 소비자행동의 의의, 소비자행동에 영향을 미치는 주요 요인, 소비자의 구매의사 결정과정에 관하여 알아보기로 한다.]

자기만족을 위한 삶의 추구 : 다운시프트 (downshift)

최근 downshift족 중에서 주거지를 도시근교로 옮기거나 아예 도시와 동떨어진 전원지역으로 이사하는 사람도 적지 않다. 이는 주거지 형태의 변화로서 도심근교와 농촌지역에의 이동으로 볼 수 있다. 따라서 부동산에 관한 컨설팅이 늘 것이며 주거와 관련된 펜션(pension) 및 전원주택 등의 수요가 증가할 것으로 예측되고 있다. 또한 가족만족을 위해 가족단위의 단순한 저가격상품의 수요가 증가될 것이다.

환경 친화로의 삶의 추구 : 로하스 (LOHAS: Lifestyle Of Health And Sustainability)

일간지 뉴욕타임즈는 미래 소비를 주도할 키워드로 건강과 환경을 고려하는 LOHAS를 소개해 눈길을 끌었다. 선진국에서는 이미 건강과 환경을 향후 마케팅의 키워드로 인식하고 친환경 상품개발에 몰두하고 있다. 미국의 포드는 2004년형 에스코트 자동차 개발과정에서 로하스(LOHAS)를 키워드로 삼고 있다. 따라서 앞으로 건강과 환경이 결합된 '자연경영'이 범세계적으로 기업의 핵심적 사업 분야로 떠오르게 될 것이다.

새로운 소비트렌드 : 삶에 대한 질 향상 (Quality of life)

이와 같이 현대인의 가장 큰 관심은 삶의 질 향상이다. 몸과 마음의 건강과 여유를 찾아 보다 풍요롭고, 아름다운 삶을 추구하며 자기만족적 삶의 추구와 친환경적 삶의 추구는 소비문화의 확고한 트렌드가 되었다. 라이프스타일 변화에 따른 새로운 소비트렌드는 포화 상태에 이른 대부분의 시장에서 신규 수요창출의 중요한 돌파구가 되고 있다고 전망된다.

자료: LG 경제 연구소 | 그림: www.donga.com, www.rezon.jp/images/passe/lohas.jpg

1. 소비자 행동의 의의

소비자 행동분석의 의의

소비자 행동이란 어떤 특정 개인이 재화나 서비스의 구매 여부와 언제, 어디서, 무엇을, 어떻게, 누구로부터 구매할 것인가를 결정하는 과정이다. 따라서 소비자의 행동을 분석한다는 것은 복잡한 시장 환경하에서 기업의 마케팅활동에 대하여 소비자가 어떠한 반응을 보이고 있으며 어떠한 절차에 의해 구매를 하게 되는가를 파악하는 것을 말한다. 이를 위해서는 아래의 [표 4-1]에서 제시하는 의문사항에 대한 정보를 구해야 한다. 이렇게 구한 정보는 마케팅 전략수립의 기초가 되기 때문이다.

표 4-1 소비자 행동에 관한 시장정보 내용

1. 누가 구입하는가?	4. 언제, 어떠한 경우에 구입하는가?
2. 어디서 구입하는가?	5. 어떤 과정을 거쳐 구입하는가?
3. 무엇을 구입하는가?	6. 특정제품을 구매한 이유는 무엇인가?

소비자 행동의 특성

앞에서 정의한 소비자 행동은 다음과 같은 몇 가지 특성을 지니고 있다.

1 소비자 행동은 목표 지향적이다

소비자의 행동은 외부인에게는 매우 불합리하게 보일지 모르지만 행위자는 매우 합리적으로 목표를 고려하여 행동한다.

2 소비자는 자주적인 사고를 한다

소비자들은 스스로 판단하여 자신에게 필요한 정보만 선택적으로 기억하며 필요 없는 것은 무시하거나 잊어버린다.

3 소비자의 동기와 행동은 조사에 의해 규명될 수 있다

소비자의 구매활동은 일련의 소비자 행동과정 중 하나의 단계에 불과한데 이는 내적 요인과 외적 환경 요인에 의해 영향을 받는다. 하지만 아무리 내외적 요인이 복잡하다고 하여도 조사를 통하여 비교적 정확하게 이들의 동기와 행동을 평가하고 예측할 수 있다.

4 소비자의 동기와 행동은 외부영향을 받는다

소비자 행동과 관련한 여러 가지 동기나 특정한 행동은 다양한 외부자극에 영향을 받는다.

5 소비자 행동과정은 소비자교육의 필요성을 야기시킨다

비록 소비자가 목표 지향적이고 자주적인 행동을 한다 할지라도 이는 소비자가 반드시 최선의 구매를 한다는 것을 의미하지 않는다. 따라서 이들에게 제품을 올바르게 평가하고 선택할 수 있는 능력을 키우고 제품의 사용이 가능하도록 하는 지속적인 교육이 필요하다.

소비자 행동의 참여자

제품에 따라 구매과정과 구매에 참여하는 사람은 다양하다. 구매과정에 참여하는 사람과 그 역할을 살펴보기로 하자.

1 제안자

"아빠! 자전거 새로 하나 사주세요"라고 아들이 아빠에게 졸랐다면 아들이 구매를 제안한 사람이 된다.

2 영향력 행사자

"어릴 때 자전거를 배우고 타는 것은 건강에 대단히 좋다"고 옆집에 사는 의사가 말했다면 이 의사는 자전거 구매에 영향력을 행사한 사람이 된다.

3 구매결정자

"좋아! 자전거를 하나 사기로 하지"라고 아빠가 동의를 하면 아빠가 구매결정을 하게 된 것이다.

4 사용자

자전거 구매결정자는 아버지가 했지만 실제 사용하는 사람은 아들이다. 따라서 이 아들은 제품의 구매 후 평가자가 된다.

5 구매자

자전거를 사기로 결정을 했으니 '레포츠'로 할 것이냐 아니면 '삼광호'로 할 것이냐는 구매자가 결정하게 된다.

6 판매자

판매자는 구매자와 함께 교환의 당사자로 참여하면서 효과적인 판매촉진활동으로 구매자에게 영향력을 행사한다.

소비자 행동의 참여자와 관련하여 마케팅 관리자가 염두에 두어야 할 사항은 첫째, 자사제품의 구매결정에 참여하는 사람을 역할별로 구분할 수 있어야 한다. 위의 예에서는 아들이 제안하여 아버지가 구매결정을 하였다. 따라서 마케팅 관리자는 자사제품의 제안자는 주로 누구이며 누가 영향력을 행사하고 구매결정을 하는지 파악하여야 한다. 둘째, 소비자 행동에 참여하는 사람들의 역할에 따라 마케팅전략을 수립 운용하여야 한다. 위의 예에서는 아들이 정보를 수집하여 자전거 구매를 제안하였기 때문에 아들 연령층을 상대로 이들이 쉽게 정보를 접할 수 있는 장소에 광고물을 배치하도록 하여야 할 것이다.

소비자 행동모델

소비자의 행동은 많은 변수들의 영향을 받을 뿐만 아니라 여러 변수들 간의 상호작용으로 매우 복잡하다. 그러나 소비자들은 기업에서 제공하는 여러 가지 마케팅자극[제품, 가격, 유통, 커뮤니케이션(촉진)]을 받아 자기 나름의 의사결정 과정을 거쳐 어떤 반응을 보이는 것만은 분명하다. 따라서 마케팅 관리자 입장에서 소비자 행동을 이해하기 위해서는 나침반 역할을 하는 소비자 행동모델이 필요하다. [그림 4-1]에서 소비자 행동분석에 필요한 기본모델이 제시되고 있다.

그림 4-1 소비자 행동의 모델

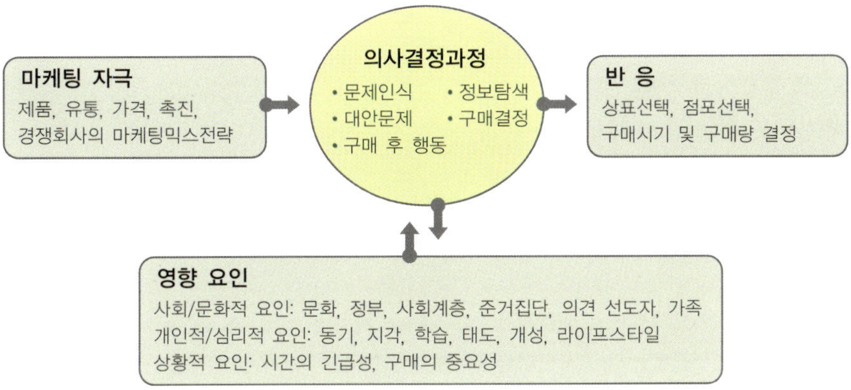

[그림 4-1]은 소비자 행동의 가장 단순한 형태의 모델인 자극-반응(S-R) 모델이다. 이 그림에 의하면 소비자는 사회 · 문화적인 요인과 개인적 · 심리적인 요인 그리고 인구통계적 · 상황적 요인에 의하여 의사결정에 영향을 받는다. 또한 마케팅자극에 의해서도 의사결정은 영향을 받게 된다. 이렇게 다양한 영향요인과 자극에 의해 영향을 받아 소비자는 의사결정을 하게 되는데, 이 과정의 결과는 사람에 따라 모두 상이하다. 따라서 이 과정을 우리는 암흑상자(black box)라 부른다. 그러므로 마케팅 관리자는 이 암흑상자를 분해하여 밝은 상자(white box)로 만들 필요가 있는 것이다. 아래에서는 암흑상자인 의사결정과정과 영향요인에 대하여 알아보기로 한다.

FASHION MARKETING TREND

특명 '男 소비자 잡아라'

캐주얼 브랜드들의 남성제품 판매가 증가함에 따라 캐주얼 브랜드들이 이러한 추세에 따라 남성라인을 보강, 강화하여 '남성고객 잡기'에 적극적으로 나서고 있다. 불과 얼마 전까지만 하더라도 남성들은 패션에 대한 관심과 소비가 여성에 비해 극히 적었던 것이 사실이다. 그러나 최근 '위버섹슈얼'과 '크로스 섹슈얼' 등의 문화가 사회의 트렌드로 자리잡으면서 남성들의 패션제품에 대한 소비가 급격하게 증가하고 있는 추세이다. 이러한 현상은 옷뿐만 아니라 액세사리, 화장품, 헤어 등으로 급격하게 확산되고 있으며 캐주얼 브랜드들에서도 남성 제품의 비중을 강화하며 트렌드를 가미한 다양한 제품을 선보이는 등 발 빠른 움직임을 보이고 있다.

「지오다노」의 경우는 크로스 섹슈얼의 대표주자라 불리는 '이준기'가 올 S/S부터 모델로 활동, '나도 저 옷을 입으면 저렇게 될 수 있겠지'란 생각을 심어줘 젊고 감각 있는 남성 소비자들을 유입하겠다는 전략을 세우고 있다. 또한 「앤듀」도 고감도 감성 캐주얼을 지향하며 베이직하면서 트렌디한 제품들로 남성 소비자의 발길을 붙잡고 있는 상황. 한편 「앤듀」는 남성제품 중 셔츠류와 재킷 등의 판매가 가장 활발하게 이루어진다고. 「캘빈클라인진」의 경우도 이러한 트렌드 변화에 맞춰 여성 중심의 이미지를 탈피하기 위해 남성 제품라인을 보강하는 등 올 S/S에는 한층 업그레이드된 모습으로 남성들의 구매를 자극하고 있다. 이뿐만 아니라 온라인시장에서도 남성 제품의 매출이 여성 제품의 매출을 초과하는 등 패션시장에서 남성들이 차지하는 비중이 여성들의 영역을 침범하고 있는 수준에 이르고 있는 것이다.

일부 패션 관계자들의 시각은 "남성들의 사회적인 압박과 불안감이 패션에 대한 열망과 관심으로 표출되는 것이 아니냐"며 이어 "앞으로 남성 패션시장의 규모는 더욱 커질 것이며 현재 시장상황으로 봐서는 캐주얼 브랜드들의 외도(?)가 심하지 않을까"라는 분석도 내놓고 있다. 한편 「FRJ」에서도 기존 남성 중심의 브랜드 이미지를 탈피하기 위해 여성라인을 강화해 매출이 어느 정도 비슷한 수준까지 올랐지만 다시 남성들의 수요가 늘어나고 있는 상황이라고. 「인투인」의 경우도 남성 제품과 여성 제품의 판매율이 40:60 정도를 유지하고 있지만 이번 시즌부터 예쁜 남자라는 수식어가 붙어 있는 '장우혁'을 메인모델로 해 남성소비자들의 유입이 많아진 상황이다. 그러나 이러한 캐주얼 브랜드들에서는 일시적인 현상과 가장 큰 구매력을 가진 여성소비자들을 무시할 수 없는 상황이기 때문에 한 쪽으로 치우친 상품구성보다는 장기적으로 브랜드의 방향과 컨셉에 맞춘 움직임으로 일관하겠다는 것이 업계 관계자들의 중론이다.

자료: 패션뉴스, 2006. 4. 5.

2. 소비자 행동에 영향을 미치는 주요 요인

사회 · 문화적 요인

1 문 화

문화란 한 집단을 이루는 사람들이 공동으로 지니고 있는 태도, 가치관, 습관 등의 묶음을 말한다, 따라서 문화는 특정사회에서 시간을 두고 학습된 하나의 행동패턴이자 사회적인 유산인 것이다. 그러므로 전 인류가 배고픔을 느끼지만 이를 해결하는 방법은 모두 다른 것이다. 현대사회에서도 특정사회의 특징적인 문화의식이 사회 전반에 걸쳐 영향을 미치고 있는 것은 사실이지만, 점차적으로 글로벌화되어 감에 따라 보편적 미와 같은 문화의 동질화 또한 진전되고 있는 것을 관찰할 수 있다. 이는 하나의 문화가 타문화와의 접촉에 의해 변하는 과정에 의한 것으로 문화간 접촉이 빈번해짐에 따라 문화의 변화가 가속화됨을 의미한다. 뿐만 아니라, 문화는 세대를 거치면서 새롭게 변하는데 요즘에는 변하는 속도가 과거보다는 훨씬 빠르다. 마케팅 관리자는 이렇게 빠른 문화의 변화에 민감하게 대처해야 하는데, 최근에 우리가 느끼는 문화의 변화를 요약하면 아래와 같다.

~부터	~으로
· 저축습관	· 소비습관
· 자동차는 없어도 집은 있어야 한다.	· 집은 없어도 자동차는 있어야 한다.
· 열심히 일한다.	· 3D 회피
· 여가시간의 부족	· 스포츠, 레저의 중시
· 제품의 양을 중시	· 제품의 질을 중시
· 남편 지배적	· 아내의 역할 증대

2 정 부

법률이나 정치적인 환경이 소비자의 행동이나 회사의 마케팅노력에 영향을 끼치는 정도는 실로 엄청나다. 정부에서 자동차 안전용 벨트의 착용을 의무화하면 모두가 따라야 하듯이 어린이용 보호의자 착용을 의무화시키면 소비자는 어쩔 수 없게 된다. 함량과 기준량에 대한 고시가 있으므로 기업은 이를 따를 의무가 있고 소비자는 이로부터 보호를 받게 된다. 과소비에 대한 정부의 홍보나, 은행잎을 원료로 하는 혈액순환 개선제의 중금속 다량함유 신문기사는 전 소비자들의 구매행위에 절대적인 영향을 미친다.

3 사회계층

사회계층이란 사회적으로 신분이나 소득 등이 비슷한 사람들을 묶은 것을 말한다, 아무리 사회가 평등하다 할지라도 내부적으로는 등급이 있게 마련이다 사회적으로 비슷한 위치에 있는 사람들은 사고에서 행동에 이르기까지 공통점이 많다. 음식점을 가더라도 상류층 인사들이 가는 장소와 도시빈민층이 가는 장소는 다르다. 따라서 마케팅 관리자는 자사제품의 주 사용자가 어느 계층인지 알 필요가 있는 것이다. 이 사회계층은 직업, 소득원, 주거형태, 주거지역을 기준으로 통상 구분하는데, 이는 워너(Warner)의 지위특성지표(Index of Status Characteristics)에 의한 것이다.

사회계층은 크게 상 · 중 · 하의 세 계층으로 나누고 이를 다시 상하의 두 계층으로 구분하여 모두 여섯 계층으로 나눈다, 우리나라도 통계청에서 주관적인 방법으로 ① 상상, ② 상하, ③ 중상, ④ 중하, ⑤ 하상, ⑥ 하하의 여섯 계층으로 사회계층을 구분하고 있다. 이들 여섯 계층의 구성원의 특징을 요약하면 [표 4-2]와 같다

[표 4-2]에서 우리나라의 사회계층별 특성을 알아보았지만, 앞으로 보다 과학적인 분류를 위한 연구가 있어야 하겠다. 대부분의 사회계층의 구분이 직업이나 소득, 주거지역 등에 이루어지고 있으나, 현대사회에서 보다 적절한 사회계층 구분의 기준에 대해서는 의문의 여지가 남는다. 제도적인 사회계급이나 사회계층이 없어진 현대사회에서도 사회계층을 상징적으로 표현하고자 하는 과시적 소비행동(conspicuous consumption, veblen effect)과 같은 상징적인 소비행동은 지속적으로 나타나고 있으며, 같은 사회계층 내에서는 서로가 서로를 의식하기 때문에 제품구매에 있어서도 이른바 모방구매의 현상이 일어난다.

표 4-2 우리나라의 사회계층구조

① 상류층	상류의 상하계층을 포함하여 상류계층의 행동특성은 가문과 전통을 존중하는 보수적인 경향이 짙다. 이들은 대개 상속받은 유산으로 살아가고 사회적으로 저명한 가정적 배경을 가지고 있다. 때로는 매우 배타적인 가치관을 나타낸다. 이 계층에 속한 사람들은 대체로 교육을 중요시하기는 하나 사회적 상승이동을 위한 것보다는 이들의 현재 지위 또는 품위를 유지하기 위한 교양교육에 더 관심을 갖게 된다. 미국의 경우 박물관 임원, 심포니와 오페라 관계자, 상공회의소 회원 등이 이 계층에 많으며, 종교적으로 영국의 성공회 및 장로교 신도가 많다.
② 중상류층	주로 전문직 종사자인 변호사, 의사, 저명한 목사, 교수 등이 이에 속하며 회사 사장, 상공회의소 회원 등도 이 계층에 많다. 이들은 미래지향적인 가치관을 가지고 사회활동에 넓게 참여하는 행동특성을 가진다. 사회적으로 저명한 가문의 전통은 없으나 자신의 노력으로 현재의 위치를 이룩한 경우가 많다. 사회적 상승이동에 대한 관심이 매우 높고, 만족을 억제하는 행동유형을 가지는 경우가 많다. 이들은 재산축적에 대한 애착심이 높고 교육을 사회적 상승이동의 수단으로 생각하는 경향이 짙다. 성공은 노력의 결과라고 믿고 열심히 하는 태도를 가지며, 행동의 폭은 넓고 사교적이며 독립심이 강하다. 학교 교육을 중시하기 때문에 자녀 교육에 대단한 열의를 보여주고 있다.
③ 중하류층	이른바 일반시민계층으로서 인구의 많은 수가 이 계층에 속한다. 이들은 미래 지향적이고 교육에 많은 비중을 두고 있다. 회사의 하부관리인, 판매직, 공장노동자 감독, 숙련 기술자, 철도기술자 등 하층의 관리직과 기술자들이다. 이들의 행동특성은 검소하고 경제적 독립성을 중요시한다. 학교와 교회를 존중하고 안정적인 생활을 영위하는 대중적인 소시민들이다. 어떤 면에서는 중류 상층과 같이 이상적인 교육환경을 이룬다.
④ 하상류층	주로 근로계층으로서 중류와 하류계층의 행동특성을 함께 지니고 있다. 미국에서는 이민 온 타인종 집단들이 대부분 이 계층에 속한다고 보고 있으며, 우리나라의 경우 영세상인과 자급자족을 겨우 하는 영세농가가 여기에 속한다고 보겠다. 부인들도 대개 일을 하는 것이 일반적이며, 이들은 텔레비전과 저속한 대중잡지와 주간지 등을 잘 보지 않는다. 교육에 관한 관심은 있지만 경제적 여건이 허락하지 않아 자녀들의 중등교육을 마치는 데도 힘겨워하며 고등교육은 매우 드물게 보내게 된다.
⑤ 하하류층	몇 세대를 사회 최하층에서 생활하는 사람들로써 막일로 생계를 유지하는 사람들이다. 이들은 대체로 미래에 대한 기대가 거의 없으며, 현재 지향적 숙명적인 가치관을 가지고 있다. 자녀들은 학교에서 일탈행위나 비행을 저지르는 문제아나 지진아가 많다. 미국의 경우 오늘날에는 푸에르토리코, 멕시코, 아시아 계통의 이민족과 많은 흑인 빈민가 사람들이 이 계층에 속한다. 우리의 경우 일정한 직업과 거주자가 없는 노숙자가 이에 속할 것이다.

4 준거집단

준거집단(reference group)은 우리가 일상생활을 하면서 자주 만나고 사귀는 집단을 말한다. 따라서 이 준거집단은 개인의 태도나 행동에 영향을 많이 미치며 회원집단과 기대집단으로 크게 구분한다.

회원집단

1차적 집단: 지속적으로 만나는 집단으로서 비공식적인 집단이다. 이를테면 친목회, 동창회, 가족, 동료, 이웃 등의 모임이다.

2차적 집단: 보다 덜 지속적이고 공식적인 모임을 갖는 집단을 말한다. 노동조합, 종교단체, 전문가협회 등이 이에 속한다고 할 수 있다.

그림 4-2 명품소비를 통해 표현되는 과시적 소비행동

기대집단

지금은 비록 자기가 소속되어 있지는 않지만 앞으로 소속되기를 바라는 집단을 말하는데 소비자들은 자기의 기대집단에 의해 영향을 받게 된다. 특정연예인을 모방하는 옷차림이나 행동을 우리는 흔히 볼 수 있다. 준거집단이 제품과 상표의 선택에 영향을 미치는 상황을 요약하면 다음과 같다.

눈에 잘 띄는 대중적 사치품	제품과 상표선택 모두 준거집단의 영향을 많이 받는다. (골프채, 스키장비, 항해용 보트)
눈에 잘 띄지 않는 개인적 사치품	상표선택보다 제품에 더 크게 영향을 받는다. (얼음기계, TV게임)
눈에 잘 띄는 대중적 필수품	제품선택보다 상표선택에 준거집단의 영향을 더 많이 받는다. (손목시계, 자동차, 남자옷)
눈에 잘 띄지 않는 개인적 필수품	상표, 제품선택 모두 준거집단의 영향을 크게 받지 않는다. (매트릭스, 전등)

즉, 골프채와 같이 남의 눈에 잘 띄고 상표가 확연히 들어나는 상품은 누가 유명회사의 특정상표를 구매하면 이 영향을 받아 구매하게 되고, 반면에 개인필수품은 다른 사람의 눈에 잘 띄지 않기 때문에 집단의 영향을 크게 받지 않는다.

제품의 수명주기에 따라 준거집단의 영향력은 아래와 같이 달라진다.

도입기	구매결정은 타인에 의해 영향을 받지만 상표의 선택은 영향을 받지 않는다.
성장기	제품과 상표선택 모두에 집단의 영향력이 강하다.
성숙기	제품을 선택할 때보다는 상표를 선택할 때 집단의 영향을 받는다.
쇠퇴기	제품과 상표선택 모두에서 집단의 영향력은 없다.

이상과 같이 제품이나 상표의 선택이 준거집단의 영향을 받아 이루어지는 만큼 마케팅 관리자는 첫째, 자사제품이나 상표의 선택에 준거집단의 영향력이 있는지를 확인하고, 둘째, 영향을 미치는 준거집단을 파악하여 적절한 마케팅전략을 수립하여야 한다.

5 의견 선도자

어느 집단이건 내부 구성원들의 태도나 행동에 크게 영향을 미치는 사람이 있다. 이들을 의견 선도자라 부르는데 대개 특정분야의 전문가인 경우가 많다. 회사에 이들 이견 선도자를 활용하여 이들을 따르는 사람들에게 자사제품을 광고하는 전략을 추구하기도 한다. 예컨대 식품선전에 요리전문가를 활용한다든지 스포츠용품 선전에 그 분야의 챔피언을 활용하는 예가 그것이다. 의견 선도자는 마케팅 관리자들에게 있어서 특별히 중요한데 왜냐하면 이들은 신제품의 최초 사용자일 가능성이 높고 또 다른 동호인들과 그 신제품에 대하여 얘기 할 가능성이 높기 때문이다. 만일 의견 선도자가 제품을 사용해 본 후 별로 신통치 않다고 얘기하는 날엔 그 신제품의 성공가능성은 그만큼 희박해지는 것이다.

FASHION MARKETING TREND

진정 변신하고 싶다면 확실히 모방하라!

과거에 '연예인'은 대중들과 무척 동떨어진 세계에서 사는 특정한 사람들로 인식되었다. 실제로 자주 접할 수 없는 연예인들은 멋진 의상과 화려한 메이크업 등으로 자연스럽게 일반인들과 구분되어 지곤 했다. 어쩌면 시대적인 특성상 연예인들의 겉모습에 대한 모방욕구만 있었을 뿐 직접 따라할 수 없었던 것은 당연했는지 모른다. 하지만 요즘은 어디 그런가? 원한다면 내가 좋아하는 연예인의 헤어 스타일리스트에게 머리를 하고 메이크업 아티스트에서 화장을 받을 수도 있다.

압구정동이나 강남, 명동, 신촌 등지에서 연예인보다 더 연예인 같은 사람들이 허다하다. 더 이상 일반인들은 '연예인들을 따라하고 싶다'고 마음속으로만 외치는 것이 아니라 서슴없이 자신의 표현능력으로서 모방욕구를 표출하고 실천하게 된 것이다. 가만히 그녀들을 보면 오히려 할리우드 스타들보다 스타일리시한 코디네이션으로 완벽한 모방 이상의 변신을 보여준다. 그런 그녀들을 그녀들 사이의 '트렌드 세터'라고 칭하고 그녀들만의 패션 배틀에 내세운다.

대표적인 패션 트렌드 세터인 미국 시리즈물 'Sex and the city' 주인공들

유행은 변화하고 사람들의 얼굴도 변화할 것이다. 하지만 당신이 당당한 트렌드 세터로 남고자 한다면 변화에 구속당하지 말 것이며 모방에 종속되지 않으면서 모방을 통해서도 당당히 나의 개성을 말할 수 있는 사회성을 지닌 패셔니스트이어야 한다는 것이다.

자료: 마이데일리, 2006. 7. 31.

6 가 족

남편과 아내의 영향력 행사 정도

가족은 가장 중요한 소비자 구매단위이다. 이들은 가족 공동제품뿐만 아니라 개인용 제품의 구매에도 서로 지대한 영향을 끼친다, 따라서 마케팅 관리자들은 제품구매에 있어서 남편, 부인 그리고 자식의 역할과 이들의 상대적인 영향력 정도를 알 필요가 있는 것이다. 종전에 가정에서 남편이 거의 모든 일에 절대적인 영향력을 행사하였고 극히 제한적인 범위 내에서 아내가 영향력을 행사하여 왔다. 하지만 요즈음 신세대주부들의 사고는 과거와는 완전히 다르다. 쇼핑도 남편과 같이 하기를 원하며 모든 가사를 공동으로 하기를 원하다. 구매의사 결정에 있어서 남편과 아내의 역할에 대해서 국내의 연구가 그렇게 많지는 않지만 이들을 종합하여 보면 [표 4-3]과 같다.

표 4-3 구매의사 결정에 있어서 남편과 아내의 영향력 정도

남편 지배형	목돈에 대한 투자방안의 결정, 저축상품 종류의 선택, 자동차의 구입 시기 및 차종
아내 지배형	의류, 식품, 가정용품, 세제, 자동차의 색깔, 스타일
공동형	휴가, 주요 가전제품, 주택구입, 가구

의사결정의 영향력자가 누구인지는 마케팅 관리자들에게 대단히 중요한 의미를 지니고 있다. 가령 어린이들이 의사결정을 하는 제품이라면 가격, 유통, 촉진 등에서 어린이들이 좋아하고 많이 모이는 장소를 이용해야 할 것이고, 아내가 절대적인 영향력을 행사하는 제품이라면 주부들이 좋아하는 광고매체를 이용하여야 할 것이다.

가족생활주기

가족생활주기(family life cycle)는 결혼하지 않은 단계에서부터 시작하여 가족이 발전하여 나가는 단계를 말한다. 이는 결혼 여부, 가족의 수, 가장의 근로유무, 가족구성원의 나이 등의 인구통계적인 변수들이 복합적으로 결합되어 결정된다.

표 4-4 가족생활주기와 단계별 특징

제1단계: **독신기**	직장생활 초기의 미혼남녀로서 수입은 다소 적으나 가처분소득이 높은 시기이다. 인스턴트식품을 선호하며 유행에 민감하다.
제2단계: **신혼부부**	아이가 없는 신혼부부로서 내구재 구입에 관심이 많고 여가를 즐기고 유행에 민감하다.
제3단계: **보금자리 1기**	첫 아이를 갖는 시기로서 아이로 인해 가계의 지출방식이 크게 영향을 받는다.
제4단계: **보금자리 2기**	막내아이가 6세 이상 되어 모든 자식이 학교에 다니는 시기로서 교육비가 가장 많이 드는 시기이다.
제5단계: **보금자리 3기**	자녀가 모두 성장하여 직장생활을 하고 마지막 자녀가 결혼할 때까지의 시기이다. 가구주의 경제사정은 좋아지나 결혼자금의 수요가 가장 많은 시기이다.
제6단계: **노년부부**	자녀가 결혼하여 독립한 시기로서 경제적으로 가장 여유가 있는 시기이다. 여행, 오락, 자기개발 등에 신경을 쓴다. 가장이 은퇴하여 자식과 같이 사는 경우도 있다.
제7단계: **사별 후 독신기**	부부 중 한 명이 살아남는 시기이다. 직장이 있으면 여가, 건강 제품에 관심을 보이고 그렇지 못한 경우에는 자식과 같이 사는 경우가 많다.

가족이 변해가는 단계에 따라 필요한 제품과 소비성향이 다르기 때문에 자연적으로 시장이 세분화된다고 할 수 있다. 바로 이 점이 마케팅 관리자에게 특별한 의미가 있는 것이다. 가족생활주기의 기준과 단계는 학자에 따라 다르지만 종합하면 [표 4-4]와 같다.

개인적 요인

1 라이프스타일

라이프스타일(lifestyle)이란 한 개인이 세상을 살아가는 방식을 말한다. 구체적으로 말하면, 어떻게 자신의 시간을 활용하는가(activity), 주된 관심사는 무엇인가(interest), 그리고 자신의 주위세계를 어떻게 보느냐(opinion)의 총체로써 확인되는 생활양식이다. 라이프스타일은 개인의 욕구구조와 태도에 영향을 미치고 결국에는 소비행동에까지 영향을 미친다. 또한 여행을 한번 다녀온 사람이 여행에 빠져 여행 지향적인 라이프스타일을 채택할 수 있는 것과 같이 소비행동은 다시 라이프스타일을 변화시킬 수도 있다. 따라서 이들은 순환적인 관계에 있다고 할 수

표 4-5 VALS에 따른 라이프스타일의 유형

유형	특징
1. 실현가	성공했고 세련되며 활동적이고 "주도적인" 사람으로 자긍심이 높고 재산이 많다.
2. 충족자	성숙하고 만족스러워하며 편안하고 사려 깊은 사람으로 도리, 지식 그리고 책임을 중시한다.
3. 성취자	직업에 성공을 거두고 지향적인 사람으로 자신들의 삶을 통제하고 있다는 기분을 느끼고 싶어하는 사람들이다.
4. 경험자	젊고 생기발랄하고 열정적이고 충동적이며 반항적인 사람들로 다양함과 흥분되는 일을 추구하고 새롭고 기이하고 위험한 것에 탐닉한다.
5. 신뢰자	보수적이고 전통적인 사람들로 전통적이고 기존의 규범에 기반을 둔 강한 신념, 예를 들어 가족, 교회, 지역사회 그리고 국가에 대해 강한 가치를 보유하고 있다.
6. 노력가	동기 부여, 자기-정의 그리고 그들을 둘러싼 세계의 승인을 추구하는 사람들로 인생에서 안전한 자리를 찾고자 한다.
7. 자급자	건설적인 기술을 가지고 있는 실제적인 사람들로 자급자족을 중요하게 생각한다. 이들은 삶의 전통적인 환경 속에서 살아간다.
8. 분투가	만성적으로 가난하고 교육을 별로 받지 못했으며 사회적으로 결속이 없어 하급 기술을 가진 사람들로 나이가 많다. 건강에 대해 우려하며 수동적인 사람들이다.

있다. 소비자를 VALS(Value and Lifestyle)에 따른 8개의 라이프스타일 유형으로 분류할 경우 [표 4-5]와 같다.

라이프스타일은 일반적 라이프스타일(general lifestyle)과 상품관련 라이프스타일(product-specific lifestyle)로 나누어진다. 일반적 라이프스타일이 소비자들의 전반적인 욕구, 태도, 소비행동에 영향을 미치는 생활양식인 반면, 상품관련 라이프스타일은 특정상품의 구매 및 소비행동과 관련된 활동, 관심 그리고 의견을 포함하는 생활양식을 말한다.

그림 4-3 패션브랜드 라이프스타일 맵의 예

FASHION MARKETING TREND

어덜트 여성복시장 라이프스타일 이미지 분석

삼성패션연구소에서 진행한 패션 라이프스타일 분석조사에서는 패션관여, 유행관여, 선호의복 이미지에 따라 어덜트 여성 소비자를 4개의 패션 라이프스타일로 구분했다.

1. 편안하고 활동적인 이미지를 선호하는 왕활기 여사

여성스럽고 부드러운 것에 대한 선호도 보통 이상으로 높다. 50대 이상이 과반수 이상(52.2%)을 차지하며, 주부의 비중이 압도적이다(58.7%). 왕활기 여사는 활동에 편한 심플한 디자인의 캐주얼 복장을 즐겨 입는다(77.2점). 충동구매 성향이 매우 낮고(34.2점), 인터넷을 통한 의류제품 구매에 가장 부정적이다(23.9점). 옷은 주로 세일기간을 이용해 구매한다(67.4점). 왕활기 여사에게 중요한 것은 가족과 자신의 건강과 미래로, 패션이나 쇼핑에 관해서도 이러한 틀 안에서 최대한 자신의 스타일

을 살려, 알뜰하게 소비한다.

2. 새로운 것에 대한 욕구나 패셔너블함에 대한 욕구가 강한 멋쟁이 왕세련 여사

특히, 왕세련 여사의 패션은 전통적인 여성스러운 이미지가 강하다. 왕세련 여사는 40대의 비중이 높고, 주로 서울에 거주하며(50.0%), 소득수준이 전체 세분시장들 가운데 가장 높다(월소득 300만원 이상 68.3%). 인터넷 사용율도 Adult시장 가운데에서는 가장 높은 편이다(55.0%). 왕세련 여사는 전체 여성 세분시장들 가운데서 브랜드 로열티가 가장 높다(67.5점). 어떤 상표의 옷이 마음에 들면 계속해서 그 상표를 사고, 비싼 유명상표를 선호한다(58.8점). 나공주 양이나 나도시 양보다는 정도가 덜하지만 광고 및 유명인들의 패션에도 관심이 많은 편이다(57.5점).

3. 지적이고 고급스러운 이미지를 선호하는 왕합리 여사

왕합리 여사가 추구하는 패션 이미지는 과도하지 않은 멋스러움이며, 화려하고 최첨단 유행을 따른 옷차림은 왕합리 여사에게 부담스럽다. Adult군 내에서 가장 많은 비중(41.2%)를 차지하고 있고, 물건 하나를 살 때도 가족을 먼저 생각하고 꼼꼼히 혜택을 따져본다. 왕합리 여사는 알뜰한 대한민국 주부의 전형이라고 할 수 있다. 유행이나 상표에 좌우되어 비싼 옷을 구매하거나(그렇다 26.4%), 계획에 없던 물건을 구매하는 일은(그렇다 27.5%) 없다. 귀찮더라도 상품이 많은 곳으로 가고(57.7점), 옷은 주로 세일기간을 이용해서 구입하며(66.5점), 광고나 Celebrity 효과에도 쉽게 흔들리지 않는다.

4. 패션 전반에 관심이 없는 왕무심 여사

왕무심 여사는 생활고에 시달려 패션에 관심을 기울일 시간이나 금전적 여유가 없다. 월소득 300만원 이하가 전체의 54.2%이며, 월평균 생활비는 164.6만원으로 전체 8개 여성 세분시장 가운데 경제적 수준이 가장 낮다. 전업주부의 비중이 41.7%로, 과반수 이상이(58.3%) 직업전선에 있다. 현재 생활형편이 좋아진 편이라고 느끼는 사람은 전체의 8.3%에 불과하고, 향후 의복 구입 의사도 28.1점으로 매우 낮다. 기타 유행, 액세서리, 상표 등 패션 전반에 걸쳐 50점 이하의 낮은 관심을 보이고 있는 왕무심 여사는 매력도 마이너스의 세분시장이다.

자료: 삼성디자인넷

2 개 성

개성(personality)이란 개인이 다양한 주위환경에 대하여 일관성 있게 반응하게 만드는 독특한 심리적인 특성으로 정의된다. 이는 사회성, 친화력, 추종성, 자기과시, 적응성, 과대망상 등과 같은 여러 가지 행동성향으로 표현된다. 따라서 어떠한 개성과 특정제품 혹은 상표의 선택 사이에 강한 상관관계가 존재한다면 마케팅 관리자는 이를 매우 유용하게 이용할 수 있다. 가령 어떤 제품의 주 사용자가 추종형의 사람이라면 준거집단이나 의견 선도자의 영향을 많이 받을 것이므로 이에 맞는 커뮤니케이션전략을 추구하면 될 것이다. 그러나 개성과 소비자 행동을 연관시켜 보려는 연구가 이루어졌지만 대부분의 연구에서 의미 있는 결과를 도출하는 데 실패한 만큼 개성을 토대로 한 마케팅전략의 추구는 그만큼 신중을 기해야 할 문제이다.

MARKETING NOTE

Neo-Consumer

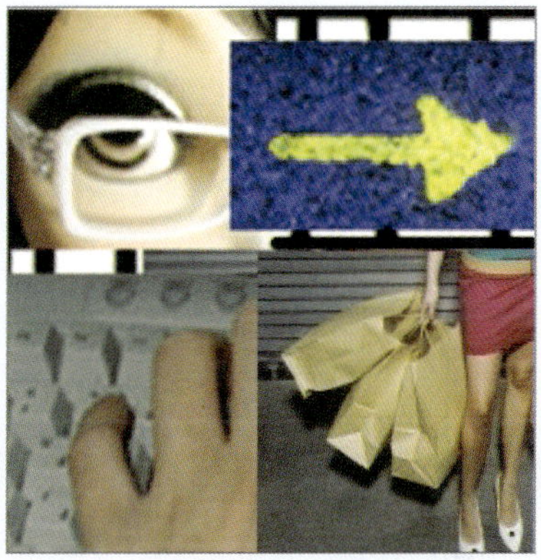

이제 단순히 생산된 물건을 사서 쓰기만 하는 소비자는 사라지고 있다. 제품 구상 단계에서부터 검증까지 소비자의 참여는 점점 늘어나고 있다. 이런 추세가 확산되면서 소비자를 정의하는 용어도 쏟아지고 있다. 능동적인 소비자를 하나의 부류로만 묶어서 정의하기에는 소비자의 위상이 너무나 커졌기 때문이다.

현재 소비시장을 주도하고 있는 계층은 포스트 386세대로 등극한 2033세대이다. 적극적이고 자유로운 삶을 추구하는 2033세대는 여러 세대 중 가장 역동적인 소비자 집단이다. 이 세대는 인생에서 결혼이 큰 의미를 차지하지 않고, 부담 없이 데이트를 즐기며 무조건 유행만을 추구하지 않는다. 무엇보다 자기계발에 적극적이고 시회적 성공을 위해 적극적이다. 그리고 먹는 것, 입는 것, 사는 모습에서 남들과는 다르고 싶어 한다. 특히 2033세대는 가장 능동적 소비층으로, 창조적이며 가치 있는 소비문화의 진화에 주도적인 역할을 하고 있다. 이들은 디지털 기술을 누구보다 적극적으로 이용하면서 그 생산과정과 판매에도 큰 영향력을 행사하고 있다.

이런 신소비층은 인터넷과 네트워크의 발달이 가장 큰 탄생 배경이다. 인터넷과 네트워크의 발달로 인해 고객이 직접 참여할 수 있는 채널의 증가와 차별화된 고객 개개인의 성향 반영을 위한 생산과 소비활동에 대한 직접 참여가 가능해지면서 크게 증가하고 있다. 인터넷을 통해 기업과 제품에 관한 다양한 정보를 수집하고, 커뮤니티를 통해 자신의 정보와 느낌을 공유해 적극적으로 제품과 마케팅활동에 개입하는 양상이 뚜렷해지고 있다.

특히 고객이 마케팅활동에 참여할 수 있도록 회사별로 제품 동호회, 평가단, 모니터요원, 고객제안, 아이디어 공모전 등의 다양한 고객참여 프로그램을 운영하고 있는 것도 이들의 활동을 더욱 촉진하는 계기가 되고 있다.

자료: 삼성디자인넷

심리적 요인

1 동 기

인간의 모든 행동에 바탕이 되는 것은 욕구이다. 그런데 이 욕구가 외적 또는 내적 자극을 받아서 활성화되면 동기로 변한다. 즉, 인간의 활성화된 상태의 욕구가 곧 동기인 셈이다. 매슬로우(Maslow)는 인간의 욕구는 생리적인 욕구, 안전의 욕구, 사회적 욕구, 존경의 욕구, 자아실현의 욕구와 같은 5단계의 욕구가 있다고 설명하고 있다. 그에 의하면 인간은 가장 기초적인 욕구인 생리적인 욕구를 가장 먼저 충족시키려고 하며 이 욕구가 어느 정도 채워지면 그 다음 단계의 욕구인 안전의 욕구를 채우려고 한다는 것이다. 즉, 욕구는 계층적인 특성을 갖고 있어 가장 기초적인 욕구부터 차례로 채우려고 한다는 것이다. 거지의 가장 강렬한 욕구는 배고픔을 해결하는 것이고 이것이 해결되어야 그 다음 자기 신체를 보호하려는 안전의 욕구가 생길 것이다. 따라서 마케팅 관리자는 사람의 욕구수준에 맞는 마케팅활동을 전개해야 한다. 거지에게 카메라 광고가 흥미 있을 리 없다. 그러나 이 이론은 비판의 여지가 많다. 실제로 우리가 옷을 사 입을 때는 최소한 한 가지 이상의 욕구를 동시에 추구한다(생리적 욕구, 사회적 욕구, 존경의 욕구). 안경을 쓸 때도 우리는 잘 보려는 생리적인 욕구와 잘 보이려는 존경의 욕구를 동시에 추구하고 있는지도 모른다.

그림 4-4 매슬로우의 욕구계층

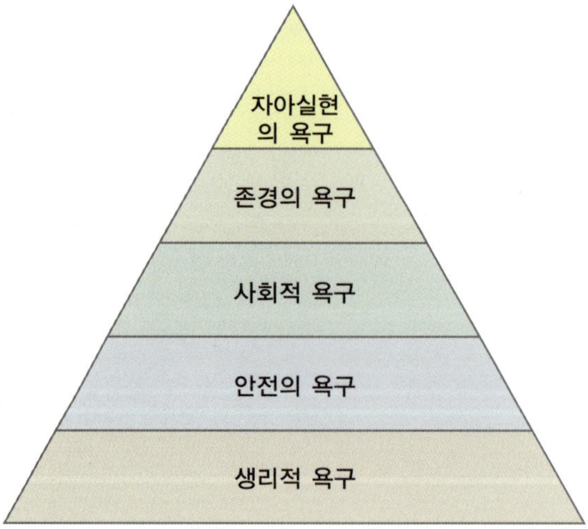

소비자의 욕구가 활성화되어 동기로 작용되고 구매로 이어지는 행동을 이해하기 위하여 의류제품의 예를 들어 설명하기로 한다.

표 4-6 의류제품의 욕구-동기-구매 행동 간의 관계

욕구	➡ 활성화 ➡	동기	➡ 구매행동
생리적 욕구		신체를 가림, 신체	
안전욕구		신체의 안전도모	
사회적 욕구		단체의 일체감 도모	➡ 특정한 의류
존경의 욕구		사회적인 지위의 표현	
자아실현의 욕구		직접 만들어 입음	

[표 4-6]에서 보는 바와 같이 의류제품은 하나의 제품이나 상표가 인간의 모든 욕구를 충족시켜 줄 수도 있고, 특정한 욕구에 따라 각기 다른 상표나 제품이 필요할 수도 있다. 예컨대, 유니폼의 경우 단체의 일체감을 표현하고자 하는 것이 주된 동기일 것이나, 많은 유니폼 디자인 중에서 특정 유니폼 제품이나 상표가 선택되기 위해서는 신체의 안전도모, 사회적 지위의 표현이나 심미적 측면 또한 중요하게 고려되어야 할 것이다. 그러나 의류제품의 특성에 따라 중요하게 부각되는 동기에는 차이가 있으므로 마케팅활동에서 강조하는 측면에는 차이가 존재한다. 유니폼 전문 생산업자의 경우는 사회적인 욕구를 충족시키기는 것이 중요하게 부각되므로, 단체의 일체감을 필요로 하는 사람들을 중심으로 마케팅활동을 할 것이다. 또한 유명상표의 경우 사회적인 지위를 표현하려는 계층의 사람들을 중심으로 커뮤니케이션 활동을 하여야 할 것이다.

2 지 각

소비자들은 같은 사람을 두고 서로 다르게 평가할 수 있다. 이는 어떤 사물을 보고 서로 자기 방식대로 해석하기 때문이다. 따라서 소비자 행동은 그들이 그들 자신과 환경을 어떻게 지각하느냐에 따라 크게 달라진다. 지각은 다음과 같이 정의된다.

지각이란	사건 사물 관계	를	청각 시각 미각 후각 촉각	을 통해 받아들여서 이를	조직하고 해석하여 자기의 경험으로부터 의미를 추출해

내는 심리적 과정이다.

위의 정의에서 보듯이 지각은 심리적 과정이다. 따라서 우리가 어떤 사물이나 사건을 지각하기 위해서는 일련의 과정을 거쳐야 한다. 즉. 소비자가 어떤 사물을 지각하려면 우선 내·외적인 자극에 노출되어야 하며, 수없이 많은 지각 가운데 선택적으로 주의를 기울여 이 자극 내용을 이해하고 나름대로 의미를 부여하여 기억하는 과정을 거치게 된다. 이를 표시하면 아래의 그림과 같다.

그림 4-5 **소비자의 지각과정**

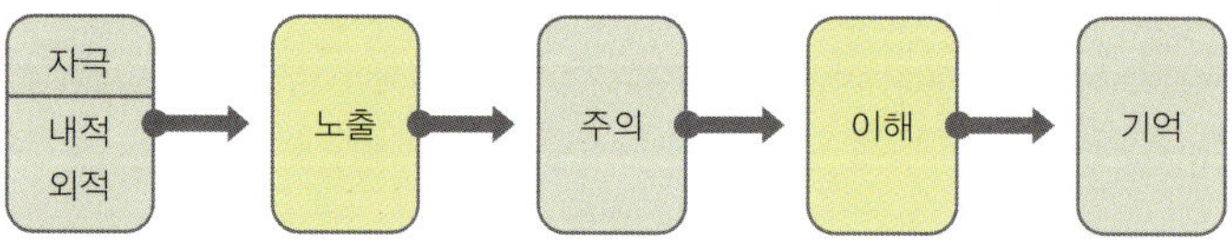

그러면, 소비자들은 왜 똑같은 사물을 보고 서로 다르게 지각하는 것일까? 이는 선택적 노출, 선택적 왜곡, 선택적 보유의 세 가지 메커니즘을 포함한 선택적 지각을 하기 때문이다. 선택적 지각이란 소비자들이 자신들의 평가기준에 가장 부합하는 정보만을 받아들이는 것을 말한다.

선택적 노출(selective exposure)

소비자들이 어떠한 자극에 주의를 기울이느냐 하는 문제이다. 우리는 일상생활을 통하여 수많은 자극에 노출되지만 우리가 관심을 가지고 주의를 기울이는 것은 극히 일부분이다.

선택적 왜곡(selective distortion)

소비자들은 주의를 통해서 받아들인 정보를 자기의 기존사고의 틀에 맞추어 자기에게 유리하도록 해석하려고 하는 이른바 선택적 왜곡성향이 있다.

선택적 보유(selective retention)

우리가 보고 들은 것을 모두 기억하는 것은 불가능하며 거의 대부분 잊어버리게 된다. 그러나 대체로 자신에게 꼭 필요하며, 자신이 갖고 있던 신념이나 태도에 도움이 되는 정보는 기억하려고 노력하며 이러한 현상 때문에 기업에서는 자꾸 반복해서 지속적으로 광고를 하게 되는 것이다.

3 학 습

학습이란 경험이나 사고에서 나오는 개인의 행동변화를 말한다. 우리의 모든 행동은 우리가 살아오면서 배운 결과이다. 사랑하는 연인에게 장미를 선물했더니 그녀가 대단히 즐거워했다. 이렇게 경험을 통해서 그녀가 장미를 선물받으면 즐거워한다는 것을 배우게 되는 것이다. 이러한 학습과정을 많은 학자들은 자극-반응모델로 설명한다. 이 모델은 충동(drive), 단서(cue), 반응(response) 그리고 강화(reinforcement) 요인으로 구성된다.

충동이란 채워지지 않은 욕구 때문에 일어나는 강한 내적인 자극을 말한다. 즉, 두려움, 배고픔, 지위에 대한 욕구가 강하게 일어나는 상태가 곧 충동이다. 단서란 충동에 대한 반응형태를 결정짓게 하는 일반 환경 속의 자극물을 말한다. 상점 내의 진열상태, 중국집간판, 특별할인판매 광고 같은 것이 단서의 예이다. 배가 고플 때 중국집간판이나 햄버거집의 발견은 배가 고프다는 충동에 대한 단서, 즉 실마리를 제공하게 되는 것이다.

반응이란 충동이나 단서에 자극을 받아 취하는 행동을 말한다. 배고플 때 중국집을 보고 자장면을 사 먹는 행위가 바로 반응인 것이다. 그런데 반응에 대하여 소비자가 만족을 하면 미래에 비슷한 상황이 발생할 때 똑같은 반응을 할 가능성이 훨씬 높아진다. 앞의 예에서 배고플 때 자기가 사 먹은 그 중국집의 자장면이 맛있었다면 앞으로 그 집에서 자장면을 사먹을 확률은 높아진다. 즉, 자장면에 대한 반응은 강화되는 것이다. 이렇게 하여 배고픔에 대처하는 습관의 형성(habit formation)이 이루어지게 되는 것이다. 그러나 반응이 지속적으로 강화되지 않는다면(자장면의 맛이 없어진다면) 형성된 습관은 소멸될 것이다(그 중국집을 찾지 않게 된다).

마케팅 관리자들에게 학습이론이 주는 중요성은 ① 어떻게 하면 자기의 제품을 강한 충동과 관련시킬 것이며, ② 제품을 구매할 수 있게 하는 단서는 무엇이며, ③ 어떻게 하면 긍정적인 강화 효과를 유지할 수 있을 것인가를 체계적으로 판단할 수 있게 하는 것이다. 생명보험의 광고에서 비행기 사고와 같은 공포스러운 장면은 강력한 단서(cue)를 제공해 줄 수도 있을 것이다.

4 신념 및 태도

신념이란 어떤 것에 대하여 사람이 지니고 있는 지식의 총체를 말한다. 가령 어떤 사람이 대우자동차는 차체가 견고하고, 24시간 서비스체제를 운영하고 있으며, 중고차로 판매할 때에는 가격이 다소 떨어진다는 신념을 갖고 있을 수 있다. 이러한 신념은 지식과 믿음에 근거를 두고 있다. 그래서 사람들은 특정 제품과 서비스에 대하여 독특한 이미지를 갖게 되는 것이다. 이렇게 형성된 신념은 소비자의 행동에 영향을 미친다.

한편, 태도란 사람이 어떤 것에 대해서 지속적으로 품고 있는 호의적 혹은 비호의적인 감정을 말한다. 그래서 이 태도가 형성되면 어떤 대상에 대해서 좋아하거나 싫어하는 감정을 갖게 된다. 이런 감정 때문에 비슷한 대상에 대해서도 일관성 있는 행동을 취하게 된다. 따라서 이런 '좋다' '나쁘다'의 감정은 곧 어떤 행동의 전제가 되는 것이다. 그러나 어떤 상표에 대하여 호의적인 태도가 형성되었다고 해서 반드시 그 상표를 구매한다고는 볼 수 없다. 가령 ××자동차를 구매할 수밖에 없는 경우도 있고, 경제적인 여유가 없을 수도 있기 때문이다.

한편, 한번 형성된 태도는 좀처럼 바꾸기 힘들다. '수돗물은 건강에 좋지 않기 때문에 싫다'는 태도를 바꾸기란 그리 쉬운 일이 아닐 것이다. 그래서 기업에서는 소비자의 한번 형성된 태도를 바꾸려고 노력하기보다는 자사의 제품을 그들의 기존태도에 맞추려고 노력하는 경우도 많다.

상황적 요인

우리는 종종 어떤 행동을 하는 데 있어서 당시 처해 있는 특수한 환경에 영향을 많이 받는다. 학생들이 교실에서 수업을 할 때와 운동장에서 경기를 관람할 때의 행동은 전혀 다르다. 구매행동도 마찬가지다. 면접을 앞둔 학생은 머리를 아주 점잖게 깎을 것이고, 친구의 결혼 선물 구매에는 특별한 관심을 보일 것이다.

구매의 긴급함의 정도는 행동에 직접적인 영향을 미친다. 스페어타이어가 없는 상태에서 펑크가 날 경우에는 대체안을 평가할 만큼 정보를 구할 시간적 여유가 별로 없다. 도로에 드릴 못을 박아 통행자동차의 타이어를 펑크 나게 한 후 순간적인 호황을 누렸다는 어느 타이어상의 범행기사가 기억난다. 또한 취업주부들은 가사생활에 소요되는 시간을 절약하기 위한 구매행동을 보인다. 그래서 이들은 인스턴트식품과 같은 시간절약형 상품을 구매하는 데 주저하지 않는다.

또한 웨딩드레스가 필요한 신부의 입장에서는 자신의 평상 옷 구매행동과는 완전히 다른 구매행동을 보일 것이다. 평생에 한번 입는 옷인 만큼 정보를 구하는 원천부터 다를 것이며 가격보다는 디자인, 색상 등에 더욱 관심을 보일 것이다. 이와 같이 구매의 중요성 또한 소비자의 행동에 직접적인 영향을 미치는 것이다. 그러나 소비자가 특정상표에 대하여 충성심을 갖고 있다거나 고관여제품인 경우에는 상황적 요인이 그다지 영향을 미치지 않는다.

MARKETING NOTE

21세기는 이미지 상품의 시대

다가올 21세기엔 어떤 제품이 잘 팔릴까? 20세기의 시장은 건조한 남성형이었다. 시장의 파워는 생산자가 쥐고 있었고 품질 좋은 물건을 대량생산해서 싼 값에 파는 게 전부였다. 소비자는 주판을 두들기며 필요한 것만 계획구매하는 이성적인 성향을 갖고 있었다. 하지만 21세기의 소비자는 좀 더 변덕스러워진다. 개성없는 획일적 제품은 사절이다. 필요없는 물건도 충동구매하는 경우가 잦아진다. 품질보다는 감성적 이미지를 가격보다는 재미와 유희성에 더 높은 가치를 둔다. 따라서 소비자심리를 미리 파악하지 못하는 제품은 실패할 수밖에 없다. 아래 표를 통해 달라지는 시장의 패러다임을 살펴보라.

구 분	20세기	21세기
시상의 패러다임	남성형	여성형
소비자 성향	계획-필요구매(가계부 지출형)	충동-감성구매(윈도쇼핑형)
제품의 가치	고품질, 저가격	이미지, 유희성
생산방식	대량획일형	다품종 소량형

3. 소비자의 구매의사결정과정

구매의사결정과정의 유형

1 고관여 의사결정과 저관여 의사결정

관여(involvement)란 소비자 행동에 영향을 미치는 개인적 심리상태의 정도, 동기부여수준, 흥미의 정도, 개인적 중요성의 정도를 반영하는 넓은 의미의 개념인데 일반적으로 소비자가 구매과정에 개입하는 정도를 말한다. 이에 따라 소비자의 의사결정유형은 고관여와 저관여의 두 가지 차원으로 구분할 수 있다. 소비자들이 휴지나 담배와 같은 제품을 구입할 때와 자동차를 구입할 때의 의사결정은 다르다. [표 4-7]을 보면서 이 두 의사결정과정 유형을 살펴보기로 하자.

표 4-7 고 · 저 관여하의 의사결정과정

저관여 의사결정	문제인식 → 선 택 → 대안평가
고관여 의사결정	문제인식 → 정보탐색 및 대안평가 → 선 택 → 구매 후 평가

[표 4-7]에서 보는 바와 같이 소비자들이 고관여제품을 구매할 때는 광범위한 정보를 탐색하여 여러 대안을 놓고 평가하여 최선의 것을 선택하는 이른바 합리적인 구매를 한다. 하지만 소비자들이 모든 구매상황에서 가능한 많은 정보를 얻고자 하는 것은 아니다. 수많은 선택의 결정을 해야 하는 소비자들이 구매상황마다 정보를 구하기 위해 많은 시간과 노력을 소요해야 한다면 막상 구매한 제품을 사용하며 즐기는 시간이 너무 부족해지지 않겠는가? 따라서 소비자들이 저관여제품을 구매할 때는 정보를 구하지 않고 바로 구매가 이루어지며 고관여제품에

대해서는 정보원의 신뢰성이 중요하므로 구전이나 판매원의 역할이 중요하다. 고관여제품은 광고에 있어서도 인쇄매체를 많이 이용한다. 반면에 저관여제품을 광고할 때에는 문제의 극소화에 초점을 맞추고 상표명의 반복을 통하여 제품이미지를 심고 TV 매체를 많이 사용한다. 또한 무료견본, 가격할인, 점포 내 전시 등의 커뮤니케이션 정책이 효과적이다.

2 일상적 반응행위, 제한적 문제해결, 포괄적 문제해결

물건을 사본 경험이 많고 적음에 따라, 그리고 의사결정에 투입하는 시간과 노력의 양에 따라, 구매에 관한 의사결정은 다음과 같은 세 가지 문제해결 행동 중에 하나로 나타나게 된다. 각 구매의사결정과정 유형은 관여도에 있어서도 차이를 나타낸다.

일상적 반응행위(routine response behavior)

가장 단순한 구매행위로서 값이 싼 제품을 일상적으로 자주 구매하는 행위이다. 소비자가 특정제품을 구매한 경험이 많아지면 습관적으로 그 제품을 구매하게 된다. 따라서 상표 간에 분명한 선호도를 갖고 있는 경우가 많으며 물건을 살 때 여러 기준을 두고 사지 않는다. 일반적으로 구매시간이 짧고, 구매빈도가 높은 편의품의 경우 흔히 이루어지는 구매의사결정 유형이다.

일상적 반응행위를 보이는 제품에 대해서는 가격과 품질의 일관성을 유지하여 현재의 고객을 계속 유지하여야 한다. 또한 경쟁사의 제품이 일상적으로 구매되는 것을 막기 위하여 할인판매나 특별사은잔치 등과 같은 판매촉진도 필요하다.

제한적 문제해결(limited problem solving)

소비자들의 구매하는 횟수가 차차 많아지면 구매결정을 위해 새롭게 탐색해야하는 정보의 양도 그만큼 줄어든다. 그래서 신제품이 나오면 과거의 경험을 기준으로 아주 제한된 범위 내에서만 정보가 필요하게 된다. 따라서 이는 소비자가 이미 한번 사본 경험이 있는 제품 중에서 새로운 상표가 나왔을 때 이루어지는 의사결정 유형이다. 이와 같은 의사결정 유형은 대부분의 소비자가 가장 많이 경험하는 의사결정 유형으로, 제한적인 정보를 바탕으로 효율적인 구매의사결정을 하고자 한다. 따라서, 마케팅 관리자들은 소비자들의 제한적인 정보수집활동에 도움이 될 수 있도록 커뮤니케이션 계획을 수립하여야 한다.

포괄적 문제해결(extensive problem solving)

비싼 제품이나 자기가 잘 모르는 제품을 구매할 때는 소비자들은 대단히 신중해진다. 이러한 경우 소비자는 이집 저집을 찾아다니며 상품을 비교하기도 하고 온갖 정보를 광범위하게 수집한다. 그래서 의사결정을 하는 데 시간이 오래 걸린다. 포괄적인 문제해결방법을 사용하기 때문이다. 따라서 이는 구매경험이 적은 경우에 이루어지는 의사결정 유형이다. 이러한 제품을 위해서는 소비자의 정보수집활동을 이해하고 자사의 제품이 그 속성 면에서 경쟁사의 것보다 우수하다는 것을 알릴 수 있도록 하여야 한다.

그림 4-6 구매의사결정과정의 세 가지 유형

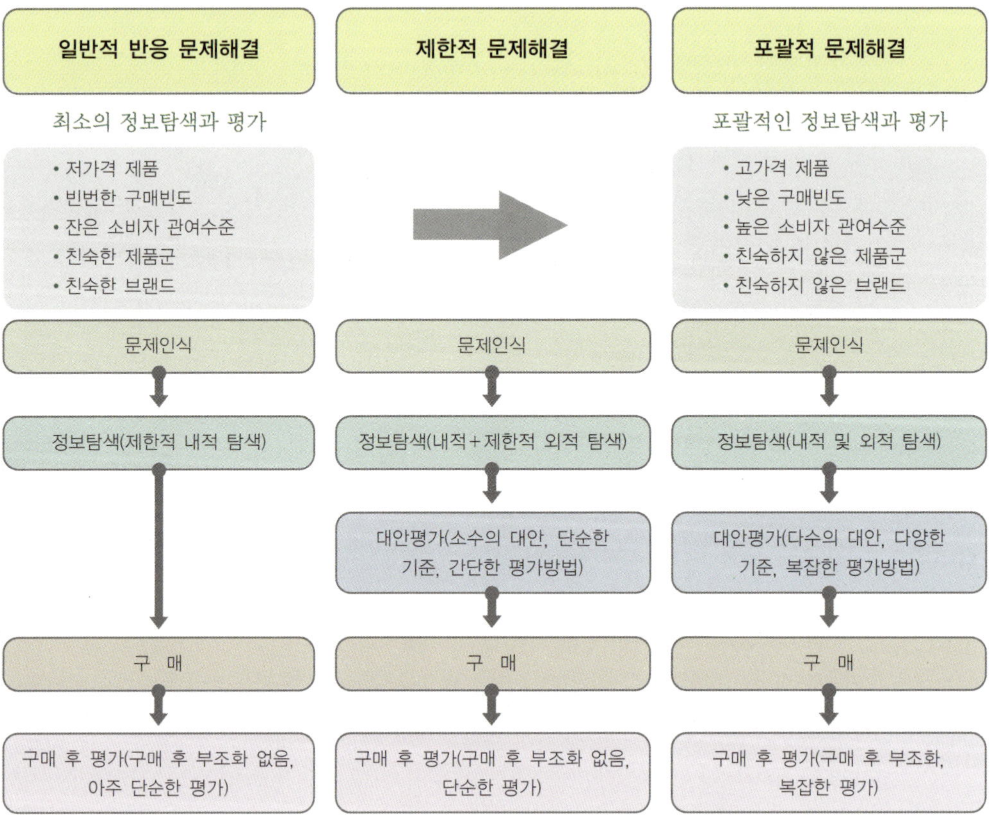

구매의사결정과정

앞에서 우리는 소비자들의 의사결정이 다양하다는 것을 배웠다. 저관여제품이나 일상적 반응행위로서 제품을 구매하는 경우에는 의사결정과정이 복잡하지 않고 단순하다. 그러나 고관여제품이나 포괄적인 문제해결이 요구되는 제품에 대해서는 대단히 합리적인 일련의 사고과정을 거친다. 아래에서는 이에 관하여 알아보기로 하자.

그림 4-7 구매의사결정과정

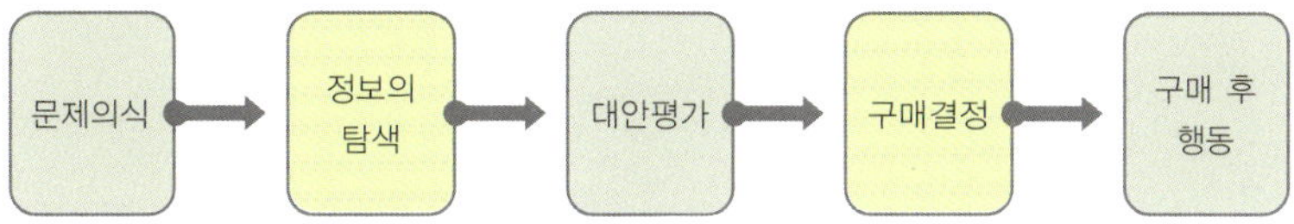

1 문제의 인식

소비자는 구매과정에서 문제를 인식하는데, 자기가 바라는 상태와 현재의 상태가 차이가 날 때 문제를 인식하게 된다. 다시 말하면 자기가 바라는 상태와 기대수준이 높아지거나 아니면 현재의 상태가 더욱 악화되어 문제를 발생시키게 된다. 이와 같은 일은 우리가 세상을 살아가면서 거의 매일 느끼고 경험하는 일이다. 이 단계에서의 마케팅 역할을 요약하면 아래와 같다.

- 소비자가 어떠한 상태에서 문제를 인식하는가
- 자사제품에 대해 소비자의 바라는 상태는 어떠한 것인가
- 소비자가 어떻게 특정제품을 선호하게 되었는가

회사의 입장에서는 꾸준한 소비자조사를 해야 하는데, 만일 자사제품을 반액으로 할인했을 때 경쟁사의 제품을 사용하고 있던 소비자들이 대거 몰려들었다면, 가격이 바로 문제를 인식하게 한 요인으로 판단될 수 있다. 또한 친구의 자동차에는 에어백이 부착되어 있는데 내 차에는 없다고 불만을 한다면 소비자의 바라는 상태는 바로 에어백인 것이다. 이렇게 소비자조사를 통하여 마케팅 관리자는 가장 빈번히 소비자에게 문제를 인식하게 하는 자극(광고, 판매촉진)을 알 수 있으며, 여기에 맞추어 마케팅 프로그램을 개발할 수 있다. 예를 들어, 많은 여성소

비자들은 패션잡지에서 새로운 유행스타일을 보게 되었을 때, 그 스타일을 사고 싶은 충동을 느끼게 되며 동시에 현재 가지고 있는 옷들에 대해 불만족하게 된다. 이러한 이유로 다수의 패션브랜드가 패션잡지 등을 통한 광고판촉전략을 활용하여 소비자의 문제인식을 자극하고자 하는 것이다.

2 정보의 탐색

소비자가 문제를 인식하면 그 다음에는 이 문제를 해결하기 위해 정보를 탐색하게 된다. 탐색하는 정보의 양과 종류는 제품과 소비자에 따라 다를 수 있다. 우리가 일상적으로 구입하는 휴지나 치약과 같은 상품은 너무나 잘 알고 있기 때문에 별 다른 정보가 필요없다. 하지만 스테레오나 자동차와 같이 값이 비싼 제품인 경우에는 여러 곳으로부터 많은 정보를 구하려고 할 것이다.

정보를 탐색할 때에는 가장 먼저 우리의 기억 속에 남아 있는 정보를 끄집어내게 된다. 이를 내적 탐색활동이라 한다. 기억 속에 내장되어 있는 정보가 충분하면 소비자는 다음 단계의 구매과정으로 넘어가고, 불충분할 경우에는 외부에서 정보를 구하려고 노력한다. 이를 외적 탐색활동이라 부른다. 그런데 외부에서 정보를 구하는 원천은 아래와 같이 매우 다양하다.

- 개인적 원천: 가족, 친구, 이웃
- 상업적 원천: 광고, 판매원, 진열, 포장, 유통기관
- 공공적 원천: 대중매체, 소비자보호단체
- 자신의 경험: 제품의 검사, 시용

일반적으로 소비자는 상업적 원천으로부터 가장 많은 정보를 얻지만 개인적 원천에 더 많은 영향을 받는다. 왜냐하면 상업적 원천은 보통 정보의 전달기능을 수행하는 반면에 개인적 원천은 구매를 정당화시키거나 구매를 평가하기 때문이다. 광고나 잡지를 통하여 자동차에 대한 정보는 많이 알고 있지만 친구가 "그 자동차 내가 구입해서 사용해 보았는데 고장이 잦고 승차감이 별로 좋지 않더라"라고 평가하면 그 자동차를 구매하려고 했던 생각은 싹 사라지게 될지도 모른다.

아무튼 소비자는 정보탐색의 결과로 자기가 구매하고자 하는 제품에 대한 지식을 쌓아 간다. 그 결과 여러 종류의 상표 가운데 자기의 능력에 가장 잘 어울리는 상표를 몇 개로 좁혀 고려선택군(consideration set)을 만든다. 다시 말하면 시중에 나와 있는 전체 자동차 가운데 자기의 능력에 맞는 중형자동차는 어떠한 것이

있는가에 대한 정보를 수집한다. 그래서 소나타, 그랜저, SM5로 상표수를 줄여 이를 구매의 고려대상으로 삼는다. 이렇게 소비자는 정보의 탐색을 통하여 자기가 살 만한 상표의 수를 줄여 나가는 것이다. 따라서 마케팅 관리자는 아래의 사항에 염두를 두어 커뮤니케이션 프로그램의 개발에 기초로 삼아야 한다.

- 어떻게 하여 우리 상표를 제일 처음 알게 되었는가?
- 주로 어떠한 정보를 구하는가?
- 주로 누구로부터 정보를 구하는가?
- 각 정보원천의 상대적인 중요성은 어떠한가?

3 대안의 평가

정보의 수집을 통하여 자기의 능력에 비추어 구매할 만한 가치가 있다고 판단되는 상표의 집단(고려선택군)을 고른다. 이제 이를 두고 어느 것이 자기에게 가장 잘 어울리는 것인지를 평가해야 한다. 이를 대안의 평가(evaluation of alternatives)라고 한다. 그런데 소비자가 대안을 평가할 때는 첫째, 자기가 구매하고자 하는 제품의 속성을 파악하여 이를 평가기준으로 삼는다. 소비자들이 중요하다고 느끼는 제품의 속성은 제품마다 다르다. 예컨대 아래에서 소개되는 제품의 속성으로 그 제품의 평가기준을 삼을지도 모른다.

- 컴 퓨 터: 기억용량, 소프트웨어 이용가능성, 그래픽용량, 구매 후 교육
- 브래지어: 편안함, 가격, 스타일, 생동성
- 은　　행: 친절함, 가까움, 대출의 편리, 지인의 근무
- 자 동 차: 가격, 외양, 색상, 안전함

둘째, 제품의 속성 하나하나에 대하여 소비자는 중요성을 정한다. 이는 그 상표에 대해서 소비자가 가지고 있는 일종의 신념과 같다. 이 신념은 소비자가 경험한 것이나 지각한 결과인데 실제 그 상표가 갖고 있는 속성과 다를 수도 있다. 그러면 한 소비자의 자동차구매를 예로 들어 대안의 평가과정을 알아보자. 소비자가 상표를 평가하는 방법은 여러 가지가 있으나 여기서는 기대치모델(expectancy value model)을 예로 들어 설명하기로 한다.

가령 이자동 씨가 자동차를 하나 구입하기로 하고 정보를 수집한 결과 세 가

지의 상표를 고려대상 상표로 정하였다고 하자. 그리고 그가 중요시 여기는 평가 기준과 각 상표속성에 대한 그의 신념이 [표 4-8]과 같다고 하자.

표 4-8 어느 소비자의 자동차에 대한 상표의 평가

자동차 상표	제품의 속성			
	가격	외양	색상	안전함
A	10	9	8	6
B	8	10	8	7
C	6	8	9	10

주: 점수는 소비자의 제품속성에 대한 평가로써 10은 그 속성의 최고점수이다. 가격의 경우에는 높은 숫자가 낮은 가격을 의미한다.

[표 4-8]에서 우리는 이자동 씨가 A 자동차에 대해서 가격에 10점(제일 값이 싸다), 외양에 9점, 색상에 7점, 그리고 안전성에 6점을 준 것을 알 수 있다. 이는 A 상표에 대해서 그가 가지고 있는 신념이다. 그래서 이자동 씨가 만일 하나의 속성만을 기준으로 자동차를 구입한다면 우리는 그가 무엇을 선택할 것이라는 것을 쉽게 예측할 수 있다. 가장 값이 싼 자동차를 원하는 경우에는 A 상표를 구입할 것이고 안전함을 선택한다면 C 상표를 선택할 것이다.

그러나 대부분의 소비자들이 상표의 속성에 각기 다른 가중치를 부여하여 상표를 선택한다. 이자동 씨는 가격에 0.4, 외양에 0.3, 색상에 0.2, 안전함에 0.1의 가중치를 준다고 가정하자. 그러면 이자동 씨의 지각된 가치는 아래와 같다.

- A: 0.4(10)+0.3(9)+0.2(8)+0.1(6)=8.9
- B: 0.4(8)+0.3(10)+0.2(8)+0.1(7)=8.5
- C: 0.4(6)+0.3(8)+0.2(9)+0.1(10)=7.6

만일 기대치모델을 적용하여 가중치를 부여한 경우 이자동 씨는 A 상표를 선택할 것이라고 예측할 수 있다. 그런데 속성들에 대한 소비자의 신념이 각기 다르기 때문에 같은 모델을 적용하여 상표를 평가한다고 하더라도 소비자마다 다른 상표를 선택하게 된다. 따라서 대안을 평가하는 것은 사람마다 다르고 또한 구매상황에 따라 다를 수 있다. 따라서 마케팅 관리자들은 자사제품을 평가할 때에 소비자들이 중요시하는 속성을 파악하여 이를 포함시켜야 할 것이다.

그러나 모든 소비자들이 모든 구매상황에서 다양한 평가기준을 동시에 사용

하는 것은 아니다. 대안들의 평가방법에는 보완적 평가방법(compensatory rule)과 비보완적 평가방법(noncompensatory rule)이 있는데, 위에서 설명한 속성의 가중치를 반영한 기대치모델은 보완적 평가방법의 예이다. 즉, 대안들을 여러 속성들로 평가할 때 각 속성의 중요도에 각 속성의 평가값을 곱하여 총합이 가장 큰 대안을 선택하는 방식이므로, 한 속성에서 낮은 점수를 받은 대안이 다른 속성에서 점수를 높게 받을 경우 보완될 수 있다. 반면, 비보완적 평가방법은 어떤 속성에서 어떤 속성에서 최소 수준에 미달하면 고려대상에서 제외되거나, 가장 중요한 속성의 점수만을 고려하는 방법으로 한 속성의 약점이 다른 속성의 강점에 의해 보완되지 않는다.

4 구매결정

대안의 평가를 통하여 자기가 가장 사고 싶은 상표를 정한다. 그러나 자기가 사고 싶은 의도를 가지고 있다 하더라도 반드시 구매로 연결된다는 보장은 없다. 왜냐하면 최종적인 구매를 방해하는 여러 가지 상황적 요인이 발생할 수 있기 때문이다. 즉, 자기가 선택한 상표를 사기 위해 상점에 들렀으나 그 상표가 없을 수도 있고, 또 경쟁회사의 상표가 반액으로 할인되어 판매되고 있을 수도 있다. 이런 경우에 가격을 기준으로 대안을 평가하였다면 최초의 구매 의도는 수정되거나 연기 혹은 취소될 수밖에 없을 것이다. 또한 소비자는 구매결과에 대하여 사전에 확인할 수가 없기 때문에 약간의 위험을 느낄 수도 있다.

물론 이러한 인지된 위험(perceived risk)은 제품의 가격, 불확실성 정도, 그리고 자기가 내린 의사결정에 대한 확신 정도에 따라 틀리다. 인지된 위험이 크면 클수록 구매를 기피하거나 새로운 정보를 구하려고 하기 때문에 최초의 결정이 구매로 연결되지 않을 확률은 커지게 되는 것이다. 따라서 이러한 경우에는 자신이 갖고 있던 제품의 속성에 대한 신념과 가중치가 달라지어 결국은 새로운 구매의사결정과정을 거치게 되는 수가 많다. 마케팅 관리자들은 소비자에게 위험을 느끼게 하는 요소를 파악하고 인지된 위험을 줄일 수 있는 마케팅활동을 전개하여야 한다.

5 구매 후 행동

제품을 구매하고 난 후의 소비자의 심리적인 상태는 크게 두 가지이다. 만족과 불만족, 그리고 인지부조화(cognitive dissonance)이다. 소비자들은 제품을 써본 후 만족스러워야 계속해서 그 제품을 구매한다. 따라서 마케팅 관리자들은 소비자의 구매 후 행동에 세심한 주의를 기울일 필요가 있다.

구매 후 만족, 불만족

구매 후에 만족한 소비자는 친구나 이웃들에게 "그 제품을 써 보니 대단히 좋더라", "성능이 기대 이상이더라"라는 말을 함으로써 궁극적으로는 자사제품의 장기적인 판매증진을 가져온다. 소비자들이 구매 후에 만족을 하고 못하고는 제품 구매 전에 기대했던 기대수준에 달려있다. 제품을 써 본 결과 자기가 기대 했던 것과 같거나 나으면 만족을 하게 되고, 기대에 못 미치면 불만족하게 된다. 반면에 불만을 가진 소비자는 만족한 소비자와는 완전히 다른 행동을 취한다. "뭐 이 따위 물건이 있어", "이런 것도 물건이라고 만들었나!", "들은 것하고 틀리잖아! 완전히 속았군" 등의 표현은 불만족하는 소비자들의 대표적인 투정이다. 그런데 불만족을 하는 소비자는 두 가지의 행동 양상을 보인다. 단순히 투정 몇 마디 하고 그냥 지나칠 수도 있고, 행동을 취할 수도 있다. 이들이 취하는 행동은 사적 행동과 공적 행동으로 구분할 수 있는데 이를 요약하면 아래와 같다.

- 사적 행동: 다시는 사지 않음, 친구나 이웃에게 나쁘게 말함 등
- 공적 행동: 배상요구, 배상을 위한 법적 조치, 소비자단체에 고발 등

따라서 마케팅 관리자는 한 제품의 판매는 곧 새로운 판매의 시작이라는 인식을 갖고 소비자의 구매 후 행동을 주시하여 만족을 하도록 유도하여야 한다.

인지부조화

인지부조화란 특정상표를 구매하고 난 후에 소비자가 느끼는 심리적인 불안을 말한다. 우리들 대부분은 아마 이러한 인지부조화를 한 번쯤은 경험하였을 것이다. "컴퓨터를 샀는데 사고 보니 다른 경쟁사의 것이 값도 싸고 성능도 우수하다고 그러는데 정말로 내가 옳은 판단을 한 것인가" 하고 말이다. 이러한 경우에는 소비자들은 가능하면 자기의 선택을 합리화하려고 하거나 일반화하려고 노력한다. 즉, 자기가 산 상표의 좋은 점만 자꾸 찾거나 아니면 자기가 산 물건이 다른 제품과 다른 점이 하나도 없기 때문에 결과적으로 자기는 옳은 선택을 했다고 믿음으로써 심리적인 안정을 찾으려 한다. 마케팅 관리자는 이러한 인지부조화를 줄이도록 최선의 노력을 다해야 한다. 구매에 대한 감사의 편지를 보내거나, 사후서비스의 일정을 기간별로 통보하여 준다거나, 자사제품의 우수성을 담은 소책자를 사후에 보내어 소비자가 인지부조화를 해소할 수 있도록 노력해야 한다.

FASHION MARKETING TREND

젊은 여성들에게 딱 맞는 패션 입소문 작전— 리(Lee) 원 트루 핏 마케팅 사례

리(Lee Jeans)는 115년의 역사를 자랑하는 전통의 진 브랜드이다. 미국시장에서는 리바이스(Levi's)와 당당하게 경쟁하는 유명 브랜드이며, 최초의 여성용 진을 선보인 이래 현재까지 여성용 진시장에서 1위 브랜드의 위치를 굳건히 지키고 있다. 하지만 우리나라에서는 리가 미국 브랜드인지 쌍방울에서 만드는 국내 브랜드인지 헷갈리는 소비자들이 있을 정도로 브랜드 인지도와 선호도가 모두 떨어진다. 심지어 어떤 네티즌은 리가 "3류 메이커" 아니냐며 네이버 지식iN에 질문을 올릴 정도다.

2003년 가을, 리는 기존의 10대나 미혼여성용 제품에 만족하지 못하던 젊은 현대 여성들을 겨냥해 '원 트루 핏(One True Fit)'이라는 브랜드를 출시한다. 몸에 완벽하게 맞으면서도 섹시한 분위기를 연출할 수 있는 원 트루 핏은 밑위 길이가 짧은 로 라이즈(low rise) 스타일에, 의자에 앉았을 때 뒷부분이 벌어져 속옷이 보이는 문제까지 근본적으로 해결함으로써 타깃 여성들에게 크게 어필할 만한 제품이었다.

One True Fit 입소문 마케팅 캠페인

리는 18~34세 여성 고객에게 원 트루 핏에 대한 입소문을 퍼뜨리려는 목적으로, 보스턴 소재 입소문 마케팅 에이전시 버즈에이전트(BzzAgent)에게 입소문 마케팅을 의뢰한다. 버즈에이전트는 1,000명의 캠페인 참가자를 모집하여 원 트루 핏에 대한 인지도를 높이고 손쉬운 체험 기회를 제공하는 체계적인 입소문 캠페인을 진행한다. 또한 버즈에이전트는 실제 소비자들이 주고받는 구체적인 입소문의 내용을 파악하고, 원 트루 핏에 대한 진솔한 소비자 의견을 수집할 수 있도록 전체 캠페인을 기획한다.

캠페인 참가자에게는 실제 원 트루 핏 청바지 한 벌과 입소문 활동을 하는 데 도움이 되는 버즈키트(BzzKit)가 배달됐다. 버즈키트는 청바지의 역사와 디자인에 관한 안내서, 입소문 전파 타깃 목록, 권장 입소문 활동 12가지, 원 트루 핏 TV 광고를 담은 DVD 등으로 구성되었다.

입소문 캠페인에 참가한 여성들은 돈을 받고 입소문을 내거나 사전에 주어진 대본에 따라 물건을 홍보하는 게 아니다. 원 트루 핏을 실제로 체험할 수 있는 청바지 한 벌과 입소문 가이드 역할을 하는 컨텐츠를 제공받고, 자발적으로 자신의 느낌과 의견을 주변 사람들에게 이야기하는 것이다. 다만 이러한 입소문 활동을 버즈에이전트에서 집계하고 측정하기 위해 온라인상에서 활동 보고서를 작성하도록 권장할 뿐이며, 이렇게 작성된 보고서는 내용의 상세함과 영향력의 크기에 따라 포인트가 매겨져 이후 캠페인 참가자들이 리워드 상품을 신청할 때 사용된다.

One True Fit 캠페인의 성과

원 트루 핏 캠페인 기간 동안, 그리고 캠페인 기간이 끝난 뒤에도 1,000명의 원 트루 핏 전도사(brand evangelist)들은 1:1 대화와 각종 커뮤니케이션 기회를 통해 원 트루 핏에 대한 소비자들의 인식을 변화시키고 브랜드 인지도를 상승시켰다. 캠페인 참가자들이 작성한 활동 보고서에 따르면, 이들은 쇼핑중에나 여가 시간에는 물론이고 심지어 화장실에서도 원 트루 핏에 대해 이야기를 했다고 보고했다. 원 트루 핏을 입고 있을 때라면 시간과 장소를 가리지 않고 입소문을 낸 것이다.

원 트루 핏 캠페인에 참가한 여성들은 단순한 홍보자에 그치지 않고, 이후 충성스러운 고객으로 변모한 경우가 많았다. 상당수의 캠페인 참가자들이 추가로 원 트루 핏 청바지를 샀으며, 크리스마스 시즌을 맞아 선물로도 다수를 구입했다. 실제로, 버즈에이전트가 진행한 입소문 캠페인 가운데 원 트루 핏 캠페인은 가장 성공적인 입소문 프로젝트 사례로 기록되었다.

One True Fit 캠페인의 성공 요인

무엇보다도 리가 내놓은 원 트루 핏 청바지가 얘기할 만한 가치가 있는, 한 마디로 리마커블한 제품이었기 때문에 입소문 캠페인이 그렇게 성공적일 수 있었다. 젊은 여성들이 원하는 기능성과 섹시한 스타일을 동시에 충족시키는 원 트루 핏 청바지는 원래부터 입소문이 나도록 설계되었다.

원 트루 핏 TV 광고도 입소문이 퍼지는 데 중요한 역할을 수행했다. 제품을 "Find Your One True Fit"이라는 컨셉으로 효과적으로 표현함으로써 제품의 특성(features)이나 편익(benefits)을 넘어선, 이른바 '체험(experience)'을 전달하는 데 성공했다. 특히 이런 TV 광고를 입소문 캠페인 참가자들에게 DVD 타이틀에 담아 제공함으로써 광고가 입소문 마케팅을 보조하는 역할도 충실히 수행하도록 했다. 많은 이들이 TV 광고를 입소문 마케팅과 대립되는 마케팅활동으로 오해하곤 하는데, 사실은 전혀 그렇지 않다. 광고도 입소문 마케팅적 관점에서 제작되고 배포될 수 있으며, 입소문 마케팅노력과 시너지 효과를 내는 방향으로 운영이 가능하다.

마지막으로 여러 차례의 버즈에이전트 입소문 캠페인 경험을 통해 '훈련된' 참가자들이 있었기에 원 트루 핏 캠페인은 성공할 수 있었다. 이렇게 순수하고 준비된 고객 전도사를 발굴하고 육성하는 일이야말로 반복적인 입소문 캠페인을 성공시키는 핵심 요소이다. 제품을 마케팅하는 것은 기업이 아니라, 그 제품을 다른 소비자들에게 마케팅하는 이노베이터와 얼리어답터임을 잊지 말아야 한다.

자료: 콜레오 마케팅그룹

요 약

1. 모든 마케팅적 사고의 출발점은 소비자이다. 소비자행동이란 어떤 특정 개인이 재화나 서비스의 구매 여부와 언제, 어디서, 무엇을, 어떻게, 누구로부터 구매할 것인가를 결정하는 과정으로 소비자행동을 경쟁자보다 더 잘 파악하는 것이 경쟁력 제고의 가장 강력한 수단이 된다.

2. 소비자행동은 사회문화적인 요인, 개인적 요인, 심리적 요인 그리고 상황적 요인에 의해 영향을 받으며 소비자행동에 관한 정보는 마케팅 전략수립의 기초가 되기 때문에 매우 중요한 자료가 된다.

3. 관여(involvement)란 일반적으로 소비자가 구매과정에 개입하는 정도를 말한다. 소비자가 구매행위에 개입하는 정도가 낮은 저관여 제품이나 일상적 반응행위로서 제품을 구매하는 경우에는 의사결정과정이 단순하며 고관여 제품이나 포괄적인 문제해결이 요구되는 제품에 대해서는 합리적인 일련의 사고과정을 거치게 된다.

4. 소비자들이 제품을 구매하는 행위는 구매의사결정과정을 통하여 이루어지며 이는 문제의 인식, 정보의 탐색, 대안의 평가, 구매의 결정, 구매 후 행동의 5단계를 거친다.

생각해 볼 문제

1 최근 의류상품의 구매경험을 구매의사결정의 5단계에 맞추어 설명해 보자.

2 마케팅 전략수립의 기초가 되는 소비자행동에 영향을 미치는 주요 요인들에 대해 알아보자.

3 관여도의 차이에 따른 구매의사결정과정 유형을 비교해 보고 각 유형의 특징을 알아보자.

4 소비자 행동분석은 왜 중요하며 마케팅활동에 있어서 어떤 의미를 지니는가?

PART III
마케팅 전략수립

3부

Chapter 5
시장세분화 표적시장 선정

"라이프스타일전략의 새로운 조류"의 저자 시마다요스케는 과거의 소비자들은 〈살아가기〉 위해서 물건을 소비하였지만, 현재의 소비자들은 〈생활하기〉 위해서 소비를 하기 때문에 수량적인 개념인 대중의 의미는 상실되고 각자의 의지에 따라 자신의 생활을 결정하는 개인의 중요성이 부상하게 되었다고 말한다. 과거의 마케팅에서 고객세분화는 단순한 성별, 나이와 같은 인구통계적 요소들로 분류될 수 있었지만, 지금의 소비자들은 이러한 요소들로 묶어버리기에는 너무도 다양한 가치관과 소비패턴을 보이고 있다.

그래서 등장하게 된 것이 바로 소비자의 라이프스타일에 따른 고객세분화이며, 이러한 현상은 공급자 중심의 시장이 수요자 중심의 시장으로 변화하여 점점 더 고객 중심의 경영으로 발전하고 있는 경영환경의 변화현상과 맥

현대카드 'the purple' 광고

고객을 상대하다 보면 천태만상이란 이야기를 자주 듣게 된다. 이는 그만큼 고객들의 욕구가 다양하다는 뜻이다. 따라서 어떤 기업이던 간에 모든 고객을 동시에 만족시킬 수 있는 제품을 생산하기란 사실상 매우 어려운 일이다. 현대의 경쟁적인 기업 환경에서 살아남기 위해서는 소비자의 욕구를 충족시켜 주는 마케팅 위주의 경영이 필수적이라 하겠다. 이 때의 소비자욕구의 충족은 기업의 입장에서 이익을 충분히 낼 수 있을 정도의 소비자집단을 의미하는 것이지, 모든 소비자 개개인에 맞는 제품을 생산해야 한다는 것은 아니다.

그러므로 기업은 우선 영업을 시작하기 전에 자기가 거래하여야 할 소비자집단 전체를 알아야 하며, 이 전체 소비자집단 가운데 우리 기업에 이익을 가장 많이 가져다 줄 만한 집단을 골라서, 경쟁기업의 제품과 비교하여 우리 회사 제품의 우수성을 소비자들에게 인식시키는 일을 하여야 한다. 즉, 시장의 정의에 이어서 시장을 세분화하고 표적시장을 선택하여 위상을 정립하여야 한다.

을 같이하고 있다. 라이프스타일을 통한 고객세분화에 따라 기업들의 전략도 세분화되었고 많은 기업들이 각각의 고객에게 맞는 맞춤형 상품 및 서비스를 개발하느라 분주해지고 있다. 하지만 소비자의 라이프스타일은 하나로 특성화하기 어려울 정도로 점점 더 다양화 되고 복합화되고 있다. 이제 고객의 라이프스타일을 세분화하자면 끝도 없이 세분화될 수 있는, 그야말로 개인화된 삶을 사는 시대가 되고 있기 때문이다. 그렇다면 모든 기업들이 모두 개개인에 맞춤화된 상품과 서비스를 개발하고 팔고 관리해야 한다는 것일까? 만약 그렇다면 경영활동에 필요한 막대한 비용을 대느라 살아남는 기업은 얼마 되지 않을 것이다.

소비자들의 다양한 라이프스타일을 기준으로 세분화하여, 타깃별 카드상품을 출시하고 있는 현대카드

자료: www.hyundaicard.com

1. 시장의 정의 및 STP 마케팅

마케팅에서 시장이란 의미는 기업의 영업활동과 관련하여 정의된다. 즉, 모든 사람이 다 시장이 될 수는 없다는 말이다. 우리는 시장을 아래와 같이 정의한다.

> 시장이란, 상품이 필요하며 그 상품을 구매할 뜻이 있고 구매할 능력이 있는 사람이나 기업의 집단을 말한다.

위의 시장에 대한 정의에서 알 수 있듯이 단순히 어떤 상품을 필요로 하는 사람이나 기업의 집단이라고 해서 모두 시장이 될 수 없으며, 위의 시장에 대한 요건 모두를 충족하여야만 비로소 시장의 자격이 있게 된다. 따라서 흔히 '시장이 크다' 라고 이야기하는데 이는 상품을 필요로 하는 사람이 많으며 구매할 의사를 가지고 있으면서 구매할 돈을 가진 사람이나 기업집단이 많이 있다는 것을 말한다([그림 5-1]).

요즘 자동차 문화가 정착되어가고 있는 과정에서 어린이들을 자동차 사고로부터 보호하기 위하여 어린이용 자동차 의자를 의무적으로 착용하게 하고 있다. '이들 어린이용 자동차 의자를 생산하는 기업의 입장에서 시장은 어떻게 정의되는가?' 를 살펴보기로 하자. 우선 자동차용 의자의 착용이 필요한 어린이가 없는 가정은 일단 시장의 정의에서 제외된다. 또한 비록 자동차용 의자가 필요한 어린이가 있다 하더라도 이 상품을 구매할 의사가 없거나, 구매할 의사가 있다 하더라도 구매할 돈이 없으면 역시 시장이 될 수 없다. 따라서 어린이용 자동차 의자를 생산하는 기업의 입장에서 시장은 의자를 필요로 하며 이를 구매할 의사가 있으면서 구매할 능력을 가진 사람 혹은 기업집단을 일컫는다.

그림 5-1 시장의 정의

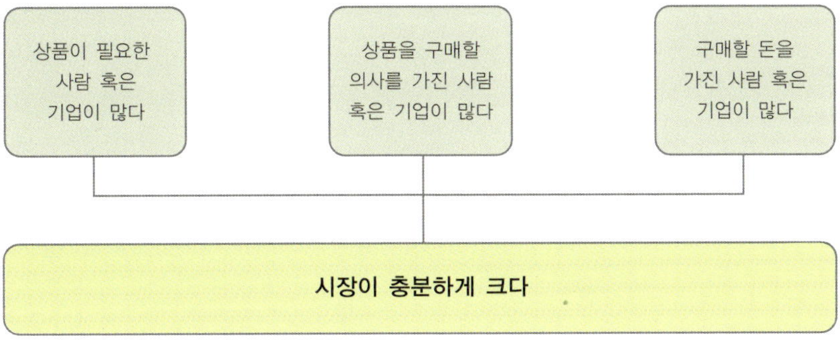

일반적으로 시장은 상품을 구매하는 사람이나 집단의 특성에 따라서 소비자시장과 산업시장으로 구분한다. 소비자시장은 이익을 추구하기 위해서 상품을 구매하는 것이 아니라, 그 상품을 구입하여 직접 사용하여 효용을 맛보기 위한 구매자들로 구성된다. 한편 산업시장은 매일매일의 영업활동이나 혹은 다른 상품을 생산하는 데 있어서 중간재로 사용하려는 목적과 재판매를 위한 목적으로 특정상품을 구매하는 사람 혹은 단체들로 구성되는데 주로 기업이 산업시장의 주를 이룬다.

어린이용 자동차 의자를 생산하는 기업의 입장에서는 이 상품을 일반 소비자시장과 산업시장 모두에 판매할 수 있다. 그러나 이들 두 시장의 구매목적이 서로 다르기 때문에 시장에 접근하는 방법이 달라야 한다. 가령 일반 소비자를 대상으로 판매되는 시장은 포장, 색상, 디자인 등에서 산업시장에서 요구하는 것과 다를 수 있기 때문이다.

반면 자동차 회사의 경우 이 상품을 구매하고 자동차 완제품에 부착하여 경쟁사의 제품과 차별화를 시도하기 위하여 포장이나 디자인 그리고 색상과 같은 상품의 특성보다는 의자의 납입가격에 훨씬 더 많은 관심을 둘 것이다. 따라서 어느 기업에서든지 영업활동을 시작하기 전에 우선 자기가 주로 상대할 고객집단은 누구인가? 즉, 시장부터 명확하게 정의를 하여 각각의 시장에 맞는 마케팅노력을 기울여야 하는 것이다.

이렇게 기업이 주로 상대할 고객집단을 선정하여 그들에게 적절한 상품과 서비스를 효과적으로 개발하고 마케팅전략을 도입하는 것을 표적시장 마케팅(target marketing), 전략적 마케팅(strategic marketing), STP(segmentation, targeting, positioning) 마케팅이라고 한다. 즉, STP 마케팅은 시장세분화를 거쳐 전체 시장을 구성하는 여러 고객 집단들을 확인하고 세분집단 중 특정 고객집단을 표적으로 삼아 제품포지셔닝을 실행하는 마케팅활동이라 할 수 있다.

STP 마케팅 과정은 크게 시장세분화, 표적시장 선정, 제품포지셔닝의 세 단계로 이루어진다. 시장세분화란 다양한 욕구를 가진 전체 시장을 일정한 기준에 따라 동질적인 소비자집단으로 나누는 과정이며, 이 과정에서 각 세분집단의 특성을 파악한다. 표적시장 선정은 각 세분시장의 매력도를 평가하여 기업에 가장 적절하다고 판단되는 세분시장을 진입할 목표시장으로 선정하는 과정으로 집중하고자 하는 고객집단을 결정하는 것이다. 마지막으로 제품포지셔닝은 선정된 표적시장 내에 가장 바람직한 경쟁적 위치를 정립하는 과정을 말하는 것으로 표적고객의 마음속에 차별화된 이미지를 심는 과정이다. STP 마케팅의 과정과 단계별 특징은 [그림 5-2]와 같다.

그림 5-2 STP 마케팅 과정과 단계별 특징

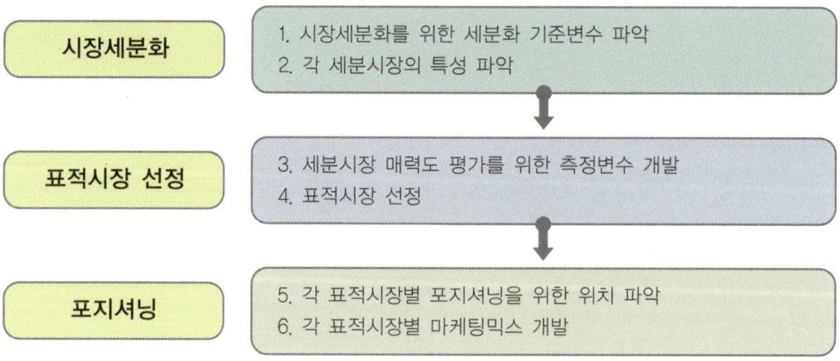

2. 시장세분화

시장세분화의 정의

기업의 장기적인 발전과 성공은 소비자의 욕구를 정확하게 이해하고 이에 맞는 상품을 경쟁사의 것보다 더욱 훌륭하게 만들어 제공할 수 있는 능력에 달려 있다고 하겠다([그림 5-3] 참조).

그림 5-3 마케팅성공의 세 가지 요인 간의 관계

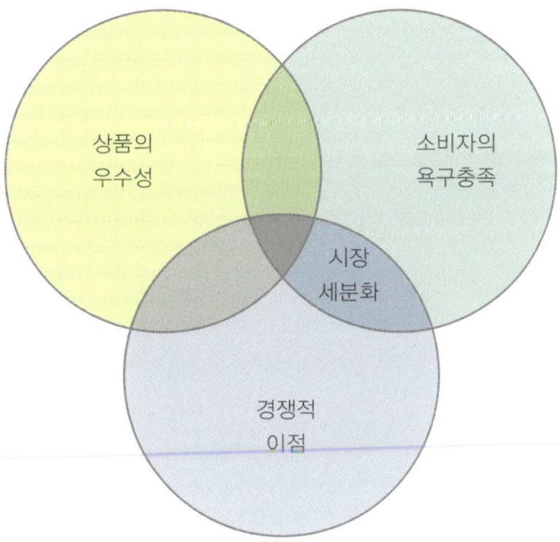

[그림 5-3]에서 보듯이 기업의 특정상품이 시장에서 성공하기 위해서는 위의 세 가지 요인 모두를 충족시켜 주어야 한다. 상품 자체가 아무리 소비자의 욕구에 기초하고 품질이 우수하다 하더라도 경쟁사의 제품이 비해 특정한 이점이 없다면

시장에서 성공하기 힘들다. 상품의 우수성에 관한 기업의 의사결정문제는 제품전략에서 상세히 취급하기로 하자. 여기서는 나머지 두 요인, 즉 소비자의 욕구와 경쟁적 이점에 관해서 이야기하고자 한다.

시장세분화란 다양한 욕구를 가진 전체 시장을 일정한 기준에 따라 동질적인 소비자집단으로 나누는 과정을 말한다.

시장세분화는 근본적으로 시장에는 다양한 수요곡선이 존재한다는 전제 아래 같은 수요를 가진 소비자들끼리 하나의 집단으로 묶는 것이다. 즉 각각의 소비자는 이질적이고 다양한 수요를 지니고 있으나, 이러한 다양한 수요는 동시에 유사한 특성으로 묶일 수 있다고 보는 것이다. 시장세분화의 결과로 나누어진 소비자집단을 세분시장(market segment)이라 한다.

시장세분화의 이점

전체의 시장을 소비자 지향적인 사고에서 일정한 기준으로 세분화할 때 다음과 같은 이점을 얻을 수 있다.

1 시장기회의 탐색이 가능하다

시장을 세분화하다 보면 소비자의 욕구는 존재하는데 이에 맞는 적절한 상품은 존재하지 않는 경우를 발견할 수 있다. 모든 사람이 커피를 즐겨 마시지만 "나는 커피만 마셨다 하면 잠을 이룰 수가 없어!"라고 호소하는 세분시장의 존재를 발견한 것은 불과 얼마 전이다.

2 효율적인 마케팅믹스의 개발로 소비자의 욕구를 정확하게 충족시킬 수 있다

이질적인 시장을 동질적인 시장으로 나누어 놓았기 때문에 그만큼 그들의 욕구에 맞는 제품, 광고, 촉진 프로그램 등을 개발할 수 있어 이들의 욕구를 더욱 정확하게 충족시킬 수 있다.

3 변화하는 시장수요에 능동적으로 대처할 수 있다

천태만상인 전체 고객의 욕구변화를 감지하고 수요를 파악하기보다는 작은 세분시장을 주시하다 보면 이들의 수요변화를 아주 쉽게 감지할 수 있어 능동적으로 이에 대처할 수 있다.

4 경쟁사에 대한 자회사의 강·약점을 효과적으로 평가할 수 있다

시장을 동질적인 욕구를 가진 세분시장으로 구분하였기 때문에 경쟁적인 우위 확보가 어려운 세분시장을 쉽게 알 수 있으며 이 시장에서 치열하게 경쟁하는 데 소요되는 자원을 절약할 수 있다.

시장세분화의 기준

시장세분화란 앞에서 이야기한 대로 전체 시장을 비슷한 시장끼리 묶어서 나누는 과정이다. 따라서 어떤 기준을 두고 이 기준에 따라서 시장을 나누어야 한다. 이러한 기준을 세분화 변수라고 하는데, 대표적인 예로, 소득수준, 성(sex), 나이, 거주지역 등을 세분화 변수로 들 수 있고, 이들은 기업이 처한 상황에 따라 다를 수밖에 없다.

시장세분화 변수는 앞에서 이야기한 세분화 요인을 만족시키면서 기업이 처한 상황에 따라 창의적인 노력에 의하여 만들어져야 한다. 여기서는 흔히 사용되는 변수들만을 간단히 살펴보기로 한다([표 5-1] 참조).

표 5-1 시장세분화의 기준

세분화 기준	변 수
지리적 기준	거주지역, 도시크기, 기후, 인구밀도, 우편번호
인구통계적 기준	나이, 성별, 소득, 직업, 학력, 종교, 가족 수, 가족수명주기, 인종, 국적
심리분석적 기준	사회계층, 라이프스타일(life style), 개성
행동분석적 기준	추구하는 편익, 사용량, 제품에 대한 태도, 상품 구매단계, 사용기회, 애호도

1 지리적 변수

지리적 세분화는 비용이 적게 들고 비교적 쉬운 방법이라 널리 이용되고 있다. 이 방법은 거주지역, 도시크기, 기후, 인구밀도, 우편번호 등의 변수를 주로 사용한다. 기후변수에 따른 시장세분화의 예는 냉장고라든지 타이어 등에서 흔히 볼 수 있다. 타이어 제조업체는 눈이 많이 내리는 지역의 소비자들을 위해서 스노타이어(snow tires)를 개발 공급할 필요가 있을 것이다.

거주지역은 경상도, 전라도, 서울 · 경기지역, 산간지역, 해안지역 등으로 구분하는데, 지역별로 사투리가 존재하듯이 상품에 대한 욕구 역시 상이할 수 있다. 경상도 지방 사람들은 맵고 짠 음식을 즐기는 반면, 서울 · 경기 지역 사람들은 이와 같은 음식을 즐겨하지 않는다. 미국의 경우 맥스웰 하우스(Maxwell House) 원두커피는 지역에 따라 커피 맛을 조금씩 다르게 한다고 한다. 이는 서부사람들이 동부사람들보다 맛이 강한 커피를 선호하기 때문이다.

우편번호는 은행과 보험회사와 같은 금융기관에서 지점이나 출장소의 영업구역 설정뿐만 아니라 매출액과 잠재고객의 파악에 크게 도움이 될 수 있다. 예컨대 보험회사는 전국의 출장소를 우편단위별로 파악을 하여 신규출장소의 최적위치를 파악할 수도 있고, 출장소의 영업구역 조정을 시도할 수도 있다.

2 인구통계적 변수

일반 소비자들의 특성, 즉, 나이, 성별, 소득, 직업, 교육 수준 등과 같은 변수를 사용하여 시장을 세분화한다. 이 방법은 소비자들의 특정상품에 대한 욕구나 선호 등이 대체로 이러한 변수들과 상관관계가 높을 뿐만 아니라 변수들을 쉽게 측정할 수 있다는 이점 때문에 널리 이용되고 있다.

나이와 성별

남자가 나이가 들면 여자를 보는 눈이 변하듯이 제품에 대한 욕구 역시 나이가 들면서 변해가기 마련인 것이다. 따라서 많은 기업들이 소비자들의 나이에 따라서 상품을 개발하고 마케팅 프로그램을 개발한다. TV방송국에서는 시간대별로 어린이 프로그램을 편성 운용함으로써 나이어린 청취자들에게 어필하고 있다. 자전거를 만드는 회사의 경우를 한번 생각해보자. 나이에 따라 자전거를 필요로 하는 용도와 이에 대한 욕구가 상이하기 때문에 10대가 찾는 자전거와 30대가 찾는 자전거는 같을 수가 없다. 따라서 자전거시장은 나이에 맞게 설계되어 소비자들에게 전달되어야 할 것이다.

나이에 의한 세분화는 연령에 따라 필요한 옷이 다르고 취향, 체형 또한 차이가 있으므로, 패션제품의 시장세분화 변수로 가장 흔히 사용된다. 그러나 나이에 의한 패션제품의 시장세분화는 생물학적 나이만을 고려하면 안된다. 신분, 취업, 결혼, 출산 등 다양한 영향요인들을 함께 고려해야 하며, 단순히 10대, 20대, 30대 등의 연령대별로 나이에 의한 세분시장을 구분하기보다는 패션제품에 대한 욕구 및 구매력에 대한 반응에 차이가 나는 나이를 찾아내는 것이 중요하다. 신체적 나이(physical age)보다는 심리적 나이(mind age)에 의해 패션제품을 구매하기 때문이다.

전통적으로 성에 따른 세분화는 화장품, 옷, 잡지 등의 제품에서 볼 수 있었다. 하지만 근래에는 일하는 여성의 증가로 인하여 자동차 판매에서도 성별에 따른 세분화 작업을 시도하고 있다. 미국의 자동차 회사들은 전체 자동차 판매량의 약 81%에 여성이 직·간접적으로 개입하고 있다는 사실을 발견하고, 여성을 표적시장으로 삼고 이에 맞는 광고를 특별히 고안하여 여성잡지에 기재하고 있다.

소 득

소득에 의한 세분화는 앞에서 이야기한대로 구매할 능력이 있는 사람을 시장으로 생각하기 때문에 특히 중요하다고 할 수 있다. 스포츠플라자의 회원권, 골프 회원권, 콘도미니엄 회원권과 같은 것은 부유층을 겨냥하여 마케팅노력을 기울일 것이다. 그러나 소득을 세분화 기준으로 삼는 기업들 모두가 부유층만을 대상으로 삼을 수는 없을 것이다. 왜냐하면 중·저소득층 시장이 오히려 크고 수익성이 높을 수도 있기 때문이다. 실제로 미국의 Family Dollar와 같은 소매점은 입지선정 때부터 중·저소득층이 집단으로 거주하는 지역만을 골라 입점을 하여 가장 수익성이 높은 체인점 중의 하나로 성장하고 있다.

그림 5-4 저가 소매유통의 대표적 유형인 Dollar Store

소득을 시장세분화 변수로 사용할 때 경우에 따라서는 세심한 주의가 필요하다. 가령 저소득층의 가난한 사람을 위하여 값이 매우 싼 자동차를 만들어 "이 자동차는 지갑이 가벼우신 여러분들의 고민을 해결해 드리기 위하여 특별히 제작된 자동차 입니다"라는 광고로 소비자들에게 접근했다고 가정해 보자! 이러한 경우 정말로 자기가 가난하다고 느끼는 사람은 일종의 분노를 느낄지도 모른다.

교육 수준

잡지, 여행, 책 등은 교육 정도에 따른 세분화를 통하여 훌륭한 시장기회를 찾을 수 있다. 이와 같이 인구 통계적 변수 하나하나가 아주 훌륭한 역할을 할 수 있으나 많은 기업에서 두 개 혹은 그 이상의 변수를 상호 관련시켜 시장을 세분화한다. 나이, 성(gender), 소득변수 모두를 고려하여 20대의 여성 가운데 월 소득이 높은 사람을 표적으로 시장을 세분화하는 경우, 시장 자체는 규모가 작아질 수 있으나, 기업이 마케팅활동을 효율적으로 할 수 있어 수익성을 오히려 높일 수도 있을 것이다.

3 심리분석적 변수

사회계층, 라이프스타일, 개성 등이 여기에 포함된다. 나이가 같다고 해서, 같은 여성이라고 해서 구매욕구가 같다고 할 수는 없다. 인구통계적으로 같은 세분시장에 속한 소비자들일지라도 매우 다른 심리적 특성을 보이는 경우가 많다. 따라서 이 심리분석적 방법은 고객에 대한 보다 구체적인 정보를 구하기 위해 사용된다. 예를 들어 현금 1억원을 지금 쓰라고 한다면 인구통계적으로는 같은 시장에 속해 있을지라도 그 쓰임새는 각기 다를 것이다. 이와 같이 지금 현재 고급승용차를 충분히 타고 다닐 수 있을 정도의 소득을 가진 사람이지만 자기의 취미, 활동분야, 그리고 평소 가지고 있는 가치관 등에 따라 자동차 구매를 할 것이다.

심리분석적 세분화 기준을 대표하는 변수는 라이프스타일(life style)이라 할 수 있다. 라이프스타일은 사회 전체 혹은 그의 일부가 지니는 총제적인 의미에서의 생활방식으로 정의되는데, 이는 특정 사회생활의 동태적 성격에서 생성되고 발전된다. 이 방법은 사람들의 활동(activity), 관심(interest), 의견(opinion)에 따라 시장을 구분하는 방법인데 영문의 첫 글자를 따서 흔히 AIO분석이라고 한다. 라이프스타일에 의한 시장세분화는 아래의 사항에 중점을 두고 이루어진다.

- 소비자들이 자신들의 여가시간을 어떻게 보내는가?

- 주요 관심사, 즉 소비자들이 자신들의 주변 환경에 부여하는 중요성의 정도
- 자기 자신과 자기 주위에서 일어나고 있는 여러 가지 사항에 대한 자신의 의견
- 소득, 나이, 교육 정도, 주거지역 등과 같은 기본적인 특성

[표 5-2]는 AIO분석에 주로 쓰이는 주요 변수들을 보여주고 있다. 이와 같은 AIO변수의 분석에서 우리는 바람둥이 남편과 집에만 틀어박혀 있는 진돗개 스타일의 남편을 구별할 수 있게 되고 또 보수와 혁신, 극장을 자주 가는 사람과 그렇지 못한 사람과의 차이점 등과 같은 소비자들의 심층부분을 알 수 있다. 의류 회사의 경우 여성용 의류를 전통적인 여성형, 유행에 민감한 여성형, 그리고 남성다운 여성용으로 디자인하여 판매할 수도 있을 것이다. 독일 자동차 폭스바겐(Volkswagen)사는 라이프스타일에 따라 경제성과 안전성에 중점을 둔 '소박한 시민형'과, 작동하기가 쉽고 날렵함에 중점을 둔 '편의 추구형'으로 시장을 세분화하여 소비자들에게 접근하고 있다.

표 5-2 AIO분석에 쓰여 지는 주요 변수들

활동(activity)	관심(interest)	의견(opinion)
일	가족	자기 자신에 대한 의견
취미생활	가정	사회적인 관심사
사회활동	직업	정치
휴가	지역사회	사업
오락	여가활동	경제
클럽활동	유행	교육
지역사회활동	음식	상품
쇼핑	대중매체	미래
스포츠	업적달성	문화

개성, 라이프스타일과 같은 심리분석적 변수는 기업의 마케팅 담당자들에게 훌륭한 세분화 기준을 제공하지만 다음과 같은 문제점을 내포하고 있다.

- 측정하기가 대단히 어렵다.
- 세분화 뒤 기업의 통상적인 촉진프로그램이나 유통시스템으로 세분시장에 접근하기가 어렵다.
- 심리분석적 변수와 고객의 욕구 사이의 상관관계가 모호한 경우가 많다는 점이다.

취미가 스키인 사람이 나란히 스키를 즐기고 있는 모습을 보고 이들의 세부적인 라이프스타일을 과연 묘사할 수 있을까? 또한 의류업체에서 정열적이고 강렬한 사람이 원하는 옷의 스타일을 알고 있다 하더라도, 이에 적합한 특정 가게나 촉진수단을 발견하기가 어려울 뿐만 아니라 이러한 집단에 정확하게 어필시키기도 힘들다.

4 행동분석적 변수

행동분석적 방법은 소비자와 이들이 실제로 접하고 있는 상품과의 관계에 기초하여 시장을 세분화하는 방법이다. 즉, 상품으로부터 추구하는 편익, 사용량, 상표충성도 등과 같이 상품에 대한 지식, 태도, 반응 등이 세분화의 기초가 된다.

추구하는 편익

편익(Benefit)에 의한 세분화는 한 가지 상품에 대해서도 소비자들이 근본적으로 추구하는 편익은 서로 틀릴 수 있다는 가정하에 시장을 세분화하는 방법이다. 편익에 기초하여 시장을 세분화하여 성공한 대표적 기업은 미국의 타이멕스(Timex)사일 것이다. 손목시계를 사는 사람의 약 23%는 값이 싼 것을 원하고, 46%는 품질과 견고성을 중시하여 구매하며, 31%는 과시용으로 구매한다는 한 연구결과를 통하여 시계제조회사인 타이멕스 경영진들은 아주 멋진 시장기회를 포착할 수 있었다.

전통적으로 시계는 가시용으로 보석상과 같이 아주 제한된 유통경로를 통하여 판매되고 있었다. 하지만 이 회사는 셋째시장을 포기하고 첫째시장과 둘째시장을 공략하기로 하고 아주 싼 가격의 시계를 생산하여 보석상 대신에 대중들이 많이 이용하는 백화점과 잡화점 등을 통하여 판매함으로써 세계굴지의 시계회사로 성장하였다. 이와 같이 소비자들은 한 가지 상품에 대해서도 각자 얻고자 하는 편익이 서로 다르고, 이 서로 다른 편익에 의하여 소비자의 구매행위는 영향을 받

FASHION MARKETING TREND

Limited사의 시장세분화 예

리미티드(The Limited)

20~40대 여성을 위한 현대적인 디자인의 캐주얼 의류제품 판매

익스프레스(Express)

10대 후반~ 30대 남녀를 대상으로 유행성이 있는 패션제품 판매

헨리벤델(Henry Bendel)

30대 여성을 위한 고급 부티크 제품 판매

빅토리아 시크릿(Victiria's Secret)

섹시한 속옷류와 향수 등의 제품 판매

배쓰 앤 바디 웍(Bath & Body Works)

목욕용품 및 기초 화장품 판매

화이트 반 캔들 사(The White Barn Candle Co.)

고급 실내용품들을 제공

자료: http://www.limited.com

게 되는 것이다.

치약시장을 추구하는 편익에 따라 세분화했을 경우 [표 5-3]에서 보는 바와 같이 4개의 시장으로 세분화된다. 경제성을 추구하는 집단과 치약의 향기를 중요시하는 집단으로 세분화되는데, 이들 각 시장은 각각 독자적인 특성을 갖고 있다. 따라서 기업에서 편익에 따른 시장세분화를 하기 위해서는 첫째, 치약과 같은 방

법으로 해당 제품과 서비스에 대해서 소비자들이 추구하고 있는 다양한 편익에 대한 분석이 이루어져야 한다. 둘째, 각 세분시장의 인구통계적 · 행동적 · 심리분석적 특성을 파악하여야 한다. 셋째, 각 세분시장에 맞는 상품 개발과 마케팅 프로그램을 개발하여 실행하여야 한다.

표 5-3 편익에 의한 치약시장의 세분화

추구하는 편익	인구통계적 특성	행동적 특성	심리분석적 특성
경제성(싼 상표)	남자들	치약을 다량사용	독립적, 가치 지향적
충치예방	대가족에 속해 있음	치약을 다량사용	보수적, 우울증
하얀 이	청소년	담배를 피움	활동적, 사교적
치약 향기	어린이들	향기나는 치약 선호	쾌락추구, 자아몰입

추구편익이나 혜택은 소비자의 다양한 편익에 대한 분석과 함께 심리분석적 특성 또한 파악하고자 하므로, 특히 의류제품과 같이 구매결정에 심리적인 측면이 중요하고 다양한 동기가 존재하는 상품시장의 세분화에 적절하다. 예를 들어, 의류제품의 선택시 많은 소비자들이 디자인을 가장 중요시한다고 한다. 그러나, 심미적으로 우수한 디자인, 활동하기 편한 디자인, 사회활동에 적절할 정도의 무난한 디자인 등 의류제품의 디자인을 통해 추구하고자 하는 편익 및 혜택은 다양하게 존재할 수 있을 것이다.

사용량

시장은 대량사용자, 보통량 사용자, 소량사용자, 비사용자 집단으로 구분할 수 있다. 따라서 기업에서 사용량(usage rate)에 따른 세분화를 하기 위해서는 소비자집단을 사용량 정도에 따라 구분해야 한다. 그러고 나서 각기 다른 마케팅전략을 각 세분시장별로 추구해야 하는데, 물론 대량사용자 집단에 초점을 맞추어야 한다. 이들 집단의 중요성은 '20 대 80의 법칙'에 의거하여 20%의 소비자가 전체 판매량의 80%를 소비하기 때문이다.

그렇다고 하여 기업에서 소량사용자와 비사용자에 대한 마케팅노력을 게을리 하라는 말은 아니다. 사용량에 의한 시장세분화는 서비스 업체에 유용하게 적용된다. 은행이나 보험회사와 같은 서비스기관의 경우 대량예금자나 여러 종류의 보험에 가입하는 사람은 특별한 의미가 있으므로, 이들만을 전담할 전담 직원제

FASHION MARKETING TREND

추구이미지에 의한 패션소비자 세분화

패션상품을 소비함으로써 추구하고자 하는 자아 이미지는 소비자에 따라 다양하게 존재한다. 세련되고 도회적인 이미지를 원하는 소비자가 있는 반면, 여성적이고 화려한 이미지를 추구하는 소비자도 있다. 패션 이미지를 분류하는 기준은 다양하게 존재한다. 첫번째 기준은 의복을 통해 추구하고자 하는 이미지로 이상적 자아이미지와 비슷하다. 엘레강스, 로맨틱, 스포티, 심플한, 도회적인 등으로 표현되는 추구이미지는 상표이미지 측면에서의 상표포지셔닝의 한 방법으로 흔히 사용되고 있다. 또 다른 기준은 얼마나 유행에 따르는가에 의한 세분화로, 최신 유행을 반영하는 경우 트렌디(trendy), 컨템퍼러리(contemporary) 등으로 표현되며 유행을 덜 따르는 경우 트레디셔널(traditional) 혹은 보수적(consevative) 등으로 표현된다. 이 외에도 영(young), 캐릭터(character), 클래식(classic) 등의 다양한 표현들이 패션 테이스, 패션감도 등의 용어로 사용되고 있다.

그림: 삼성디자인넷

를 도입하여 특별 관리하는 한편 이들의 특성을 파악하여 'Private Banking'과 같은 서비스를 제공하고 있다.

상표충성도

상표충성도(brand loyalty)란 소비자가 특정상표를 꾸준히 구입하는 일관성의 정도를 말한다. 특정상표에 대한 소비자들의 충성도는 제각기 다르다. 어떤 소비자는 한 상표만을 꾸준히 구입하는 반면, 어떤 소비자는 두세 가지의 상표 가운데서 이것저것을 골라 사기도 하고, 매번 다른 상표를 구입하는 아주 변덕스런 소비자도 있다. 기업의 입장에서는 당연히 충성도가 높은 고객이 누구인지를 분석하여 이들을 관리하여야 한다. 항공회사와 호텔에서 단골 고객들에게 무료 여행기회를 제공하는 것은 이들 단골고객들에게 꾸준한 보상을 제공하여 충성도를 유지시키기 위해서이다.

하지만 상표충성도로 시장을 세분화할 경우 주의해야 할 점은 소비자들이 꾸준히 자사상표를 구매하는 것 같아도 실제로는 습관이나 무관심에 의해 자사상표를 구매할 수도 있고 때에 따라서는 다른 상표가 없어서 하는 수 없이 사는 경우도 있다는 점을 알아야 한다. 따라서 소비자의 상표충성도에 따라 시장을 세분화하기 위해서는 소비자의 지속적인 반복 구매 외에도 소비자가 상표를 대상으로 형성한 감정적 애착 혹은 선호의 정도 또한 파악되어야 할 것이다([그림 5-5] 참조).

그림 5-5 Dick & Basu(1994)의 충성소비자 세분화

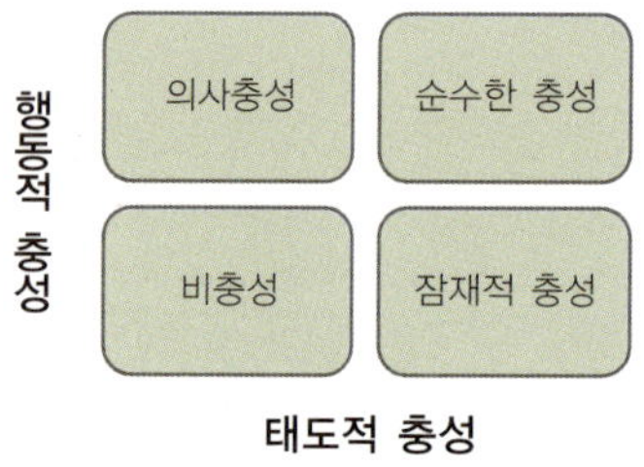

- **순수한 충성** : 상표에 대한 선호를 바탕으로 지속적인 반복구매가 이루어짐
- **잠재적 충성** : 상표에 대한 선호감정을 가지고 있으나, 자주 구매하지 않음
- **의사충성** : 상표에 대한 특별한 선호나 감정적 애착이 결여되어 있으나, 무의식적인 반복구매행동을 나타냄
- **비충성** : 태도와 행동 측면에서 모두 충성하지 않음

구매준비 단계

구매준비 단계(readiness stage)에 의한 세분화란 소비자가 상표에 대해서 알고 있는 정도와 관심의 정도 그리고 구매의욕 정도에 따라 시장을 세분화하는 것이다. 기업에서 마케팅 프로그램을 작성할 때, 자사상품이 시장에 나와 있는지조차도 모르는 소비자와 자사제품을 잘 알고 있으며 사고 싶은 욕구도 가지고 있는 소비자를 똑같은 방법으로 취급할 수는 없다. 상품에 대해서 모르고 있는 세분시장을 위해서는 무엇보다도 상품의 존재를 알리는 내용의 광고를 많이 해야 할 것이며, 구매 욕구를 가진 세분시장을 위해서는 무료쿠폰이나 할인쿠폰 등을 제공하는 것과 같이 보다 적극적인 방법으로 접근해야 할 것이다.

5 다수세분화 변수의 결합에 의한 시장세분화

어떠한 기준과 방법으로 시장을 세분화할 것인가는 기업의 사정에 따라 다를 수 있으나 일종의 창의성이 요구되는 작업이다. 기업이 시장을 세분화할 때 하나의 변수만을 기준으로 할 수도 있고, 몇 개의 변수를 결합하여 세분화할 수도 있다. 시장을 단일 변수만으로 세분화하는 경우 정확하게 소비자의 욕구를 파악하여 이를 충족시키기에는 다소 부족하다는 단점이 있다.

반면에 다수의 변수를 결합하여 시장을 세분화할 경우, 각 세분시장에 관한 보다 많은 정보를 얻을 수 있을 뿐만 아니라 이를 기초로 주어진 세분시장의 욕구를 보다 정확하게 충족시킬 수 있다는 장점이 있다. 그러나 변수가 많아지는 만큼 세분시장의 수가 많아진다는 단점이 있다. 세분시장의 증가는 궁극적으로 시장의 많은 부분에서 판매잠재력을 감소시킬 수도 있기 때문이다.

단일변수를 선택하던지 아니면 다수의 변수를 결합하여 세분화하던지 간에, 마케팅 관리자는 변수의 추가가 시장의 기회를 잃게 하지는 않는지, 그리고 보다 정확하게 고객의 욕구를 충족시킬 수 있는 마케팅믹스를 개발할 수 있겠는지를 고려하여야 하며 쓸데없이 시간과 돈을 낭비할 필요는 없다.

MARKETING NOTE

부모소비 어린이가 결정한다

맞벌이 부부가 늘고 주 5일 근무제의 확산 등으로 쇼핑문화가 가족 중심으로 변화하고 있다. 이러한 현상과 맞물려 소비의 중심에 있는 여성뿐 아니라 이들의 소비에 직접적인 영향을 끼칠 수 있는 어린이 고객들의 만족도를 높이고자하는 폭넓은 서비스를 마련하는 곳이 점차 늘어나고 있다.

'간접소비자'로서 아이들은 일주일에 한번 정도 부모와 함께 할인점, 슈퍼마켓, 백화점 등에 쇼핑하러 가며 실제로 어른들의 상품구매에 상당한 영향력을 행사한다. 이처럼 어린이 소비자들의 영향력이 높아짐에 따라 어린이를 대상으로 한 키즈(Kids) 마케팅이 활발히 진행되고 있는 것이다.

롯데, 현대, 신세계 등 주요 백화점은 주말마다 뮤지컬 공연과 인형극을 열거나 수시로 아동복 패션쇼 등 이색 이벤트를 마련해 어린이 고객 끌기에 열심이다.

인터넷 업계도 예외는 아니다. 이미 어린이가 소비 주체로서 중요한 축을 형성하고 있는 것이다. 야후와 네이버는 어린이용 서비스인 꾸러기와 주니어 서비스를 제공함으로써 어린이들의 전체 사이트 이용률을 높이고 있다.

인터넷포털 하나포스닷컴은 어린이들이 쉽고 재미있게 바둑을 배울 수 있는 '키즈바둑(kidsbaduk.hanafos.com)' 서비스를 선보였다.

항공업계에서도 '키즈 마케팅'은 한창이다. 최근 어린이와 함께 국내외로 여행을 떠나는 사례가 크게 늘고 있기 때문이다.

대한항공은 어린이들이 비행기 안에서 햄버거, 치킨, 피자 등 좋아하는 메뉴를 선택할 수 있도록 기내식을 따로 준비하고 있다. 생일에는 축하카드뿐 아니라 어린이 박물관 입장료와 무선조종 모형항공기를 10%까지 할인받을 수 있는 기회까지 제공한다.

아시아나항공도 기내식으로 자장면과 피자 등을 준비해 어린이 고객들에 대비하고 있고, 심지어는 어린이 전용 사이트인 '아시아나 리틀즈(www.asiana.com)'를 통해 매달 다양한 이벤트를 전개하고 있다.

최근 하얏트 리젠시 제주호텔은 영어로 진행하는 '어린이 캠프 하얏트'를 선보이기도 했다. 이달

말까지 매주 주말에 선보이는 캠프 하얏트는 '동굴탐험', '영어 구연동화', '키즈 쿠킹 클래스' 등의 3가지 프로그램으로 진행되어 어린이들의 관심을 끈다.

'동굴탐험'은 미국인 가이드와 함께 제주의 여러 자연 동굴과 유명관광지를 여행하는 일정으로 구성돼 있으며, '영어 구연동화'는 영어 선생님이 다양한 슬라이드 필름을 보여 주며 영어로 동화를 들려준다. '키즈 쿠킹 클래스'는 외국인 식음료 부장이 직접 진행을 맡고 있으며 어린이들이 좋아하는 요리를 직접 만들어 보는 프로그램이다.

대부분의 부모들이 한두 명뿐인 자녀녀에 대한 투자를 아끼지 않으며, 아이들이 부모의 소비에 끼치는 영향력이 대단하기 때문에 '키즈 마케팅'을 통해 업체들은 독특한 효과를 볼 수 있을 것으로 기대하고 있다.

또한, 이러한 현상은 지금까지보다 앞으로 훨씬 활발하게 전개될 것이므로, 업계에서는 더욱 다양하고 실질적인 '키즈 마케팅' 프로그램을 개발해야 할 것으로 보인다.

자료: 창업경영신문, 2006. 2. 3.

시장세분화의 요건

시장세분화가 아무리 기업에 필수적이라 하더라도 무턱대고 할 수는 없는 일이다. 시장을 세분화하는 것은 동질적인 욕구를 가진 세분시장별로 효과적인 마케팅믹스전략을 전개하고자 하는 것이다. 따라서 기업이 시장세분화를 하고자 할 경우에 그 기준으로 타당하기 위해서는 다음과 같은 요건을 갖추어야 한다.

1 측정가능성(measurability)

시장을 세분화한 후 나타나는 세분시장의 크기와 구매력을 측정할 수 있어야 한다. 제품을 구입하는 사람의 수를 어느 정도 정확히 측정할 수 있어야만 마케팅계획을 세울 수 있다. 시장세분화 변수들 중에는 나이, 소득수준, 성별 등과 같이 측정하기에 매우 쉬운 변수가 있는가 하면, 성격, 개성과 같은 변수는 주관적인 변수이기 때문에 측정하기가 대단히 어렵다. 가령 '성격이 급한 사람을 위해 특별히 디자인된 상품', 또는 '장식용의 책'을 원하는 사람의 수와 구매력을 측정한다는 것은 결코 쉬운 일이 아니다. 따라서 자료의 수집이 가능하고 측정이 가능한 변수를 기준으로 삼아야 한다.

2 접근가능성(accessability)

세분시장에 있는 소비자들에게 적은 비용과 노력으로 적시에 접근이 가능해야 한다. 이는 기업이 유용한 매체, 유통경로, 판매원 등을 통하여 메시지를 전달하고 필요한 마케팅활동을 할 수 있어야 한다는 말이다. 예를 들어 산간지방에서 농사를 짓는 사람을 세분시장으로 생각하였다면 유통경로 면에서 적시에 접근하기가 어려울 것이다. 이러한 단점을 피하기 위해서 몇몇 일간신문사에서는 현지에서 신문을 제작, 배포하고 있다.

3 규모(substantiality)

각 세분시장별로 차별적인 마케팅믹스전략을 추구해야 한다며 이 세분시장은 이에 소요되는 비용을 상쇄할 만큼 충분한 이익을 낼 수 있을 정도로 규모면에서 커야 한다. 예를 들어 어느 의류업체에서 허리가 너무 굵어 몸에 맞는 속내의를 사는 데 고민하는 사람을 세분시장으로 선택하였다면 이는 비용을 감당할 만큼 이익을 가져다주는 시장이라고 이야기할 수 없을 것이다. 실제로 미국의 GM 자동차 회사는 키가 너무 작은 소비자에게는 시판되는 자동차 운전이 어렵다는 것을 알고, 의자의 높낮이 조절이 가능한 특수 자동차 의자를 개발하였지만 충분한 이익을 보지 못했다. 그러나, 과거에는 규모가 너무 작아 매력적이지 않았던 세분시장이 사회가 변함에 따라 새로운 가능성을 지닌 시장으로 부각되는 경우도 있다. 예를 들어, 앞에서 언급한 허리가 너무 굵어 옷을 사는 데 고민하는 사람들의 경우 최근에는 체격이 너무 크거나 비만한 소비자들을 타겟소비자로 하는 의류브랜드들이 점점 늘고 있으며, 유통의 형태에 있어서도 백화점 등의 주요 유통채널을 활용하고 있는 것을 볼 수 있다. 따라서, 어떤 시장세분화 기준을 사용하는 경우라도 세분시장의 변화에 대한 지속적인 관찰이 필요하다는 사실을 잊지 말아야 할 것이다.

FASHION MARKETING TREND

빅사이즈 의류전문점 인기

남들보다 체격이 크면 옷을 살 때 적지 않게 불편하다. 일단 몸에 맞는 옷을 찾기가 힘들다. 갈수록 몸에 꼭 맞는 옷을 선호하는 추세라 백화점은 물론이고 로드숍에서도 55 아니면 66, 최근 들어서는 44 사이즈가 대세다. 젊은층이 선호하는 브랜드에서는 아예 77 사이즈는 갖다 놓지도 않아 기분까지 상하게 한다.

그러나 최근에는 몸집이 큰 사람들만을 위한 빅 사이즈 전문매장이 온 · 오프 매장을 가리지 않고 성업중이다. 아직 외국처럼 구색이 다양하지는 않지만 정장, 캐주얼 등 기본적인 옷가지와 신발류는 충분히 고를 수 있다.

틈새시장이다 보니 아무래도 온라인이 활발하다. 특히 유행에 민감한 여성이라면 펑퍼짐한 옷이 많은 오프라인보다는 온라인 몰을 이용하는 것이 훨씬 좋다.

온라인 쇼핑몰 H몰은 빅 사이즈 전문 매장으로 한 달에 4,000만~5,000만원의 매출을 올리고 있다. 여성 바지는 36~42인치, 여성 상의는 99~110 사이즈까지 갖춰져 있다.

빅사이즈 전문 사이트 중에서는 '78사이즈'(www.78size.com)가 파스텔 색상의 옷이 많다. 가격이 좀 비싸지만 품질이 우수하다. 숙대 앞에 오프라인 매장도 운영하고 있다. '빅걸'(www.biggirl.co.kr)은 여성스럽고 클래식한 벨벳 원피스(7만 3,000원) 반팔 폴라티(2만 9,000원) 등을 살 수 있다. '빅앤빅'(www.bignbig.com)은 청바지가 다양하다. 가격은 4만~6만원. 신발은 발등 사이즈에 따라 맞춤 주문할 수 있다. '사이즈플러스'(www.sizeplus.co.kr)는 할인 코너가 많고 최신 유행 아이템 위주다.

오프라인에서는 외국인이 많이 찾는 이태원이 중심지다. 국제아케이드 옆 건물 지하와 '이따리아나'라는 가죽옷 전문점 옆 2층에서 의류를 판다. 대개 셔츠는 3XL까지 있고 가격은 2만~2만 5,000원대다. 그 옆 건물에는 '왕발전문'이라는 신발집에서 샌들, 부츠, 워커, 등산화, 작업화 등 각종 큰 신발을 판매한다. KFC 근처 '포커'는 친절하고 품질도 좋다. 남자 면바지는 50인치까지 5만 5,000원, 청바지는 42인치까지 3만 8,000원선. 청소년들이 좋아하는 후드티도 색상별로 있다.

Big size상품만을 전문적으로 취급하는 신세계백화점의 여성복 멀티브랜드숍 'de-size'

자료: 매일경제, 2006. 5. 22.

3. 표적시장 선정

표적시장 선정의 대체안

앞에서 우리는 시장을 사람과 기업으로 정의하면서 이들은 ① 제품 및 서비스를 필요로 하며, ② 구입할 의사가 있어야 하며, ③ 구입할 돈이 있어야 한다고 하였다. 이러한 시장을 지금까지 살펴본 시장세분화의 여러 가지 기준으로 세분화하면, 동질적인 성격을 가진 여러 개의 작은 시장으로 나누어진다. 시장을 여러 개로 나누고 난 후 기업에서 해야 할 일은 무엇이겠는가? 바로 표적시장을 결정하는 일이다. 다시 말하면 마케팅노력을 투입할 시장의 범위를 결정해야 하는 것이다. 우리는 표적시장을 다음과 같이 정의한다.

> 표적시장이란 판매자가 자신의 마케팅노력을 특별히 기울이는 고객(사람과 기업)집단을 말한다.

표적시장은 전체 시장 모두가 될 수도 있고, 두세 개의 세분시장이 될 수도 있으며, 아니면 전체 시장 가운데 단 하나의 세분시장만이 표적시장이 될 수도 있다([그림 5-6] 참조). 기업에서는 이 세 가지의 대안 가운데 어느 하나를 선택할 수 있는데, 이들에 관하여 하나하나 살펴보기로 하자.

그림 5-6 표적시장 선정의 세 가지 대체전략

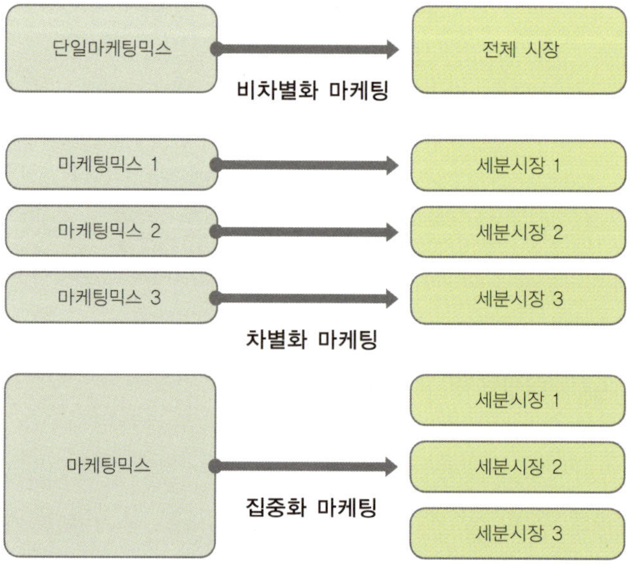

1 비차별화 마케팅

이것은 세분시장 간의 차이점을 무시하고 전체 시장을 상대로 하나의 마케팅믹스전략을 구사하는 것을 말한다. 이 접근법은 소비자욕구의 차이점보다는 오히려 공통점을 찾아 이에 초점을 맞추어 모든 소비자에게 소매할 수 있는 제품과 마케팅믹스전략을 개발하는 데 그 특징이 있다. 따라서 이 접근법은 한 가지 형태의 제품에 단일 마케팅믹스전략으로 전체 시장에 접근한다. 이와 같은 비차별화 마케팅전략으로 성공할 수 있는 제품들은 소비자가 거의 모든 것이 동질적이라고 생각하는 설탕, 소금 등과 같은 일부 편의품과 그리고 농산물을 예로 들 수 있다.

비차별화 마케팅전략을 구사하는 기업에서는 흔히 경쟁회사의 제품과 자사의 제품을 소비자에게 구별시키기 위해 엄청난 촉진노력을 기울이고, 이를 통하여 소비자들이 '자사의 제품이 다른 회사의 제품보다 우수하다' 라고 인식하기를 기대한다. 이와 같이 자기제품을 경쟁사의 제품과 차이가 나게 인식시킨다 하여 우리는 이것을 '제품차별화 전략' 이라고 한다. 천연조미료를 강조하여 보통의 조미료와 구별시킨다던지, 식물성을 강조함으로써 다른 식용유와 다르다는 것을 강조하는 것 모두 이 제품차별화 전략의 일종이다.

비차별화 마케팅전략의 장점은 물론 경제성이다. 전체 시장을 하나의 단일시장으로 생각하기 때문에 우선 시장세분화의 필요성이 없어지고, 상품 역시 한 가지만 생산하기 때문에 대량생산을 통한 규모의 경제 효과를 이루어 원가를 절감시킬 수도 있고, 광고, 유통 등에서도 여러 가지가 필요 없이 한 가지 프로그램만 있으면 되기 때문에 모든 면에서 비용을 절감할 수 있다. 단점은 이 전략을 적용할 수 있는 제품분야가 극히 제한적이고 규모가 작은 기업에서는 적용하기가 힘들다는 점이다. 따라서 이 전략은 소비자의 욕구가 거의 같고 단일 마케팅믹스를 사용할 수 있는 능력을 가진 기업에서 이 전략을 통한 비용절감의 효과가 아주 클 경우에만 적용 가능하다.

2 차별화 마케팅

자동차, 집, 가구, 의류와 같은 제품은 모든 소비자들이 제각기 조금씩 다른 형태의 것을 원한다. 열 사람에게 물어보면 열 사람 모두 다른 대답을 할 것이다. 자동차의 경우만 하더라도 어떤 이는 경제적인 것을 또 어떤 이는 신분용으로 찾는다. 이와 같이 소비자들의 욕구가 같지 않고 차이가 많이 나는 것에는 차별화 마케팅이 적합하다. 차별화 마케팅이란 기업이 전체 시장 가운데서 가장 매력적인 세분시장 몇 개를 선택하여 영업활동을 하기로 하고, 각 세분시장에 맞는 마케팅믹스를 개발하여 적용하는 전략을 말한다.

이 전략의 장점은 매출액의 증대를 가져올 수 있다는 점이다. 왜냐하면 다양한 소비자의 욕구에 맞추어 제품을 다양하게 설계하고 다양한 가격과 광고를 하며 또한 여러 개의 유통경로를 통하여 전달함으로써, 보다 많은 소비자들을 상내할 수 있기 때문이다. 그러나 이 전략은 비용이 많이 든다는 단점이 있다. 이는 각 세분시장에 맞는 마케팅믹스를 개발하여야 하기 때문에 생산원가로부터 광고비에 이르기까지 비용이 늘어날 수밖에 없다. 따라서 이 전략은 소비자의 욕구를 골고루 충족시키는 데서 오는 비용의 상승을 매출액의 증가로 보완이 가능한 경우에 적합하다. 또한 기업에서 유휴 생산시설이 있을 때 이를 활용할 목적으로 적용할 수도 있을 것이다.

3 집중화 마케팅

이것은 차별화 마케팅이나 비차별화 마케팅과는 달리, 전체 시장 가운데 오직 하나의 세분시장만을 상대로 마케팅활동을 하는 것을 말한다. 즉 전체 소비자를 상대하는 것보다 가장 매력적인 하나의 소비자집단을 골라 여기에 기업이 모든 마케팅노력을 집중시키는 전략이다. 아가방은 유아용품에 관한 것만을 고집하고 있으며, 롤스로이스(Rolls-Royce)자동차는 오직 고급 자동차만을 생산하여 부유층만을 상대로 영업하고 있다. 또한 신사임당가구는 전통가구류를 좋아하는 부유층을 상대로 영업하고 있고, 경주의 황남빵은 전통을 중시하며 오직 황남빵 맛을 아는 사람에게만 판매하는 것을 고집하고 있다. 이렇게 정선된 시장에 마케팅 노력을 집중하다 보면 이 시장을 보다 깊이 있게 알게 되어 명성을 쌓게 되고 시장점유율을 증진시키게 되어 그 시장에서는 최고가 될 수 있다.

이 전략의 장점은 비용을 절감할 수 있으며 최적의 마케팅믹스의 개발로 잘만하면 매출액의 증대를 기할 수 있을 뿐만 아니라 높은 수익을 올릴 수 있다는 데 있다. 하지만 아무리 한라급에서 무적을 자랑하는 장사라 할지라도 천하장사가 도전해오는 날에는 장사 타이틀을 방어하기가 힘든 것과 마찬가지로, 규모가 큰 경쟁사가 진입하면 기업의 존립에 영향을 받을 수 있으며, 또한 매달려 있는 표적시장의 기호가 변하여 수요에 변화가 생기는 경우에도 엄청난 타격을 받을 수 있다는 단점이 있다. 하지만 자원이 빈약하거나 새로이 시장에 진출하는 기업에게는 훌륭한 대안이 된다.

대체전략 평가 및 표적시장의 선정

1 대체전략 선정시 고려할 요소

시장을 세분화하고 나면 기업의 입장에서는 앞서 이야기한 세 가지의 표적시장 선정의 대체전략 가운데 우리 기업에 가장 잘 맞는 안은 어느 것인가를 결정해야 하는데, 이를 위해서는 아래의 요소들을 고려하여야 한다.

기업의 목표 및 이미지

기업이 선택할 표적시장은 기업의 목표와 이미지에 맞아야 한다. 고급 카메라를 생산, 판매하는 기업에서 전체 시장을 상대로 무차별 마케팅전략을 추구할 목적으로 할인매장을 통하여 소비자에게 접근할 수는 없는 일이다.

기업의 자원

비차별화 마케팅이나 차별화 마케팅전략 모두 일정수준 이상의 자원이 요구되므로, 자원이 제한되어 있는 기업의 입장이라면 집중화 마케팅이 최선의 전략일 것이다.

제품의 동질성

제품 자체가 거의 차이가 나지 않고 동질적인 성격의 제품, 즉 쌀, 소금, 철강 등과 같은 제품은 비차별화 전략이 적합하다. 반면 의류, 자동차, 오디오, 고급카메라 등과 같이 제품의 디자인, 가격 등에서 차별화가 가능한 선매품이나 전문품의 경우 차별화나 집중화 마케팅전략이 더욱 적합할 것이다.

FASHION MARKETING TREND

국내 명작 아동복의 새로운 장

우수한 품질의 브랜드 제품이면서도 합리적인 중저가의 아동복은 없을까? (주)동승아크는 내 아이에게 좋은 것만 입히고 싶은 모든 어머니의 소망을 충족시켜 주는 아동복 패션 유통업체로 이름이 높다. "감동과 꿈을 주는 명작 아동복"을 제공하기 위해 30년간 외길을 걸어온 동승아크는 지난 1976년 도/소매 패션 유통을 시작으로 1987년 런칭된 고가의 명품 브랜드인 한스&그레텔(Hans & Gretel)을 인수했다.

동승은 한스와 그레텔을 고급스러운 소재와 유러피안 스타일의 이미지를 부가하여 브랜드 이미지를 새롭게 리뉴얼한 결과 아동복시장에서 새로운 테마로 차별화를 꾀하는 데 성공했다. 동승아크의 제품들은 명작이라는 이미지처럼 최고 수준의 제품력을 갖고 있으면서도 가격에 있어서는 고객우선 정책으로 합리적 가격을 제시하고 있다.

이는 독립 운영되었던 계열사를 통폐합하고 공동 생산라인을 구축하여 얻은 원가절감효과 때문에 가능했다. 동승아크 산하에는 현재 5&UPs와 Laura laurie, 컨트리 클럽 그리고 메인 브랜드인 한스&그레텔 등 4개 브랜드가 있으며 복합 멀티숍을 구성하여 상품 폭은 물론 가격의 폭을 넓힘으로써 까다로운 고객의 요구를 충족시켰다.

자료: 한국경제, 2005. 12. 28.
그림: www.hansngretel.com

제품수명주기

제품이 시장에 출시되는 시기에는 경쟁자도 없고 소비자의 욕구도 다양하지 않기 때문에 비차별화 마케팅 혹은 제품에 따라서 집중화 마케팅이 적합할 것이고, 성숙기에 접어든 제품인 경우에는 경쟁자도 많고 욕구도 다양하기 때문에 새로운 소비자 집단을 찾아 차별화 전략을 추구해야 할 것이다.

시장의 동질성

고객의 제품에 대한 기호와 선호 정도가 비슷하여 차이가 나지 않는다면 굳이 시장을 세분화할 필요가 없기 때문에 비차별화 전략이 맞다.

경쟁기업의 마케팅전략

경쟁기업에서 다양한 소비자의 욕구를 충족시키기 위하여 시장을 세분화하여 차별화 마케팅전략을 실시하고 있는데 비차별화 전략으로 맞설 수는 없다. 이러한 경우에는 오히려 집중화 전략을 추구함이 바람직할 것이다.

2 표적시장 선정

표적시장 선정의 대체전략에 대한 평가를 한 후, 가장 적절한 전략으로 차별화 혹은 집중화 전략이라는 결론을 내렸다면, 다음에는 마케팅노력을 집중적으로 투입할 구체적인 세분시장, 즉 표적시장을 선정하여야 한다. 표적시장을 선정할 때에는 아래의 순서와 기준에 따라야 한다.

① 세분시장에 관한 자료를 수집하여 평가한다.

이 자료에는 현재의 세분시장의 크기와 성장성 및 이익 정도(매출액, 성장속도, 수익률 등), 세분시장의 구조적 매력도(기존 기업들의 경쟁 정도와 공격성, 새로운 경쟁기업의 진입가능성, 대체상품의 위협 등), 유통의 난이도 등이 포함되어야 하며 이를 기초로 각 세분시장을 평가한다.

② 세분시장을 자사의 강점 및 약점과 관련시켜 분석을 한다.

세분시장의 자료가 수집되어 이에 대한 평가가 이루어지면 구체적으로 자사의 경쟁우위를 고려하여 어떠한 세분시장이 자사의 약점을 보완하면서 강점에 가장 부합하는지를 분석하여야 한다.

③ 가장 매력적이며 경쟁적 이점을 누릴 수 있다고 판단되는 세분시장을 표적시장으로 선택한다.

세분시장의 평가와 자사의 강·약점에 대한 평가를 거쳐 마지막으로 최대의 전략적 장점을 향유할 수 있는 시장을 선택하여야 한다.

요 약

1. 시장이란 사람과 기업으로 구성되며 이들은 제품 및 서비스를 필요로 하고 구매할 의사와 구매할 능력을 갖추어야 한다. 따라서 일반적으로 시장이 크다는 의미는 이러한 조건을 갖춘 사람이나 혹은 기업집단이 많다는 것을 의미한다.

2. 기업은 전체 시장을 같은 욕구를 지닌 작은 시장으로 나누게 되는데 이를 시장세분화라고 하며, 시장을 세분화하는 기준으로는 지리적, 인구통계적, 심리분석적, 행동적 변수 등이 사용된다. 경우에 따라 이들 변수들을 결합하고 세분화하면 훨씬 더 큰 효과를 볼 수도 있다.

3. 표적시장이란 기업이 자신들의 마케팅노력을 기울일 소비자집단을 의미한다. 기업이 선정한 표적시장에 따라 다양한 대체전략이 사용될 수 있으며 이는 비차별화 마케팅, 차별화 마케팅, 집중화 마케팅이 있다.

4. 대체안 가운데 어느 것을 선택하느냐는 기업의 목표, 자사의 자원, 제품의 동질성, 제품수명주기, 시장의 동질성, 경쟁사의 전략 등을 고려하여 최적표적시장을 공략하기 위해 선택된다.

생각해 볼 문제

1 시장세분화 요인에는 어떤 것들이 있는가?

2 주변 친구들을 각각의 세분화 변수에 따라 다양한 세분시장으로 분류해 보자.

3 심리분석적 세분화 기준을 대표하는 변수는 무엇이며 이는 어떠한 사항에 중점을 두고 분석되는지 알아보자.

4 비차별화 마케팅, 차별화 마케팅, 집중화 마케팅의 사례를 찾아보고 그 차이점을 분석해 보자.

Chapter 6
브랜드 자산과 포지셔닝

세계 최대 브랜드 컨설팅그룹인 인터브랜드는 '2007년 세계 100대 브랜드'를 발표하였다. 브랜드 가치 653억만 달러의 코카콜라가 부동의 1위 자리를 지켰으며 100위 안에 든 패션 브랜드로는 루이 비통, 나이키, 구찌, 샤넬, 갭 등이 있다.

패션브랜드 중 가장 높은 브랜드 가치를 가지고 있는 브랜드는 17위를 차지한 루이 비통이다. 프랑스의 루이 비통의 브랜드 가치는 전년도 176억 달러에서 2007년 203억 달러로 상승하면서 전년과 같이 17위에 자리하였다.

국내 기업 중에는 삼성전자를 비롯해 현대자동차와 LG전자 등 3개사가 포함되었으며 삼성전자는 브랜드 가치가 전년 대비 4% 상승한 168억 5,300만 달러로, 21위를 차지했다고 밝혔다. 순위는 지난해 20위에서 한 계단 떨어졌다. 2005년 처음 '세계 100대 브랜드'에 오른 현대자동차는 올해 브랜드 가치 44억 5,300만 달러로, 전년 대비 브랜드 가치가 9% 상승했다. 순위로도 세 계단 상승한 72위에 올랐다. 최근 미국시장내 누적 판매량 500만대를 기록하는 등 글로벌시장에서 선전한 것이 순위 상승에 영향을 미쳤다. LG전자는 전년 대비 3% 상승한 31억 달러로, 97위 (지난해 순위 94위) 에 올랐다.

국가별로는 미국 53개 브랜드가 100대 순위에 올랐으며, 독일 10개, 프랑스와 일본이 각각 8개, 스위스와 영국이 각각 5개, 한국과 네덜란드가 각각 3개를 차지했다.

박상훈 인터브랜드 한국법인 대표는 "글로벌 브랜드로 성장하기 위해서는 브랜드 창조뿐만 아니라 지속적인 투자와 노력으로 브랜드를 관리해 가치를 높여가는 것이 중요하다"고 말했다.

최근 브랜드 자산의 중요성은 더욱 강조되고 있으며, 글로벌 브랜드 자산을 높이기 위해 기업들은 부단히 노력하고 있다. 본 장에서는 포지셔닝 전략 수립과 전달에 대해 논의한 후, 브랜드 자산의 모델 및 브랜드 자산 구축과 측정에 대해 알아보기로 한다.

BEST GLOBAL BRANDS 2007

Interbrand BusinessWeek

Rank 2007/2006			2007 BRAND VALUE $MILLIONS	2006 BRAND VALUE $MILLIONS	PERCENT CHANGE	COUNTYR OF OWNERSHIP
1	1	Coca-Cola	65,324	67,000	-3%	U.S.
2	2	Microsoft	58,709	56,926	3%	U.S.
3	3	IBM	57,097	56,201	2%	U.S.
17	17	Louis Vuitton	20,321	17,606	15%	France
29	31	Nike	12,004	10,897	10%	U.S.
46	46	Gucci	7,697	7,158	8%	Italy
58	61	Chanel	5,830	5,156	13%	France
61	52	GAP	5,481	6,146	-15%	U.S.
64	73	ZARA	5,103	5,040	1%	Spain
69	71	Adidas	4,767	4,290	11%	Germany
71	72	Rolex	4,589	4,237	8%	Switzerland
73	81	Hermés	4,255	3,854	10%	France
79	82	Tiffany & Co.	4,003	3,819	5%	U.S.
83	86	Cartier	3,852	3,360	15%	France
94	96	Prada	3,287	2,874	14%	Italy
95	98	Burberry	3,221	2,783	16%	Britain
99	NEW	Polo	3,026	New	New	U.S.

www.interbrand.com

자료: 헤럴드경제, 2007. 7. 27.

1. 포지셔닝전략 수립과 전달

모든 마케팅전략은 STP, 즉 세분화(Segmentation), 표적화(Targeting), 포지셔닝(Positioning)을 바탕으로 수립된다. 기업은 시장에서 각기 다른 욕구와 집단을 찾아내고, 각 세분시장의 매력도를 평가하여 기업에 가장 적절하다고 판단되는 세분시장을 표적화한 후, 그 표적시장이 기업의 차별화된 상품과 이미지를 인식할 수 있도록 가장 바람직한 경쟁적 위치를 정립해야 한다. 기업이 자사의 포지셔닝 전략을 잘못 이행했을 경우, 그 시장은 혼란을 겪게 될 것이다.

기업이 적절하게 포지셔닝전략을 이행했을 경우에는, 기업은 포지셔닝전략을 기반으로 자사의 차별화된 마케팅 계획을 수립하고 이행할 수 있다. 포지셔닝은 다음과 같이 정의할 수 있다. 포지셔닝이란 표적고객의 마음속에 다른 것과 구별되는 독특한 위치를 확보하기 위해 자사의 상품과 이미지를 디자인하는 활동이다.

포지셔닝의 목표는 기업의 잠재적 이점을 극대화하기 위해 고객의 마음속에 그 브랜드를 위치화시키는 것이다. 훌륭한 브랜드 포지셔닝은 브랜드의 핵심, 즉 고객이 성취하고자 하는 어떤 목표에 도움을 주는 것을 명백하게 설명해 줌으로 써 마케팅전략을 계획하는 데 도움을 준다. 포지셔닝의 최종 성과는 표적고객이 왜 자

표 6-1 수요 상태와 마케팅 과업에 있어 가치제안의 예

브랜드	표적고객	가격	가치제안
빈폴	21세기의 여피족 (Yuppies)	바지 7~10만원	Traditional하면서도 Commercial한 감성의 의류
베이직하우스	Multi-Concept Multi-Age	바지 2~5만원	학교 갈 때, 일할 때, 운동하거나 야외 활동을 하는 등 생활 매 순간마다 필요한 모든 패션스타일을 제안
폴로	실용적인 American Style을 추구하는 소비자	바지 7~15만원	혁신적인 라이프스타일을 제공하고 이끔

사의 상품을 구입해야 하는지를 간단하고도 분명하게 설명하는 고객 집중적 가치 제안을 성공적으로 창조하는 것이다. [표 6-1]은 세 개의 기업(빈폴, 폴로, 베이직하우스)이 표적고객, 이점, 가격에 있어 그들의 가치를 어떻게 정의하는지 보여준다.

"포지셔닝"이라는 단어는 광고업계 중역인 알리스(Al Ries), 잭 트라우트(Jack Trout)가 널리 보급했다. 그들은 포지셔닝이라는 것을 기존 제품을 가지고 수행하는 것이라 인식하고 다음과 같이 정의하였다.

> 포지셔닝은 제품으로부터 시작한다. 상품, 서비스, 기업, 제도기관 또는 사람들이 그것의 한 부분이 될 수 있다. 그러나 포지셔닝은 어떤 제품에 대해 행해지는 것이 아니라, 잠재고객의 마음속에 행해지는 것이다. 즉 기업은 잠재고객의 마음속에 자사의 제품을 위치화시켜야 한다.

"가치 규율 포지셔닝"은 포지셔닝에 대한 또 다른 관점을 제공한다. 실질적으로 포지셔닝에는 먼저 서로 다른 브랜드 간의 유사성과 차별성을 정의하고, 이를 전달하는 것이 요구된다. 특히 포지셔닝을 결정함에 있어 표적시장과 경쟁자를 규명하고, 상표연관성의 이상적인 평형점과 차이점을 규명하여 준거의 기준을 정의하는 것이 요구된다.

경쟁적인 준거기준

브랜드 포지셔닝과 관련하여 경쟁적인 준거기준을 정의하는 데 있어서의 출발점은 범주 내 구성원(category membership)을 결정하는 것이다. 범주 구성원이란 어떤 상품의 경쟁이 가능한 제품, 또는 그 상품과 대체가 가능한 모든 제품을 뜻한다.

표적시장을 결정하는 것은 경쟁적인 준거기준의 틀을 결정하는 데 있어 중요한 요인으로 꼽힌다. 즉, 특정한 유형의 고객을 표적화하기로 결정하는 것은 경쟁의 본질을 한정할 수 있다. 왜냐하면 특정 기업들은 과거에 그 세분시장을 표적화할 것을 결정했거나(미래에 그렇게 하기로 계획했거나) 또는 이미 그 세분시장에 있는 고객들이 자신들이 구매를 결정함에 있어 특정 브랜드를 찾을 수 있기 때문이다. 적절한 경쟁적 준거기준을 결정할 때에는 고객들이 브랜드를 선택함에 있어 행하는 소비자 행동과 고려하는 요소들을 이해하는 것이 요구된다.

브랜드 포지셔닝은 브랜드 런칭시에 주로 요구되는 마케팅활동이나, 브랜드 포지셔닝에 대한 검토 및 조정은 지속적으로 이루어져야 한다. 표적시장의 변화에 민감해야 하며, 필요시 브랜드의 재포지셔닝(repositioning) 또한 이루어져야 한다. 특히 의류제품과 같이 소비자 니즈의 변화속도가 빠르고 따라서 시장의 변화 또한 급격한 산업의 경우 이와 같은 브랜드 포지셔닝에 대한 지속적인 검토는 필수적이라 할 수 있다. 또한, 하나의 기업이 복수의 브랜드를 가지고 있는 경우 기업의 브랜드 포트폴리오(brand portfolio) 관리 측면에서 각 브랜드의 포지셔닝이 결정되고 경영되어야 한다. 즉, 자사의 브랜드 간에 상호잠식(carnibalization)이 발생하지 않도록 주의가 필요할 것이다. 다음은 의류기업 형지어패럴이 자사의 브랜드들을 어떻게 차별적으로 포지셔닝했는지를 보여준다.

FASHION MARKETING TREND

'여성크로커다일' 확 달라졌다

형지어패럴의 여성 캐주얼 '여성크로커다일'이 확 달라졌다.

신규 중저가 여성복 '올리비아하슬러'를 런칭, 브랜드간 포지셔닝 차별화에 주안점을 두고 있는 형지는 '여성크로커다일'의 경우 더욱 고급스러운 이미지를 구축한다는 방침 아래 비주얼 머천다이징과 매장 매뉴얼의 변화를 시도하고 있다. 올 추동에는 탤런트 송윤아를 모델로 내세워 기존 여성스럽고 캐주얼한 이미지에서 시크하고 캐릭터성이 짙은 이미지로 변신한 비주얼을 선보였다.

매장 매뉴얼과 상품 구성 방향도 수정됐다. 캐주얼한 상품군은 그대로 유지하면서 고가 아우터와 정장 라인의 구성 비중을 전년대비 약 20%정도 늘려 상품군을 세분화하고 전체 볼륨을 확장하고 있다. 매장 매뉴얼은 상품군에 따라 명확한 컨셉과 코디를 구분해 제안하는데 초점을 맞추고 있다.

자료: 어패럴뉴스, 2007. 9. 6.
그림: www.crocodilelady.com

평형점(Points-of-Parity)과 차이점(Points-of-Difference)

포지셔닝에 대한 경쟁적 준거기준이 고객표적시장과 경쟁의 본질을 정의함으로써 구체화된 후, 마케팅 관리자는 적절한 차이점과 평형점을 정의할 수 있다.

1 차이점(points-of-difference)

차이점은 고객들이 어떤 브랜드와 관련하여 제일 먼저 떠오르는 이미지, 긍정적으로 평가하는 어떤 것, 또한 다른 경쟁 브랜드에서는 찾아볼 수 없는 독특한 속성이나 이점이다. 예를 들면, NIKE는 성능이, Addidas는 패션성을, Lexus는 품질을 차이점으로 들 수 있다.

강력하고, 우호적이며, 독특한 차별화 포인트를 만들어 내는 것은 물론 도전적인 문제이다. 하지만 경쟁적인 브랜드 포지셔닝 관점에서 볼 때에는 필수불가결한 요소임에 틀림이 없다. 이케아의 성공 사례를 통해 살펴보기로 하자.

FASHION MARKETING TREND

IKEA

스웨덴의 소매업체인 이케아는 고급 가정용 가구용품과 가구를 취급하면서도 대중시장을 위해 합리적인 가격을 제시하는 것을 특징으로 꼽힌다. 이케아는 고객들로 하여금 셀프서비스를 이행하게 함으로써 합리적인 가격을 제시할 수 있었다. 이러한 것들을 통해 이케아는 자사의 제품을 다른 기업과 비교해 차별화할 수 있었다. 누군가 지적한 것처럼 "이케아는 스웨덴 대중들을 위해 좋고, 안전하고 잘 만들어진 것을 생산한다는 생각에서 자신의 이미지를 구축해나갔다. 이 회사는 최저의 가격으로 가장 혁신적인 제품을 확보하였다." 역시 이케아는 각 점포 내에서 식당을 운영하며(다른 가구점에는 거의 없음), 부모들이 쇼핑하는 동안 어린이를 돌보는 서비스를 제공하며, 합리적인 가격 차원을 넘어 구매시 회원들에게 특별할인을 해주는 회원프로그램을 제공하는 등 이케아만의 차별화전략을 구사하고 있다.

단순한 상품의 나열을 넘어 제품을 둘러싼 의미를 표현하는 라이프스타일 디스플레이가 특징인 IKEA 온라인 카탈로그

그림: www.ikea.com

2 평형점(points-of-parity)

평형점은 다른 경쟁 브랜드와 공유하는 속성이다. 평형점은 범주 평형점(category POP)과 경쟁적 평형점(competitive POP) 두 가지로 나누어 정의해 볼 수 있다.

먼저 범주 평형점은 고객들이 특정한 점포나 서비스 범주 내에서 적법하며 믿을 수 있는 상품이 되기 위해 필수적으로 인식하는 연관성이라 말할 수 있다. 이것을 달리 말하면, 브랜드를 선택함에 있어 필요조건이긴 하지만 충분조건은 아니므로, 특정 범주 내에서 믿을 수 있는 상품이 되기 위해서 갖추어야 할 최소한의 조건이라고 할 수 있을 것이다. 스포츠웨어 브랜드의 경우에는 캐쥬얼 브랜드와는 달리 소비자들이 소재의 기능성과 트렌드를 반영한 디자인을 모두 갖춘 상품을 기대한다.

다음으로 경쟁적인 평형점이다. 이것은 경쟁사의 차이점을 무효화하기 위해 만들어졌다. 경쟁사가 어떤 우위성을 표현하려고 하는 분야에서 자사 브랜드가 어느 정도의 '동등함'을 유지한다면 이와 함께 자사만의 차별화 포인트를 부각시켜 그 어떤 브랜드보다 강력한 경쟁적 위치를 점할 수 있게 되는 것이다.

3 평형점 대 차이점

특정한 속성이나 이점의 평형점을 얻기 위해서 고객들이 그 브랜드는 '매우 좋다'라고 인지해야 한다. 즉, '평형점에 대한 수용의 영역'이 있다. 소비자는 그 브랜드가 경쟁사와 동일해 보이지는 않고, 그 브랜드의 특정 속성이나 이점을 충분히 느낄 수 있어야 한다. 만약 고객들이 그것을 느낀다면, 자신들의 평가와 의사결정에서 그 브랜드에 대해 좀더 우호적인 태도를 보일 수 있다. 브랜드는 차이점으로 분명한 우월성을 나타낼 수 있어야 한다. 고객들은 루이 비통이 가장 스타일리시한 핸드백을 확보하고 있으며, 에너자이저는 가장 오래 지속되는 배터리이고, 메릴린치는 금융에서 최고의 조언과 계획을 제공한다는 사실을 확신해야 한다.

포지셔닝과 관련한 가장 중요한 포인트는 평형점을 성취하는 것이지 차이점을 성취하는 것은 아니다. 우선적으로 평형점을 가진 후에만, 자사만의 차별적 포인트가 빛을 발휘할 수 있다는 말이다.

MARKETING NOTE

VISA VS AMERICAN EXPRESS

신용카드 범주에서 비자의 차이점은 가장 널리 이용할 수 있다는 점이다. 비자카드의 편리성이라는 중요한 이점을 강조한다. 반면 아메리칸 익스프레스는 그 카드를 사용함으로써 얻을 수 있는 자부심을 크게 강조한다. POD(Points-of-Difference)를 수립함에 앞서, 비자와 아메리칸 익스프레스는 현재 POP(Points-of-Parity)를 만들어 서로의 우위성을 조금 무디게 하려고 경쟁하고 있다. 비자는 자사 브랜드의 자부심을 높이기 위해 금, 백금으로 만든 카드를 제공하기도 하고, 아메리칸 익스프레스는 카드를 받아들이는 가맹점을 실질적으로 증가시키는 등 서로 노력하고 있다.

범주자격(Category Membership) 정립

표적 소비자들은 화장품 선도 브랜드로 라네즈(Laneige)를, 시리얼 선도 브랜드로는 포스트(Post)를, 선도적인 상담 기업으로 악센처(Accenture)를 떠올린다. 마케팅 전문가들은 브랜드 고객들에게 자사 브랜드의 범주 구성원과 관련한 정보를 제공해야만 한다. 특히나 범주회원자격이 불분명한 신제품을 소개하는 상황에 더더욱 필요하다. 이러한 불확실성은 첨단제품일 경우 더욱 가중되며 고객들이 어떤 브랜드의 범주자격을 어렴풋이 알고 있긴 하지만, 확실성 정도는 불분명하다.

브랜드는 그 브랜드가 속해 있는 범주 내에서 잘 알려지고 가치있는 다른 브랜드를 이용하기도 한다. 예를 들면 토미힐피거가 유명해지기 전, 제프리 빈, 스탠리 블래커, 켈빈 클라인, 페리 엘리스 브랜드들을 자사 브랜드와 연관시킴으로써, 위대한 미국의 디자이너로서 자신의 범주자격을 소개했다.

또한 브랜드들은 간혹 동일한 속성을 지니고 있지 않는 범주에 포함되기도 한다. 이러한 접근 방법은 고객들이 그 브랜드의 위치를 잘 알고 있다는 사실이 전제된다. 이러한 전제하에서 그 브랜드의 차이점이 강조되는 것이다. 포지셔닝과 관련하여 선호하는 접근방법은 그 브랜드의 차이점을 제시하기 이전에 고객들에게 그 브랜드의 속성 및 범주에 대한 정보를 제공해 주는 것이다. 고객들은 그 제품이 무엇이며, 그 제품이 어떤 기능을 제공하는지 알고 있어야 한다. 보통 최초의 광고는 브랜드를 인식시키는 데 집중하고, 이후 지속적인 광고를 통해 확고한 브랜드 이미지를 형성시킨다.

간혹 아래의 예제와 같이 어떤 기업은 2가지 준거의 틀을 복합적으로 제시하기도 한다. 복합적인 포지셔닝전략은 다소 모순되는 고객들의 목표를 적절히 조절하는 매력적인 수단이긴 하지만, 자사에 추가적인 부담을 안길 수 있다. 2개의 범주와 관련하여 신뢰할 수 있는 차이점과 평형점을 구축할 필요가 있다.

브랜드의 범주회원자격을 전달하는 데 있어, 다음에서 서술하는 3가지 방법이 존재한다. 범주의 이점을 소개하거나, 예를 들어 비교하거나, 제품기술어를 이용한다.

MARKETING NOTE

BMW

BMW가 1980년대 초 처음으로 미국시장에 진출했을 때, 고급스러우면서도 성능이 뛰어난 유일한 자동차로 포지셔닝되었다. 당시, 미국의 고급 자동차는 성능이 떨어지고, 성능이 뛰어난 자동차는 고급스러움이 부족했다. 이를 간파한 BMW는 자동차의 디자인과 독일의 전통성, 효과적인 마케팅 프로그램을 가지고 큰 성과를 이루어냈다.

- 성능 위주의 관점으로는 고급스러움에서의 차이점과 성능에서의 평형점
- 고급화 위주의 관점으로는 성능에서의 차이점과 고급스러움에서의 평형점

'최상으로 운전하는 기계'라는 슬로건은 새롭게 창조된 폭넓은 범주, 즉 고급스러우면서도 최고의 성능을 발휘하는 자동차로 효과적으로 포지셔닝했다.

평형점과 차이점 선정

평형점은 어떠한 범주에 속하고자 하는 욕구와 경쟁사의 차이점을 무디게 하고자 하는 욕구에 의해 만들어진다. 차이점을 선정함에 있어서 고려해야 할 요소로는 2가지 있다. 고객이 차이점을 바람직하다고 인지해야 하며, 기업 또한 그만큼의 능력을 가지고 있어야 한다.

바람직한 차이점이라 인지함에 있어 고객들의 기준은 다음과 같이 3가지가 있다.

1 관련성

표적고객은 차이점이 개인적으로 관련 있고 중요하다는 것을 간파해야만 한

다. 세계적인 명품 브랜드인 페라가모는 소비자들의 구두 선택에 있어서 '발의 편안함' 이 가장 중요한 평가기준이라는 점을 인지하고 예쁘면서도 편안한 착용감을 강조함으로써 신발이라는 범주에서 차별적 포지션을 구축할 수 있었다. 또한, 이러한 차별점을 부각하는 방법에 있어서도 장인정신이라는 명품에 적합한 특성과 연결시킴으로써 차별점의 신뢰성 또한 확보할 수 있었다.

그림 6-1

Salvatore Ferragamo

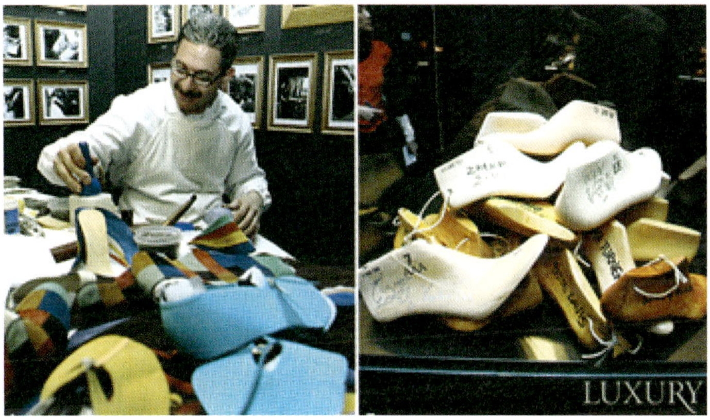

좌: 전시장을 찾은 관람객을 위해 피렌체에서 온 장인이 직접 제작장면을 보여줌으로써 페라가모 구두의 장인정신을 마케팅하고 있다.

우: 에바 가드너, 오드리 헵번, 베티 데이비스 등 할리우드 인명록을 연상케 하는 페라가모가 소지하고 있는 대스타의 발 모형

2 독특함

표적고객은 차이점이 독특하고 월등하다는 것을 발견해야만 한다. 기존의 브랜드들이 있는 범주 속에 진출할 경우, 가장 중요한 문제는 다른 브랜드와 구별될 수 있는 차별화 포인트가 있는가이다. 스플렌다(Splenda)는 기존 설탕과는 달리 결점이 없는 설탕의 대체물로써 제품을 차별화시킴으로써 그 분야에서 선도적이 되었다.

3 신뢰성

표적고객은 차이점이 신뢰성을 지니고 있는지를 판단해야만 한다. 즉, 다른 브랜드와 달리 자사 브랜드를 구매해야만 하는 확실한 이유를 고객에게 제공할 수 있어야 한다. 샤넬 No.5 향수는 전통적인 프랑스 향수임을 강조하고, 또한 샤넬과 같은 고급 매장과의 깊은 연관성을 강조함으로써 고객들로 하여금 믿을 수 있는 브랜드임을 주장한다.

이러한 평형점과 차이점을 전달함에 있어서도 다음과 같이 3가지 기준이 존재한다.

실행성

기업은 차이점을 실질적으로 창조할 수 있어야 한다. 기업이 강조하고자 하는 차이점이 제품 디자인이나 성능을 통해 전달될 수 있도록 해야 하며, 따라서 제품과 마케팅전략 사이에는 밀접한 연관성을 가져야 한다. 때로는 실질적으로는 제품 혹은 브랜드가 차별적인 특성을 지니고 있음에도 불구하고 고객들이 제대로 알지 못하거나 간과했던 경우, 이에 대하여 사실을 고객에게 확신시키는 마케팅활동이 필요할 수 있다. 제너럴모터스는 캐딜락이 젊고 현대적인 브랜드가 아니라는 일반 대중들의 잘못된 지각을 변화시키는 작업을 해야만 했다.

의사 소통성

고객이 브랜드의 이점과 속성을 잘 이해할 수 있도록 전달하는 방법에 있어서 합리성을 가지고 있어야 한다. 신사복 브랜드 카디날이 신사복 수트 제작에 비접착심지를 사용하였을 때, 비접착심지가 무엇이고 비접착심지를 사용함으로써 착용감과 외관이 어떻게 향상될 수 있음을 설명하는 과정이 필요했던 것처럼 말이다. 또한, 전달하는 방법에 있어서도 구체적으로 어떤 사실을 입증할 수 있는 도구가 필요한 경우가 있으며, 이것은 좀더 구체적이고 명확해야 할 것이다. 예를 들어, Q10 조효소가 함유된 니베아 링클 컨트롤 크림이나 화워페나(Howafena)가 함유된 허브 에센스 헤어 컨디셔너처럼 구체적인 요소를 언급하는 것이 중요하다.

지속성

포지셔닝이 실제적이고, 방어적인가? 브랜드 연관성과 관련한 호감도가 시간이 지남에 따라 강화될 가능성이 있는가? 이에 대한 대답이 'yes'라면 포지셔닝 전략의 지속성에 대한 가능성은 높다 할 수 있다. 지속성에 영향을 주는 요소로 외부적인 시장력뿐만 아니라 내적인 몰입 정도와 재원의 활용도 등을 꼽을 수 있다. 좀더 확고한 성능에 기반을 둔 질레트, 인텔, 마이크로소프트와 같은 기업들이 조금은 덜 확고한, 변덕스러운 시장이 특징인 패션에 기반을 둔 구찌, 프라다, 에르메스와 같은 기업보다는 자신들의 포지셔닝을 유지하고 지속시킬 수 있는 가능성이 더 높다.

그러나, 변덕스러운 패션시장에 기반을 둔 기업이나 브랜드일지라도 모방하기 어려운 차별성을 확보함으로써 포지셔닝의 지속 가능성을 향상시키는 경우도 존재한다. 패션브랜드 아르마니는 차별화된 남성복 패턴을 개발하여 브랜드의 노하우로 축적함으로써 지속가능한 차이점을 확보하였으며, 페라가모는 구두를 신을 때 발가락의 위치가 중요하는 점을 파악하고 해부학에 기초하여 편안한 착용감을 향상시키는 고유의 제작공법을 개발함으로써 경쟁브랜드와는 차별화된 경쟁우위를 통해 재구매 가능성을 높일 수 있었다.

그림 6-2 조르지오 아르마니 2007년 콜렉션 중에서

마케팅 기업은 그 브랜드의 차이점을 어느 수준에 한정할 것인지를 결정해야 한다. 가장 낮은 속성은 브랜드 속성이며, 다음 단계는 브랜드 이점이고, 최상위 수준은 그 브랜드의 가치이다. 예컨대, 도브 비누의 마케팅 관계자들은 1쿼터의 클렌징크림의 속성, 부드러운 피부를 가꿀 수 있다는 이점, 그것의 가치가 더욱더 고객들에게 매력적임을 어필할 수 있다. 속성의 경우, 전형적으로 포지셔닝전략을 수립하는 데 있어 출발점이라 할 수 있다. 남들이 다 알고 있는 사실이라 하더라도 하나의 차별화 포인트로 잡고 그것을 계속적으로 어필한다면 그 브랜드의 차이점이 될 수 있다. 하지만 영원히 차별화 요소가 될 수는 없다. 하나의 기업이 차별화 요소로 어떠한 속성을 언급하면 같은 범주의 다른 경쟁기업은 그것을 모방한다. 그런 일련의 과정을 겪게 되면 이전의 차별화요소는 이제 더 이상 차별화요소가 아닌 것이 되기도 한다.

평형점과 차이점 창조

경쟁력을 지닌 브랜드 포지셔닝을 창조함에 있어 어려운 점이 존재한다. 평형점과 차이점을 구성하는 많은 속성이나 이점들이 부정적인 상관관계를 가진다는 사실이다. 고객들은 하나의 특정 속성이나 이점으로 그 브랜드를 높게 평가한다면, 역시 다른 중요한 속성은 나쁘게 평가한다. 예를 들어, 어떤 브랜드를 '비싸지 않다' 그리고 '최고의 품질' 임을 동시에 주장하는 데 어려움을 느낄 수 있다. 또 하나의 예로 '오랜 전통을 지니고 있는 장수 브랜드' 를 생각해보자. 전통이라는 것은 축적된 경험, 지혜와 전문적인 지식을 제시하며 긍정적으로 평가할 수 있는 반면 오래된 것, 구식이라고 하는 부정적으로 평가할 수도 있다. [표 6-2]는 부정적 상관관계인 속성과 이점의 또 다른 예를 보여준다.

표 6-2 부정적인 관련성을 지닌 속성과 이점의 예

저가격 VS 고품질	강력함 VS 안전함
맛 VS 저열량	강함 VS 세련됨
영양가 있음 VS 맛이 좋음	어디에나 있음 VS 독점적임
효능이 있음 VS 부드러움	다양함 VS 단순함

고객은 전형적으로 속성과 이점 모두를 극대화되길 기대한다. 최상의 접근 방법은 2개의 차원 모두 잘 수행하는 제품과 서비스를 개발하는 것이다. BMW는 대부분 제품 디자인으로 '고급스러움과 성능' 이라는 이중적인 포지셔닝을 수립할 수 있었고, 고급스러우면서도 고성능을 발휘하는 브랜드라는 이미지를 만들어 냈다. 고어텍스의 경우에도 다소 모순되어 보이는 '땀을 방출할 수 있음(소재가 숨을

그림 6-3 투습방수 소재의 대표적 예: 고어텍스와 테트라텍스

쉴 수 있음)' 과 '방수가 됨' 두 가지 속성을 모두 만족시켜 주었다.

앞에서 계속적으로 언급했던 부정적 상관관계를 이용하여 효과적으로 평형점과 차이점을 만들어 전달할 수 있는 방법들이 있다. 다음에서 살펴보기로 하자.

1 개별적으로 제시

다소 비용이 많이 들겠지만, 때때로는 2가지 마케팅전략을 구사하는 방법을 이용한다. 각각 다른 브랜드속성이나 이점에 전념한다. 헤드 앤 숄더스(Head & Shoulders) 샴푸의 경우, 한 가지 전략으로 비듬 제거의 효율성을 강조하는 한편, 다른 전략으로는 사용 후 머리카락의 아름다움을 강조하는 이중적 전략을 구사하며 유럽에서 성공을 거두었다.

2 다른 권위적인 것을 이용

브랜드는 부정적인 상관관계를 가지는 속성이나 이점에 신뢰성을 부여하기 위해 대외적으로 유명하며, 고객들이 선호하는 유명인사의 장점을 이용한다. 이러한 요소들을 이용하여 고객들은 마음속에서 의문시되는 속성이나 이점을 믿을 수 있게 되는 것이다.

3 관계 재정의

이러한 재정의는 고객들에게 상이한 지식을 제공함으로써 그리고 고객들이 특별한 고려 사항을 간과하거나 또는 무시할 수 있다는 사실을 제시함으로 성취될 수 있다.

2. 차별화전략

일반적인 상품, 흔한 상품, 다른 것과 동일한 상품이라는 인식을 피하기 위해서 기업에서는 자사 브랜드를 다른 브랜드와 차별화할 수 있다는 신념을 가지고 전략 수립에 임해야 한다. 브랜드는 여러 가지 요소를 기반으로 차별화될 수 있다.

차별화를 이루어 내는 도구로는 제품과 일련의 서비스를 들 수 있다. 스와치(Swatch)는 화려함과 패션성을 지닌 제품을 제공하고 있으며, 서브웨이(Subway)는 건강에 좋은 제품을 제공하며 자사브랜드를 차별화한다. 이 외에도 자사 브랜드를 차별화 하는 도구로 인적, 경로 및 이미지를 들 수 있겠다. 앞에서 언급했던 제품, 인적 요소, 경로, 이미지의 차별화전략이 어떠한지 차례대로 살펴보기로 하자.

제품 차별화

브랜드는 제품이나 서비스의 여러 가지 요소, 즉 제품의 형태, 특성, 성능, 적합성, 내구성, 신뢰성, 수선의 용이성, 스타일, 디자인뿐만 아니라 주문의 용이성, 적기배송 여부, 고객 상담과 같은 서비스 차원에 바탕을 두어 차별화될 수 있다.

이 중, 가장 일반적인 것으로는 '최고의 품질'이다. 고품질은 제품의 포지셔닝전략에 있어 얼마나 중요한가? Strategic Planning Institute는 상대적으로 높은 품질의 영향에 대해 연구해 본 결과, 상대적인 품질과 투자수익률(ROI) 간의 긍정적인 상관관계가 있음을 밝혀냈다. 고품질 제품을 통해 더 많은 수익이 창출될 수 있다. 그 이유는 고품질이기 때문에 고가격을 책정할 수 있고, 더 많은 재구매와 고객충성심 및 긍정적인 구전효과를 기대할 수 있는 데 기인한다. 품질은 실질적인 제품의 성능과 그 관련성이 높다.

FASHION MARKETING TREND

나이키의 차별화전략

세계 최고의 스포츠용품 업체인 나이키는 차별화전략의 성공 사례로 일컬어진다. 나이키 차별화전략의 핵심 요인으로는 상품 개발과 스타 마케팅을 들 수 있다.

나이키는 자체 생산 공장이 없다. 나이키의 창업자인 필 나이트가 제품 생산은 나이키의 핵심역량이 아니라고 판단하고 과감하게 아웃소싱한 결과다.

결국 나이키 제품은 각국의 협력회사에서 OEM방식으로 생산, 공급받고 있다. 대신 나이키는 과학적인 상품 개발과 디자인, 제품광고 및 판촉활동에는 막대한 투자를 하고 있다.

인체공학을 연구하는 과학자와 디자이너 600명으로 APE(Advanced Product Engineering)라는 팀을 조직해서 상품 개발을 주도하고 있다.

특히 디자인의 경우 팀을 상품 디자인팀, 그래픽 디자인팀, 환경 디자인팀, 영화/비디오 사업팀 등으로 세분해 분야별로 특색을 가미한 디자인을 추구하고 있다. 마케팅의 경우도 마찬가지다.

여러 가지 마케팅 기법 중에서도 나이키는 전통적으로 최고의 인기 스타 한 명을 택해 화려한 '스타 마케팅'을 펼치는 것으로 유명하다. 농구화의 마이클 조던, 골프용품의 타이거 우즈, 월드컵의 브라질 축구팀 등이 대표적인 예들이다.

특히 나이키는 1996년 우즈와 5년간 4,000만 달러라는 천문하저 액수로 계약을 했으며, 시난해에는 1억 달러에 재계약을 하기도 했다. 그 결과 골프 볼의 경우 타이거 우즈가 나이키 제품을 쓰면서 세계시장 점유율이 무려 4배나 높아졌으며 현재 나이키는 골프 어패럴시장에서 1위, 골프 신발시장에서 2위에 올랐다.

최고의 상품과 스타 마케팅으로 운동화시장에서 나이키는 경쟁사와 차별화되는 아성을 구축하고 있는 셈이다.

자료: 깨달음이 있는 경영
그림: http://blog.naver.com/paranzui

품질은 또한 다른 마케팅 믹스 요소를 통해 전달될 수 있다. 보통 고가격은 구매자들에게 우월한 품질을 지닌 제품으로 인지된다. 또한 제품의 품질은 포장, 유통경로, 광고 및 촉진에 의해 영향을 받는다. 어떤 브랜드의 품질과 관련한 이미지가 손상을 당하는 경우는 다음과 같다. 예를 들면, 의류브랜드가 너무 자주 가격할인전략을 사용할 경우 기존의 이미지에 타격을 주며, 정상판매시에는 매출이 매우 적은 경향을 나타낸다. 그 외 제조업자의 평판도 품질을 지각하는 데 영향을 미친다.

인적 차별화

기업들은 경쟁사보다 월등한 담당자를 고용하고 훈련하여 보다 강력한 경쟁적 이점을 획득하고자 한다. 노스트롬 백화점은 고객만족 서비스의 극대화로 짧은 시간에 성공한 미국 대형 백화점이다.

FASHION MARKETING TREND

샵의 표정변화: 샵마스터 패러다임을 바꾼다

시부야에서 일본 전역을 휩쓸었던 〈에고이스트〉의 '카리스마 덴조'가 한국 에고이스트 매장에도 전개하여 소비자에게 새로운 즐거움을 제공하고 있다.

긴 머리와 화려한 메이크업, 늘씬한 몸매에 트렌디한 의상을 입은 모습의 미녀군단 점원들이 데뷔무대의 스타처럼 모습을 나타냈다. 샵마스터부터 막내까지 모두 개성있게 사복을 입은 모습은 교칙만큼이나 딱딱한 백화점 판매사원 유니폼 제도에서 소비자가 느낀 감동과는 비교가 되지 않는 즐거움을 제공하였다.

카리스마 덴조의 우선 조건은 아름다운 얼굴과 옷을 입었을 때 최대의 감도를 낼 수 있는 늘씬한 몸매와 첫인상부터 매력을 느낄 수 있는 빼어난 마스크는 기본이다. 현재 이들의 신장은 모두 165에서 172cm 사이로 에고이스트의 트레이드 마크이기도 한 높은 통굽 구두를 신었을 때는 175~180cm를 웃도는 늘씬한 모습이다. 메이크업에서 헤어, 코디에 대한 감각은 기본이다. 둘째는 카리스마 덴조의 개념을 새롭게 흡수할 수 있는 신세대로서의 기존의 관념의 틀을 깨고자 하는 의도가 높아야 한다. 셋째, 외모만큼 호감가는 성격이어야 한다. 얼굴만 예뻐서 카리스마 점원이 되는 것은 아니다. 첫인상에서 받은 매력을 배가시킬 수 있는 친절함과 공손함이 갖춰져야 한다. 카리스마의 기본은 호감에서 비롯됨을 강조해 자신감을 가지면서 표정과 말투 하나에도 좋은 이미지를 줄 수 있어야 한다. '우리는 단순히 판매사원이 아니다'라는 프라이드를 갖되 소비자와 타매장의 경력자들에게는 직급과 위치를 막론하고 먼저 인사하고 고개숙이는 자세를 가져야 한다.

자료: 삼성디자인넷

훈련을 잘 받은 사람은 다음과 같은 5가지 특징을 지니고 있다.

- **능력**: 필요한 기술과 지식을 소유하고 있다.
- **예절**: 친절하고 품위가 있으며 사려 깊다.
- **신뢰성**: 항상 일관된 태도를 유지하며 일관된 서비스를 수행한다.
- **적응성**: 고객의 요구사항과 문제에 신속하게 반응한다.
- **커뮤니케이션능력**: 고객을 이해하려 하며, 분명하게 의사를 전달하려고 노력한다.

특히 소매업체에서는 자사브랜드를 차별화시켜 포지셔닝하는 수단으로 최접점에서의 구성원을 이용한다. 이것은 반스앤드노블 및 보더스 같은 대형 체인형태의 매장에서 확실하게 나타난다.

MARKETING NOTE

BARNES & NOBLE AND BORDERS

크고 편안한 의자, 적갈색의 진열대, 멋있는 실내장식, 신선한 커피향 등으로 초기에는 두 기업은 유사해 보였다. 그러나 이 두 기업은 매우 다른 경영철학을 지니고 있었다. 미국 내에서 3만 2,000명의 구성원과 445개의 슈퍼 스토어를 확보하고 있는 보더스는 각 점포의 위치에 따라 아주 폭넓은 구색을 갖추고 있으면서 풍부한 양의 재고를 확보하고 있다. 반면 4만 명의 구성원과 800개의 매장을 갖고 있는 반스앤드노블은 저가격 정책과 다량의 베스트셀러 책으로 고객의 전폭적인 지지를 받고 있다. 선도적인 두 기업의 성공의 이면에는 열정적인 판매원들이 있었다. 반스앤드노블은 고객서비스 그리고 책에 열정을 가진 직원을 고용했다. 그들은 깨끗하고 말쑥한 셔츠를 입고 있다. 고객의 손에 책을 제공하고 신속하게 대금을 지불케 하는 것이 그들의 역할이다. 반면, 보더스의 직원들은 다양한 바디 페인팅을 하고 있다. 그들은 단지 고객이 원하는 책을 찾아주는 것 그 이상, 고객들이 관심이 있을 만한 책을 추천해 주며 더욱더 열정적으로 고객을 응대한다.

경로 차별화

기업들은 유통 경로의 범위, 전문지식 정도, 성과 등을 설계하는 방법을 통해 경쟁 우위를 성취할 수 있다.

MARKETING NOTE

롯데백화점, 닷컴 영업 강화

롯데백화점이 인터넷을 통한 닷컴 영업을 강화하기 시작하였다. 지난해 6월 관계사인 롯데홈쇼핑의 온라인 쇼핑몰 '롯데아이몰' 내에 'e-백화점'을 오픈 250여 개 백화점 입점 패션 브랜드 상품을 판매해 온 롯데는 올해 닷컴 매출 비중을 롯데아이몰 연간 총매출액의 20%까지 끌어올린다는 계획이다.

이를 위해 올 들어 입점 브랜드와 구성 상품을 크게 확충하고 있다. 먼저 이달 초 스포츠와 레저, 아웃도어를 추가하면서 기존 남, 여성 캐릭터캐주얼과 유아동복 중심의 의류 카테고리를 확대했고 판매 상품 수도 크게 늘려 궁극적으로 명품을 제외하고 백화점 오프라인 매장과 동일한 상품을 운영한다는 방침이다.

또 백화점과 홈쇼핑, 모바일을 연계한 판촉 프로모션을 다각도로 마련해 시너지 효과를 극대화할 계획이다. 이를 뒷받침할 운영 시스템도 손질한다. 홈페이지 내 입점 브랜드, 상품 검색 기능을 강화하고 주문, 결제 과정을 단순화해 소비자들의 쇼핑 편의를 극대화한 새로운 시스템을 가동할 계획. 이와 함께 검색창에 검색어 입력시 연관상품을 추천해 주는 기능과 검색 도우미를 추가하고 플래시 기반 원스톱 쇼핑 구매 프로세스도 도입할 예정이다.

롯데아이몰은 지난해 'e-백화점' 오픈에 힘입어 전년 대비 41.9% 신장한 1,532억원의 매출을 올렸다.

자료: 어패럴뉴스, 2008. 2. 4.

이미지 차별화

구매자는 그 기업 이미지나 브랜드 이미지에 대해 다르게 반응한다. 이에 있어 정체성(identity)과 이미지(image)를 구분하는 것은 중요한데 정체성은 기업이 기업 자신을 표출하거나 자사의 제품을 포지셔닝하기 위한 목적으로 사용하는 반면, 이미지는 일반인들이 기업이나 자사 제품을 지각하는 방법이다. 즉, 브랜드 아이덴티티가 소비자에 의해 브랜드 이미지라는 형태로 지각되는 것이며, 기업이나 브랜드가 정의한 정체성이 효과적으로 전달되었을 경우에만 브랜드 이미지와 동일할 수 있을 것이다. 효과적인 정체성은 제품에 대해 3가지를 수행한다. 첫째, 정체성은 그 제품의 특성과 가치를 만든다. 둘째, 정체성은 독특한 방법으로 전달된다. 셋째, 정체성은 구매자의 마음뿐 아니라 가슴에 와 닿도록 감정적인 힘을 전달한다. 이것이 수행되기 위해서는 다양한 커뮤니케이션 수단과 브랜드 접촉을 통해 전달되어야 한다.

한편, 특히 소비자의 구매행동에 이미지가 중요하게 작용하고 따라서 이미지 차별화전략이 주로 활용되는 상품군이 존재하는데, 이러한 상품들은 대개 다음과 같은 특성을 지니고 있다. 첫째, 상품의 상징성과 표현성이 큰 경우 상표의 이미지가 중요하다. 둘째, 브랜드간 상품의 본질적 특성의 차이가 거의 없는 경우 이미지에 의해 차별화될 가능성이 높다. 셋째, 전문품이거나 신기술에 의해 처음 소개된 상품의 경우 평가기준이 모호하고 소비자가 쉽게 평가하기 어렵기 때문에 이미지가 중요하게 작용한다. 이와 같은 이유로, 표현성이 크고 유행변화가 많아 신상품의 비중이 높은 패션 브랜드에서는 이미지 차별화전략이 주로 사용되고 있다. 랄프로렌 폴로는 영국의 전통적인 스포츠인 폴로를 상품명과 로고에 활용함으로써 평범하고 베이직한 상품을 고급스럽고 전통있는 캐주얼 브랜드의 이미지로 탄생시켰으며, 진 브랜드 캘빈클라인은 편안하고 캐주얼한 특성이 강조되던 진이라는 상품을 광고를 통해 섹시하고 패셔너블한 이미지로 차별화하는 데 성공하였다.

상품 외에 기업이 소유하고 있는 물질적 공간은 또 다른 강력한 이미지를 만드는 장치가 된다. 하얏트 리젠시(Hyatt Regency)호텔은 중앙 로비를 통해 독특한 이미지를 획득했다. 기업들은 예상 잠재고객 및 기존 고객들로 하여금 잘 정리, 정돈된 본사와 공장을 방문하도록 요청함으로써 강력한 이미지를 창조하였다. 홀마크와 콜러(Kohler) 같은 기업들은 본사에 기업 박물관을 개관해 자사의 역사와 자사의 제품을 생산하고 마케팅하고 있다.

그림 6-4 진 브랜드 Calvin Klein의 광고이미지

FASHION MARKETING TREND

Extreme Marketing

패션은 점차 진화되고 변화한다. 그리고 이것은 우리가 고객에게 메시지를 전달하는 방법을 변화시킴으로써 가능한 일이다. 새로운 룩이나 제품으로 고객들에게 강한 영향력을 주는 것은 쉬운 일이 아니다. 럭셔리 패션 회사들이 하고 있는 다양한 마케팅전략(ex, 셀러브리티 활용)은 커피나 핸드폰 등 다른 산업의 제품에서도 사용하고 있다. 이는 곧 럭셔리 하우스는 '경쟁에서 앞서기 위해 사람들에게 기쁨을 주고, 영감을 주고, 패션 아이콘을 창조하는 또 다른 방법을 찾아야 한다'는 것을 의미한다. "우리는 트렌드를 만들어야 한다. 이것은 아이디어와 전문적인 지식, 탁월한 감각을 가지고 시작해야 한다"라고 Fendi의 CEO, Michael Burke는 말했다.

Marc Jacobs는 "오늘날 사람들의 시선을 끌기 위해 모든 것들이 커야만 한다. 이제는 제품의 부피가 그 모습을 서서히 드러내고 있다"라고 말했다. Jacobs는 최근 뉴욕 패션쇼에서 '변화'라는 큰 흐름을 보여주며, 락밴드 'Sonic Youth'의 연주로 시작했다. 그리고 격렬한 테크노의 루이 비통 런웨이에서는 극적으로 높은 하이힐을 선보였다.

패션 거장들은 관객의 시선을 압도할 만큼 대규모의 이벤트, 패션쇼, 매장 오브제 등을 진행함으로써, 그들의 메시지를 명확하게 반영하고 있다. '더 크고, 더 좋고, 더 빠르고, 더 열정적인' 패션하우스를 만들기 위해, Extreme Marketing을 진행하며 'Bigger is better' 트렌드를 만들어가고 있다.

외관상으로 멋지고 화려한 Super Size 트렌드는 디자인의 변화, 기술적인 진화를 반영해 주는 현상이다. 'Big Size'는 더 파워풀하고, 더 럭셔리하고, 더 값비싸다는 것과 동일시되는 경향이 있다. 2007년 개최된 밀라노 가구 박람회의 트렌드 중 하나는 "왜 모든 것이 이렇게 커졌을까"라고 질문할 정도로 전시장의 작품들이 모두 Big Size였다. 거대한 케익 접시, Tea Pot, Tea Tray, Bowl, 과장된 사이즈의 조형물, 브랜드 컨셉을 나타내기 위한 다양한 연출의 오브제 등이 눈에 띄었다. 이러한 현상은 올해 가구 박람회에서도 찾아볼 수 있었다.

일부 럭셔리 패션리더와 주얼리 하우스들은 대규모 예산을 염두에 두고, 황홀한 광경으로 고객의 시선을 사로잡는 것을 포기하고, '흥미'와 '팬'을 만드는 것이 가장 중요하다고 여긴다. "그러나, 우리는 고객들이 브랜드와 서로 결합해서 영감을 받고, 동경하기를 원한다"고 Chanel의 글로벌 CEO, Maureen Chiquet는 말했다. Chanel의 초대형 파빌리온, Fendi의 만리장성 패션쇼 등 럭셔리 하우스들은 대규모적인 아이디어에 지속적인 관심을 가질 것이다.

자료: www.wmagazine.com

최근 고객에게 경험을 제공함으로써 가치를 제공하고 이미지 차별화를 꾀하는 기업들 또한 증가하고 있다. 미국의 시카고에 본사를 둔 아메리칸 걸(American Girl)은 어린이를 대상으로 완구를 파는 곳이 아니라 어린이에게 새로운 친구를 만날 수 있는 체험을 제공함으로써 차별화되고 창의적인 브랜드 이미지를 창조하였다.

FASHION MARKETING TREND

American Girl Place

아메리칸 걸의 빌드어 베어(Build-A-Bear) 워크숍은 어린이 고객들에게 인형친구를 만들 수 있는 기회를 제공하고 있다. 고양이, 곰, 토끼, 병아리, 강아지 등 종류를 선택하고 인형 안을 채울 충전재를 고르는 것, 이름을 붙여주는 것, 마지막으로 인형들에게 입힐 옷을 고르는 것까지 모든 과정을 직접 선택할 수 있도록 하고 있다. 이러한 경험은 단순히 봉제인형 하나를 만드는 것에서 끝나지 않는다. 어린이가 핑크 빛의 심장을 골라 들고 손으로 그 심장을 따뜻하게 데운 다음, 인형 안에 넣고 꿰매어 주기 전에 소원을 비는 과정은 마치 마술과 같이 소중한 경험이 될 수 있다.

자료: 맨프레드 크래프트, 무랄리 K. 맨트랄라(2005). "2012 유통 트렌드: 소매업 성공을 위한 21가지 키워드", 추호정, 문희강, 전대근 옮김(2008), 서울: 한국체인스토어협회 출판부.
그림: http://www.americangirl.com

3. 브랜드 자산

브랜드의 정의

미국마케팅협회(AMA)는 브랜드를 다음과 같이 정의한다. 브랜드란 "특정 판매자나 판매자 집단이 제품이나 서비스를 확인하고 경쟁자들의 제품과 차별화하기 위해 사용되는 명칭, 용어, 기호, 상징, 디자인 또는 그것들의 결합"이다. 즉, 브랜드는 같은 욕구를 만족시키기 위해 디자인된 다른 제품이나 서비스들로부터 차별화시킨 제품이나 서비스이다. 여기서 차별화란 브랜드의 제품 성능과 관련된 기능적, 합리적, 또는 유형적인 것이 될 수도 있고, 브랜드가 제시하는 것과 관련되는 상징적, 감정적 또는 무형적인 것이 될 수도 있다.

브랜딩(Branding)은 지난 몇 세기 동안 특정 제조업자의 재화를 다른 제조업자의 재화와 차별화하는 하나의 수단으로 활용되어 왔다. 브랜딩의 최초 표식은 유럽에서 장인들이 품질이 나쁜 제품들로부터 자신과 소비자들을 보호하기 위해 자신의 제품에 상표를 붙이도록 요구하면서부터 비롯되었다. 예술품에서도 브랜딩은 자신들의 작품을 표시하고자 하는 예술가들로부터 시작되었다. 오늘날 브랜드는 소비자의 삶을 향상시키고, 기업의 재무적 가치를 높이는 수많은 중요한 역할을 수행한다.

브랜드의 역할

브랜드는 제품의 소스나 제조업자를 확인하고 개인이나 조직과 같은 소비자들이 특정 제조업자나 유통 업자에게 책임을 부과하도록 해준다. 동일한 제품이라도 어떤 상표인지에 따라 다르게 평가할 수 있다. 소비자는 제품에 대한 과거의 경험과 마케팅활동을 통해서 브랜드에 대해 알게 된다. 소비자들은 어떤 브랜드가 그들의 욕구를 충족시키며, 어떤 것이 자신들의 욕구를 충족시키지 못하는지를 발견한다. 소비자의 생활이 복잡해지고, 바빠지고, 시간에 쫓김에 따라 의사결정을 간소화시키고 위험을 줄일 수 있는 브랜드의 능력은 가치를 지니게 되었다.

브랜드는 기업을 위해 가치 있는 기능을 수행한다. 첫째, 그들은 제품 취급이나 제품 추적을 간소화시킨다. 브랜드는 재고기록과 회계기록을 정리하는 데 도움을 준다. 또한 제품의 독특한 특성에 대해 법적 보호를 제공한다. 브랜드명은 상표등록을 통해 보호될 수 있다. 제조과정은 특허에 의해 보호될 수 있으며, 패키징은 판권과 디자인을 통해서 보호될 수 있다. 이러한 지적 재산권은 기업이 안전하게 브랜드에 투자하고, 가치 있는 자산의 이점을 획득하는 것을 보장한다.

브랜드는 만족한 구매자들이 그 제품을 다시 용이하게 선택할 수 있도록 하기 위해 특정 수준의 품질을 표시할 수 있다. 브랜드 충성도(Brand Loyalty)는 그 기업에 대한 수요의 예측 가능성과 수요의 보증과 안전을 제공하며, 다른 기업이 그 시장에 진출하기 어렵도록 진입 장벽을 만든다. 브랜드 충성도는 20~25% 이상의 높은 가격을 지불할 의향을 갖게 할 수 있다. 경쟁사가 제조 과정과 제품 디자인은 쉽게 모방할 수는 있지만, 수년 동안의 마케팅활동과 제품 경험으로 개인과 조직의 마음속에 형성한 지속적인 인상을 쉽게 조성할 수는 없다. 이러한 의미에서 브랜딩은 경쟁적 우위를 확보하는 강력한 수단으로 볼 수 있다.

따라서 기업에게 브랜드는 소비자 행동에 영향을 주고 구매하고 판매하며, 또한 브랜드를 소유한 기업에게 지속적으로 미래이 수익을 보상하는 매우 가치 있는 법적 재산을 대표한다. 1980년대 중반에 인수 합병의 붐이 시작되면서, 브랜드에 대해서는 인수 합병시 수익의 몇 배에 달하는 거액이 지급되었다. 가격 수수료는 유사한 상표를 처음부터 창조하는 어려움과 비용뿐만 아니라, 그 브랜드로부터 창출되고 유지되는 추가 이익이 발생될 수 있다는 가정하에 정당화될 수 있다. Wall Street는 강력한 브랜드들은 기업에게 더 많은 수익과 이익을 달성할 수 있도록 해주고 그에 따라 주주들의 가치를 더 크게 한다고 여긴다. 최근 상위 관리층들이 브랜드에 대해 더 많은 관심을 기울이는 것은 이러한 재무적 고려의 결과이다.

브랜딩의 범위

제품을 어떻게 브랜드화할 것인가? 기업이 마케팅 프로그램 및 기타 활동들을 통해 브랜드 산물에 대한 자극 요인을 제공하지만, 결국 브랜드는 소비자의 마음속에 존재하는 어떤 것을 말한다. 즉, 브랜드는 깊이 내재되어 있는 지각적인 실체를 말하는데, 소비자들의 지각이나 특이성까지도 반영한다.

브랜딩(Branding)은 제품과 서비스에 브랜드의 힘을 부여한다. 즉, 브랜딩은 차이를 조성하는 것이다. 제품을 브랜드화하기 위해 그 제품이 '누구'의 것인지 소비자에게 알리는 것이 필요하다. 이름을 부여하고 그것을 두드러지게 밝히는 데 도움을 주기 위해 다른 브랜드 구성요소를 이용할 수 있다. 또한 그 제품이 '무엇을' 행하며 왜 소비자들이 관심을 두어야 하는지 알리는 것도 필요하다. 브랜딩은 기업에게 가치를 제공하도록 소비자들이 제품과 서비스에 대한 지식을 얻는 데 도움을 주고, 정신 구조를 창조하는 것과 연관된다.

브랜딩전략이 성공하고 브랜드 가치가 창조되기 위해서는 브랜드 간의 제품이나 서비스에서 차이가 있다는 사실을 소비자에게 확신시켜야 한다. 브랜딩의 비결은 소비자들이 그 범주 내의 모든 브랜드가 같다고 생각하지 않아야 한다는 것이다.

브랜드의 차이는 제품의 속성이나 이점과 자주 관련된다. Gillette, Merck, Sony, 3M 및 기타 브랜드들은 부분적으로 지속적인 혁신 덕분에 수십 년 동안 그 제품 범주에서 선도자 역할을 하였다. 다른 브랜드들은 제품과 관련 없는 수단들을 통해서 경쟁적 이점을 창조하고 있다. Coca-Cola, Calvin Klein, Gucci, Tommy Hilfiger, Marlboro 및 기타 브랜드들은 소비자 동기 부여 및 욕망을 이해하고, 자신의 제품과 관련되고 소구하는 이미지들을 창조함으로써 그 제품 범주에서 선도자 역할을 하고 있다.

브랜딩은 소비자가 선택권을 갖고 있는 어느 곳에서든 실질적으로 적용될 수 있다. 즉, 물질적 재화(캠벨 수프, 팬틴 샴푸, 포드 머스탱 자동차), 서비스(싱가포르항공, 아메리카은행 또는 블루크로스/블루실드 의료보험), 점포(노드스트롬 백화점, 풋로커 전문점 또는 세이프웨이 슈퍼마켓), 사람(톰 클랜시, 브리트니 스피어스, 안드레 애거시), 장소(시드니, 텍사스 주 또는 스페인), 조직체(유니세프, 미국자동차협회, 더롤링스톤스) 또는 아이디어(인공중절 권리, 자유무역 또는 언론의 자유)를 상표화할 수 있다.

브랜드 자산(Brand Equity)의 정의

브랜드 자산(Brand equity)은 제품과 서비스에 부여되는 부가적인 가치이다.

이러한 가치는 소비자들이 그 브랜드와 관련해 생각하고, 느끼고 행동하는 방법에서 반영될 뿐만 아니라 그 브랜드가 창출하는 가격, 시장 점유율 및 수익성으로 반영될 수 있다. 즉, 브랜드 자산은 기업에게 심리적, 재무적 가치를 갖게 하는 중요한 무형 자산이다.

마케팅 조사자와 마케팅 관리자는 브랜드 자산을 연구하기 위해 다양한 기법을 이용한다. 고객기반 접근법(customer-based approaches)은 개인이나 조직과 같은 소비자의 지각으로 브랜드 자산을 인식한다. 즉, 고객기반 브랜드 자산 모델의 전제는 브랜드의 힘은 고객들이 시간이 지남에 따라 그 브랜드에 대하여 보고, 읽고, 듣고, 학습하고, 생각하며 느낀 것에 존재한다는 것이다. 다시 말해, 브랜드의 힘은 기존 고객 및 잠재 고객의 마음속에, 그리고 고객들이 그 브랜드에 대해 직접 또는 간접적으로 경험한 것에 존재한다.

고객기반 브랜드 자산(customer-based brand equity)은 그 브랜드의 마케팅에 소비자가 반응함으로써 브랜드인식(brand knowledge)을 하게 되는 차별적 반응으로 정의한다. 즉, 브랜드는 소비자가 어떤 제품에 대해 보다 우호적으로 반응할 때 긍정적인 고객기반 브랜드 자산을 가질 수 있고, 그 브랜드가 고객기반 브랜드 자산과 일치되지 않을 때보다 일치될 때 시장에 출시해야 한다. 브랜드는 소비자들이 동일한 환경에서 그 상표의 마케팅활동에 대해 비호의적으로 반응한다면 부정적인 고객기반 브랜드 자산을 가지게 된다.

이러한 정의에 따른 3가지 브랜드 자산 구성요소가 있다.

1 브랜드 자산은 소비자 반응이 서로 다른 데서 발생된다

만약 차이가 없다면, 브랜드 네임이 있는 제품으로서의 일반 상품 그리고 같은 제품 부류지만 브랜드 네임이 없는 무상표품으로 분류될 수 있다. 그 후의 경쟁은 가격을 기초로 생길 가능성이 있다.

2 이러한 반응의 차이는 상표에 대한 소비자 인식의 결과이다

브랜드 지식(brand knowledge)은 그 브랜드와 관련되는 사고, 느낌, 이미지, 경험, 신념 등으로 구성되어 있다. 특히 브랜드는 소비자와 강력하며, 우호적이고 독특한 브랜드 연관성을 창조해야 하는데, Volvo(안전), Hallmark(caring), Harley-Davidson(모험)과 같은 브랜드가 이에 해당한다.

3 브랜드 자산을 만드는 소비자들의 차별적 반응은 어떤 브랜드의 마케팅에 대한 지각, 선호도 및 행동에서 반영된다. [표 6-3]에는 브랜드 자산의 중요한 이점이 요약되어 있다.

표 6-3 강한 브랜드의 마케팅 우위성

• 제품 성능에 대한 개선된 지각 • 더 높은 충성도 • 경쟁적 마케팅 행동에 대한 낮은 취약성 • 마케팅 위기에 대한 낮은 취약성 • 더 큰 이익 • 가격 상승에 대한 좀더 비탄력적인 소비자 반응	• 가격 인하에 대한 좀더 탄력적인 소비자 반응 • 보다 큰 거래처와의 협동과 지원 • 마케팅 커뮤니케이션 효과의 증가 • 라이센싱 기회 • 추가적 브랜드 확장의 기회

강력한 브랜드 구축을 위한 마케터들의 도전과제는 고객들이 제품이나 서비스, 자사의 마케팅 프로그램을 올바르게 경험하여, 원하는 브랜드 지식을 구축하게 하는 것이다. 소비자의 브랜드 지식은 브랜드 자산에서 명백한 차이를 규명하며, 브랜드 자산은 마케팅 관리자에게 과거에서 미래를 연결하는 전략적 "교량" 역할을 한다.

브랜드 자산의 교량 역할

브랜드 자산의 관점에서 볼 때, 매년 제품과 서비스에 지출되는 모든 마케팅 비용은 소비자의 브랜드 자산에 대한 투자로 생각되어야 한다. 브랜드 구축을 위한 투자 정도는 매우 중요한 요소이며, 투자의 양은 최소한의 한도액 수준을 넘어선다.

브랜드 구축에 있어서 자금이 현명하게 지출되지 않는다면, '과잉 투자'를 하는 것으로 간주될 수 있다. 아이겐포스트와 같은 브랜드는 충분한 마케팅 지원에도 불구하고 판매가 저조하였는데, 상품력이 경쟁사 브랜드와 비교하여 다소 부족하였고 상품의 가치를 충분히 전달하지 못했기 때문이다. 그러나 소비자 마음속에 가치 있고 영구적으로 기억할 수 있도록 만드는 마케팅활동에 지출함으로써 훨씬 큰 브랜드 자산을 축적한 많은 브랜드들의 사례가 있다. The California Milk Processor Board는 코카콜라, 펩시, 버드와이저와 같은 큰 브랜드보다 마케팅활동에 적게 지출했는데도 잘 디자인되고 실행된 'Got Milk?' 캠페인을 통해서 캘리포니아에서 10년 동안이나 감소했었던 우유 소비를 역전시킬 수 있었다.

동시에 이러한 마케팅 투자로 만들어진 브랜드 지식은 그 브랜드에 대한 적절한 미래 방향을 제시한다. 소비자들은 브랜드에 대해 생각하고 느끼는 것, 그 브랜드가 어떻게, 어디로 가야 한다는 믿음에 바탕을 두고 결정할 것이며, 또한 어떠한 마케팅활동이나 프로그램을 허용할 것이다. 크리스털 펩시, 리바이스 테일러드 클래식 의류, 프루트 오브 더 룸 세탁세제, 크래커 잭 시리얼과 같은 신제품은 실패한 케이스인데, 이것들은 소비자들이 신제품이 기존 브랜드에 부적절하다고 판단했기 때문이다.

브랜드는 본래 예측 가능한 제품이나 서비스를 전달하려는 마케터의 약속이다. 즉 브랜드 약속(brand promise)이란 그 브랜드가 소비자를 위해 되어야 하고, 해야 할 것에 대한 마케팅 기업의 통찰력이다. 결국, 브랜드의 진정한 가치와 미래의 가능성은 소비자와 그 브랜드에 대한 소비자의 지식 그리고 그러한 지식에 의한 마케팅활동에의 반응 속에 존재한다. 소비자의 마음속에서 그 상표와 연결되는 서로 다른 모든 것, 즉 소비자의 브랜드 지식을 이해하는 것이 가장 중요한데, 그 이유는 브랜드 지식이 브랜드 자산의 기본이기 때문이다.

FASHION MARKETING TREND

제일모직 빈폴

빈폴이 고가격 정책을 펼 수 있었던 이유는 품질이다. 또한 빈폴의 주요한 성공요인으로 꼽히는 것도 바로 품질과 디자인 중심의 상품 전개이다. 90년대 들어 무수한 캐주얼 브랜드들이 탄생하며 시장 주도 경쟁에 가세했을 때, 빈폴은 흔들림 없이 고품질과 차별화된 디자인이라는 질 중심의 전략으로 고객의 니즈에 적극적으로 대처해 나감으로써 소비자의 신뢰와 차별화된 이미지를 이끌어 냈다.

그뿐 아니라 삼성패션연구소를 운영해 소재, 컬러, 트렌드 등 국내외 패션 정보를 입수, 제공하고 있으며, 빈폴 고유의 체크 패턴 디자인 개발을 통해 산업자원부가 주관하는 2000년 우수 디자인상 상품으로 선정되는 등 아이템의 상품차별화와 디자인 경쟁력 강화에도 지속적으로 힘쓰고 있다.

이렇게 고급 제품에 특화된 디자인중심으로 일관되게 추진한 고품질전략은 94년부터 노세일(no sale)의 정가판매전략으로 소비자들에게 고품격이미지를 만들어 오면서 현재의 강력한 브랜드 파워를 가지게 되었고 브랜드 파워 강화와 함께 한국을 대표하는 패션 브랜드로 인정받게 되었다. 빈폴은 해외브랜드 일색인 고급 트레디셔널 캐주얼시장에서 유일하게 고유브랜드로서 확고한 시장점유율을 기록중이다.

자료: 대학생연합 광고 동아리 '애드피아'

브랜드 자산 모델

여러 가지 브랜드 자산 모델들은 기본적 원칙에는 동의하지만 서로 다른 견해를 제시한다. 여기에서는 4가지의 입증된 모델에 대해 간단하게 요점을 제시하고자 한다.

1 브랜드 자산 평가자(Brand Asset Valuator)

광고 대행사인 Young and Rubicam(Y&R)은 BAV(Brand Asset Valuator)라는 브랜드 자산 모델을 개발했다. 40개국의 20만 명 소비자들에 대한 조사를 근거로, BAV는 수백 개의 서로 다른 범주에 속한 수천 개의 브랜드에 대한 브랜드 자산을 비교 측정한 결과를 제공한다. BAV에 의하면 브랜드 자산은 4개의 중요한 구성요소, 즉 4개의 축이 있다.

- 차별화(differentiation)는 그 브랜드와 다른 브랜드가 얼마나 다르게 보이느냐를 측정한다.
- 관련성(relevance)은 그 브랜드의 소구력의 폭(넓이)을 측정한다
- 존경(esteem)은 그 브랜드가 얼마나 많이 인정받고, 존경받는가를 측정한다.
- 인식(knowledge)은 소비자가 그 브랜드에 대해 얼마나 친근하고 친밀한가를 측정한다.

차별화와 관련성은 브랜드력(Brand Strength)을 결정하기 위해 결합된다. 이 2가지 요소는 과거를 반영하기보다는 그 브랜드의 미래 가치를 반영한다. 존경과 인식은 브랜드 성장도(Brand Stature)를 반영하는데, 성장도는 과거의 성과에 대한 '성적표' 그 이상이다.

이 4가지 요소의 관계를 실험한 결과, 브랜드의 '중심 모형'은 그 브랜드의 현재 및 미래의 상태에 대해 많은 것을 보여준다. 브랜드력과 브랜드의 성장도는 연속되는 45개의 칸에서 브랜드 개발의 주기상의 단계를 보여주는 영향력 그리드(Power Grid)를 형성하기 위해 결합될 수 있는데, 각각은 특징적인 기능 패턴을 갖고 있다. 새로운 브랜드는 막 출시된 후 4개의 모든 기둥에서 낮은 수준을 보여준다. 새로 나타난 강력한 브랜드는 관련성보다는 차별화에서 더 높은 수준을 보여주는 경향이 있는 반면, 존경과 인식은 계속 낮게 나타난다. 선도적인 브랜드는 4

개의 모든 기둥에서 높은 수준을 보여준다. 결국 인기가 없어지고 있는 브랜드는 과거의 성과에 대한 증거로서, 높은 인식을 나타내지만 낮은 수준의 존경을 지니며 관련성과 차별화는 더 낮게 나타난다.

2 AAKER MODEL(아커 모델)

UC-Berkeley의 마케팅 교수인 David Aaker 교수는 브랜드 자산을 기업이나 그 기업의 고객에게 제품이나 서비스로 제공되는 가치에 더 추가되거나, 제외되는, 어떤 브랜드와 관련된 브랜드 자산과 책임에 대한 5가지 범주라고 주장한다. 브랜드 자산에 대한 범주는 (1) 브랜드 충성도, (2) 브랜드 인식, (3) 지각된 품질, (4) 브랜드 연관성, (5) 특허, 등록상표 및 경로관계와 같은 특별한 자산이다.

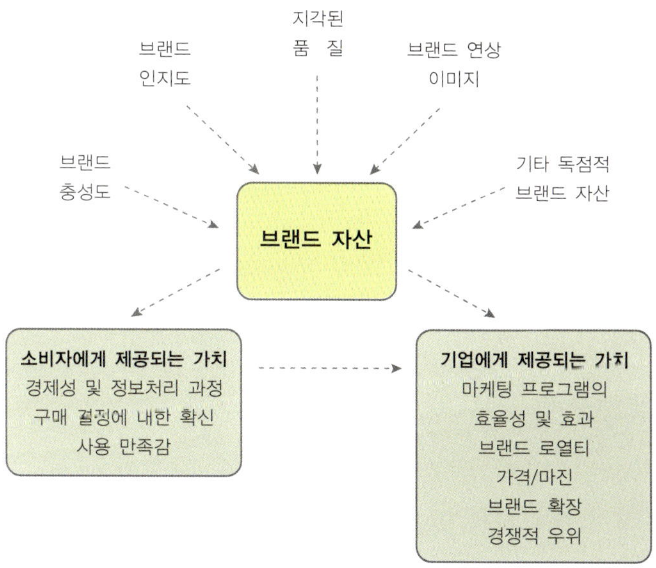

아커에 의하면, 브랜드 자산을 구축하기 위해 특별히 중요한 개념은 브랜드 아이덴티티(brand identity)로서, 이것은 그 브랜드가 고객에게 나타내고 약속하는 것을 제시하는 독특한 브랜드 연관성이다. 아커는 브랜드 아이덴티티를 4개의 관점에서 조직된 2개의 차원으로 구성된다고 주장한다. 즉, 제품으로서의 브랜드(제품범위, 제품속성, 품질/가치, 용도, 사용자, 원산지 국가), 조직으로서의 브랜드(조직의 속성, 지역 vs 세계), 사람으로서의 브랜드(브랜드 개성, 브랜드-고객관계), 상징으로서의 브랜드(시각적인 영상/미학 및 브랜드 유산)이다.

아커는 브랜드 아이덴티티를 핵심적이고 확장된 아이덴티티를 포함하는 것으로 개념화하고 있다. 브랜드의 중심적이고 필수적 요소인 핵심적 아이덴티티는 브랜드가 새로운 시장과 제품에 참여할 때에도 항상 일관되게 존재할 가능성이 가장 크다. 확장된 아이덴티티는 여러 가지 브랜드 아이덴티티 요소를 포함하는데, 이것은 결속되고 의미 있는 집단으로 구성된다. 만약 Nike에 이 방법을 적용한다면, 다음과 같은 결과가 도출된다.

- **핵심적 아이덴티티**

  핵심상품: 스포츠와 건강에 관련된 상품

  사용자: 건강과 스포츠 활동에 관심이 있는 소비자와 운동선수

  기능: 기능적이고 잘 만들어진 풋웨어

  목적: 운동을 통해 삶의 질을 향상
- **확장된 아이덴티티**

  브랜드 성격: 즐겁고 혁신적이며 건강하고 최고를 원한다.

  관계형성: 최고의 의류상품과 풋웨어를 찾는 사람들

  로고: 'Swoosh'

  슬로건: 'Just do it'

  기업이미지: 운동선수와 스포츠에 대한 관심이 높다.

  역사: 미국의 오레곤에서 처음 생산된 풋웨어

3 Keller Model – 브랜드 공명(Brand Resonance)

브랜드 공명 모델 역시 브랜드 구축을 아래에서부터 윗부분까지 높아지는 연속적 일련의 단계로 인식한다. 즉, (1) 고객과 브랜드 간의 지속되는 일관성과 특별한 제품 계층이나 고객의 욕구, 고객의 마음속에 있는 브랜드와의 연관성, (2) 유형적, 무형적 브랜드 연관성들을 소비자들의 마음속에 전략적으로 연결함으로써 브랜드가 의미하는 것을 확고하게 수립한다. (3) 브랜드와 관련된 판단과 느낌의 관점에서 적절한 고객 반응을 이끌어 낸다. (4) 고객과 브랜드 간의 강하고도 능동적인 충성심을 조성하기 위해 브랜드 반응을 변화시킨다 등이다. 이 모델에 의하면 4개의 단계를 수행하는 것은 고객에 대해 6개의 '브랜드 구축 블록'을 수립하는 것이다. 이러한 브랜드 구축 블록은 [그림 6-5]와 같이 브랜드 피라미드의 관점에서 설명될 수 있다. 이 모델은 브랜드의 이중성, 즉 브랜드 구축에 대한 합

리적인 루트는 피라미드의 왼쪽인 반면, 감정적 루트는 오른쪽임을 강조한다.

FASHION MARKETING TREND

스와치의 브랜드 자산을 통한 차별화

브랜드는 원래 한 기업의 상품을 다른 기업의 상품과 구별하기 위하여 생겨난 것이었지만, 오늘날에 와서는 이러한 식별기능보다도 자산으로서의 가치가 더 큰 주목을 받고 있다. 이렇게 브랜드가 자산으로서의 가치가 더 중시되는 이유는 인터넷 혁명과 정보유통 촉진에 따라 소비자들의 구매방식과 가격결정에서 혁명적인 변화가 발생하고, 브랜드력이 없을 경우 '제살 깎아먹기' 식의 가격경쟁을 치른 후에 전락하기 때문이다. 즉, 거래주도권이 공급자에서 소비자로 이전되면서 제품 자체보다도 브랜드가 더욱 중시된다는 얘기다. 또한 자사 브랜드를 선호하는 고객은 그렇지 않은 고객보다 최대 9배의 이익을 제공하고, 신규고객을 개척하는 것은 기존고객을 유지하는 것보다 4~6배의 비용이 소요되므로 이익률 제고의 측면에서도 중시된다.

기술보다는 브랜드 자산 구축을 우선한 스와치의 경우에는 고급 기술을 가지고 있었지만, 대중지향 패션시계로 재도약한 사례라 할 수 있다. 스위스는 정밀기술을 기반으로 하여 70년대 중반까지 세계시장의 3분의 1을 점유하였으나, 70년대 후반 저렴한 노동력과 대량생산 방식을 무기로 한 일본과 홍콩이 시장을 급속히 잠식함으로써 스위스의 시계 산업은 급격하게 경쟁력을 상실하였다. 스위스의 SMH그룹은 이러한 위기에 직면하여 '시계는 패션이다'라는 전제로 전략을 수정하였다. 이러한 전략을 가장 잘 적용시킬 수 있는 개별 브랜드는 전체 시계 매출의 90%를 차지하고 있는 저가 제품군의 브랜드 '스와치'였다. 스와치는 먼저 평균 91개이던 시계 부품수를 51개로 최소화하고 새로운 조립공정을 창안하여 원가를 대폭 절감하였다. 이로써 고가에서 중저가 제품으로 옮겨갈 수 있는 기반을 구축하였다. 그리고 젊음, 스포티, 세련, 클래식의 4종류로 제품군을 재정의하고, 시계 디자인으로는 파격적인 색상들을 도입하였다. 또한 패션성을 유지하기 위해 제품 수명을 3개월~12개월 이내로 제한하고 수명이 지난 제품은 매장에서 철수시키도록 하였다. 이러한 일관성있는 브랜드 전략을 구사한 스와치 시계는 패션시계의 대명사로 정착하였다.

자료: http://cafe.naver.com/zenithhyun/362

두드러진 브랜드 자산의 창조는 브랜드 피라미드의 위쪽 또는 맨 위에 도달하거나 구축 블록이 올바른 자리를 확보하는 경우에만 이루어진다.

브랜드 특징(brand salience)은 그 브랜드가 구매 또는 소비 상황에서 얼마

그림 6-5 브랜드 공명 피라미드

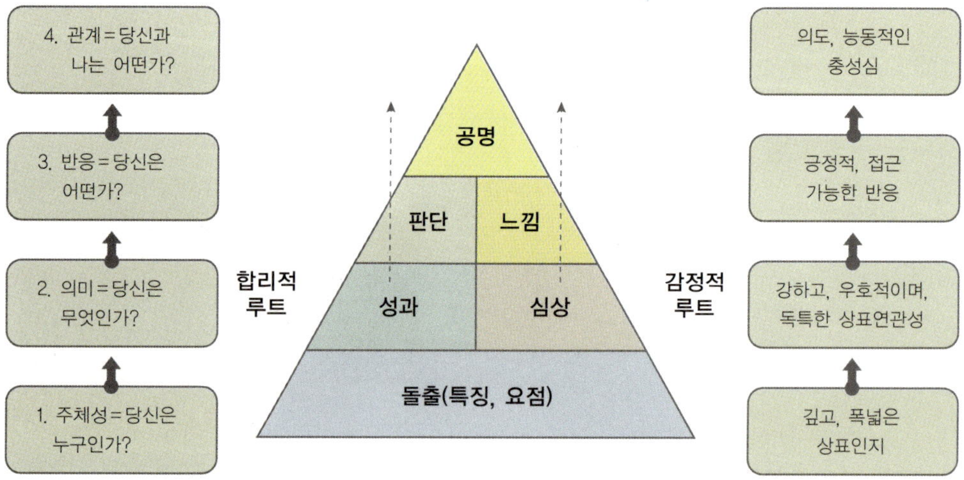

나 자주 그리고 쉽게 떠올려지는가와 관련된다.

브랜드 성과(brand performance)는 제품이나 서비스가 고객의 기능적 욕구를 어떻게 충족시키는가와 관련된다.

브랜드 심상(brand imagery)은 그 브랜드가 고객의 심리적 또는 사회적 욕구를 충족시키려고 시도하는 방법을 포함해 제품이나 서비스의 고유한 특성을 다룬다.

브랜드 판단(brand judgement)은 고객 자신의 개인적인 선택 및 평가에 집중한다.

브랜드 느낌(brand feeling)은 그 브랜드에 관련해 고객의 감정적인 반응이다.

브랜드 공명(brand resonance)은 고객과 그 브랜드와의 관계나 고객이 그 브랜드에 대해 일치감을 갖고 있다고 느끼는 정도에 관한 것이다.

공명은 충성심에 의해서 유발되는 활동뿐만 아니라 고객이 그 브랜드에 대해 갖는 심리적 결속의 강도나 깊이의 관점에서 특징화된다. 높은 공명을 갖고 있는 브랜드의 예에는 할리데이비슨, 애플 및 이베이가 있다.

4. 브랜드 자산 구축

마케팅 기업은 소비자들과의 올바른 브랜드 인식 구조를 만듦으로써 브랜드 자산을 구축한다. 이 과정은 마케팅 기업이 주도적으로 행하든 아니든 간에 모든 브랜드와 연관된 접촉에 의해 좌우된다. 그러나 마케팅관리 관점에서 볼 때, 브랜드 자산을 움직이는 3가지 주요 요인이 존재한다.

- 브랜드 구성 요소에 대한 최초의 선택안이나 브랜드를 구성하는 아이덴티티(예: 브랜드명, URL, 로고, 심볼, 성격, 대표자, 슬로건, 징글, 포장 및 표식): 베네통은 다양한 소비자층에 접근할 수 있도록 광범위한 시장을 대상으로 다양한 색상의 기본적인 의류상품을 생산, 판매하였다. 베네통은 컬러풀한 성격의 옷을 판매하면서 슬로건으로 "United Colors of Benetton"을 사용하였으며 다양한 인종과 사회적 이슈를 다룬 광고를 하였다.
- 제품 및 서비스 그리고 수반되는 모든 마케팅활동과 그것을 지원하는 마케팅 프로그램: Joe Boxer는 노란색 미소 짓는 얼굴을 가진 Mr. Licky의 모습으로 화려한 내의를 판매하는 현대적이고 재밌는 방식을 택하였다. 이 회사는 광고에는 전혀 자금을 지출하지 않고, 홍보와 구전, 이목을 끌기 위한 행위나 이벤트를 개최한다. Kmart에서만 독점적으로 취급하여 강력한 소매 지원을 초래하고 있다.
- 브랜드를 다른 실체와 연결함으로써 그 브랜드로 간접적으로 전이되도록 하는 다른 연관성(예: 사람, 장소, 물건). 수바루(Subaru)는 다용도 스포츠 웨건으로 수바루 아웃백 계열의 브랜드 이미지를 각인시키기 위해 광고에 영화 'Crocodile Dundee'에 등장하는 오스트레일리안 아웃백 그리고 배우인 폴 호건(Paul Hogan)을 사용했다.

브랜드 구성요소 선정

브랜드 구성요소(Brand Element)는 브랜드를 확인, 규명하고 차별화하는 데 도움을 주고 상표화할 수 있는 수단들이다. 대부분의 강력한 브랜드들은 여러 다양한 브랜드 구성요소를 이용한다. 즉, 나이키는 '분출하는 모양의' 로고와 능력을 부여하는 'Just Do It' 이라는 슬로건 그리고 승리를 나타내는 날개 달린 여신을 이르는 '나이키' 라는 이름을 갖고 있다.

브랜드 구성요소들은 가능한 한 많은 브랜드 자산을 구축하기 위해 선택될 수 있다. 이런 구성요소들의 브랜드 구축 역량은 소비자가 브랜드 구성요소에 대해 알고 있을 경우 그 제품에 대해 생각하거나 느끼는 것들이다. 예를 들어, 브랜드 자산에 긍정적으로 기여하는 브랜드 구성요소는 소비자들이 특별한 가치를 부여한 연상이나 반응, 또는 그들이 추론한 것이 될 수도 있다.

그림 6-6 신사복 브랜드 마에스트로의 브랜드 구성요소(Brand Elements) 예

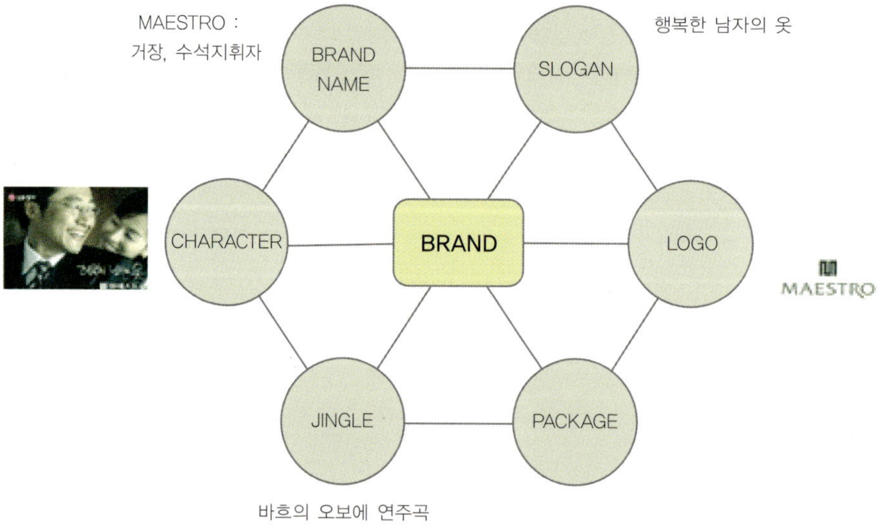

1 브랜드 구성요소의 선택 기준

브랜드 구성요소를 선택하는 데에는 6개의 기준이 있다(물론, 경우에 따라 더 많은 선택 요인이 있다). 처음 3개(기억할 수 있는, 의미 있는, 좋아하는)는 브랜드 자산이 브랜드 구성요소의 적절한 판단에 의한 선택을 통해서 구축된다는 점에서 '브

랜드 구축' 으로 특징지을 수 있다. 뒤의 3가지(보호 가능한, 적용할 수 있는, 전이될 수 있는)는 보다 '방어적' 이며 브랜드 구성요인에 포함된 브랜드 자산이 서로 다른 기회와 제약 조건에서 어떻게 균형을 이루고 보존될 수 있는가와 연관된다.

기억할 수 있는(memorable)

브랜드 구성요소가 얼마나 쉽게 상기되는가? 브랜드 구성요소가 구매와 소비에 대해 적합한가? Tide, Crest, Puffs와 같은 짧은 브랜드명이 도움이 될 수 있다.

의미 있는(meaningful)

브랜드 구성요소가 관련되는 범주에 대해 어느 정도 신뢰적인가? 브랜드 구성요소가 제품 구성 성분이나 그 브랜드를 사용하는 사람들을 제시할 수 있는가? DieHard 자동차용 배터리, Mop & Glo 마룻바닥 왁스, 그리고 저칼로리 냉동 요리 Lean Cuisine과 같은 상표명에서 유래되는 의미를 생각해보라.

좋아하는(likeability)

소비자가 어떻게 브랜드 구성요소에서 미적으로 매력을 끄는 것을 발견할 수 있을까? 본질적으로 브랜드 구성요소가 시각적, 언어적, 기타 방법으로 호감이 가는가? 선키스트, Spic and Span, Firebird와 같은 브랜드명은 많은 심상을 불러일으킨다.

전이될 수 있는(transferable)

브랜드 구성요소는 동일하거나 다른 범주 내에서 신제품을 도입하는 데 사용될 수 있는가? 브랜드 구성요소가 지리적 경계 및 세분시장에 걸쳐 브랜드 자산에 어느 정도 도움이 되는가? 폭스바겐은 자사의 새로운 SUV 자동차에 Touareg라는 사하라 사막의 종족 이름을 붙였는데, 불행하게도 역사적으로 사하라 사막 유목민들은 악명 높은 노예 소유자여서 그것은 이내 미국에서 부정적인 언론의 반발을 초래했다.

적용 가능한(adaptable)

브랜드 구성요소가 어떻게 적용될 수 있으며, 새롭게 갱신될 수 있는가? Betty Crocker는 여러 해 동안 8번 이상의 변신을 했는데, 현재 그녀는 75세 이상의 나이임에도 불구하고 35세 정도로밖에 보이지 않는다.

보호 가능한(protectible)

브랜드 구성요소가 법적으로 어떻게 보호될 수 있는가? 어떻게 경쟁적으로 보호될 수 있는가? 브랜드 구성요소는 쉽게 도용될 수 있는가? Kleenex, Kitty Litter, Jell-O, Scotch Tape, Xerox 및 Fiberglass와 같은 제품 범주에서 유사한 이름들이 자신들의 상표권을 유지하고 일반적인 것이 되지 않게 하는 것이 중요하다.

2 브랜드 구성요소 개발

브랜드를 런칭할 때 마케팅 기업은 자신의 제품을 확인, 규명하기 위해 브랜드 구성요소에 대해 많은 선택 대안들을 가지고 있다. 과거에 기업들은 사용 가능한 브랜드명 목록을 작성하고, 그 이름들의 장점에 대해 논의하고, 그 중 몇 개를 제외하고, 표적 소비자에게 시험하고, 최종 선택을 하는 것으로 브랜드명을 선정했다. 오늘날 많은 기업들은 브랜드명을 개발하고 시험하기 위해 마케팅조사 기업을 활용한다. 이 조사 기업들은 객관성, 소리 및 기타 품질을 기준으로 범주화된 브레인스토밍 회합과 수많은 컴퓨터 데이터베이스를 활용한다. 브랜드명 조사 절차에는 연관성 시험(association test: 어떤 이미지가 마음속에 떠오르는가?), 학습시험(learning test: 그 이름을 얼마나 쉽게 발음할 수 있는가?), 기억시험(memory test: 그 이름이 얼마나 잘 기억되는가?) 그리고 선호성 시험(preference test: 어느 이름을 선호하는가?) 등이 포함된다. 물론 기업은 선택한 이름이 이미 등록되지 않았는지를 확인하기 위한 조사도 수행하여야 한다.

브랜드 구성요소는 브랜드 구축에 많은 역할을 수행한다. 만약 소비자들이 제품 의사결정시 많은 정보를 조사하지 않는다면, 브랜드 구성요소는 쉽게 인식되고 상기되어야 하며, 본질적으로 설명적이고 설득적이어야 한다. 기억할 수 있고 의미 있는 브랜드 구성요소는 인식을 구축하고 브랜드 연관성을 연결하기 위한 마케팅 커뮤니케이션에 대한 부담을 덜어줄 수 있다. 브랜드 구성요소의 선호성과 소구로부터 일어나는 다양한 연관성 역시 브랜드 자산에 중요한 역할을 한다. Keebler의 꼬마요정들은 자사의 쿠키 계열에 대해서 집에서 구울 수 있는 제품과 마술, 재미를 강화하고 있다. Buddy Lee 인형을 특성화한 Lee의 청바지 광고는 아직까지 Lee 상표와 연결되지 않은 젊은 소비자들에게 인기를 얻도록 하는 데 도움을 주었다.

브랜드명이 유일하게 중요한 브랜드 구성요소는 아니다. 브랜드 이점이 분명하지 않을수록, 브랜드 구성요소가 그 브랜드의 무형적인 성질을 사로잡는 것이 더 중요하다. 상당수의 보험회사들은 강함(푸르덴셜의 지브롤터의 바위, 하트포드의 사슴), 안전(올스테이트의 '좋은 손', 트래블러의 우산, 파이어맨스 펀드의 안전모), 또는 2가지 모두(포티스의 성)를 상징하는 것을 사용한다.

강력하지만 가끔 간과하게 되는 브랜드 구성요소는 슬로건이다. 브랜드명과 같이, 슬로건은 브랜드 자산을 구축하기 위해 매우 효율적인 수단이다. 슬로건은 그 브랜드가 무엇이며 무엇이 그것을 특별하게 하는지 소비자가 파악하는 데 도움을 주기 위해서 유용한 '갈고리'나 '핸들'로서의 기능을 할 수 있다. 슬로건은 마케팅 프로그램의 의도를 요약하고 변환 가능한, 절대적으로 필요한 수단이다. 'Like a Good Neighbor, State Farm is There', 'Nothing Runs Like a Deere', Help is Just Around the Corner. Tru Value Hardware'와 같은 슬로건에서 유래되는 브랜드의 의미를 생각해보라.

총체적 마케팅활동 설계

비록 브랜드 구성요소의 현명한 선택과 부수적인 연상이 브랜드 자산을 구축하는 데 중요하게 기여할 수 있지만, 기본적인 투입 요소는 제품과 서비스 그리고 그들이 지원하는 마케팅활동으로부터 나온다.

브랜드는 광고만으로 구축되지는 않는다. 고객들은 여러 종류의 접촉점, 개인적인 관찰과 이용, 구전, 기업 구성원과의 상호작용, 온라인 또는 전화 경험 그리고 지급거래 등을 통해서 브랜드를 알게 된다. 브랜드 접촉(brand contact)이란 고객이나 잠재 고객이 그 브랜드, 제품 범주 또는 마케팅 기업의 제품이나 서비스와 관련되는 시장에 대해서 갖게 되는 정보습득 경험이라고 정의할 수 있다. 이런 경험들 중 어떤 것은 긍정적일 수 있고, 어떤 것은 부정적일 수 있다. 기업은 광고를 제작하는 데 노력하는 것처럼 이러한 경험을 관리하는 데 많은 노력을 경주해야 한다.

마케팅 프로그램의 배후에 있는 마케팅전략과 전술들이 최근 몇 년 동안 극적으로 변하고 있다. 즉, 마케팅 기업들은 클럽 및 소비자 공동체, 업계 전시회, 행사마케팅, 후원, 공장 방문, PR, 기자회견 및 사회적 대의 마케팅 등을 통해서 브랜드 접촉을 창조하고 브랜드 자산을 구축하고 있다. General Mills는 시리얼을 시장에 내놓기 위해, 가족을 주제로 환대에 기반을 둔 소매의 목적지로서 세계에서 가장 규모가 큰 쇼핑 단지인 미니애폴리스의 몰 오브 아메리카 내부에 시리얼 어드벤처를 이용해 전통적인 광고와 촉진을 보완하고 있다.

마케팅 관리자들은 브랜드 구축용 마케팅 프로그램을 계획하는 데 3가지 필요한 주제, 즉 개인화, 통합화 및 내면화를 강조한다.

1 개인화

인터넷의 급속한 확산은 개인화된 마케팅 기회를 창출하고 있다. 마케팅 기업들은 고객의 이름을 알았던 1세기 전의 마케팅 실행을 되돌리기 위해 1950년대, 60년대, 70년대에 브랜드의 힘을 구축했던 대량시장 실행 방법을 점차 포기하고 있다. 점점 개인화되고 있는 소비자의 욕망에 적응하기 위해 마케팅 기업들은 경험 마케팅, 일대일 마케팅, 허용 마케팅 개념을 받아들이고 있다.

브랜딩의 관점에서 볼 때, 이러한 개념들은 집중적이고 능동적인 관계를 조성함으로써, 소비자로 하여금 특정 상표에 더 능동적으로 관여하도록 하는 것이다. 개인화된 마케팅(personalizing marketing)은 브랜드와 그 브랜드에 대한 마케팅이 많은 고객들에게 관련이 있다는 것을 가능한 한 확실하게 하는 것인데, 당면 과제는 단 2명의 고객도 일치하지 않는다는 것이다.

FASHION MARKETING TREND

맨스타, 온라인 코디 제안 – 다양한 컨텐츠로 적극 홍보

신사복 '맨스타'가 브랜드 홈페이지 신규 오픈과 함께 다양한 컨텐츠를 선보인다.

이번 홈페이지는 브랜드 리뉴얼 컨셉과 동일한 'luxury& looks young'으로 브랜드의 제품 정보뿐 아니라 남성 패션의 정보를 제공하고 있다. '맨스타'를 소개하는 '브랜드 인포'와 상품을 전반적으로 소개하는 '포멀과 캐주얼'를 비롯해 남성 패션의 코디를 제안하는 '맨스타 클럽' 코너 등으로 구성되어 있다.

또한 주어진 주제에 댓글을 다는 이벤트 페이지인 '멘즈 토크'와 잡지 화보를 볼 수 있는 '스타 매거진' 등의 볼거리도 제공한다.

'맨스타'의 권영숭 브랜드 매니저는 "20, 30대의 젊은 고객 확보와 온라인상의 활발한 홍보를 위해 홈페이지를 구축했다"면서 "오픈 초반이지만 맨스타의 기존 고객뿐 아니라 브랜드 모델인 송일국 및 주몽 팬들의 관심이 높아 신규고객 확보에 일조할 것으로 기대된다"고 말했다.

한편 '맨스타'는 오픈 이벤트로 감사메시지 및 홈페이지 축하 댓글을 다는 이벤트를 실시해 천 명이 넘는 사람들이 응모해 좋은 반응을 얻고 있으며, 홈페이지 오픈 전 웹진을 운영해 젊은 고객층을 대상으로 남성 패션 및 라이프 관련 다양한 정보를 제공했다.

자료: 한국섬유신문, 2007. 6. 4.

2 통합화

이러한 새로운 마케팅 접근 방법의 한 가지 시사점은 전통적인 '마케팅 믹스' 의 개념과 '4P' 는 현대적 마케팅 프로그램을 적절히 설명하지 못할 수 있다는 것이다. 통합화된 마케팅(integrating marketing)은 개인적 및 집단적 노력을 극대화하기 위해 마케팅활동을 혼합하고 조화롭게 하는 것이다. 통합화된 마케팅의 일부로서, 마케팅 기업은 브랜드 약속을 강화시킬 수 있는 다양한 마케팅활동이 필요하다.

MARKETING NOTE

Sir Hans Sloane의 개인화된 맞춤 초콜릿

런던의 Sir Hans Sloane은 고객에게 맞춤 초콜릿 포트폴리오를 제공한다. The Bespoke Service로 불리우는 개인화된 맞춤 서비스는 고객들에게 회사의 마스터 초콜릿 제조업자와 함께 그들이 가장 좋아하는 초콜릿 타입과 취향을 개발하여 각각 고객에 맞는 독탁한 초콜릿 개인 프로필을 구성할 수 있도록 한다. 추후 참고를 위해 'Keeper's Book' 에 내용을 기록하며, 단 2명의 고객도 같은 포트폴리오를 공유할 수 없는 매우 개인화된 서비스이다.

자료: www.sirhanssloane.com

통합화는 마케팅 커뮤니케이션에서 특히 중요하다. 브랜드 구축의 관점에서 볼 때, 모든 커뮤니케이션 선택 방법은 브랜드 자산에 영향을 주는 능력으로 평가되어야 한다. 각 커뮤니케이션 선택 방법은 그것이 브랜드 인식에 영향을 주며 브랜드 이미지를 창조하고, 유지하며 강화하는 데 있어 효과성 및 효율성의 관점에서 판단될 수 있다. 브랜드 인식은 소비자의 브랜드 인지가 상기(recall) 성과에 의해 나타나는 것처럼, 서로 다른 조건에서 그 브랜드를 확인, 규명할 수 있는 소비자의 능력이다. 브랜드 이미지는 소비자의 일관된 기억에서 나타나는 것처럼 소비자가 갖고 있는 지각과 신념이다.

커뮤니케이션 선택 방법은 서로 다른 장점을 가지고 있으며 서로 다른 목적을 성취할 수 있다. 상이한 커뮤니케이션 선택 방법의 믹스를 이용하는 것은 중요한데, 각각의 선택 방법은 브랜드 자산을 구축하고 유지하는 데 특별한 역할을 한다. 메르세데스 벤츠는 R&D에 투자하고 자동차의 '안전' 이라는 연관성을 강화하기 위해 광고, 촉진 및 기타 커뮤니케이션을 하고 있지만, 또한 디자인과 상징성을 강조하기도 한다. 마케팅 커뮤니케이션 프로그램은 전체가 부분의 총합보다 더 크도록 하기 위해 결합되어야 한다. 다시 말해, 가능한 한 가지 선택 방법의 효과가 다른 것에 의해서 향상될 수 있도록 하기 위해 커뮤니케이션 선택 방법들 간에 조화가 이루어져야 한다.

그림 6-7 통합적 마케팅 커뮤니케이션(IMC)의 구성요소

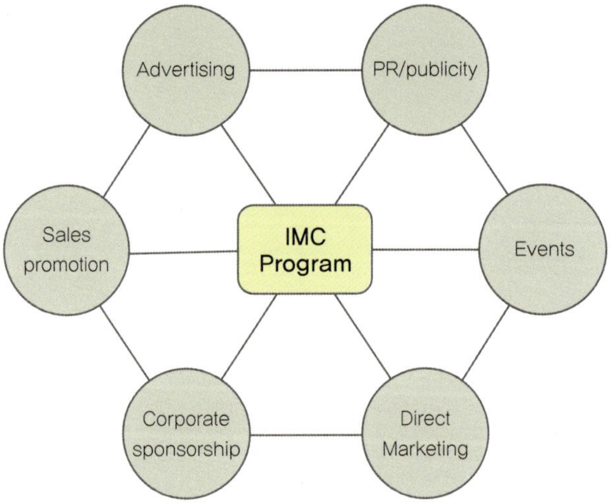

3 내면화(Internalization)

마케팅 기업은 브랜드 약속을 전달하기 위해 현재에도 매진해야 한다. 마케팅 기업은 구성원들과 마케팅 동반자들에게 고마움을 느끼고 있음을 확실히 하기 위해 어떤 관계를 조성해야 하는지 생각해야 한다. 또한 브랜딩에 대한 기본적인 생각과 그 생각들이 브랜드 자산에 도움이 될지 해가 될지 이해하기 위해 내부적인 의견을 적용, 채택해야 한다. 내적 브랜딩(Internal branding)은 구성원들에게 정보를 제공하고 고무하는 데 도움이 되는 활동과 과정을 의미한다. 즉, 모든 구성원

들이 브랜드 및 그 브랜드 약속을 심오하고도 현실적으로 이해한다는 것은 서비스 기업과 소매상에게 매우 중요하다.

브랜드 결속(brand bonding)은 고객들이 브랜드 약속하에서 전달되는 것처럼, 고객들이 그 기업을 경험할 때 발생한다. 기업의 구성원과 기업의 커뮤니케이션에서 모든 고객과의 접촉은 긍정적이 되어야 한다. 브랜드 약속은 기업 내의 모든 사람들이 그 브랜드에 생명력을 불어넣지 못하면 전달될 수 없다. 브랜드 지각에 대해 가장 잠재적인 영향요인 중 하나는 고객들이 기업의 구성원들과 갖는 경험이다.

기업들은 구성원들과 지속적인 공개 대화에 몰두해야 한다. 어떤 기업들은 기업의 인트라넷 및 다른 수단을 통해 B2E(business-to-employee: 기업 대 구성원) 프로그램을 권장하고 있다. 디즈니는 내적 브랜딩에 성공적이었으며 구성원들이 그 브랜드를 지원하도록 다른 기업의 구성원들을 위한 '디즈니 스타일'에 대해 Disney Institute에서 세미나를 개최하기도 한다.

복합적 마케팅 기업은 더욱더 매진해야 하며 고객들을 더 잘 도와주기 위해 유통업자와 판매상들을 훈련시키고 고무해야 한다. 잘못 훈련받은 판매상은 강력한 브랜드 이미지를 구축하기 위한 최상의 노력을 망칠 수 있다.

그림 6-8 브랜드 지식의 2차적 원천

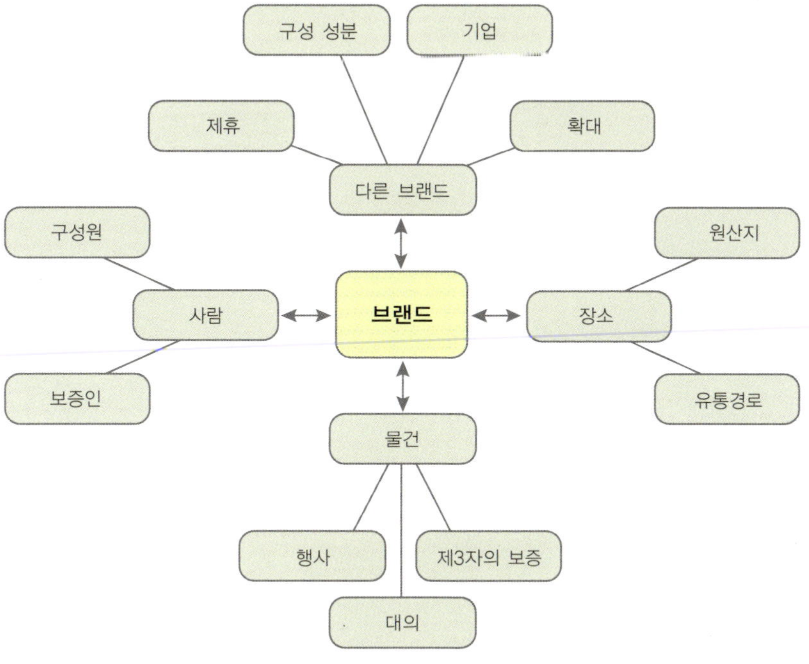

2차적 연관성 활용

브랜드 자산을 구축하기 위한 세 번째이며 마지막 방법은 사실상 브랜드 자산을 '빌리는' 것이다. 즉, 브랜드는 '2차적인' 브랜드 연관성을 창조함으로써 연관성 있는 다른 실체와 연결될 수 있다. 다시 말해, 브랜드 자산은 고객의 기억 속에 있는 다른 정보와 그 브랜드를 연결함으로써 창조될 수 있다([그림 6-2] 참조).

브랜드는 기업(브랜딩 전략을 통해), 국가나 기타 지역(제품 원산지 확인을 통해), 유통경로(경로전략을 통해)와 같은 특정한 원인과 연결될 뿐만 아니라, 다른 브랜드(구성 성분이나 co-branding을 통해), 캐릭터(라이센싱을 통해), 대표자(보증을 통해), 스포츠나 문화적 행사(후원을 통해), 또는 어떤 다른 제품의 소스(수상이나 검토를 통해)와 연결될 수도 있다.

예를 들어, 스키화, 바인딩, 의류, 외투뿐만 아니라 스노보드 제조업체인 Burton이 'The Dominator' 라는 새로운 서프보드(surfboard)를 도입하기로 결정했다고 가정하자. 버튼은 최고의 프로 주자와 브랜드를 긴밀하게 제휴하고 전국에 걸쳐 강력한 아마추어 스노보드 공동체를 결성함으로써 스노보드시장에서 Y3의 제품이미지를 능가하고 있다. 새로운 도미네이터 서프보드를 지원하기 위해 마케팅 프로그램을 창안하는 데 있어, 버튼은 여러 서로 다른 방법으로 2차적인 브랜드 지식을 도입, 이용할 수 있다.

즉, 서프보드 그 자체, 브랜드명 또는 마케팅 프로그램의 다른 측면에 의해서 창조되는 연관성과는 독립적으로, 버튼은 그 브랜드를 기타 실체와 연결함으로써 브랜드 자산을 구축할 수 있다.

5. 브랜드 자산 측정

브랜드의 힘이 소비자들의 마음속에 존재하고 그것이 그 브랜드의 마케팅에 대한 소비자들의 반응을 변화시킬 수 있는 상태에서, 브랜드 자산을 측정하는 데는 2가지 기본적인 접근 방법이 있다. 간접적인 접근 방법은 소비자의 브랜드 지식 구소를 확인, 규명하곡 추적 조사함으로써 브랜드 자산의 원인을 평가한다. 직접적인 접근 방법은 다양한 마케팅에 따른 소비자의 반응에 대해 브랜드 지식의 직접적인 영향을 평가한다.

2가지의 일반적인 접근 방법은 서로 보완적이고, 마케팅 기업은 이 2가지를 모두 이용할 수 있다. 다시 말해, 유용한 전략적 기능을 수행하고 마케팅 의사결정을 위한 브랜드 자산에 대해, 마케팅 기업이 (1) 브랜드 자산의 원인을 이해하고 브랜드 자산 원인이 관심의 결과에 어떻게 영향을 주는지 이해하며, (2) 이러한 원인과 결과가 시간이 지남에 따라 어떻게 변화하는지 이해하는 것이 중요하다. 브랜드 감사는 전자에게, 브랜드 추적 조사는 후자에게 중요하다.

브랜드 감사

자사의 브랜드를 보다 잘 이해하기 위해 마케팅 기업은 브랜드 감사를 자주 수행할 필요가 있다. 브랜드 감사(brand audit)란 브랜드의 건강함을 평가하기 위해서, 브랜드 자산의 원인을 파악하기 위해서, 브랜드 권리를 개선/향상하고 도입/이용하는 방법을 제시하기 위한 일련의 절차와 관련되는 고객 집중적 방법이다.

브랜드 감사는 그 브랜드에 대한 전략적 방향을 정하는 데 이용될 수 있다. 브랜드 자산의 현재의 원인이 만족스러운가? 특정한 브랜드 연관성이 강화될 필요가 있는가? 그 브랜드의 독특성이 부족한가? 어떤 브랜드 기회가 존재하며 브랜드 자산에 대해 어떤 잠재적 문제가 있는가? 이러한 전략적 분석의 결과로 마케팅 기업은 장기적인 브랜드 자산을 극대화하기 위한 마케팅 프로그램을 수립할 수 있다.

마케팅 기업은 전략적 방향에 대해 중요한 변화를 고려할 때 브랜드 감사를 해야 한다. 많은 사람들이 라디오, TV 및 인터넷으로 뉴스를 접함에 따라 발행 부수가 감소하는 것을 경험한 몇몇 신문사들은 브랜드 감사를 맡기고 있으며, 독자들이 현대적이고 재미있다고 느끼도록 하기 위해 신문을 재디자인하려고 한다. 일상적인 기준(예: 연간)으로 브랜드 감사를 수행함으로써 마케팅 기업은 자사 브랜드들을 보다 진취적이고 반응적으로 관리하기 위해 브랜드들의 현황을 파악할 수 있다. 감사는 관리자들이 마케팅 계획을 수립함에 따라 그들을 위한 유용한 배경자료가 된다.

브랜드 감사는 기업과 소비자의 입장에서 브랜드 자산의 원인을 이해하는 것이 요구된다. 기업의 입장에서 볼 때, 현재 소비자들에게 제공되고 있는 제품과 서비스 그리고 극서들이 시장에서 판매되고 브랜딩되는 방법을 정확하게 이해하는 것이 필요하다. 소비자의 입장에서 볼 때, 브랜드와 제품의 진정한 의미를 발견하는 것이 필요하다. 브랜드 감사에는 2가지 단계, 즉 브랜드 목록과 브랜드 탐구가 있다.

1 브랜드 목록

브랜드 목록(brand inventory)의 목적은 기업에서 판매하는 모든 제품과 서비스를 시장에 내놓는 방법과 브랜딩되는 방법에 대한 현재의 포괄적인 프로파일을 제공하는 것이다. 각 제품이나 서비스를 프로파일하기 위해서는 지원되는 마케팅 프로그램뿐만 아니라, 연관된 모든 브랜드 구성요소를 확인, 규명하는 것이 요구된다. 이러한 정보는 시각적, 구두로 요약되고, 정확하고 포괄적이며 시의적절해야 한다. 브랜드 목록의 부분으로서, 브랜딩 및 마케팅노력의 관점에서 가능한 한 보다 세밀하게 경쟁적인 브랜드를 설명하는 것이 현명하다.

브랜드 목록은 현재 소비자들 지각이 무엇에 근거를 두고 있는지 파악하는 데 도움을 준다. 브랜드 목록은 기본적인 기술적 방법이나, 몇몇 유용한 분석이 실행될 수 있다. 예를 들어 마케팅 기업은 브랜드명을 공동으로 이용하는 제품이나 서비스 모두에 대한 연관성을 평가할 수 있다. 브랜드 구성요소가 일관된 방식으로 이용되고 있는가? 분명한 이유 없이 지리적 시장, 세분시장 등에 따라 많은 변형과 형태의 변화가 있는가? 이와 유사하게, 지원하는 마케팅 프로그램이 관련되는 상표에 대해 논리적이며 일관적인가?

2 브랜드 탐구

브랜드 탐구(brand exploratory)는 브랜드 자산의 원인을 확인, 규명하기 위해 어떤 브랜드, 그리고 그 브랜드와 조화를 이루는 제품 범주에 대해 소비자가 생각하고 느끼는 것을 이해하기 위해 행하는 연구 조사활동이다.

여러 가지 기초적인 활동이 브랜드 탐구에 유용하다. 몇 가지 중요한 기본적 연구 조사와 관련이 있는데, 소비자 지각에 대한 신념을 이해하기 위해 기업의 구성원들과 면접하는 것이 유용하다. 이러한 내부의 면접으로 통상 유발되는 다양한 의견은 여러 기능을 수행한다. 이는 유용한 식견이나 아이디어가 창출될 수 있는 가능성을 증가시키며, 어떤 내적인 비일관성이나 오해를 지적한다.

이런 기본적인 활동은 유용한 연구 결과를 산출하고 특정 가정을 제시하지만, 완전하지 못한 경우가 많다. 고객들이 제품과 서비스를 쇼핑하고 사용하는 방법, 그리고 고객들이 여러 브랜드에 대해 생각하는 것을 더 잘 이해하기 위해서는 추가적인 연구 조사가 필요하다. 더 폭넓게 문제를 파악하고 특정 문제를 해결할 수 있도록 브랜드 탐구는 언어 연상법, 투영기법, 시각화, 상표 의인화, 사다다리화와 같은 정성적 조사 기법을 사용한다.

현재 많은 기업들이 전통적인 포커스 그룹을 보완하기 위해 에쓰노그라피(ethnography)를 이용하고 있다. 즉, 기업들은 집, 직장, 운동, 쇼핑 등 매일 매일의 주거 환경에서의 소비자를 관찰한다.

브랜드 추적 조사

추적 조사(tracking study)는 시간이 지남에 따라 일상적으로 소비자로부터 정보를 수집한다. 추적조사는 전형적으로 마케터에게 어떻게 그들의 브랜드와 마케팅 프로그램을 수많은 중요 차원에 기초해 수행할 것인지에 관한 현재의 정보를 제공하기 위해 양적 측정을 사용한다. 추적조사는 브랜드 가치가 창출되는 장소와 양, 그리고 어떤 방법으로 이루어지는지를 이해하는 수단이다.

이러한 연구들은 매일의 의사결정을 원활히 하기 위해 일관된 기초 정보를 제공함으로써 경영자를 위해 중요한 기능을 수행한다. 다양한 마케팅활동이 브랜드를 둘러싸고 있으므로 개별적인 마케팅활동을 조사하는 것이 어렵고, 많은 비용이 소모된다. 추적 조사는 마케팅활동의 효과에 대해 가치 있는 통찰력을 제공한다. 시간이 지남에 따라 마케팅 프로그램에 적거나 많은 변화가 일어나더라도 적절한 조절이 가능하도록 그 브랜드 및 브랜드 자산의 상태를 추적 조사하는 것은 중요하다.

브랜드 평가

브랜드 자산은 브랜드 평가(brand valuation)와 구분되어야 한다. 브랜드 평가란 브랜드의 전체 재무적 가치를 예측하는 것이다. 어떤 기업들은 자사 성장의 중요한 브랜드 포트폴리오를 확보하고 구축하는 것에 기반을 두고 있다. Louis Vuitton과 Moet Hennessy를 병합한 LVMH사는 관련 산업 내의 여러 회사와의 M&A를 통해 기업규모와 마켓셰어를 지속적으로 확장하여 비약적인 매출 증대를 이루어왔고, 현재에는 인터브랜드 브랜드 자산평가 17위로 최대 패션그룹으로 평가되고 있다. 사업영역은 패션, 유통, 화장품, 시계, 보석, 와인 등 다양한 상품과 브랜드를 포함한다.

유명한 기업들에게 브랜드 가치는 일반적으로 기업에 대한 총 시장현가의 2분의 1 이상이다. Quaker Oats의 공동창업자인 존 스튜어트는 다음과 같이 말했다. “이 기업이 무너진다면 나는 당신에게 토지와 오프라인 부분을 줄 것이다. 그리고 나는 브랜드와 트레이드마크를 택할 것인데, 나는 당신보다 더 많고 좋은 것을 받은 것이다.” 미국 기업들은 대차대조표상에 브랜드 자산을 제시하지 않는데, 그 이유는 그에 대한 예측치가 어느 정도 인위적이기 때문이다. 그러나 영국, 홍콩 및 오스트레일리아에서는 브랜드 자산이 가치로 주어진다.

요 약

1. 포지셔닝은 상품, 서비스, 기업, 제도기관 또는 사람들이 그것의 한 부분이 될 수 있다. 포지셔닝은 어떤 제품에 대해 행해지는 것이 아니라, 잠재고객의 마음속에 행해지는 것으로 기업은 잠재고객의 마음속에 자사의 제품을 위치화시켜야 한다.

2. 기업에서는 자사 브랜드를 일반적인 상품, 흔한 상품, 다른 것과 동일한 상품으로부터 차별화시키기 위해 브랜드차별화 전략을 수립해야 하며 브랜드차별화 전략으로는 제품차별화, 인적차별화, 경로차별화, 이미지차별화 방법이 사용된다.

3. 브랜드 자산(brand equity)은 기업에게 심리적, 재무적 가치를 갖게 하는 무형의 자산으로 제품과 서비스에 부여되는 부가적인 가치이다. 이러한 가치는 소비자들이 그 브랜드와 관련해 생각하고, 느끼고 행동하는 방법에서 비롯될 뿐만 아니라 그 브랜드가 창출하는 가격, 시장점유율 및 수익성으로 반영된다.

4. 마케팅 기업은 소비자들과의 올바른 브랜드 인식 구조를 만듦으로써 브랜드 자산을 구축하게 된다. 브랜드 자산을 구축하는 데 영향을 미치는 주요 세 가지 요인으로는 첫째, 브랜드 구성 요소에 대한 최초의 선택안이나 브랜드를 구성하는 아이덴티티, 둘째, 제품 및 서비스 그리고 수반되는 모든 마케팅활동과 그것을 지원하는 마케팅 프로그램, 셋째, 브랜드를 다른 실체와 연결함으로써 그 브랜드로 간접적으로 전이되도록 하는 다른 연관성이 있다.

5. 브랜드 자산을 측정하는 데는 두 가지 기본적인 접근 방법이 있는데 간접적인 접근 방법은 소비자의 브랜드 지식 구조를 확인, 규명하고 추적 조사함으로써 브랜드 자산의 원인을 평가하는 방법이고 직접적인 접근 방법은 다양한 마케팅에 따른 소비자의 반응에 대해 브랜드 지식의 직접적인 영향을 평가하는 것이다.

생각해 볼 문제

1 포지셔닝전략에 성공한 몇 개의 경쟁업체들의 성공요인을 비교해 보자.

2 많은 사람들이 더 많은 돈을 지불하면서도 브랜드 제품을 구매하는 이유는 무엇이라고 생각하는지 브랜드 가치와 관련하여 설명하여 보자.

3 포지셔닝에 사용될 수 있는 경쟁적인 준거 기준에는 어떠한 것들이 있는가?

4 패션브랜드의 이미지에 의한 포지셔닝 성공사례를 찾아보고 그 브랜드가 어떠한 방법으로 이미지차별화 전략을 성공할 수 있었는지 알아보자.

5 브랜드 자산이란 무엇이며 기업이 브랜드 자산을 구축할 수 있는 방법에 대해 생각해 보자.

PART IV 마케팅 프로그램 개발

4부

7

Chapter 7

제품관리

롯데, 현대, 신세계 등 빅 3 백화점은 이미 수년 전부터 독점 브랜드 유치와 자체 브랜드 개발을 추진해왔다.

현재까지는 로컬 브랜드들의 효율 저하를 수입이나 명품으로 커버하고 있지만 언제까지 지속될지는 미지수이기 때문이다. 또 전 유통과 산업에 걸친 초경쟁 국면에 진입하면서 사입이 아닌 수수료 시스템 체제로 차별화할 수 있는 유일한 방편은 독점 및 자체브랜드를 늘리는 것이라는 인식을 하고 있다.

롯데는 몇 해 전 글로벌패션사업본부를 발족시키고 상품본부내 각 팀별로 PB 개발을 추진해 왔다. 작년 글로벌패션사업본부가 상품본부 안에 사업부문으로 흡수되면서 중도하차하는 것이 아니냐는 관측이 예상됐지만 지난해 '타스타스', 제라르다렐' 등 7개 브랜드의 지속적인 신장을 하고 있다. 남성복 '제이프레스'를 런칭하고, 2개 브랜드를 추가로 런칭할 계획이다.

이와 함께 상품본부 여성 캐주얼 매입팀이 론칭한 여성 단품 편집숍 '올리브핫스터프'는 사실상 백화점 자체 개발 브랜드의 최초 성공사례라 할 만큼 괄목할 성과를 거두었다. 명동 영플라자와 관악점, 대구 영플라자 등에 입점한 '올리브핫스터프'는 점별로 월평균 7천만원에서 1억4천만원까지 높은 매출을 올리며 선전중이다.

현대는 사업본부내 해외 MD 사업부를 발족, 여성복 '레코팽'과 '씨디씨', '주시꾸띄르', '아뇨나', '데님바', '나이키' 등의 완사입 및 독점수입 사업을 전개중이다. 그 중 '주시꾸띄르'는 현대내 점포에서 매출이 매우 높게 나타나 삼성플라자와 롯데 본점 등 타백화점 입점에도 성공했다. 차별화를 하기 위해서는 현대만의 브랜드 개발을 무조건 늘리고, 반드시 성공시켜 내야 한다고 한다.

신세계는 일찍이 신세계인터내셔널을 통해 명품시장을 장악한 이후 '갭'과 '바나나리퍼블릭'까지 도입한 이후 내수 사업을 통해 브랜드 육성 및 M&A 를 추진중이다. 이처럼 최근 눈에 띄는 성과들이 일부 나타나고는 있지만 대부분 수입브랜드를 들여오는 차원에 머물고 있는 것이 현실이다.

이유는 새로운 컨텐츠를 자체적으로 개발할 수 있는 능력이 없기 때문이다. 현대백화점이 운영하고 있는 브랜드 개발 조직 중 전문 인력과 조직, 시스템 인프라를 제대로 갖추고 있는 곳은 거의 없다. 그렇다보니 백화점별 성격을 부여할 수 있는 전략적 차원에서의 PB를 개발 육성하기보다 전시효과에 치중하는 양상도 심화되고 있다.

현대백화점 'DENIM BAR' (삼성디자인넷)

[백화점, 할인점 등 유통업체들은 차별화된 상품을 고객들에게 제공하기 위해 자체 브랜드와 상품개발을 위한 노력을 하고 있다. 본 장에서는 제품의 정의, 분류, 제품계열과 제품믹스, 상표, 포장, 제품의 기타 특성에 대해 알아보기로 한다.]

갤러리아백화점 편집매장(파이낸셜 뉴스, 2008. 3. 18.)

신세계백화점 블루핏(서울신문사, 2005. 5. 13.)

롯데백화점 이탈리움 매장(한국경제, 2008. 4. 23.)

자료: 어패럴뉴스, 2008. 2. 21.

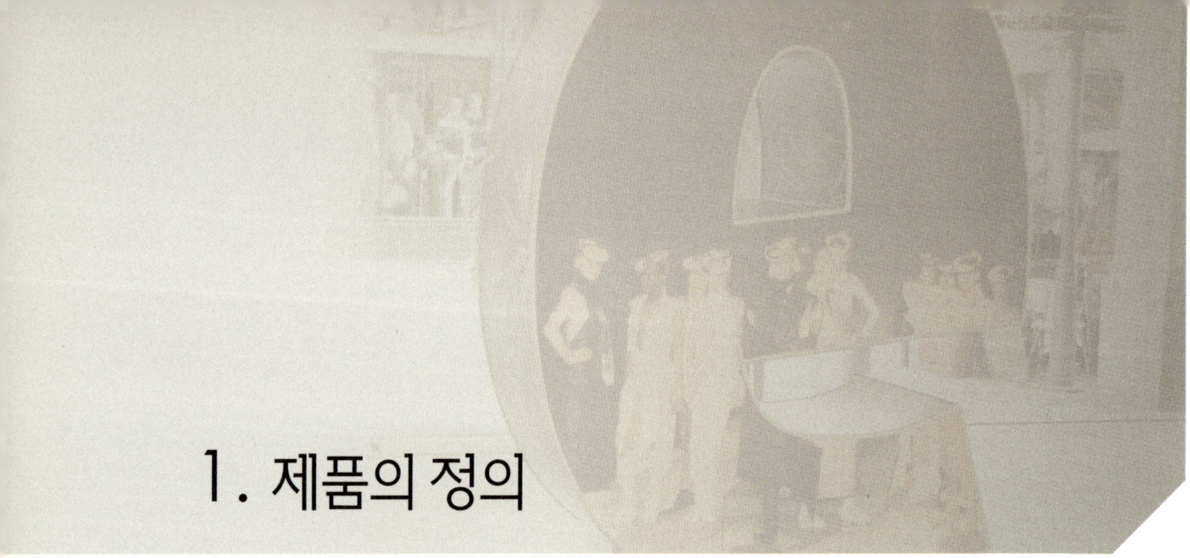

1. 제품의 정의

마케팅믹스의 여러 요소 가운데 가장 핵심이 되는 것은 제품(product)이다. 이는 제품이 곧 기업 존재의 기반이며, 다른 모든 마케팅요소의 출발점이기 때문이다. 따라서 우리는 제품을 명확하게 이해하여야 한다. 우리는 흔히 눈에 보이는 어떤 형태를 가진 물체를 제품으로 인식한다. 이는 대단히 좁은 의미로 제품을 이해하는 것이다. 좁은 의미의 제품개념은 마케팅의 핵심인 '교환의 개념'을 고려하지 않은 것이다. 따라서 보다 넓은 의미로 제품을 인식할 필요가 있는데, 이는 마케팅관점에서 제품을 이해하는 것이다. 넓은 의미에서의 제품은 눈에 보이는 어떤 형상을 가진 물리적인 실체뿐만 아니라, 배달, 사후서비스, 포장, 심지어는 쇼핑몰 내부의 분위기까지도 포함한다.

마케팅관점의 제품 개념

제품을 넓은 의미, 즉 마케팅관점에서 이해하기 위해서는 아래의 사항을 생각해 볼 필요가 있다.

1 제품은 소비자의 욕구를 충족시킬 수 있는 것 모두를 포함한다

이는 물리적인 제품(physical product)뿐만 아니라 사회심리적인 제품(psycho-social product) 모두가 제품이 된다는 것을 의미한다. 물리적인 제품은 대상물(컴퓨터, 복사기), 장소(설악산국립공원), 서비스(은행, 세탁소) 등이며 사회심리적인 제품은 지식(상표 A는 단단하다), 감정(후보자 A는 매력적이다), 도덕의식(헌혈은 훌륭한 일이다) 등으로 설명할 수 있다. 따라서 제품에는 사람, 장소, 아이디어, 활동상황에 이르기까지 모든 것이 다 포함된다. 홈런왕, 대통령후보자, 경주보문단지, 대한적십자사 모두가 소비자를 상대로 무엇인가를 제공하면서 마케팅활동을 하고 있다. 소비자들은 이들이 제공하는 물리적 · 사회적 제품에 대해서 티켓을 구매해서 야구장에 가는 것으로 보답을 하고, 자기의 투표권을 행사함으로써 보답을 한다.

2 제품은 눈으로 볼 수 있는 것과 눈으로 볼 수 없는 특성으로 구성된다

[그림 7-1]에서 보는 것과 같이 눈에 보이는 것, 즉 크기, 모양, 단단함의 정도, 색깔, 냄새 등만이 제품의 특성이 아니라, 눈으로 확인할 수 없는 것, 즉 효용, 보증, 이미지, 품질 등도 제품을 구성하는 특성이 된다.

그림 7-1 제품의 유형적 특성과 무형적 특성

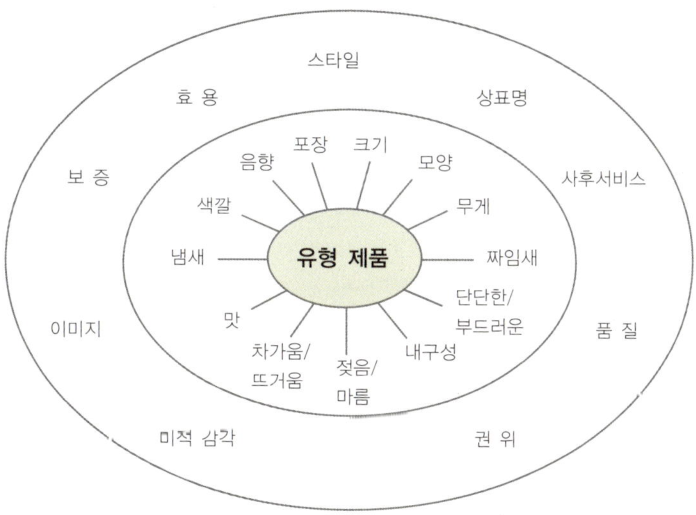

3 제품은 핵심제품과 유형 제품, 그리고 포괄제품으로 구성된다

코틀러(P. Kotler)는 제품을 [그림 7-2]와 같이 세 가지 차원으로 나누어 생각할 필요가 있다고 설명하고 있다. 가장 근본적인 것은 구매자가 그 제품으로부터 진실로 추구하고자 하는 핵심편익이다. 따라서 마케팅 관리자는 제품으로부터 소비자가 찾는 핵심편익이 무엇인지를 찾아야 하며 소비자에게 제품의 특성이 아닌 핵심편익을 제공한다는 사실을 유념하여야 한다. 핵심편익을 발견하면 마케팅 관리자는 이것을 상표명, 포장, 품질, 스타일 등과 같은 구체적인 유형 제품으로 전환시켜야 한다. 마지막으로 유형 제품에 추가적인 서비스와 편익, 즉 배달, 설치,

그림 7-2 제품의 세 가지 수준

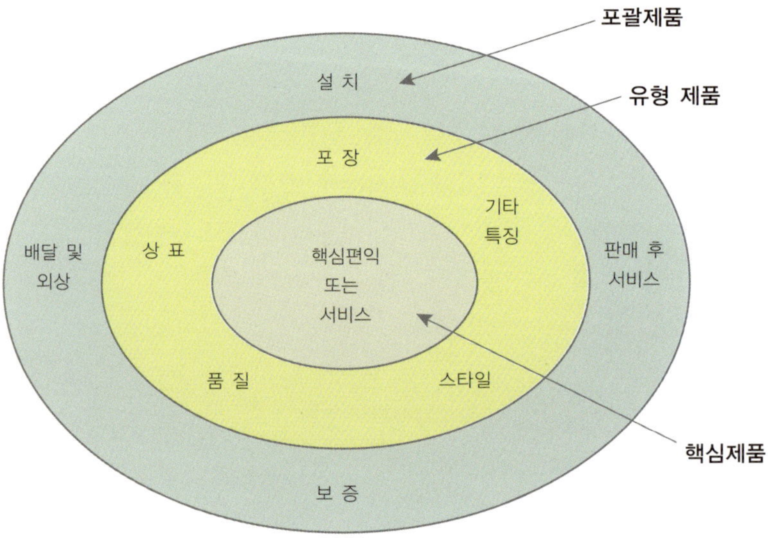

품질보증과 같은 것이 보강되면 포괄제품이 된다.

이상과 같은 제품의 개념을 모두 이해하고 우리는 아래와 같이 제품을 정의하기로 한다.

> 제품은 소비자가 자신의 욕구나 필요를 충족시켜 준다고 인식하는 유형·무형속성의 복합체로써 단순한 물체뿐만 아니라 사람, 장소, 서비스, 조직체 등도 포함한다.

FASHION MARKETING TREND

'기능+편리성' 여름 미남 유혹

'동안(童顔)'과 '꽃미남' 열풍이 대세인 올 여름 남성 화장품 트렌드는 '기능성'과 '편리성', 외모에 관심이 많은 남자들이 증가하면서 피지조절, 미백, 자외선 차단 등 다양한 기능이 속속 추가되는 동시에 '귀차니즘'과 '몰라니즘'에 빠져있는 남성 고객들을 위한 간편한 제품도 꾸준히 선보이고 있다. 한마디로 올 여름 남성 화장품 업계는 '메트로섹슈얼' '위버섹슈얼'들의 까다로운 눈높이를 맞추면서도 화장품에 관심 없는 기존 남성 고객들까지 사로잡을 수 있는 '일석이조(一石二鳥)'의 제품을 추구하고 있는 셈이다.

복합기능 제품 봇물=유독 땀이 많은 계절 여름

미백, 주름, 피지, 자외선 차단 등 신경 써야 할 것은 많은데 여전히 몸은 게으른 남성들을 위해 하나의 기능에 또 하나를 더한 제품이 봇물을 이루고 있다. 스킨과 로션을 하나에 담으면서 미백 기능까지 고려하였으며 화장품이나 과도한 피지 분비를 억제해 주면서 스킨의 수렴·진정 효과와 로션의 보습효과를 추가시킨 제품들이 선보였다. 또한 자외선 차단과 미백 기능이 있고 미네랄이 풍부한 스위스 알프스의 빙하수를 사용해 피부를 촉촉하게 가꿔주는 기능성 화장품이나, 남성의 굵고 깊은 주름을 완화해 주는 동시에 자외선 차단 성분이 들어 있어 여름철 자외선으로부터 피부를 지켜주는 화장품도 인기이다. 또한 모공관리와 피지조절, 자외선 차단, 컬러 로션 기능이 하나에 들어있는 '엑시트 포어 케어 선로션(SPF25)'를 선보이고 있다.

"까다로운 남성고객의 눈높이에 맞춰라"

올해 추산되는 남성 화장품시장 규모는 5,000억원이다. 전체 화장품시장 규모(5조 5,000억원)에 비하면 10% 정도에 불과하지만 매년 7~8%의 꾸준한 성장세를 보이고 있다. 이에 따라 남성 화장품도 점차 여성용 못지않은 구색을 갖춰 나가고 있다. 애경의 남성 화장품 브랜드 '포튠'에서는 지난달 미백 기능성 제품인 '포튠 화이트 포스' 2종(로션·스킨)을 출시했다. 월귤나무에서 추출한 알부틴 성분이 남성의 피부를 하얗게 가꿔주고 나노 코엔자임 Q10 성분이 거칠어진 피부를 부드럽게 정돈해 준다. LG생활건강의 남성 화장품 브랜드 '보닌'에서는 여름철 커진 모공을 수축하고 검게 그을린 피부를 진정시켜 주는 '아쿠아 겔 마스크'를 판매하고 있다. 이 제품은 특히 알로에 녹차 추출물이 들어 있어 여름철 자외선으로 손상된 남성 피부에 적합하다. 아모레퍼시픽의 필오프 타입의 팩 제품은 파파야 추출물이 피부 속 노폐물을 깔끔하게 제거하는 것이 특징이다.

자료: 서울경제, 2006. 6. 14.

2. 제품의 분류

제품은 기준에 따라서 여러 가지로 분류할 수 있다. 우리가 제품을 구분해야 하는 이유는 제품의 종류에 따라 소비자에게 접근하는 마케팅믹스전략을 달리해야 하기 때문이다. 가령 같은 의류소재(옷감)라 하더라도 의상실에서 구입하는 것과 최종 소비자가 구입하는 것은 달리 구분해야 한다. 전자의 경우는 구매자가 제품이나 서비스를 생산할 목적으로 구매하였기 때문에 산업재로 분류하며, 후자는 최종 가계소비자가 가정에서 사용할 목적으로 구매하였기 때문에 소비재로 분류한다. 제품을 분류하는 기준은 여러 가지가 있을 수 있지만 여기서는 제품의 용도와 소비자의 구매행동으로 구분하여 보기로 한다([그림 7-3] 참조).

그림 7-3 제품의 분류

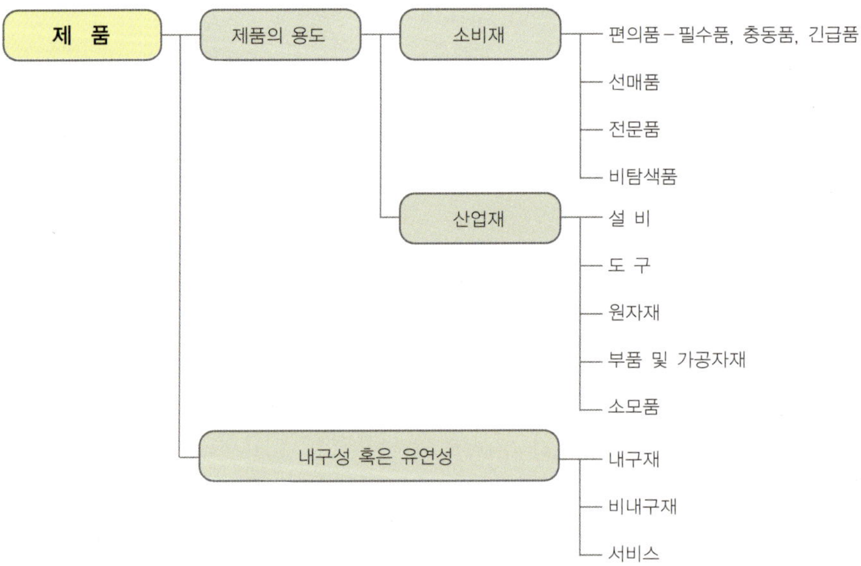

소비재의 분류

일반적으로 소비재는 편의품, 선매품, 전문품, 비탐색품으로 분류된다. 이는 앞의 참기름의 경우와 같이 최종 소비자가 개인적 소비를 목적으로 구매하는 제품이다. 이와 같은 소비재의 분류는 소비자의 구매행동을 기준으로 하여 분류한 것이다.

1 편의품

편의품(convenience goods)은 소비자가 일상생활에서 필수적이기 때문에 습관적 그리고 충동적으로 사거나, 경우에 따라서는 긴급히 필요한 물건이라 근처에서 손쉽게 구입하는 제품을 말한다. 동네 앞 가게를 지나다가 일상생활에서 꼭 필요한 치약, 휴지, 건전지 등과 같은 제품을 거의 주기적으로 구입하기도 하며(필수품), 때로는 길을 가다가 자판기를 보고 충동적으로 커피를 뽑거나 초콜릿을 사기도 하며(충동품), 갑자기 자동차의 기름이 다 떨어진 것을 확인하고 황급히 근처 주요소를 찾기도 한다(긴급품).

이 편의품은 소비자가 사고자 하는 제품에 대해 잘 알고 있는 경우가 대부분이기 때문에 소비자가 쇼핑시에 여러 매장을 돌아다니면서 여러 상표를 비교하는 노력은 거의 기울이지 않으며, 사전계획 없이 쇼핑을 한다. 또한 가격 역시 저렴한 것이 대부분이라서 그다지 위험부담을 느끼지 않고 구매하는 제품이다. 따라서 소비자들은 특정한 상표를 꾸준히 구입하지 않으며, 실제로도 상표 간의 차이점이 뚜렷하지 않다.

소비자가 이 편의품을 구입할 때 의사결정의 기준으로 삼는 것은 가격과 편의성이다. 이는 "진열대 위쪽에 있는 가격 X1 이하의 상표 X를 사자. 만일 그 상표가 없으면 상점 내에 있는 아무상표나 사자"로 표현할 수 있다. 그러므로 계산을 하는 동안에 제품을 보고 충동적으로 구매하는 경우가 많은 과자류나 잡지는 계산대 가까운 곳에 진열하여 어린이나 청소년들의 충동구매를 유발할 필요가 있다. 소매상에서는 비슷한 종류의 제품을 많이 가지고 있기 때문에 주로 생산업자가 광고를 담당하며, 구매시점에는 고객이 자사의 상표를 떠올리도록 매장 내에 광고를 하는 것이 중요하다. 또한 소비자들이 쉽게 찾아갈 수 있도록 가능하면 많은 매장에 제품을 납품하는 개방적 유통전략이 필요하다.

2 선매품

선매품(shopping goods)은 소비자가 여러 점포를 돌아다니면서 품질, 가격, 스타일에 관하여 여러 상표를 비교한 다음에 구매하는 제품을 말한다. 예를 들면, 의류, 주요 가전제품, 중고자동차, 가구 등이 대표적인 선매품이다. 선매품을 구매할 때 소비자들은 가격이나 품질 면에서 잘못 선택하면 후회할 수 있다고 생각하기 때문에 시간과 노력을 들여서라도 좋은 제품을 고르기 위하여 노력한다.

선매품에 대한 소비자의 이러한 구매습관은 생산업자와 중간상 모두의 유통 및 판매촉진전략에 영향을 미친다. 즉, 생산업자 입장에서는 소비자들이 쇼핑의 편의성을 중요하게 여기지 않고 오히려 찾아다니므로 편의품과 같이 많은 점포에 제품을 납품하는 개방적 유통전략 대신에 일정한 지역에 몇 개의 점포만을 두는 유통전략이 바람직할 것이다.

선매품 판매는 소비자들이 여러 상표를 비교하며 쇼핑할 때에 소비자에게 영향을 끼칠 수 있는 매장 내의 판매원 역할이 대단히 중요하며, 광고를 할 때는 쉽게 비교가 되는 제품의 속성을 강조하는 것도 효과적이다.

표 7-1 소비재의 특성 및 전략

특성 및 전략	편의품	선매품	전문품
특성			
쇼핑 노력 및 시간	적다.	많다.	많다.
욕구충족시간	즉시 욕구충족이 이루어진다.	대체로 오래 걸린다.	대체로 오래 걸린다.
가격과 품질의 비교	이루어진다.	이루어지지 않는다.	이루어진다.
가격	대체로 낮다.	높다.	높다.
구매빈도	자주 구매, 정기적	비정기적	비정기적
상표와 매장 이름의 중요성	상표이름	점포이름	모두 중요함
포장의 중요성	대단히 중요	덜 중요하다.	덜 중요하다.
마케팅전략			
유통전략	개방적 유통 (채널의 길이가 길다)	선택적 유통 (길이가 짧다)	전속적 유통 (대단히 짧다)
재고 회전율	높다.	낮다.	낮다.
총마진	낮다.	높다.	높다.
제품전략	대량생산, 표준화 혁신 및 품질통제 재빠른 모방	다양한 사양/보증, 혁신 및 연구개발	독창적 디자인, 보증, 연구개발, 서비스의 개인화
가격전략	시장가격	협상가격	고가격/협상가격
촉진전략	점포 내 광고, 견본/무료 시음, 대량광고	인적 판매, 대량광고	인적 판매, 광고/홍보, Direct Mail
판매자의 기본전략	대량판매/비용최소화/신속한 전달	대량판매/높은 마진/시장세분화	높은 마진/제한판매/틈새전략

3 전문품

전문품(specialty goods)이란 소비자들이 강한 상표선호도를 가지고 있어서 이 제품을 구입하기 위해서 각별한 노력과 시간을 소비하는 제품을 말한다. 고급 스테레오, 신 모델의 자동차, 건강식품, 카메라 등이 전문품의 좋은 예이다. 전문품의 생산업자는 소비자들의 이러한 쇼핑습관으로 굳이 점포수를 많이 가질 필요가 없다. 따라서 점포수를 극히 제한하여 일정지역에 하나의 점포만 두는 전속적 유통전략을 채택한다. 이는 자사제품의 이미지 제고 차원에서 이루어진다.

4 비탐색품

비탐색품(unsought goods)은 소비자에게 아직 그 제품이 알려져 있지 않거나, 알려져 있더라도 소비자들이 잘 찾지 않는 제품을 말한다. 전자의 경우는 비디오, 전화기, 전기자동차 등을 예로 들 수 있으며, 후자는 보험이나 백과사전 그리고 장의용품 등이다. 이와 같은 제품을 판매하기 위해서는 주로 인적 판매에 의존한다. 따라서 판매원 교육이 가장 잘 된 곳이 바로 이러한 비탐색 제품을 판매하는 업체이다.

산업재의 분류

같은 제품이더라도 구매의 목적에 따라 소비재도 되고 산업재도 될 수 있다. 산업재란 개인이나 기업이 영업활동이나 재생산 등을 위하여 구매하는 제품을 말하는데 산업재도 아래와 같이 분류하여 마케팅 프로그램을 개발하여야 한다. 여기서는 산업제품의 광범위한 사용 용도에 따라 산업재를 분류하여 간단하게 설명을 하고 그 특성과 마케팅 고려사항을 [표 7-2]에 요약하였다.

1 원자재

원자재(raw materials)는 다른 제품의 재료가 되는 것으로 원광석, 목재, 원유, 어류 등과 같은 천연원료 및, 보리, 과일 등과 같은 농산원료로 구분된다. 이들 중 특히 관심을 가져야 할 것은 농산물 마케팅인데, 요즈음 사과, 배 같은 과일의 재배기술을 마케팅 기법으로 활용하여 선물용 사과에 특정 기업체의 이름이나 상호 또는 '福' 자와 같은 글씨를 새겨 넣어 판매함으로써 많은 수익과 고정 판매망을 확보하고 있다. 또한 수박, 참외와 같은 종류는 생산자의 상표를 부착하기도 한다.

표 7-2 산업재의 분류: 특성 및 마케팅 고려사항

특성 및 고려사항	원자재	가공자재 및 부품	설비	보조장비	소모품
품명	철강	엔진평틀	용광로	저장선반	종이
특성					
단위당 가격	매우 낮음	낮음	매우 높음	중간	낮음
제품수명	매우 짧음	완제품에 달려 있음	매우 길다	길다	짧다
구매량	크다	크다	매우 작다	작다	작다
구매빈도	장기계약에 의한 정기적 구매	비정기적 구매	매우 비정기적	정기/비정기의 중간	정기적
표준화 정도	매우 높음: 등급이 매우 중요함	매우 높음	매우 낮음 :주문제작	낮다	높다
마케팅 고려사항					
유통경로	짧음	짧음/소규모 구매자를 위한 중간상존재	짧음/중간상 없음	중간상 이용	중간상 이용
협상기간	일반화하기 어려움	중간	길다	중간	짧다
가격경쟁	매우 중요	매우 중요	중요하지 않다	주요 요인이 안된다	중요
사전/사후판매	중요하지 않다	중요함	매우 중요	중요함	거의 이루어지지 않음
서비스 판매촉진 행위	거의 이루어지지 않음	어느 정도 이루어짐	인적 판매의 중요성	중요함	거의 이루어지지 않음
상표선호도	없음	비교적 낮음	높음	높음	낮음
사전구매계약	중요함: 장기계약 이용	중요함: 장기계약 이용	별로 사용 안된다	별로 사용 안된다	별로 사용 안된다

2 가공자재 및 부품

가공자재와 부품(fabricating materials and parts)은 이미 일정한 생산 공정을 거쳐 왔지만 완성품은 못되고 이의 부품이 되는 것을 말한다. 즉 철강은 철판, 실은 천, 그리고 밀은 빵의 가공자재가 되며 지퍼는 옷, 그리고 반도체칩은 컴퓨터의 가공부품이 된다. 이 가공자재와 부품은 계약기간이 길고 횟수가 적어 한 번에 많은 양을 계약하기 때문에 생산자와 소비자가 직접거래를 하는 경향이 많다.

3 설 비

설비품(installations)은 공장, 사무실 등과 같은 건물과 컴퓨터, 엘리베이터, 원동기 등과 같은 고정시설물로 구성되는데, 기업의 생산 및 운영규모에 직접적인 영향을 미친다. 이 설비품은 구매자가 생산자로부터 직접 구매하기 때문에 대체로 협상기간이 길다. 최고 수준의 판매원 판매가 주를 이루며 주로 판매엔지니어(sales engineer)를 이용한다. 거래는 명세서에 의해 이루어지는 것이 보통이며, 판매 후 서비스가 대단히 중요하다. 광고도 이루어지긴 하지만 인적 판매의 비중이 훨씬 더 높다.

4 보조 장비

보조 장비(accessory equipment)는 기업의 생산 공정을 보조하는 것으로 완제품을 위한 부품으로 투입되는 것은 아니다. 이 보조 장비에는 손 도구, 리프트트럭과 같은 공장용 장비와 도구 그리고 책상, 컴퓨터와 같은 사무실용 장비가 있다. 판매는 직접 판매가 일부 이루어지지만 주로 중간상을 통하여 이루어진다. 이는 주문량이 소량인 경우가 많으며 또한 구매자들이 지리적으로 널리 분산되어 있기 때문이다. 품질, 가격, 서비스 등이 제품구매의 주요 요인이 되고 광고도 이용하지만 주로 인적 판매를 이용하여 판매한다.

5 소모품

소모품(operating supplies)은 산업재의 '편의품'이다. 구매하는 데 노력을 아주 적게 들이며 가격은 저렴하고 빨리 없어지는 게 이 소모품의 특성이다. 또한 이들은 완제품생산에 전혀 투입되지 않는다. 제품의 단위당 가격이 낮기 때문에 중간상을 통하여 유통되는 것이 일반적이며 상표선호도가 낮기 때문에 가격과 서비스가 제품구매의 중요한 요인이 된다고 할 수 있다.

내구재, 비내구재 및 서비스

1 내구재

내구재는 소비자들이 여러 번 반복해서 사용할 수 있으며 잘 없어지지 않는 제품으로서 자동차, 냉장고, 세탁기, 의류 등이 포함되는데 인적 판매와 서비스가 수반되어야 하며 판매보증이 잘 이루어져야 한다.

2 비내구재

이는 내구성이 없어 한두 번 사용하면 곧 없어지는 형태의 제품으로서 비누, 신문, 빵, 맥주, 사이다 등이 포함된다. 이러한 제품은 마진을 적게 붙여 쇼핑의 편의성을 최대한 제공해 주어야 하며 대량광고를 통해 소비자에게 접근 상표충성도를 높여야 한다.

3 서비스

서비스는 교환의 대상으로 제공되는 모든 편익과 만족 그리고 행위를 말한다. 경제의 서비스화가 급속히 진행됨에 따라 이의 마케팅전략 또한 대단히 중요함으로 별도의 장을 만들어 보다 심도 있게 다루고자 한다.

3. 제품계열과 제품믹스

제품계열과 제품믹스 개념

제품계열(product line)이란 기업이 생산하는 모든 제품 중에서 물리적 특성, 용도, 구매집단, 가격범위, 유통채널 등이 비슷한 제품의 집단을 말한다. 어느 의류 브랜드에서 [그림 7-4]와 같은 제품구색을 갖추고 영업을 하고 있다고 하자. 이 브랜드는 3개의 제품계열을 보유하고 있는데 넓은 의미로 보면 같은 제품이지만 제품의 사용대상과 용도로 보면 제각기 다르다.

그림 7-4 어느 의류 브랜드 제품믹스의 예

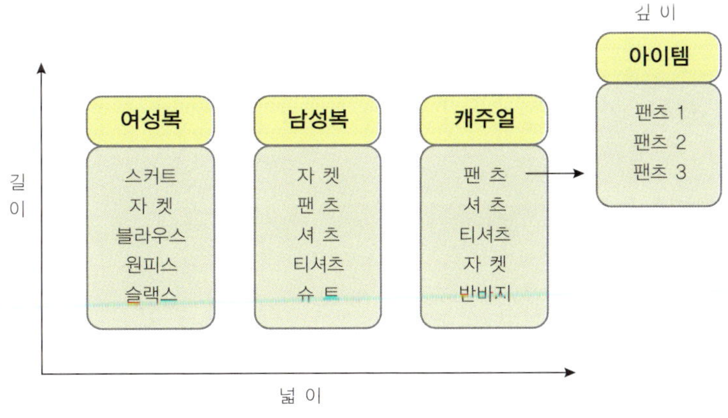

제품믹스(product mix)란 한 기업이 생산하여 판매한 제품계열과 품목(item)의 조합을 말하는데 이를 제품구색(product assortment)으로 이해하면 쉽다.

제품계열과 제품믹스의 개념을 이해하기 위해서는 제품믹스의 넓이(width)와 깊이(depth) 그리고 길이(length)의 개념을 이해하여야 한다. 넓이란 제품계열의 수를 말하며, 길이는 제품믹스 안에 있는 전체 품목의 수를 말한다. 위 브랜드는 모두 세 가지 제품계열(여성복, 남성복, 캐주얼)을 갖고 있기 때문에 넓이는 3이 되고, 제품믹스의 길이는 제품믹스 안의 총 품목수를 합한 수이므로 15가 된다. 또한 우리는 제품믹스의 깊이 개념을 이해해야 하는데 이는 특정 제품계열 안에 있는 특정제품의 종류를 말한다. 위 브랜드의 캐주얼 계열 안에 팬츠아이템이 팬츠 1, 팬츠 2, 팬츠 3으로 구분된다면 팬츠 아이템의 깊이는 3이 된다.

또한 제품믹스의 평균 길이는 제품믹스의 총길이(15)를 넓이(3)로 나눈 값이다. 따라서 5가 이 브랜드의 평균 제품믹스 길이가 된다. 참고로 미국의 K-mart는 15,000여개의 품목을 취급하고 있으며 General Electric사는 250,000여개의 품목을 보유하고 있다.

제품믹스전략

표적시장의 소비자를 만족시키면서 경쟁적 이점을 가진 제품을 지속적으로 제공하기 위해서 마케팅 관리자는 제품믹스를 효율적으로 관리하기 위한 전략을 개발하지 않으면 안 된다. 제품믹스전략은 제품믹스요소(넓이, 깊이, 길이)를 상황에 따라 조정하고 수정 개발하는 것이다.

1 제품계열의 연장

제품계열을 연장하는 전략은 말 그대로 제품계열에 품목을 추가하는 것이다. 이에는 하향연장(downward stretching), 상향연장(upward stretching), 양면연장(two-way stretching)의 세 가지 방법이 있다.

하향연장

이는 고가격 · 고품질의 고급품만을 생산하던 기업이 현재의 품목보다 다소 품질이나 가격이 떨어지는 품목을 제품계열에 추가하는 것을 말한다. 이 하향연장 전략은 소비자들에게 고급품만 만든다는 이미지가 형성되어 명성을 쌓고 있을 때 저가격 · 저품질시장에 진입하면서 고급스러운 이미지를 그대로 살릴 수 있어 좋은 전략이 된다.

세계적인 디자이너 조르지오 아르마니는 기존의 조르지오 아르마니와 엠포리오 아르마니에 이어 아르마니 익스체인지를 전개하면서 하향연장전략을 취하게 되었다.

상향연장

이는 고가격 · 고품질 품목을 제품계열에 추가하여 고소득층 시장을 공략하는 것이다. 기업이 이 상향연장전략을 추구하는 이유는 고급품시장의 잠재력이 충분히 커서 이익을 많이 낼 수 있을 뿐만 아니라 기업의 품위와 명성을 얻고자 함이다. 세계적인 브랜드 랄프로렌은 처음에 넥타이를 디자인하여 판매하다가 여러 종류의 제품을 추가하여 랄프로렌 콜렉션라인으로 상향연장하였다.

양면연장

양면연장은 말 그대로 고급품시장과 저가품시장 양쪽으로 제품을 연장하는 것을 말한다. 이 전략을 추구하기 위해서 기업은 가격인하에서 오는 영향을 충분히 보완할 수 있어야 하고, 또한 기술적으로 산업 내에서 선두그룹에 속해 있어야 한다. 양면연장전략을 가장 성공적으로 수행한 기업은 일본 소니(Sony)사의 워크맨(Walkerman)이다([그림 7-5]).

그림 7-5 Sony사의 양면연장전략

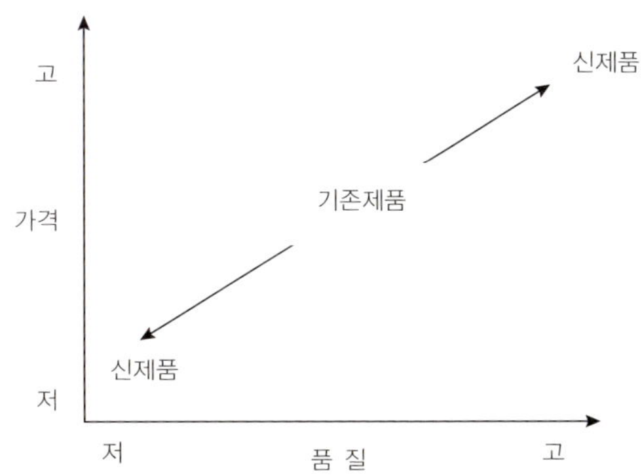

소니(Sony)사의 워크맨은 초기에 중간가격으로 중산층을 대상으로 시장에 출하되었다. 이 품목이 시장에서 인기품목이 되자 경쟁사에서도 앞 다투어 모방제품을 내 놓았고, 이에 소니(Sony)는 하향연장을 시도함과 동시에 상향연장도 시도하였다. 즉 소니(Sony)는 기존 워크맨보다 값이 싼 재생만 되는 워크맨과, 녹음과 재생이 동시에 되면서 리모트 기능까지 가능한 고가격의 고품질 제품을 시장에 동시에 내 놓았다. 그래서 재생만 되는 모델부터 고도의 기술우위 품질에 이르기까지 100여종이 넘는 모델을 생산, 판매하여 개인용 카세트시장의 30%를 점유하였다.

2 제품믹스의 확장

기업은 단순히 제품계열에 품목을 추가하여 제품계열을 연장할 수도 있고, 새로운 제품계열을 추가하여 궁극적으로 제품믹스를 확장하는 전략을 취할 수도 있다. 새로이 추가되는 제품계열은 현재의 제품과 관계가 있을 수도 있고, 없을 수도 있다.

빈폴은 캐주얼의류의 제품의 깊이를 깊게 하여 빈폴 레이디스, 빈폴 키즈, 빈폴 옴므, 빈폴 골프를 계열에 추가시켰다.

FASHION MARKETING TREND

여성 어덜트 캐주얼 고급화 경쟁

여성 어덜트 캐주얼 업체들이 올 하반기 상품 고급화에 나선다. 그동안 유통망 확대 경쟁에 주력해 온 이들 업체는 상품 고급화를 통해 치열해지고 있는 경쟁 상황에서 우위를 선점한다는 전략이다. 특히 다소 비싼 가격대의 블랙 라벨을 기획하거나 수입 라인 신설 등을 통해 저변 확대를 꾀하고 있다.

형지어패럴의 '여성크로커다일'은 올 가을 블랙라벨을 출시한다. 전체 물량의 15~20% 정도를 차지하게 되는 블랙라벨은 고급 소재의 정장 아이템 위주로 기획하고 있다. 가격은 기존 제품보다 20~30% 정도 높은 편이다. 이와 함께 BI와 매장 인테리어, VMD를 전면 교체, 이미지를 업그레이드하기 위한 작업도 본격화하고 있다. 세정의 '올리비아로렌'은 올 여름 선보인 고급 라인을 확대해 추동 시즌 블랙라벨을 출시한다. 전체 물량의 20% 비중으로 구성되며 세미 정장과 단품 이너웨어를 중심으로 가져간다. 가격은 기존 제품보다 약 20% 정도 높여 중가 수준으로 책정했다.

샤트렌의 '샤트렌'은 일부 백화점 매장을 위주로 전개해 온 수입 라인을 별도의 고급 라인으로 확대해 전개한다. 올 가을부터 프랑스의 한 패션 업체와 수입 계약을 체결, 본격적인 출시를 앞두고 있다. 매장 내 상품 비중은 약 20% 정도로 고급 정장 위주로 가져가지만 가격은 기존 백화점 제품에 비해 매우 저렴하다. 수입 라인을 통해 다른 어덜트 캐주얼과의 차별화를 꾀하는 한편 백화점과 가두점 등 유통망별 상품 차별화를 통해 저변을 확대한다는 방침이다. 따라서 상품을 고급화하고 다양화하는 방안을 마련중이어서 치열한 경쟁이 예고되고 있다.

자료: 어패럴뉴스, 2006. 6. 20.

현재의 제품과 전혀 관계없는 제품계열을 추가함으로써 제품믹스를 확장할 수도 있다. 새로운 제품계열을 추가하여 제품믹스를 확장하기 위해 기업들은 새로운 제품계열을 개발하기도 하지만, 기존의 다른 브랜드를 인수하는 방법을 선택하거나 타 기업 혹은 개인과의 전략적 제휴(collaboration)를 활용하기도 한다. 패션기업 LVMH는 성공적인 인수합병을 통해 다양한 럭셔리 브랜드를 보유한 기업으로 성장하였으며, 의류브랜드 쌈지는 전문음악채널 채널 V와 전략적 제휴를 통해 음악프로그램 제작 사업으로 사업영역을 확장하고자 하였다.

제품믹스의 확장은 제품의 구색을 갖추어 다양한 소비자의 욕구에 부응하기 위한 전략인 것만은 분명하다. 그러나 현재의 제품과 관련성이 없는 제품계열을 추가함으로써 제품믹스를 확장하는 전략의 경우, 기업의 기존 핵심역량을 활용할 가능성이 비교적 적기 때문에 기업의 다각화 성장전략들 중에서도 특히 높은 수준의 위험이 수반된다. 맥도널드는 그들이 확보하고 있는 수많은 어린이 고객을 대상으로 아동복이라는 제품계열을 추가하여 사업을 다각화하고자 하였으나, 맥도널드의 아동복 브랜드 '맥키즈(Mckids)'는 결국 실패로 끝났다. 따라서 기존의 제품구색과 새로운 제품계열의 적합성이 고려되어야 하며, 마케팅 관리자 입장에서는 철저하게 비용과 성장성 그리고 이익을 고려하여 결정하여야 한다. 전략적 제휴는 기업의 비관련 다각화 성장전략에 수반되는 이와 같은 위험성을 줄이기 위해 사용되는 대표적인 전략으로, 핵심역량을 공유하여 시너지를 창출하고 비용을 절감하고자 하는 것이다.

FASHION MARKETING TREND

패션업계에 콜레보레이션(Collaboration) 확산

패션업체들이 최근 디자이너와 다양한 콜레보레이션은 갈수록 확산되는 분위기다. 특히 대중성이 강한 볼륨 브랜드의 경우 콜레보레이션이 차지하는 비중이 큰 것으로 나타났다. 이들은 콜레보레이션을 통해 브랜드 가치를 높이는 것은 물론 디자이너의 명성에 의해 이슈를 일으켜 판매율을 높이고 있다.

스타렉스의 캐주얼백 '레스포색'은 최근 친환경을 강조하는 에코트렌드에 맞춰 친환경주의자이면서 동물애호가인 디자이너 스텔라 매카트니와 콜레보레이션을 시도, 별도 라인을 출시하고 환경캠페인을 진행하고 있다. 스텔라 메카트니 라인은 리미티드 에디션으로 100% 재활용 가능한 폴리에스터 소재를 이용해 가볍고 실용적인 것이 특징이다.

자료: 어패럴뉴스, 2008.
그림: http://www.lesportsackorea.com

3 제품믹스의 축소

제품믹스의 축소란 기업이 제공하는 전체품목의 수를 줄이는 것을 말한다. 이 전략은 이익이 낮은 제품계열이나 혹은 계열 안의 품목을 제거하여 보다 이익을 높여보자는 것이다. 기업을 운영하다 보면 이익이 나지 않는데도 불구하고 어쩔 수 없이 그 계열을 유지시켜야 하는 경우가 있다. 하지만 요즈음은 소사장제의 도입으로 특정 제품계열을 종업원에게 주어 독립시킴으로써 기업은 노사분규의 어려움을 탈피할 수 있을 뿐 아니라 골치 아픈 제품계열을 정리하고 있기도 하다. 이 제품믹스의 축소는 자칫 마케팅의 사회윤리적인 문제를 야기시킬 수도 있다.

FASHION MARKETING TREND

콜레보레이션(Collaboration) 마케팅

콜레보레이션이란?

콜레보레이션(Collaboration)은 서로 상이한 것들이 경계를 넘고 만나 발전하고 새로워지는 것으로, 공생마케팅, 코브랜딩(Co-branding), 코마케팅(Co-marketing)의 개념들과 마찬가지로 두 업종 혹은 성격이 다른 두 브랜드 간의 일시적이거나 장기적인 협력을 통해 파트너들끼리 시너지 효과를 창출하게 해서 혼자일 때보다 더 큰 능력을 발휘하게 하는 전략이다. 시장의 급속한 변화, 경쟁심화, 다기능과 복합개념을 요구하는 소비자의 변화에 따라 기업간의 협력이 중요해졌으며, 퓨전, 크로스오버 개념의 확산과 함께 최근 많은 브랜드들이 소비자들에게 새로운 방법으로 접근하기 위해 사용하고 있다.

패션업계 콜레보레이션의 발전과정 및 사례

Stella McCartney + Adidas

최초의 성공적인 패션업계 콜레보레이션으로 질 샌더와 퓨마의 제휴가 주로 언급된다. 질샌더의 모던한 감각이 반영된 퓨마의 새로운 라인은 패션계의 트렌드를 이끌 만큼의 반향을 일으켰으며, 이에 따라 요지 야마모토와 아디다스, 스텔라 매카트니와 아디다스 등 스포츠 브랜드들의 활발한 콜레보레이션이 이루어졌다. 이 외에도 명품브랜드의 대명사로 불리는 루이 비통의 무라카미 백 또한 콜레보레이션의 결과물이며, 미국의 대형할인점인 타깃(Target)과 아이작 미즈라히의 콜레보레이션 또한 성공적으로 평가받고 있다. 이는 콜레보레이션이 고가시장과 저가시장 모두에서 성공적인 마케팅전략으로 활용될 수 있음을 보여주는 것으로, 실제로 다양한 수준과 컨셉의 브랜드 및 리테일러들이 콜레보레이션을 시도하고 있다.

Jil Sander + Puma

제조직매형 의류전문점으로 불리는 SPA(Specialty Store of Private Brand Apparel)형 브랜드들은 콜레보레이션을 적극적으로 활용하여 최신의 트렌드를 저가격에 제공한다는 그들의 마케팅전략을 효과적으로 전달하고 있다. 특히, 스웨덴의 대표적인 SPA 브랜드인 H&M은 샤넬과 평생계약을 맺고 있는 칼 라거펠트, 스텔라 매카트니, 빅터 앤 롤프 등의 하이패션 디자이너들과의 콜레보레이션을 통해 큰 매출성과와 함께 브랜드 이미지를 높일 수 있었다. 이 외에도 영국의 대표적인 하이스트리트 브랜드인 탑샵(Topshop) 또한 유명한 패션모델인 케이트모스와의 스페셜라인을 공동 기획함으로써 큰 성공을 거둔 바 있다.

H&M+Karl Lagerfeld

Topshop+Kate Moss

삼성디자인넷의 보고서 〈패션업계의 성공적인 콜레보레이션을 위한 조건〉에서 제시한 콜레보레이션의 성공조건은 다음과 같다. 첫째, 패션이 다른 이종업계와 콜레보레이션하기 위해서는 타깃이 같아야 한다. 둘째, 패션이 아닌 다른 분야와 콜레보레이션을 진행해 주목을 받기 위해서는 협업하려는 회사나 브랜드의 이미지를 패션브랜드 이미지에 맞게 재탄생시켜야 한다. 마지막으로, 콜레보레이션에는 독창적이며 재미있는 요소를 원하는 소비자의 이목을 집중시킬 만큼의 fun한 요소를 가미하는 것이 중요하다.

자료: 삼성디자인넷

4. 상 표

상표의 개념

이름이 없으면 사람을 구별하기가 어렵다. 이와 마찬가지로 기업이 생산하는 제품이나 서비스에 이름이 없다면 소비자들은 이들을 기억하고 구별하는 데에 어려움이 있을 것이다. 상표란 제품이나 서비스에 붙여진 이름을 말하는데 보다 공식적인 정의는 다음과 같다.

상표란 제품이나 서비스를 경쟁회사의 그것과 구별하기 위하여 붙여진 이름, 상징(symbol), 도안(design) 혹은 이들의 조합을 말한다.

상표를 보다 정확하게 이해하기 위해서는 이와 관련된 아래의 용어들을 알 필요가 있다.

1 상표명(brand name)

상표 중에서 언어로 표현할 수 있는 부분을 말하는데, 예컨대 에버랜드, 서울대학교, 엑셀, KBS 등은 모두 상표를 말하는 것이다.

2 상표마크(brand mark)

이는 상표 중에서 상징, 디자인, 색상 등과 같이 눈으로 알아볼 수는 있으나 발음을 할 수 없는 부분을 말하는데, 나이키의 '스우시'(Swoosh), 아디다스의 삼선 등과 같은 것이다.

3 등록상표(trade mark)

이는 법적 보호에 의해 독점적으로 사용할 수 있도록 허가된 상표를 말한다. 이름의 중복사용과 다른 회사의 유명상표를 도용하는 행위를 법으로 막기 위해서 정부에서는 고유상표를 특허청에 등록하도록 하는데 이때 등록된 상표를 말한다.

4 저작권(copy right)

저작권이란 문학, 음악, 예술작품 등을 독점적으로 제작, 발행, 판매할 수 있

그림 7-6 패션브랜드 상표로고의 예

MARKETING NOTE	상표의 사회학

상표등록은 거의 전쟁에 가깝다. 그리고 상표는 당시의 경제적, 시대적 상황을 반영한다. 우리나라는 1908년에 환약 등의 한약과 연초 29건의 상표가 첫 등록된 이래, 1949년 법률 제71호로 상표법을 제정하여 상표등록제도를 확립하고 있다. 이때 등록한 상표는 모두 12건인데 해방 후 첫 등록상표는 고무신과 운동화의 '天一'이다. 또한 해외상표가 국내에 첫 등록한 사례는 미국의 '라우스형제상사'가 등록하여 74년에 없어진 담배상표 '도미노'이다. 또한 사람이름을 처음으로 상표로 쓴 것은 50년대 후반의 '공병우타자기'였다.

우리나라 상표는 50년대에는 술, 고무신 그리고 우산상표가 주류였으며, 60년대에는 약품과 의류가 주종을 이루었다. 그리고 70년대에는 식품과 위생품이, 80년대에는 잡화, 기계, 섬유, 화공 관련 상표가 두느러졌으며, 90년대에는 각양각색의 상표가 등록되어 사회가 그만큼 복잡 다양해지고 있음을 말해 주었다. 지금도 존속하는 오래된 상표는 50년대에 등록된 '홍아타이어', 대화고무의 '말표', 유한양행의 '유한' 등이 있다. 현재는 매년 4만 여건이 등록되어 세계 8위국으로 성장하고 있다. 한편 해외에서 상표등록전쟁이 가장 치열한 곳은 프랑스인데, 현재 65만개의 상표가 등록되어 보호를 받고 있으며, 기업들은 존재하지도 않는 미래의 상품에 붙여질 이름을 미리 만들어놓고 있는 실정이다. 하지만 등록건수가 65만개임에도 불구하고, 세계적인 상표경쟁에서 멀어지고 있는 것은 사실이다. 오직 '샤넬'만이 40위라는 명성을 유지하고 있을 뿐이다.

는 법적 권한을 말한다. 따라서 본 교과서 역시 누구든지 저자들의 허가 없이 무단으로 복제한다면 이는 저작권을 침해하는 것이 된다.

상표의 중요성

현대와 같이 경쟁적인 기업 환경에서는 서로가 서로의 제품을 모방하여 거의 모든 제품이 비슷하다고 해도 과언이 아니다. 하지만 제품의 이름인 상표만은 경쟁사의 것을 사용할 수 없는 유일한 제품의 한 부분이며 특성이다. 상표는 제조업자, 판매업자 그리고 소비자 모두에게 편익을 제공해준다.

1 제조업자 입장

① 새로운 상품을 효과적으로 시장에 내놓을 수 있다.

② 효과적인 광고로 소비자나 중간상으로 하여금 자사상품에 대하여 높은 상표 충성도를 가지도록 유도할 수 있다. 이는 곧 소비자들의 제품 재구매와 직접적인 연관이 있는데, 상표 없이 소비자의 제품에 대한 충성도를 높일 수 있는 방법은 없다.

2 판매업자의 입장(중간상, 소매상)

① 소비자들은 취급상표의 이미지를 곧 매장의 이미지로 생각한다. 이는 매장에서 어떤 상표를 취급하느냐에 따라 구매자가 결정된다는 말인데, 궁극적으로 소비자들은 자기가 좋아하고 사고 싶은 물건을 취급하는 매장을 찾기 마련이기 때문이다.

② 상품의 취급을 용이하게 한다. 수없이 많은 종류의 상품을 취급하는 중간상이나 소매상의 입장에서는 상품을 구별하는 수단인 상표가 없다면 이들을 판매하고 보관하는 일이 사실상 불가능할지도 모른다.

3 소비자 입장

① 쇼핑의 편의를 제공한다. 소비자들은 상표를 통하여 제품과 서비스를 구별하고 가격과 품질을 구별할 수 있어 쇼핑의 노력을 감소시킨다.

② 특정상표에 대한 자기의 의사를 제조업자에게 간접적으로 전달하는 역할을 한다. 소비자가 좋아하는 상표에 대해서는 반복구매를 통하여 그리고 만족스럽

지 않은 제품에 대해서는 재구매를 하지 않음으로써, 제조업자에게 상표 평가의 결과를 제공한다.

MARKETING NOTE

"절반의 성공" — 좋은 제품 이름

"이름이 판매의 20%를 좌우한다." 자동차업계의 통설이다. 80년대 중반 현대자동차는 처음으로 '소나타'를 내놓았다. 판매실적은 별로 신통치 않았다. "소나타는 차"라는 농담반 진담반 얘기가 나돌면서 차의 이미지가 좋지 않았던 게 큰 요인이었다. 그래서 영어알파벳은 그대로 둔 채 한글이름만 '쏘나타'로 바꿨다. 쏘나타는 지금 중형차의 대명사가 되어 있다. 이는 브랜드의 중요성을 알리는 단적인 사례다. 시장세분화와 개방 확대가 가속화됨에 따라 브랜드 마케팅의 중요도가 점점 커지고 있다. 브랜드 효과와 중요성이 높아지면서 최근 나타나고 있는 특징은 크게 3가지로 요약될 수 있다.

첫째는 브랜드가 문장형으로 길어지고 있다는 점이다. 식품과 음료상품에 특히 많다. '달콤한 겨울홍시', '시원한 겨울배', '내건강에 겨울배' 소위 신토불이형 브랜드들이다.

둘째는 "스트레이트 네이밍" 추세가 강한 것이다. 이는 제품의 성능이나 특징을 브랜드로 사용, 브랜드만 봐도 어떤 제품인지를 알게 해주는 브랜드이다. 주로 가전제품에 많다. '잠잠청소기', '싱싱나라냉장고', '싹싹이', '팡팡세탁기' 등 무척 많다.

셋째는 숫자가 들어가는 브랜드가 부쩍 많아지고 있는 현상이다. 'GS25' '레몬15' '다이어트 700' '남양3.4' '비타 500' 등은 제품성분이나 가격을 브랜드에서 그래도 나타내고 있다.

이 외에 상표명 선정시 주로 사용되는 테크닉에는 다음과 같은 방법들이 있다.

자료: 삼성패션연구소

	Technique	Fashion Brand	FMCG Brand
1	덧셈법	빈폴(Bean+Pole), 마인드브릿지 (Mind+Bridge), 예작(예술+작품)	애니콜(Any+Call), 바디샵(Body+Shop), 롯데리아(Lotte+Cafeteria)
2	뺄셈법	UNIQLO(Unique Clothing warehouse), Swatch(Swiss watch), MVIO(Music&Video), DAKS(Dad+Slacks), Olzen(Oldhand+Zenith), Goldentex(Golden Textile), Hartist(Heart+Artist)	Korando(Korea Can Do), Fedex(Federal Express), Membrain(Member brain), Brite(Bright+Light), Amex(American+Express), Duracell(Durable+Cell)
3	의인화법	마담포라(Madam Polla), 에고이스트 (egoist)	Mr. Pizza, WalkMan, Mr. 바리깡
4	의성어활용법	앙떼떼, 나프나프(NAF NAF), 무냐무냐	Yahoo, WaaWaa, Sizzler Steakhouse
5	좌우대칭법	IOIIOI, XIX, VOV, olive des olive	Coca-Cola, xerox(복사기), NEXEN(타이어)

6	유머활용법		Hamburger University, Please go away(미국관광여행사), 돼지가 고추장에 빠진 날(삼겹살체인), 눈을 감자(감자스낵), 돌려드림론(신용대출 상품)
7	숫자 · 기호 결합법	Storm292513, SS311, A6, TK038, 96NY	All@Card, me:ll, 콘택600, 7UP, 덴탈크리닉 2080, 3M
8	역설법		놀부부대찌개, Poison(향수), Death(담배)
9	연등법		누네띠네, 모메존, 참존
10	문장형	INVU(I envy you), Joinus, Morriscominghome, Visit in New York, She's miss, WHO.A.U	미녀는 석류를 좋아해, 2% 부족할 때, 바나나는 원래 하얗다, 과수원을 통째로 얼려버린 엄마의 실수
11	인명 · 지명 활용법	루이 비통, 페라가모, 샤넬, 프라다, 버버리, KUHO, 손정완, Romanson	메치니코프, 윤선생 영어교실, 민병철 어학원, 김정문 알로에, Hilton호텔, 디즈니랜드, 파리바게뜨, Sillicon Valley Bank
12	상징법	Time, System, Galaxy, Theory, Minimum, Guess	Apple(컴퓨터), Camel(담배), Tomato(은행), SKY(휴대폰), WHITE(여성용품)
13	우리말 기법	쌈지, 진리, 딸기, 마루(MARU), 숲(SOUP)	풀무원
14	제2외국어 기법	엘르(佛: 그녀), 에스쁘리(佛: Spirit), Nautica(佛: Navigation), 까르뜨블랑슈(佛: 백지수표), 몽블랑(佛: 하얀산), 베스띠벨리(佛: 최고의 아름다움), 노튼(악보), Comme des garcons(佛: 소년처럼)	쉐르빌, 뚜레쥬르(佛: 매일매일), EQUUS 자동차(라틴어: 개선장군의 말)
15	신화 기법	나이키(니케), HERMES	박카스(바쿠스), 헤라, 하이페리온, Dios 냉장고
16	이니셜 활용법	FCUK(French Connection United Kingdom), FUBU(For Us By Us), EnC(Easy&Chic), ASICS(Anima Sana in Corpore Sano), OZOC(Own Zone Original Comfort), NII(Newyork Ivyleague institute), TBJ(The Best Jeans), A.P.C.(Atteller de Production et de Creation)	IOPE(Integration Of Plant Extract), IBM(International Business Machine), KFC(Kentucky Fried Chicken), UPS(United Parcel Service)

좋은 브랜드가 되려면 국제화 세계화 이미지가 있어야 하며 어느 나라에서나 부르기 쉬워야 한다. 다른 나라에서 문화적 마찰이 없어야 하는 것도 중요한 브랜드 네이밍 요소이다. 국제화 측면에서 다소 문제가 있는 브랜드로는 '아모레'와 '골드스타'를 들 수 있다. 아모레는 유럽일부에서 '돈을 주고 사랑을 하는 매춘'의 의미로 쓰인다. 골드스타는 미국에서 '전몰장병'의 뜻을 갖고 있다.

상표명의 선정

훌륭한 상표명을 선택하는 일은 결코 쉬운 일은 아니다. 200여개의 기업을 대상으로 조사한 한 연구결과에 의하면 대체로 기업에서 상표명을 선정하는 과정은 [그림 7-7]과 같은 절차를 따르는 것으로 나타났다.

그림 7-7 상표명 선정의 과정

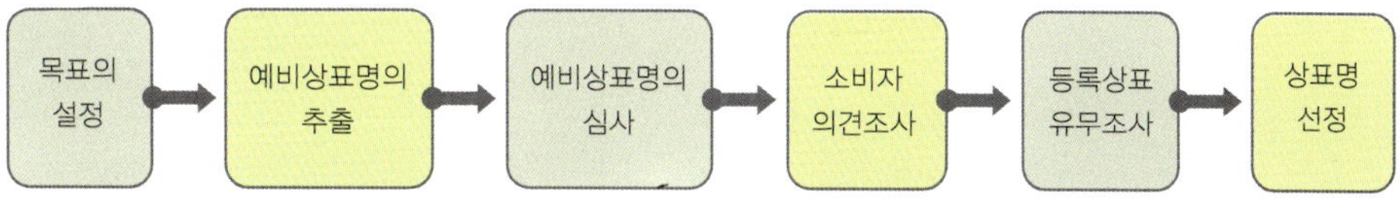

상표명 선정의 첫번째 단계는 상표명의 목적과 선정의 기준을 설정하는 일인데 이 기준은 [표 7-3]에 제시되어 있다. 두 번째 단계는 예비상표를 추출하는 것인데 주로 이용되는 방법은 브레인스토밍(brain storming) 방법으로 여러 명이 한데 모여 가능한 모든 상표명을 일체의 비판 없이 나열하게 하는 방법이다. 세 번째 예비상표명 심사단계에서는 모든 예비상표명을 회사의 이미지와 제품이 추구하는 이미지와 연결되는가를 심사하여야 한다.

소비자의 의견조사에서는 이해도, 지각도, 선호도 등에 이르기까지 전반적인 것을 면밀히 조사하여야 한다. 그리고 등록상표 유무조사를 통하여 지금 개발하고 있는 상표가 이미 다른 기업에 의해 특허청에 등록되어 있지는 않은가를 알아보아야 한다. 이 과정은 소비자 의견조사보다 앞서 실시할 수도 있다. 이상의 단계를 거쳐 최종적으로 가장 이상적인 상표를 선정하게 된다.

훌륭한 상표로 오랜 기간 동안 시장에서 살아남기 위해서는 [표 7-3]에서 제시되고 있는 기준을 충족하여야 함은 물론이다. 이상적인 상표로 소비자들에게 사랑을 받고 있는 상표들은 대체로 아래와 같은 공통적인 속성을 지니고 있음을 알 수 있다.

- 부르기 쉽고, 기억하기 쉽다(예: 애니콜, 참이슬, 이가탄, 아가방, 키미테, 쇠고기라면, 200냥라면).
- 제품이 제공하는 편익을 암시하고 있다(예: 펄샤이닝샴푸, 유니나샴푸, 위장약 위청수, 일회용 라이터 불티나, 화장지의 크리넥스).
- 회사의 이미지와 제품의 이미지가 일치한다(예: 오뚜기 카레, 해표 식용유).

- 등록상표로서 법의 보호를 받고 있다.

표 7-3 상표명 선정의 기준

기 준	응답 비율	기 준	응답 비율
제품편익의 암시	58.5%	발음하기 쉬운 점	14.6%
기억하기 쉽다	46.3%	잠재고객에게 긍정적 암시를 주는 점	13.4%
회사의 이미지와 제품의 이미지의 일치	46.3%	포장 상태와의 조화	6.1%
등록상표의 가능성 여부	34.1%	시대감각	3.7%
광고 및 촉진효과	22.0%	알아보기 쉬운 점	2.4%
독특성 및 경쟁성	22.0%	설득력	2.4%
길이	15.9%		

위에서 제시된 기준과 공통적인 속성을 가진 상표의 개발이 결코 쉬운 일은 아니다. 하지만 일부기업에서는 자사의 상표가 곧 제품을 가리키는 것으로 소비자들이 인식하도록 만들었다. 가장 대표적인 예가 미원(조미료), 제록스(복사기), 크리넥스(화장지) 등이다.

MARKETING NOTE

가장 인기 있는 상표

brandchannel.com은 99개 국가에 분포한 3,600명의 회원들로부터 수집한 '가장 인기 있는 상표 선택(Readers' Choice)'에 관한 조사결과를 다음과 같이 발표하였다: 글로벌상표 부문의 1위는 Google, 아시아 · 태평양 부문의 1위는 Sony, 유럽 · 아프리카의 1위는 IKEA. 지역에 따라 인기 있는 상표가 극명하게 다른 것을 알 수 있다.

지역별 가장 인기 있는 상표

Global	Asia-Pacific	Central & Latin America	Europe & Africa	US & Canada
1. Google	1. Sony	1. Corona	1. Ikea	1. Apple
2. Apple	2. Toyota	2. Bacardi	2. Skype	2. YouTube
3. YouTube	3. HSBC	3. movistar	3. Nokia	3. Google
4. Wikipedia	4. Samsung	4. Havaianas	4. Zara	4. Starbucks
5. Starbucks	5. Honda	5. Bimbo	5. adidas	5. Wikipedia

자료: brandchannel.com, 2007.

상표전략

제품의 명성을 확립하기 위해서는 좋은 상표를 어떠한 방법으로 운영할 것인가를 결정해야 한다. 다음에서는 이와 관련된 의사결정 대안들에 관해 알아보기로 하자.

1 무상표(no brand or generic brand)

오늘날 상표가 부착되지 않은 상품은 거의 없다. 자동차의 앞 뚜껑을 열고 안을 보면 부품마다 제조업자를 알리는 이름이 붙어있는 것을 발견할 수 있고, 심지어 과일이나 채소 등에서도 상표를 흔히 찾아볼 수 있다. 참존 참외, 금메달 수박, 그리고 생산업자의 이름이 붙은 과일이 유통되고 있다. 미국의 Campbell사는 심지어 버섯, 양배추 등 9가지의 채소에 상표를 붙여 판매하고 있다.

하지만 1970년 후반부터 제조업자의 표시가 없는 무상표품(generics)의 사용이 늘고 있다. 이 무상표품은 1976년 프랑스의 Carrefour 슈퍼마켓체인에서 맥주, 과자, 세제 등을 상표 없이 진열하여 싸게 팔기 시작한 것이 최초이다. 이들은 상표가 없고 포장 자체가 아주 평범하며 일반 슈퍼마켓에서 싸게 판매되고 있는 것들이다. 따라서 이러한 제품들은 가격이 최대의 경쟁무기로서 최대한 낮은 가격으로 판매되고 있는데 이 때문에 품질은 대등하거나 다소 낮은 편이다. 이 무상표제품은 종이, 냉동식품, 땅콩버터, 통조림, 일회용 기저귀, 동물용 사료 등과 같이 품질보다는 그냥 아무제품이나 있으면 사용하게 되는 제품들에서 수요가 늘고 있다.

2 제조업체상표와 유통업체상표

상품에 이름을 붙여서 시장에 내놓기로 했으면 그 다음은 제조업체상표(national brand)를 사용할 것인지 아니면 유통업체상표(private brand)를 사용할 것인지를 결정하여야 한다. 삼성, 금성, 현대, 대우, 빙그레 등과 같이 우리에게 잘 알려져 있는 상표는 대부분 제조업체상표이다.

자신이 직접 제조한 상품이라 하더라도 시장 상황이 아래와 같다면 유통업체상표의 사용을 고려할 수도 있다.

- 제품의 성질이 이미 성장기를 지나고 있고 시장이 포화상태에 있는 경우
- 제품이 필수품의 성격을 가지고 있으며 소비자들도 이미 그 제품이 그 제품이라는 생각을 가지고 쇼핑에 임하는 경우

- 유통업체의 규모나 경제력이 월등하기 때문에 소비자들에게 제조업체보다는 유통업체상표로 판매하는 것이 낫다고 생각되는 경우
- 경쟁업체에서 유통업체상표를 이용하는데 이에 보조를 맞추지 않을 경우에 이 유통업체에서 자사제품을 취급하지 않을 우려가 있는 경우
- 소비자들이 낮은 가격을 선호하는 경우
- 유통업체의 판매량이 자사의 생산품 모두를 소화시키기에 충분할 경우

유통업체의 상표를 사용하게 되면 마케팅의 많은 부분이 생산자로부터 유통업체로 넘어가기 때문에 규모가 작고 마케팅자원이 제한되어 있는 기업에서는 오히려 이 방법이 바람직할 수도 있다. 또한 생산설비가 남아도는 경우에 유휴설비를 이용하기 위해 유통업체상표를 사용하는 경우도 흔히 있다.

한편, 유통업체는 다음과 같은 여러 가지 이유로 자기 상표를 사용하기를 희망한다.

- 고객으로부터 차별화된 이미지를 구축할 수 있다.
- 이익의 증대를 가져올 수 있다.
- 자주적인 가격결정권을 확보할 수 있다.
- 자기 시장에서의 지위를 안정시킬 수 있다.

위와 같은 여러 가지 이유에서 최근 백화점이나 대형할인점과 같은 우리나라의 대형유통업체들도 자체상표 개발에 적극적인 태도를 보이고 있으며, 매출 측면에서도 좋은 성과를 보이고 있다. 대형할인점은 물론 백화점에서도 초창기의 자체상표는 주로 가격소구의 측면에 초점을 맞추어 개발되었다. 그러나 최근 자체상표 개발이 양적, 질적으로 성장하면서 점차 고급화와 차별화를 강조하는 전략으로 다변화되고 있으며, 자체상표 개발의 유형 측면에서도 생산개발형 PB와 기획개발형 PB 외에도 독점도입형 PB와 같이 상품개발화의 다양화가 이루어지고 있다.

그러나 유통업체의 PB 개발은 유통업체에게 이점만을 제공하는 것은 아니다. PB 개발에 따른 재고부담의 위험성, 상품관리 및 물류시스템 개선문제와 함께 개발과 운영을 위한 전문 인력 확보의 문제는 유통업체 자체상표 개발 증가와 함께 해결해야 할 당면과제로 떠오르고 있다. 따라서 고객의 신뢰를 구축하기 위해서는 납품되는 제품의 품질관리에서부터 광고에 이르기까지 신경을 써야 할 부분이 너무 많다는 사실 또한 명심하여야 한다.

FASHION MARKETING TREND

빅 3 대형마트 올 PB 매출 4,550억원

대형마트 주요 3사가 올해 패션 PB로 약 4,500억원의 매출을 거둘 전망이다. 상반기 각 사별로 9~19% 신장률을 기록한 PB 매출은 점포 출점과 신규 PB 런칭, 기존 제품 리뉴얼로 상승세를 지속, 지난달 말 현재 10~20% 신장한 것으로 나타났다. 특히, 식품 공산품보다 2배 이상 이익률이 높은 직영의류 매출 증가로 수수료로 운영되는 테넌트 매장의 역신장이 어느 정도 만회되면서 패션 부분에서 PB가 핵심 산업으로 자리를 굳히고 있다.

이마트는 전년대비 20% 신장했다. '이베이직', '샵나인오투'를 전개중인 이 회사는 아이템별 정상 판매율 개선과 작년 하반기부터 영업을 펼친 '샵나인오투' 매장 확대로 올해 외형이 크게 늘었다. 올 추동에도 '이베이직' 남녀성을 대신해 감도를 높인 '데이즈', '헨리브라운' 2개 브랜드와 흥행 직수입 PB '보시니'까지 3개 브랜드를 추가, 매출 신장 폭이 더욱 커질 전망이다. 올해 패션 PB 매출은 전년대비 20% 증가한 2,200억원을 목표로 하고 있다. 홈플러스는 '프리선샛', '멜리멜로', '스프링쿨러', '이지캐주얼'을 전개중으로 상반기 신장률이 8%보다 2% 늘어난 10% 신장을 기록중이다. 이 중 아동복인 '멜리멜로'의 에이지 타겟을 토들러까지 늘린 데 이어 지난 1월 잠실점 오픈을 기점으로 유아라인까지 확대, 고객 폭을 넓혔으며 이너웨어 등 각 복정에 따라 직접 바이어가 해외로 나가 브랜드를 물색, 중고가 프랑스 이너웨어 '로지' 등을 수입해 구성하고 있다. 올해 PB 매출은 25.6% 신장한 1,500억원을 거둘 것으로 전망된다.

롯데마트도 신규 런칭으로 10% 이상 신장률을 유지하고 있다. '베이직아이콘'과 전략기획상품으로 운영되는 '위드윈', 신규 '유엘'을 비롯해 작년 9월 독점 계약을 통해 직수입한 홍콩 란제리 브랜드 '식스티에잇'을 타 이너웨어 제품과 함께 구성해 판매하고 있다. 물량을 2배 이상 확대한 아동이 12% 이상 성장했으며, 남녀성 부분도 전년대비 7~9% 향상했다. 올 매출목표는 850억원이다.

자료: 어패럴뉴스, 2007. 9. 10.
그림: http://fashionbiz.co.kr/BR/?cate=2&sty=T&ste=%C0%CC%C1%F6%BF%AC&idx=100986
http://blog.naver.com/yoshi2yj?Redirect=Log&logNo=110009152572

3 확장상표

상표확장(Brand Extension)은 성공을 거둔 기존의 상표명을 새로운 제품라인 혹은 제품계열에 활용하는 것을 말하는 것으로, 기업이 하나의 상표명을 회사 내 모든 제품들에 적용하는 공동상표전략을 변형시킨 전략이다. 상표확장은 제품라인확장(line extension)과 제품범주확장(category extension)으로 구분된다.

제품라인확장은 기존의 제품계열 내에서 새로운 세분시장을 겨냥해서 개발한 신제품에 기존상표를 확장하여 적용하는 것이다. 여성복 브랜드인 'TIME'이 런칭한 'TIME Homme' 나 '빈폴' 의 '빈폴레이디' 등은 새로운 세분시장을 겨냥한 상표확장전략의 전형적인 예이며, 주로 '쏘나타' 의 '쏘나타 Ⅲ' 나 '앤클라인' 의 '앤클라인 Ⅱ' 와 같이 상표수식어가 사용된다. 특히 상표 이미지의 역할이 중요한 패션브랜드들은 상표확장전략을 활발히 사용하고 있는데, 도나카란의 'DKNY' 나 '조르지오 아르마니' 의 '엠포리오 아르마니', 'AX' 등은 고가의 패션디자이너 브랜드들이 대량판매를 위한 대중적 가격대에 맞는 세컨드 라인에 기존 상표명의 높은 브랜드 이미지를 활용한 예라 할 수 있다. 최근에는 소비의 고급화 경향에 맞추어 제품계열의 하향연장 외에도 상향연장에 상표확장전략을 사용하기도 하는데, 기존상표보다 고가격 고품질을 제안하며 블랙라벨, 블루라벨 등을 도입하는 전략을 사용하고 있다.

그림 7-8 Dolce & Gabbana와 Victoria's Secret의 세컨드라인 D&G와 Pink

FASHION MARKETING TREND

'빈폴' 블랙라벨 추동 출시

제일모직이 '빈폴' 의 고가라인인 블랙라벨을 선보인다. 이 회사는 작년까지 맨즈와 레이디스에서 고가의 컬렉션 라인을 전개했으나, 이를 중단하고 올 추동 시즌 블랙라벨로 바꾸어 새롭게 출시하기로 했다.

블랙라벨은 맨즈와 레이디스를 중심으로 남성 캐릭터캐주얼 '빈폴옴므' 를 포함해 다양한 아이템으로 구성, 감도 높은 캐주얼을 지향하게 된다. '빈폴' 과는 별도의 독립된 매장으로 전개되며, 백화점 주요 점포와 직영점 위주로 유통망을 확대할 계획이다.

이 회사 관계자는 '브랜드가치를 높이고 대중적인 이미지 속에 고급화를 추구하기 위해 별도의 블랙라벨을 구성했으며, 향후 컨셉에 따른 라인 세분화전략을 추진할 계획이다.

자료: 어패럴뉴스 2008. 4. 25.

제품범주확장은 기존제품과 다른 새로운 제품계열에 기존상표를 적용하는 것이다. 예를 들어, 의류제품을 판매하는 아르마니는 가구산업에 '아르마니 까사'라는 상표를 사용하였으며, 많은 패션 디자이너들이 화장품이나 향수 산업에 의류상표를 확장 사용하고 있다. 최근 패션 명품 브랜드인 베르사체가 럭셔리한 상표이미지와 상표명을 그대로 적용한 '팔라조 베르사체 호텔(Palazzo Versace Hotel)'과 세계적인 보석 브랜드 '불가리'의 '불가리 호텔(Bulgari Hotel)'의 예와 같이 디자이너들이 의류 등의 패션제품에 사용한 상표명을 호텔 산업에 확장적용시킨 예도 제품범주확장의 예라고 할 수 있겠다. 이는 패션산업의 중요한 요소인 심미성이라는 유사성을 바탕으로 비교적 상이한 제품계열로의 확장을 꾀함으로써 상표확장의 성공가능성을 높이고자 하는 것이라고 할 수 있다.

호텔상표확장은 기존상표의 이미 확보된 상표인지도와 상표이미지를 활용하고자하는 상표전략으로, 새로운 상표개발에 필요한 비용을 절감하는 동시에 상표간의 시너지를 얻고자 하는 것이다. 기업들은 다음과 같은 목적으로 상표확장을 하고자 한다.

그림 7-9 베르사체 호텔

그림 7-10 아르마니 호텔

- 기존 브랜드의 인지도를 바탕으로 적은 비용으로 단시간에 신제품의 존재를 알리고, 이를 통해 사업 다각화를 꾀한다.
- 시장변화에 능동적으로 대처하기 위해 브랜드를 진화시킨다. 시간이 흐름에 따라 인지도는 높으나 상표 이미지가 노후된 경우, 기존 상표명을 활용한 새로운 상표를 도입함으로써 지속적인 시장세분화를 시도한다.

그러나 상표확장이 장점만을 지니고 있는 것은 아니다. 첫째, 유사성이 결여된 제품들에 동일한 상표명을 사용할 경우, 상표이미지에 대한 소비자의 혼란을 야기시켜 제품의 신뢰성에 타격을 줄 수 있다. 둘째, 새롭게 확장한 제품이 실패할 경우 기존의 모상표의 이미지에까지 부정적인 영향을 미칠 수 있다. 마지막으로, 기존상표와 확장상표 간의 시장세분화가 적절하게 시행되지 않은 경우, 자기잠식 현상의 가능성 또한 잠재되어 있음을 알아야 한다.

5. 포　　장

포장(Packaging)이란 제품을 담거나 담을 용기나 포장지를 만들고 디자인하는 활동으로써 제품관리의 한 부분이다. 과거에 포장은 제품을 보호하기 위한 수단으로만 인식하였으나, 최근에는 포장을 '말없는 판매원'으로 인식하여 판매증진에 크게 이바지하고 있다고 생각을 하고 있다.

포장의 필요성

1 제품의 보호

포장의 기본적인 기능은 제품의 보호에 있으며 이를 우리는 세 가지 유형이 있다.

일차포장(primary package)

제품을 직접 담는 용기를 말하는데 향수병이 이에 해당한다.

이차포장(secondary package)

일차포장을 보호하는 이차포장은 제품을 사용하려고 할 때 이를 뜯어내야 하는 이른바 용기를 싸는 포장이며 의류상품의 경우에는 옷걸이나 옷을 보호하는 Plastic Bag을 의미한다. 일차적인 포장만으로 진열대에 진열하기도 하지만 대부분의 제품이 이차적인 포장을 하여 시장에 나가게 된다.

운송포장(shipping package)

수송 및 저장을 위하여 일·이차포장이 끝난 후 다시 여러 개를 묶어 다시 포장하는 것을 운송포장이라 한다.

그림 7-11 냉장고에 진열된 캔음료 모양의 Uniqlo 패키지

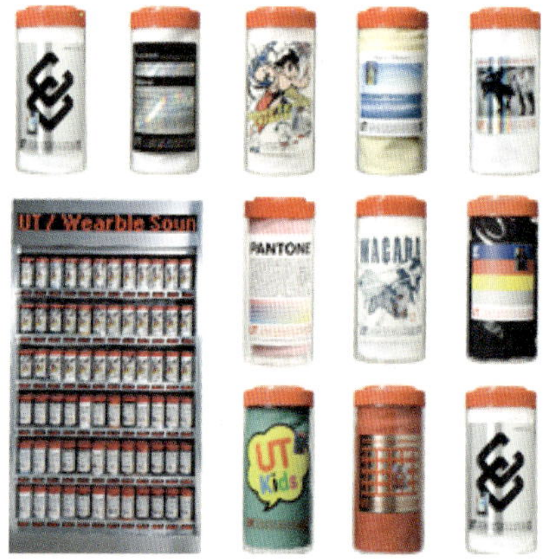

2 효과적인 마케팅활동의 수행

포장은 기업의 아래와 같은 마케팅활동을 효과적으로 수행하기 위하여 반드시 필요하다.

제품의 식별

포장은 소비자의 주의를 유발시킬 수 있도록 시각적인 힘을 지니고 있어야 한다.

제품의 이미지 형성

소비자들은 포장용기의 고급스러움에 따라 제품을 평가할 수도 있다. 따라서 포장은 소비자가 원하는 느낌이나 분위기를 유발할 수 있는 감성적, 감각적 소구력을 지니고 있어야 한다. 술, 향수 등의 제품은 포장이 마케팅의 절반 이상을 차지한다고 할 수 있다. 머리용 기름의 경우 검은 병이나 검은 색상을 사용하고 있다.

정보의 제공

포장의 또 다른 중요한 요소인 라벨(label)을 통하여 기업은 소비자들에게 제품과 관련한 각종 정보를 제공할 수 있다. 라벨(label)이란 포장 위에 인쇄된 제품에 관한 정보를 말한다. 이를 통하여 기업은 제품의 등급을 표시하기도 하고 제품의 사용방법과 주의사항 그리고 제품의 기타 특성을 기술한다. 비디오를 빌리고자 할 때 흔히 표면에 인쇄된 줄거리를 읽고 빌린다.

3 판매량의 증진

포장은 '말없는 판매원' 이란 말이 있듯이 훌륭한 포장은 판매의 증대와 밀접한 관련이 있다. 아래와 같은 포장 방법으로 기업은 판매량 증대효과를 볼 수 있을 것이다.

포장단위의 변경

여러 개를 하나의 포장단위로 하여 판매하면, 한 개씩 판매하는 것보다 훨씬 많은 판매량을 기록한다. 지오다노의 경우에는 티셔츠 세 장을 묶어 한 세트로 포장하여 판매하여 실제로 한 장의 셔츠만 있어도 충분하지만 소비자들은 한 세트를 살 수밖에 없다.

포장의 크기 및 용량의 변경

다양한 크기의 포장용기 개발로 소비자들에게 선택의 폭을 넓혀 줌으로써 판매량의 증대를 꾀할 수 있다.

포장의 공공성

포장에 대한 소비자들의 관심은 날로 증가하고 있다. 이는 포장이 그만큼 사회적인 물의를 빚을 수 있는 가능성이 많기 때문이기도 하다. 따라서 마케팅 관리자는 아래와 같은 포장의 공공성 및 사회성을 고려하여 포장결정을 하여야 한다.

1 포장과 라벨은 공정하며 정당해야 한다

지나친 기업 이기주의에 의한 포장은 때로 소비자들을 혼란스럽게 할 수 있다. 가격비교를 어렵게 한다든지 내용물에 대한 허위기재를 한다든지 하는 행위가 자주 소비사단체들에 의해 고발되고 있는 것은 기업에서 시정하지 않으면 안 될 일이다. 따라서 제품의 제조일, 단위당 가격, 등급, 성분비율 표시 등에 있어서 한 치의 허물없이 정당해야 한다.

2 과다한 비용이 필요하다

대부분의 소비자들은 과대포장으로 인하여 결국에는 제품 값이 올라간다고 생각한다. 실제로 포장의 비용이 내용물의 비용보다 훨씬 많이 드는 경우도 있다.

화장품의 경우가 가장 비난의 대상이 된다.

3 포장은 환경을 오염시킨다

길거리를 다니다 보면 수많은 깡통과 버려진 포장재를 발견하게 된다.

4 자원을 낭비시킨다

회수 불가능한 일회용 포장재의 남발은 결국 자원의 낭비를 초래한다. 이러한 관점에서 회수가능한 포장재를 개발하여야 함은 물론이고 한편으로는 회수 불가능한 용기의 사용을 제한하는 법적 제재가 뒤따를 수도 있다는 사실을 기업에서는 명심하여야겠다.

5 건강을 해칠 수도 있다

플라스틱 용기가 건강에 미치는 악영향에 대해 소비자는 민감한 반응을 보이고 있다. 분무기 형태로 된 포장용기는 인체에 나쁜 내용물일 경우 분무범위를 통제할 수 없기 때문에 건강을 해칠 수도 있다.

MARKETING NOTE

기억에 남는 브랜드를 만드는 최고의 첨병 '컬러마케팅'—포장

티파니의 포장 케이스

브랜드를 성공적으로 만들기 위해 여러 가지 방법이 있을 수 있겠지만, 지금처럼 경쟁제품이 많은 상황에서 가장 중요한 것은 나의 브랜드를 소비자의 '환기조(Evoked Set: 고려 브랜드군)'에 집어넣는 것이다. 이를 위해서는 우리 브랜드가 가장 먼저, 가장 쉽게 사람들의 기억에서 인출될 수 있게 하는 분명한 인출단서의 제공이 필수적이다. 뚜렷한 개성이나 특징이 있는 사람을 쉽게 기억해내는 것과 같은 이치이다.

브랜드 인출단서에는 브랜드 네임, 브랜드 슬로건, 패키지, 심벌, 로고, 캐릭터 등 브랜드와 관련된 모든 정보들이 포함되며, 이들이 강력하게 연합되어 있으면 있을수록 인출은 쉬워진다. 한마디로 일관성이 있어야 한다는 것이다.

티파니의 최고의 브랜드 인출단서는 파란색 통이며, 스타벅스 최고의 브랜드 인출단서는 녹색의 로고이다. 이처럼 컬러는 해당 기업이나 브랜드를 상징하는 강력한 마케팅의 무기이며, 제품 선택에 있어 감성적 요소가 중요해지는 미래에는 그 중요성이 더욱 확대될 것이다.

자료: http://blog.naver.com/megkis/150030061371

6. 제품의 기타 특성

앞서 제품의 정의에서 살펴보았듯이 제품을 이해하기 위해서는 제품과 관련한 기타 속성을 알아야 한다. 아래에서는 이에 대해 살펴보기로 하자.

제품의 오감

제품의 오감이란 제품이 지니는 시각, 청각, 후각, 미각, 촉각적인 요소를 말한다. 이 오감 속성이 상품이나 서비스의 주요한 속성이 되는 이유는 소비자의 제품평가수준이 향상되고 있으며, 또한 제품마다 기술의 격차를 거의 느끼지 못하기 때문에 주로 이 오감적인 요소로 평가의 기준을 삼기 때문이다. 따라서 최근에는 소비자의 오감을 자극하여 마케팅 효과를 높이려는 마케팅활동인 감각마케팅이 활발하게 이루어지고 있으며, 제품 개발에서 오감 중 특정 감각 요소를 강조하는 방법이 주로 사용되고 있다. 그러나 감각마케팅 수행시 특정 브랜드 혹은 제품이 소비자들에게 쉽게 인지되고, 특별한 장기기억으로 머물기 위해서는 브랜드 혹은 제품 고유의 통합된 감각을 제시해야 한다. 이러한 통합된 감각은 소리나 향기 등의 오감 중 하나의 요소가 독자적으로 작용하는 것이 아니라, 오감이 통합적으로 적용되어지는 새로운 감각임을 알아야 할 것이다. 최근, 자동차, 컴퓨터, 전자제품, 화장품, 교통, 건설, 식품, 유통, 교육, 완구, 레저 등의 제품이나 서비스에서 오감적인 요소는 더욱 중요하게 인식되고 있다.

MARKETING NOTE

톡톡 튀는 색, 소비자 감성 '노크'

과감한 컬러를 채택한 이색(異色) 제품이 잇따르고 있다. 카르멘 와인색을 주로 사용하는 삼성전자 '하우젠'의 에어컨과 세탁기 냉장고에 이어 점차 빨간색, 파란색, 청자색 등을 사용하는 가전제품도 늘고 있다. LG전자의 '레드 스팀 트롬 세탁기'는 컬러 마케팅 등에 힘입어 1분기 판매가 지난해 4분기에 비해 80%나 급증했다. 노트북에서는 청색을 도입한 LG전자의 X노트 익스프레스와 소니(Sony)의 바이오 스카이 블루 등이 주목된다. 화장품 브랜드 엔프라니(Enprani)도 검은색 외관을 채택한 슬림 블랙 팩트를 출시, 두 달 만에 10만개나 판매했다.

자료: 한국일보, 2006. 6. 1.

그림 7-12 캐주얼 의류브랜드 WhoAU의 향기마케팅

지금 현재 이 오감속성을 가장 활발하게 연구하는 분야는 자동차이다. 자동차의 경우 과거에는 주행성, 안락감, 승차감 등과 같은 인간의 감성에 의존해 제품을 개발해 왔으나 지금은 이를 오감과 관련시켜 제품을 개발하고 있다. 예를 들면 질감을 나타내는 도장(촉각), 색채(시각), 문을 닫을 때의 소리, 엔진소리(청각), 시트의 냄새(후각) 등에 신경을 쓰고 있는 것이다.

이 오감 가운데 전통적으로 제품의 속성으로 중요시되어 온 것은 시각에 바탕

을 둔 디자인과 색상이다. 따라서 아래에서는 이에 관하여 보다 자세히 알아보기로 한다.

FASHION MARKETING TREND

진 캐주얼, 디자인 마케팅 승부시대

시그니처 · 블루미스티 · TTaL 등 관심 집중

진 캐주얼 업계가 품질과 디자인 마케팅력으로 시장을 장악해 나가고 있다.

중저가 신생브랜드 경우 이 같은 경향은 더욱 심화되면서 고객확보에 총출동하고 있는 등 4~5월 데님 시즌을 겨냥한 마케팅에 열전을 불사르고 있다.

리바이스트라우스코리아(대표 조형래) '시그니처'가 한정판을 출시한 가운데 송승헌을 내세운 마케팅을 한층 강화하고 나섰다.

시그니처 리미디트 에디션은 3종으로 미국 경제 부흥기 젊은 노동자들의 옵티미즘을 반영 빈티지 감성을 최대한 살린 데님 제품, 에디션은 총 1,500장 그 중 국내 소비자들에게 소개될 제품은 Grey, Raw, Indigo 3종을 합쳐 모두 300여 장이 공급됐다.

이미 좋은 반응을 얻고 있어 붉은 스테인 자국과 백 포켓의 리페어 스트치 바지 밑단의 올 풀림으로 인한 빈티지 감성을 잘 살려낸 트렌디한 데님이 인기리에 판매, 조기 소진될 것이라는 소식이다.

이들 외에도 '블루미스티' 'TTaL' 등도 다양한 스타일의 트렌디한 디자인으로 고객 흡수력을 높이고 있어 주목받고 있다.

품질과 디자인 마케팅으로 단기간에 성공브랜드에 안착한 엠케이트렌드(대표 김상택) '버커루' 역시 이러한 노력의 대표 브랜드라 할 수 있다.

'버커루'는 올 시즌 그레이스진(Grace Jeans)을 새롭게 선보이는 라인으로 호응이 크다.

미니멀과 로맨틱 무드를 반영한 블랙 컬러에 섹시함을 가미한 모노크롬 컬러 그레이진이다.

그레이스진은 좀더 럭셔리하고 우아한 디테일로 퀄리티 높은 여성스러움과 Sexy미를 제시했다. 화려하고 섹시하지만 고급스러운 우아함을 표방한 스타일의 진이다.

한편 제일모직에서 영입한 리바이스트라우스 출신의 박장근 씨, 고유한 씨, 홍선표 씨 등 패션분야 거물급 영입 역시 이 분야에서 내로라하는 디자인 마케팅 전문가라는 점에서 시사하는 바가 크다는 분석이다.

자료: 한국섬유신문, 2007. 3. 29.
그림: 패션인사이트

1 제품의 디자인

경쟁회사의 제품과 차이가 나도록 하여 경쟁적인 이점을 누릴 수 있는 하나의 방법은 제품을 아주 독특하게 디자인하는 것이다. 왜냐하면 좋은 상품은 그 자체가 촉진효과를 지니고 있기 때문이다. 좋은 디자인은 사용을 간편하게 하거나 품질을 향상시키고, 외형을 보다 보기 좋게 하거나, 제조비용을 적게 하여 제품의 시장성을 향상시킨다. 대우전자에서는 TV용 리모트 컨트롤을 디자인할 때 간편하게 소리를 높이고 낮추고 하는 음량조절과 채널조절 그리고 켜고 끄고 할 수 있는 기본적인 것만 기존의 리모트 컨트롤에 부착함으로써 대단한 호평을 받고 있다.

2 색 상

색상(color)은 오감 중 소비자들이 제품의 구매를 거부하거나 수용하는 직접적인 원인이 되는 시각적인 요소이다. 빨간색의 피아노, 장밋빛 샤워기, 핑크색 욕조기 등이 신세대 주부들이나 젊은 층에 대단한 인기를 끌고 있다. 하지만 옷, 탁자, 자동차 등의 제품은 거의 모든 기업에서 다양한 색상을 구비하여 시장에 제품을 내놓기 때문에 색상 그 자체가 판매 이점이 되지는 못한다. 이 경우 마케팅 이점은 바른 색상을 아는 것과 색상의 유행이 변하는 시기를 정확하게 아는 것으로부터 나온다.

그림 7-13 컬러 마케팅 사례들

색상과 관련하여 동양철학에서는 태어난 달(月)에 따라 각자에게 행운을 가져다주는 색상과 불행을 초래하는 색상이 있다고 주장한다.

MARKETING NOTE

자신에게 행운과 불행을 가져다주는 색상

색상에 대한 태도는 사람마다 상이하다. 어떤 사람은 검은 색을 즐겨 사용하고 또 어떤 이는 검은 색을 혐오하기도 한다. 한편 이 색상은 일정한 주기를 가지고 유행하기도 하는데 근본적으로는 자기에게 형성된 색상에 대한 태도의 범위를 넘어서지 않는다. 음양과 오행의 원리를 적용하여 색상, 꽃, 보석 등을 분류하고 이를 사람에게 적용한 내용을 요약하면 아래와 같다.

	색 상	꽃	보 석
1월생	행운: 녹색, 청색, 연두색 불행: 오렌지색	행운: 벚꽃, 동백꽃, 매화 불행: 해바라기꽃	행운: 자수정, 사파이어, 오팔 불행: 루비
2월생	행운: 은회색, 보라색 불행: 배추색	행운: 제비꽃, 山丹化 불행: 은방울꽃	행운: 월광석, 에메랄드 불행: 분홍무늬의 瑪瑙
3월생	행운: 진홍색, 노란색 불행: 녹색	행운: 추국(秋菊) 불행: 水菊, 수선화	행운: 다이아몬드 불행: 호안석(虎眼石)
4월생	행운: 청색 불행: 노란색	행운: 장미, 제비꽃 불행: 가을국화	행운: 에메랄드, 사파이어 불행: 다이아몬드
5월생	행운: 청색, 황색, 초록 불행: 붉은색	행운: 들장미, 찔레꽃, 탱알 불행: 도토리, 상수리나무	행운: 에메랄드, 벽옥 불행: 자마노, 터키석
6월생	행운: 흰색, 보라색 불행: 녹색	행운: 백합, 달맞이꽃 불행: 라일락	행운: 에메랄드, 瑪瑙 불행: 루비
7월생	행운: 오렌지, 진홍, 보라 불행: 은백색	행운: 해바라기 불행: 달맞이꽃	행운: 루비 불행: 마노(瑪瑙)
8월생	행운: 노란색 불행: 은회색	행운: 은방울꽃 불행: 제비꽃	행운: 분홍무늬의 마노 불행: 블랙스턴
9월생	행운: 청색 불행: 진홍색	행운: 柴陽化 불행: 雛菊	행운: 오팔 불행: 루비
10월생	행운: 적색, 홍색 불행: 짙은 녹색	행운: 국화, 난초 불행: 제비꽃	행운: 황옥, 오팔 불행: 에메랄드
11월생	행운: 보라색 불행: 진황색	행운: 산나리, 호랑가시나무 불행: 장미꽃	행운: 황옥 불행: 재스퍼
12월생	행운: 짙은 갈색 불행: 보라색	행운: 라일락, 양귀비 불행: 달맞이꽃	행운: 사파이어 불행: 마노

자료: 육갑, 도서출판 도시인, 1991, pp.35~197

보　　증

보증(warranty)이란 판매자가 제품을 판매한 후 일정기간 내에 자기가 판매한 제품에 이상이 생기거나 기대에 미치지 못할 경우에 어떻게 하겠다고 서면으로 약속한 것을 말한다. 보증과 관련하여 마케팅 관리자는 보증의 범위가 완전보증(full warranty)인지 아니면 제한보증(limited warranty)인지를 확실히 하여야 한다. 만일 제한보증일 경우에는 '부품만 보증내용에 해당되며 일반서비스는 해당되지 않는다' 와 같은 보증의 제한사항을 분명히 하여야 한다.

보증기간 또한 대단히 중요한 사항이기 때문에 회사의 보증방침에 맞게 소비자에게 분명히 전달해야 한다. 보통 의류업체의 경우 품질보증기간을 구입일로부터 1년으로 하며 각 기업에서 미리 정해놓은 보상기준에 따라 보상처리를 해주고 있다. 이 보증서비스는 소비자의 구매 후 만족과 긍정적 태도형성에 직접관련이 있기 때문에 기업에서는 세심한 의사결정이 요구되는 분야이다.

고객서비스

제품을 판매하는 일은 단순히 '소비자가 원하는 물건만을 전달하는 것' 이 아니라 '교환과정에서 생기는 모든 것까지도 가치 있게 전달하는 것' 이라고 앞에서 이미 배웠다. 따라서 마케팅 관리자는 소비자가 원하는 서비스는 무엇이며, 이것들을 얼마나 만족스럽게 제공하고 있는가를 파악하여야 한다. 그리하여 지금 현재의 서비스를 유지할 것인지 아니면 개선할 것인지를 결정하고 적절한 조치를 내려야 한다.

요 약

1. 제품은 소비자가 자신의 욕구나 필요를 충족시켜 준다고 인식하는 유형 · 무형속성의 복합체로써 단순한 물체뿐만 아니라 사람, 장소, 서비스, 조직체 등을 포함하며 따라서 제품이란 교환과정에서 소비자가 받는 일체의 편익으로 이해되어야 한다.

2. 제품은 제품의 용도에 따라 소비자제품과 산업제품으로 크게 구분할 수 있으며 소비자제품은 다시 편의품, 선매품, 전문품, 비탐색품으로 그리고 산업제품은 설비, 도구, 원자재, 부품 및 가공자재, 소모품으로 세분된다.

3. 제품믹스(product mix)란 한 기업이 생산하여 판매한 제품계열(product line)과 품목(item)의 조합을 말하며 제품믹스전략은 제품믹스요소인 넓이(width)와 깊이(depth) 그리고 길이(length)의 개념을 이해하고 상황에 따라 조정하고 수정, 개발하는 것이다.

4. 상표는 타사의 제품으로부터 자사의 제품을 구별하기 위하여 붙여진 이름인데 이와 관련한 용어에는 등록상표, 상표마크, 상표명, 저작권 등이 있다. 상표전략은 상표의 사용 여부와 자사상표 대 유통업체상표, 개별상표 대 공동상표의 부착 여부에 대한 의사결정이다.

5. 상표확장(Brand Extension)은 성공을 거둔 기존의 상표명을 새로운 제품라인 혹은 제품계열에 활용하는 것을 말하는 것으로, 기업이 하나의 상표명을 회사내 모든 제품들에 적용하는 공동상표전략을 변형시킨 전략이다. 상표확장은 제품라인확장(line extension)과 제품범주확장(category extension)으로 구분된다.

6. 포장은 제품을 싸는 용기나 기구를 말하는데 소비자의 풍요, 셀프서비스의 증가 등의 요인으로 그 중요성이 날로 더해 가고 있으며 제품의 보호, 효과적인 마케팅 활동의 수행, 판매량 증진에 그 필요성을 두고 있다.

7. 제품디자인과 색상, 보증, 고객서비스 등과 같은 제품의 특성도 마케팅 관리자의 입장에서 세심한 주의를 기울여 계획하고 평가하여 관리하여야 하는 부분이 된다.

생각해 볼 문제

1. 제품의 유형을 분류해 보고 패션제품의 정의를 내려 보자.
2. 선호하는 브랜드의 패션상품을 정하고 그 상품으로부터 제공받을 수 있는 핵심속성, 유형속성, 포괄속성에는 어떤 것들이 있는지 나열해 보자.
3. 제품과 관련된 기타 속성을 알아보고 이를 효과적으로 사용한 마케팅 사례를 찾아보자.
4. 한 패션업체를 선정하여 제품믹스의 넓이, 길이, 깊이의 구조를 그려보자.
5. 패션브랜드의 상표확장 사례를 찾아보고 성공과 실패의 원인을 분석해 보자.

Chapter 8
제품수명주기와 신제품관리

패션과 함께 주로 사용되는 용어로 '트렌드', '패드', '클래식'이 있다.

'트렌드(trend)'는 시장이 변화하는 일반적인 동향, 즉 개개의 단편적인 현상보다는 전체로서의 대세가 흐르는 방향을 가리키는 것으로서, 인구통계적인 변화, 가치관이나 태도, 생활양식 또는 기술 등의 변화에 의해 시장 전반에 점진적이면서도 광범위한 변화를 가져온다. 따라서 트렌드는 변화가 눈에 확 띨 만큼 명확하지는 않으나, 장기적로 볼 때 그 파급력은 매우 크다.

이와 정 반대되는 현상으로 '패드(fad)'를 들 수 있다. 다음의 글을 통해 패드에 대해 보다 자세히 살펴보고자 한다.

2004년은 그 어느때보다 액세서리가 주목받은 한 해였다. 이는 소비자들이 패션의식이 성숙해진데다가 로맨틱 감성의 귀엽고 여성스러운 빈티지 스타일이 트렌드로 떠올랐기 때문이다. 어그부츠(Ugg Boots)를 비롯하여 각종 셔링부츠, 비즈나 스팽글로 장식된 스카프, 폭이 좁고 길이가 길어진 머플러, 복고풍의 헌팅캡이나 스포티한 트러커캡, 화려한 색상과 무늬의 벨트 등은 전국적으로 히트한 아이템들이다.

그런데 이러한 아이템들은 가격이 저렴하고, 단기간에 급속도로 확산되면서 유행주기가 짧은 패드(fad)의 성격을 띤다. 또한 영(Young)층이 주도적으로 이들 아이템을 수용했다는 점에서도 공통점을 찾을 수 있다.

위의 글은 삼성디자인넷(2006)에서 제시한 '2005년 패션시장분석 보고서' 중의 일부 내용이다. 'For a Day'의 첫 글자를 따서 만들었다는 '패드(FAD)'는 원래 '유별난 것을 좋아함, 변덕스런 유행'을 뜻하며, 비교적 짧은 기간 동안 한정된 좁은 지역에 유행되는 것을 말한다. 패션용어로서는 소수의 집단이나 유행현상 자체가 일반적인 눈으로 볼 때 기이하게 생각되는 것으로서, 많은 사람들의 유행으로는 될 수 없는 것을 말한다.

패션현상으로서의 패드의 구체적인 특징은 다음과 같다. 첫째, 확산과정 측면에서 패드는 사용기간이 짧으며 사회 안의 일부 하위문화집단 내에서만 확산된다. 또한, 소개된 후 채택인구의 급격한 증가로 빠르게 확산되면서 유행을 이루나, 상품으로서의 가치를 유지하는 제품수명주기가 짧다. 위의 기사에서 소개된 어그부츠의 예에서와 같이 젊은 층에서만 빠르게 확산되는 특징을 보이는 것이다. 둘째, 스타일 측면에서 볼 때 의복의 디테일이나 액세서리 등 작은 것에서 주로 나타나며 형태가 특이하고 눈에 잘 띄는 것이 특징이다. 어그부츠와 같은 신발이나 모자, 벨트 등이 대표적인 패드 아이템으로 불리는 것은 이러한 패드의 특징을 잘 보여준다고 할 수 있다. 마지막으로 패드는 대중문화나 대중매체 등의 선도에 의해 짧은 기간에 폭발적으로 성장하나, 낮은 가격의 값싼 모조품이 대량으로 공급되어 쇠퇴 또한 급속하게 진행된다. 최근에는 할리우드 스타들의 이미지들이 인터넷을 통해 광범위하게 퍼지면서 이들이 착용한 단품 아이템들과 액세서리들의 복제품들이 동대문시장 및 인터넷 쇼핑몰에서 판매되는 현상 아래의 기사에서 알 수 있듯이, 패션에서의 클래식은 사용되는 기간이 길다는 점과 전통적이고 정형화된 스타일로 주로 나타난다는 특징을 지니고 있다. 또한 착용하는 소비자층이 사회 전반에 폭넓게 존재한다는 점에서 패드와 대조적이다. 이와 같이 클래식 아이템들은 폭발적인 유행으로 떠오르지는 않지만 지속적으로 유지된다는 점이 큰 특징이다. 그러나 경우에 따라서는 특정 시즌의 유행 아이템으로 떠오르기도 하며, 디자인 측면에서도 약간의 변화는 존재한다. 예를 들어, 대표적인 클래식 아이템인 트렌치코트의 디자인의 경우 해당 시즌의 유행에 영향을 받아 다양한 디자인으로 제시되며, 에르메스의 켈리백 또한 다양한 스타일로 끊임없이 변화를 추구한다. 이는 패션을 통해 지속적인 변화를 추구하는 소비자들의 욕구가 패드는 물론 클래식에도 반영되기 때문일 것이다. 패션의 일반적인 확산주기와 비교할 때, 패드와 클래식은 유행 지속기간, 확산속도, 채택자의 수 등에서도 차이를 보인다. 본 장에서는 제품수명주기, 신제품 개발, 신제품의 확산 및 수용과정에 대해서 알아보기로 한다.

이 나타나고 있다. 이는 단기간에 급속도로 확산되는 패드 아이템들의 파급력이 할리우드 스타들의 영향력과 패션 업체들의 단납기 시스템과 결합됨으로써 더욱 커지고 있음을 보여주는 것이다.

'패드'와 정반대의 개념을 지닌 용어로 '클래식'이 있다. 클래식과 패드는 유행으로 지속되는 기간 및 소비자층, 그리고 스타일적인 특성에서도 차이가 있다. 다음은 패션에서의 클래식의 정의를 언급하고 있는 기사의 내용이다.

TV 미니시리즈 '미안하다, 사랑한다'의 여주인공을 통해 젊은 층 사이에 급속하게 확산되었던 어그부츠(Ugg Boots) 스타일

대표적인 클래식 패션아이템으로 꼽히는 에르메스 켈리백과 샤넬 2.55백 등의 명품들이 세계적인 경기불황에도 아랑곳 않고 불티나게 팔린다. 패션에서 클래식이란 뭘까. "패션의 클래식"이란 책의 저자 베아테 슈미트의 정의다.

"패션에도 음악이나 문학에서처럼 클래식이 존재한다. 최고수준으로 만들어진 클래식은 오랜 세월을 거치며 혹독한 날씨를 극복함으로써, 또는 레저 스포츠를 즐기거나 사교 모임을 갖는 자리에서 그 가치를 증명해왔다. 트렌치코트, 폴로셔츠, 샤넬의 미니검정드레스 등이 좋은 예다. 클래식은 생성과 소멸을 반복하며 유기적 전통으로 나타난다."

그는 클래식의 요건으로 시대를 초월한 전통(샤넬 트위드재킷, 넥타이), 생활(발레리나 슈즈, 카디건), 기능성과 품질(터들넥 풀오버, 원더브라), 독창성과 신뢰성(진주목걸이, 레이벤 선글라스), 젊음과 우상(아디다스 오리지널, 캔버스 운동화) 등을 꼽았다.

자료: 동아일보, 2008. 5. 23. | 그림: http://tong.nate.com

1. 제품수명주기

사람이 이 세상에 태어나서 유년기, 청년기, 장년기, 노년기의 과정을 거쳐 마침내 그 수명을 다하는 것과 마찬가지로 기업에서 만드는 제품 역시 일정한 주기를 가지고 자기의 수명을 살아가다가 결국 시장에서 소비자의 외면을 받고 사라진다. 물론 제품이 시장에서 생존하는 기간은 그 제품이 태어날 때 가지고 나오는 특성과 부모인 기업이 자식인 제품을 어떻게 양육하느냐에 따라 각기 다르다. 이와 같이 한 제품이 시장에 처음 나와서 사라질 때까지의 과정, 즉 한 제품의 생애를 제품수명주기(product life cycle: PLC)라 한다.

따라서 이 제품수명주기는 제품의 경쟁적 지위를 기업에 제공하는 대단히 중요한 개념인 만큼 아주 주의 깊게 각 단계를 파악하여 대처해야 한다.

MARKETING NOTE

수요/기술 수명주기(demand/technology life cycle)

제품수명주기를 이해하기에 앞서 우리는 이 개념의 상위개념인 수요 기술 수명주기(demand/technology life cycle) 개념을 이해할 필요가 있다. 우리 인간은 옛적부터 교환행위를 하는 과정에서 계산을 빨리하는 능력에 대한 욕구가 있었다. 이 계산능력에 대한 욕구는 수십 세기에 걸쳐서 무역을 하는 동안 지속적으로 변화하면서 성장하여 왔다. 수요수명주기곡선(demand-cycle curve)은 바로 이 욕구의 변화 정도를 말하는데 아래의 그림에서 가장 높은 곡선이 바로 수요수명주기곡선이다.

수요수명주기는 출현기(emergence: E), 고속성장기(accelerating growth: G1), 저속성장기(decelerating growth: G2), 성숙기(maturity: M), 쇠퇴기(decline: D)의 단계로 구분된다. 계산능력에 대한 욕구는 손가락으로 해결하다가 주판이라는 새로운 기술을 만나게 되고 지금은 소형 계산기에 이은 컴퓨터로 계산에 대한 욕구를 해결하고 있다. 이와 같이 시간의 흐름에 따라 기술은 발전하게 되고 이 발전된 기술은 인간의 욕구를 이전보다 더욱더 충족시키게 되는데, 이 경우 각 기술은 위 그림의 수요수명주기곡선 밑에 있는 T_1, T_2와 같은 수요-기술수명주기(demand/technology life cycle)

를 형성하게 된다. 각 수요–기술 수명주기는 출현기, 고속성장기, 저속성장기, 성숙기, 쇠퇴기의 과정을 거친다.

주어진 수요–기술주기 내에서 당시에 인간이 지니는 욕구를 만족시키는 여러 가지 제품의 형태가 연속적으로 출현한다. 위 그림의 곡선 P_1, P_2, P_3, P_4는 특정 수요–기술주기 내에서 여러 가지 제품형태가 연속적으로 출현하여 일정한 주기를 살다가 사라지는 제품형태 수명주기(product-forms life cycle)를 설명하고 있다. 계산능력에 대한 인간의 욕구를 예로 들어 설명하여 보자. 계산을 빨리 하고 편리하게 하고 싶은 인간의 근본적인 욕구의 수준(수요주기)이 변하지 않고 존재하고 있으면 이를 해결하기 위한 어떤 수단, 즉 기술(technology)이 개발되어 일정기간 동안 인간의 욕구를 충족시킨다(수요–기술주기). 이 기간 동안에 여러 가지의 제품형태(product form)가 출현하는데 이 수요–기술주기 안에서 출현한 제품형태 중 오늘날 사용되는 제품형태는 소형 전자계산기이지만 과거의 제품형태는 단순히 덧셈과 뺄셈 그리고 나눗셈과 곱셈의 기능만을 가진 대형 계산기였다.

따라서 기업에서 기술수요의 변화를 감지하지 못한 특정 상표에만 집착하여 대형 계산기의 마케팅활동에만 신경 쓰다 보면 새로운 기술혁신, 즉 소형 전자계산기에 의해 전체 대형계산기시장을 빼앗기게 된다.

그러므로 기업은 어떠한 수요–기술에 투자를 할 것이며 또한 언제 새로운 수요–기술로 변환해야 하는가를 결정해야만 하는데 안소프(Ansoff)는 이때의 이 수요–기술을 전략적 사업 분야(SBA)라고 부르면서 "기업이 현재 영업을 하고 있거나 앞으로 하고자 하는 시장환경 가운데 아주 독특한 성격을 가진 세분시장"으로 이를 정의하고 있다.

수요/기술/수명주기

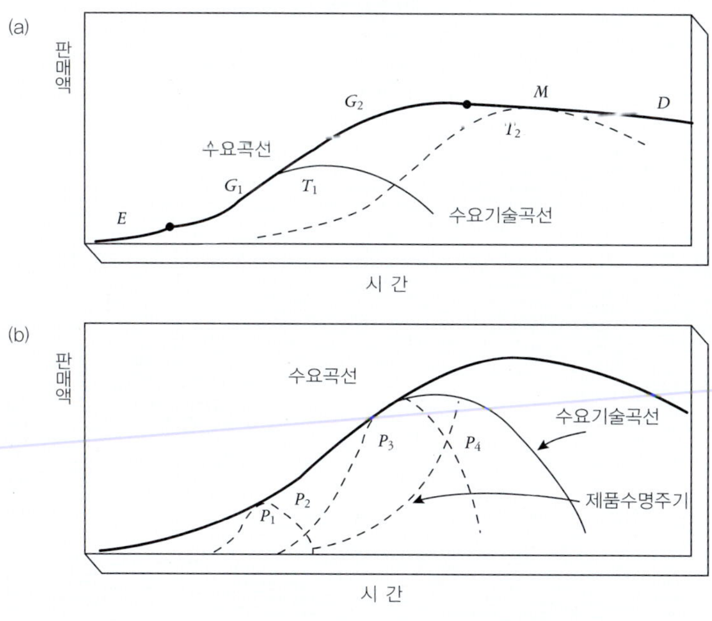

자료: H. I. Ansoff, "Implanting Strategic Management," Englewood ciffs, NJ: Prentice-Hall, 1984, p. 41.

제품수명주기와 단계별 마케팅전략

제품수명주기는 시장에 나온 제품의 판매량의 변화에 따라 대체로 4단계로 나누어지는데 이를 우리는 도입기, 성장기, 성숙기, 쇠퇴기라고 부른다. 전형적인 제품수명주기곡선(PLC)은 [그림 8-1]에서 보는 것처럼 'S' 자 모양을 하고 있지만 여러 가지 모양을 가진 제품수명주기곡선도 많다. 특히 유행이나 스타일에 민감한 제품은 주기가 더욱 독특하다.

그림 8-1 전형적인 제품수명주기곡선

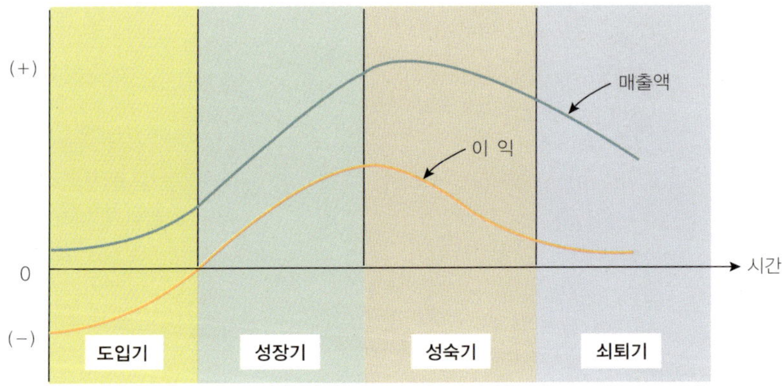

제품수명주기는 각 단계마다 독특한 기회와 위협을 마케팅 관리자에게 안겨주기 때문에 마케팅전략의 수립과 향후 계획의 수립을 용이하게 해준다. 그러면 아래에서는 각 단계별 특성과 가능한 마케팅전략에 대해서 알아보기로 하자.

1 도입기

도입기는 제품이 시장에서 소비자를 처음 만나는 시기로서 판매량이 완만하게 상승하는 기간이다. 이 기간의 특징은 우선 수요가 적다는 사실이다. 그 이유는 기업에서 신제품을 개발하여 처음 시장에 내놓게 되면 소비자는 이 제품을 잘 알지 못하여 반응을 살피게 되고, 또한 기업에서도 제품을 소비자에게 전달하기 위한 유통망을 확보하는 데 시간이 걸리기 때문이다.

또한 이 기간에는 이익이 없어서 손실이 나거나 이익수준이 대단히 낮다. 왜냐하면 이 기간 동안에는 판매량에 비해 광고비와 유통비용이 많이 들기 때문이다.

또 다른 이유를 찾는다면 신제품의 개발에 소요된 엄청난 자금 때문일 수도 있다.

대체로 시장에 처음 소개되는 도입기 제품은 경쟁자가 아주 소수이거나 경우에 따라서는 아예 없을 수도 있다. 따라서 이 기간에는 기본형 제품을 생산하여 기간을 두고 수정 보완하여야 한다.

도입기의 마케팅전략은 주로 가격과 촉진전략에 의존하게 된다. 가격과 관련한 전략대안은 초기에 높은 가격을 받는 것과 낮은 가격을 받는 두 가지 전략으로 요약할 수 있다. 그런데 도입기에는 대체로 초기고가정책(skimming price)을 추구한다. 왜냐하면 ① 경쟁자가 소수이고, ② 제품개발에 따른 비용을 어느 정도 보상받아야 하며, ③ 생산원가가 높고, ④ 높은 판매촉진비용을 충당하여야 하며, ⑤ 대체로 신제품을 조기에 구매하는 사람들은 가격에 개의치 않고 물건을 사는 고소득층이 대부분이기 때문이다. 대부분의 신제품 기업에서는 이 전략을 추구한다(예: 모토로라의 핸드폰, 나이키사의 COMM Wear).

한편 초기저가정책(penetration price)을 추구할 수도 있다. 하지만 이 전략은 특수한 경우, 즉 초기에 시장을 크게 확보하여 경재사가 침입해 들어오는 것을 미리 봉쇄하고자 할 때 사용된다.

또한 이 기간에는 무료견본과 쿠폰을 제공한다든지 아니면 집중적인 광고를 이용하여 자사제품의 존재를 알리는 데 노력하여야 한다. 그리고 유통전략으로는 통상 일정한 지역에 하나의 중간상만을 두는 전속적 유통전략(exclusive

MARKETING NOTE

"모바일 기기는 원래 명품이었다"

10만원이면 휴대폰을 구입할 수 있는 시절이 왔지만 본래 휴대폰은 아무나 가질 수 있는 물건이 아니었다. 국내 첫 선을 보인 모토로라의 다이나텍8000은 가격이 무려 240만원이나 했다. 통신요금 역시 당시 일반 유선전화와 비교할 때 수십 배나 비싸 상위 1%만 사용할 수 있는 명품이었다. MP3플레이어나 디지털 카메라 역시 누구나 가질 수 있는 물건은 아니었다. 누구나 편리하고 좋다는 것은 알지만 일반 워크맨이 더 저렴하고 합리적이었다.

휴대폰 한 대의 가격이 수백만원인 것처럼 MP3플레이어, 디지털 카메라 등의 모바일기기시장에서는 가치 하락이 가장 큰 경쟁자다. 새로운 기술이 발표되면 그를 상용화하는 과정에서 지속적으로 가격이 떨어지고 이로 인해 예전에는 수백만원 하던 노트북이 100만원대까지 떨어지기 때문이다. 이런 경향은 제품에 계속 새로운 기능을 추가하는 것으로 해결할 수 있었지만 현재는 이 방법 역시 여의치 않다. 기술이 가격 하락보다 더 빨리 발전하고 있기 때문이다. 결국 모바일 제품들을 생산하는 기업들은 자사의 모바일 기기를 차별화하기 위해 매스티지 개념을 도입하기에 이르렀다.

자료: http://blog.naver.com

distribution)이나 아니면 몇 개의 중간상을 지정하는 선택적 유통전략(selective distribution)을 추구한다.

2 성장기

성장기는 도입기에 소개된 제품이 소비자들의 만족을 얻어서 널리 알려지고 취급점포 또한 늘어나서 판매량이 급속도로 증가하고 이익이 많이 나는 기간이다. 이 기간은 경쟁사가 시장에 들어와 치열한 경쟁을 시작하는 시점이기도 하다. 따라서 선발기업은 규모의 경제와 경험효과로 가격을 낮추어서 가격경쟁을 하기 시작하고 소매점포를 증가시킨다. 제품을 시장에 내놓은 후 판매성장률이 2년 연속 5%를 넘어서면 일단 성장기에 접어들었다고 판단하며, 판매성장률이 소비자의 소비성장률과 같거나 이보다 적게 되면 일단 이 제품은 성장기가 끝나고 다음 단계로 접어들고 있다고 판단한다.

성장기에 늘어난 이익은 제품의 품질개선과 새로운 모델의 개발에 투자되는 것이 보통이다. 그리고 광고활동은 지금까지의 단순한 제품 알리기 위주에서 강력한 구매유도를 할 수 있는 광고로 전환하여야 한다.

아무튼 이 기간에는 새로운 경쟁사의 침입으로 시장의 규모가 커지게 된다. 선발기업의 입장에서는 추종기업의 시장진입이 못마땅할 수도 있겠으나 실제로 이들이 진입하면 지금까지 사용하지 않던 소비자들이 대거 이 제품을 사용하기 때문에 비록 시장점유율은 초기에 다소 하락할 수도 있으나 전체적인 판매량은 그다지 줄지 않는다.

성장기에는 경쟁사에서 다소 변형된 제품을 가지고 시장에 들어오기 때문에 제품의 품질을 개선하고 새로운 모델을 개발하여야 한다. 또한 경쟁이 심화되기 때문에 시장을 세분화하고 광고를 통하여 자사의 제품을 타사의 제품과 차별화할 필요가 있다. 가격은 시장 경험을 바탕으로 충분히 인하될 가능 요인이 있기 때문에 시장 상황에 따라 가격에 민감한 고객 등을 흡수하기 위하여 가격 인하를 할 수도 있다. 촉진예산은 계속 높은 수준으로 유지하여 상표충성도를 높이는 데 주력하여야 하며, 유통망의 확장을 위하여 새로운 유통경로를 모색해야 하는 것도 이 시기에서 놓쳐서는 안 되는 일이다. 따라서 성장기 후반에는 가능한 많은 유통채널을 확보하는 개방적 유통전략(intensive distribution)이 바람직하다.

FASHION MARKETING TREND

스타일과 유행은 변한다

제품이 일정한 수명주기를 가지고 시장에서 태어나고 사라지는 것과 마찬가지로 유행 및 스타일도 일정한 주기와 수용과정이 있다. 스타일과 유행이 같은 의미로 들릴지 모르지만 이 두 가지는 엄연히 다르다.

스타일(style)이란 예술, 제품, 활동,(노래, 행위, 스포츠) 등에서 나타나거나 형성되는 독특한 양식을 일컫는다. 따라서 어떤 스타일이 하나 창안되면 여러 세대를 거치면서 나타났다 사라졌다 되풀이하게 된다. 자동차에는 세단, 웨건 같은 스타일이 있으며 가구는 로마식과 전통양식 그리고 춤은 왈츠, 고고, 람바다와 같은 스타일이 있다.

한편 유행(fashion)이란 어느 일정한 분야에서 현재 수용되고 있거나 인기가 있는 스타일을 말한다. 따라서 모든 스타일이 유행이 되는 것은 아니며 유행으로 인정되기 위해서는 대중적으로 상당기간 수용되어 인기를 누리는 스타일이어야 한다.

일시적 유행(fad)이란 신속히 대중의 눈에 띄어 인기를 누리다가 아주 빨리 사라지는 특수유행을 말한다. 이 일시적 유행은 신기성과 독특성이 있어 아주 일부 사람들에 의해 수용되는데 보통 강한 욕구를 충족하지 못하거나 잘 충족하여 주지 않으므로 오래가지 않는다. 그러나 어떤 것이 일시적 유행인지 아닌지, 만약 그렇다면 얼마동안 지속될 것인지는 예측하기가 어렵다.

아무튼 유행은 변한다. 가령 술 먹고 노래하는 것이 요즈음 유행인데 이 유행의 수용과정에서 '노래방'이 탄생하여 인기를 누리고 있다. 하지만 '노래방'에서 술을 마실 수 없다는 단점을 보완하여 요사이 '단란주점'이 생겨나고 있다. 이와 같이 술 마시고 노래하는 유행은 지속적인 데 반하여 이의 수단은 일시적일 수 있다 '노래방'은 '단란주점'이란 변종을 낳고 '단란주점'은 또 어떤 일시적인 유행을 창조할 변종을 낳을 수도 있다. 그렇기 때문에 유행과 관련한 사업의 종사자는 이와 같은 일시적 유행이 다음에 어떠한 형태의 변종으로 나타나 것인가를 예측하는 능력이 필요하다고 하겠다.

스타일, 유행 및 일시적 주기

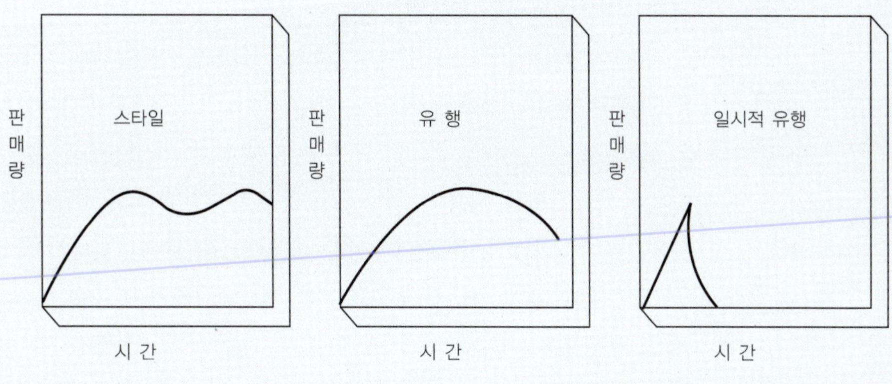

한편 유행의 수용과정은 그림과 같다.

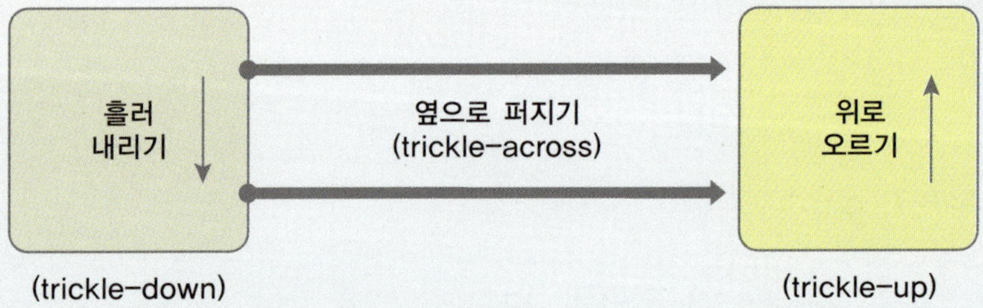

흘러내리기(trickle-down)는 사회의 상층부에서 하층부로 유행이 옮아가는 현상을 말하며 위로 오르기(trickle-up)는 사회의 낮은 계층에서 높은 계층으로 올라가서 퍼지는 것을 일컫는데 요즈음과 같이 대중매체가 발달한 사회에서는 옆으로 퍼지는 유행이 많다. 하지만 청바지, T-셔츠, 재즈 음악 등의 유행은 모두 청소년문화가 위로 퍼져서 전 사회가 수용하는 유행이 된 대표적인 위로 오르기의 예이며 소위 '한국병'이라 일컬어지는 모든 사회악은 흘러내리기의 대표적인 예라 하겠다.

자료: W. J. Stanton, M. J. Etzel and B. J. Walker, "Fundamentals of Marketing," MacGraw-Hill inc., 1994.

3 성숙기

판매량이 급속도로 증가하다가 어느 순간에 줄어들기 시작하여 마침내는 줄어들지도 않고 그다지 늘지도 않으면서 일정한 수준을 맴돌게 되는데 이러한 기간을 성숙기라 한다. 또한 이 기간은 대체로 앞의 두 기간보다 오래 지속되는 게 보통이어서 이익 또한 오랜 기간 향유할 수 있다. 우리가 지금 현재 시장에서 접하고 있는 거의 모든 제품이 이 단계의 제품이라 해도 무리가 아니다. 그러므로 마케팅 관리자의 창의성이 가장 요구되는 기간도 바로 이 기간인 것이다.

성숙기에는 판매성장률의 저하와 경쟁의 심화로 산업에는 과잉설비가 초래되고 이익의 폭은 서로 경쟁적인 가격을 제시하기 때문에 다소 적어질 수밖에 없다. 또한 광고와 판매촉진비용의 부담이 늘어나게 되며 창의적인 기업활동의 일환으로 R&D의 투자가 증가하게 된다. 성숙기 후반에는 경쟁력이 떨어지는 일부 회사가 나가떨어지는 현상이 나타나며 오직 창의적이고 혁신적이며 도전적인 마케팅활동을 수행하는 기업만이 시장에서 선두주자의 자리를 지킬 수 있다.

성숙기의 전략은 판매와 이익의 폭을 증가시킬 수 있는 모든 방안을 전사적인 관점에서 체계적으로 검토해야 한다. 마케팅 관리자는 아래와 같은 물음에 구체적이고 창의적으로 대답함으로써 성숙기의 제품을 효율적으로 관리할 수 있을 것이다.

- 제품의 사용자 수를 확대할 수 있는 방안은 없을까?

- 사용률을 증대시키는 방안은 없을까?
- 제품의 기능적인 성능이나 품질을 개선할 수는 없는가?
- 제품에 새로운 어떤 특성을 첨가할 수는 없을까?
- 새로운 사용용도는 없을까?
- 획기적인 서비스 개선 강화방안은 없을까?

4 쇠퇴기

소비자욕구의 변화, 새로운 기술의 개발, 경쟁사의 활동, 제반 환경요인의 변화 등 기업 내외의 여러 가지 요인으로 인하여 거의 모든 제품이 판매량이 지속적으로 줄어드는 쇠퇴기를 맞이한다. 이익을 맛보던 시대는 지나가고 이때부터 기업도 손해를 경험해야 한다. 쇠퇴하는 속도는 청바지처럼 느린 경우도 있고, 흑백 TV나 일회용 나무젓가락과 같이 빠른 경우도 있다. 제품이 쇠퇴기에 접어들었는지 아닌지를 판단하기란 무척 어려운 일이지만 판매량이 지속적으로 하락하는 경우에는 주의를 기울여야 한다.

이 시기에 경영자가 생각해 볼 수 있는 전략적 대안은 현재의 제품으로 계속 영업을 하는 것과 제품의 생산을 포기하는 것이다. 우선 현재의 제품을 그대로 유지하고자 할 경우에는 마케팅믹스를 조정하거나 제품의 현 위상을 새로이 재정립하여 최소한의 비용만을 투자하는 이른바 수확전략(harvesting)이 바람직하다. 이 수확전략을 추진하는 동안에 판매결정이 어디 또 있겠는가? 하지만 경영자는 과감하게 결단을 내려야한다.

여기서 자칫 감상에 사로잡히거나 과거의 미련에 집착하게 되면 모두를 잃게 된다. 따라서 자체에서 평가요인을 개발하여 이에 의거하여 취약제품을 확인할 필요가 있으며 확인이 끝나면 원인을 분석한 후 단종 시킬지의 여부를 평가하여 최종적으로 의사결정을 하면 된다. 이 과정에서 가장 곤혹스럽게 하는 것은 비록 이 제품이 현재 적자를 내고 있는 품목이라 하더라도 막상 단종시키게 되면 기업 전체의 손해가 줄어드는 것이 아니라 오히려 늘어날 수도 있다는 점이다. 이러한 경우는 대체로 설비와 같은 고정비용 때문에 발생하는데 가능하면 유상으로 관련 설비를 양도하는 것이 바람직하다. 이것이 여의치 않으면 이 제품과 관련한 설비 및 인원을 소 사장제를 이용하여 떼어내 주는 것도 하나의 방법이 될 것이다.

표 8-1 제품수명주기와 단계별 마케팅전략

구 분		도 입 기	성 장 기	성 숙 기	쇠 퇴 기
특성	판 매	낮다	빠른 성장	최고	줄어든다
	비 용	고객당 고비용	고객당 평균 비용	고객당 낮은 비용	고객당 낮은 비용
	수 익	적자	증가	고수익	수익성 쇠퇴
	고 객	혁신층	조기수용자	조기다수 후기다수	최종수용자
	경쟁자	약간	증가	안정 후 쇠퇴시작	쇠퇴
마케팅 목표		제품인지도 증대 및 시용	시장점유율 극대화	시장점유율 방어 및 수익성 극대화	비용 축소 및 상표처분
전략	제 품	기본제품	제품 확장, 서비스, 보증	상표 및 모델의 다양화	경쟁력 없는 제품 퇴출
	가 격	비용 합산 가격	시장 침투 가격	경쟁적 가격	가격 하락
	유 통	선택적 유통	집중적 유통	강력한 집중적 유통	선택적 유통: 비효율적 경로 포기
	광 고	조기 수용자 및 딜러에게 제품인지도 증대	일반 고객들에게 인지도 및 흥미 증대	상표차별성 및 효익 강조	단골고객 유지에 필요한 수준
	판매 촉진	시용을 위한 강력한 판촉	판촉 축소	상표전환을 위해 판촉 증대	최소 수준 유지

2. 신제품 개발

기업의 입장에서 도저히 살릴 수 없는 불치의 병에 걸린 자식만을 쳐다보고 있을 수만은 없는 일이다. 제품수명주기에 따라 적절한 처방을 내려 도저히 소생 가능성이 보이지 않을 경우 가문의 영속성을 위해 새로운 자식을 두지 않을 수 없는 것이다.

신제품의 개념

신제품이란 무엇인가? 어떠한 것을 신제품으로 불러야 하는가? 전기, 자동차, 기차 등과 같은 세기의 발명품들을 우리는 신제품으로 불러야 하나? 그렇다면 자동차의 새로운 모델과 기존의 요리방식이 아닌 새로운 요리법에 의해서 구워지는 양념통닭은 신제품이 아닌가? 신제품에 대한 이와 같은 혼란스러운 이해를 없애기 위해서는 신제품을 아래와 같이 몇 가지 범주로 나누어 이해하면 쉽다.

1 시장에 새로운 원초적 신제품

소비자들의 욕구가 존재하고 또한 진실로 필요한 제품인데도 불구하고 지금까지 시장에 존재하지 않았던 제품을 내 놓은 경우이다. 암 치료제, 발모제 등과 같은 제품이 시장에 나왔을 때는 물론 완전한 신제품이었다.

2 새로운 대체품

기존제품을 수정 개선하였다든지 하여 기존제품과는 크게 상이한 대체품이다. HDTV는 기존의 컬러TV를 대체하는 신제품이며 컴팩트 디스크는 현재 대중화되어 있는 스테레오 기기를 대체하는 신제품이다. 또한 새로운 모델의 자동차

역시 이 범주의 신제품으로 인식하여야 한다.

3 새로운 모방제품

시장에는 이미 존재하지만 자사의 입장에서는 새로운 제품이 모두 이 범주의 신제품들이다. 가령 기존의 라면시장에 'A' 회사가 진출한다면 'A' 회사의 입장에서는 라면이 신제품이 되는 것이다.

위와 같이 신제품을 세 가지의 범주로 나누어 설명하였지만 정말로 중요한 신제품의 기준은 소비자들이 그 제품을 새로운 제품으로 인식하는지의 여부이다.

신제품 개발의 중요성과 어려움

1 신제품 개발의 중요성

"기술혁신 아니면 죽음이다!"라는 말은 현대의 경쟁적인 기업환경에서 기업을 하는 사람에게는 너무도 잘 알려진 교훈이다. 이 말이 의미하는 것과 마찬가지로 신제품 개발의 중요성은 첫째, 기업이 죽지 않고 지속적으로 성장하기 위해서이다. 5년이나 10년 전의 상품으로 혁신제품과 경쟁할 수는 없는 일이며 또한 이익의 일정수준을 유지하기 위해서는 판매량이 줄어드는 쇠퇴기 제품을 대체할 수 있는 신제품을 개발하여 기업이 지속적으로 성장할 수 있도록 해야 한다.

둘째, 소비자들이 상품을 구매하는 데 있어 과거와는 달리 여러 상품을 비교하고 난 후 구매하는 이른바 선매경향이 두드러지고 있다는 사실이다. 따라서 기업에서 경쟁적인 신상품을 개발하지 않는다면 시장에 진열되어 있는 자신들의 상품이 소비자들의 외면을 받을 것임은 너무도 자명한 사실이다.

셋째, 제한된 자원과 환경요인이다. 소비자의 환경과 제한된 자원에 대한 관심의 증가는 기업으로 하여금 이들 요인을 고려한 그린상품(green products) 개발의 중요성을 일깨워 주고 있다. 실제로 최근에는 이와 같은 환경, 건강 그리고 레저용품의 수요가 늘고 있다.

2 신제품 개발의 어려움

포드, 듀퐁(Dupont) 같은 세계적으로 유명한 기업에서조차도 신제품 개발에 실패하여 엄청난 손해를 본 쓰라린 경험을 갖고 있다. 포드는 에드셀의 개발로 3억

5천만 달러의 손해를 보았으며 듀퐁사는 카팜이라는 인조가죽 개발로 한껏 희망에 부풀었으나 1억 달러의 손해를 맛보는 결과를 보았다. 실제로 소비재의 경우 40%, 산업재 20%, 서비스 20%가 신제품의 성공적인 도입에 실패하고 있는 것으로 나타났다. 이는 신제품의 성공적인 개발이 얼마나 위험스러운가를 보여주고 있다.

기업의 입장에서는 아무리 실패율이 높다 하더라도 신제품 개발을 하지 않을 수 없는데 아래와 같은 시장상황은 이를 더욱 어렵게 하고 있다.

- 신제품 개발 과정상에 비용이 증가하고 있다.
- 웬만한 신제품으로는 충분한 이익을 낼 수 없을 만큼 시장이 지나치게 세분화되어 있다.
- 성공한 신제품은 경쟁기업에서 재빨리 모방하기 때문에 신제품의 수명주기가 매우 짧아지고 있다.
- 소비자의 안전과 공공성에 대한 각종 규제가 소비자주의의 증가와 맞물려 증가하고 있다.

FASHION MARKETING TREND

여름여자는 얼음으로 화장한다

지구 온난화의 영향으로 날씨는 갈수록 더 더워지고 있다. 여름 화장품 업계는 이런 계절의 변화를 겨냥, 재빨리 여름 제품을 선보이고 있다.

2006년 여름 화장품 업계 최대의 화두는 얼음화장품이다. 여성 소비자들의 지대한 관심 속에 벌써부터 빅히트를 예감하고 있다. 냉매 액화 가스가 담긴 화장수를 캔 용기에 담아 분사하면 미세한 얼음알갱이가 피부에 닿아 순간적으로 녹아내리는 쿨링 효과로 시원한 청량감과 함께 피부를 깨끗이 정돈해 준다. 한국화장품의 '오션 아쿠아 젤 크림', 에이치 투오 플러스의 '애프터 썬 케어 젤', 태평양의 '마몽드 후레쉬 오이팩'. 따가운 햇볕 아래 흘러내리는 땀은 화장의 제일 큰 적이다. 여름철에는 눈썹과 콧등 부위에 땀과 피지가 과다 분비돼 크림과 파우더가 뒤엉켜 지저분해지기 십상이며, 피부모공을 축소하고 피지를 흡수해 얼굴이 번들거리지 않도록 하는 제품들로 외국에서는 겐조의 '겐조키 바이탈 아이스크림', 러쉬의 '샤워젤'을 선보였다.

자료: http://blog.naver.com/judithk/50005068634
그림: www.ihkcos.co.kr

신제품 개발의 과정

신제품 개발의 절차는 기업이 처한 상황에 따라 각각 다를 수도 있겠으나 대체로 6단계의 절차를 거친다. [그림 8-2]에서 이 6단계를 보여주고 있다.

그림 8-2 신제품 개발과정

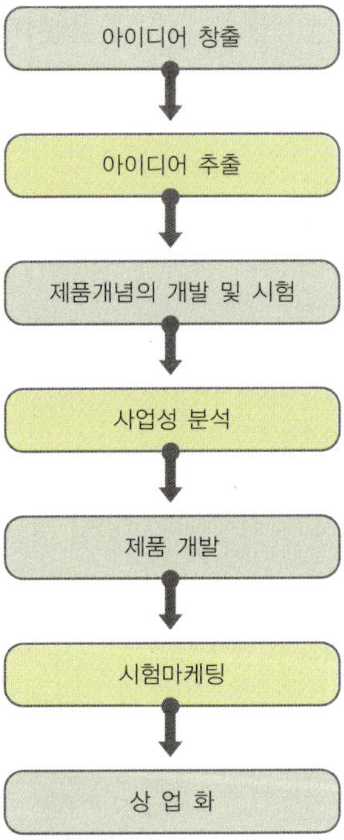

1 아이디어 창출

신제품의 개발은 아이디어를 창출하고 모으는 것으로부터 출발한다. 아이디어를 수집할 수 있는 원천은 크게 비조직적 원천과 조직적 원천 두 가지로 구분할 수 있다. 비조적적 원천이란 소비자, 판매상, 종업원 그리고 경쟁사로부터 우연히 아이디어를 제공받는 것을 일컬으며, 조직적 원천은 기업이 능동적으로 아이디어의 창출을 위해 조직을 구축하고 이로부터 아이디어를 얻는 것을 말한다.

아이디어를 모으고 관리하는 것도 중요하지만 실제로 중요한 문제는 아이디어를 창출하는 일이다. 좋은 아이디어를 낼 수 있도록 도와주는 기법들은 무수히 많을 수 있겠지만 그 가운데 가장 일반적인 몇 가지를 소개하기로 한다.

브레인스토밍

오스본(Osborn)이 창안한 이 기법은 집단창의력을 바탕으로 한다. 전문가보다는 일반인으로 집단을 구성하여 45분에서 1시간 정도의 회합을 가지면서 가능한 많은 양의 아이디어를 내게 하고 아이디어는 또 다른 아이디어를 물고 나올 수 있도록 하여 녹음기에 수록하며 참고하면 된다. 이 브레인스토밍(brainstorming)에는 다음과 같은 지켜야 할 지침이 있다.

- **비판의 금지:** 아이디어를 찬양하거나 비판하는 것은 일절 금물이다.
- **자유분방함:** 엉뚱한 것이 오히려 더 좋은 아이디어가 될 수 있기 때문에 황당하면 할수록 더욱 좋다.
- **양적인 권장:** 가능하면 많은 양의 아이디어가 나오면 나올수록 좋다.
- **아이디어의 결합과 변화의 강조:** 아이디어는 아이디어를 물고 나와야 하며 이들을 결합하고 변화를 준 아이디어가 계속 꼬리를 물도록 하는 것이 바람직하다.

브레인스토밍의 가상적인 예를 아래에서 소개하기로 한다.

우산을 만드는 회사에서 우산의 새로운 사용처와 제품변화에 대하여 브레인스토밍 회의를 했다. "자! 여러분 우리는 가능한 많은 아이디어를 원합니다"라는 사회로 시작하였다. 1시간 동안 시작된 회합에서 무려 60여 가지에 이르는 각종 새로운 사용처와 변종에 대한 아이디어가 쏟아져 나왔다. 그 가운데는 우산의 모양을 삼각형 혹은 사각형, 팔각형으로 하자는 의견에서부터 비올 때는 우산에서 비옷으로 입을 수 있도록 하자는 의견, 여자들이 여름에 양산으로 사용하다 스카프로 변환할 수 있도록 하자는 의견, 실내장식용 우산을 만들자는 의견 등이 포함되었다.

속성목록법(Attribute listing)

이 기법은 기존제품의 주요 속성을 나열하고 이들의 속성을 하나하나 평가한 후에 수정하고 보완하여 새로운 형태의 제품아이디어를 얻는 것을 말한다. 따라서 이 경우에는 제품의 속성에 대하여 계속적으로 질문을 해 나가는 것이 중요하다. 예를 들어 '플라스틱으로 만들어진 제품을 나무나 도자기로는 만들 수 없을까?' '제품이 확대 혹은 축소되면 어떻게 될까?' '다른 속성을 추가하면 어떨까?' '수동으로 작동하던 것을 자동으로 하면 어떨까?' 와 같은 문제를 계속해서 제기해야 한다는 말이다.

FASHION MARKETING TREND

고객 참여 마케팅에 달려 있다

'고객의, 고객에 의한, 고객을 위한' 브랜드들의 기발한 마케팅이 소비자들의 공감을 얻으며 매출 향상에 기여하고 있다. 경기침체로 인해 모든 패션업계 브랜드들이 수익률을 높이기 위한 전사적 판매영업에 총력하고 있는 가운데 고객지향의 상품기획, 영업, 마케팅은 필수다.

고객 지향 브랜드가 되기 위한 첫번째는 바로 '고객의 소리에 귀 기울이자'다. 이를 위해 각 사업 부서에는 '고객에게 직접 물어보라'는 지령이 떨어졌다. 고객과의 긴밀한 커뮤니케이션 전달을 위해 별도의 네트워크 시스템을 개발했으며 다양한 고객 체험마케팅과 프로모션을 제시하는 것도 바로 브랜드의 성공적인 수익률을 기대하기 위함이다. 스프리스, ABC마트, 컨버스, 이엑스알 등 스포츠슈즈 업체들이 프로슈머를 상대로 캔버스 리폼 대회를 매년 개최하고 있으며 대상 작품을 상품화시키고 있다. 참여 작품에 대한 시상으로 소비자들의 적극적인 참여를 유도할 뿐만 아니라 브랜드에 대한 인지도를 확대하는데 효과적인 마케팅으로 성과를 거두고 있다는 분석이다. 캐주얼업계에서도 고객들의 참여를 독려하고 참신아이디어를 상품에 직접 반영해 매출 상승세를 보이고 있는 브랜드들이 주목을 받고 있다. 이랜드의 티니 위니는 학생고객의 바램을 적극 반영해 제작한 날개 하트티셔츠를 올 여름 출시해 대박 행진을 이어가고 있다. 티니위니의 브랜드 네임과 함께 독창적인 캐릭터로 인지도가 높은 디자인을 제품에 직접 활용한 티셔츠는 5월 말 현재 정상 판매율 75%를 넘겼다.

브리티쉬 스트리트 캐주얼 '데얼스'는 고객참여를 극대화하기 위해 마련된 온라인상의 '데얼스 클럽'을 통해 고객을 참여시키는 마케팅을 펼치고 있다. 특히 올해부터 시작한 월별 전략 상품은 고객 참여로 크게 성공한 사례로 '데얼스클럽'에 올라온 대학생 김성철씨의 '푸드 패키지'라는 재미있는 아이디어를 적용한 기획 상품이 최고 인기상품으로 떠올랐다. 1월부터 5월까지 매달 식품 포장 콘셉트의 패키지화된 티셔츠를 출시했는데 전 제품의 정상 판매율이 80%를 넘어섰다. 1월 첫 출시 이후 정례적으로 다음 달 패키지를 논의하는 등 공식적인 모임으로까지 발전되고 있다. 오형석 마케팅 팀장은 "제품의 초기 반응을 파악하는 것에서부터 다음 시즌 제품과 마케팅전략을 직접 질문하고 수렴하는 광범위한 부분까지 고객을 끌어 들이고 있다"고 말했다.

자료: 한국섬유신문, 2006. 6. 23.
그림: www.yonhapnews.co.kr

강제연관법(forced relationships)

이 기법은 여러 물체를 나열하고 이들을 강제로 서로 결합시켜서 새로운 형태의 제품 아이디어를 얻는 것을 말한다. 아래의 가상적인 예를 보기로 하자.

야외용 랜턴(손전등)을 만드는 회사에서 보다 새로운 상품을 만들고자 강제연관법을 이용하기로 하였다. 그래서 시계, 경보기, 라디오, 녹음기, 벌레 쫓는 기계 등과 같은 여러 가지의 물체를 나열하였다. 나열된 이 물체를 랜턴에다 강제로 연관시켜 볼 때 랜턴이면서 위급한 상황에서는 사이렌을 울려 경보기로서의 역할도 하고 또한 가세트겸용 AM · FM라디오로도 사용할 수 있도록 하고 방향제를 집어넣어 야외에서 여름에 벌레까지 쫓을 수 있는 그야말로 다목적용 랜턴을 개발하기로 하였다.

문제분석법

문제분석법(problem inventory analysis)은 기존제품에 대한 여러 가지 사항들을 소비자에게 직접 물어 제품을 개선한다거나 수정하는 방법을 말한다. 다시 말하면 소비자에게 제품의 만족 여부를 묻고 만약 불만족스러운 경우에는 그 문제점을 파악해서 이 문제점이 어떠한 방향으로 개선 혹은 보완되어야 하겠는가를 검토하는 방법을 말한다.

2 아이디어 추출

신제품 개발의 두 번째 단계는 앞에서 수집한 많은 아이디어 중에서 좀더 쓸 만한 것을 추려내는 아이디어 추출단계이다. 이 과정에서는 쓸 만한 아이디어인데도 불구하고 쓸모없다고 버리는 실수(drop-error)를 하지 말아야 하며 반대로 별로 좋지도 않은 아이디어를 좋다고 잘못 판단하여 다음 단계로 내 보내는 일이(do-error) 없도록 해야 한다.

따라서 [표 8-2]와 같은 점검표를 사용하는 것이 바람직하다. 그러나 [표 8-2]를 기준으로 회사의 모든 아이디어를 평가해서는 안 되며 이 점검표는 단순히 의사결정의 도움을 주는 하나의 도구에 지나지 않는다는 사실을 명심해야 한다.

표 8-2 제품아이디어 추출을 위한 점검표

기준	상대적 중요성(1)	평가(2) 1 2 3 4 5 6 7 8 9 0	평점 (1X2)
시장수요기준			
잠재시장			
잠재수요			
제품수명주기			
시장수용기준			
소비자의 욕구			
사용의 편리함			
유통경로			
사회적 고려사항			
법적인 하자 여부			

안전성 사회환경적인 영향			
경쟁적인 요인 경쟁제품과의 차이 특허보호전망			
위험 생산능력 재무상태 이익 및 투자회수기간			

3 제품개념의 개발 및 시험

제품에 대한 여러 가지 아이디어 가운데 심사과정을 거쳐 매력적인 아이디어를 추출하였으면 이제는 이 매력적인 아이디어를 제품개념으로 발전시키고 또 이러한 개념들이 적합한가를 표적시장을 통하여 알아보아야 한다.

제품개념의 개발

제품개념이란 제품아이디어를 소비자의 관점에서 의미를 부여한 것으로서 제품의 편익, 목표시장, 사용법 등을 구체적으로 표현한 것을 말한다. 여기서 중요한 사실은 소비자들이 아이디어를 구매하는 것이 아니라 제품개념을 구매한다는 사실이다.

제품개념의 시험

제품의 개념을 개발하였으면 이들이 적합한지를 표적시장을 통하여 하나하나 알아보아야 한다. 제품개념의 시험을 위해서는 우선 글이나 그림으로 제품개념을 정확하게 설명을 하고 소비자들에게 질문을 통해서 제품의 성공가능성을 예측한다.

이렇게 제품의 개념을 상세하게 설명하고 소비자들에게 아래와 같은 질문을 하여 정보를 얻어 낸다.

- 이 제품의 편익은 분명합니까?
- 이 제품이 귀하의 실제 욕구를 충족시킵니까?
- 종래의 제품과 비교하여 어떠한 이점이 있습니까?
- 제품의 가치에 비해 가격은 적당합니까?

- 어떠한 점이 개선되어야 하겠습니까?
- 만일 이 제품이 시중에 나온다면 귀하께서는 확실히 구매한다.
  구매할 것 같다.
  반반이다.
  구매하지 않을 것 같다.
  확실히 구매하지 않는다.

위의 질문내용 중에서 구매의도를 물은 마지막 질문은 회사에서 앞으로 시험할 각종 개념의 커트라인 점수를 제공해 줄 수도 있다. 다시 말하면 소비자의 35%가 '확실히 구매한다' 라고 대답하고 제품화하여 성공을 하면, 이 35%가 제품개발의 커트라인 점수가 될 수도 있다는 말이다.

제품개념들 중에서 소비자의 시험을 통하여 매력적인 것을 골라낸 상태에서는 잠정적인 마케팅 프로그램을 개발할 필요가 있다. 왜냐하면 여기서 잠정적인 마케팅 프로그램이 수립되어야만 다음 단계인 사업성분석을 원활하게 진행할 수 있기 때문이다.

FASHION MARKETING TREND

DKNY 테스트마케팅 성공적

SK네트웍스(대표 정만원)이 새롭게 전개한 'DKNY'가 성공적인 테스트 마케팅 실적을 거두고 있다. 지난 2월 국내시장의 화려한 부활을 알린 'DKNY'는 청담 직매장 오픈과 더불어 갤러리아, 롯데 본점 등 서울 시내 주요 백화점 7개 매장에서 대중들의 호응을 받고 있다.

기존 내수시장에 알려진 가격보다 합리적인 가격대를 제안, 디자이너 브랜드로서의 마니아층 확보뿐만 아니라 대중적인 브랜드로 친숙함을 더하며 고객층을 확대해 가고 있다. 이달 초 F/W 품평회를 마친 'DKNY'는 올 하반기보다 본격적인 영업에 착수할 방침이다. 서울 중심상권에 포진된 각각의 남성, 여성 매장을 남녀 통합점으로 확대할 계획이며 애초 철저히 지방 상권을 배제한 영업망은 부산 유통으로 지방상권 진입을 추진할 계획이다. 이에 하반기 DKNY 매장은 롯데 본점의 남녀 매장을 제외하고 신세계 강남, 롯데 잠실의 남성 매장 외 여성 매장을 각각 추가할 계획이며 삼성플라자와 갤러리아의 여성 매장 외 남성 매장이 추가된다.

한편, 올 여름 셔벗 컬러의 원피스와 에이라인의 홀터넥 원피스가 크게 인기를 끌면서 매출을 주도하는 효자 아이템으로 주목받고 있으며 이달 말부터 다음달 말까지 한 달 간의 시즌오프 행사로 매출 상승세를 이어갈 전망이다.

자료: 한국섬유신문, 2006. 6. 9.

4 사업성 분석

이 단계에서는 앞의 단계에서 가장 매력적이라고 판명된 제품개념을 상품화하였을 때의 판매량과 비용 그리고 수익률을 규명한다. 신제품의 판매량을 예측하는 데는 그 예측기간이 문제가 된다. 왜냐하면 예측기간이 길면 길수록 예측하기가 더욱 어려워지며, 또한 판매시간이 경과함에 따라 초기구매와 반복구매의 판매량을 모두 예측해야 한다는 어려움이 따르기 때문이다.

1. 개념시험에서 '확실히 구매한다' 라고 대답한 비율을 사용한다.

광고와 촉진, 유통경로, 제품의 계절성 요인 그리고 제품 부류에 대한 편견 등의 모든 정보를 제공한 상태에서 '확실히 사겠다' 라고 응답한 사람들의 비율로 측정한다.

2. 개념분석 경과를 가지고 컨조인트 분석을 실시한다.

광고와 촉진, 유통경로, 제품의 계절성 요인 등의 모든 정보를 제공한 후에 제품을 구매할 것이라고 가장 높은 선호를 보인 제품개념에 응답한 사람의 비율을 측정한다.

소비자들이 초기에 어느 정도 구매할 것인가를 예측하는 방법에는 아래의 두 가지 방법이 있다.

반면에 아래에 소개되는 두 가지의 예측방법은 초기구매와 반복구매 모두를 예측할 수 있다.

3. 이미 소개된 유사한 제품의 판매량을 이용한다.

비슷한 시장에서 비슷한 제품을 마케팅하는 경우에 제품의 마케팅 프로그램의 차이점을 제시하여 기존의 제품과 비교하여 얻을 수 있는 판매량을 예측한다.

4. 과거자료 회귀모델을 이용한다.

판매량에 대한 예측이 어느 정도 이루어졌으면 다음에는 비용과 수익률을 추정하여야 한다. 비용은 연구개발, 제조, 재무부문과 협의하여 이들 모든 부문의 비용이 함께 추정되어야 하며, 자본의 추가소요로 인하여 발생할지 모르는 자본조달 비용 역시 비용에 포함되어야 한다는 사실을 잊어서는 안 된다. 이렇게 추정된 판매량과 비용을 근거로 최종적으로 수익률을 추정하게 된다.

5 제품 개발

신제품의 개발과정중 가장 많은 시간과 비용이 요구되는 단계가 바로 이 단계이다. 이는 지금까지의 단계를 성공적으로 통과한 아이디어를 제품으로 구체화 시키는 작업을 하여야 하기 때문이다. 따라서 이 단계에서는

- 제품의 디자인을 설계하여 평가하여야 하고,
- 시제품을 만들어야 하며,
- 상표명을 선택하여야 하며,
- 포장방법을 개발하여야 한다.

따라서 이 단계에서는 이 앞의 어느 단계에서보다 마케팅부서와 R&D부서 사이의 긴밀한 협조가 이루어져야 한다. 왜냐하면 시제품을 완벽하게 만들기 위해서는 소비자의 욕구와 인식상태는 물론이고 제품의 기능적인 면 역시 고려되어야 하기 때문이다.

연구개발인원과 마케팅인원의 협조 아래 소비자의 욕구에 바탕을 둔 시제품 제작이 완료되면 이 시제품을 다시 테스트해야 한다. 이때에는 제품의 안전도와 성능을 알아보기 위한 기능테스트와 소비자의 반응을 알아보기 위한 소비자테스트를 동시에 실시하여야 한다.

이러한 협조과정과 테스트 과정 때문에 신제품을 개발하는 데는 상당한 규모의 비용과 시간이 투자되지만 엄청난 시간과 비용을 투자하여 어렵게 만든 이들 신제품은 오늘날까지도 소비자들에게 없어서는 안 되는 제품으로 사용되며, 기업들에게 몇 백배의 이익을 돌려주고 있나.

6 시험마케팅

시험마케팅(test marketing)이란 정해진 장소와 기간 동안에 개발된 신제품을 내 놓고 이 제품에 대한 마케팅전략의 효과와 소비자 및 판매자들의 반응을 살피는 것을 말한다. 따라서 시험마케팅을 실시하면 아래와 같은 혜택을 누릴 수 있다.

- 판매 및 이익에 대한 예측을 보다 정확하게 할 수 있다.
- 제품을 누가, 언제, 얼마나 자주 사는지를 알 수 있다.
- 마케팅믹스전략을 보다 정확하게 평가할 수 있다.
- 신제품의 경쟁적인 지위를 파악할 수 있다.
- 미처 발견하지 못한 제품의 결함을 챙길 수 있다.

시험마케팅은 제품의 유형과 시장상황에 따라 여러 가지 다른 방법으로 테스트 될 수 있다.

표준시장 테스트(standard market test)

이 방법은 전국시장을 대표할 수 있는 몇 개의 도시들을 조사대상지역으로 선정하고 도/소매상들에게 제품을 공급하여 실제상황과 같게 가격도 책정하고 광고 및 판촉을 실시하여 테스트하는 방법이다. 하지만 이 방법은 아래와 같은 몇 가지의 문제점을 갖고 있다.

- 보통 1년에서 3년 정도의 오랜 조사기간이 소요된다.
- 비용이 많이 든다.
- 경쟁사로부터 방해를 받을 수 있으며 아울러 이들에게 모방의 시간을 줄 수도 있다. 테스트 상품을 경쟁사가 고의로 많이 산다든지 하면 엉터리 정보를 얻게 되어 나중에 큰 낭패를 볼 수도 있다.

MARKETING NOTE

히트상품의 비결은?

상품을 히트시키는 것은 마케팅의 최종목표이다. 때문에 기업은 히트상품을 하나 내기 위해 온갖 전략을 구사한다. 상품종류, 시장성격, 소비자 타깃층 등에 따라 마케팅전략은 천차만별이다. 국내에서 히트만 24개 상품의 히트요인을 마케팅 측면에서 분석해 보면 대부분 시장을 세분화시킨 상품들이었다. 특히 상품성공의 열쇠인 차별화를 "기술, 디자인, 유통경로"에서 찾았다. 여기에다 환경과 건강 같은 사회 또는 대중의 관심사에 맞춰 시너지 효과를 거둔 히트상품들이 많았다. 또 유통이 성공을 좌우하는 음료와 맥주의 경우 소매점에 대한 루트판매 및 지원을 통해 취약한 도매시장을 역으로 확보해 들어가는 풀 전략을 실시해 성공한 제품들이 많은 것으로 나타났다.

조사대상이 된 24개 히트상품들의 마케팅전략에서 가장 많이 이용된 요소는 "소비자 의식구조와 소비행태 분석"으로 24개 상품 모두가 이를 적용했다. 그 다음으로는 디자인차별화가 11개로 상품디자인에서 경쟁제품과 차별화를 꾀했다. 다음은 고가전략(9개), 사회관심사부응(6개), 유통경로차별화(5개) 순으로 마케팅의 전략요소로 채택되었다. 가장 적게 이용된 것은 경쟁제품이나 선두제품을 따라하는 모방마케팅(2개)이었다.

통제시장 테스트(controlled store test)

이 방법은 시험마케팅을 원하는 회사에서 시험하고 싶은 지역과 매장수를 정하여 조사전담회사에게 알려주면 조사전담회사에서 자기가 확보하고 있는 소매점포망을 이용하여 시장을 테스트하는 방법이다. 이 방법은 표준시장 테스트와 비교할 때 우선 기간과 비용 면에서 이점이 있는 반면에 소비자 판넬을 사용하기 때문에 표적시장을 대표할 수 없다는 점과 표준시장 테스트와 마찬가지로 조사기간중에 경쟁사에게 노출될 수 있다는 단점이 있다.

모의시장 테스트(simulated market test)

이 방법은 소비자들이 많이 모이는 곳에 시험매장(laboratory store)을 설치하여 놓고 이곳으로 소비자들이 오도록 하여 이들을 상대로 소규모의 시험마케팅을 하는 것이다. 이 시험매장에는 시험대상제품을 기존의 여러 경쟁사제품과 섞어 진열하여 놓는다. 그리고 참여소비자들에게 신제품에 대한 광고물을 보여주고 얼마의 돈을 지급한다. 그리고는 이들이 그 모의상점에서 실제로 어떠한 물건을 사는지를 살펴보는 것이다.

신제품을 구매한 고객에게는 구매동기를 물어보고 구매하지 않은 고객에게는 그 이유에 대해서 물어본다. 그리고 고객들에게는 몇 주 후에 신제품 사용 결과 및 재구매의사를 물어보고 신제품에 대한 시장 반응을 알아본다. 이 방법은 우선 비용이 적게 들고 경쟁사에게 노출되지 않으며 비교적 결과를 빨리 알 수 있다는 장점 때문에 최근에 인기가 급상승하고 있다.

7 상업화

위의 여섯 단계를 거쳐 어떤 신제품 아이디어가 성공할 것이라는 확신이 서면 이제는 이것을 본격적으로 생산하여 시판하는 상업화의 단계로 들어가게 된다. 이 단계에서도 경영자는 다시 한 번 이 신제품의 성공가능성을 가늠해 해보아야 한다. 왜냐하면 비록 시험마케팅까지 성공적으로 통과한 제품이라 하더라도 시장에서의 실패율이 35%에 이르고 있기 때문이다.

신제품의 도입 시기는 계절상품인 경우 이에 맞추어야 하고 또 신제품이 기존 제품의 판매량을 많이 잠식할 것 같으면 다소 연기할 수도 있다. 또한 신제품을 한 번에 전체 목표시장에 소개하는 대신에 한 지역씩 점진적으로 소개해 나감으로써 제품의 도입기 문제점을 해결함과 동시에 실패의 부담을 줄일 수도 있다.

신제품이 이상의 단계를 거쳐 시장에 출시가 되면 제품으로서의 생명을 가지고 태어나 수명주기의 도입기를 맞이하게 되는 것이다.

MARKETING NOTE

공통적 실패요인과 성공요인

신제품과 관련하여 이것은 성공이고 저것은 실패라고 확실하게 구분할 수 있는 표준적인 잣대는 없다. 하지만 모든 면에서 경영자가 최초에 기대했던 만큼의 수준에 이를 때 우리는 이를 '성공적이다'라고 보통 이야기하고 반면에 기대치에 미치지 못할 경우에는 '실패다'라고 단정한다. 그러면 가장 공통적으로 인식되고 있는 성공과 실패의 요인은 어떠한 것인지 알아보기로 하자.

실패요인	성공요인
· 제품의 독특성과 우월성의 결여 · 시장의 세분화, 위상정립, 예산, 신제품 개발 과정에 대한 계획성의 결여 · 부적절한 도입 시기 · 디자인, 기술상의 어려움, 제조기술과 같은 기술적인 문제 · 개발과정에 있어서 객관성의 결여 · 예기치 않은 생산비용의 증대 · 경쟁 정도의 저평가 · 조직의 신제품 개발에 대한 낮은 관심도 · 정부의 규제정책	· 제품 자체의 경쟁적인 이점 · 시장조사, 사업 · 재무분석 등과 같은 신제품 개발 전 활동의 탁월성 · 기술 및 생산능력 · 탁월한 시장관련 활동 · 프로젝트와 회사의 자원 그리고 R&D능력 등이 잘 조화됨 · 시장이 크고 성장률이 높은 경우

3. 패션 머천다이징 과정

패션 머천다이징은 의류업체가 자사의 목표를 달성하기 위해 시즌별로 상표 이미지나 브랜드 콘셉트에 맞게 신상품을 기획하고 생산하여 계절에 앞서 제공하는 것이다. 패션 머천다이징 과정은 아래 그림과 같이 일반적으로 11단계를 거치게 되며, 이는 크게 정보 분석, 상품기획, 디자인 개발, 생산, 유통 분야로 구성된다. 각 분야의 업무는 상호보완적 관계를 가지며 동시에 진행되기도 한다. 의류업체의 신상품 기획주기는 업체에 따라 다소 차이가 있으나 소비자의 욕구가 다양해지고 유행주기가 점차 짧아지면서 과거 1년에 2회(S/S&F/W)에서 1년에 4회(Spring, Summer, Fall, Winter)로 이루어지다가, 최근에는 월별 또는 주별 단위로 상품 기획주기가 점점 단축되고 있다.

정보수집

오늘날 여러 가지 정보매체를 통해 다양한 정보가 제공되고 있다. 정보는 미래 정책을 입안하고 전략을 수립하기 위한 주요 자료이다. 상품기획은 다음 시즌을 위한 현재 상태에서의 예측으로 이루어지기 때문에 패션예측의 정확성은 패션산업의 가능성을 높여주고 추진력을 강화시키는 역할을 한다. 따라서 패션 기업에 영향을 미치는 다양한 정보수집이 필수적이다. 패션관련 정보에는 기업을 둘러싸고 있는 외부환경정보, 패션정보, 시장동향정보, 소비자정보, 판매실적정보, 국내외학술정보, 관련 산업 부분 정보 등이 있다.

1 거시적 환경정보

국내·외의 정치, 경제, 사회, 문화정보, 문화예술의 발전 동향, 산업구조의 변화, 인구통계학적인 변화, 생태학적 변화 등 사회 전반에 관한 정보로서 기업에 간접으로 영향을 미치고 있는 정보를 말한다.

그림 8-3 패션 머천다이징 과정

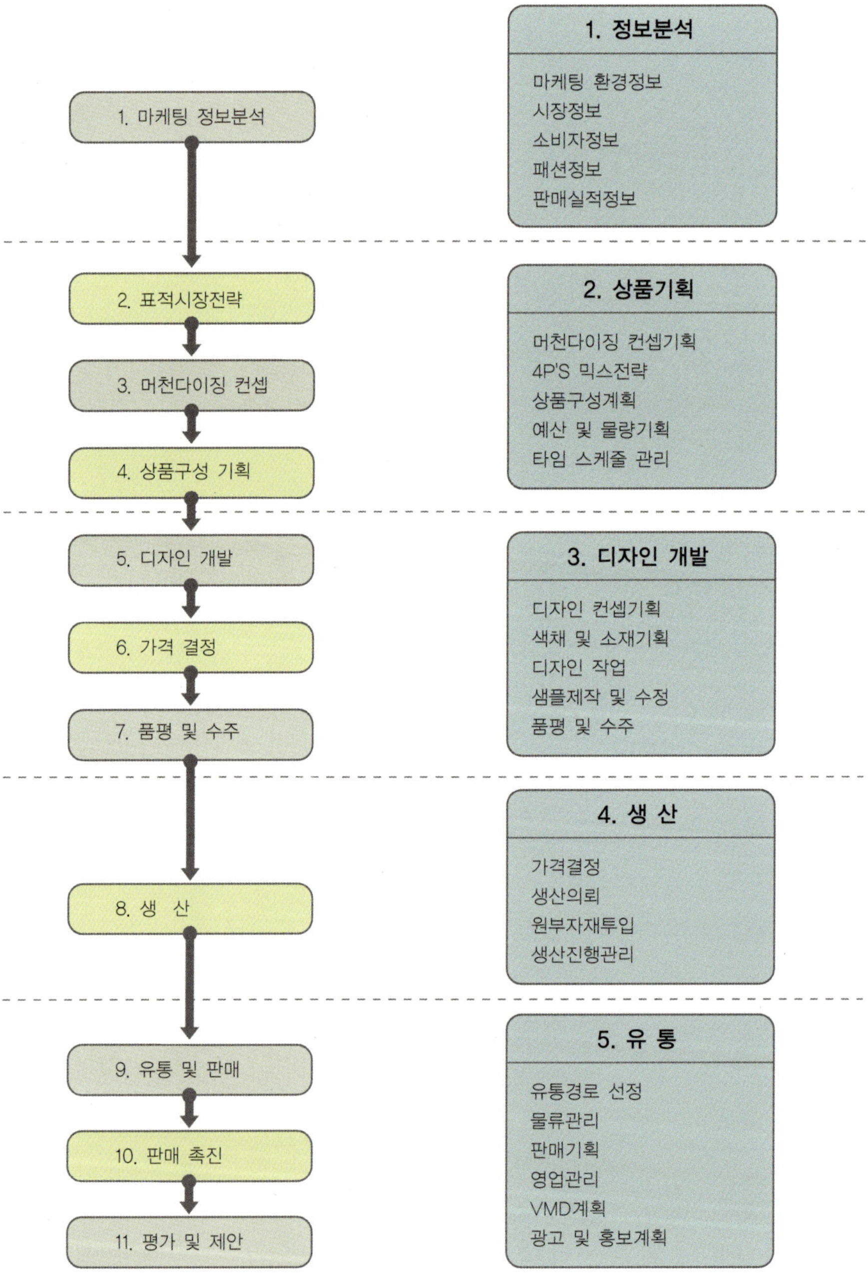

2 패션정보

패션에 관한 정보는 국내외 패션정보지, 패션잡지, 뉴스, 해외지사, 모니터, 패션관계 행사, 패션쇼, 카탈로그, 패션정보기관의 패션경향 설명회, 유명백화점이나 부티크의 조사, 유명패션거리조사 등을 통해 제품의 색상, 소재, 실루엣, 디테일 등에 관한 정보로 다음 시즌의 제품을 예측하기 위하여 필요하다.

FASHION MARKETING TREND

패션정보의 종류와 시기

	18개월 전	12개월 전	6개월 전	마켓 시즌
정보 분류	컬러정보 입수 종합패션정보 원사경향	소재정보 입수	스타일정보 입수	마켓정보 입수
정 보 원	컬러경향 · Promostyle · Pecler · CAUS · KOFCA 종합패션경향 · Nelly Rodi · Promostyle 원사경향 · 국제양모사무국(IWC) · Expofil	· Premiere Vision · Idea Como · Idea Biella · Moda In · Interstoff World · Tokyo Pretex · Seoul Stoff	컬렉션 · Milano · Paris · London · New York · Tokyo · Seoul	· 대도시 백화점, 전문점 · 스트리트 · 경쟁 브랜드
인터넷 자료	www.samsungdesign.net	www.fashionbiz.co.kr	www.firstviewkorea.com	

3 시장정보

머천다이징의 목표를 설정하기 위한 것으로 자사의 브랜드에 관련된 시장의 일반적인 상황을 파악하기 위한 정보로서, 시장의 규모, 성장성, 경쟁상황, 진입장벽 정도 등의 진입시장 특성, 경쟁사의 전략이나 강·약점 분석 정보, 소매점정보, 소재정보, 소매점 바이어의 예측정보 등을 포함한다.

4 소비자정보

예상 고객층의 라이프스타일, 라이프사이클, 소비의식, 구매패턴, 선호도, 브

FASHION MARKETING TREND

패션트렌드 정보의 주요 정보원 예

1. Pret a Porte

프랑스 파리에서 연 2회 개최되는 Women's ready-to wear trade show

2. Bread & Butter Barcellona(BBB)

스페인 바르셀로나에서 연 2회 개최되는 진 캐주얼 중심의 trade show

3. Pitti Imagine Uomo

이탈리아 피렌체에서 연 2회 개최되는 남성복 중심의 trade show

4. Micam

매년 볼로냐에서 개최되는 shoe trade show

그림: http://www.micamonline.com

랜드 인지도, 상품에 대한 태도 등 다양한 시각에서의 정보가 필요하다.

5 판매실적정보

자·타사의 매출실적의 변화추세는 마케팅 전략수립이나 예산계획에 중요한 근거자료가 된다. 패션기업에서 주로 실행하는 판매실적분석으로는 ABC 분석, 목표대비 판매실적분석, 매장별 실적분석, 거래처별 실적분석, 품목별 판매분석, 재고분석 등이 있다. 이들 판매분석 항목들 중 가장 기초적인 분석항목인 ABC 분석과 품목별 목표대비 판매실적분석은 다음과 같다.

ABC 분석

ABC 분석은 브랜드의 다양한 품목과 스타일 중 매출 혹은 이익 측면에서 어떤 상품이 중점상품인가 혹은 부진상품인가를 파악하는 판매분석방법이다. 이와 같은 판매분석을 통해 전략적으로 중점관리해야 하는 상품과 비중을 축소해야 하는 상품을 결정하고 이에 따라 적절한 관리방법을 선택한다. 즉 스타일별 적절한 재고관리가 이루어지지 않았을 경우, 재고부족으로 인한 기회손실(chance loss)과 재고과잉으로 인한 투매손실(markdown loss)가 발생할 수 있으므로, 전략적으로 재고를 관리함으로써 효율적인 상품관리를 하는 것이 그 목적이라 할 수 있다. 예를 들어, 분석결과 중점상품으로 판단된 상품들은 충분한 재고량을 확보하여 결품(Out-of-stock) 상황이 발생하지 않도록 해야 할 것이며, 부진상품의 경우에는 재고비중을 최소화하여 불필요한 재고관리비용이 발생하지 않도록 해야 할 것이다.

ABC 분석은 상위 20%의 상품군이 전체 매출의 80%를 차지한다는 '20~80 법칙'에서 출발한 것으로, 매출규모가 큰 것부터 ABC 순서대로 분류하며 20%의 중점상품군을 A, 중간상품군을 B, 부진상품군을 C로 분류한다. ABC 분석은 매출실적 외에 이익금액 등의 다양한 실적평가기준을 사용할 수 있으며, 분석의 대상에

그림 8-4 ABC 분석표와 분석 그래프

품목	매출액	매출비중(%)	누적매출액	누적매출비중(%)
1	2,500	27.6%	2,500	27.6%
2	2,300	25.4%	4,800	53.0%
3	1,950	21.5%	6,750	74.5%
4	560	6.2%	7,310	80.7%
5	330	3.6%	7,640	84.4%
6	270	3.0%	7,910	87.4%
7	260	2.9%	8,170	90.2%
8	240	2.7%	8,410	92.9%
9	230	2.5%	8,640	95.4%
10	120	1.3%	8,760	96.7%
11	100	1.1%	8,860	97.8%
12	80	0.9%	8,940	98.7%
13	50	0.6%	8,990	99.3%
14	40	0.4%	9,030	99.7%
15	25	0.3%	9,055	100.0%
TTL	9,055	100.0%	9,055	100.0%

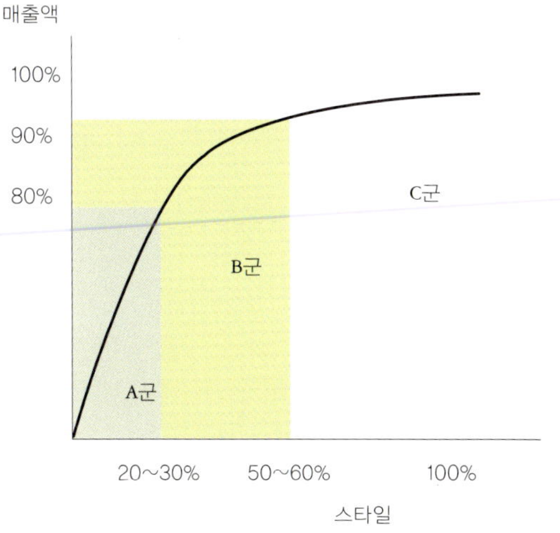

MARKETING NOTE

소비자정보의 예

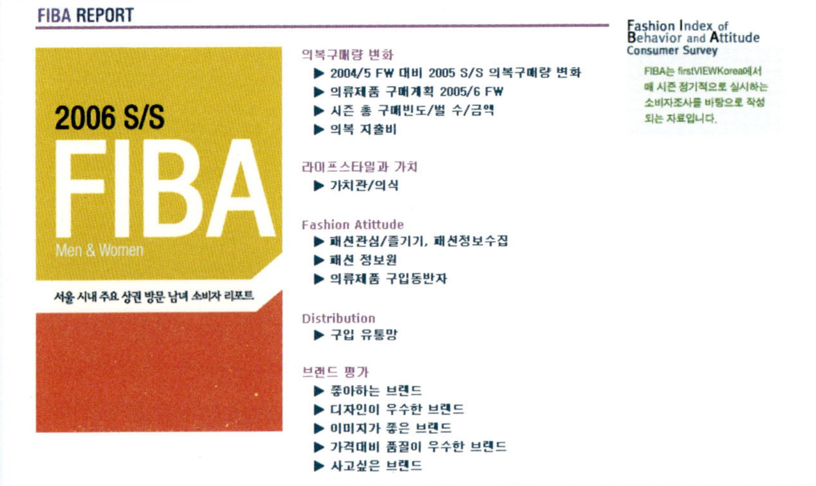
FIBA REPORT

2006 S/S
FIBA
Men & Women
서울 시내 주요 상권 방문 남녀 소비자 리포트

의복구매량 변화
▶ 2004/5 FW 대비 2005 S/S 의복구매량 변화
▶ 의류제품 구매계획 2005/6 FW
▶ 시즌 총 구매빈도/벌 수/금액
▶ 의복 지출비

라이프스타일과 가치
▶ 가치관/의식

Fashion Atittude
▶ 패션관심/즐기기, 패션정보수집
▶ 패션 정보원
▶ 의류제품 구입동반자

Distribution
▶ 구입 유통망

브랜드 평가
▶ 좋아하는 브랜드
▶ 디자인이 우수한 브랜드
▶ 이미지가 좋은 브랜드
▶ 가격대비 품질이 우수한 브랜드
▶ 사고싶은 브랜드

Fashion Index of Behavior and Attitude Consumer Survey

FIBA는 firstVIEWKorea에서 매 시즌 정기적으로 실시하는 소비자조사를 바탕으로 작성되는 자료입니다.

자료: Fashion Index of behavior and Attitude Consumer Attitude Consumer Survey, 삼성패션연구소

[소비/지출 민감도]

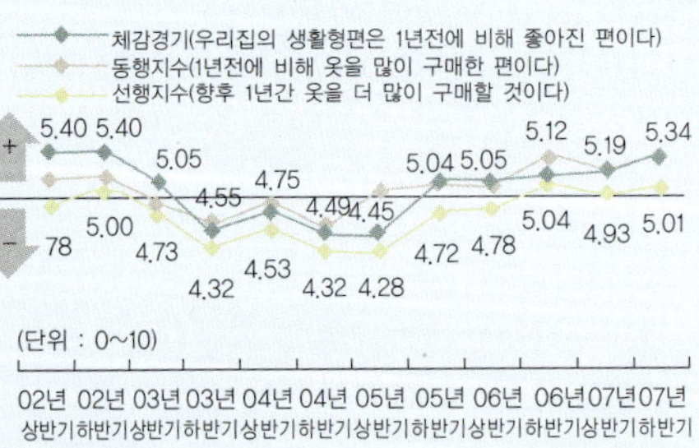

[충동구매 성향]

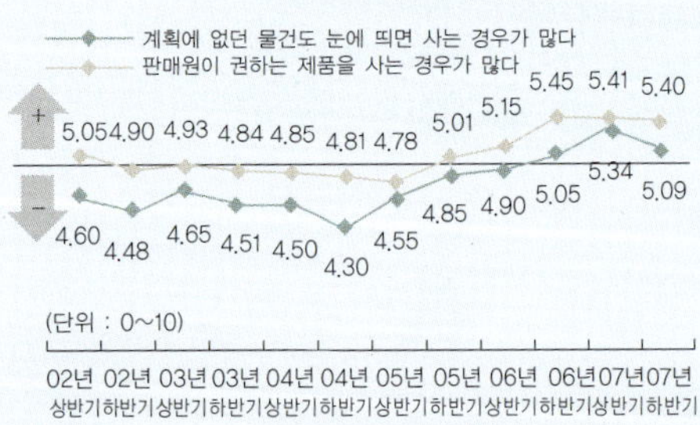

[가격/세일 민감도]

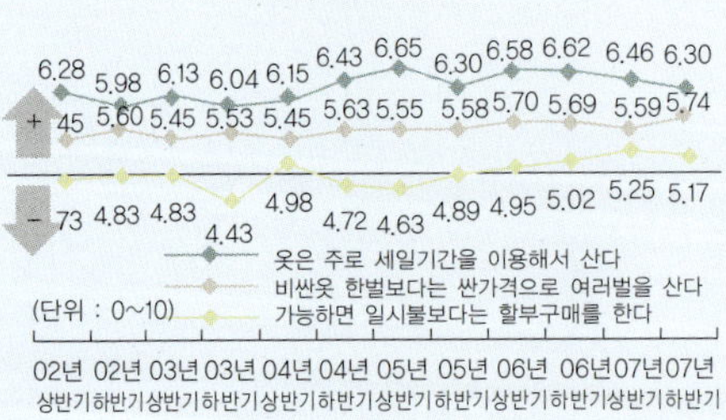

[상표/제조국 지향]

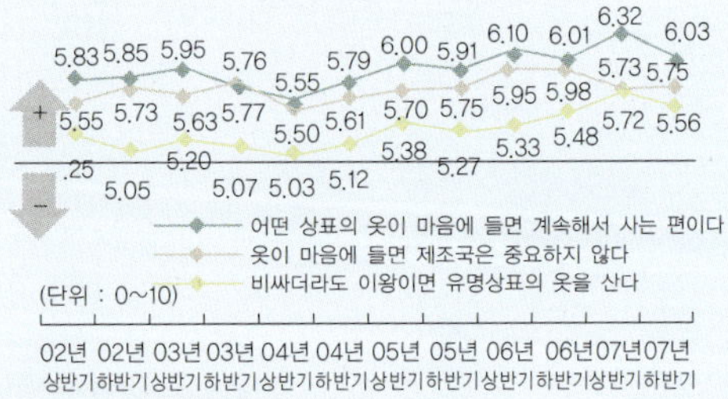

자료: 07/ 08 패션시장 분석중 2008년 소비자 패션의식의 변화 조사 결과, 삼성패션연구소

있어서도 스타일 외에 거래처, 매장, 고객 등 다양한 분석대상에 적용할 수 있다.

ABC 분석의 절차는 다음과 같다. 먼저, 매출액이 가장 큰 스타일부터 적은 스타일의 순서로 스타일을 나열한 후 각 스타일의 누적매출액, 매출비중 그리고 누적 매출비중을 산출한다. 이후 누적매출비중에 따라 ABC 상품군을 분류하고, 각 상품군에 적절한 상품관리전략을 도출한다.

목표대비 판매실적 분석

품목별 목표대비 판매실적 분석(sell through analysis)은 매출계획과 실적현황을 비교분석함으로써 가격인하를 통해 판매를 촉진해야 하는 상품이 있는가 혹은 재주문을 통해 충분한 재고를 확보해야 하는가에 대한 결정을 하기 위한 실적분석 방법이다. 일반적으로 판매기간이 매우 짧은 패션상품의 경우에는 제품출고 후 최초 2주간의 목표대비 판매실적 분석을 실행하여 추가생산 여부를 결정한다.

6 국내·외 학술정보

패션에 관련되는 학술단체나 각종 연구기관의 연구결과도 유익한 정보가 된다.

7 관련 산업부문 정보

부자재나 액세서리 등의 개발정보, 컴퓨터 및 특수기기의 개발정보 등도 도움이 된다.

표적시장 선정 및 확인

일반적으로 의류업체는 새로운 시장에 진입할 때 자사의 기업목표와 자원, 경쟁요인, 성장가능성 등을 근거로 표적시장을 선정해야 한다. 표적시장은 "누구의, 어떤 욕구를 만족시킬 것인가"로 시장을 한정하는 것이다. '어떤 시장에 접근할 것인가?', '어떤 욕구에 대응할 것인가?' 라는 질문의 해답을 찾기 위해 사회문화적, 경제적 환경 요인 등을 점검하고 이에 따라 표적고객의 연령층과 의식이 어떻게 변화하는지 정보 수집을 통해 지속적으로 확인하여야 한다. 표적고객의 라이프스타일이나 소비형태의 변화는 자사의 상품기획과 유통, 판촉전략과도 밀접한 관계를 갖고 있으므로 상품 기획시 표적시장의 변화를 확인하는 것은 매우 중요하다.

MARKETING NOTE

엘레쎄의 리포지셔닝(Repositioning)

이랜드에서 새롭게 런칭을 알린 이탈리아 스포츠 엘레쎄는 헤리티지를 살리면서도 기존 내수시장에 보여졌던 브랜드 이미지보다 젊게 리포지셔닝된다. 이에 따라, 프리미엄 스포츠 브랜드를 표방하며 고품질 제품공급에 주력한다. 메인타깃을 20대로 낮추어 젊은 층을 공략하기 위해 30대 초중반으로 집중된 이미지를 끌어내리기 위한 적극적인 마케팅활동을 펼치고 있다.

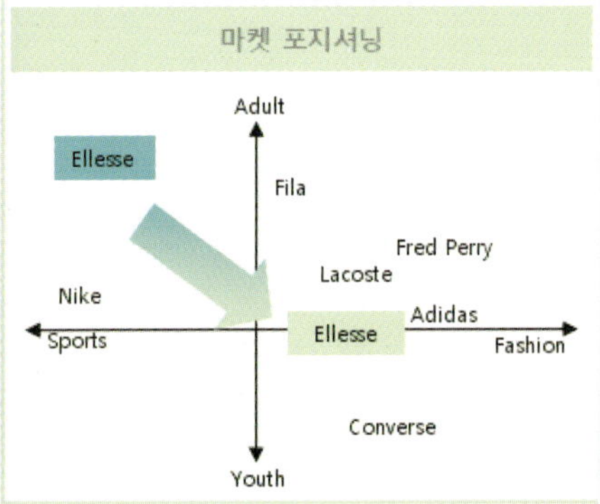

자료: 삼성디자인넷
그림: 삼성패션연구소

머천다이징 컨셉 설정

그림 8-5 진 캐주얼 브랜드의 S/S 시즌 이미지맵의 예

머천다이징 컨셉 설정이란 앞에서 이루어진 패션마케팅 정보를 적극적으로

활용하여 자사의 표적고객들을 만족시킬 계절별 신상품을 기획하여 생산, 판매하기 위한 방향을 설정하는 것이다. 특히 패션제품과 같은 고부가가치 상품에는 일관성 있는 이미지를 유지하는 것이 매우 중요하기 때문에, 시즌별 머천다이징 컨셉은 자사의 상표이미지에 적합하게 설정되어야 한다. 일반적으로 의류업체에서는 자사의 머천다이징 컨셉을 명확하게 설정하기 위해서 자사의 상표 및 패션 이미지 그리고 제품속성이 경쟁사들에 비해 소비자에게 어떻게 인식되고 있는지를 시각적으로 명확하게 파악할 수 있는 이미지맵을 그려 보는 것이 좋다.

그림 8-6 남성 캐주얼 브랜드의 S/S 시즌 스타일 맵의 예

상품구성과 물량기획

일반적으로 국내외 의류업체들은 전년도 아이템 및 스타일별 판매실적과 자사 의류업체의 유통망을 토대로 차기 시즌의 경기예측과 소비자 동향을 고려하여 연간 물량기획을 잡고, 이를 다시 시즌별로 나누어 구체적인 상품기획안을 설정하게 된다. 따라서 패션머천다이저는 전체 패션시장의 규모, 자사의 시장점유율 그리고 전년도 매출액 대비 성장가능성 등을 토대로 계절별 상품구성과 생산물량을 결정해야 한다.

이때 상품구성, 즉 제품믹스는 각 브랜드에서 시즌별로 생산하여 판매할 모든 제품계열(product line)과 품목(item)에 대한 계획이다. 따라서 상품구성계획은 타깃 고객의 욕구를 충족시키기 위해 폭과 길이, 깊이 측면에서 균형잡힌 상품구성을 수행하는 것을 말하며, 표적시장에 따라 혹은 어느 범위까지 고객으로 포함할 것

인가에 따라 결정된다. 예를 들어, 패션 브랜드의 상품구성은 타깃으로 하는 고객층이 수준이나 브랜드의 이미지에 따라 달라질 수 있는데, 프레스티지 이미지를 지향하는 브랜드의 경우 상품 품질과 희소가치가 중요하므로 폭에 비해 깊이가 얕은 상품구성이 적절한 반면, 저가의 볼륨존을 지향하는 브랜드의 경우에는 폭은 다소 좁더라도 깊고 풍부한 수량을 보유하는 상품구성전략이 효과적일 수 있다.

이와 같은 상품구성은 브랜드 혹은 점포의 상품력에 영향을 미치게 된다. 브랜드의 상품력을 결정하는 주요 요인으로는 개별 상품 품목의 우수성, 상품구성의 다양성, 풍부한 수량이 포함된다. 따라서 개별 품목의 우수성 외에도 각 제품계열과 품목이 얼마나 다양한가와 각 품목 내에서 스타일, 사이즈, 색상의 다양성이 상품력을 결정하게 되며, 최소재고단위인 SKU(Stock Keeping Unit)에 해당하는 색상별 사이즈별 적정 물량의 보유 또한 중요하다.

표 8-3 국내 캐주얼 브랜드의 2007년 Fall 상품구성 및 물량기획 일부 예

Line	Item		07년 FALL TOTAL					
			Sty	생산계획			평균소매가	생산 Lot
				생산량	생산금액	비중		
Casual	Woven	Jacket	8	1,120	728,000	17.9%	650	140
		Jumper	3	430	193,500	4.7%	450	143
		Outer	2	280	148,400	3.6%	530	140
		Coat	2	300	225,000	5.5%	750	150
		Pants	16	2,060	560,600	13.8%	272	129
		Shirts	21	2,630	618,050	15.2%	235	125
		Woven 계	52	6,820	2,473,550	60.7%	363	131
	Jean	Jean Pants	6	570	142,500	3.5%	250	95
		Jean 계	6	570	142,500	3.5%	250	95
	Leather	Leather Jacket	1	45	56,250	1.4%	1,250	45
		Leather Jumper	3	125	140,250	3.4%	1,122	42
		Leather 계	4	170	196,500	4.8%	1,156	43
	C&S	C&S Top	6	680	112,200	2.8%	165	113
		C&S Shirts	1	180	29,700	0.7%	165	180
		C&S 계	7	860	141,900	3.5%	330	293
	Knit	Knit Inner	14	2,560	654,400	16.1%	256	183
		Knit 계	21	3,560	978,200	24.0%	275	170
Casual 합계			97	12,840	4,074,550	100.0%	317	132

[단위: 천원]

상품구성의 다양성, 즉 넓은 폭과 길이의 상품구성은 다양한 소비자의 니즈를 충족시킬 가능성을 증대시키므로 중요한 상품력의 결정요인임에는 틀림없다. 그러나 상품구성의 다양성 확보에는 재고보유의 비용부담과 부진재고 축적 위험성의 증대라는 문제점 또한 수반되므로, 오히려 스타일당 판매수량의 부족으로 결품으로 인한 판매기회의 손실을 초래할 수도 있다. 특히, 패션상품은 상품구성의 SKU가 매우 많고 그에 따라 재고보유수준이 높은 대표적인 제품이므로, 적정 수준의 상품구성계획은 필수적이라 할 것이다.

디자인 개발

기업의 정책, 타깃의 특성, 브랜드 이미지, 상품의 특성에 관한 기본방향이 결정되면 먼저 시즌별 디자인 개발이 일관성 있게 진행되도록 디자인 컨셉을 제시한다. 디자인 컨셉은 국내외 매스미디어나 패션예측기관, 패션 컬렉션에서 제시한 정보들을 바탕으로 설정한다. 또한 구체적인 색상기획, 소재기획, 실루엣과 디테일 방향을 설정한 후, 디자이너는 이러한 기본적인 디자인 컨셉에 맞추어 아이디어를 구체적인 상품으로 전환하는 디자인 작업을 수행한다. 디자인 과정은 지난 시즌에 인기가 있었던 아이템에 대한 충분한 분석과 함께 상품구성 계획에 따라 아이템 혹은 소재별로 디자인한다. 이때 계획된 생산 스타일 수보다 많은 수의 디자인들이 스케치된 후 샘플제작과 수정을 거쳐 선별작업을 거친다.

그림 8-7 패션 브랜드 소재기획의 예

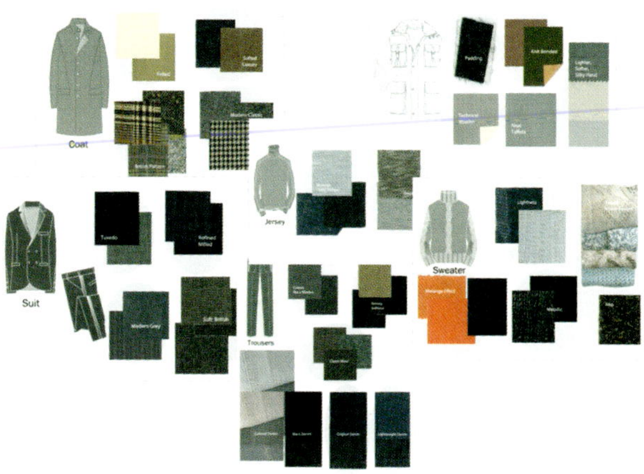

가격결정

패션머천다이저는 샘플제작과 함께 1차 제품원가를 계산한다. 1차 원가계산은 최종소비자가격을 결정하기 전에 제품원가를 우선적으로 계산하는 것으로, 품목별로 소요되는 원·부자재 비용과 임가공비가 합산된 것이다. 패션머천다이저는 최적의 가격을 결정하기 위해 제품원가와 소비자의 지각된 가치, 경쟁사의 제품가격 등을 고려해야 한다. 제품의 소비자가격을 결정하는 방법은 회사에 따라 다르게 적용되지만 기업의 목표 및 가격정책에 따라 제품원가중심, 소비자중심 혹은 경쟁제품중심으로 가격을 결정한다.

패션제품은 판매촉진을 위해 가격인하가 빈번하게 이루어지는 대표적인 제품이다. 유행과 시즌성이라는 특성으로 인해 시간에 따른 제품 가치의 감소가 현저하며 이에 따라 비교적 짧은 제품수명주기를 지니고 있다. 따라서 제품의 가격결정시 가격인하 여부를 계획해야 하며, 가격인하를 하는 경우 가격인하로 인한 감손 부분에 대한 계획이 함께 고려되어야 한다.

품평 및 수주

각 기업의 특성이나 브랜드의 실적에 따라 품평회는 목적이나 규모, 방법, 시기, 참석대상자가 다르다. 따라서 사내품평회, 사외품평회, 전시회 및 수주회 등이 있다. 수주는 제조메이커의 입장에서 판매 담당자들로부터 주문을 받는 것이다. 우리나라 어패럴 메이커에서는 주로 사내품평회를 통한 스타일 결정에 의존하고 있으며, 수주회를 하지 않고 기획과 영업팀 의견에 따라 스타일과 수량을 임의대로 결정하는 경우가 대부분이다. 그러나 최근 수주회를 통하여 스타일을 결정하고 주문을 받는 회사가 점차 늘어나고 있다.

생산수량은 수주회에서 주문받는 대로 결정된다. 수주회를 실시하지 않는 기업에서는 기획, 영업부원들의 협의만으로 결정하기도 한다. 적절한 수량 결정은 정확한 판매예측을 의미하는 것이므로 머천다이징의 중요한 요소가 된다. 생산수량의 부족으로 품절을 초래하는 것은 판매기회의 손실을 초래하므로 수량예측은 신중을 기해야 한다.

생산기획과 생산관리

생산기획이란 상품화할 디자인을 회사의 이용 가능한 원부자재, 인력, 기계/설비, 정보를 활용하여 최소의 비용으로 소비자들을 만족시킬 수 있는 패션 상품으로 만드는 것이다. 패션머천다이저는 품평회와 수주회의를 거쳐 차기 시즌에 상품화하기로 결정된 디자인들이 적절한 가격에 필요한 수량만큼 생산되어 적절한 시기에 패션 도·소매상에게 출하될 때까지의 과정에 참여하게 된다.

패션머천다이저는 생산기획 과정에서 생산의뢰, 생산수량, 생산원가, 생산납기, 출하 및 재고를 기획하며, 생산관리 과정에서 원부자재 구매부터 대량생산을 위한 공업용 패턴제작(production pattern making)과 생산의뢰처 선정, 제품검사 및 출하에 이르기까지 해당 부서와 긴밀한 관계를 맺으면서 업무를 수행해야 한다. 일반적으로 의류제조업체에서 이루어지는 의류 생산과정은 수주회의에서 결정한 디자인과 예상수량을 토대로 원부자재 구입처를 선정, 주문하고 입고를 확인한다. 또한 대량생산 제작을 위한 공업용 패턴을 제작하고, 의복의 다양한 사이즈에 맞게 패턴을 그레이딩(grading, 의류업체의 표준치수를 중심으로 각 신체부위별 사이즈 증감에 따라 여러 사이즈 패턴을 제작하는 작업)한 후, 마킹(marking, 봉제에서 각 사이즈별 공업용 패턴 세트들을 재단하기 위해 원단위에 배치하는 작업), 재단(cutting), 봉제(sewing)한다. 생산부서 담당자는 자체공장이나 하청공장에서 완제품으로 생산된 의류제품에 대해 사이즈의 정확성과 봉제상의 결함검사와 품질검사를 실시하고, 검사를 마친 상품들은 각 도소매상에 원하는 납기일에 맞춰 출하한다.

그림 8-8 어패럴 CAD 시스템을 활용한 패턴메이킹의 예

판매 및 유통기획

판매 및 유통기획이란 계절별 패션상품을 적기에 의류제조업체로부터 최종소비자에게 원활하게 공급하기 위해 유통경로를 구상하고 설계하는 것이다. 즉, 유통경로에 관련된 구성원들과 유기적인 관계를 유지하면서 최종 소비자에게 적절한 가격과 품질의 제품을, 적절한 시기에 접근 가능한 위치에 적절한 수량으로 제공할 수 있도록 계획하는 활동을 말한다. 사입제에 의해 패션 소매상에게 제품을 공급하는 의류업체는 수주제를 통하여 공급량 및 납품시기를 미리 결정한다. 그러나 위탁제에서는 의류업체의 머천다이저나 영업담당자가 점포 및 지역의 특성을 고려하여 점포별로 생산된 패션제품의 공급량과 납품시기를 결정한다.

판매촉진 기획

패션 마케터들은 패션상품이나 서비스의 판매를 증대시키기 위해 광고, 홍보, 인적판매, VMD, 패션쇼, 각종 이벤트 개최 및 가격할인이나 사은품 증정과 같은 판매촉진 등 다양한 촉진전략을 사용한다. 특히 브랜드 이미지나 다양한 상품믹스를 고객에게 제공하는 단계에서 기존 고객의 유지는 물론, 새로운 잠재고객을 확보하기 위해 다양한 판촉활동들이 일관성 있게 관리되는 것이 필요하다. 따라서 패션머천다이저들은 판매촉진 기획이 계절별 머천다이징 콘셉트에 맞게 진행되기 위하여 판매 촉진팀과 긴밀한 관계를 유지해야 한다.

이미지가 중요한 패션제품의 마케팅에서는 광고, 홍보, 인적 판매와 같은 판매촉진활동 외에 VMD(Visual Merchandising)이 중요한 판매촉진 방법으로 사용되고 있다. VMD는 마케팅전략과 목표를 바탕으로 시각적인 상품구성에 의해 어떻게 구체화시켜 최종 소비자에게 인식시킬 것인가에 대한 통합적인 표현전략으로, 디스플레이(Display)는 점포이미지를 연출하여 구매시점에서 구매동기를 자극하는 시각적 상품표현 방법으로 사용되는 VMD의 한 부분이다. 패션마케터들이 사용하는 디스플레이 전개수단으로는 디스플레이의 가장 핵심인 상품 외에도 마네킹을 비롯한 다양한 소도구들이 상품을 돋보이기 위한 소도구로 활용되며, 조명, 색상, POP 등은 이미지와 분위기를 나타내는 중요한 수단으로 사용된다. 디스플레이 유형으로는 상품들을 효과적으로 보여주는 역할을 하는 윈도우 디스플레이 (Window display) 외에도 실내 디스플레이(Interior display)와 외관 디스플레이(Exterior display) 등으로 구분될 수 있다. 최근 점포 이미지 형성에 주요한 역할을 하는 동시에 시즌별 주제나 스페셜 이벤트를 부각시키기 위해 주로 사용되는 외관 디스플레이의 활용이 많아지고 있다.

그림 8-9 루이 비통 리뉴얼 공사중의 외관 디스플레이와 갤러리아 백화점의 화려한 외관

그림 8-10 ZARA의 인테리어 디스플레이, 윈도우 디스플레이, 외관 디스플레이

시즌분석 및 평가결과의 피드백

일반적으로 의류업체들은 자사의 여러 브랜드들에 대한 장·중·단기 마케팅 계획을 수립하여 이를 수행하고 평가한다. 한 시즌의 상품기획 과정을 실행하고 나면 회사의 최고경영자와 기획팀, 디자인팀, 영업 및 생산팀이 모여 총괄적인 시즌별 평가를 하고 이를 차기 시즌의 상품기획 수립에 반영한다. 이러한 평가과정은 회사의 정책이나 브랜드 특성에 따라 차이가 있을 수 있으나 상품기획은 패션기업의 목표판매량을 달성하기 위해 이루어지므로, 많은 경우 상품이 출하되어 판매되는 시점부터 잘 팔리는 상품과 부진한 상품에 대한 중간평가를 지속적으로 수행하고, 이러한 평가결과를 반응생산 기획이나 판촉기획 등과 같은 머천다이징 의사결정 과정에 수시로 반영해야 한다.

4. 신제품의 확산 및 수용과정

신제품이란 무엇인가? 기존의 제품과는 어떠한 형태로든 차이가 나는 제품으로서 시장에 처음 태어나서 제품수명주기의 첫 단계를 맞이하는 제품이 바로 신제품이다. 소비자들이 신제품을 처음 대하면 낯설고 익숙하지 않아 구매하려는 마음이 내키지 않는 게 사실이다. 그렇다고 하여 모든 소비자들이 다 그렇다는 것은 아니다. 사람에 따라 신제품을 보고 소화하는 기간이 제각기 다르다. 그러므로 신제품을 성공적으로 마케팅하기 위해서는 신제품의 소문이 사람들 사이에 퍼지고 사람들이 이를 자기의 것으로 인정하려는 수용과정을 알 필요가 있다.

신제품 수용과정의 단계

어떤 새로운 아이디어나 제품이 사람들에게 받아들여지기 위해서는 우선 이들의 소문이 사람들 사이에 퍼져야 한다. 어느 정도 퍼지게 되면 사람들은 이를 평가해서 궁극적으로 자기의 것으로 만든다. 로저(Roger)는 이를 확산과정(diffusion process)과 수용과정(adoption process)으로 설명하면서 각각 아래와 같이 정의하고 있다.

> 확산과정이란 새로운 아이디어가 사회의 시스템을 통하여 최종 사용자에게 퍼지는 과정이며 수용과정은 구매자가 새로운 아이디어를 최초로 듣고 이를 수용하기까지 개인이 겪는 정신적인 과정이다.

따라서 위의 두 개념은 서로 다르다. 확산과정은 사회시스템 내의 구성원들 사이에서 이루어지는 과정인 데 반하여 수용과정은 제품의 사용자가 되겠다는 개인의 의사결정 과정인 것이다. 소비자들은 아래의 6단계를 거쳐 어떤 새로운 것을 수용할 것인지의 여부를 결정한다.

표 8-4 수용과정단계

단 계	행 동
인지(awareness)	소비자가 어떤 새로운 것이 나왔다는 것을 알게 되고 잠재 고객이 된다.
관심(interest)	새로운 것에 흥미를 가지고 정보를 찾기 시작한다.
평가(evaluation)	새로운 것에 대한 장점을 평가한다.
간담(trial)	소비자는 아주 제한된 범위 내에서 이 새로운 것을 수용한다. 작은 견본을 구매한다. 만일 가격이나 크기 등에서 견본화가 곤란하면 수용기회는 줄어들게 된다.
수용(adoption)	소비자는 이 단계에서 이 새로운 것을 사용할 것인지를 확실하게 결정한다.
수용 후 확인 (postadoption confirmation)	신제품을 사용하지만 자기가 옳은 결정을 했는지는 지속적으로 확인한다.

따라서 마케팅 관리자들은 신제품을 출시하고 난 다음 자기의 제품이 지금 어느 단계에 있는지를 확인하고 이에 맞는 적절한 마케팅전략을 구사하여야 한다. 가령 자신의 제품이 관심의 단계를 거쳐 평가단계에 있다고 판단되면 무료견본을 제작하여 한번 사용하게 함으로써 확실하게 신제품을 수용할 수 있도록 해야 할 것이다.

수용의 개인적 차이

어떤 신제품이 시장에 선 보이면 이를 대하는 태도는 사람마다 다르다. 어떤 사람은 쉽게 새로운 것을 수용하는 반면에 또 어떤 사람은 다른 사람의 눈치를 보아가며 천천히 새로운 것을 받아들인다. 청바지가 처음 나왔을 때 이를 선뜻 사서 입은 사람은 아주 극소수의 젊은 층에 불과하였고 나이가 많은 계층에서는 청바지 입는 것을 아주 꺼려했다. 하지만 시간이 흐름에 따라 요즘은 많은 사람들이 이 청바지를 즐겨 입고 있다. 이와 같이 신제품을 수용하는 사람들의 수가 시간이 지남에 따라 변하기 때문에 이를 다섯 범주로 분류하여 수용자 카테고리라 부른다.

FASHION MARKETING TREND

유행선도자의 영향력

소비자가 새로운 유행 스타일의 제품을 채택하는 과정에서 긍정적 인식과 태도를 형성하도록 영향을 끼침으로써 유행 확산과정을 촉진시키는 사람들 중에서 전문적인 사람이 아닌 일반 소비자로서 영향력을 행사하는 사람을 유행선도자라고 부른다. 이들은 패션리더(fashion leader), 트렌드 세터(trend setter) 등의 이름으로 불리며, 새로운 유행 스타일을 직접 채택하여 시각적으로 영향력을 행사하거나 혹은 언어적으로 영향력을 행사하기도 한다.

특히, 유행선도자들이 사회 내에서 존경받는 위치이거나 희구하는 위치에 있는 인물일 경우에는 새로운 스타일의 확산속도에 미치는 그들의 영향력 또한 매우 커진다. 예를 들어, 최근 연예인의 사회적 지위가 높아지고 그들의 생활을 동경하는 사람들이 많아짐에 따라 특정 연예인이 새롭게 시도한 스타일의 사회적 파급효과는 매우 크다고 할 수 있다. 섹스 앤 더 시티(Sex and the City)에 출연한 사라 제시카 파커는 트렌드 세터로서 많은 젊은 여성들의 패션에 영향을 미치고 있으며, 이와 같은 유행선도자의 영향력은 사회가 점차 변화지향적인 특성을 지니게 됨에 따라 더욱 커지게 된다.

그림: www.sexandthecitymovie.co.kr

1 혁신자(innovators)

이들은 신제품을 가장 먼저 받아들이는 사람들로서 통상 시장구성원의 2.5%를 차지한다, 이들의 가치지향성은 새로운 것을 계속해서 추구하며 모험심이 강하다는 것이다. 이들을 비교적 늦게 신제품을 수용하는 집단과 비교하면 나이가 비교적 젊고, 사회적인 지위가 높으며 보다 부유한 계층의 사람들이다. 따라서 이들은 새로운 제품을 비교적 손쉽게 구입할 수 있으며 또한 이에 따르는 위험도 기꺼이 부담하는 집단이다. 이들은 또한 정보를 얻는 데 있어서도 다른 사람들보다 앞서기 때문에 소문(word-of-mouth)이나 판매원보다는 비인적 정보원으로부터 정보를 구한다.

2 조기 수용자(early adopters)

시장 구성원의 13.5%에 해당하는 사람들이 이 조기 수용자로 분류한다. 이들은 혁신자의 뒤를 이어 신제품을 수용하고 이들의 가치 지향성은 존경(respects)이다. 이 카테고리에 속하는 대부분의 사람들은 그 사회의 지도급 인사로 활약하며 모든 일에 의견 선도자(opinion leader)의 역할을 담당한다. 따라서 이들의 역할이 그 사회의 규범(norm)이 되기 때문에 이들이 곧 신제품을 확산시키는 실제의 주인공들인 셈이다. 정보를 구하는 데 있어서는 다른 카테고리의 사람들보다 판매원들에게 많이 의지한다.

3 조기 다수자(early majority)

시장 구성원의 34%에 해당하는 사람들이 이 조기 다수자로 분류되며 이들의 가치지향성은 신중(considerate)이다. 이들은 매사에 심사숙고하여 의사결정을 내리기 때문에 결코 남보다 앞서 나가는 법이 없으며 그렇다고 하여 결코 남보다 뒤지는 스타일도 아니다. 그렇기 때문에 이 카테고리에 속하는 대부분의 사람들은 조기 수용자의 말을 들어보고 남보다 뒤지지 않을 만큼 평균보다는 앞서서 신제품을 구매하는 사람들이다 이들은 또한 소문, 판매원, 광고 등을 통하여 신제품에 관한 정보를 얻는다.

4 후기 다수자(late majority)

조기 다수자와 마찬가지로 시장 구성원의 34%가 이 카테고리에 속하며 이들은 의심이 많은 사람들이다. 즉, 이들은 새로운 것에 대해서는 대단히 회의적인 시각을 갖고 있기 때문에 대다수의 사람들이 사용하는 것을 보고서야 비로소 신제품을 수용한다. 이 카테고리에 속하는 사람들은 사회활동의 범위라든가 사용하는 매체의 다양성 그리고 경제력에 있어서는 앞의 사람들보다는 다소 처진다. 따라서 가격인하와 무료견본과 같은 강력한 판매촉진이 이들에게는 효과적일 수 있다.

5 최종 수용자(laggards)

신제품을 제일 마지막으로 수용하는 사람들로 전체의 16%에 해당한다. 이들은 주로 전통 지향적인 사람들로서 변화에 의심이 많고 과거에 얽매여서 어떠한 새로운 것이 나타나면 이것이 거의 모든 사람들에게 의해 수용되어져서 전통으로 받아들여졌을 때에만 신제품을 수용한다. 따라서 이들이 신제품을 수용할 때는 이미 그 제품은 신제품이 아닐 가능성이 훨씬 높다. 노인층이 이에 속하며 신제품을 마케팅할 때에 이들은 거의 고려대상에서 제외된다.

표 8-5 신제품의 조기 수용자와 후기 수용자의 특성

		조기 수용자	후기 수용자
주요 특성	모험심 존경 신중 회의적 전통 지향적	혁신자(전체의 2.5%) 조기 수용자(13.5%) 조기 다수자(34%)	후기 다수자(34%) 최종 수용자(16%)
기타 특성	나이 교육수준 소득 사회적 활동	젊다 높다 높다 혁신가: 지역사회 밖 기 타: 지역사회 안	대체로 나이가 많다 낮다 낮다 모두가 지역사회 안에서 활동함
사회적 지위		높다	낮다
정보원		다양함	제한되어 있음: 외부정보에 대해 신뢰하지 않고 지역사회의 동료집단을 신뢰함

지금까지 수용자 카테고리의 특징에 대하여 알아보았다. 그러면 이상의 수용자 카테고리의 각 특징이 마케팅 관리자에게 주는 의미는 무엇이겠는가? 신제품을 시장에 출시할 때 기업의 입장에서 무엇보다도 중요한 것은 어떤 사람들이 이 신제품을 빨리 살지를 알아내는 것이다. 이러한 관점에서 보면 혁신자와 조기 수용자 그리고 조기 다수자가 대단히 중요한 의미를 지니며 따라서 마케팅의 초점 또한 이들에게 맞추어져야 함은 너무도 당연한 일이다.

[표 8-5]에서 다섯 카테고리를 조기 수용자와 후기 수용자 두 카테고리로 나누어 이들의 특징을 요약하였다. 신제품을 시장에 내놓을 때마다 [표 8-5]에 나타나 있는 혁신자와 조기 수용자의 특성에 맞추어 마케팅전략을 수립하여야 하느냐 하면 그렇지 않다. 왜냐하면 제품의 특성에 따라서 카테고리의 구성 비율이 달라질 수도 있기 때문이다. 카테고리별로 마케팅을 해야 하는 제품은 주로 구매시에 소비자가 많은 위험부담을 느끼는 제품이며 그렇지 않는 제품은 대량광고를 통하여 한꺼번에 소비자와 접촉하는 방법을 택할 수도 있다.

신제품의 특성과 수용률

신제품의 특성과 수용률은 대단히 밀접한 관계가 있다. 다시 말하면 소비자들

이 쉽게 신제품을 구매하는 데에는 그만한 이유가 있다는 것이다. 아래에서 신제품이 소비자들에게 잘 알려지고 소비자들도 이를 쉽게 사게 되는 요인들에 대하여 알아보기로 하자.

1 상대적 이점(relative advantage)

신제품이 기존의 제품보다 우수할 경우 수용의 속도는 빠르다. 가격, 성능, 디자인, 제품의 편익 등의 요인에서 기존의 다른 제품에 비해 상대적으로 낫다고 소비자들이 인식을 하면 그만큼 빨리 퍼지고 소비자들 역시 주저하지 않고 구매하게 된다. 핸드폰은 이동하면서도 통화를 할 수 있는 획기적인 편익을 제공해 주었기 때문에 소비자들이 이의 필요성을 인식하였을 것이다. 미원이 음식 맛을 돋우는 조미료로 시장에 처음 선을 보였을 때 조미료가 주는 편익이 월등하였기 때문에 소비자들에게 엄청나게 빠른 침투가 가능했다.

2 일치성(compatibility)

신제품을 소비자들이 처음 시도할 때는 아무래도 자기의 생활관이나 가치관 그리고 과거의 경험에 비추어 보게 마련이다. 따라서 신제품이 일반 소비자들의 가치관이나 과거의 경험에 부합하면 할수록 더욱더 빨리 수용되며, 반대로 신제품이 조금이라도 이에 맞지 않으면 소비자들은 일단 거부감을 행사하게 되어 그만큼 수용의 속도가 늦어지게 된다.

3 복잡성(complexity)

신제품의 사용과 이해가 어려우면 어려울수록 신제품의 수용률이 떨어지게 마련이다. 개인용 컴퓨터는 사용방법이 매우 어렵고 복잡하기 때문에 그만큼 수용의 속도가 느리다. 전자동 카메라의 수용 속도가 빠른 이유도 일반소비자들이 기계의 조작이 수동식보다도 간편하고 단순한 데 있을 것이다. 따라서 마케팅 관리자는 제품을 가능하면 쉽고 간편하게 만들어야 할 것이다.

4 시용가능성(triability)

소비자들이 신제품을 구매하기 전에 일단 한번 사용해 볼 수 있으면 수용률은 그만큼 높아질 수밖에 없다. 왜냐하면 사기 전에 제한적으로나마 자기가 한번 사용해 봄으로써 그만큼 구매의 위험성을 줄일 수 있기 때문이다. 이 시용가능성은 제품의 성격에 따라 불가능한 경우가 있다. 예를 들어 대형 산업용 제품이나 대형 가전제품 등은 시용이 어렵다. 그러나 화장품류와 같이 소비자들이 시용해 볼 수 있는 상품도 많다. 시용가능성의 마케팅적 의미는 임대의 가능성이다. 대형 가전제품의 경우 제품의 성능을 못 믿겠으면 몇 개월간 임대해서 사용해 볼 것을 권할 수도 있다.

5 가시성(observability)

결과를 소비자가 볼 수 있고 이를 다른 사람에게 전달할 수 있으면 그만큼 수요의 속도는 빨라진다. 옷가게에 가서 옷을 하나 살 경우에도 반드시 거울 앞에 서서 그 옷이 자기에게 맞는지를 눈으로 확인할 수 있어야 한다. 또한 의복은 항상 남에게 보여지고 상징성 또한 크기 때문에 가시성이 매우 크다고 할 수 있다.

이상에서 제품의 특성이 수용률에 영향을 미치는 영향에 대해 알아보았다. 이 외에도 얼마든지 있을 수 있다. 가령 유지비용, 사회적 안정, 불확실성 등과 같은 특성 역시 수용률에 영향을 미친다. 신제품을 마케팅하기 위해서는 이와 같은 특성들에 대해서 연구를 하여 어떠한 특성들이 제품의 확산과 수용을 어렵게 하는지를 파악해야 하며 또한 이를 쉽게 하는 특성들도 찾아내어 활용해야 한다.

요 약

1. 한 제품이 시장에 처음 나와서 사라질 때까지의 과정을 제품수명주기(product life cycle)라 하며 제품수명주기는 시장에 나온 제품의 판매량의 변화에 따라 대체로 도입기, 성장기, 성숙기, 쇠퇴기의 4단계로 나누어진다.

2. 신제품은 시장에 새로운 원초적 신제품, 새로운 대체품, 새로운 모방제품으로 나뉘며 아이디어창출, 아이디어추출, 제품개념의 개발 및 시험, 사업성분석, 제품개발, 시험마케팅, 상업화의 단계를 거쳐 개발된다.

3. 패션 머천다이징은 의류업체가 자사의 목표달성을 위해 시즌별로 상표 이미지나 브랜드 컨셉에 맞게 신상품을 기획하고 생산하여 계절에 앞서 제공하는 일이며 그 과정은 일반적으로 정보 분석, 상품기획, 디자인 개발, 생산, 유통의 단계를 거친다.

4. 신제품 확산과정이란 새로운 아이디어가 사회의 시스템을 통하여 최종사용자에게 퍼지는 과정이며 수용과정은 구매자가 새로운 아이디어를 최초로 듣고 이를 수용하기까지 개인이 겪는 정신적인 과정을 말한다.

5. 신제품 수용과정단계는 인지, 관심, 평가, 간담, 수용, 수용 후 확인의 과정을 거치며 마케팅 관리자들은 자신의 제품이 현재 속해 있는 단계를 파악하고 이에 맞는 적절한 마케팅전략을 구사하여야 한다.

생각해 볼 문제

1. 제품수명주기를 설명하고 각 단계에 적절한 마케팅전략을 논의해 보자.

2. 상품기획을 위한 패션관련 정보에는 어떠한 것들이 있으며 이러한 정보들이 디자인 개발에 어떻게 사용되는지 알아보자.

3. 패션마케팅에 있어 판매촉진 수단 중 하나인 VMD(Visual Merchandising)가 더욱 중요한 이유는 무엇이며 디스플레이 전개수단에는 어떠한 것들이 있는지 알아보자.

4. 수용의 개인적 차이에 따라 분류되는 수용자 카테고리를 나열하고 각각의 특성을 알아보자.

9

Chapter 9
서비스관리

디자인 트렌드의 발신지 밀라노에는 디자이너 다이닝이 많다. 디자이너 브랜드들은 다이닝을 통해 시각과 미각을 동시에 만족시키며 브랜드의 제품전략과 일관된 이미지를 전달함으로써 패션에서는 느낄 수 없었던 미각의 즐거움을 일깨운다. 단시간의 효과만을 노린 트렌드가 아닌 서비스를 통해 브랜드에 접근하는 방식과 경험 자체에 변화를 가져온 스타일 혁신인 셈이다.

돌체앤가바나가 밀라노에 오픈한 첫번째 레스토랑의 컨셉은 바로 '골드'다. 돌체앤가바나는 "금색은 에너지와 리듬이 느껴지는 태양의 색이며 럭셔리, 돌체 비타를 상징하는 컬러다. 금색은 아름다움과 감각적 쾌락을 상징하는 기호이기 때문이다"라고 설명한다. 레스토랑의 이름이 '골드'라는 이름이 무색하지 않게 정말 모든 것을 번쩍이는 금빛으로 치장한 이곳은 미다스의 손도 부끄러워할 정도이다. 황동과 금박을 입힌 유리로 꾸민 계단이 인상적인 골드는 2개 층으로 이루어졌으며, 호사스럽게 반짝이는 실내는 아라베스크 패턴의 대리석과 오크 세공으로 고급스러움을 강조한 스틸, 거울, 반짝이는 유리로 장식했다. 포인트로는 검은색과 크림색 가죽, 세계에서 가장 오래된 베니스의 무라노 글라스 생산 일가이자 이탈리아의 조명 브랜드 바로비에르&토소(Barovier & Toso)의 샹들리에를 사용해 부드럽고 따뜻한 분위기를 연출했다.

음식을 먹는다는 행위가 지닌 미적 쾌감과 고급스럽고 강렬한 브랜드 이미지를 결합한 골드는 '돌체앤가바나'라는 디자이너의 이름값과 '골드'라는 컨셉에 걸맞게 모든 것을 최고로 서비스한다. 웨이터는 당연히 돌체앤가바나가 디자인한 정장을 입고 있으며 메뉴, 테이블 세팅, 로고, 패키지 역시 섬세하게 디자인했다.

돌체앤가바나 '골드' 레스토랑

기업들은 유형적인 제품 차별화가 점점 더 어렵다는 것을 알게 됨에 따라 서비스 차별화로 방향을 돌리고 있고, 많은 서적들은 최상의 서비스를 제공하는 기업들의 높은 수익률을 지적하고 있다. 기업들은 적시 배송, 고객 문의사항에 대한 신속하고 성실한 응대, 불만 접수시의 민첩한 대응 등에 있어서 월등한 성과를 보이고 우수하다는 평판을 얻기 위해 다양한 방안을 모색하고 있다.
서비스 기업들은 세계경제에 더욱더 활기를 불어넣고 있다. 서비스의 특별한 본질과 마케팅 관련자들에게 어떤 의미가 있는지를 이해하는 것은 중요하기 때문에, 이 장에서는 서비스 개념과 효과적인 서비스전략 및 서비스질 관리에 대하여 체계적으로 분석하고자 한다.

긴자(도쿄)의 GUCCI Cafe에서 판매하는 구찌 모노그램 초콜릿
(www.flickr.com/photos/joe-joe

센츄럴(홍콩) Chater House에서 판매하는 아르마니 Dolci cacao 70%
(www.flickr.com/photos/claudizzle)

이탈리아 밀라노 갤러리아에 위치한 'GUCCI Bar'

자료: http://blog.naver.com/idasinc

1. 서비스의 개념

한국고용정보원과 한국직업능력개발원은 국내산업구조의 서비스화 경향 심화를 다음과 같이 전망하였다. 첫째, 산업별 취업자 비중이 제조업은 2006년 18.0%에서 2016년 15.8%로 2.2% 하락하는 반면에, 서비스업은 2006년 74.2%에서 2016년 78.69%로 4.5% 증가가 전망된다. 둘째, 서비스산업 인력수요는 사회서비스업과 생산자서비스업을 중심으로 증가할 전망이다. 특히 사회복지사업 인력수요는 2006년 15만명에서 2016년 47만명으로 연간 12%씩 증가하여 가장 빠르게 성장할 전망이다. 그 다음 인력수요 증가 속도가 빠른 업종은 연구 및 개발업, 기계장비 및 소비용품 임대업, 사업지원서비스업, 기타 오락문화 및 운동 관련 서비스업 등이다. 이러한 서비스산업의 성장은 서비스마케팅의 중요성을 더욱 강조하고 있다.

서비스 개념과 서비스 산업

서비스는 다음과 같이 정의할 수 있다. 서비스는 본질적으로 무형이며 한 당사자가 다른 당사자에게 제공하는 행위나 수행과정을 말한다. 서비스의 산출물은 물질적인 제품일 수도 있고 아닐 수도 있다. 제조업자, 유통업자, 소매업자들은 차별화 전략으로 가치가 부가된 서비스나 높은 수준의 고객 서비스를 제공할 수 있다.

서비스 산업의 범위는 다음과 같다.

- **정부기관 부문:** 법원, 고용서비스, 병원, 대출기관, 군사기관, 경찰, 소방서, 우체국, 관리기관, 학교 등이 정부기관의 서비스업에 해당된다.
- **민간 비영리기관 부문:** 박물관, 자선단체, 교회, 대학, 재단, 병원 등이

민간 비영리기관의 서비스업에 해당된다.

- **기업 부문:** 항공사, 은행, 호텔, 보험사, 법률사무소, 경영컨설팅회사, 의료업체, 영화제작사, 설비공사업체, 부동산 등은 기업 부문의 서비스업에 해당된다.
- **제조 부문:** 컴퓨터 기사, 회계사, 법률가 등과 같은 제조 부문의 많은 종사자들이 실제로 서비스를 제공한다.
- **소매 부문:** 계산대직원, 점원, 판매원 및 고객 상담실 직원도 소매업 부문에서 서비스를 제공한다.

서비스 믹스의 범주

기업의 제공에는 종종 서비스도 포함된다. 이 서비스 구성요소는 전체 제공 중에서 많은 부분을 차지하거나 적은 부분을 차지할 수 있다. 기업의 제공은 5가지 종류로 구분될 수 있다.

1 순수 유형 제품

주로 비누나 치약, 소금과 같은 유형 제품으로 구성되며, 제품에 서비스가 동반되지 않는다.

2 서비스가 동반된 유형 제품

하나 혹은 그 이상의 서비스가 동반되는 유형 제품으로 구성된다. Levitt은 "일반제품이 기술적으로 더 우수할수록(예를 들면, 자동차와 컴퓨터), 수반되는 고객 서비스의 수준과 이용 가능성에 의해서 판매가 좌우된다(예를 들면, 전시장, 배달, 보수 유지, 부품 조달, 관리자 교육, 설비장치 조언, 보증처리과정)"고 말한다. 이런 점에서 제너럴 모터스는 제조 집약적이라기보다는 서비스 집약적이라고 할 수 있다. 서비스 없이는 판매가 무력해질 것이다.

3 혼합형(Hybrid)

상품과 서비스를 같은 정도로 구성한다. 예를 들면, 고객들은 식당의 음식과 서비스 둘 다 좋아야 단골이 된다.

4 서비스가 주 범주로 제품과 추가 서비스가 동반됨

추가적인 서비스나 지원 제품과 함께 주로 서비스로 구성된다. 예를 들면, 항공 승객들은 교통수단을 구매하는 것이지만, 기내 탑승시에는 식사와 음료수, 탑승권, 항공사 잡지와 같은 유형 제품도 제공된다. 이 서비스를 실현하기 위해서는 항공기라는 자본 집약물이 요구되지만, 주된 품목은 서비스이다.

5 순수 서비스

주로 서비스로 구성된다. 예를 들면 아기 돌보기, 심리상담, 마사지 등이 포함된다.

이와 같이 다양한 제품-서비스로 구성되기 때문에 추가적인 구분 없이 서비스를 일반화하기는 어렵다. 여기에 도움이 될 만한 추가적인 구분을 지었다.

- 서비스는 설비를 기본으로 하는지(자동차 기계세차, 자동판매기), 사람을 기본으로 하는지(창문 닦기, 회계서비스)에 따라 다양하다. 사람을 기본으로 하는 서비스는 제공자가 숙련되었는지, 미숙한지 또는 전문적인지에 따라 다르다.
- 서비스 업체들은 그들의 서비스를 제공하기 위해서 여러 가지 과정 중에서 선택할 수 있다. 레스토랑은 카페테리아 스타일이나 패스트푸드, 뷔페, 고급음식점과 같이 다른 형태로 개발될 수 있다.
- 어떤 서비스들은 고객이 현장에 나와 있어야 할 수도 있지만, 아닐 수도 있다. 뇌수술을 시행하기 위해서는 환자의 참석이 필요하고, 자동차 수리는 그렇지 않다. 만약에 고객이 반드시 참석해야 한다면 서비스 제공자는 고객들에게 필요한 것들이 있는지 신중히 고려해야 한다. 즉, 미용실에서는 인테리어 장식에 투자를 해야 하고, 배경음악을 틀어야 하며, 고객과의 가벼운 대화 등을 배려해야 한다.
- 서비스는 개인적인 욕구(개인적 서비스)를 충족시키는지 혹은 비즈니스 욕구(비즈니스 서비스)를 충족시키는지에 따라 다르다. 전형적으로 서비스 제공자들은 개인적인 분야인지 비즈니스 분야인지에 따라 다른 마케팅 프로그램들을 개발한다.
- 서비스 제공자는 영리인지 비영리인지의 '목적'과 개인소유인지 공유인지의 '소유권'에 따라 차이가 있다. 이들 두 가지 특성은 4가지의 다

른 조직 형태로 나타날 수 있다. 개인 투자 병원의 마케팅 프로그램은 개인 자선 병원이나 재향 군인 관리국의 병원과는 다를 것이다.

서비스 믹스의 본질은 고객들이 서비스 질을 어떻게 평가하는지를 함축하고 있다. 어떤 서비스들은 고객들이 서비스를 받은 후에도 제공받은 서비스의 기술적인 질을 평가할 수 없다. 평가의 난이도에 따라 다양한 제품과 서비스가 있는데, 구매자가 구매 전에 평가할 수 있는 특성들인 '탐색 속성'이 강한 상품들(의복, 보석, 가구, 주택, 자동차 등), 구매자가 구매한 후에 평가할 수 있는 특성들인 '경험 속성'이 강한 상품이나 서비스(레스토랑의 음식, 휴가, 미용, 육아 등), 구매자들이 소비를 한 후에도 평가하기 어려운 특성들인 '신뢰 속성'이 강한 상품과 서비스(TV보수, 법률적 서비스, 치과치료, 자동차 보수, 진찰)로 구분할 수 있다.

서비스는 일반적으로 경험과 신뢰의 속성이 강하기 때문에, 구매에 더 많은 위험이 따른다. 이는 몇 가지 결과를 나타낸다. 첫째로, 서비스 고객들은 광고보다는 소문에 의지한다. 둘째로, 서비스 고객들은 서비스 질을 판단하는 데에 있어서 가격, 직원, 물질적인 단서에 강하게 의지한다. 셋째로, 서비스 고객들은 그들을 만족시키는 서비스 제공자들에게 충성도가 높다. 넷째로, 서비스를 변경하는 데에 비용이 들기 때문에 많은 고객들이 타성에 젖을 수 있고, 이는 고객을 경쟁자로부터 지키기가 쉬워진다.

서비스의 차별적 특징

서비스는 마케팅 프로그램 디자인에 크게 영향을 미치는 4가지의 차별적인 특징, 즉, 무형성, 비분리성, 변화성, 소멸가능성을 가지고 있다.

1 무형성

서비스는 유형적인 제품들과는 달리 구매하기 전에는 보거나, 맛보거나, 느끼거나, 소리를 듣거나, 냄새를 맡아볼 수 없다. 주름살 펴는 수술을 받는 사람은 수술을 받기 전까지는 결과를 알 수 없으며, 정신과 상담을 받는 환자는 정확한 치료 결과를 알 수 없다.

구매자들은 불확실성을 감소시키기 위하여 서비스 질의 증거를 찾을 것이다. 구매자들은 그들이 볼 수 있는 장소, 사람, 장비, 의사소통 도구, 상징, 가격 등으로 서비스 질을 추측할 수 있다. 그러므로 서비스 제공자들의 과업은 "증거관리"와 "무형의 유형화"이다. 제품 마케팅 관리자들이 추상적인 아이디어를 제안하기 위해서 도전하는 것과 같이, 서비스 마케팅 관리자들은 추상적인 제공을 위해서 유형적인 증거와 형상을 제안하기 위하여 도전한다.

서비스 업체들은 물질적인 증거와 제안을 통하여 그들의 서비스 품질을 보여주려고 노력한다. 호텔은 청결함, 신속함이나 그 밖의 편의 시설 등을 개발하여 미래의 고객 가치 제안을 현실화하도록 해야 한다. 한 은행이 "신속한" 은행으로 자리잡기를 원한다고 가정해 보자. 이 은행은 여러 가지 마케팅 도구를 활용하여 유형적인 입지전략을 만들 수 있을 것이다:

- **장소:** 은행의 외부와 내부는 깨끗하게 정렬되어 있어야 한다. 책상의 배치와 동선은 신중하게 계획되어 있어야 한다. 대기선이 지나치게 길지 않도록 해야 한다.
- **직원:** 직원들은 바쁠 것이기 때문에, 업무를 수행할 수 있는 충분한 직원들이 고용되어야 한다.
- **장비:** 컴퓨터, 복사기, 책상 등은 "최신식"으로 보여야 한다.
- **커뮤니케이션 도구:** 은행의 의사소통 도구인 책자와 사진은 효율성과 신속함을 제안해야 한다.
- **상징:** 빠른 서비스를 제시하는 상호와 상징이 선정되어야 한다.
- **가격:** 은행은 대기선에서 5분 이상 기다린 고객에 대해서 5달러를 지급한다는 광고를 할 수 있다.

서비스 마케팅 관리자들은 무형의 서비스들을 구체적인 이득으로 전환할 수 있어야 한다. "무형의 유형화"를 돕기 위하여, Carbone과 Haeckel은 "고객 경험 엔지니어링"이라는 일련의 개념을 제안했다. 즉, 업체들은 우선 고객들이 되고자 하는 경험의 지각이 무엇이길 바라는지의 명확한 그림을 개발해야 하고, 그 경험을 보충하기 위하여 일관된 성과와 전후맥락의 단서 등을 디자인해야 한다. 예를 들어, 은행의 경우, 은행의 출납 직원이 정확한 금액을 출납하는지는 성과의 단서이고, 출납직원이 단정한 의상을 입었는지는 전후맥락의 단서이다. 즉 은행에서 전후 맥락의 단서는 사람(인간적인 것)과 물건(기계적인 것)에 의해서 전달된다. 기업은 경험적 청사진, 즉 여러 다양한 단서가 그림과 같이 제시되는 것에서 그 단서들을 조합하고, 가능한 범위에서 그 단서들은 오감에 전달되어야 한다. 테마공원인 Disney Company와 유명한 소매점포인 Jamba Juice와 Barnes&Noble과 같은 기업들은 경험용 청사진을 개발하는 데 있어서 완벽한 기업이다.

2 비분리성

서비스는 일반적으로 동시에 생산되고 소비된다. 제조되고, 창고에 보관되고, 혹은 수많은 재판매업자를 통해서 판매된 후에 소비되는 유형 제품과는 다르다. 만일 서비스가 사람에 의해서 제공된다면, 그 제공자는 바로 그 서비스의 일부이다. 서비스가 생산되는 시점에 고객이 존재해야 하기 때문에 제공자-고객의 상호작용은 서비스 마케팅의 독특한 특징이다.

접대와 전문적인 서비스의 경우, 구매자들은 특별한 서비스 제공자에게 큰 관심을 보인다. Madonna가 없어 Shania Twain이 대신하는 콘서트는 다른 것임이 분명하고, 기업합동 반대 전문가인 David Boies가 가능하지 않아서 John Nobody가 변호를 맡게 된다면 그것은 동일한 서비스가 아니다. 즉 고객이 서비스 제공자에 대하여 강한 편애를 가지고 있다면, 그 제공자의 한정된 시간에 대한 대가로 서비스 가격은 올라가게 된다.

이와 같은 한계를 극복하기 위하여 몇 가지 전략이 보여진다. 서비스 제공자들은 한번에 더 큰 집단을 대상으로 서비스를 할 수 있다. 심리 치료사들은 1:1 치료에서 소그룹 치료로 방법을 바꾸고, 더 나아가서는 300명 이상을 큰 호텔 볼룸에 모아놓고 치료를 한다. 또한 서비스 제공자들은 훨씬 더 신속한 서비스를 제공하게 되었다. 즉, 심리 치료사들은 기존에 환자 1인당 상담 시간이 비효율적으로 50분이 걸리던 것을 효율적인 30분으로 단축했으며 이로 인해 더 많은 환자를 치료하게 되었다. H&R Block이 전문적인 세금 컨설턴트들로 전국적 네트워크를 구성한 것과 같이, 서비스 조직은 서비스 제공자들을 전문화시킴으로써 고객들의 신뢰를 구축할 수 있다. 창의적인 예술가들도 역시 비분리성의 한계를 극복하기 위해서 기술을 개발하고 있다.

3 변화성

서비스는 누가, 언제, 어디서 제공하는가에 따라 달라지므로 변화의 가능성이 매우 높다. 어떤 의사들은 환자를 대하는 태도가 뛰어나게 좋지만, 어떤 의사들은 환자들에 대한 인내심이 부족하다. 어떤 외과 의사들은 특별한 부문의 수술이 전문이지만, 어떤 외과 의사들은 그 분야에서 뛰어나지 않다. 서비스 구매자들은 이러한 변화성을 알고 있고 종종 서비스 제공자를 선정하기 전에 다른 사람들

MARKETING NOTE

BLUE MAN GROUP

Blue Man Group은 초기 멤버인 Matt Goldman, Phil Stanton, Chris Wink 3명이 뉴욕의 거리에서 연주를 시작한 1988년에 시작되었다. 이 회사는 마침내 극장으로 옮겨서 연주하게 되었고, 임시 대역 없이 3년 연속으로 쇼를 진행하였다. 이 그룹이 보스턴에서 두 번째 쇼를 열었을 때, 창설자들은 쇼를 원활하게 수행하기 위해서 더 많은 블루맨을 고용하기로 결정한다. 현재 여성 한 명을 포함한 33명으로 구성된 블루맨 그룹은 Las Vegas에서 연주를 하고, 그래미라는 앨범을 내고, 인텔의 펜티엄 프로세서의 상업 광고에 출연하는 등 다양한 프로젝트를 진행하고 있다.

그림: http://www.blueman.com

에게 물어 보기도 한다. 여기에 서비스 업체가 품질관리를 향상시키기 위해서 취할 수 있는 3가지 방법이 있다.

우수한 인재 선발과 교육에 투자한다

적절한 인재를 고용하고 그들에게 뛰어난 교육과 훈련을 제공하는 것은, 그 인재들이 높은 수준의 숙련된 전문가인지 미숙련된 작업가인지에 관계없이 중요하다. 이상적으로 고용인들은 역량, 태도, 책임감, 창의성, 문제해결 능력 및 호감을 표출해야 한다. FedEx와 Marriott와 같은 서비스 기업들은 제 1 선에서 활약하는 담당자들에게 고객문제를 해결하는 데 100달러까지 지출할 수 있는 권한을 주고 있다.

조직 전체적으로 서비스 수행 과정을 표준화한다

이런 표준화는 잠재적으로 발생할 수 있는 결함을 인식하기 위한 목적으로 사용되는 작업공정도 내에서, 상황과 과정을 나타내는 '서비스 청사진' 을 준비함으로써 이루어질 수 있다. 전국적인 꽃 배달 조직을 생각해보자. 고객들이 취할 수 있는 행동은 단지 전화를 걸어서 꽃을 고르고 주문하는 것으로 한정되어 있다. 그러나 꽃 배달 조직은 꽃을 고르고, 꽃병에 담아서 배달하고 수금한다. 이런 일련의 과정들의 어느 한 부분이라도 잘못 수행될 수도 있고 잘 될 수도 있다.

고객만족도조사

고객 제안과 불만 접수 시스템, 고객 설문 그리고 경쟁상품 정탐쇼핑 등을 이용하여 고객만족도를 조사한다. General Electric사는 자사 서비스 직원들의 업무 평가를 위하여, 매년 70만 장의 설문 카드를 고객들에게 내보내고 있다. 시티뱅크는 지속적으로 ART(accuracy, responsiveness, timeless)를 조사한다. 기업들은 보다 개별화되고 고객 맞춤화된 서비스를 제공할 수 있는 고객정보 데이터베이스와 시스템을 개발할 수 있다.

4 소멸성

서비스는 저장이 불가능하다. 수요가 안정적인 경우에 서비스의 소멸성은 별 문제가 되지 않는다. 그러나 수요가 변동하는 경우 서비스 업체는 여러 문제에 직면하게 된다. 예를 들면, 대중교통 운수회사는 하루 종일 수요가 골고루 분포되어 있을 때보다, 수요가 집중되어 있는 출퇴근 시간대에 차량을 더 많이 보유해야 한다. 어떤 의사들은 환자가 진료 약속을 지키지 않았음에도 불구하고, 그 시점에도 서비스 가치가 존재하기 때문에 청구서를 부과한다.

서비스 사업에는 수요와 공급을 균형 있게 조화시키기 위한 몇 가지 전략이 있다.

<수요 측면>

- 가격 차별화는 피크타임대의 수요를 일반적인 시간대로 이동시킬 수 있다. 예를 들어 극장의 이른 저녁 시간대의 할인 가격이나, 렌터카의 주말 할인 등이 여기에 속한다.
- 피크타임이 아닐 때의 수요도 개발할 수 있다. 예를 들어, 맥도널드는 아침식사를 개발하고 있고, 호텔들은 짧은 주말 프로그램을 개발한다.
- 보완적인 서비스를 제공할 수 있다. 기다리는 고객들에게 추가 서비스를 제공할 수 있다. 예를 들면, 기다리는 고객들을 위하여 레스토랑에 칵테일 라운지를 운영하거나 은행의 자동인출기를 설치하는 것이다.
- 예약 시스템은 수요의 수준을 관리하는 방법이다. 항공사, 호텔, 병원 등에서 예약 시스템을 많이 이용하고 있다.

<공급 측면>

- 파트타임 직원 채용으로 피크타임의 수요에 대응할 수 있다. 예를 들

면, 대학에서 학생 수가 많을 경우에는 시간강사를 활용하거나, 음식점에서 필요한 경우에는 시간제 종업원을 고용한다.

- 피크타임에 맞는 효율적인 업무절차가 도입될 수 있다. 종업원들은 피크타임일 때는 필요한 업무만 수행한다. 바쁜 시간에는 구급 의료사가 의사를 보조한다.
- 고객 참여의 증대가 장려될 수 있다. 환자가 직접 의무기록을 작성하도록 하거나, 고객이 직접 구입한 물건을 봉투에 담도록 하는 것 등이다.
- 공유된 서비스를 개발할 수 있다. 예를 들면 몇 개의 병원이 공동으로 의료 장비를 구입해서 사용할 수 있다.
- 미래 확장을 위한 설비를 개발할 수 있다. 예를 들면, 놀이공원은 개발 확장을 위하여 주변의 토지를 구입해 둘 수 있다.

많은 항공사, 호텔, 리조트들은 자체에서 선정하는 고객들을 세분화하여 특별한 단기 할인과 프로모션을 제공하는 이메일을 내보내고 있다. Club Med는 미판매된 주말 패키지를 판매하기 위해서 자사 데이터베이스에 있는 고객들에게 정상 패키지 가격의 30~40%로 할인된 상품들의 정보를 주초에 이메일로 발송한다. Disney는 테마공원에 사람들이 줄을 선 지 40년 만에 Fastpass 제도를 정립하였고, 방문객들은 서서 기다리던 줄에서 자리를 맡을 수 있게 됨으로써 기다리지 않게 되었다. 조사 결과 방문자들 중 95%가 Fastpass 제도를 좋다고 응답했다. Disney의 부사장인 Dale Stafford는 보고서에서 "우리는 1955년 이후 줄곧 줄서는 방법을 가르쳐왔으나, 지금은 사람들에게 줄설 필요가 없다고 말해주고 있다. 우리가 할 수 있는 모든 일들과 창조할 수 있는 모든 놀라운 것들 중에서, 이것은 산업 전체에 근본적으로 영향을 주는 것이다"라고 말했다.

2. 서비스 기업의 마케팅전략

과거에는 서비스 업체들의 마케팅활동이 제조업체들에 비해 뒤떨어져 있었다. 이는 서비스 업체들의 규모가 작거나, 마케팅을 사용하지 않는 전문적인 사업체이거나, 수요가 너무 많거나, 경쟁이 거의 없었기 때문이다. 그러나 모든 것은 변하고 있다.

고객 관계의 변화

모든 기업들이 모든 고객에게 월등한 서비스를 제공하기 위하여 투자하는 것은 아니다. 최근 연구에 의하면 미국에서의 고객 만족도가 항공사는 12.5%, 은행은 8.1%, 상점은 6.5%, 호텔은 4% 하락했다고 한다. 고객들은 부정확한 정보, 무책임함, 무례함, 잘못 교육된 직원, 오랜 기다림 등에 대한 불만을 가지고 있었고, 그런 점들은 현재로써는 전혀 낙관적으로 보이지 않는다고 생각했다. 많은 불만들이 실제적으로 생활하는 데는 일어나고 있지 않지만, 고객 서비스 불만은 일어나고 있다. 다음은 서비스 업체와 고객 상담실을 어렵게 만드는 몇 가지 통계수치이다.

- **전화통화:** 미국 기업의 80%는 고객이 필요로 하는 도움을 어떻게 주는지를 알지 못한다.
- **온라인:** Forrester 리서치에 의하면 회사에 접수되는 모든 이메일 문의사항의 35%는 7일 내에 답변이 나가지 않으며, 약 25%는 답변이 전혀 나가고 있지 않다.
- **대화형식의 음성 반응:** 미국의 많은 대기업들이 대화형식의 음성반응 시스템이라는 전화 라우팅 소프트웨어를 설치하였지만, 금융 서비스

고객의 90% 이상은 그것을 좋아하지 않는다고 말한다.

과거에 서비스 업체들은 모든 고객들을 받아들였지만, 현재는 고객 개인들에 대한 많은 데이터를 확보함에 따라 고객들을 이익 기준에 따라 분류할 수 있다. 서비스가 모든 고객들에게 일률적으로 좋지 않은 것은 아니다. 항공사, 호텔, 은행 등은 우수한 고객들을 확보하고 있고, 거액을 지출한 우수한 고객들은 특별한 할인행사, 사은품, 다양한 특별한 서비스를 받는다. 그러나 나머지 고객들은 높은 수수료, 형편없는 서비스, 고객의 요청사항에 대해서만 겨우 응답하는 음성 메시지 정보밖에 제공받지 못한다.

규모가 큰 금융 서비스 기업들은 수익성이 높은 고객들과 통화할 경우에는 즉시 그들에게 답변하는 특별한 소프트웨어를 가지고 있다. 이런 시스템은 고액을 지출하는 고객들이 금융업체로부터 특별한 대접을 받을 동안에 대기시간이 지연될 수백 명의 일반 통화자들보다 빨리 통화할 수 있게 해준다. 미국의 유명 금융회사의 최고 고객들은 15초 안에 상담원과 전화가 연결되지만, 일반 고객들은 10분 이상을 기다릴 수도 있다. Sears는 최고 고객들에게는 2시간 이내에 수리공을 파견하지만, 일반 고객들은 4시간을 기다려야 한다.

민주적인 고객 서비스에서 능력 중심적 고객 서비스로 변화되는 것은, 충성도가 낮은 고객에 의한 낮은 수익률에 대응하는 하나의 방법이다. 현재 기업들은 다른 고객집단으로부터 더 많은 이윤을 창출해 내기 위해서 노력하고 있다. 기업들은 지출이 거의 없는 고객들에게는 수수료를 높이고 낮은 서비스를 제공하기로 결정하고 있으며, 지출이 큰 고객들에게는 가능한 한 오랫동안 그들의 단골고객이 될 수 있도록 소중하게 관리하고 있다.

그렇지만 부족한 대우를 받은 고객들은 그 회사에 대해서 나쁘게 소문을 내고 회사의 명성을 손상시킬 수 있다. 그러므로 다양한 수준의 서비스를 제공하는 기업들은 고객들이 우수한 서비스를 제공받고자 권리 주장을 하는 것에 대해서 신중해야 한다. 고객 만족과 기업의 수익성 양쪽 모두를 극대화시키는 서비스 제공은 어려운 일이다. 최근에 갑자기 유명해진 JetBlue 항공사는 성공적인 기업의 대표 사례이다.

고객관계에서도 고객이 유리하도록 변화하고 있다. 고객들은 제품 지원 서비스 구매에 있어서 더욱 세련되어지고, 개별적 서비스 가격 책정에 압력을 가하고 있다. 고객들은 각각의 서비스 요소에 대해 합당한 가격을 지불하기를 원하고, 그들이 원하는 요소를 선택할 권리를 가지고 있다. 또한 고객들은 다른 유형의 서비스 제공자들이 너무 많은 종류의 서비스를 제공하는 것을 점점 싫어하게 되었다. 현재 제 3 의 서비스 조직들은 너무 많은 분야의 서비스를 제공하고 있다.

가장 중요한 점은 고객들이 인터넷상에 나쁜 서비스에 대해서는 불만을 제기하고, 좋은 서비스에 대해서는 칭찬을 할 수 있는 권한을 부여하며, 마우스를 클릭하면 세계 어느 곳으로든지 의견을 보낼 수 있게 된 것이다.

MARKETING NOTE

JetBLUE

다른 항공사들이 수백만 달러의 적자를 내고 파산하는 동안에 JetBlue는 다른 방법으로 선두를 향하고 있다. 이 회사는 Southwest 항공사보다 더 현대적인 대안을 창조하려고 노력하였다. 한 기종만 사용하는 Southwest는 한 지점에서 다른 지점으로 비행하기 위하여 중심도시는 피하고 극히 최소한도로 회항시간을 유지한다. 그러나 JetBlue는 Southwest와는 달리 더 큰 에어버스 A320을 사용하여 항공시간이 더 길도록 하고, 안락한 가죽 시트와 시트 뒷부분에 TV를 설치해 놓고, 좌석도 예약을 할 수 있도록 했다. 멋진 광고와 말끔한 승무원 그리고 최첨단 웹 사이트로 고객과 친숙해질 수 있었고, 고급스러운 기업 이미지를 보여준다. J.D. Power and Associate사는 JetBlue가 2008년 북미지역의 항공사 중에서 최고의 고객만족을 달성했다고 평가하였다.

서비스를 위한 총체적 마케팅

서비스 대응은 다양한 구성요소에 영향을 받는 복잡한 상호작용이기 때문에, 전체적인 마케팅 관점에서 받아들이는 것이 특히 중요하다. 서비스 산출 결과와 사람들이 서비스 제공자에게 충성적일지 아닐지의 여부는 많은 변수에 의해 영향을 받는다. Keaveney는 고객들이 서비스를 변경하도록 하는 800개 이상의 중요한 행동을 확인했다. 이런 행동들은 8가지 범주로 분리될 수 있다.

서비스를 위한 전체적 마케팅에는 외적, 내적 및 상호작용적 마케팅이 요구된다. 외적 마케팅은 기업이 고객에게 제공할 서비스를 준비하고, 가격을 정하고, 분배하고, 촉진하기 위해서 행하는 모든 일상적인 업무이다. 내적 마케팅은 고객에게 좋은 서비스를 제공하기 위해서 직원들을 훈련시키고 동기를 부여하는 것이다. Berry는 마케팅 부서가 할 수 있는 가장 중요한 기여는 "조직 내의 모든 구성원들

표 9-1 고객행동 변화를 초래하는 요인

가 격	서비스 담당자의 실패	윤리적 문제	불편함
· 높은 가격 · 가격인상 · 불공정한 가격 결정 · 신뢰할 수 없는 가격	· 부주의 · 무례함 · 무책임함 · 전문지식이 없음	· 속임 · 강매 · 불안전 · 관심사의 대립	· 장소/시간 · 약속시간 기다림 · 서비스 받기 위해 기다림
서비스 실패 대응	**자발적이지 않은 변경**	**핵심적인 서비스 실패**	**경 쟁**
· 부정적인 대응 · 대처하지 않음 · 마지못한 대응	· 고객의 이동 · 제공의 종결	· 서비스 제공의 과실 · 잘못된 청구서 · 서비스 제공의 대실패	· 더 우수한 서비스 개발

이 마케팅 연습을 할 수 있도록 하는 대단한 지혜"라고 주장했다.

상호작용 마케팅(interactive marketing)이란 고객을 지원하는 데 있어서 직원들의 기술을 의미한다. 고객은 서비스 질을 기술적 질(예: 수술이 성공적이었는지?)뿐만 아니라 기능적 질(예: 외과의사가 관심을 보이고 신뢰를 주는지?)에 의해서도 판단한다. 기술은 서비스 작업자들을 보다 생산적으로 만드는 힘을 가지고 있다. 샌디에고의 캘리포니아 대학교 메디컬센터 호흡기 치료 전문가들은 현재 환자를 직접 치료하는 데 더 많은 시간을 보내기 위해서 환자의 기록을 확인할 수 있는 소형 컴퓨터를 가지고 다닌다.

그러나 기업들은 지각적 품질을 떨어뜨릴 만큼 생산성을 지나치게 밀어붙이는 것을 피해야 한다. 즉 어떤 방법들은 너무 지나치게 표준화를 선도하고 있다. 서비스 제공자들은 우수한 기술뿐만 아니라 우수한 인간적 접촉을 전달해야 한다.

FASHION MARKETING TREND

패션기업의 상호작용 마케팅: Mass Customization 전략

Mass Customization은 대량생산의 효과와 더불어 개인의 니즈를 최대한 만족시킬 수 있도록 생산과 서비스를 제공해야 한다는 것을 의미하며, 대량맞춤, 주문형 대량생산, 대량고객화, 대량주문생산 등으로 표현되고 있다.

실질적으로는 제시된 구성이 소비자의 요구에 가장 근접할 수 있도록 제공되는 것을 의미하는데, 제품/서비스의 고객화, 거래환경의 고객화, 그리고 제품/서비스가 제공되는 과정의 고객화 등이 제공된다. 이 중에서도 특히 패션제품의 고객화는 Customized design이나 customized fit 측면이 가장 강조되고 있다.

패션제품의 고객화 사례는 다음과 같다.

(1) NIKEiD

- 웹사이트를 통해 실시간 디자인 프로그램을 도입하여 고객 스스로가 자신의 신발을 선택할 수 있는 기능을 제공하고 있다.
- 성별, 치수, 상, 하, 둘레, 밑창 부분, 신발끈 컬러, 로고위치 중 10개 이상의 선택사항을 실시간으로 디자인할 수 있다.
- 고객주문에 따라 Symbol이나 Personal iD를 신발 뒷면에 새겨주어 고객은 세계에서 한 켤레뿐인 운동화를 가질 수 있다.

(2) Levi's

- Fitting room 코너의 My virtual model을 통해 체형, 가슴사이즈, 허리사이즈, 키, 몸무게, 얼굴생김새, 피부색, 헤어스타일 등을 입력한다.
- 리바이스는 이 시스템 도입으로 인터넷을 통해 고객으로부터 직접 사이즈와 디자인, 색상 등을 주문받아 실시간으로 생산하고 있다.
- 이를 통해 소비자들은 자신이 선택한 옷을 입어본 듯한 간접체험을 할 수 있는 효과를 거둘 수 있다.

자료: 삼성디자인넷

3. 서비스질의 관리

기업의 서비스질은 서비스를 받는 고객 입장에서 테스트된다. 만약 소매점원이 지루해하고 간단한 질문에도 대답을 하지 못하거나 고객이 기다리는 시간에 다른 사람을 응대한다면 고객을 그 판매자와 거래를 할지에 대해서 신중하게 고려하게 된다.

고객의 기대서비스

고객의 서비스에 대한 기대는 과거경험, 소문, 광고 등에 의해서 형성된다. 일반적으로 고객들은 기대했던 서비스와 지각한 서비스를 비교한다. 만일 지각된 서비스가 기대했던 서비스에 미치지 못하면 고객들은 실망하게 된다. 그러나 지각된 서비스가 그들의 기대를 충족시키거나 기대 이상이라면, 그 서비스 제공자들은 다시 이용하게 된다. 성공적인 기업들은 고객을 만족시킬 뿐만 아니라 추가적으로 고객을 놀라게 하고 기쁘게 한다. 고객의 만족은 기대 이상이기 때문이다.

Parasuraman, Zeithaml, Berry(1985)는 서비스 질 모델을 제시했는데, 높은 서비스 질을 제공하기 위한 주된 요구 조건을 밝히고 있다. 이 모델에서는 성공적이지 않은 서비스 제공의 원인에는 5가지 격차가 있다고 밝힌다.

1 소비자의 기대와 경영자의 지각 간의 격차

경영자는 고객들이 원하는 것이 무엇인지를 항상 정확하게 파악하고 있지는 않다. 병원 관리자들은 환자들이 좋은 음식을 원한다고 생각할 수도 있지만, 실제로 환자들은 간호원의 세심한 배려에 더 많은 관심을 가지고 있다.

MARKETING NOTE

RITZ-CARLTON HOTEL

리츠칼튼호텔의 전설적인 서비스는 매년 모든 직원들이 100시간의 교육을 받는 데서 시작한다. 이 회사는 직원들에게 고객 서비스 문제를 해결하기 위한 의사결정을 하도록 하고 이에 소요되는 비용을 지출할 수 있는 권한을 부여하고 있다. 객실은 90일마다 철저하게 점검되고 있고 결함이 없음이 보증되며, 체크인에 걸리는 시간을 반으로 줄이고, 가족여행과 결혼식을 위한 특별 프로그램을 제공한다. 리츠칼튼호텔이 Malcolm Baldridge National Quality Award를 처음으로 두 번씩이나 수상한 것은 결코 놀라운 일이 아니다.

2 경영자의 지각과 서비스질의 규정 간의 격차

경영자들은 고객의 욕구를 정확하게 인식하고 있기는 하지만 수행 기준을 설정하고 있지는 않다. 병원 관리자들은 간호원들에게 신속한 서비스를 제공하라고 지시하지만, 신속한 것이 몇 분에 해당되는지는 명백하지 않다.

3 서비스질의 규정과 서비스 제공 간의 격차

직원들이 제대로 훈련을 받지 않았거나, 수행능력이 없거나, 기준에 맞는 서비스를 제공할 의지가 없을 수도 있다. 또는 고객의 말을 경청하기에는 시간이 걸리지만 서비스는 신속하게 제공해야 하는 것과 같이 모순되는 기준이 있을 수도 있다.

4 서비스 제공과 외적 커뮤니케이션 간의 격차

소비자의 기대는 기업의 대리자와 광고로 만들어진 성명에 의해서 영향을 받는다. 만약 병원 홍보자료에는 훌륭한 병실이 소개되었지만, 실제로 환자가 도착해서 보면 그 병실은 전혀 좋지 않고 오히려 초라해 보일 수도 있다 이런 외적 커뮤니케이션이 고객의 기대를 왜곡할 수 있다.

5 지각된 서비스와 기대했던 서비스 간의 격차

이런 격차는 소비자들이 서비스의 질을 잘못 인식하는 경우에 생겨난다. 의사는 환자를 돌보고 있다는 것을 보여주기 위해서 계속적으로 환자를 방문할 수도 있지만, 그 환자는 이런 의사의 행동으로 뭔가가 아주 잘못되었다고 생각할 수도 있다.

서비스질 모델에 근거해, Parasuraman, Zeithaml, Berry, 세 명의 연구가들은 다음과 같이 서비스질을 결정하는 5가지 요인들을 중요도에 따라서 명시했다.

- **신뢰성**(reliability): 약속한 서비스를 신뢰할 수 있고 정확하게 수행할 수 있는 능력
- **반응성**(responsiveness): 고객을 도와주고 신속하게 서비스를 제공하려는 의지
- **설득성**(assurance): 직원들의 지식과 관대함 그리고 믿음과 신뢰를 전달할 수 있는 능력
- **공감성**(empathy): 고객에 대한 관심과 개별적인 배려
- **유형성**(tangibles): 시설, 장비, 직원 및 커뮤니케이션 구성요소

위의 5가지 요인에 근거해 조사자들은 21개 아이템의 SERVQUAL 척도를 개발했다. 조사자들은 서비스 수준에서 고객이 인식하기에 만족스럽다고 생각되어지는 인내의 영역이나 범위가 있을 것이라고 지적했는데, 이는 소비자들이 받아들일 수 있는 최소한의 수준과 소비자에게 전달될 수 있고 전달되어야 한다고 믿는 수준에 의해서 결정된다.

서비스-질 관리 실행

많은 연구들은 관리가 잘되는 서비스 업체들은 다음과 같은 공통적인 업무활동이 있음을 보여준다. 즉 전략적 개념, 서비스질에 대한 최고경영자의 지속적인 관심, 높은 기준, 자체 서비스 기술, 서비스 수행과 고객 불평을 조사하기 위한 시스템 및 직원 만족을 강조하고 있다.

1 전략적 개념

최고의 서비스 기업들은 고객들에게 전념하고 있다. 즉 그들은 타깃 고객과 그 고객들의 욕구를 명확하게 알고 있다. 그들은 타깃 고객들의 욕구를 만족시키기 위해서 차별된 전략을 개발하였다. 대부분의 중개사들은 나이가 많고 부자인 고객 기반을 추구하지만, 온라인 중개사인 E*TRADE는 기술적으로 문제가 없고 자급자족이 가능하지만 다른 기업들로부터 큰 관심을 받지 못하는 24~37세 사이

FASHION MARKETING TREND

Service dimension of up-scale & luxury management

트레이딩 업 트렌드에 의해 명품은 점차 대중화되고 있으며, 소비자들의 명품에 대한 태도 또한 변하고 있다. 전통적으로 명품 브랜드들은 브랜드 네임과 희소성 부각 그리고 뛰어난 제품품질의 강조 등을 중심으로 마케팅활동을 해왔으며, 이에 따라 소비자에 대한 서비스 제공 측면은 도외시되어 왔다. 그러나 명품의 대중화와 경쟁 심화에 따라 이들 명품 브랜드들도 차별화전략의 일환으로 고객서비스의 중요성을 인식하게 되었으며, 특히 명품 브랜드들의 고객서비스전략은 고객의 경험에 대한 통합적 관리로 특징지어진다. TCEM(total Customer Experience Management)라고 불리는 서비스관리전략은 기대 이상의, 가치 있고, 기억에 남는 경험을 제공함으로써 고객만족을 추구하고자 하는 전략이다. 이러한 시각에서 물질적 혹은 물리적 가치 외에 감정적 가치를 중시하며, 다수의 명품 브랜드들은 총체적인 경험 제공 차원에서 사업다각화를 꾀하기도 한다. 명품 브랜드들의 호텔 비즈니스 사업이나 기타 서비스 산업에의 진출은 일한 경향을 보여주는 반증이라 할 수 있다. 특히 이들 명품 브랜드와 상류층 소비자를 표적고객으로 하고 있는 리테일러들은 고객화된 서비스의 제공을 중요시하는데, 그 예로 캐나다의 Harry Rosen 백화점은 고객들의 옷장을 관리해주는 closet clean-up service나 긴급상황에 도움을 제공하는 In an emergency와 같은 고객화 서비스를 통해 고객들의 기대 이상의 서비스를 제공함으로써 잊지 못할 경험을 창출하고자 한다.

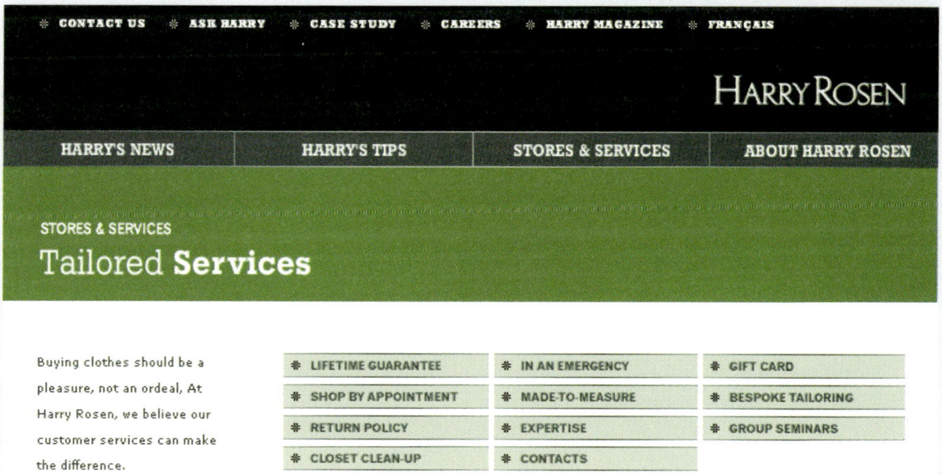

그림: www.harryrosen.com

의 X세대를 타깃으로 한다. 최고경영자인 Christos Cotsakos는 "컴퓨터를 잘 알고 있는 세대가 부를 구축하고 그들의 할아버지와는 다른 해결방안을 모색한다. 우리가 새로운 개인 계층을 인식할 수 있고 최고의 가치를 그들에게 제공할 수 있다면 우리는 그 공간을 소유할 수 있다"고 말한다.

2 최고경영자들의 관심

Marriott, Disney, USAA와 같은 기업들은 서비스질을 위해 철저하게 몰입하고 있다. 경영자들은 매월 재무적 성과뿐만 아니라 서비스 성과를 살핀다. 맥도널드의 Ray Kroc은 QSCV, 즉 품질(quality), 서비스(service), 청결(cleanliness), 가치(value)에 적합한지 각 맥도날드의 점포들을 지속적으로 측정하도록 했다. 몇몇 기업들은 직원들의 급료지불수표에 'BROUGHT TO YOU BY THE CUSTOMER'라는 문구를 삽입하였다. 월마트의 Sam Walton은 직원들이 다음과 같이 맹세하도록 요구했다. "나는 내 앞 10피트 내에 오는 모든 고객들에게 미소를 짓고 눈을 보면서 인사를 한다고 엄숙하게 맹세하고 선언한다."

3 높은 기준치

최고의 서비스 제공자는 서비스 수준을 높게 정한다. 예를 들어 Citibank는 고객의 전화는 10초 이내에 응대하고 고객의 편지는 2일 이내에 응대하는 것을 목표로 하는데 이 기준은 적당히 높게 설정되어야 한다. 98%의 정확도는 훌륭한 기준으로 보일 수도 있지만, FedEx는 하루에 6만 4천개의 소포를 분실할 수 있으며, 책 한 장에는 6개의 오타가 있을 수 있으며, 1년에 8일 동안에는 안전하지 못한 식수가 공급되는 결과를 초래할 수 있다. 기업들은 100% 완벽한 서비스를 목표로 해서 '적당히 좋은 서비스'와 '완벽한 서비스'를 구별할 수 있어야 한다.

서비스 업체들은 보다 양호하고 빠른 배송 시스템을 디자인함으로써 차별화될 수 있고, 다음과 같이 3가지 수준의 차별화가 있다. 첫번째는 신뢰성으로, 어떤 공급업자에게는 적시 배송, 주문 완결이 믿을 만하다. 두 번째는 탄력성으로, 긴급상황 처리, 결함상품 회수 및 요구사항 응답에 능숙하다. 세 번째는 혁신성으로, 우수한 정보 시스템을 창조하고, 바코딩과 혼합된 팔레트를 도입하며, 다른 방식으로 고객을 도와준다.

많은 유통 분배 전문가들은 기업의 자금은 광고보다는 배송업무를 개선하는데 더 많이 지출되어야 한다고 주장한다. 그들은 우수한 서비스 성과는 이미지에 대한 지출보다 더 효과적인 차별화 요소라고 말한다. 더구나 경쟁사에게는 광고캠페인을 흉내 내기보다 우수한 유통 시스템을 모방하는 것이 더욱 어렵다.

4 자체 서비스 기술(Self-Service Technologies: SSTS)

소비자들은 제품의 경우와 같이, 서비스에서 편리함을 가치 있게 생각한다. 많은 사람 대 사람 서비스의 상호작용은 셀프서비스 기술에 의해 대체되고 있다.

오래 전부터 사용해온 자동판매기와 더불어, 현금자동인출기(ATMs) 사용, 주유소에서의 셀프주유, 호텔에서의 직접 체크아웃, 인터넷에서 직접 티켓 구매, 인터넷에서 직접 제품 맞춤을 할 수 있다.

모든 SST가 서비스질을 향상시키지는 않지만, 서비스 거래를 보다 정확하고 편리하고 신속하게 할 수 있는 잠재력을 가지고 있다. 모든 기업들은 SST를 이용해서 서비스를 향상시킬 수 있는 방법에 대해서 생각해 봐야 한다. 기업들은 고객들이 SST가 제공하는 것보다 더 많은 정보를 필요로 할 때에 고객들이 업체에 전화해서 문의할 수 있도록 빈틈없는 방법을 강구해야 한다. 온라인으로 호텔을 예약하는 웹사이트에는 종종 'CALL ME' 버튼이 있다. 고객이 그 버튼을 누르면 서비스 담당자는 즉시 그 고객에게 전화를 걸어서 고객의 질문에 응대해야 한다.

클레임 서비스와 보조 지원을 향상시키고자 하는 자동차보험 회사를 생각해 보자. 보통은 사고와 관련된 운전자는 클레임 손해사정인이 현장에 도착해서, 손해액을 평가하고, 사건 해결 방법을 제시할 때까지 기다려야만 한다. 보험회사의 웹사이트에는 보험 가입자가 해야 할 것들을 단계별로 제시하는 지침이 포함되어야 한다. 즉 경찰과 병원에서 필요로 하는 제반 서류 목록을 나열해야 하고, 믿을 만한 의료 전문가와 법률 전문가의 이름을 제시하고, 고객의 거주지역 내의 믿을 만한 렌터카 회사와 정비 업소도 안내해야 한다. 또한 웹사이트에서 클레임 양식 서류를 다운받아서 작성할 수 있어야 한다. 손해사정인이 운전자를 방문하면 소형 모바일 컴퓨터 장치를 사용하고 디지털 카메라를 사용해서 손상 부문을 촬영할 수 있고, 본사에 조사내역이 담긴 비니오를 보내고 승인을 얻은 후 즉석에서 자동차를 수리하는 데 소요되는 금액을 수표로 발행할 수 있다.

셀프 서비스 기술을 시작할 때 기업들에게 있어서 가장 큰 장애물은 기술 그 자체가 아니라 기술이 사용되도록 고객을 설득하는 것이다.

5 모니터링 시스템

최고의 서비스 기업은 서비스 성과, 즉 자사와 경쟁사의 성과를 일상적인 기준에 따라 감사한다. 기업들은 고객만족과 고객 불만족을 입증하기 위해 고객 목소리 측정치를 수집한다. 그들은 성과를 측정하기 위해 비교 쇼핑, 암행 쇼핑, 고객 설문조사, 불평과 제안 접수, 서비스 감사팀, 기업주가 받은 편지 등의 여러 가지 방법을 이용한다. First Chicago Bank는 매주마다 Performance Measurement Program을 이용하여 고객이 의식하고 있는 많은 문제들에 대한 성과를 표로 나타낸다.

미스터리 쇼핑이란 조사자가 손님으로 가장하고 쇼핑을 한 후 결과를 업체에 보고하고 대가를 받는 것으로서, 미국에서는 3억 달러, 세계적으로는 5억 달러 규모의 큰 사업이다. 패스트푸드 체인, 대형매장, 주유소, 심지어는 규모가 큰 정부 기관들도 미스터리 쇼핑을 이용하여 고객 서비스 문제를 정확하게 파악하고 해결하려고 한다.

서비스는 보통 고객이 중요하다고 평가하는 정도와 기업의 성과에 의해서 평가된다. 즉 중요도와 성과분석은 서비스의 다양한 요소를 평가하는 데 사용되고, 어떤 조치가 필요한지 확인하는 데에 사용된다.

6 고객의 불평 해소

고객의 불만족 연구에 따르면, 고객들은 구매의 25% 정도에 대해서는 만족스럽지 않다고 여기지만, 단 5% 정도만이 불만을 제기한다고 한다. 나머지 95%의 소비자들은 불만을 제기하는 노력은 가치가 없으며, 누구에게 어떻게 불만을 제기해야 하는지도 알지 못한다고 한다.

불만을 제기한 5%의 고객들 중에서 약 50%는 문제해결에 대해 만족한다고 응답했다. 만족스러운 방법으로 고객의 문제를 해결하는 것은 매우 중요하다. 평균적으로 만족한 고객은 세 사람에게 그들의 좋은 경험을 이야기하지만, 불만족한 고객은 11명에게 불만을 늘어놓는다. 그들 각각이 계속 다른 사람들에게 불만을 전하게 되면, 나쁜 소문은 기하급수적으로 증가하게 된다.

고객들의 불만 사항이 만족스럽게 해결되면 그 고객은 전혀 불만족하지 않았던 고객보다 더욱더 그 기업에 충성하게 된다. 중요한 불만 사항을 제기한 고객들 중 34%는 불만이 해결되면 그 기업에서 다시 구매를 하지만, 사소한 불만이 해결되는 경우에는 52%의 고객들이 재구매를 할 것이다. 만약에 불만이 아주 신속하게 해결된다면 중요한 불만을 제기한 고객들의 52%, 사소한 불만을 제기한 고객들의 95%가 그 기업으로부터 다시 구매를 하게 된다.

모든 불만접수는 잘만 해결 처리가 된다면 하나의 선물이 될 것이다. 불만족한 고객들로 하여금 불만을 토로하도록 고무하는 기업들, 직원들로 하여금 현장에서 상황을 처리할 수 있도록 권한을 부여한 기업들은 서비스 실패를 처리하는 데 있어 시스템적 접근 방법을 가지고 있지 않은 기업에 비해 높은 수익과 많은 이익을 성취한다. 피자헛은 모든 피자 상자에 수신자 부담 전화번호를 표기하고 있다. 고객이 불만을 제기했을 때 피자헛은 점포관리자에게 음성메일을 보내게 되고, 점포관리자는 48시간 이내에 고객에게 전화를 해서 그 불만사항을 해결해야 한다.

조사결과에 따르면 고객들은 그들이 서비스를 받기까지의 절차와 그 과정 안에서의 처리방법으로 불만을 평가한다는 것을 보여준다.

제1선에서 활약하는 직원들로 하여금 별도의 역할 행동을 하도록 하고 있고, 고객들을 다루는 데 있어 창의성을 발휘하게 하고 소비자에게 기업의 관심사와 이미지를 보여주도록 하는 것은 고객의 불만을 처리하는 데 있어서 중요한 자산이 될 수 있다. 또한 기업들은 콜센터와 고객서비스 대리인(CSRs)의 수준을 높이고 있다. 콜센터를 보다 효과적으로 다루는 것은 서비스를 향상시켜서 불만을 줄일 수 있고, 고객들을 오랫동안 유지하게 해준다.

MARKETING NOTE

HYATT HOTEL

하얏트호텔은 매우 빠른 시간 안에 고객의 불만에 대처하는 것으로 뛰어나다. 예를 들면 고객이 덴버 하얏트 호텔에 체크인하고 들어갔으나 객실이 마음에 들지 않았다. 고객은 TV를 켜고 하얏트 고객 설문지가 나와 있는 TV 화면으로 인사를 받는다. TV 리모트 컨트롤을 사용해서 그는 평가서에 체크를 했다. 놀랍게도 5분 안에 전자식 커뮤니케이션을 수신한 호텔 관리자는 고객에게 전화를 건다. 호텔 관리자는 모든 객실이 예약되어 있어서 객실을 바꾸어 줄 수 없기 때문에, 손님을 불편하게 한 것에 대하여 미안한 마음으로 선물을 제공하겠다고 말한다.

7 고객뿐만 아니라 직원만족

훌륭한 서비스 업체들은 직원들의 긍정적인 태도가 강력한 고객 충성심을 촉진한다는 사실을 알고 있다. Sears는 고객만족과 직원만족 그리고 점포의 수익성 간에 상관관계가 높다는 사실을 알게 되었다. Hallmark, John Deere, Four Seasons Hotel과 같은 회사들의 직원들은 회사에 대한 자부심을 가지고 있다.

서비스 기업은 직원들의 긍정적인 태도가 매우 중요하기 때문에 최상의 직원들을 채용해야 한다. 기업은 단지 하나의 직무로서가 아니라 경력을 시장에 내놓을 수 있어야 한다. 또한 건전한 교육 프로그램을 설계하고 성과에 대해서는 지원과 보상을 해야 한다. 기업은 고객 집중적 태도를 강화하기 위해 인트라넷, 사내회보, 일일 조언 및 구성원과의 회합 등을 이용할 수 있다.

직원의 직무 만족도를 정기적으로 조사하는 것은 중요하다. Karl Albrecht는 불만족한 직원들이 문제를 일으킬 수 있다는 점을 관찰했다. Rosenbluth와 Peters는 기업이 진정으로 고객을 만족시키고자 한다면 고객이 아니라 기업의 직원들을 제일 먼저 만족시켜야 한다고 말한다. 기업은 직원들이 친밀해질 수 있도록 교육하도록 신경 써야 한다.

요 약

1. 서비스는 한 당사자가 다른 당사자에게 만족을 제공하는 행위, 노력 그리고 이의 수행과정을 말한다. 서비스의 생산은 경우에 따라서 유형의 제품과 연결될 수도 있으며 마케팅 프로그램 디자인에 크게 영향을 미치는 4가지의 차별적인 특징인 무형성, 비분리성, 변화성, 소멸가능성을 가지고 있다.

2. 서비스 대응은 다양한 구성요소에 영향을 받는 복잡한 상호작용이기 때문에 전체적인 마케팅 관점을 받아들이는 것이 특히 중요하며 서비스 마케팅믹스는 제품(서비스), 가격, 촉진, 유통, 참여자, 과업환경, 생산과정의 일곱 요소로 구성된다.

3. 서비스질이란 고객이 서비스 업체에서 제공할 것이라 기대한 서비스(기대서비스)와 실제로 자기가 받은 서비스(인식서비스)와의 차이의 정도를 말한다.

4. 서비스질을 관리하기 위해서는 고객의 기대를 정확하게 파악하여 그 기대에 맞추어 서비스의 기준을 설정하고 작업을 표준화하여 궁극적으로 서비스가 일관성 있고 정확하게 전달되도록 하여야 한다.

생각해 볼 문제

1 서비스의 네 가지 차별적 특징에 대해 알아보고 이러한 특징이 서비스 마케팅 프로그램을 디자인 하는 데 어떠한 영향을 미치는지 논의해 보자.

2 기업이 서비스질을 향상시키기 위해 어떠한 노력을 하고 있는지 알아보자.

3 서비스질을 결정하는 다섯 가지 요인들을 중요도에 따라 분류해 보자.

4 효과적인 고객서비스전략이 기업의 비용을 절감시킬 수 있는지 토의해 보자.

Chapter 10
가격관리

백화점의 아동복

할인점으로 유통이 양분되면서 가격정책도 백화점은 높은 가격대로 변화하고 있다. 백화점은 할인점과 차별화하기 위해 베이직에서 벗어난 고급스러운 제품을 내놓아야 하는 상황이 계속되고 있다. 따라서 올 하반기 백화점에서 영업을 펼치고 있는 '캔키즈(Cankids)', '베네통키즈(Benetton Kids)', '꼬즈꼬즈(cozcoz)', '티파니베이비(Tiffany Baby)', '프랜치캣(French Cat)', '이솝(Esop)' 등은 종전보다 5 ~ 15% 가격이 올라갈 전망이다.

업계 관계자는 "백화점의 경우 소득 수준이 높은 고객들이 주로 찾고 평소 할인점에서 구매하는 고객도 백화점을 찾을 때는 다른 제품을 기대하고 방문하기 때문에 입점 브랜드들은 고급화와 차별화를 앞세워 많은 디테일과 장식으로 화려한 변신을 시도하고 있으며 가격도 높아지고 있다"고 말했다. 가격이 오르는 데는 원자재 가격 상승도 요인이 되고 있는데 이를 감안하면 5% 이상 인상은 불가피한 것으로 보고 있다.

할인점의 아동복

양분된 유통형태에서 백화점 아동복과의 차별화를 위한 전략으로 가격정책에 있어서 갈수록 더 낮은 가격대로 책정하게 되었다. 또한 할인점 입점 브랜드 가격은 10 ~ 20% 떨어질 전망을 보이고 있다. 이렇게 할인점 가격이 오히려 떨어지고 있는 것은 할인점 매장의 주변 브랜드 제품들이 한 눈에 들어오는 구조라 품질 차이가 크지 않으면 더 저렴한 제품으로 몰릴 수밖에 없고 바이어들 역시 계속해서 낮은 가격을 요구하고 있기 때문으로 분석된다.

이마트 PB브랜드 데이즈키즈 인터넷 배너광고(www.emart.co.kr)

가격은 시장수요와 연결되는 민감한 마케팅 의사결정 분야이다. 본 장에서는 가격결정, 가격조정전략, 가격 변경과 대응에 대해 알아보기로 한다.

베네통 광고(www.benetton.com)

자료: http://blog.naver.com/idasinc

1. 가격결정

국내 아동복시장의 가격전략의 사례에서 알 수 있듯이 가격이야말로 바로 시장의 수요와 연결되는 민감한 마케팅 의사결정분야이다.

본장에서는 가격결정, 가격조정전략, 가격변경과 대응에 대해서 알아보기로 한다.

가격결정은 기업이 신제품을 개발하거나 획득하는 경우, 기업이 새로운 유통경로 또는 새로운 지역에 제품을 도입할 때, 그리고 새로운 계약 또는 입찰을 행할 때에 당면하게 되는 문제이다.

그림 10-1 가격, 수익, 시장점유율 및 이익의 관계

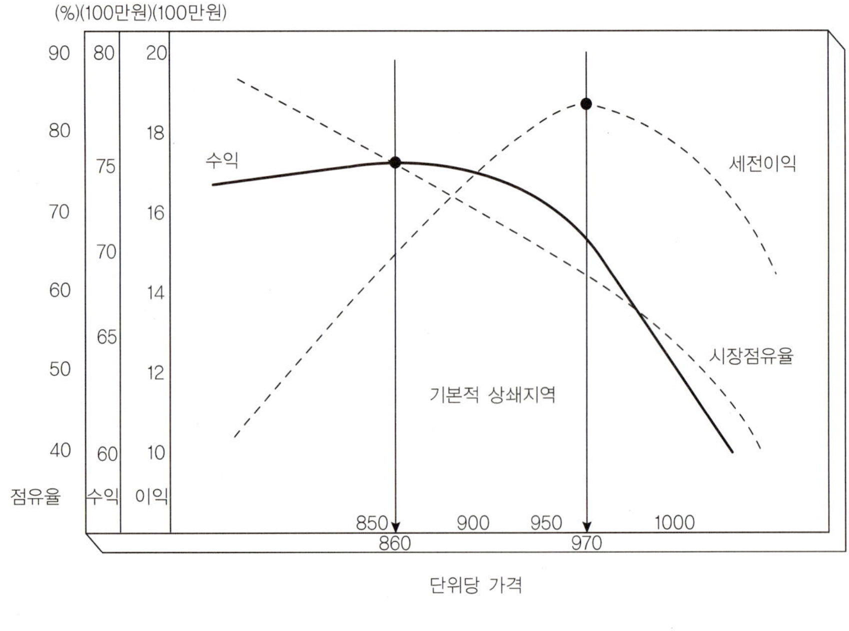

기업이 가격전략을 수립하는 데 고려해야 할 요인으로는 ① 가격결정 목표의 선택, ② 수요측정, ③ 원가추정, ④ 경쟁자의 가격과 제품 분석, ⑤ 가격결정방법, ⑥ 최종가격 결정 등 여섯 가지이다. 아래에서 이들 하나하나에 대해 살펴보기로 한다.

가격결정 목표 선택

기업은 특정제품을 판매함으로써 성취하려는 목표가 무엇인가를 결정해야 한다. 목표가 명확할수록 가격결정은 용이해진다. 기업이 표적시장과 시장에서의 위상정립을 정확하게 결정하면, 가격을 포함한 자사의 마케팅믹스전략의 수립은 상당히 쉬워지게 될 것이다. 예를 들어, 지오다노가 10대와 20대, 그리고 중류층 시장을 표적시장으로 하여 중간 정도의 품질수준으로 시장위치를 확보하려 한다면 가격은 중저가로 책정될 수밖에 없다. 이와 같이 가격결정은 시장에서 자사제품의 위상정립에 관한 사전 의사결정에 의해서 주로 결정된다.

가격결정은 이익, 시장점유율과 같은 요인에 의해서도 영향을 받는다. [그림 10-1]에서 보면 만일 기업이 세전 순이익을 극대화하고자 원한다면, 가격은 970원이 되어야 하고 판매수익을 극대화하고자 한다면, 860원이 되어야 한다. 그러나 시장점유율을 극대화하고자 한다면 이보다 더 낮은 가격을 책정해야 한다.

기업은 가격결정을 통해서 다음과 같은 여섯 가지 기업목표를 추구할 수 있다.

1 기업존속

기업 활동을 계속하고 상품재고를 원활히 회전시키기 위해서는 가격을 낮게 책정할 수도 있다. 이익이 존속보다는 중요하지 않기 때문이다. 그래서 기업의 존속이 위협받을 만큼 경쟁이 극심할 경우에는 가격을 변동비와 고정비의 일부를 충당하는 수준만큼 내려 기업 활동을 유지하는 것도 중요하다.

2 단기이익의 극대화

단기이익을 극대화하기를 원하는 기업들은 여러 종류의 가격에 대한 수요와 비용을 추정한 다음 단기이익이나 투자수익률을 극대화하는 가격을 선택한다.

그러나 단기이익 극대화 목표를 채택하는 데에는 여러 가지 문제가 있다. 첫째, 실제로는 예측하기 곤란함에도 불구하고, 수요와 비용함수에 대하여 기업이 잘 알고 있다고 가정한다. 둘째, 장기적인 성과보다는 현재의 재무적 성과를 강조하고 있다. 마지막으로 가격에 대한 다른 마케팅믹스 변수, 즉 경쟁자의 반응 및 법적 제약조건의 영향을 무시하고 있다.

3 단기적 수익의 극대화

판매수익의 극대화를 목표로 하는 가격결정은 단지 수요함수를 예측하는 것만이 요구된다. 판매수익의 극대화는 장기적으로 이익을 극대화하고, 또한 시장점유율을 증가시킨다는 논리에 의한 가격결정 목표이다.

4 판매량의 극대화

판매량을 극대화하는 것을 목표로 하는 기업도 있다. 판매량이 증가하면 단위당 원가가 낮아지며 또한 장기적으로 이익을 증대시킬 수 있어 기업은 소비자가 시장과 가격에 대해서 매우 민감하다는 가정하에 최하의 가격을 설정하게 된다. 이러한 가격결정을 시장침투가격이라고 한다. 일본의 유니클로(Uniqlo)와 영국의 프리마크(Premark)가 그 대표적인 사례로 이 브랜드들은 가격을 낮게 책정하고 높은 시장점유율을 달성함으로써 원가를 낮추었으며, 원가가 낮아짐으로써 가격을 더욱 인하하였다. 가격인하 효과를 발휘할 수 있는 시장의 환경으로는 첫째, 시장이 가격에 매우 민감하여 가격인하가 시장성장을 조장하고, 둘째, 생산경험이 축적됨에 따라 생산비와 유통비용이 인하되고, 셋째, 저가격이 경쟁을 무기력하게 할 경우이다.

5 고가정책

어떤 기업은 고소득층 시장을 노리고 가격을 높게 책정한다. 미국의 듀퐁(Dupont)사는 고가정책을 가장 효과적으로 실천한 기업이다. 셀로판, 나일론, 테플론 등과 같은 제품혁신과 대체품 간의 이익을 비교한 후, 부과할 수 있는 최고의 가격을 책정하였다. 그리고 이러한 새로운 소재를 필요로 하는 세분시장에 대해서는 가장 가치가 있다고 여겨지는 가격을 책정하였다. 판매가 부진하게 되면 듀퐁사는 한 단계 낮은 고객시장을 노리고 가격을 낮춘다. 이러한 방식으로 듀퐁사는 여러 세분시장으로부터 수익을 극대화할 수 있었다.

국내 백화점 중에 에비뉴엘(Avenuel)은 회원제로 운영되며 회원(VIP)에게는 2층 라운지에서 도서관, 휴식 공간 등으로 이용할 수 있으며, 특별고객(VVIP)에게는 3층 별도의 공간을 마련해 샴페인, 와인 등의 서비스와 개인쇼핑의 혜택까지 부여하는 등의 서비스를 제공하면서 고소득층을 타깃으로 고가격에 판매하는 고가정책의 대표적인 예라고 할 수 있다.

이와 같은 고가정책은 다음과 같은 조건하에서만 효과적이다. 첫째, 상당수의 구매자들이 현재의 수요를 창출하고 있다. 둘째, 소량생산의 단위당 원가가 이익을 상쇄시킬 만큼 높지 않다. 셋째, 초기의 높은 가격이 많은 경쟁기업을 유인하지 않는다. 넷째, 고가격이 우월한 제품의 이미지를 돋보이게 한다.

6 품질선도자 정책

기업의 특성에 따라 어떤 기업은 품질에 있어서 선도자가 되기를 원한다. 제일모직의 신사복 브랜드 갤럭시(Galaxy)는 국내 최초로 비접착 디자인을 적용하고 고급스러운 실루엣과 최고의 착용감을 선보이며 갤럭시 신사복의 품질이 다른 브랜드 제품보다 우수하다는 점을 강조하기 위해 고가정책을 고수한 바가 있다. 갤럭시는 초창기 기존의 신사복보다 가격을 높게 책정하여 원래 목표로 한 고소득층 시장, 즉 다른 사람과 차별화된 의류상품을 원하는 소비자 계층에 성공적으로 파고들 수 있었다. 이처럼 고소득 계층 시장을 확보한 후에 총이익을 극대화하기 위하여 가격을 단계적으로 인하하면 보다 가격에 민감한 중간 소득계층에까지 침투할 수 있으며 품질이 월등하다는 것을 강조하는 동시에 높은 가격을 책정하여 좋은 성과를 거둘 수 있다.

수요 측정

기업이 책정한 가격은 특정한 수준의 수요를 유발하며, 그럼으로써 기업의 마케팅목표에 영향을 미친다. 가격 수요와의 관계는 수요곡선([그림 10-2] 참조)으로 표현된다. 이 수요곡선은 일정기간 동안에 부과되는 여러 가지 가격수준과 그 기간 내에 소비자들이 구매하고자 하는 수량을 표시해 준다. 정상적인 경우, 수요와 가격은 역방향의 관계를 가지며 가격이 높을수록 수요는 감소한다.

그러나 권위제품의 경우, 수요곡선은 간혹 양의 방향으로 기울어진다. 예컨대, 어떤 향수 제조회사는 가격을 높임으로써 향수의 판매가 감소되지 않고 증가됨을 발견하였다. 즉, 소비자들은 고가격을 향수의 질이 높고 특별하다는 쪽으로 해석했던 것이다. 그러나 제품에 따라서는 수요곡선이 약간 양의 기울기를 가지는 것도 있다. 구찌(Gucci)나 발리(Bally)와 같은 고급품들은 가격의 증감이 수요를 크게 바꿀 것이라고 생각하기 힘들 것이다. 또한 현대자동차의 쏘나타나 미국의 크레이 리서치(Cray Research)회사의 슈퍼컴퓨터도 마찬가지 경우일 것이다.

1 수요곡선의 예측방법

수요곡선을 측정하기 위해서는 가격을 여러 수준으로 변동시켜 보아야 한다. 이것은 조사자가 여러 가지 다른 가격수준에서 구매자들이 그 제품을 어느 정도나 구매하려고 하는가를 알아보기 위해서 실험실에서도 할 수도 있다.

가격과 수요의 관계를 측정할 때, 마케팅 조사자는 수요에 영향을 미치는 가격 이외의 요인들은 통제하거나 또는 허용하여야 한다. 만일 기업이 가격을 내림과 동시에 광고비를 증액하였다면 수요량 증가분 중 가격인하에 기인한 것이 어느 정도이고, 광고비 증액에 기인한 것이 어느 정도인가를 알 수 없게 된다.

2 수요의 가격탄력성

마케팅 관리자는 수요가 가격변화에 어떻게 반응하는가를 반드시 알아야 한다. [그림 10-2]에 있는 두 개의 수요곡선을 보자. (a)에서 가격이 P_1에서 P_2로 인상되면, 수요는 Q_1에서 Q_2로 감소한다. 그림 (b)를 보면, 동일한 가격변화에 의해서도 수요가 Q_1에서 Q_2로 감소하는데, 이때의 변화량은 매우 크다. 가격이 변화할 때 수요에 거의 변화가 없으면 수요는 비탄력적이라고 한다. 수요에 큰 변동이 있으면 수요가 탄력적이라고 한다. 즉, 수요의 가격탄력성은 다음 식으로 표시된다.

수요의 가격탄력성 = 수요량의 변화율(%)/가격의 변화율

만약 가격을 2% 인상할 때, 수요가 10% 감소한다면 수요의 가격탄력성은 −5가 된다. 가격을 2% 인상할 때, 수요가 2% 감소하면 이때의 탄력성은 −1이다. 이러한 경우, 판매자의 총수익에는 변동이 없다. 즉, 판매량은 다소 감소되지만 보다 고가격을 받게 되므로 총수익은 동일하다. 만약 가격을 2% 인상하였을 때, 수요가 1% 감소하면 탄력성은 −1/2이다. 가격을 인상할 때 수요의 탄력성이 낮

그림 10-2 비탄력적 수요와 탄력적 수요

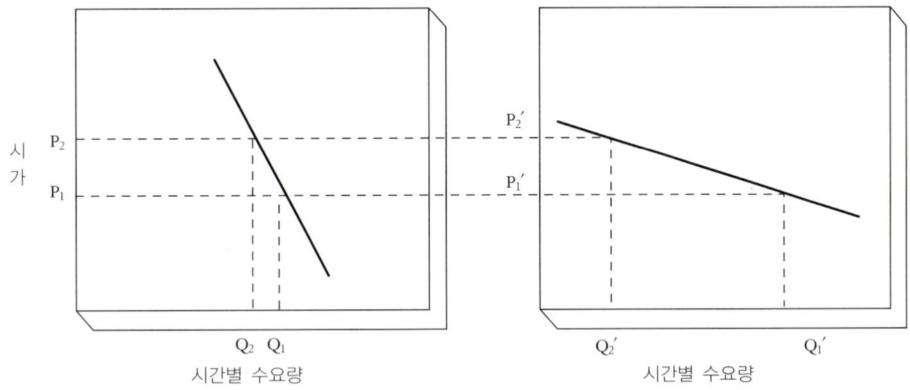

(a) 비탄력적 수요　　(b) 탄력적 수요

을수록 판매자의 수익은 증가된다.

수요의 가격탄력성을 결정하는 요인은 무엇일까? 수요는 다음과 같은 조건 하에서 탄력성이 낮을 가능성이 있다. 첫째, 대체품 또는 경쟁자가 없거나 소수인 경우, 둘째, 소비자가 가격이 높게 책정되어 있다는 것을 인식하지 못하는 경우, 셋째, 구매자의 구매습관 변화나 저가격 탐색의 속도가 느린 경우, 넷째, 소비자들이 품질개선, 정상적인 물가상승, 기타 요인 등과 관련시켜 생각함으로써 고가격을 타당하게 보는 경우 등이다.

만약에 수요가 비탄력적이 아니라 탄력적이라면, 판매자는 가격인하를 고려해 보아야 할 것이다. 저가격판매가 보다 많은 수익을 가져올 것이기 때문이다. 이것은 생산량과 판매량을 증가시킬 때의 비용의 증가가 이익보다 낮을 때 가능한 것이다.

일반적으로 품질에서는 크게 차이가 나지 않으면서 많은 경쟁제품이 존재하는 소비제품의 경우 가격탄력성이 높으며, 가격이 높고 내구성이 있는 제품일수록 가격탄력성이 낮은 것으로 알려져 있다. 보리차용 볶은 보리보다 자동차의 가격탄력성이 낮을 것이라는 것은 누구나 짐작할 수 있다.

원가 추정

수요는 기업이 제품에 부과할 수 있는 가격에 대한 상한선을 주로 정하는 반면에 기업의 원가는 하한선을 정한다. 어떤 기업이든 제품의 생산과 유통, 판매 등에 소요되는 비용을 충당하고, 투입한 노력과 위험에 비추어 적정이익이 보장되는 가격을 원하기 마련이다.

기업의 원가는 고정비와 변동비 두 가지가 있다. 고정비(간접비)는 생산이나 매출액과 관련이 없는 비용을 말하며 변동비는 생산수준과 직접 관련되는 비용을 말한다.

총비용은 일정한 생산수준에서의 고정비와 변동비의 합계이다. 경영자는 주어진 생산수준에서의 총생산비용을 최대한 충당할 수 있는 가격을 원한다. 따라서 기업에서 보다 나은 가격결정을 하기 위해서는 첫째, 기간별 생산량과 원가, 둘째, 경험곡선과 같은 원가추정원리를 이해하여야 한다.

1 기간별 생산량과 원가

가격결정을 잘 하기 위해서 경영자는 생산량에 따라 원가가 어떻게 변화하는가를 알아야 한다.

국내에서 1일 1천벌 정도의 캐주얼 의류를 생산하고 있는 E사를 생각해 보자. [그림 10-3] (a)를 보면, 전형적인 U자형 형태의 단기 평균비용곡선이 있다. 1일 생산량이 소량이면, 비용은 높은 수준이 된다. 생산량이 1일 1천 벌에 접근함에 따라 평균비용이 감소하게 되며 그 이유는 고정비가 많은 제품에 배분되어 단위당 고정비가 낮아지기 때문이다. 그러나 E사가 1일 1천 2백 벌을 초과해서 생산하면 비용이 증가된다. 즉, 공장의 비효율성이 높아지기 때문에, 1천 벌 이후는 평균비용이 증가하게 되는 것이다.

만일 E사가 하루에 2천 벌의 판매가 가능하다고 믿는다면, 보다 대규모의 공장건설을 고려해야 할 것이다. 그렇게 되면 보다 효율적인 기계와 작업자 배치를 활용할 수 있게 되어, 1일 2천 벌을 생산하는 단위당 비용은 1일 1천 2백 벌을 생산하는 단위당 비용보다 감소하게 된다. 이러한 효과는 [그림 10-3] (b)의 장기 평균비용곡선에 나타나 있다.

[그림 10-3] (b)에 의하면, 3천 벌 규모의 공장은 효율성이 보다 더 높아지는 것을 알 수 있다. 그러나 4천 벌 규모의 공장은 규모의 비경제성이 증가하여 효율성이 떨어지기 시작한다. 작업자의 수가 관리가능 범위를 넘어서고, 서류작업으

로 인하여 작업이 지연되는 등의 문제가 발생하기 때문이다. [그림 10-3] (b)와 같이 수요가 이 생산수준을 뒷받침한다면, 3천 벌 규모의 공장이 최적이라는 결론이 나오게 된다.

그림 10-3 기간별 생산량과 원가

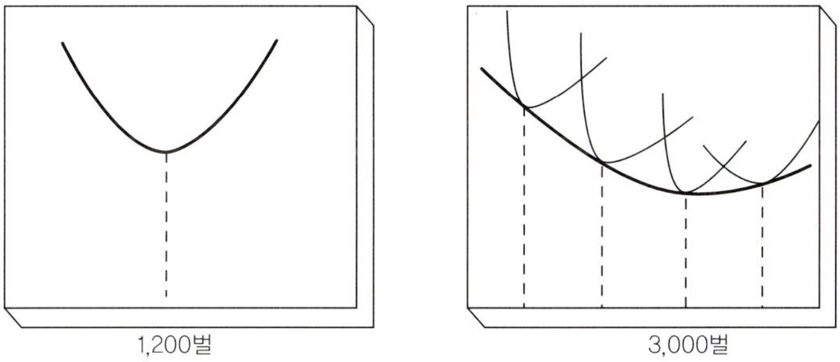

(a) 단기평균비용곡선 (b) 장기평균비용곡선

2 경험곡선

E사가 하루 3천 벌 규모의 캐주얼 의류생산 공장을 가동하고 있다고 가정하여 보자. 의류 생산에 경험을 축적해 감에 따라 효율성을 높일 수 있게 되는데 작업자들은 보다 빠른 생산방법을 터득하게 되고, 재료의 구매비용도 인하된다. 결과적으로 생산경험이 축적됨에 따라 평균비용이 감소하게 된다. 이러한 효과는 [그림 10-4]에 표현되어 있다. 처음 십만 벌을 생산할 때의 평균비용(A)는 벌당 1만원(10,000)이었다. 생산량이 2십만 벌이 되면 평균비용(B)는 9천원으로 떨어진다. 누적생산경험이 2배로 증가하여 4십만 벌이 되면, 평균비용(C)는 8천원이 된다. 이와 같이 생산경험이 축적됨에 따라 평균비용이 체감되는 현상을 경험곡선이라고 한다.

이러한 경험축적에 자신이 있는 기업은 경험곡선효과를 사용하여 가격인하로 시장점유율을 획득하는 공격적인 가격전략을 사용한다. 기업은 축적된 경험을 이용하여 원가절감을 실현할 수 있다.

그러나 경험곡선을 이용한 가격결정전략에는 다음과 같은 문제점들이 있다.

첫째, 공격적인 가격결정은 그 제품이 싸구려라는 이미지를 심어 주게 한다. 둘째, 이 전략은 경쟁자가 대항하려고 하지 않는다고 가정한다. 셋째, 이 전략에 의하면 기업은 수요를 충족시키기 위해 많은 생산시설을 갖추게 되는데, 경쟁사가 시장선도자보다 낮은 원가로 생산하게 될 때, 위험에 봉착하게 된다.

그림 10-4 경험곡선

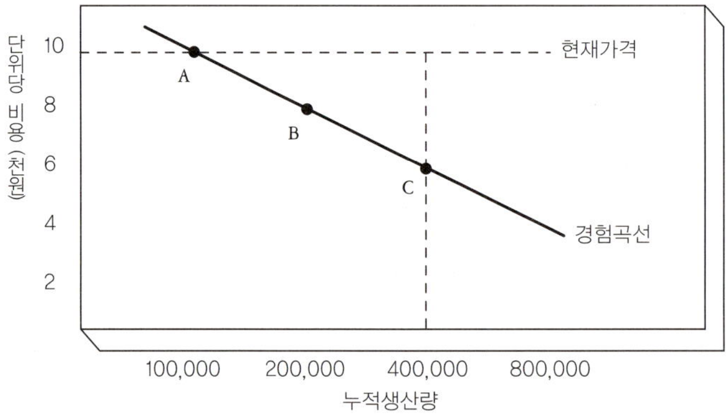

FASHION MARKETING TREND

시티캐주얼의 부상

'남자의 변신도 무죄.' 남성 직장인의 옷차림이 급변하고 있다. 화이트컬러의 드레스셔츠와 넥타이를 벗어던지고 편안한 데님바지에 캐주얼한 셔츠와 재킷 등으로 자신만의 개성을 연출한다. 이 같은 흐름은 주 5일 근무제가 정착되면서 더욱 빠르게 확산되고 있다. 바로 '시티캐주얼'이다. 시티캐주얼은 20대 후반에서 30대 초반의 남녀를 타깃으로 도시감각의 트렌디한 감성에 가격경쟁력을 갖춘 캐주얼을 의미한다. 확실한 캐릭터를 자랑하지만 가격은 캐릭터 브랜드에 비해 경쟁력을 갖추고, 트렌디하지만 유니섹스 캐주얼의 가벼움을 해소해 주는 것이 '시티캐주얼'의 특징. '시티캐주얼' 브랜드의 대표주자는 '마인드브릿지(Mindbridge)' '엘록(ELOQ)' '아르마니익스체인지(A/X)' 등이 있다. 올 하반기에는 '클럽모나코(Club Monaco)'가 직수입으로 이 시장에 새롭게 합류한다.

이들 브랜드는 빠르게 변하는 트렌드에 따라 옷 입는 스타일을 바꾸길 원하는 고객의 욕구를 합리적인 가격에 채워주면서 급성장하고 있다. '마인드브릿지'의 경우 지난해 말까지 170%라는 폭발적인 신장률을 보였다. 지난해 초 35개였던 매장이 61개로 확장됐다. '시티캐주얼'의 놀라운 성장세를 보여주는 단적인 예다. 이들 브랜드의 성공 요인은 틈새시장 공략에 있다. 10대 중심의 영캐주얼을 회사에서 입기는 망설여지고 고가의 성인 캐주얼은 부담스러운 직장인에게 직장뿐 아니라 주말 야외에서도 입을 수 있는 스타일을 제안한 것. 이와 함께 유행에 민감한 신세대 직장인의 감성을 만족시키는 다양한 디자인과 가격대비 뛰어난 품질도 성장의 원동력이 됐다.

자료: 스포츠칸, 2006. 1. 25.

경쟁사의 가격과 제품분석

경쟁사의 제품과 그 가격에 대한 소비자의 반응을 조사하여 자사제품의 가격결정에 참고할 수 있다. 이를 위해서 기업은 각 경쟁사 제품의 가격과 품질을 파악하여야 하는데, 이에는 몇 가지 방법이 있다. 첫째, 여러 회사의 제품을 구매하는 구매자를 동원해서 경쟁사가 제시하는 제품과 가격을 비교 · 조사할 수 있으며, 둘째, 경쟁사의 가격을 직접 알아낼 수도 있고, 경쟁사의 제품을 구입하여 분해 비교하는 방법도 있다. 셋째, 기업은 소비자들이 경쟁사의 제품의 질과 가격에 대해 어떻게 지각하고 있는가를 조사해 볼 수도 있다.

가격결정방법

[그림 10-5]에 가격결정시 고려되는 세 가지의 주요 요인이 요약되어 있다. 제품원가는 가격의 하한선이 되고, 경쟁자의 가격과 대체품의 가격은 기업이 자사제품의 가격을 책정하는 데 고려해야 하는 기준점이 된다. 그리고 자사제품이 갖고 있는 독특한 제품특성에 대해 소비자가 평가하는 가치가 바로 가격의 상한선을 정한다.

기업들은 가격결정시 상기 세 가지 고려요인 중 하나 또는 둘 이상을 고려하여 가격결정 방법을 선택한다. 그러면 아래에서는 다섯 가지의 주요 가격결정 방법, 즉 원가가산법, 목표수익률 가격법, 지각적 가치가격법, 경쟁자 모방가격법 및 입찰가격법에 대해서 살펴보기로 하자.

그림 10-5 가격결정시의 고려요인

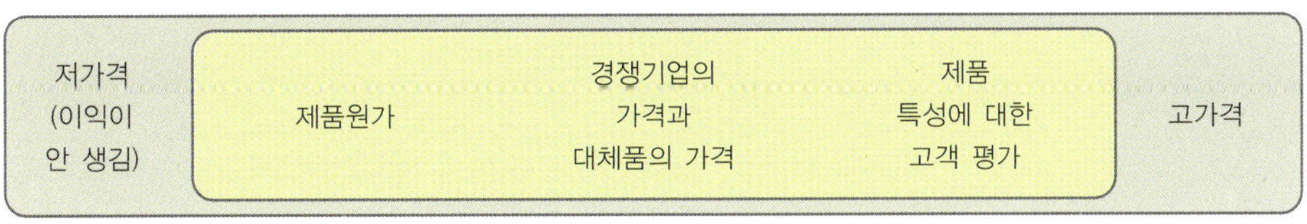

1 원가가산법

이 방법은 가장 기초적인 방법으로서, 제품원가에 표준이익을 가산하여 가격을 산정하는 방법이다. 예컨대, 건설 회사들은 총공사비 추정액에다 표준이익을 가산하여 견적서를 제출한다. 변호사, 회계사, 기타 전문 직종은 그들의 원가에다 이익을 가산하여 가격을 산정한다.

표준이익률을 적용하여 가격을 정하는 것은 일반적으로 논리적이지 못하다. 현재의 수요와 소비자들이 지각하는 가치 그리고 경쟁을 무시한 가격결정은 어떠한 방법으로 가격을 산정하였다 하더라도 최적가격이라고 볼 수 없다. 그럼에도 불구하고 이 방법은 아직도 우리나라에서 가장 많이 사용되고 있는 가격결정방법이다. 그 이유는 다음과 같다.

첫째, 판매자는 수요보다 원가를 더욱 확실하게 알 수 있다.

둘째, 동종 산업 내의 모든 기업들이 이러한 방법을 쓴다면 결국 가격은 비슷해질 것이다.

셋째, 원가가산법은 구매자나 판매자 모두가 공정한 방법이라고 생각할 수 있기 때문이다.

2 목표수익률 가격법

원가지향적 가격결정방법으로서 목표수익률(Return On Investment: ROI)을 기준하여 가격을 결정하는 방법이다. 즉, 기업이 투자에 대한 목표수익률을 달성할 수 있도록 가격을 결정하는 방법이다. 적정가격은 회사의 손익분기점을 분석함으로써 목표수익률에 의한 가격이 결정된다. 이 방법은 미국의 제너럴 모터(General Motor)사가 사용해 왔는데, 이 회사에서는 15%에서 20%의 투자수익률을 달성할 수 있도록 자동차가격을 정해 왔다. 이 가격결정방법은 공공시설에 대해서도 사용되는데, 그 이유는 적정 투자수익률로 가격을 제한하기 위해서이다. 그러나 우리나라에서는 아직도 이 방법을 사용하고 있는 회사를 찾아보기가 힘든 형편이다.

3 지각된 가치에 의한 가격결정법

이 방법은 구매자들의 제품에 대한 지각된 가치를 기준으로 자사의 제품가격을 결정하는 방법이다. 이 방법은 가격결정시 중요한 것은 기업의 원가가 아니라, 구매자의 가치지각이라는 것이다. 이러한 가격결정법을 사용하는 마케팅 관리자들은 구매자의 마음속에 지각된 가치를 높이기 위해서 마케팅믹스에서 비가격적 변수를 많이 이용한다.

루이 비통(LOUIS VUITTON)과 같은 수입 명품브랜드는 제품을 판매할 때 소비자에게 전달할 수 있는 사회적 지위의 상징이나 품위 등을 강조하며 높은 가격을 정하는 것이다. 이와는 반대로 이랜드와 같은 캐주얼의류 브랜드의 경우는 품질대비 합리적인 가격을 제공하려 하며 중저가 가격정책을 유지하고 있다.

지각된 가치에 의한 가격결정법에 있어서 중요한 것은, 제품에 대한 가치를 시장이 어떻게 지각하고 있는가를 명확하게 결정하는 것이다. 지각된 가치를 그 제품의 실제가치 이상으로 생각하는 기업은 제품가격을 높게 책정할 것이다. 반면에 지각적 가치를 낮게 평가하면, 더 낮은 가격을 책정하게 된다. 따라서 기업에서는 시장조사를 통하여 시장에서 소비자들이 자사제품에 대하여 실제로 어떻게 지각하고 있는가를 분석하여야 한다.

4 경쟁사 모방 가격결정법

이 방법은 경쟁사제품에 맞추어 자사제품의 가격을 결정하는 방법이다.

따라서 경쟁사에 맞추어 가격을 동일하게 하거나, 경우에 따라서는 높게 또는 낮게 할 수 있다. 철강, 제지 또는 비료와 같은 제품을 판매하는 과점산업에서는 통상 경쟁사의 가격과 동일하게 책정하는 것이 보통이다.

또한 중소기업은 선도기업의 가격을 따르게 마련이다. 즉, 중소기업들의 입장에서는 자사의 수요나 비용변화보다는 선도기업의 가격변화에 따라 자사의 가격을 변경하는 것이 편할 수도 있다.

경쟁자를 모방하여 가격을 결정하는 것은 매우 흔히 사용되는 방법이다. 비용측정이 어려운 경우나, 또는 경쟁자의 반응이 불확실할 경우에도 기업은 경쟁사들의 현행가격을 따르는 것이 좋은 해결방법이라고 생각한다. 즉, 경쟁자를 모방하여 가격을 결정하면 업계 대부분의 사람들의 의견을 따르는 것이 되기 때문에 적정이익을 창출해 줄 것이라 믿고, 또한 업계의 조화를 도모할 수 있는 가격이라고 생각되기 때문에 많이 사용한다.

국내에서 판매되고 있는 대부분의 소비자용 제품들은 이 방법이 의하여 가격결정을 하고 있다. 롯데 자일리톨 한 통과 해태 자일리톨 한 통의 가격은 거의 동일하게 책정된다. 또한 치약시장 역시 불소치약, 럭키치약, 페리오치약 등의 대부분 상표들은 거의 동일한 가격대에서 팔리고 있다. 이것은 모두 경쟁사의 가격을 기준으로 영업하고 있는 대표적인 예이다.

5 공개입찰에 의한 가격결정

이 방법을 사용하는 기업은 가격을 자사의 비용이나 수요보다는 경쟁사들이 입찰가를 어느 정도로 책정할 것인가에 기초하여 결정한다. 결국 경쟁사보다 가격을 낮게 책정한 기업이 계약을 따게 된다. 그러나 기업은 가격을 일정수준 이하로 낮게 할 수는 없다. 즉, 자사의 시장위치를 손상시키면서까지 원가 이하로 낮은 가격을 책정할 수는 없는 것이다. 반면에 입찰가격을 원가보다 높게 책정하면, 계약을 따낼 확률이 낮아진다.

많은 입찰기회를 갖는 대기업은 입찰가격을 결정하는 기준으로 기대이익을 사용한다. 그러나 입찰기회가 매우 한정된 기업이나, 특정계약을 따내야 하는 기업으로서는 기대이익을 기준으로 사용하는 것이 바람직하지 못하다. 예를 들어 2005년 도교육청에서 각종 인쇄물을 발주할 때 경기도 도교육청에서 전자공개입찰을 시행하였다. 당시 인쇄 업체들이 내놓았던 입찰가격은 거의 덤핑에 가까웠다. 하지만 그들이 노린 것은 일단 특정회사와의 계약을 통해 학교들은 계속적으로 필요한 다른 인쇄물 등의 기회를 다시 그 특정회사와 하게 될 것이라는 점이었다. 즉, 상당한 기대이익을 예상했기 때문에 당시 대기업들은 출혈가격경쟁을 감행했었다.

6 최종가격결정

위에서 알아본 가격결정 방법들은 최종가격을 결정하기 위하여 가격범위를 설정하는 것이 그 목적이었다. 최종가격을 결정하기 위하여 기업은 다음과 같은 추가적 요인을 고려하여야 한다.

첫째, 판매자는 가격의 경제적인 측면뿐만 아니라, 심리적인 측면도 고려하여야 한다. 둘째, 경쟁사들의 마케팅전략이 자사제품의 가격에 미치는 영향을 고려하여야 한다. 셋째, 현재의 가격결정방향이 회사의 가격정책과 일치하고 있는가를 검토하여야 한다. 넷째, 현재 고려대상인 가격에 대한 다른 부서의 반응을 먼저 생각해 보아야 한다.

2. 가격조정전략

대부분의 마케팅 관리자들이 가격결정시 직면하는 상황은 신제품의 가격결정이라기보다는 기존제품의 가격을 변경하는 경우가 더 많다고 할 수 있다.

이때 마케팅 관리자들은 변화된 가격과 그로 인한 수요의 증감이 회사수익에 미치는 영향에 대하여 깊이 생각해야 한다. 여기서는 가격조정전략, 즉 지역적 가격결정, 가격할인과 공제, 촉진가격결정, 차별가격결정 및 제품믹스 가격결정에 대해서 알아보기로 한다.

지역적 가격결정

이는 회사가 자신의 시장을 거리나 기후, 구매력 등의 특성에 의해 지역별로 구분한 후 각 지역시장별로 다른 가격을 책정하는 방법이다. 이때 마케팅 관리자는 각 시장마다 다른 가격으로 판매했을 때와 동일한 가격으로 판매했을 때의 장·단점을 비교분석한 후 가격조정결정을 하여야 한다. 관리본부는 서울에 있고 공장은 구미에 있는 회사의 제품이 부산에서도 팔리고 제주도에서도 팔리고 있다고 가정하여 보자. 또한 예전에는 두 곳 모두에서 동일한 가격으로 판매하였으나 이젠 해운운임의 상승으로 제주도까지의 운송비용이 올라갔다고 가정하여 보자. 이때 관리본부는 상승된 운송비를 제주도 소비자들에게만 부담시킬 것인지 아니면 전국의 모든 소비자들에게 균일하게 부담시킬 것인지를 결정하여야 한다.

가격할인과 공제

기업은 고객이 정해진 기간 내 대금을 지불하거나, 대량구매를 하는 경우 또는 비수기에 구매하는 경우에 고객들에게 기본가격을 수정 조정하여 판매하는 제도를 가지고 있다. 이러한 가격조정을 가격할인과 공제라고 하는데 아래에서 구체적인 방법에 관하여 알아보자.

1 현금할인

현금할인은 대금을 즉시 지불하는 고객에게 가격을 인하하여 주는 것이다. 제조회사가 구매자들에게 흔히 사용하는 방법으로 "30일 이내에 대금을 지불하여야 하며 10일 내에 지불하면 2%의 할인을 받을 수 있다"는 식의 가격할인방법을 의미한다. 할인가격은 조건을 충족시키는 고객이면 누구에게나 적용되어야 한다. 할인가격의 목적은 판매업자의 유동성을 개선하고 또한 외상매출금 회수비용과 대손금(貸損金, bad debt loss)을 낮추기 위해서이다.

2 수량할인

수량할인은 대량구매고객에게 가격을 할인해 주는 것이다. 그 예로서 1백 개 미만 구입시 가격이 단위당 천원, 1백 개 이상 구입시 단위당 가격이 9백원과 같이 할인하여 받는 경우이다. 수량할인은 모든 고객에게 적용되어야 한다. 가격 할인폭은 대량판매시 판매자가 획득할 수 있는 원가감소의 폭보다는 작아야 한다. 판매자의 원가감소는 판매비용, 재고비용, 운송비용 절감에 의해서 발생된다. 할인의 기준으로는 1회 구매량이 사용될 수도 있고, 일정기간 동안의 총 구매량이 사용될 수도 있다. 수량할인은 고객들이 주어진 기간 동안에 다른 회사로부터 제품을 사지 않고 자사에서만 구매하도록 하는 구매촉진 역할을 한다.

3 기능할인(중간상 할인)

기능할인 또는 중간상 할인이란 판매, 보관 또는 장부정리 등과 같은 중간상 기능을 수행하는 구매자에게 제조업자가 가격을 할인해 주는 것이다. 예를 들자면 도매업자에게 판매할 때는 도매업자가 제조회사를 대신하여 판매, 보관 등의 기능을 수행하기 때문에 이 점을 감안하여 낮게 가격을 책정한다.

4 계절할인

계절할인이란 상품이나 서비스를 비수기에 구매하는 구매자에게 가격을 할인해 주는 것이다. 계절할인으로 판매업자는 생산량을 연중 고르게 유지할 수가 있는데 예를 들어 모피제조업체는 봄과 여름철에 소매상들에게 계절적 할인을 시행하여 조기주문을 촉진시킬 수 있다. 계절에 따라 판매량에 차이를 보이는 제품을 판매하는 업체에서는 수요가 적은 시기에는 낮은 가격을 책정함으로써 연중 수요를 고르게 관리하고 있다.

5 공 제

공제란 정가에서 가격을 할인하는 또 다른 형태이다. 예를 들어, 거래공제란 신형모델을 구입할 때, 구형모델을 반환하면, 그에 해당하는 만큼 가격을 할인해 주는 것이다. 자동차 산업에서 제조업자들이 소비자들이 신형모델을 살 때 구형제품을 가져오면 신제품가격에서 일정금액을 공제해 주는 정책을 사용하고 있다. 요즘은 여러 제품에서 일정금액을 공제해 주는 제도를 사용하고 있다. 촉진적 공제란 제조업자의 광고와 판매지원 프로그램에 참여하는 판매상들에게 그 보상책으로 일정액을 지불하거나 가격을 할인해 주는 것을 말한다.

촉진적 가격결정

어떤 조건하에서 기업들은 제품가격을 일시적으로 정가 이하 또는 원가 이하로 판매하는 경우가 있다. 촉진적 가격전략에는 다음과 같은 방법이 있다.

1 유도용 손실(loss leader) 가격전략

슈퍼마켓과 백화점은 고객들을 점포로 유치하기 위하여 잘 알려진 상표의 가격을 인하한다.

2 특별행사가격

이것은 더 많은 고객을 유치하기 위한 것으로 '추석맞이 대바겐세일' 등의 특별행사에 맞추어 가격을 기획하는 방법이다.

3 현금반환

일정한 특정기간 내에 제조업자의 제품을 구입하도록 하기 위해 구매자가 지불한 가격 중의 일부를 일정기간이 경과한 후 되돌려 주는 방법이다. 현금리베이트(Cash Rebate)라고도 부른다. 즉, 현금반환은 정가를 깎지 않고도 제조업자는 재고를 축소시킬 수 있다.

4 저리대출

이 방법은 가격을 인하하지 않고 판매를 조장하는 방법이다. 자동차 제조업체들은 고객들을 유인하기 위해 짧은 기간 동안에는 전혀 이자를 받지 않고 대출을 제공하거나 또는 아주 낮은 이자의 대출을 제공한다. 우리나라 자동차회사들이 판매실적을 올리기 위해서 한때 너도나도 사용했으나 현재는 회사에게 지나친 금융 부담을 전가한다는 판단하에 자제하고 있다.

5 무료보증 및 서비스 계약

기업은 판매된 제품의 보증이나 서비스를 무료로 제공함으로써 판매를 촉진할 수 있다. 유명상표의 기성복이나 구두회사들은 자사제품에 대한 수선을 무료로 보증하고 있다.

6 심리적 가격할인

이 방법은 특정제품에 의도적으로 고가격을 책정했다가 얼마 후 대폭 할인된 가격으로 판매하여, 실제적인 절약을 제공하는 것이다. 즉, 가격할인폭을 조작하여 소비자들로 하여금 심리적으로 가격이 보다 낮아졌다고 생각하게끔 하는 방법이다.

MARKETING NOTE

소비자 심리에 근거한 가격결정전략

단수가격(Odd pricing)

특정 화폐단위에서 부과할 수 있는 최대의 숫자를 사용하여 가격을 책정하는 방법으로 보통 98,000원이나 119,000원과 같은 가격을 책정함으로써, 실제 가격보다 저렴하게 인식되도록 하는 전략이다. 일반적으로 숫자의 앞부분에 더욱 민감하고 뒷부분에는 덜 민감한 소비자의 심리를 활용하는 전략으로, 소비자들은 이러한 가격에 오히려 최대한 인하된 가격이라는 이미지를 가진다.

유보가격(Reservation price)

소비자가 특정상품을 구매하기 위해서 지불할 용의가 있는 최고가격으로, 이는 제품의 지각된 효용가치와 소비자의 지불능력에 영향을 받을 수 있다.

최저수용가격(Lowest acceptable price)

가격은 종종 품질의 대리지표로 인식되어 너무 저가의 상품은 품질이 나쁘다는 인식을 줄 수 있으므로, 어느 수준 이하로 가격이 책정되어 오히려 품질의 수준을 의심하는 상황이 발생할 수 있다. 특히, 패션상품과 같이 상징성이 중요하거나 제품의 품질의 객관적인 판단이 어려운 상품의 경우, 이와 같은 품질의 대리지표로서의 가격에 대한 지각이 중요해지므로, 보다 신중한 가격결정전략이 요구된다.

FASHION MARKETING TREND

한정판매의 마력

한 백화점이 실험을 했다. 두 개의 기획상품 코너를 만들어 똑같은 손수건을 각기 다르게 판매했다. 한 코너에서는 "스위스에서 수입한 아름다운 레이스 손수건"이라고 소개하며 1장당 5천원에 팔았다. 다른 코너에서는 "레이스 손수건 막바지 할인판매"라며 1장당 1천 원에 판매했다. 그러자 세일이라고 적힌 1천원짜리 손수건은 그대로 쌓여 있는데 스위스 수입상품이라고 선전한 손수건은 눈 깜짝할 사이에 팔려나갔다.

가격이 쌀수록 상품의 판매량이 늘어난다는 것은 경제학의 기본원리인 수요공급의 법칙이다. 이와는 반대로 가격이 낮아지면 오히려 판매량이 줄어드는 현상을 "기펜(Giffen)의 역설," 이를 충족시키는 상품을 "기펜재"라고 한다. 기펜재는 현실적으로 존재하기 힘들다는 게 정설이지만 일선판매현장에서는 최고급품을 원하는 소비자들의 심리를 자극하는 마케팅 기법들로 종종 볼 수 있다. 이른바 한정판매기법이다. 골프웨어 판매업체인 팬텀은 "아다바트(Adabat)"라는 최고급 의류를 수입판매하며 "아쉽지만 아홉 분께만 드립니다"는 카피로 눈길을 끌었다. 40종류에 이르는 다양한 디자인을 수입했지만 한 디자인에 9벌만을 판매해 "남들과 다른 옷을 입고 싶다"는 소비자들의 심리를 부추긴 것이다.

그림: http://www.hankyung.com

가격차별화

가격차별화란 동일한 제품이나 서비스를 원가의 차이에 의한 가격결정이 아니라 특정한 회사의 목표를 성취하기 위해서 여러 가지 가격을 책정하는 것을 의미한다. 가격차별화의 방법에는 다음과 같은 것들이 있다.

첫째, 동일한 제품이나 서비스를 세분된 고객시장별로 다른 가격을 책정한다.

둘째, 근본적으로는 동일한 기능을 수행하지만 약간의 제품특성을 달리하는 모델들은 개발한 후 서로 다른 가격을 책정할 수 있다.

셋째, 향수와 같이 거의 동일한 제품들이 시장에서 팔릴 경우 특정한 이미지를 살리기 위해서 고가격을 책정한다.

넷째, 음악회나 연극공연 티켓을 판매할 때는 좌석위치에 따라 원가에 차이가 없음에도 불구하고, 좌석위치에 따라서 다른 가격을 책정할 수 있다.

다섯째, 전화요금처럼 시간별 사용이 원가와 아무런 관련이 없는데도 불구하고 낮과 밤, 그리고 평일과 주말의 사용료를 차별화할 수 있다.

가격차별화는 다음과 같은 조건들이 충족될 때 사용될 수 있다.

첫째, 시장이 세분화될 수 있어야 하고, 세분시장별로 수요의 강도가 달라야 한다.

둘째, 어떤 세분시장에서 저가격으로 구입하여 다른 세분시장에서 고가격으로 되팔 수 없어야 한다.

셋째, 자사가 고가격으로 판매하고 있는 세분시장에서 경쟁사들이 이보다 낮은 가격으로 판매할 수 없어야 한다.

넷째, 시장을 세분화하고, 세분시장별로 차별가격을 시행함으로써 얻는 수익이 이로 인한 비용보다 커야 한다.

다섯째, 고객의 불만이나 좋지 못한 감정을 유발하지 않아야 한다.

여섯째, 자사가 시행하는 차별가격의 형태가 불법적이지 않아야 한다.

제품믹스를 고려한 가격결정

가격은 제품믹스와 대단히 밀접한 관계가 있다. 따라서 가격결정시 아래와 같은 제품과 관련한 다른 변수들과의 관계를 생각하여 결정되어야 한다. 다음과 같은 여섯 가지 방법이 있다.

1 제품라인별 가격결정

현대자동차는 '클릭(Click)', '싼타페(Santafe)', '쏘나타(Sonata)', '그랜저(Grandeur)', '에쿠스(Equus)' 라는 제품라인들을 생산하고 있다. 이들 각 제품라인이 노리는 시장은 모두 다르다. 따라서 '클릭(Click)' 에 속하는 특정한 모델인 베타의 가격은 아무리 비싸다 해도 '에쿠스(Equus)' 정도는 될 수 없는 것이다. 이렇게 회사의 제품라인 구성 의도가 가격결정시에 고려되는 것이다.

2 선택사양의 가격결정

흔히 옵션(Option)이라고 불리는 선택사양의 가격을 기본가격에 포함시킬 것인가를 결정하여야 한다. 흔히 자동차회사들은 기본사양으로 구성된 제품의 가격을 광고한다. 낮은 가격에 유인된 소비자들에게 기본사양과 선택사양을 대비해 보여줌으로써 '파워스티어링' 이나 '자동 창문' 등의 선택 사양이 많이 부착된 높은 가격의 자동차를 판매한다.

3 종속제품의 가격결정

종속제품이란 면도기의 면도칼이나 특별한 기계의 부속품 등과 같이 제품을 사용하기 위하여 꼭 필요한 제품을 뜻한다. 본제품은 가격이 싸지만 종속제품들의 가격은 비싼 경우가 많다. 예를 들어서 미국의 비행기 제조회사들은 비행기의 가격은 상대적으로 낮은 반면 그것을 고치는 데 필요한 공구나 부품의 가격을 대단히 높이 책정한 적이 있다. 또한 코닥사는 필름의 판매를 증대시키기 위해서 저가의 카메라를 판매하였다.

4 이중가격결정

서비스 기업들은 종종 기본가격에다 추가적인 사용료를 받는다. 롯데월드나 서울랜드와 같은 오락공원은 입장시 오락기구 승차횟수를 제한하는 차별입장권을 판매하고 있으며, 그 횟수 이상은 고객들이 추가적으로 지불하여야 한다. 또한 흔히 유흥업소에서 기본안주와 주류 몇 병은 기본입장료에 포함시키는 것도 이러한 이중적 가격결정에 의한 것이다. 이것은 낮은 기본가격으로 고객을 유인하기 위해서 사용된다.

5 부산물 가격결정

가공육, 석유제품, 화학제품을 생산할 때에는 부산물이 생긴다. 부산물이 전혀 가치가 없고, 사실상 처분하는 데 비용이 많이 소요된다면, 이것은 주 제품의 가격결정에 영향을 미친다. 만약에 부산물이 어느 정도 소비자에게 가치가 있다면, 그 가치에 대해 가격을 부과해야 한다.

6 제품일괄구매 가격결정

판매자는 제품을 일괄적으로 판매하기를 원하며 이에 대해서 일괄적인 가격을 부과한다. 대우자동차의 '르망' 중에서 '스페셜'이라는 모델은 '파워 스티어링'과 '자동변속장치', '자동문' 등의 선택사양들이 일괄적으로 포함되어 있다. 물론 이러한 선택사양들을 개별적으로 구매하는 것보다는 '스페셜' 모델이 훨씬 싼 것이다.

FASHION MARKETING TREND

제일모직 빈폴(Bean Pole)의 고가격정책

빈폴(Bean Pole)은 80년대 말 정체되어 있던 의류 산업에서 '브랜드 이미지 가치'를 일찍이 인식하여, 현재 의류 산업을 리드하는 선두 기업이 되었다. 빈폴(Bean Pole)은 사업전략 수립 전 단계로 우수한 브랜드의 조건을 다음과 같이 정의하였다.

우수 브랜드는

1) "Authority"를 갖춤: 즉 소비자에게 내적으로 "감성적 만족감"을 충족시켜야 한다.

2) "사회적 만족감, 혹은 과시감" 부여: 소비자로 하여금 "나는 타인과 구별되며, 사회적으로 고급스럽고 앞서 간다"는 기분을 느끼게 하여야 한다.

이에 따라 빈폴(Bean Pole)은 '고급화된 이미지의 창출'을 최우선 과제로 하여, 모든 사업 방향을 그에 맞추었다. 그 결과 빈폴(Bean Pole)이 선택한 주요 가격전략은 고가격정책이다. 빈폴(Bean Pole)의 제품 정보가 시장에서 확대되기 이전, 제품에 대한 소비자의 판단이 어려운 도입 단계에서 고가격정책을 씀으로써, 고급의 이미지를 주도록 한 것이다.

빈폴(Bean Pole)의 고가격정책이 시장에서 수용될 수 있었던 근거는 시장세분화 정도가 높고, 제품의 피드백 속도가 상대적으로 느린 의류시장의 특징에서 찾을 수 있다.

빈폴(Bean Pole)의 또 다른 가격전략은 NO SALE 정책이다. 의류시장이 확대되고, 수많은 브랜드가 시장에 진입하여 경쟁이 치열해지면서 수많은 여타 기업들은 정기적인 가격할인을 시행함으로써 고객을 유치하고자 하였다. 그러나 빈폴(Bean Pole)은 그들의 기업 가치가 '고급화된 브랜드 이미지'에 있으며, 무모한 가격할인정책은 그들의 브랜드 이미지를 손상시킬 수 있음을 인식하고 과감하게 가격할인을 포기했다. NO SALE 전략의 결과로 빈폴(Bean Pole)은 소비자의 가격 신뢰도를 높여나감으로써 가격 저항을 줄이는 대신 고품질, 고급 이미지 등의 만족감을 극대화하는 데 성공했다.

이러한 가격전략의 결과 빈폴(Bean Pole)은 브랜드 이미지의 고급화 목적을 달성할 수 있었으며, 그렇게 형성된 브랜드 가치는 다음과 같은 효과를 가져왔다.

【경쟁효과】

우수한 브랜드의 상품은 소비자의 우선 구매 고려 대상 목록에 올라가며 지속적인 고가격에 대해서도 관대한 소비자 태도를 이끌었다. 이것은 소비자의 가격 수용폭이 커졌음을 의미한다.

【기대효과】

브랜드의 확장이나 라인 확장을 할 때에 처음부터 제품력에 대한 기대와 긍정의 효과를 발휘했다. 소비자들로부터 어느 정도의 만족감만을 제시하더라도 "역시 빈폴(Bean Pole)이야" 반응을 얻게 된 것이다. 새로이 확장된 빈폴 레이디스(Bean Pole Ladies)나 빈폴 옴므(Bean Pole Homme) 등이 시작부터 큰 성과를 얻은 데는 이렇게 사전에 구축된 브랜드 이미지의 덕이 크다고 할 수 있다.

【관성 효과】

제품에 어떤 클레임이나 하자가 발견될 때도 단순한 실수에 지나지 않는 것으로 지나가는 반면, 브랜드 가치가 낮은 제품의 경우엔 "싼 게 비지떡이다"라는 비난을 면치 못하는 것이다. 이와 같이 긍정적으로 형성된 브랜드 전체에 대한 이미지는 개개의 제품에 대해서도 마찬가지로 소비자의 관용적 태도를 유도해 낸다.

자료: 대학생연합 광고 동아리 '애드피아'

3. 가격변경과 대응

기업은 자사의 가격정책을 수립한 후에도 인상할 것인지 인하할 것인지 또는 경쟁사의 가격변경에 어떻게 대응할 것인지를 끊임없이 결정하여야 한다.

가격인하

가격전쟁을 불러일으킬 가능성이 있음에도 불구하고, 때로는 가격을 인하해야만 하는 경우가 있다. 그 이유를 요약하면 아래와 같다. 첫번째는 과잉설비의 경우이다. 둘째, 시장점유율이 낮아지는 경우이다. 셋째, 낮은 원가를 이용하여 시장을 지배하기 위해서이다. 넷째, 경기가 지속적으로 침체되어 있는 경우이다.

그러나 기업에서 가격인하를 할 경우에는 다음과 같은 사항에 유의하여야 한다. 첫째, 낮은 가격은 자사제품이 저질이라는 이미지를 발생시킬 수 있다. 둘째, 상표충성도가 아닌 저가격에 의한 시장점유율의 확대는 일시적인 현상으로 장기

그림 10-6 가격인하 광고의 예

적인 효과를 기대하기 어렵다. 셋째, 저가격의 지속적인 사용은 회사의 자금사정을 악화시킨다.

FASHION MARKETING TREND

E.LAND 의 중저가정책

중저가 가격전략을 사용하여 가장 성공한 회사가 E.LAND이다. E.LAND는 유명브랜드의 가격은 지나치게 비싸고 시장이나 양품점의 옷은 신뢰도가 떨어지며 양자 간의 간격이 크다는 점에 착안하여 양자의 중간 정도의 가격으로 소비자에게 제품에 대한 신뢰를 줄 수 있는 제품을 기획했다. 중·고·대학생층에 어필하는 저렴한 가격과 브랜드 이미지를 줄 수 있는 각 대리점의 통일화가 정책적으로 선택되었다. 낮은 가격대의 브랜드 설립은 몇몇 대기업이 시도하려다가 포기했을 정도로 어려움이 많았지만 E.LAND는 재래시장으로부터의 수요흡인과 기존 고가의 브랜드 제품으로부터의 수요를 이전시키기 위하여 재래시장 의류의 단점인 품질에 있어서의 개선을 꾀하고 저가의 브랜드 이미지의 확립에 노력하게 되었다.

E.LAND의 실제가격은 재래시장에서 제품을 받아다가 판매하는 소위 양품점과 맞먹는 수준이며. 전 제품을 하청 생산하여 인건비의 절감을 꾀하였다. 또한 단위당 임가공료는 다른 의류업체보다 적게 주고 있으나 대량주문의 이점이 있고 원부자재발주나 결재조건 등을 최대한 개선하여 지속적인 저원가 생산체제를 유지하고 있다.

또한 일반관리비 및 영업비도 대폭 낮게 책정하고 있다.

대리점의 마진율을 매출액의 30%를 주고 있으나, 본사 마진율은 10%에 불과하여 판매가격을 타사의 브랜드에 비해 훨씬 낮게 책정할 수 있었다. 즉, 높은 대리점 마진율은 대리점의 기하급수적 확장을 가능케 하였으며, 본사는 매출액의 급증으로 인한 박리다매의 전략을 수행할 수 있었다. 결국 이러한 관리방법을 이용하여 E.LAND는 지속적으로 중저가 의류시장에서 선도적 위치를 장악하고 있다.

자료: http://blog.daum.net/jijus119

가격인상

가격을 인상하면 고객이나 중간상, 자사의 판매원들이 좋지 않게 생각할 것이라는 것을 알면서도 어쩔 수 없이 인상할 수밖에 없는 상황이 흔히 발생한다. 가격인상을 자극하는 가장 중요한 요인은 원가상승이다. 원가가 상승할 때 생산성 향상이 수반되지 않으면, 이익이 감소되기 때문에 기업들은 가격인상을 단행하게 된다. 우리나라 기업들은 대부분의 원자재를 수입하고 있기 때문에 국제시장에서의 원자재 가격의 인상은 곧 국내에서 판매하고 있는 제품의 가격상승을 불러온다. 가격인상이 필요한 또 하나의 요인으로 초과수요가 있다. 기업이 고객의 수요를 모두 충당할 수 없을 경우, 가격을 인상하든가 아니면 소비자별로 제품을 할당하여야 한다. 가격인상시 주의해야 할 점들은 첫째, 일반적으로 소비자들은 갑작스러운 가격인상보다는 정상적인 기준에 따라 약간씩 가격을 인상하는 것으로 용인하는 경향이 있으며 둘째, 가격인상분을 소비자에게 전가할 때, 기업은 속임수를 쓴다는 인상을 받지 않도록 해야 한다는 점이다.

가격변경에 대한 구매자의 반응

구매자는 기업의 가격인하를 아래와 같은 여러 방향으로 해석한다.

첫째, 그 품목이 신형모델에 의해 곧 대체될 것이다.

둘째, 제품에 결함이 있어서 잘 팔리지 않기 때문이다.

셋째, 기업이 재정적으로 어려움에 처해 있어 앞으로 부품공급이 원활하지 못 할 것이다.

넷째, 가격이 곧 또 인하될 것이니까 기다리는 것이 좋다.

다섯째, 품질이 저하되었다.

한편, 가격인상은 보통의 경우, 판매를 축소시키기 마련이지만, 경우에 따라서 아래와 같이 긍정적 의미로 받아들여질 수도 있다.

첫째, 그 품목은 인기가 매우 높아 지금 사두지 않으면, 곧 구매할 수 없을 것이다.

둘째, 그 품목은 특별히 가치가 높은 제품이다.

셋째, 판매자가 욕심이 많아서 소비자가 부담할 수 있는 정도이기만 하면, 아무리 높은 가격이라도 책정할 것이다. 가격변경에 대해서 구매자는 추가적 비용과 추가적인 효용을 대비해본 후 반응하게 되기 때문에 구매자가 추가적 효용이 더 많다고 느끼는 한 고가격을 지향해도 무방할 것이다.

가격변경에 대한 경쟁자의 반응

가격변경을 고려하는 기업은 고객의 반응뿐만 아니라, 경쟁자의 반응도 검토하여야 한다. 경쟁자의 수가 적을 때와 제품이 동질적일 때, 그리고 소비자가 제품정보에 밝을 때에는 경쟁자들이 자사의 가격변경에 반응할 가능성은 매우 높다. 가격변경에 대한 경쟁사의 반응을 예측하는 데는 크게 두 가지 방법이 있다. 첫째는 경쟁기업이 가격변경에 대해 정해진 틀에서 반응한다고 보는 것인데, 이때는 예측이 가능하다. 둘째는 경쟁사가 매번의 가격변경을 새로운 것으로 받아들여, 그때마다 경쟁사의 이익에 부합하도록 반응한다고 보는 것이다. 이 경우에 그 시점에서 경쟁자의 이익이 어느 정도인가를 알아야 한다. 그리고 경쟁기업의 현 재무 상태를 조사해야 한다. 그렇게 함으로써 경쟁사의 목표를 짐작할 수 있고 따라서 보다 정확한 가격변화에 대한 예측이 가능하다.

가격변경에 대한 대응

경쟁사의 가격변경에 대해서 대응하기 전에, 기업은 다음과 같은 문제들을 검토해야 한다. 첫째, 경쟁사가 왜 가격을 변경했는가? 시장을 탈취하기 위한 것인가 또는 잉여설비를 이용하기 위한 것인가, 아니면 원가변화 조건에 맞추기 위해서인가 또는 산업전체의 가격구조를 바꾸려는 의도인가? 둘째, 경쟁사의 가격변경이 일시적인 것인가 또는 영구적인 것인가? 셋째, 가격변경에 대응하지 않을 경우, 자사의 시장점유율과 이익은 어떻게 될 것인가? 다른 기업들은 어떻게 반응할 것인가? 넷째, 자사의 대응조치에 따라 경쟁기업과 기타 기업들은 어떻게 반응할 것인가?

경쟁사의 가격변경에 대한 대응책으로는 다음 다섯 가지를 들 수 있다.

1 가격유지

기업은 "당사가 가격을 인하하면, 너무 많은 이익이 상실된다", "경쟁사의 가격변화에도 불구하고 많은 시장점유율을 상실치 않을 것이다", "필요한 경우 다시 시장점유율을 획득할 수 있다"는 결론이 내려지면 현재의 가격체제를 그대로 유지한다.

2 품질향상

경쟁사의 가격변동에도 불구하고 자사제품의 가격은 그래도 유지하면서 품질을 증대시켜서 소비자가 느끼는 가치를 상승시킬 수 있다.

3 가격인하

아래와 같은 경우는 경쟁기업의 가격만큼 자사의 가격을 인하해야 한다.

첫째, 많은 양으로 원가가 절감되었기 때문에,

둘째, 시장이 이 가격에 민감하기 때문에 시장점유율을 상실할 수 있기 때문에,

셋째, 시장점유율을 상실하면, 다시 회복하기가 어렵기 때문이다.

4 가격인상과 품질향상

경쟁사가 가격을 인하했을 경우 자사에서는 반대로 보다 높은 품질의 고가격 상표를 새로 시장에 내놓는 방법이다. 이 방법은 효과적으로만 운용되면 경쟁사의 공격도 막아내고 자사의 새로운 이미지도 구축할 수 있다.

5 저가 공격용 제품도입

경쟁사의 가격인하에 대응하는 또 한 가지 방법은 해당 제품라인 안에 저가품목을 추가하거나 별도의 저가상표를 개발하는 것이다. 이 방법은 시장이 대단히 가격에 민감할 때 시도하는 방법이다.

요 약

1. 가격결정은 기업이 신제품을 개발하거나 획득하는 경우, 기업이 새로운 유통경로 또는 새로운 지역에 제품을 도입할 때, 그리고 새로운 계약 또는 입찰을 행할 때에 당면하게 되는 문제이다.

2. 기업이 가격전략을 수립하는 데 고려해야 할 요인으로는 ① 가격결정 목표의 선택, ② 수요결정, ③ 원가추정, ④ 경쟁자의 가격과 재공품의 분석, ⑤ 가격결정방법의 선정, ⑥ 최종가격의 선정 등 여섯 가지가 있다.

3. 가격조정전략에는 지역적 가격결정, 가격할인과 공제, 촉진적 가격결정, 가격차별화 및 제품믹스 가격결정 방법이 있다.

4. 기업은 자사의 가격정책을 수립한 후에도 가격의 인상과 인하의 여부 또는 경쟁사의 가격변동에 어떻게 대응할 것인지를 끊임없이 결정하여야 한다. 이때 마케팅 담당자는 의사결정에 앞서 가격변경에 대한 구매자의 반응, 가격변경에 대한 경쟁사의 반응, 가격변경에 대한 대응 등을 고려하여 가격을 인상하거나 인하하게 된다.

생각해 볼 문제

1 고가정책이나 저가정책을 효과적으로 실천한 사례를 찾아보고 그 성공요인을 분석해 보자.

2 패션업체가 선택할 수 있는 가격결정방법을 조사해 보고 장단점을 찾아보자.

3 가격차별화를 효과적으로 사용하여 성공한 기업의 사례를 조사해 보자.

4 가격전략 수립에 있어 고려해야 할 요인들은 무엇이며 각 요인이 가격결정에 어떻게 영향을 미치는지 알아보자.

Chapter 11
경로정책 및 도소매관리

브랜드 철학으로서의 리테일

매장 인테리어는 판매하고자 하는 물건들을 담는 콘테이너, 기껏해야 제품을 더 매력 있게 보이게 하는 공간으로 인식되었으며, '브랜딩' 은 패키지에 있는 Logo나 출입구의 Sign에 제한되어 있었다. 그러나 현재는 Retail Space가 커뮤니케이션 개념으로 발전하고 있으며, 인테리어는 브랜드 철학을 끊임없이 다차원적이고 다감각적으로 표현하는 수단이 되었다. 아무리 작고 눈에 보이지 않더라도 브랜드 철학이 모든 감각의 단서와 해석될 수 있기 때문에 '리테일은 디테일이다' 라는 말은 진실이 된다.

라이프스타일 공간으로서의 리테일

'모든 사람에게 맞는 하나의 사이즈' 는 더 이상 누구에게도 맞을 수 없다. 쇼핑객들은 그들의 라이프스타일을 이해하는 제품이나 브랜드에 집중하고 있다. 이러한 Identity는 패션에서 다양하게 나타나고 있으며, 라이프스타일 특성을 둘러싼 전혀 다른 카테고리에서 제품을 군집화함으로써 이루어진다. 한편, 하나의 공간 안에 라이프스타일과 관련된 다양한 제품을 판매함으로써 라이프스타일 공간으로 이행하고 있다. 라이프스타일 Identity는 특히 유행에 선도적인 영(young)층에서 리테일 경험의 중요한 요소가 되었다.

공적인 공간으로서의 리테일

새로운 리테일 환경은 고객을 자주 쇼핑하도록 초대하는 것 이상의 역할을 한다. 고객들이 구매에 대한 부담 없이 매장에 머물며, 긴장을 풀고, 즐길 수 있도록 만든다. 대부분의 고객들은 구입 여부에 상관없이 공간을 의지대로 정의내리고 사용할 수 있다. 이러한 공적인 공간으로의 트렌드는 고객들이 매장에 더 오래 머물며 더 많은 돈을 쓴다는 매우 단순한 법칙에서 작용한다. 쇼핑객들이 머물고, 긴장을 풀며 즐길 수 있게 유혹할 수 있는 리테일 환경은 쇼핑 경험에서의 흥미를 유발시키고 브랜드 자산을 확립할 것이다.

최근 매장은 제품을 판매하는 목적 외에 다양한 기능으로 변화하고 있다. 새로운 컨셉로 활용되는 리테일 공간은 통합적인 요소를 반영하고 있으며, 리테일 업체의 수익성 증대에도 커다란 영향력을 가져온다.
본 장에서는 마케팅 경로의 역할과 종류, 설계, 관리, 협동, 갈등 및 경쟁을 알아보고, 마케팅 경로의 변화추세와 전망 및 소도매전략을 살펴보기로 한다.

변화 가능한 공간으로서의 리테일

리테일러들은 매장을 변화가 가능한 공간으로 디자인하고자 한다. 이러한 변화를 통해 리테일 환경을 재구성하고, 신선하고 재미있는 공간으로 유지할 수 있다. 또한 쇼핑객들에게 멋진 변화를 추측해 보도록 자극하는 효과도 있다.

일시적인 공간으로서의 리테일

일시적이거나 이동 가능한 리테일은 소비자를 고무시키거나 흥미를 유발시킬 수 있으며, 일반 매장에서는 찾아볼 수 없는 신제품을 할인된 가격으로 판매하기도 한다. 소위 '팝업'이나 '게릴라 리테일'로 불리는 이 움직임은 매출 확대를 목표로 하기보다는 소비자의 반응을 파악할 수 있는 광고전략의 일환으로 운영된다.

실험실로서의 리테일

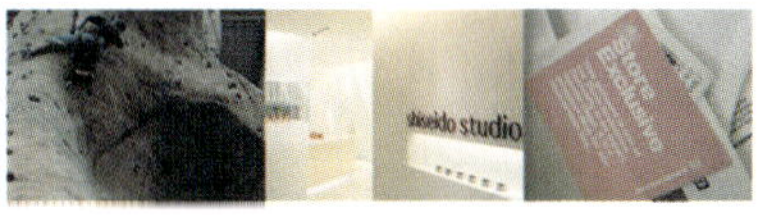

몇몇 주요 브랜드들은 리테일 공간을 전통적인 구입 장소보다는 실험실로 생각하고 있다. 이러한 Lab은 고객의 입장에서는 자유롭게 제품을 활용할 수 있으며, 유통업체 입장에서는 새로운 제품과 마케팅 아이디어를 테스트하는 기회가 된다.

자료: 삼성디자인넷

1. 마케팅경로의 역할과 종류

마케팅 중간상들은 마케팅경로(유통경로)를 형성한다. Stren과 El-Ansary의 마케팅경로의 정의는 다음과 같다.

> 마케팅경로는 어떤 제품이나 서비스가 사용 또는 소비에 이용될 수 있도록 하는 과정과 관련되는 일련의 상호 의존적인 조직체들이다.

중간상인의 필요성

왜 생산자들은 그들의 판매업무를 중간상들에게 위임하는가? 이렇게 업무를 위임한다는 것은 제품이 어떻게 그리고 누구에게 판매될 것인가에 대한 기업의 통제력을 상실한다는 것을 의미한다. 얼핏 보면 생산자는 기업의 운명을 중간상의 손에 맡기는 것같이 보인다. 그러나 생산자가 자신의 제품을 최종고객에게 직접 판매할 수도 있기 때문에, 생산자가 중간상인을 이용할 경우에는 분명히 어떤 이유가 있다. 이들을 요약하면 아래와 같다.

첫째, 중간상인들이 표적시장을 더욱 효율적으로 도달할 수 있으며, 둘째, 표적소비자들이 구매하기를 원하는 물건에 보다 쉽게 접근하여 다양한 선택을 할 수 있게끔 중간상들이 도움을 주기 때문이다. 마케팅 중간상은 그들의 소비자와의 관계, 경험, 전문화, 영업규모를 통하여, 생산자 자체의 경로에서 통상 청취하는 것보다 훨씬 많은 이점을 생산자에게 제공한다. [그림 11-1]을 통하여 보다 자세히 중간상이 존재해야 하는 이유를 알아보기로 하자.

그림 11-1 마케팅경로 중간상의 경제성

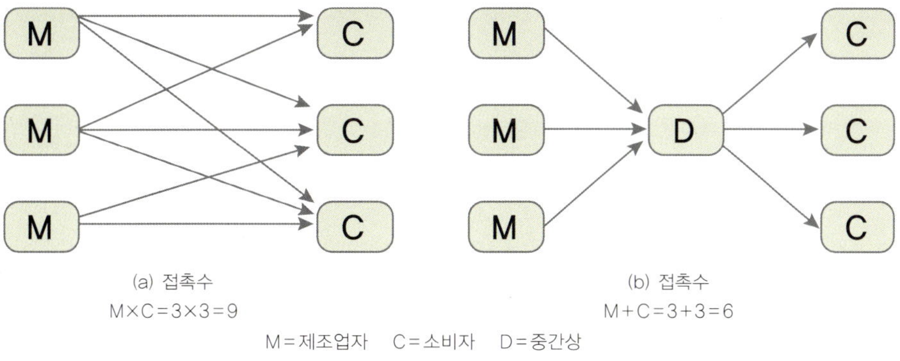

[그림 11-1]은 중간상인을 이용함으로써 발생하는 경제적 이익의 한 가지 측면을 보여주고 있다. (a)에서는 세 명의 소비자에게 도달하기 위하여 직접 마케팅 활동을 하는 세 생산자가 있다. 이러한 시스템하에서는 9개의 서로 다른 접촉이 요구된다. (b)에서는 세 명의 소비자와 접촉하는 하나의 유통업자를 통해 물건을 판매하는 3명의 생산자가 있다. 이러한 시스템은 단지 6개의 접촉만이 필요하다. 이런 식으로 중간상인들은 생산자가 수행해야 할 일의 양을 줄여 준다.

마케팅경로의 기능

마케팅경로는 생산자로부터 소비자에게로 상품을 전달하는 일을 수행한다. 이 마케팅경로의 구성원들은 아래와 같은 일련의 기능들을 수행한다.

- **정보의 수집 및 제공**: 잠재적 소비자, 현 고객, 경쟁자 및 마케팅환경의 다른 요인과 세력들에 대한 마케팅 조사정보를 수집하고 제공해준다.
- **촉진**: 제품에 대한 판매촉진을 행한다.
- **협상**: 가격과 판매조건들에 대한 최종적인 합의에 도달함으로써, 상품의 소유권이전이 이루어지도록 한다.
- **주문**: 제조업자에게 마케팅경로 구성원들의 구매의도를 전달한다.
- **금융**: 마케팅경로가 재고를 처리하는 데 소요되는 자금을 확보, 사용한다.

- **위험부담:** 경로활동을 수행하는 데 발생할 수도 있는 위험을 감당한다.
- **물적 유통:** 원재료에서부터 최종소비자에게 이르기까지 물리적으로 제품을 저장하고 운반한다.
- **지급:** 생산자가 제공한 재화와 서비스에 대하여 물리적으로 구매자로 하여금 판매자에게 지급케 한다.

그림 11-2 제조업체에 대한 마케팅경로의 흐름 다섯 가지

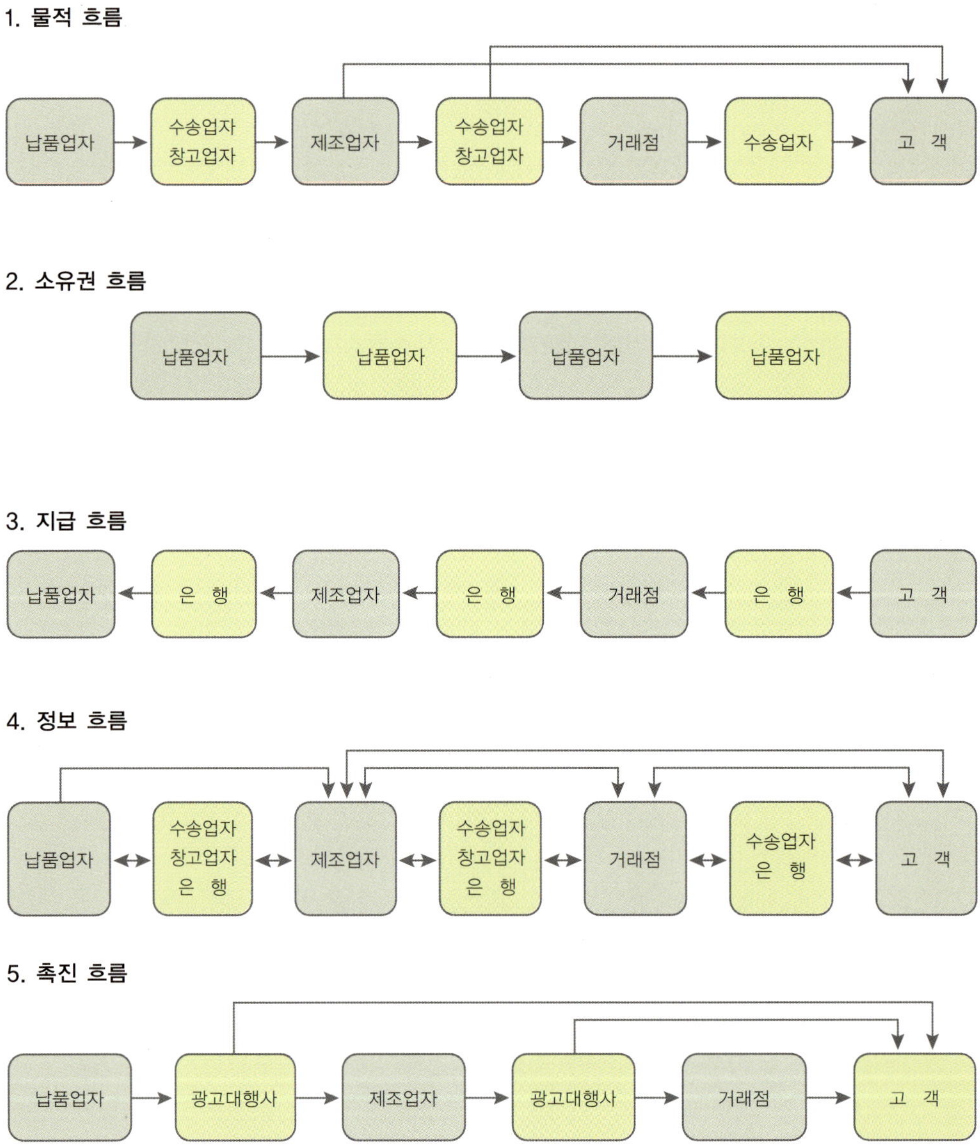

- **소유권:** 한 마케팅기관으로부터 다른 마케팅기관에게 소유권을 실질적으로 이전시킨다.

이러한 기능들은 경로구성원들 사이에서 발생한다. 기능들의 흐름은 크게 '기능의 전방흐름(물적 소유, 소유권, 촉진)'과 '기능의 후방 흐름(주문과 지불)' 그리고 '기능의 두 방향 흐름(정보, 금융, 위험부담)'의 세 가지가 있을 수 있다. [그림 11-2]는 일반제조업에서 발생할 수 있는 기능의 흐름 다섯 가지를 예시한 것이다.

제조업자가 그 기능을 수행하는 정도에 따라 제조업자의 원가는 상승하며 따라서 가격은 더욱 높아진다. 중간상인들이 몇 가지 기능을 대신해서 수행한다면, 생산자의 원가는 낮아지고, 가격도 낮아질 것이지만, 중간상인들은 그들이 수행한 업무를 보상할 수 있는 금액을 부가적으로 청구할 것이다. 중간상인이 제조업자보다 효과적이라면, 소비자에게 부과되는 가격은 더 낮아질 것이다. 우리나라 가전제품 제조회사들은 대리점의 소매광고에 대한 지원금을 보조하는데 이는 본사가 전국을 대상으로 광고하는 것보다 특정대리점이 직접 지역시장에 광고를 하는 것이 비용 측면에서 효과적이라는 판단에 의한 것이다. 소비자들도 앞의 경우처럼 스스로 그 기능 중 일부를 수행할 수도 있는데, 그러한 경우에도 더 낮은 가격의 혜택을 누린다. 공무원 연금매장이나 소비자 협동조합 등이 좋은 예이다.

경로 유형

마케팅경로 유형은 제조업자에서부터 최종소비자에게 제품이 이전되는 과정에서 어떤 종류의 중간상들이 개입하느냐에 의해 결정된다. [그림 11-3]은 일반적인 마케팅경로의 유형을 설명하고 있다.

1 제1유형

제 1 유형은 제조업자가 직접 소비자에게 판매하는 것이다. 직접 판매의 네 가지 유통방법은 방문판매, 홈 파티, 통신판매 및 생산자 소유의 판매점 등이다. 아모레퍼시픽의 '리리코스'가 방문판매사원들을 이용하여 각 가정으로 판매하는 방법이 대표적인 예이다. 현재 우리나라에서는 경제규모가 발전함에 따라 통신판매도 크게 활성화 되고 있다. 현재 유통경로의 단축화 현상이 성행할 것으로 예상됨에 따라 제 1 유형을 채택하는 제조업자들이 앞으로 더욱 늘어날 것으로 생각된다.

그림 11-3 소비자용품의 마케팅경로의 유형

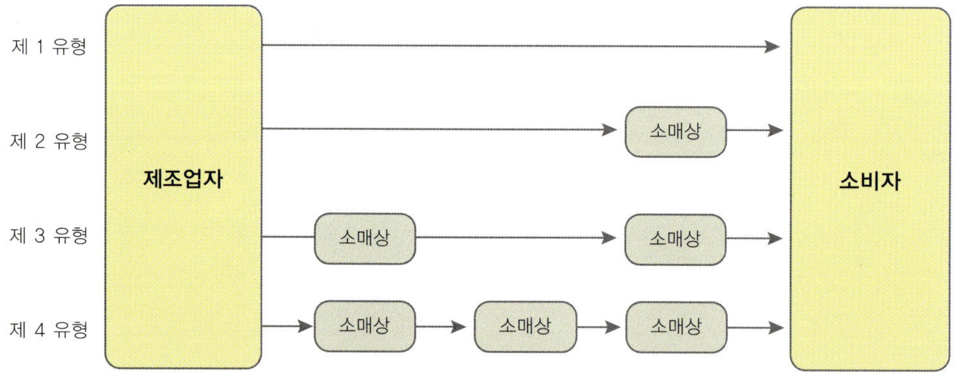

2 제2유형

제 2 유형은 하나의 중간상, 즉 소매상이 포함되는 것이다. 이러한 유형은 유통경로에 대한 어느 정도 통제가 요청되거나, 제품의 유행성과 부패성이 높을 때와 같은 경우에 주로 사용된다.

3 제3유형

제 3 유형은 두 개의 중간상이 포함되는 일반적인 소비재시장의 도·소매상 구조이다. 우리나라의 소비재산업은 주로 이러한 형태의 유통구조를 가지고 있다. 소매업자들이 소량구매를 할 때나 지리적으로 광범위한 지역에 판매할 때, 또는 생산자의 자금력이 약해서 판매, 저장, 운송비를 부담할 수 없을 때 등의 경우에 주로 사용되는 유통경로 유형이다.

4 제4유형

제 4 유형은 세 개의 중간상이 포함된다. 대형 도매상인 '딜러가' 다시 영세 규모의 도매상들에게 화장품을 넘길 수 있는데 이런 경우가 제 4 유형에 속한다. 이때 중개업자는 자기명의로 제품을 소유할 수도 있고 또는 단순히 제조업자와 구매자를 연결해주고 커미션만 받는 거간(혹은 broker)의 기능만 수행하기도 한다. 이는 주로 유통경로를 통제할 필요가 없을 때, 도매업자의 수가 많고 지리적으로 분산되어 있을 때, 도·소매업자가 소규모이고 자금력이 약한 경우 등에 사용된다.

이상 경로의 길이가 가장 짧은 제 1 유형에서 가장 긴 제 4 유형에 이르기까지 네 가지의 형태를 살펴보았는데, 경로의 길이는 생산자나 소비자의 입장에서

다 같이 중요한 의미를 지니고 있다. 즉, 생산자의 입장에서 그것이 짧다는 것은 그만큼 그 제품과 경로에 대한 통제가 용의하고 대 고객서비스를 원활히 할 수 있다는 장점이 있으나 경로기능의 대부분을 직접 수행해야만 한다는 어려움이 있다. 고객의 입장에서도 경로가 짧다는 것은 지불가격이 낮고 보다 개선된 서비스를 제공받을 수는 있겠지만 경로기능의 일부를 직접 수행해야만 하는 경우가 발생하게 된다. 또한 경로의 길이는 전체 경제시스템의 유통구조와도 밀접히 관련되어 있다. 그러므로 어느 특정 시점에 있어서 회사유통경로의 길이는 생산자의 판단과 소비자의 요청 그리고 정부의 유통정책이 상호 조정된 결과로 보아야만 할 것이다.

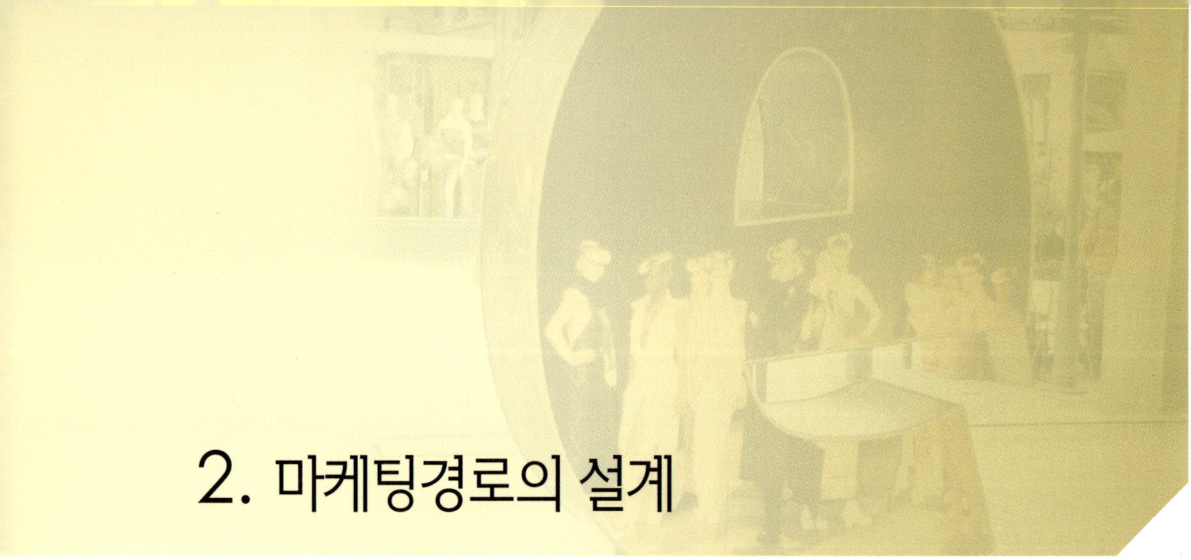

2. 마케팅경로의 설계

이랜드(E.Land)나 제일모직과 같은 기성복 제조업체들이나, 프로스펙스, 나이키와 같은 스포츠 전문용품 제조회사들은 그들의 유통경로를 대리점 판매 위주로 설계하였다. 회사들이 각각 이러한 결정을 내리기까지는 각 산업의 고유한 특성을 깊이 고려했기 때문이다.

마케팅경로를 설계하기 위해서는 소비자의 욕구분석, 경로목적의 수립, 중요한 대안적인 경로를 확인하고, 그 대안적 경로를 평가하여야 한다.

그림 11-4 유통경로 설계절차

서비스수준에 대한 소비자 욕구분석

제조업체가 선정한 표적시장에서 소비자들이 무엇을, 어디서, 왜, 언제, 어떻게 구매하느냐를 이해한다는 것은 마케팅경로를 설계하는 데 있어서 첫번째 단계이다. 그러기 위해서 마케팅 관리자는 마케팅경로가 제공하는 아래 다섯 가지 주요 서비스에 대하여 고객들이 바라는 서비스 수준을 이해하여야 한다.

1 1회 구매량

1회 구매량이란 소비자가 제품을 구매하는 단위 수를 말한다. 1회 구매량의 차이에 따라 서로 다른 유통경로가 사용되며 이때 1회 구매량의 규모가 작을수록 서비스의 수준은 더 높아진다.

2 대기시간

대기시간이란 소비자가 주문 후, 그 제품을 수령하기까지 걸리는 시간을 말한다. 일반적으로 고객들은 신속히 배달되는 경로를 선호한다. 이렇게 물건을 배달하는 데 걸리는 대기시간은 중공업제품이나, 조선업 등과 같은 산업재시장에서 매우 중요하다.

3 공간적 편의성

많은 수의 판매 대리점이 지역별로 골고루 분포되어 있다면 고객의 쇼핑시간이 감소할 수 있다.

4 제품다양성

제품이 다양하다는 것은 마케팅경로가 제공하는 제품구색이 다양함을 말한다. 일반적으로 고객들은 제품구색이 다양할수록 그들의 욕구를 정확하게 충족할 수 있는 기회가 증가하므로, 제품구색이 잘 갖추어져 있기를 바란다. 예를 들어 남성의 정장 기성복을 살 때 여러 제조업자들의 제품이 진열되어 있는 백화점을 소비자들이 선호하는 것도 이 때문이다.

5 서비스 지원

서비스 지원이란 마케팅경로가 제공하는 추가적인 서비스(신용, 배달, 설치, 수리 등)를 의미하는데, 현재는 소비재, 산업재 시장 모두 서비스 지원이 판매에 대단히 중요한 요소가 된다. 예를 들면, 특수 세탁 및 관리가 필요한 모피세품들을 구입할 경우, 소비자들은 이러한 서비스를 제공하는 모피 제조업체를 찾게 된다.

이와 같은 마케팅경로를 효과적으로 설계하기 위해서 계획입안자는 표적고객들이 바라는 서비스 수준을 알아야 한다. 그러나 유의할 점은 서비스 수준을 증가시키면 마케팅경로에 대한 비용이 그만큼 증대되어, 결과적으로 소비자에게 부과되는 가격도 높아진다는 사실을 유념해야 한다.

경로목적의 수립과 제약조건의 설정

효과적인 마케팅 경로설계란 세분시장이 욕구를 가장 적절히 채워줄 수 있는 경로를 선택하는 것이다. 생산자는 표적고객에게 알맞은 수준, 제품, 중간상, 경쟁자, 기업정책 그리고 환경 등을 파악한 후 이러한 제약조건의 맥락에서 자사의 경로목표를 설정해야 한다.

1 제품특징

부패 가능성이 있는 제품은 판매가 지연되거나, 반복 취급함으로써 발생할 수 있는 위험 때문에, 가능하면 경로의 길이가 짧은 직접적인 마케팅 경로설계가 필요하다. 즉, 건축자재, 청량음료와 같이 부피가 큰 제품은 선적거리와 생산자로부터 소비자에게 이르는 동안의 취급횟수를 최소화하는 경로조정이 필요하다. 주문 제작되는 기계와 특수품과 같은 비표준화 제품은 중간상인들이 필요한 지식을 갖고 있지 못하기 때문에, 생산자의 판매원에 의해서 직접 판매된다. 설치나 유지서비스가 필요한 제품은 기업이 직접 판매하거나, 전속된 프랜차이즈 가맹점에 의해서 판매된다.

2 중간상의 특징

마케팅 중간상들은 촉진, 협상, 저장, 거래 및 신용에 있어서 서로 상이한 특징을 가지고 있다. 국내 전자제품 제조회사들은 주로 대리점을 이용하여 판매하고 있다. 이렇게 함으로써 제조회사는 판매점인력의 기술 지도를 할 수 있게 된다. 따라서 판매는 대리점에서 주력하고 기술력의 취약성은 본사에서 커버하게 된다. 또한 본사판매원을 사용할 것인지, 중간상의 판매원을 사용할 것인가도 비용이나 노력의 집중도에 따라 평가되어야 한다.

3 경쟁적 특징

경로설계는 경쟁자의 경로에 의해서도 영향을 받는다. 생산자들은 경쟁자의 제품을 취급하고 있는 동일 점포창구 내에서나, 아니면 가까이에서 경쟁하기를 원할지도 모른다.

4 기업특성

기업특성도 경로선정에 중요한 역할을 한다. 기업의 경로는 당기업의 장기적인 목표, 제품믹스 및 마케팅전략의 영향에 따라 설계된다. 우리나라는 대기업만이 많은 수의 대리점을 육성하고 유지할 수 있는 재정적 능력을 보유하고 있다.

5 환경특성

경기가 나쁠 때 생산자들은 가장 경제적인 방법으로 제품을 시장에 판매하기를 원한다. 즉, 더 짧은 경로를 사용하고자 하는 것이다. 또한 법적 규제와 제한도 역시 경로설계에 영향을 미친다. 법률은 실질적으로 경로 간의 경쟁을 줄이며, 독점을 형성하려는 경로구성을 방지하려는 것이다.

주요 경로대안의 파악

제조기업이 표적시장과 원하는 시장위치를 결정했으면 다음에는 자사의 주요 경로대안을 규명해야 한다. 경로대안파악은 세 가지 요소, 즉 ① 중간상의 유형, ② 중간상인의 수, ③ 각 경로참여자의 조건과 상호책임관계의 분석으로부터 시작된다.

1 중간상의 형태

기업은 자신의 경로기능을 수행하는 데 이용할 수 있는 중간상인의 형태를 규명해야 한다. 의류 제조업체의 경우에는 자사판매원을 이용하던가, 대리점 위주로 영업을 하던가, 아니면 대형 유통업자들을 사용하던가 하는 것이다.

2 중간상의 수

기업들은 각 경로단계에서 몇 명의 중간상을 이용할 것인가를 결정해야 한다. 여기에는 세 가지 전략이 가능하다([그림 11-5]).

첫째, 소비재시장의 편의품 회사들이 잘 사용하는 개방적 유통방식이 있다. 이는 껌과 같은 제품을 판매할 때는 가능한 많은 수의 소매상들이 자사제품을 판매하게끔 하는 방법이다. 둘째는 선택적 유통이다. 전문품과 같은 제품의 판매에 많이 사용된다. 모든 중간상을 이용하지 않고 선택된 몇몇만 이용하는 것이다. 특정 보일러회사가 몇몇 보일러 판매업자들만 지정하여 자사제품을 판매하게끔 하는 방법이다. 셋째, 전속적 유통이다. 이는 국제 가전제품이나 유명 기성복 메이커들이 자주 사용하고 있다.

그림 11-5 중간상의 수와 경로전략

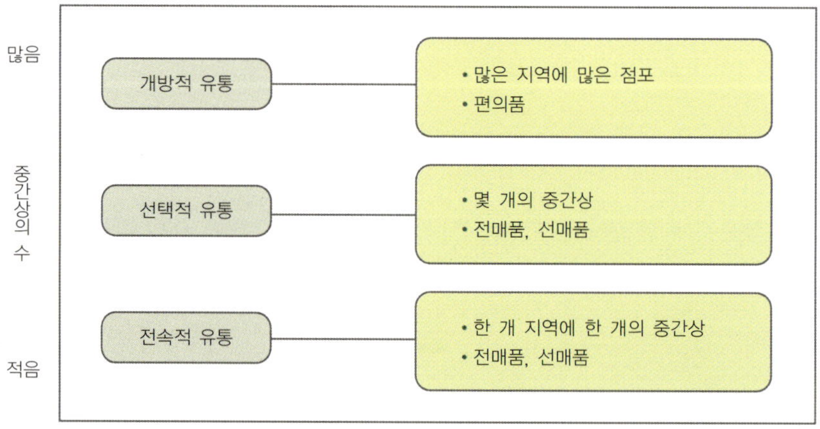

3 경로구성원의 거래조건과 책임

생산자는 참여하는 경로 구성원들의 거래조건과 책임을 결정해야 한다. 이에 필요한 가격정책, 판매조건, 지역권리 그리고 각 구성원들이 수행하여야 할 서비스 등을 일컬어 '거래관계 믹스' 라고 한다. 아래에서 이 거래관계 믹스 요소 하나하나에 대해 살펴보기로 한다.

첫째, 가격정책에 있어서 생산자가 정가와 가격할인 정도를 확정할 수 있어야 한다. 물론, 이때 중간상들은 이러한 정가와 가격할인이 적절하다고 여겨야 한다.

둘째, 판매조건이란 지불조건과 생산자의 보증을 말한다. 대부분의 생산자들은 조기에 지급하도록 하기 위하여 유통업자들에게 현금할인을 실시하고 있다. 또한 생산업자들은 불량품이나 가격하락에 대해서까지 유통업자에게 보증을 확대한다. 가격하락에 대한 보증은 유통업자로 하여금 한 번에 많은 상품을 구입하도록 하기 위해서 사용되는 것이다.

셋째, 유통업자의 지역권리란 거래중인 생산자가 어느 지역에서 새로운 유통업자를 확보하려고 하는지를 유통업자가 알 수 있는 권리이다. 또한 유통업자들은 자기구역 내의 판매가 자신의 노력에 의해서 이루어졌든지 아니든지 자기구역 내의 모든 판매에 대해서 생산자로부터 전적인 신용을 받고자 한다.

넷째, 생산자와 중간상의 상호 서비스와 책임은 공식적으로 명문화되어야 한다. 예를 들어서 의류업체의 대리점 계약서에는 대리점 가입자에게 회사에서 제공할 서비스 내용, 즉 VMD, 판매촉진지원, 훈련, 일반관리 및 기술적 지원 등의 내용이 명시되어 있어야 한다. 또한 가입자가 본사에 대해서 준수해야 할 사항들,

즉 판매촉진계획에 협력할 것, 필요한 정보제공 등도 계약시에 명시되어야 한다.

경로대안의 평가

화장품 회사가 자사화장품의 유통을 위해서 사용할 수 있는 대안이 대리점을 운영하던가 아니면 자사판매원들에 의한 방문판매 방법이라고 가정해보자. 이때 이 회사는 이러한 대안을 경제성, 통제 및 적응기준에 의해서 평가해야 한다.

1 경제성

경로대안의 평가는 판매와 비용측면을 고려하여야 한다. 이를 위한 첫번째 과제는 자사의 판매원과 대리점 중에서 어느 것을 이용하는 것이 매출액을 더 달성할 수 있을 것인가 하는 것을 결정하는 것이다. 대부분의 마케팅 관리자들은 자사의 판매원이 훨씬 더 많이 판매하리라고 믿는다. 자사판매원은 그 자사의 제품에만 전적으로 노력을 집중하기 때문이다. 다시 말하면 자사판매원들은 자사의 제품을 판매하도록 훈련을 잘 받았으면, 또한 자신의 장래가 자사의 성공에 달려 있다고 생각하기 때문에 훨씬 더 적극적이다. 거기에다 고객도 생산자와 직접 거래하는 것을 더 좋아하기 때문에 이들의 판매실적은 우수해진다.

반면에 대리점이 회사의 판매원보다 훨씬 많은 판매실적을 올릴 수도 있다. 첫째로, 대리점은 통상 본사판매원들의 수보다 많은 수의 영업 인력을 보유하고 있다. 둘째로, 대리점의 판매원은 기업의 판매원만큼 적극적일 수도 있는데, 이것은 회사가 얼마나 많은 수수료를 주느냐에 좌우된다. 셋째로, 어떤 소비자들은 특정기업의 제품만을 취급하는 판매원보다는 여러 제조업체를 대표하는 대리점과 거래하는 것을 더욱 선호한다. 넷째로, 대리상들은 고객대상을 광범하게 접촉을 할 수가 있는데, 이에 반해 기업의 판매원은 처음부터 소매상들과 시작할 수도 있다.

다음 단계는 각 경로를 통해 상이한 양의 제품을 판매함으로써 발생하는 비용을 추정하는 것이다. 대리점을 운영하는 고정비는 기업직영의 판매사무소를 설치하는 고정비보다는 적게 든다. 그러나 대리점은 기업의 판매원보다 더 많은 수수료를 요구하기 때문에, 대리점을 사용함으로써 비용이 급격히 상승한다.

2 융통성

생산자와 유통경로가 계속적인 관계를 유지하다 보면 양쪽 모두가 경직적인 상태에 빠질 수 있다. 만약 매번 계약시마다 5년씩 계약을 해야 한다면 계약기간 중 보다 나은 기회가 있어도 사용할 수가 없다. 유통경로를 평가할 때 얼마나 융통성 있게 활용할 수 있는가라는 기준에 의해서 평가되어야 한다.

3 통제 및 적응기준

대리점은 하나의 독립된 경영단위로서 자신의 이익을 극대화하는 것이 그 목적이다. 따라서 본사와 목적이 상충되는 경우가 매우 흔하다. 이때 통제문제가 대두되게 된다. 예를 들자면 대리점은 판매원들이 단기간에 매출액을 많이 올리기를 원한다. 반면에 본사에서는 대리점인력의 기술수준을 향상시켜 장기적인 경쟁력을 높이기를 원하는 경우가 발생할 수 있는데, 이때 본사가 대리점에 대한 효과적인 통제를 어느 정도 할 수 있는가를 평가해야 한다.

3. 마케팅 경로관리

특정한 경로대안을 결정한 후, 기업은 개별 중간상인을 선정, 동기를 부여하고 또한 평가해야 한다. 역시 시간이 지남에 따라 경로조정을 단행하여야 한다.

경로 구성원의 선정

생산자들은 자신의 유통경로를 구성할 수 있는 자격을 갖춘 중간상들을 유인하여야 한다. 제조업자의 특징에 따라 적절한 중간상을 고르기가 용이하기도 하고 어렵기도 하다. 중간상인을 모집하는 것이 쉽든 어렵든 간에 생산업자들은 최소한 보다 우수한 중간상을 선별할 수 있는 기준을 결정해야 한다. 중간상의 사업경험 년수, 타사 제품의 취급, 과거의 성장과 이익, 협동성, 유동성 및 시장에서의 평판 등이 평가기준이 된다. 만약에 중간상인이 대리점이라면, 생산업자는 그들이 확보한 판매원의 규모와 질 그리고 그들이 취급하는 타사 제품의 수와 특성을 평가할 것이다. 만약에 중간상이 전속적 유통을 원하는 백화점인 경우, 생산업자는 백화점의 위치, 미래의 성장잠재력, 고객의 유형 등을 평가할 것이다.

경로 구성원의 동기부여

의류업체들은 자사의 대리점이 보다 효율적으로 판매하게끔 하기 위해서 일정매출액에 대한 판매 장려금도 지급하였고, VMD 전문가를 지역별로 순회시켜 대리점에 상품을 디스플레이 하는 방법을 교육하기도 한다. 이렇듯 생산업자로부터 유통경로에 대한 끊임없는 훈련, 감독 및 지원을 통한 동기부여가 이루어져야 한다. 이러한 동기부여 방법은 크게 세 가지로 나누어 볼 수 있다.

첫째, 생산자들은 회유와 위협방법을 사용한다. 즉, 높은 마진, 특별할인가격, 프리미엄, 광고비보조, 진열비 보조, 판매경진대회 등과 같은 긍정적인 동기부여요소를 사용할 수 있다. 반대로 생산자는 마진을 줄이고, 배달을 지연하고, 관계를 청산할 것이라고 위협하는 등의 부정적 제재를 사용할 수 있다. 회유와 위협의 약점은 생산자가 진정으로 중간상들의 욕구, 문제, 강점 및 약점을 알지 못한다는 점이다.

둘째, 어떤 회사는 유통업자와 장기적인 동업관계를 맺으려고 한다. 이때 제조업자는 그들이 유통업자로부터 무엇을 원하면, 유통업자들은 이 제조업자로부터 제공받을 수 있는 시장범위, 재고수준, 마케팅개발, 대금청구, 기술지도와 서비스, 마케팅정보 등의 사항을 명확히 해야 한다. 생산자는 이러한 방침에 대하여 유통업자로부터 동의를 얻어내어야 하며, 그 유통업자들이 이러한 방침을 어느 정도 준수하느냐에 따라서 다양한 보상계획을 도입할 수 있다. 최근에 개발된 유통경로의 동기부여방법 중에 소위 유통 프로그래밍이 있다. 이는 제조업자가 마케팅부서 내에 유통관계 계획수립부를 만들어, 유통업자들의 욕구를 확인하고, 각 유통업자들이 가능한 최적상태에서 운영될 수 있도록 하는 판매 프로그램을 수립하는 직무를 수행한다. 이 부서와 유통업자들이 공동으로 판매목표, 재고 수준, 공간적 및 시각적 판매계획, 판매원훈련 그리고 광고와 촉진계획을 수립한다. 이 부서의 목적은 유통업자들로 하여금 짜임새 있는 수직적 마케팅 시스템의 한 구성원이 됨으로써 판매 측면에서 돈을 번다는 사고를 갖게끔 하는 것이다

경로의 성과평가

생산업자는 판매할당액 달성, 평균재고수준, 고객에게 도착하기까지의 배달시간, 파손품과 손실품 처리, 촉진 및 훈련 프로그램에 대한 협력, 고객에 제공하는 중간상인의 서비스와 같은 기준에 의해서 정기적으로 중간상인의 성과를 평가해야 한다. 만일 성과가 미달인 중간상인이 있으면 이들에게는 많은 훈련과 동기가 부여되어야 한다. 그래도 이들의 실적이 호전되지 않는다면, 그런 중간상과는 거래를 종결하는 것이 바람직하다. 우리나라 대기업들은 매달 또는 각 분기에 따라서 자사 대리점들의 성과를 분석 평가하여 대리점 사장단 회의 때 발표하기도 하고 성과가 좋은 대리점은 특별지원금을 받는 등 여러 가지 혜택을 받기도 한다.

경로 계약의 수정

마케팅경로 시스템은 시장에서의 새로운 환경조건에 부응하도록 주기적인 수정이 행하여져야 한다. 즉, 소비자의 구매패턴의 변화, 시장의 확장, 제품이 그 생명주기상 성숙기에 처해 있거나, 새로운 경쟁자가 부상하거나 또는 혁신적인 유통경로전략이 도입되었을 경우에는 수정이 필요하다. 경로수정에는 다음의 두 가지 방법이 있다.

첫째, 중간상들을 추가모집하거나 기존의 중간상의 수를 줄일 수 있다. 이때 특정중간상의 존재 여부가 기업의 이익에 미치는 영향을 잘 고려하여야 한다. 또한 회사에 따라서는 어떤 기준을 정해놓고 그 기준에 못 미치는 중간상들을 탈락시키는 방법을 사용하기도 한다.

둘째, 회사의 전체적인 유통경로정책의 수정이 발생하면 경로구성원들과의 계약도 수정되어야 한다. 예를 들어서 과거에는 독립적 도매상을 중간상으로 사용하고 있던 회사가 직영대리점체제로 전환하였다면 기존의 도매상들과의 거래조건에 변화가 올 것이다.

4. 마케팅경로의 협동 · 갈등 및 경쟁

화장품 제조회사인 L사는 무엇보다 다루기 힘든 상대가 대형도매상인 '딜러' 이다. 이들은 1회 구매량이 대단히 많기 때문에 구매단가를 대폭 인하시킬 수 있는 능력이 있다. 또한 몇 명이 담합을 하여 일정기간 동안 L사로부터 화장품을 구매하지 않음으로써 L사가 스스로 단가를 낮추도록 유도하기도 한다. '딜러'는 이렇게 값싸게 구매한 화장품을 L사 대리점이 있는 지역의 할인판매점에 공급함으로써 대리점과 할인판매점 간의 갈등은 물론 대리점과 L사와의 갈등도 유발시키고 있는 것이다. 유통경로가 아무리 잘 설계되었다 하더라도 위에서 언급된 내용과 같은 유통경로의 갈등과 마찰은 항상 존재한다. 그것은 유통경로 구성원과 제조업자들이 서로 상이한 목적을 추구하기 때문이다. 그러면 이러한 측면에 관련된 다음 세 가지 문제에 대해서 알아보자. 첫째, 경로에는 어떤 유형의 갈등이 일어나는가? 둘째, 경로갈등의 주요 원인은 무엇인가? 셋째, 갈등상황을 해결하기 위해서는 어떤 조치가 취해져야 하는가?

경로갈등의 유형과 원인

경로의 갈등은 크게 나누어 다음 세 가지 경우의 유형으로 분류할 수 있다.

첫째, 수직적 경로갈등이 있다. 이는 제조회사가 도매상, 소매상으로 구성된 수직적 유통경로를 사용할 때 발생한다. 주로 제조회사와 경로구성원들의 이해관계가 엇갈림으로써 야기된다. L사는 자사의 화장품을 적절한 가격의 제품으로 판매하기를 원하지만 대리점에서는 고가격을 받기를 원한다. 그리고 할인판매점에서는 L사가 원하는 수준보다 훨씬 낮은 가격으로 판매하길 원한다. 이때 수직적 경로갈등이 발생한다.

둘째, 수평적 경로갈등이 있다. 이는 유통경로의 동일한 수준의 구성원들 사이에서 발생한다. L사의 대리점 간에는 서로의 판매지역을 놓고 다투기도 하고, 특정지역의 대리점들에게 본사에서 지원을 편파적으로 한다고 불평할 수도 있다. 그리고 대리점들끼리 서로 판매가격이 다르다고 원망하기도 한다. 이런 것들이 수평적 경로갈등이다.

셋째, 복수 경로갈등이 있다. 이는 제조업체가 동일한 시장에 판매하기 위해서 서로 다른 종류의 유통경로를 사용할 때 발생한다. L사는 대리점과 대형도매상 모두에게 화장품을 판매하고 있다. 그런데 대형도매상들은 할인점에게 공급하여 할인점의 가격이 대리점의 가격보다 현저하게 낮게 팔리고 있다. 이를 복수 경로갈등이라고 한다.

유통경로의 갈등이 발생하는 원인은 대체로 다음과 같다.

첫째, 유통경로 구성원들의 목적이 서로 상이하기 때문이다.

둘째, 유통경로 구성원들이 서로의 역할과 권리를 잘 모르기 때문이다.

셋째, 제조업자와 유통업자들의 경기전망이 엇갈리기 때문에 발생할 수 있다.

넷째, 중간상이 제조업자에게 지나치게 의존하기 때문이다.

경로갈등관리

유통경로에 어느 정도의 갈등이 존재한다는 것은 건설적인 효과를 가져올 수 있다. 하지만 지나친 수준의 갈등은 조직에게 역기능을 초래하기 마련이다. 이러한 경로갈등을 관리하는 방법을 알아보기로 한다.

첫째, 경로 구성원 모두가 찬성할 수 있는 목표를 수립하여 시행하는 것이다. 그 목표가 생존이든, 시장점유율, 고품질 또는 고객만족이든지 간에 공동합의가 되어야 한다. 특히 이러한 협동은 새로운 위험에 직면하면 신속히 이루어진다. L사의 대리점들이 다른 주 경쟁사인 P사도 대리점 판매체제로 돌입했다는 것을 알게 되면 L사와 공동보조를 더욱 신속히 취할 것이다.

둘째, 유통경로 구성원 간에 서로 사원을 파견하여 근무케 하는 방법이 있다. L사는 대리점에다 본사 영업사원을 한 명씩 배치할 수도 있다. 또한 대리점은 L사 본사에 사원을 파견근무시킬 수 있다. 이렇게 하면 구성원 서로의 입장을 보다 잘 이해할 수 있다.

셋째, 협회나 협동단체를 구성할 수 있다. 유통경로 구성원들이 협회를 구성함으로써 서로의 이해관계를 조정할 수 있다. 우리나라에서는 이러한 단체들이 존재하기는 하지만 기능은 유명무실한 상태이다.

5. 마케팅경로의 변화추세와 전망

최근 유통산업에서 나타나고 있는 유통경로의 변화추세인 수직적 마케팅 시스템과 수평적 마케팅 시스템 그리고 복수경로 마케팅 시스템에 대해서 알아본 후 우리나라 유통산업의 전망에 대해서 언급하기로 한다.

수직적 마케팅 시스템

수직적 마케팅 시스템은 결합된 하나의 시스템으로서 행동하는 생산자와 도매상, 소매상들로 구성되어 있다. 경로구성원이 다른 구성원을 모두 소유하고 있기도 하고, 또는 그들과 프랜차이즈 계약을 맺거나 이들 모두를 협력체제로 묶어 놓을 만큼의 힘을 가지고 있을 수도 있다. 수직적 마케팅 시스템은 생산자나 도매상 또는 소매상에 의해서도 지배될 수 있다. 수직적 마케팅 시스템은 독립적인 경로 구성원들이 자신의 이익만을 추구함으로 인하여 발생하는 갈등을 제거하기 위해서 생겨난 것이다.

이러한 마케팅경로 시스템은 중복되는 서비스와 불필요한 구성원 간의 교섭절차 등을 제거함으로써 경제성을 달성한다. 수직적 마케팅 시스템은 다음의 세 가지 종류가 있다.

첫째, 기업적 수직적 마케팅 시스템이다. 이는 하나의 소유권하에서 생산과 유통의 연속적인 단계를 결합시키고 있다. 수직적 통합은 경로에 대해 높은 수준까지 통제를 하고자 하는 기업에 의해서 이루어지는데, 이 수직적 통합은 후방 및 전방 통합으로 이루어진다.

둘째, 관리적 수직적 마케팅 시스템이다. 이는 일련의 생산과 유통단계를 조정하는 데 있어서 공동소유권이 아니라, 어느 한쪽의 힘에 의해서 이루어진다. 지배적인 상표를 가진 제조업자는 중간상에게서 강력한 협조와 지지를 확보할 수 있다.

셋째, 계약적으로 이루어진 수직적 마케팅 시스템이 있다. 계약적 수직적 마케팅 시스템은 최근 몇 년 사이에 가장 많이 확장되었으며, 경제발전의 가장 중요한 구성요소 중의 하나가 되었다. 이는 중간상이나 제조기업 혼자서는 달성할 수 없는 판매효과를 올리기 위해서 계약을 기초로 유통경로의 마케팅활동을 통합하는 것을 뜻한다. 이렇게 독립된 기업들로 구성된 계약적 수직적 마케팅 시스템은 최근에 대단히 성행하고 있다. 이에는 도매상 중심의 연쇄(체인)점이나, 소매상조합 그리고 프랜차이즈 방식 등 세 가지 유형이 있다.

FASHION MARKETING TREND

패션유통산업의 환경변화와 수직적 통합화 경향

최근 패션산업은 신업태의 활성화 및 업태간 경쟁의 심화와 함께 유통시장 개방에 따라 보다 복잡해진 유통환경 변화에 직면하고 있다. 이와 같은 심화된 경쟁상황에서 유통업체의 영향력이 증대되고 점차 제조업 주도 시스템에서 전문 유통업 주도 시스템으로 변모하고 있는데, 그 원인은 다음과 같다. 첫째, 심화된 경쟁 상황에서 독립적인 유통경로를 확보하지 못한 제조업체는 높은 유통비용으로 인해 가격경쟁에서 도태되는 상황이다. 둘째, 소비자 니즈의 다양화 소비자 파워의 증대는 생산중심에서 소비자 수요 중심의 기획의 필요성을 증대시켰으며, 결과적으로 소비자 정보를 확보할 수 있는 위치에 있는 유통업체의 역할이 더욱 중요하게 되었다.

이와 같은 패션유통환경의 변화 속에서 패션유통업체들은 전문유통업체로서의 도약과 차별화를 꾀하기 위한 핵심전략으로 수직적 통합화(vertical integration)를 선택하고 있다. 백화점이나 대형할인점들은 자신들만의 고유한 PB(Private Brand)를 개발하고자 다양한 시도를 하고 있으며, 제조기능을 수직통합화한 패션전문점인 SPA(Specialty Retailers of Private Label Apparel)는 성공적인 패션 유통업태로 평가받고 있다. 수직적 통합화를 통해 유통업체들은 전체 유통경로에 통제력을 행사하고 효율성을 제고시킬 수 있었으며, 운영의 효율화를 통한 비용절감과 합리적 가격제안은 가격 대비 품질을 중요시하고 합리적인 가치소비를 지향하는 소비자의 요구와 잘 맞아떨어진 것이다.

SPA는 자체상표에 의한 의류제조 직매 전문점을 뜻하는 것으로, 제품의 유통과 판매는 물론, 원사생산에서 방적, 방직, 염색, 소재가공, 봉제 편직, 물류에 이르는 모든 생산과정을 효율적으로 관리하여 비용을 최소화하고 효율성을 꾀하고자 하는 어패럴 소매 업태이다. 반응생산(QR: Quick Response)과 ECR(Efficient Consumer Response)을 효과적으로 활용하여 소비자 수요 중심의 기획, 빠른 스피드와 트렌드에 근접한 기획과 함께 가격 경쟁력을 강점으로 Fast Fashion이라는 개념을 창출하며 높은 성장률을 보여주고 있다.

미국의 GAP, 스웨덴의 H&M, 일본의 UNIQLO, 스페인의 ZARA가 대표적인 SPA 기업이며, 이들 중 특히 ZARA는 수직통합화의 효율적인 운영으로 성공한 대표적인 사례라고 할 수 있다. ZARA는 점포판매동향에 따라 즉각 대응하는 기획 및 생산구조를 통해 최신의 트렌드를 15일 이내에 상품화하며, 1주일에 2번 신상품을 매장에 투입하고 있다. 이는 모든 소재의 50%를 인하우스 방식으로 수급하며, 생산과 물류 전 과정에 통제력을 행사함으로써 생산에서 매장에서 이르는 단계를 최대한 생략함으로써 가능하게 되었다.

자료: 삼성디자인넷

수평적 마케팅 시스템

유통경로상의 동일한 단계에 있는 두 개 이상의 무관한 개별기업들이 재원이나 프로그램을 결합하고자 하는 것을 뜻한다. 이들 각각의 기업들은 혼자서는 사업을 할 만큼 충분한 자본이나 노하우, 생산 또는 마케팅 재원들을 갖고 있지 못하거나, 사업의 위험을 우려하거나 또는 다른 회사와의 결합으로 상당한 시너지 효과를 예상하고 있기 때문에 이에 참가한다. 이들 참여기업들은 다른 기업들과 단기적 혹은 영구적으로 함께 일할 수 있으며, 이러한 경우에 새로운 기업을 설립하기도 한다.

복수경로 마케팅 시스템

오늘날 상당수의 기업들이 목표시장에 도달하기 위해서 두 가지 또는 그 이상의 유통경로를 사용하고 있는데, 이를 복수경로 마케팅 시스템이라고 한다. 대부분의 의류 제조업체들은 대리점, 직영점, 인터넷, 할인점 등의 다양한 유통경로를 이용하고 있다.

MARKETING NOTE Multi-channel Retailing의 시도

인터넷 때문에 기존 유통형태의 Market Share가 감소될 것이라는 전망은 상당한 반향을 일으켰다. 그러나 순수한 E-tailer보다 Off-line Business를 가지고 있는 회사의 성공 확률이 오히려 높다는 것이 보다 설득력을 가지는데, 그 이유는 소비자가 기존 Off-line상의 인지도 높은 브랜드나 상점을 보다 신뢰하고 선호할 수 있으며, On-line만의 영업일 경우는 Order Fulfillment나 재고관리 등에 곤란을 겪을 수 있기 때문이다. 새로운 유통채널로 급부상하고 있는 인터넷은 기존 채널을 보충해서 Synergy를 창출할 수 있는 수단으로 각광받고 있다.

미국의 경우 한 점포나 브랜드가 Off-line, Catalog, On-line의 세 채널을 보유한 경우가 많은데, 소비자는 각각 다양한 형태로 세 가지 채널에 대해 반응하게 된다. 이렇듯 대다수의 소비자는 On&Off-line을 병행하여 사용하고 있으며, 이러한 쇼핑행태는 퓨전 스타일의 '하이브리드 소비자' 가 지닌 특성이다.

웹에서 주문하고 근처 상점에서 픽업을 하거나, 웹을 물리적인 점포에서 프로모션하고 혹은 물리적인 상점을 웹에서 프로모션하는 채널간 협업이 요구되는 것이다. 다수 채널의 운영에 대한 부담을 줄일 수 있는 On-line과 Off-line의 제휴 또한 성공 가능성이 높은 전략이므로, Multi-channel Retailing은 지속 부각되는 흐름으로 자리할 것이다.

하이브리드 소비자의 유통채널 전환

탐 색		구 매	
온라인	→	점 포	64%
점 포	→	온라인	54%
카탈로그	→	온라인	47%
온라인	→	전화주문	38%

자료: Jupiter Research, 2000. 5.

자료: 삼성디자인넷

우리나라 유통산업의 전망

우리나라의 유통산업은 선진국에 비해서 대단히 낙후되어 있는 것이 사실이다. 최근에는 다양한 국제행사들이 국내에서 열린 덕분에 수요의 폭발적인 증가를 가지고 왔다. 우리나라 유통기관들도 이러한 충격과 유통시장개방 때문에 대단히 변화하고 있다. 앞으로 우리나라 유통산업의 추세는 다음과 같을 것으로 예견된다.

첫째, 유통산업의 계열화가 계속 추진될 것이다. 신세계, 롯데, 현대 등은 전국각지에 유통점포를 구축하거나 관리계약을 맺고 있다. 또한 자체상표도 개발하고 있다. 이는 지방도시에서도 마찬가지이다. 유명 지방백화점들도 계열화를 추진하고 있다.

둘째, 유통산업의 대형화가 가속될 것이다. 이는 도매업뿐만 아니라 소매업에서도 마찬가지이다. 규모의 이익과 경영방법의 축적을 위해서, 또한 외국에서 진입하는 대형 유통업체들과 대항하기 위해서 필연적인 것이다.

셋째, 시장이나 상가의 계획적 설계가 추진될 것이다. 교통의 발달로 인해서 상가지역이 도시의 중심지뿐만 아니라 부심에도 생겨나고 있다. 따라서 과거의 무계획적이던 시장구조와는 다른 계획적인 상가지역이 형성될 것이다.

넷째, 인터넷 쇼핑의 영향력이 급속하게 증가할 것이다. 증가되는 유통비용과 맞벌이 부부의 쇼핑시간절약을 위해서 시간과 공간의 제약을 극복한 인터넷 쇼핑은 이미 주요 유통채널로서의 역할을 하고 있다.

다섯째, 외국유통회사들이 국내에 진출하여 기존의 유통구조를 변화시킬 것이다. 국내에 진출한 글로벌 유통업체의 업태 또한 다양화되어 백화점과 대형할인점 외에 SPA와 멀티브랜드 편집숍 등 라이프스타일을 제안하는 글로벌 전문점들의 국내진출 또한 가속화되고 있다.

인터넷 유통 규모의 성장

2007년 총매출 전년대비 16.2% 성장한 15조 6천억원 전망

패션잡화 부문 성장, 여성의류 쇼핑몰 활성화, FTA 본격화로 인한 명품소싱 확대

인터넷 쇼핑몰(B2C 포함) 규모 및 패션 비중 추이

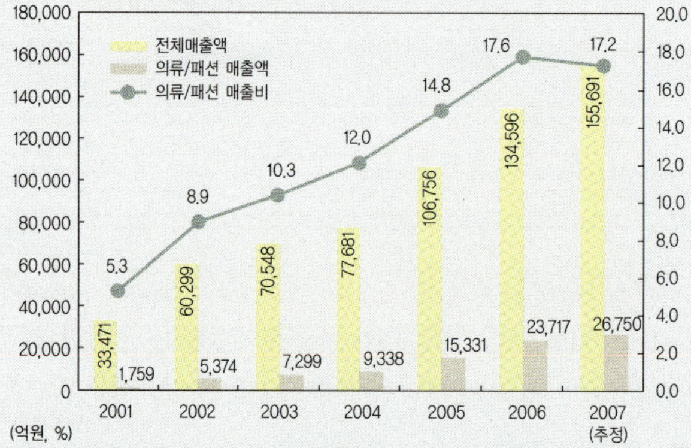

E-commerce(B2C) 사업체수 및 거래액

	2001	2002	2003	2004	2005	2006	2007
사업체수(개)	2,009	2,531	3,268	3,444	3,915	4,463	4,458
거래액(억원)	33,471	60,299	70,548	77,681	106,756	134,596	266,691

E-commerce(B2C) 상품군별 매출액 추이

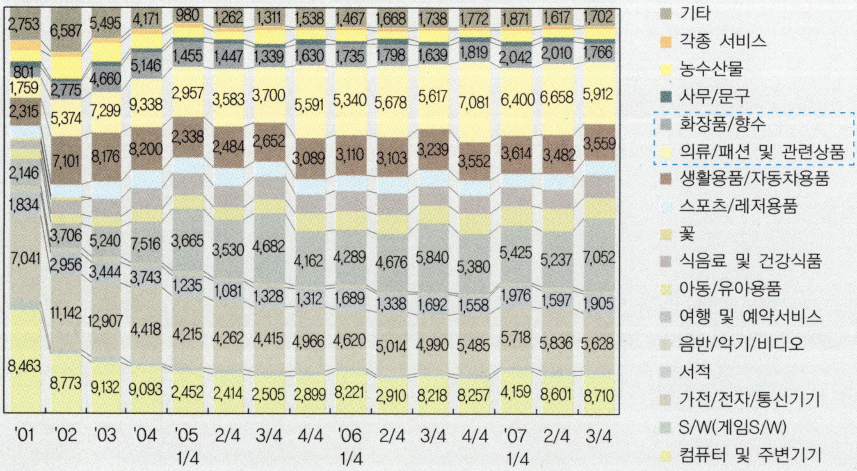

자료: 07/08년 패션시장분석, 삼성디자인넷

6. 소매 및 도매

소매업태의 변화

소매업계에 있어서도 환경변화에 대응하며 시대에 대응하는 새로운 업태가 등장할 것이다. 소비자 생활 전체의 욕구를 종합적으로 공급하는 기능을 감당하게 될 종합적 생활제안을 수행하는 업태, 소비자의 합리성추구에 대응하여 저가격판매를 지향하는 업태, 소비자의 개별화에 대응하여 전문성을 추구하는 업태, 소비자의 다양한 라이프스타일에 맞추어 편의성을 추구하는 업태 등이 발전하며, 또 이러한 소매업의 활력의 장인 상업집적도 각각의 특성을 살리면서 소비자에게 상품 서비스의 즐거움을 주는 쾌적한 쇼핑공간으로 발전할 것이다.

1 종합적 생활을 제안하는 업태

백화점은 원래 소비자의 생활 전체에 대응하는 소매업으로서의 기능을 수행하고 있으나 향후에는 특히 자주 머천다이징의 강화, 비물판 부문의 강화 등에 의하여 더욱 다양화하는 소비자 욕구에 적응해 나갈 것으로 보인다. 즉 스스로 생산이나 상품기획에 관여하여 상품조달을 수행하고 매장구성이나 가격관리를 자주적으로 실시하는 동시에 스포츠, 레저, 주택개조, 가사서비스 등 생활 관련의 서비스부문에 본격적으로 진출하기 위한 체제가 필요하게 되는 것이다.

그리고 단순한 점포로서의 존재를 초월하여 소비자에게 쾌적한 공간을 제공하는 동시에 풍요로운 생활의 모델을 제시하는 '종합적인 생활 제안형 소매서비스업' 으로 진화해 나갈 것으로 기대된다.

양판점도 백화점과 마찬가지로 오늘날에도 소비자의 생활 전체에 관련된 업태로서 전개되고 있으나 앞으로는 특히 체인운영코스트를 가능한 한 삭감함과 동시에 정보시스템의 구축, 물류시스템의 혁신에 의하여 '저스트 인 타임(just in time)' 체제를 정비함으로써 매장효율, 재고효율을 향상시키고 다양한 소비자 욕구에 의하여 신속하고 탄력적으로 적응해 나갈 것이 요구되고 있다.

이 밖에도 시간, 장소, 목적 등에 의하여 시시각각으로 변화하는 소비자의 다양한 욕구에 다각적으로 대응하는 '일상용품을 중심으로 한 생활 제안형 소매서비스업' 으로 진화해 나갈 것이다.

그림 11-6 고급 지향의 차별화된 이미지 구축을 목적으로 하는 롯데백화점 에비뉴엘

2 저가격판매를 지향하는 업태

슈퍼마켓은 오늘날에 있어서도 소비자에게 저가격으로 일상의 식사재료를 제공한다는 기능을 수행하고 있으나 향후 특히 보다 효율적인 체인운영의 전개에 의한 염가판매의 추진과 함께 직장을 가진 주부의 요리하는 번거로움을 경감시킬 수 있는 식사재료나 산지생산자와의 계약재배에 의한 산지직송 야채 등의 구색을 갖추기 위한 창의와 노력이 요구된다.

그리고 소비자 지향의 철저와 수요창조에의 도전에 의하여 소비자에게 윤택한 식생활을 제안하는 '지역밀착형의 식생활제안 소매점' 으로서 발전할 것이 기대된다. 또한 택배서비스의 제공이나 회원제점포의 전개도 기대된다.

디스카운트스토어는 파트타이머의 단시간제의 도입, 정보시스템화 등을 통한 철저한 코스트관리, 안정적인 구입루트의 확보, 다점포화와 체인운영효율의 향상 등이 요구된다. 또한 우수한 인재를 확보함과 동시에 특히 머천다이저나 관리능력이 있는 인재를 육성해 나갈 것이 요구된다.

그리고 조직의 강화를 통하여 경비절약형 운영을 실현하여 소비자에게 충분한 만족을 주는 '안정적 염가판매를 하는 소매업' 으로서 그 체제를 확립해 나갈 것이 기대된다.

그림 11-7 할인점보다 싼 가격을 표방하는 '하림700마켓'

3 전문성을 추구하는 업태

전문점은 오늘날에 있어서도 소비자가 비일상적인 쇼핑을 충분히 즐길 수 있는 쇼핑공간을 창출하고 있으나, 향후에는 더욱 개발수입을 포함한 프라이빗브랜드(private brand)의 개발 등 스스로 상품의 기획 개발단계에 적극적으로 관여하여 머천다이징력을 높이는 동시에 상품지식이 풍부한 판매원의 육성에 힘써 나갈 것이 요구된다.

그리고 풍요로움을 실감하는 일에 눈뜬 소비자에 대하여 생활의 하나하나의 국면에 있어서 색채를 연출하는 것 같은 상품을 제공하는 '생활 씬(scene)에 대응하는 소매업' 으로서 발전해 나갈 것이 기대된다. 특히 레저나 취미 등 자유시간을 활용하는 분야에서 계속하여 새로운 생활 씬(scene)을 창조하는 기업이 나타날 것으로 예상된다.

일반소매점은 소매점으로서의 독자성이나 영업활동의 목표로 삼는 소비자를 명확히 하는 동시에 그 소비자에게 어떤 상품을 어떻게 제공해 나갈 것인가를 전략적으로 검토함으로써 개성을 발휘하고 항상 소비자에게 있어 매력 있는 존재로 존속하는 노력이 요구된다.

점포의 희소성 유지 또는 영업경비의 삭감을 위해 다점포전개를 포기하고 가족종업원을 중심으로 영업활동을 수행함으로써 수익력의 향상을 도모하는 것도 하나의 방법이다. 또한 영업활동의 목표로 삼는 소비자의 범위를 압축하여 특정의 분야에 있어서 구색을 풍부하게 갖춤으로써 전문점화하고 구매자수에 부응하는 다점포전개를 추진해 나가는 것도 기회를 활용하여 대규모 소매점으로의 약진도 가능할 것이다.

고령화 사회의 진전에 따라 쇼핑에 있어서도 커뮤니케이션을 요구하는 중·노년 소비자층이 더욱 증가할 것으로 예상되나, 일상적인 접촉을 소중히 하는 일 등을 통하여 일반소매점은 앞으로도 사회적·경제적으로 중요한 역할을 수행할 것으로 기대된다. 그 결과로 경우에 따라서는 조직화나 공동화를 통하여 경영자원의 부족을 보충하고 환경변화에 정확하게 대응함으로써 풍요로운 소비생활의 실현에 공헌하는 「주체성과 기업성이 넘치는 소매업」으로 탈피해 나갈 것으로 기대된다.

MARKETING NOTE

컨셉스토어로서의 패션 멀티브랜드숍

멀티브랜드숍이란, 하나의 매장에 다양한 브랜드가 함께 운영되는 형태를 말하는 것으로, 다양한 브랜드가 하나의 판매 공간 내에서 정해진 컨셉에 맞추어 소비자에게 어필할 수 있는 복합 형태의 전문매장을 구성하는 것이다. 따라서 각 브랜드의 이미지보다는 스토어 컨셉이 우선되며, 소비자의 욕구와 취향에 적합한 상품구색을 갖춤으로써 원스톱 쇼핑이 가능하도록 하는 것을 추가하고 있다.

최근, 패션 멀티브랜드숍이 증가함에 따라 진 멀티브랜드숍, 남성전문 멀티브랜드숍 등 점차 멀티브랜드숍이 세분화되고 다양해지는 경향을 나타내고 있으며, 대기업들이 멀티브랜드숍에 관심을 가지게 됨으로써 규모 또한 점차 커지고 있다. 현대백화점의 '데님바'와 신세계백화점의 '블루 핏'은 진 전문 멀티브랜드숍의 대표적인 사례이며, 파리에 위치한 BMH Homme는 남성을 위한 원스톱 패션 쇼핑공간으로 자리잡고 있다.

진(Jean) 전문 멀티브랜드숍 '신세계백화점의 블루핏'과 '현대백화점의 데님바'

BMH Homme in Paris

한편, 전반적인 해외브랜드의 국내도입 증가추세와 함께 분더숍(Boon the shop)이나 무이(MUE)와 같이 고가의 해외 패션브랜드를 취급하는 멀티브랜드숍들이 점차 증가하고 있으며, 최근에는 제일모직에 의해 이탈리아의 유명 럭셔리 편집숍인 '10 꼬르소꼬모(10 Corso Como) 또한 국내에 소개되었다. 아시아에서 일본 도쿄에 이어 두 번째인 10 꼬르소 꼬모는 패션과 미술, 음악, 디자인, 라이프스타일을 아우르는 복합문화공간으로 파리의 콜레트(Collette)와 함께 편집숍의 대명사로 꼽힌다. 이와 같은 특정 컨셉하에 다양한 브랜드와 상품들을 편집하여 제시하는 스토어의 형태는 라이프스타일과 타깃 고객의 취향을 제안함으로써 점차 발전하고 있다.

꼬르소꼬모 in Korea

그림: http://www.10corsocomo.co.kr

4 편의성을 추구하는 업태

컨비니언스 스토어는 고회전의 상품을 한정된 공간에 구색을 갖추기 위하여 POS시스템, EOS, 회계처리시스템 등의 백업시스템을 확충시키는 동시에 그것을 고도로 이용해 나가는 것이 요구된다. 또 여러 가지 서비스를 포함하여 독자적인 상품전략을 전개해 나가는 것도 요구된다.

그리고 한층 다양화된 소비자 욕구에 부응하기 위해 상품 및 서비스의 구색을 질 양면에 걸쳐서 확충하여 '편익성을 철저하게 추구하는 소매업'으로서 그 존재가치를 높여 나가는 것이 기대된다.

통신판매, 방문판매 등의 무점포판매는 고령화나 여성의 사회진출 진전을 배경으로 한 소비자의 라이프스타일의 다양화에 적응하여 새로운 생활가치를 창조 제공해 나가는 것이 요구된다.

특히 통신판매에 대해서는 뉴미디어의 활용을 적극적으로 진행하여 소비자와의 교차 커뮤니케이션을 도모하는 등 서비스체제를 충실히 하는 동시에 국제적인 조직망을 통하여 세계를 연결하는 쇼핑을 실현해 나감으로써 '쇼핑편의를 제공하는 소매업' 으로서 편리하고 즐거운 소비생활을 창조해 나가는 것이 기대된다.

그림 11-8 편의성을 추구하는 대표적 업태인 편의점의 예

5 쾌적한 쇼핑공간으로서의 상업집적

기존상점가는 상권규모, 지역특성 등을 감안하여 조합 등이 지방공공단체와 일체가 되어 효과적 효율적인 시설정비, 공동판매사업 등을 추진하는 것이 요구된다. 또한 새로운 상업집적은 고도의 질적인 생활을 제안함과 동시에 상업을 축으로 한 지역 활성화를 도모한다는 관점에서 계획적으로 정비해 나가는 것이 요구된다.

그리고 백화점과 양판점을 중심으로 하여 각각의 소매점의 개성이 충분히 발휘되는 쇼핑의 장으로서 높은 경제적 기능을 갖는 동시에 '지역의 얼굴', '생활의 광장' 으로서 문화적 사회적으로도 높은 기능을 갖는 상업집적으로 진화해 나가는 것이 기대된다.

한편 간선도로변에 전개되어 있는 도로변 점포도 다수의 이업종 기업이 복합적으로 출점하여 집적을 형성하고, 부지 건물 주차장 등을 공유하여 효과적인 토지이용을 함으로써 소비자에게 있어 '편리하고 매력적인 상업서비스 공간' 을 형성해 나가는 것이 기대된다.

그림 11-9 질적 생활을 제안하는 '라이프스타일 쇼핑센터'의 예

도매업태의 변화

도매업계에 있어서는 이러한 소매업계의 동향에 대응하여 경영의 혁신을 꾀하고, 정보화, 물류기술의 향상, 상품조달력의 강화 등을 통하여 소매업에 대한 지원, 정보제공, 기획 개발 등의 부가기능을 합리적이며 효율적으로 수행해 나가는 기업으로의 기대가 한층 높아질 것이다. 컴퓨터를 적극적으로 도입하여 고도의 정보화를 지향하는 도매업, 수익을 중요한 경영과제로 정해 놓고 적극적으로 수입을 지향하는 도매업, 업종구분에 구애받지 않고 넓은 범위에서 종합적으로 상품조달을 하는 도매업, 소매업의 번영에 기여할 수 있는 경영노하우를 제공하여 소매지원 서비스를 행하는 도매업이 발전할 것이다.

1 정보화를 지향하는 도매업

오늘날에 있어서도 정보화에 적극적으로 임하고 있는 도매업은 적지 않으나, 향후에는 특히 온라인조직망을 구축하여 컴퓨터를 한층 고도로 활용함으로써

상품을 판매할 뿐 아니라 조직망에 의해 수집 축적되는 정보나 보충발주의 시스템을 제공하는 '정보 지향형 도매업' 이 증가해 나갈 것이 기대된다.

2 수입을 지향하는 도매업

오늘날 수입상품을 취급하는 도매업은 증가하고 있으나 향후에는 특히 해외에서 자사의 사양에 의거하여 상품을 기획 디자인하거나 세계의 베스트 소스에서 독자적으로 상품을 조달하여 거래선인 소매업의 구색을 충실하게 하는 업무를 경영전략상의 중요 과제로 세워놓고 수입을 한층 더 적극적으로 추진하는 '수입 지향형 도매업' 이 증가해 나가는 것이 기대된다.

3 종합적으로 상품조달을 행하는 도매업

오늘날의 대부분의 도매업은 제조업에 맞추어 업종마다 존재하며 취급상품도 한정되어 있으나 향후에는 타 업종의 물류대행이나 광역물류체제의 정비 등을 통한 고도의 물류시스템 구축이나 스스로를 중핵으로 한 고도의 정보조직망의 구축을 배경으로 하여 업종횡단적인 폭넓은 상품조달을 실현함으로써 경영규모의 확대를 도모해 나가는 「종합적 머천다이징 도매업」의 출현이 기대된다.

4 소매지원 서비스를 행하는 도매업

소매업의 지원을 가장 중요한 경영과제로 삼고 있는 도매업이 적지 않으나 향후에는 거래선인 소매점과 일체가 되어 파트너십을 형성함으로써 소매점의 참된 지원욕구를 정확히 파악하여 그 소매점의 발전에 크게 기여하며 진실로 만족을 줄 수 있는 경영노하우를 고도로 그리고 효율적으로 제공할 수 있는 「소매지원 서비스 도매업」으로 진화되어 가는 것이 기대된다.

FASHION MARKETING TREND

문화와 예술이 공존하는 쇼핑공간

대학생이 좋아하는 백화점은 단연 롯데백화점이었다. 여대생 브랜드 선호도 조사에서 2명 중 1명은 롯데백화점을 선호한다고 답했고, 2위인 신세계백화점(22.1%)과의 격차는 컸다. 롯데백화점의 브랜드 파워가 얼마나 강한지를 입증한 셈이었다.

이 같은 결과는 롯데백화점이 끊임없이 추구해온 '고객 제일주의' 서비스와 관계가 깊다. 롯데백화점은 백화점이 단지 쇼핑만 하는 공간이 아니라 생활 전반을 아우르는 문화공간으로서의 역할과 기능을 충족시키고자 노력해왔다. 고객들의 다양한 여가와 문화생활을 위해 문화센터, 영화관, 이벤트

Avenuel 2층 The Gallery 전경

홀 등을 운영하고 있으며, 고객 상담실, 유아휴게실, 장애인 전용시설 등의 편의시설과 웨딩센터, 뷰티숍 등을 통해 고객들이 '전(全) 생활 백화점'으로 인식할 수 있도록 다양한 서비스를 마련하고 있다. 시장을 세분화한 전문관 개념을 도입해 고객의 편의를 도모한 것도 롯데백화점의 매력이다. 독립형 신개념 명품관 '에비뉴엘'과 1020 젊은 층을 대상으로 하는 패션 전문관 '영플라자'는 타깃에 맞춘 이벤트와 서비스로 고객들에게 더 친밀하게 다가가고 있다.

롯데백화점 측은 "'언제나 고객과 함께(Always With You)'라는 경영이념 아래 유통문화를 선진화해 고객의 생활에 한 발 더 가까이 가려 한다"면서 "고객만족경영, 윤리경영, 환경가치경영 등을 통해 고객이 더욱 풍요로운 삶을 누릴 수 있도록 할 것"이라고 밝혔다.

자료: i-news 2008. 5. 6.
그림: http://www.iamcurator.com

업태의 신경향

1 업제화

신업태 신사업에의 진출이라고 하는 소위 「업제화」가 진전되고 있다. 업제화는 정보, 인재, 노하우의 유효활용에 의한 코스트의 경감이나 소비자의 편이성 향상 등의 장점을 초래하는 동시에 그 시장에 있어서의 새로운 활력소가 됨으로써 새로운 경쟁을 창출하고 있다.

소매업에서는 신용판매, 크레디트와 같은 물판과 관련이 깊은 분야나 주택서비스, 스포츠 등 직접적으로는 물판과 관련이 적은 분야로 진출함과 동시에 대사업소 서비스도 시작하고 있다. 한편 도매업에서도 주로 종래의 기능강화에 의하여 소매지도 서비스, 물류 서비스 등 소매업에 대한 지원 사업을 중심으로 서비스 분야에 진출하고 있다.

또한 유통업 중에는 독자적인 상표개발에 적극적으로 임하고 있는 업체도 있으며, 최근 활발해지고 있는 개발수입도 그 한 예이다. 또 안정적인 상품조달, 상품의 차별화 등의 관점에서 제조업분야에의 진출을 꾀하는 기업도 나오고 있다. 한편 제조업의 경우 신규사업 진출에 있어서 유통관련 사업이 차지하는 비율이 증대하고 있다. 소매분야에서 진출은 소비자 욕구를 파악하기 위한 선도적 점포나 무점포판매 등이 중심이지만, 도매분야에의 진출은 종래의 도매업의 대체 흡수를 수반하게 된다.

또 물류업도 최근 그 조직망이나 물류 기술을 활용하여 유통기능 전반에 진출하는 기업이 출현하고 있어 도매분야에 커다란 영향을 미치는 동시에 소매분야에서도 예컨대 산지직송 판매에 진출하여 일부 상품에서는 취급액이 국내 최고인 경우도 있다.

유통업의 내부에 있어서도 업제화가 진전되고 있다. 소매업의 경우 백화점, 양판점, 슈퍼마켓 등을 중심으로 구색갖춤이나 점포운영 등의 노하우가 차이가 있음에도 불구하고, 예컨대 양판점이 백화점이나 컨비니언스 스토어를 개설하거나 슈퍼마켓이 전문점체인을 개설하는 등 종래의 자사업태와는 다른 업태로의 진출이 활발해졌다.

도매업에 있어서도 고정거래선 소매업의 상품라인에 맞추어서 취급상품을 확충하는 등 업종 간의 업제화가 진전되고 있다.

또한 체인을 개설하고 있는 각 점포에의 배송을 소매업이 스스로 하거나 자사가 개발한 프라이빗 브랜드를 다른 소매업에 판매하는 등 소매업이 도매기능을 함께 하는 움직임이 보이고 도매업 중에도 소매업을 하는 곳이 생겨나고 있다.

2 국제화

경제의 국제화가 진전되는 가운데 유통업도 상품이 구색이나 가격면에서의 경쟁상 수입품에 대한 취급이 불가피하게 되어, 규모의 대소를 불문하고 수입확대에 적극적이다. 수입품 구매사절단의 파견, 수입품전시회의 개최 등도 증가하고 있다.

또한 수입총대리점을 통하지 않고 원산지국이나 제 3 국의 판매점으로부터 구매하는 병행수입, 유통업 스스로 발주를 하여 해외에서 생산한 상품을 수입하는 개발수입, 제조업이 원가상승 타개책의 일환으로 해외생산코스트의 저하를 활용한 해외의 현지법인에서 생산한 상품을 수입하는 역수입, 개인이 카탈로그 등을 통하여 직접 수입하는 개인수입 등 수입형태의 다양화도 진전되고 있다.

특히 개발수입은 양판점을 중심으로 급증하고 있으며, 점두판매뿐만 아니라 무점포판매나 다른 소매업에의 도매 등에 의한 판로확대의 움직임도 활발해지고 있다. 개발수입은 저가격상품의 제공에 의하여 기존의 유통기구나 경제사회에 대하여 커다란 영향을 주고 있으며, 해당 유통업에 있어서도 자주 머천다이징의 실현이나 경영전략의 재구축이라는 관점에서 큰 의의를 갖는다.

국제화의 관점에서 유통업의 해외진출도 성행하고 있다. 특히 동남아시아 국가에 있어서는 현지의 유력소매점으로 성장한 예도 볼 수 있다. 한편 해외유통업의 국내시장 진입에 있어서는 라이센스 계약, 제휴 등의 간접진출의 형태로 증가하고 있다.

해외 선진유통업의 직접진출에 있어서는 지금까지 신중한 태도를 보이고 있으나 이것은 국내의 유통기구와 거래형태가 동서양의 생활스타일, 다품종 소량 다빈도의 구매 및 소비패턴, 고수준서비스 고품질 지향 등의 마켓특성 등이 진출국과 상이하다는 점 외에도 지가, 임대료, 인건비 등의 제 코스트가 높다는 점과 경쟁이 치열하다는 현상인식에 기인하는 것으로 보인다.

MARKETING NOTE

유통업체 해외진출 가속

신세계, 롯데, 메가마트, 두타 등 상당수 업체들이 해외사업 전담팀을 구성해 중국, 베트남, 러시아, 인도 등 동남아 지역을 대상으로 진출방법을 적극 모색하고 있다.

신세계는 오는 2010년까지 세계 10대 종합소매기관으로 도약한다는 비전을 세우고 국내와 함께 중국시장 확대에 초점을 맞추고 있다. 지난 97년 중국 진출 이후 오는 2019년까지 50개점을 확보 할 예정이다. 전용 물류센터 및 시스템 보강에도 주력해 까르푸, 월마트 등과 경쟁할 수 있는 환경을 마련할 계획이다. 이 회사 관계자는 '글로벌 경쟁력을 확보하는 데 가장 중요한 시장이 중국이라고 판단, 올해 국내시장 1위를 확실히 굳힌 이후 더욱 공격적인 공략에 나설 것'이라고 말했다.

롯데는 백화점은 러시아, 할인점은 베트남을 첫 해외 진출 지역으로 삼았다. 오는 2010년 세계 10대 백화점에 진입한다는 목표로 향후 4년 내 5~6개 점포를 추가할 예정이다.

동대문에서는 두타가 중국진출을, CJ, 우리, GS, 현대 등 홈쇼핑 업체들의 움직임도 활발하다. CJ는 중국시장 안착 이후 동남아까지 영역을 확대할 계획이며 우리홈쇼핑과 현대홈쇼핑은 말레이시아, GS홈쇼핑은 베트남 진출을 추진하고 있다.

롯데백화점 모스크바점 전경사진

자료: 어패럴뉴스, 2006. 6. 19.

FASHION MARKETING TREND

글로벌 패션전문 유통업체 H&M의 글로벌 확장전략

Overview

1927년 스웨덴의 남성용 속옷 판매회사로 처음 설립되어, 미국, 이탈리아와 스페인은 물론, 헝가리와 폴란드를 포함한 동유럽 국가들까지 커버하는 글로벌 확장정책을 통해, 현재 22개국에 1,244개의 매장을 운영하고 있음. 현재 H&M의 자국매출은 전체 매출의 10% 미만으로 가장 글로벌한 브랜드임(비교: ZARA의 해외매출비중 65.8%, MANGO의 해외매출비중 73%)

뉴욕과 일본의 H&M 매장전경과 콜레보레이션 예

글로벌화 마케팅전략의 성공 포인트

- **주변국가의 인프라 이용 및 공조**
  - 비용 최소화와 새로운 마켓에 단기간 안착을 위해 주변 국가들끼리 공조할 수 있도록 스톡홀름 본사에서 글로벌 비즈니스의 모든 사항을 컨트롤함
- **소비자 기호에 맞는 다양한 상품의 빠른 공급과 글로벌 소싱**
  - 세계각지에 21개의 소싱 오피스를 운영하면서 모든 상품은 외주로만 생산
  - 구매담당자들은 자사 디자이너들과의 긴밀한 협조하에 가격, 트렌드, 품질을 만족시키는 상품들을 전세계에서 구매
  - 국가별 디스트리뷰션 센터를 운영하며 3천명 이상의 인원이 관련되어 물류관리를 중앙 컨트롤
- **현지화 글로벌전략**
  - 시장의 성격과 특성에 따라 글로벌 확장전략을 차별적으로 수행하고 있으며, 상품의 25%는 지역마켓에 근거한 적합한 상품으로 운영

그림: http://cafe.naver.com/fashionchangup.cafe

3 정보화

정보화는 오늘날의 유통업에 있어서 신속하고 저 코스트의 상품관리나 정확한 고객관리를 위하여 불가피한 것으로 인식되고 있으며 유통업에 있어서 정보화 기기의 도입에 의한 상품관리의 효율화는 중요한 경영전략으로 되고 있다.

대형 양판점에서는 수만 가지의 품목 그리고 면적 100m^2 정도의 컨비니언스 스토어에서도 수천 가지 품목의 상품을 진열하고 있기 때문에 이러한 점포에 있어서는 POS시스템의 도입에 의한 상품관리가 더욱 필요하게 되었다. 이를 통하여 소매업에 있어서는 판매관리·재고관리를 할 뿐 아니라 판매데이터의 분석에 의거한 상품구색의 개선, 이익률의 향상 등을 도모하는 일이 가능하게 된다. 도매업에 있어서도 자동픽킹장치, 자동분류 컨베이어 등을 사용하여 물류면에서의 효율화를 꾀하는 곳이 출현되었다.

또한 이러한 기업 내의 정보화뿐만 아니라 소매업, 도매업, 제조업, 물류업 등의 기업 간에 있어서도 온라인망의 구축 등의 정보화가 성행하고 있다. 특히 도매업－소매업간, 도매업－제조업 간에 수·발주업무 등을 효율화하기 위한 유통 VAN 등의 정보처리조직망이 점차 구축되고 있다.

다양화하는 소비자 욕구에 정확히 대응하기 위하여 각종 카드의 발행에 의한 고객관리시스템의 고도화는 중요시되며 고객의 구입상황 등을 데이터베이스로 입력 분석함으로써 DM의 발송이나 잘 팔리는 상품의 파악 등에 이용하는 등 카드전략에 적극적으로 임하는 유통업이 증가하고 있다.

카드전략의 추진은 소비자의 결제수단을 다양화하는 동시에 기업 자신의 업무효율화에도 기여한다. 백화점, 대형 양판점을 중심으로 자사의 신용카드의 발행이 성행하고 있는 이외에도 대형 전문점이나 상점가 중에서도 카드를 발행하는 곳이 나오고 있으며, 그 결과 카드에 의한 매출은 매년 증가하고 있다.

대금선불식 카드는 관련법규 및 세제의 개선 등 해결해야 할 문제도 없지 않으나 패션성을 갖춘 편의성이 높은 상품판매에 있어 잔돈대체수단이며, 도입기업에 있어서는 업무의 효율화, 판매촉진, 고객정착화 등에 유효하기 때문에 유통업에 있어서도 향후 도입이 더욱 촉진될 것으로 보인다.

현금카드를 이용한 즉시결제인 은행 POS에는 적극적으로 대응하는 유통업이 늘어나고 있으나 수수료, 영업시간 등의 문제점이 지적되고 있다.

한편 이러한 마그네틱 카드에 비해서 훨씬 기억용량이 크며 오프라인 정보처리가 가능한 IC카드에 있어서도 실용화를 겨냥한 실험적 도입이 진행되고 있으나 카드단가의 인하, 고도의 기능을 살리는 활용방법의 개발 등이 과제로 지적되고 있다.

MARKETING NOTE

유통과 섬유분야의 RFID 적용확대

유통과 섬유분야의 RFID(무선인식) 적용이 본격 추진된다. 산업자원부는 최근 업계간담회, 주요 산업별 RFID 적용 실태조사, 애로사항 분석 등을 토대로 조기에 전 산업분야에 RFID 적용을 확산하기 위해 '산업경쟁력 강화를 위한 RFID 확산방안'을 마련, 발표했다. 특히 유통과 섬유, 자동차, 식품, 물류, 가전 등 6대 산업을 성공 가능성이 높고 파급 효과가 큰 산업으로 성장, 우선적으로 집중 추진키로 했다.

RFID 원리와 RFID 라벨, 태그, 판독기(reader)

유통은 백화점과 대형마트 등에서 거래되고 있는 신발, 의류, 가방 등에 태그를 부착해 공급 및 유통체인을 효율화하고, 섬유는 원사 등 원부자재 업체, 봉제 및 섬유의류 업체간 RFID 기반의 공급망 판매 및 재고관리 시스템 구축에 나설 예정이다. 또 투자 여력이 부족한 중소기업이 쉽게 도입해 활용할 수 있도록 중소기업용 단위 업무별 RFID 패키지를 개발, 보급하고 산업별 특성을 고려한 태그기술을 개발 및 도입비용을 획기적으로 줄일 수 있는 초저가 태그개발을 위한 대형 프로젝트도 추진할 방침이다.

이와 함께 기술표준원, 유통물류진흥원 등을 통해 체계적인 표준화를 추진하고, 산업별 특성을 고려한 RFID 도입 표준 가이드라인을 개발 보급하는 한편 기업의 적극적인 투자와 활용을 유인할 수 있는 추가적인 세제지원 방안도 검토하기로 했다. 이 밖에 민관합동의 산업분야 RFID 추진협의회를 구성, 정례운영을 통해 산업별 애로사항을 해결해 나갈 계획이다.

RFID란 안테나와 칩으로 구성된 태그에 사용목적에 알맞은 정보를 저장해 적용 대상에 부착한 후 판독기를 통해 정보를 인식하고 처리하는 기술로, 유통물류비 절감, 조달체계 효율화, 생산프로세스 혁신, 거래 투명화 등 산업경쟁력 강화를 위한 핵심수단으로 부각되고 있다.

자료: 어패럴뉴스, 2007. 9. 14.

요 약

1. 마케팅경로는 어떤 제품이나 서비스가 사용 또는 소비에 이용될 수 있도록 하는 과정과 관련되는 일련의 상호 의존적인 조직체들이며 마케팅경로의 구성원들은 정보의 수집 및 제공, 촉진, 협상, 주문, 금융, 위험부담, 물적 유통, 지급, 소유권이전과 같은 일련의 기능들을 수행한다.

2. 유통경로의 유형은 첫째, 제조업자가 직접 소비자에게 판매하는 것, 둘째, 하나의 중간상, 즉 소매상이 포함되는 것, 셋째, 두 개의 중간상이 포함되는 도·소매상구조, 넷째, 세 개의 중간상이 포함되는 경우가 있다.

3. 기업은 경로목적을 수립하고 중요한 대안적인 경로를 확인하여 그 대안적 경로를 평가하는 과정을 거쳐야 한다.

4. 기업이 특정한 경로대안을 결정한 후에는 개별 중간상인을 선정, 동기를 부여하고 평가를 해야 하며 유통경로의 협동, 갈등 및 경쟁을 보다 효율적으로 관리하기 위해서는 경로의 갈등유형을 이해하고 경로의 주요 갈등원인을 파악하여 갈등을 해결하기 위한 조치를 취해야 한다.

5. 최근 유통산업에서 일어나고 있는 새로운 유통경로의 변화추세로는 수직적 마케팅시스템, 수평적 마케팅시스템 그리고 복수경로 마케팅시스템이 있으며 우리나라의 유통산업은 앞으로 계속 계열화, 대형화되며, 인터넷의 영향력이 점차 커지고 있다.

6. 소매업계와 도매업계에도 환경변화에 대응한 새로운 업태가 등장할 것으로 보이며 업태의 신경향으로는 업제화, 국제화, 정보화를 꼽을 수 있다.

생각해 볼 문제

1. 중간상들이 형성한 마케팅경로를 이용함으로써 얻을 수 있는 장점에 대해 생각해 보자.

2. 각 경로의 유형들에 대해 알아보고 그 장점과 단점을 비교해 보자.

3. 외국 유통회사들의 국내 진출이 우리나라 유통산업에 어떠한 영향을 미치게 될 것인지 토의해 보자.

4. 최근 소매업태에 불고 있는 '고급화바람'에 대해 조사해 보자.

Chapter 12

광고 · 판매촉진 · 홍보

인터넷과 네트워크의 발달로 소비자가 직접 참여할 수 있는 접점채널과 함께, 남들과 차별화된 고객 개개인만의 니즈가 증가하면서 소비자는 자발적인 참여활동으로 생산과 소비활동에 직접 관여하게 되었다. 고객들은 인터넷을 통해서 기업과 제품에 관한 다양한 정보를 수집하고, 커뮤니티를 통해서 자신의 정보와 느낌을 공유해 적극적으로 제품과 마케팅활동에 개입하고 있다.

이러한 고객참여 활동을 세계적 미래학자 엘빈토플러는 1970년 그의 저서, "제3의 물결"에서 생산자 Producer와 소비자 Consumer를 합성한 용어로, 소비자가 단지 제품의 소비뿐만 아니라 제품개발과 유통과정에 직접 참여하는 생산자적 소비자로 거듭나는 프로슈머 (Prosumer) 의 등장을 예견하였다.

생산자적 소비자는 네트워크의 발달, 소비자들의 제품과 시장에 대한 지식의 증가 그리고 맞춤형 대량생산을 할 수 있는 기업들의 능력이 결합되어진 산물이다. 제품에 대해 보다 많이 알고 있는 똑똑한 소비자들은 더 구체화된 요구를 가지게 되고, 이러한 요구가 쌍방향 커뮤니케이션을 통해 보다 쉽게 생산자들에게 전달되며, 생산자들은 보다 낮은 비용으로 개별 고객들의 요구를 반영하는 것이 가능하게 된 것이다. 소비자가 아이디어를 제안하며 상품개발에 참여하고 기업이 이를 수용해 신제품을 개발하는 것, 바로 이것이 프로슈머 마케팅이다.

소비자가 단순히 물건을 구입하는 데 그치지 않고 다양한 참여 방식을 활용해 소비자의 요구를 제품과 판매방식에 반영하도록 한 프로슈머 마케팅은 소비자와 생산자 모두에게 좋은 마케팅 방법으로 효과를 거두었다. 생산자로서는 소비자들의 신선한 의견이나 아이디어를 참고할 수 있어서 좋고, 소비자로서는 자신들이 요구하는 부분이 제품에 반영되어 생산되고 판매되어져서 좋았던 것이다. 기업들이 과거에 신제품을 개발할 때 소비자들의 욕구를 파악한 후 신제품을 개발하던 방법에서 발전한 형태이다. 즉, 고객만족 경영전략으로 소비자가 직접 상품개발을 요구하며 아이디어를 제안할 때 기업이 이를 받아들여 신제품을 개발하는 것이다. 국내에서도 고객만족경영에 대한 중요성이 커지면서 컴퓨터, 가전, 가구, 의류와 관련된 기업에서 공모작품을 통해 적극적으로 소비자의 아이디어를 수용한 사례가 있으며, 소비자의 취향을 살린 자가조립방식의 DIY (do it yourself) 상품도 대표적인 프로슈머 마케팅이라 할 수 있겠다.

고객들에게 자사상품의 이미지와 차별점을 알리고 어디서 팔리고 있는지 등을 알리기 위해 마케팅 커뮤니케이션이 필요하다. 본 장에서는 마케팅 커뮤니케이션의 이해, 광고, 판매촉진 및 홍보전략에 대해 살펴보기로 한다.

프로슈머들은 18~34세 사이의 젊은 고소득자들일 가능성이 높지만, 연령이나, 소득 정도, 지역에 의해서가 아니라 소비에 대한 마인드와 태도의 차이가 이들을 규정한다. 이들은 일반적으로 독립적이고, 제품이나 서비스로부터의 자신의 경험을 다른 사람들에게 이야기하기 좋아하며, 다양한 주제들에 대해서 주변 사람들의 충고를 구한다고 한다. 따라서 이들은 생산과 유통 등 공급과정에 참여함으로써 소비의 만족을 추구하는 이들이라고 할 수 있다.

프로슈머와 일반 소비자의 특성

주요 행동 특성	프로슈머 (동의한다)	일반소비자 (동의한다)
나는 내 자신의 독립적인 사고를 하는 사람이라고 생각한다	92%	22%
새로운 브랜드나 제품, 서비스, 유통점 등에서 훌륭하거나 아주 형편없는 경험을 했을 때, 나는 많은 사람들에게 이 경험을 이야기한다	92%	70%
신문에서 읽은 것보다는 TV나 라디오에서 접한 정보를 더욱 신뢰한다	5%	12%
나는 종종 휴양지나 식당, 영화와 같은 다양한 주제들에 대해 주변 사람들에게 자문을 구한다	78%	38%

EURO RSOG

프로슈머 마케팅의 기대효과로는 소비자가 제품 개발에 참여하여 요구사항을 그대로 반영, 고객만족도를 증대시킬 수 있고, 신상품 개발을 위해 많은 비용을 들여 조사해야 하는 마케팅 리서치 비용도 절감할 수 있다. 또한 특징제품 개발에 관여할 경우, 경쟁업체 제품을 구입할 가능성은 크게 떨어져 단단한 단골고객으로 확보할 수 있는 고객 선점을 기대할 수 있고, 제품개발에 따른 위험이나 안전사고를 미연에 방지할 수 있다. 제품개발시 소비자들의 자발적인 '입소문 마케팅' 활동이 나타남은 물론이다.

자료: 삼성디자인넷

1. 마케팅 커뮤니케이션의 이해

커뮤니케이션(촉진) 믹스

마케팅은 제품의 디자인을 잘해서 이를 생산하고 적절한 가격을 매겨 유통시키는 것으로 끝나는 것이 아니다. 마케팅의 임무는 고객들에게 우리 제품이 어디에서 팔리고 있는지를 알리고, 다른 제품과 비교하여 장점을 설득시키고, 기존의 구매성향을 바꾸는 것이다. 이러한 업무, 즉 알리고, 설득시키고, 바꾸는 업무는 회사의 마케팅 커뮤니케이션을 통하여 이루어진다. 이러한 커뮤니케이션 목적을 달성하기 위하여 회사에서 강구할 수 있는 수단에는 [그림 12-1]에 제시된 것과 같이 크게 네 가지가 있다.

그림 12-1 마케팅 커뮤니케이션의 주요 수단

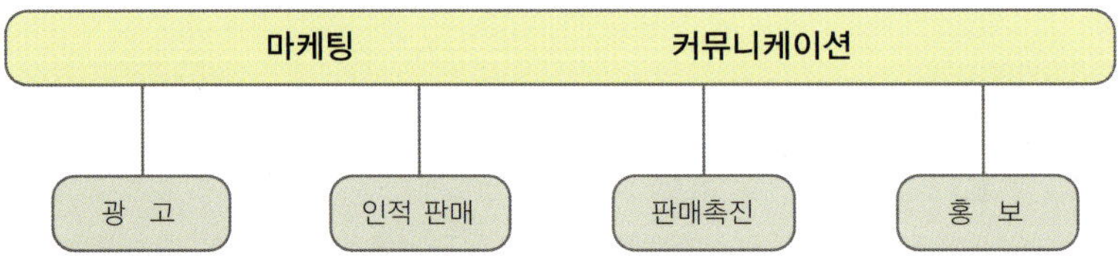

- **광고**(advertising): 광고를 하는 사람이 돈을 주고 비인적(nonpersonal) 매체를 통하여 제품, 서비스, 아이디어 등을 알리고 촉진하는 수단일체를 말한다.
- **인적 판매**(personal selling): 판매원 판매 혹은 종업원 판매라고도 하며 판매원이 고객을 일일이 만나 대화를 하면서 판매를 실현시키는 방법을 말한다.

- **판매촉진**(sales promotion): 제품 또는 서비스의 판매나 구매를 촉진시키기 위하여 중간상이나 최종소비자를 상대로 벌이는 단기 자극책 일체를 말한다.
- **홍보**(publicity): 제품이나 서비스를 신문, TV, 라디오, 잡지 등과 같은 비인적 매체에서 중요한 뉴스를 다루게 하여 소비자들에게 알림으로써 이들에 대한 수요를 자극하는 것을 말하는데 돈을 지불하지 않는다는 점에서 광고와는 다르다. [표 12-1]에서 커뮤니케이션의 주요 수단을 요약하였다.

표 12-1 커뮤니케이션의 구체적인 수단

광 고	판매촉진	홍 보	인적 판매
인쇄 및 방송광고 포장 — 외장 포장내 삽입물 우편물 광고 카탈로그, 소책자 영화 사보, 상징물, 로고 포스터, 안내서 구매시점광고	경진대회 각종 추첨 복권 경품 견본 배부 박람회 전시회 환불, 저리융자 중고품의 인수	신문게재 자료 연설 세미나 연례보고회 자선기부 공중관계(PR)	판매개시 판매회의 텔레마케팅 판매원용 견본 박람회와 전시회

제품을 판매하기 위해서는 모든 기업이 위에 제시한 커뮤니케이션 수단 중 하나 혹은 그 이상을 사용하여 자기 회사이 제품이나 서비스를 소비자들에게 알려야 하는데 대부분의 회사에서 비록 정도의 차이는 있지만 네 가지 수단 모두를 사용한다. 이러한 커뮤니케이션 수단의 사용 정도와 형태를 우리는 커뮤니케이션 믹스(communication mix) 혹은 촉진믹스(promotional mix)라고 부른다.

통합적 마케팅 커뮤니케이션(IMC)

위에서 언급한 대로 대부분의 기업들은 하나 이상의 마케팅 커뮤니케이션 믹스들을 사용하고 있으며, 따라서 각각의 믹스들은 개별적으로 작용하는 것보다는 다른 수단들과 통합해 사용할 때 그 효과가 더욱 커지게 된다. 이와 같은 커뮤니케이션 믹스들의 통합적 사용전략이 '통합적 마케팅 커뮤니케이션(IMC: Integrated

Marketing Communications)' 이다. 이는 제한된 마케팅 예산으로 효율성을 제고하기 위한 목적으로 주창되었으며, 다양한 커뮤니케이션 믹스들을 사용함에 있어 자사의 제품과 서비스는 물론 브랜드 및 기업 이미지에 대해 일관성 있는(Consistent) 메시지를 전달하는 것이 중요함을 강조한다.

통합적 마케팅 커뮤니케이션의 이론적 창시자 슐츠(Shultz)는 IMC란 "고객 혹은 잠재적 고객에게 노출되는 제품과 서비스에 관련되는 모든 정보의 출처를 관리하는 과정으로, 행동적으로 소비자로 하여금 자사의 브랜드를 구매토록 하고 고객 충성심을 유지시키는 것"이라고 하였다. 즉, IMC는 장기간에 걸쳐 타깃 고객을 겨냥하여 여러 형태의 설득 커뮤니케이션 프로그램을 개발, 실행하는 과정으로, 커뮤니케이션 수용자의 행동에 직접적으로 영향을 주는 데 그 목적이 있다고 할 수 있겠다.

마케팅 커뮤니케이션 수단들의 특징에서 알 수 있듯이 IMC전략은 장기적 관점 혹은 단기적 관점의 목적에 의해 수행될 수 있다. 우선 IMC는 브랜드나 기업의 차별적 이미지를 창출하고 유지하여 최종적으로 타깃 고객의 행동반응을 이끌어 내고자 하는 장기적 목표를 위해 수행된다. 그러나 이와 동시에 특정 시기의 판매를 증진시키기 위한 목적으로 다양한 판매촉진전략이나 이벤트 등의 단기적 전략 또한 사용된다. 따라서 성공적인 IMC 프로그램은 IMC전략의 단기적 목표와 장기적 목표를 달성하기 위해 각 촉진도구들의 사용에 있어 적절한 조화를 필요로 한다.

커뮤니케이션 과정

커뮤니케이션은 두 사람 사이에서 일어나는 의사전달의 한 형태라고 보면 된다. 두 사람 사이의 의사전달은 여러 가지의 형태로 이루어질 수 있는데 쉽게 이해하기 위해서 [그림 12-2]를 보면서 본 TV광고를 머리에 떠올려 보자. 지난 밤 광고에서는 의사전달의 두 주체인 발신인(Sender)이 내용을 시청자가 이해하기 쉽도록 말이나 언어로 엮는다. 이 과정을 기호화(Encoding)라고 한다. 그리고 이렇게 발신인이 보내는 내용 일체의 상징을 메시지(Message)라고 한다. 상징에는 언어, 숫자뿐만 아니라 배경음악, 캐릭터 그리고 내용을 전달하는 사람에 이르기까지 전체를 통틀어 의미한다. 이렇게 개발된 메시지를 지난 밤 TV라는 커뮤니케이션 경로를 통하여 보았다. 이렇게 메시지를 전달하는 커뮤니케이션 경로를 매체(Media), 즉 TV, 라디오 같은 비인적 매체를 이용할 수도 있고 판매원과 같은 인적

그림 12-2 커뮤니케이션 과정

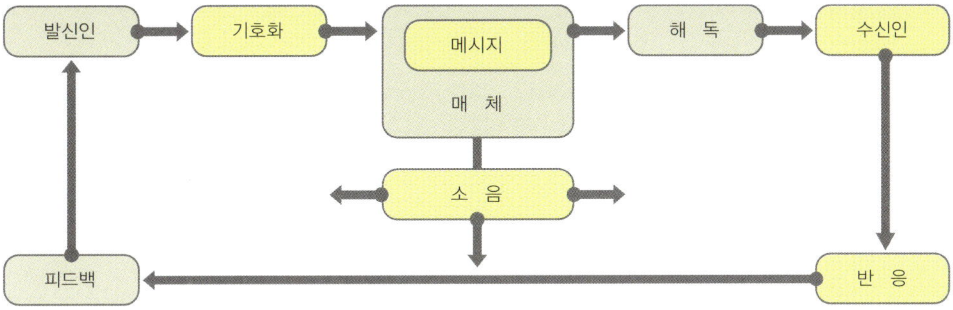

매체를 이용할 수도 있다.

이렇게 하여 TV라는 매체를 통하여 메시지를 받는 수신인(Receiver)은 상징화된 메시지를 보거나 들어 자기 나름대로 해석하게 된다. 이 과정을 해독(Decoding)이라 하는데 수신인이 메시지를 받아 자기 나름대로 해독을 하게 되면 어떤 반응(Response)을 보여 자기의 반응을 다시 수신인에게 보낸다. 이 과정을 피드백(Feedback)이라 한다.

그런데 이러한 과정이 진행되는 동안 의사전달을 방해하거나 혹은 왜곡시키는 소음(Noise)이 발생하게 되어 때로는 보내는 내용과 다른 엉뚱한 메시지를 받게 되는 경우도 있다. 이는 사람들이 커뮤니케이션 과정에서 선택적으로 주의를 기울이며 그들이 원하는 방향으로 메시지를 자의적으로 변형하기 때문이다. 뿐만 아니라 전달된 메시지의 일부만을 기억하므로 기업이 원하는 메시지를 원하는 타겟 고객에게 적절한 경로를 통해 전달하는 것은 결코 쉬운 일이 아님을 알 수 있다. 효과적인 커뮤니케이션이 되기 위해서는 메시지를 받는 사람과 보내는 사람 모두가 만족하는 양면 커뮤니케이션(Two-way communication)이 되어야 한다. 이를 위해서는 앞의 [그림 12-2]에서 제시되는 커뮤니케이션 과정의 각 요소별 관리를 철저히 하여야 한다.

2. 광　　고

광고는 사업자가 공급하는 상품 또는 용역의 품질, 규격, 내용 및 거래조건 등에 관한 사항에 대해서 신문, 잡지, TV, 라디오, 포스터, 간판, 네온사인, 전단, 팸플릿 등 여러 매체를 이용하여 소비자에게 선전 또는 표시하는 행위이며, 이는 사업자의 판매촉진수단이 된다.

오늘날 소비자는 고도로 과학화된 첨단기술에 의해 대량생산되는 상품이나 서비스에 대한 지식을 스스로 취득할 능력이 약하기 때문에 상품선택에 대한 지식을 사업자의 광고나 표시에 의존하여 획득하고 있으며 이를 정보로 하여 상품을 선택하게 된다. 소비자의 입장에서 보면 광고로부터 각종의 정보를 획득함으로써 구매대상인 상품을 선택할 수 있는 수단이 된다. 그러므로 사업자는 진실하고 정확한 정보를 소비자에게 전달하여야 한다.

또한 광고가 주는 파급효과는 매우 광범위하고 소비자 전체에게 미치는 영향이 크기 때문에 인간의 기본적인 가치관을 파괴하지 않는 측면에서 광고의 메시지가 바르게 전달되도록 윤리성과 도덕성을 갖추어야 한다.

광고의 기능

1 광고의 긍정적 기능

광고의 목적은 기업 측과 소비자 측으로 나누어서 생각할 수 있다. 이를 간략하게 표현하면 기업 측의 목적은 상품과 서비스를 판매를 위한 것이고, 소비자 측의 목적은 상품과 서비스에 대한 정보를 얻기 위한 것이라고 할 수 있다. 그러나 근대적인 면에서 볼 때 대다수의 광고는 기업의 목적을 달성하기 위하여 수행됨이 보통이다. 따라서 광고가 수행하는 기능도 요약하면 수요를 촉진하는 것이라고 할 수 있는데, 판매촉진을 위한 경영요원이라는 관점에서 본 광고의 기능은 다음과 같다.

- 지금까지 보편적으로 사용되는 제품에 대해서는 보다 많은 사용을 위하여 소비자 욕구를 자극한다.
- 광고된 제품을 사용함으로써 얻을 수 있는 개인적 이득과 만족에 대하여 그리고 그 제품의 다양한 사용 및 그 상표의 장점에 대하여 예상되는 소비자를 교육시킨다.
- 새롭고 변화된 제품 등에 대하여 교육자에게 정보를 제공한다.
- 제품의 독창적인 특징과 중요한 장점에 대해서 강조한다.
- 여러 지역으로의 상품분배를 가능케 하고 이로 인하여 낮은 가격으로 대량생산을 가능케 한다.
- 상표명성, 슬로건, 상품이미지를 설립한다.

FASHION MARKETING TREND

'갤럭시' 올바른 옷 입기 시리즈 광고

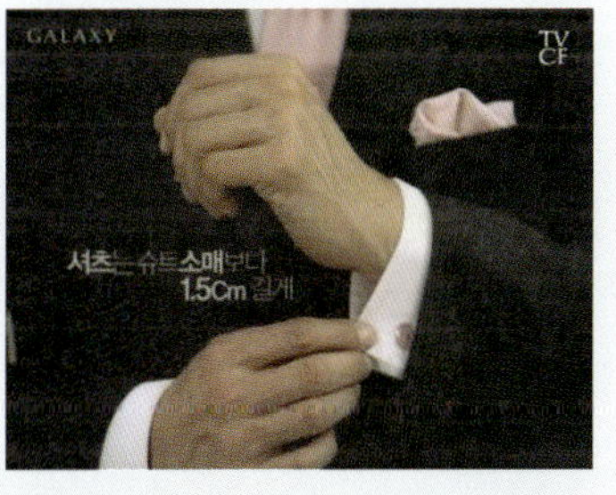

제일모직이 이번 시즌 케이블 방송을 중심으로 '올바른 옷 입기' 라는 주제로 '갤럭시' 의 새로운 광고를 선보이고 있다.

이번 광고는 벨트와 구두의 색상을 같게, 드레스 셔츠 소매가 수트보다 1.5cm 길게 등 올바른 정장 착용법을 전속모델 피어슨 브로스넌이 어린 아들에게 알려주는 모습을 담았다. 특히 피어스 브로스넌의 실제 아들이 참여해 더욱 눈길을 끌었다.

갤럭시 관계자는 "좋은 브랜드는 올바른 문화의 정착으로 그 가치를 인정받을 수 있게 된다. 이번 광고를 통해 남성복의 올바른 착장을 알리고 그 뒤에 갤럭시가 있는 패션문화마케팅을 지속해 나갈 방침이다" 고 말했다.

자료: 패션채널, 2008. 4. 1.
그림: http://imagesearch.naver.com/search.naver

2 광고의 부정적 기능

기업의 판매촉진수단으로서 행해지고 있는 광고는 다음과 같은 많은 문제점이 있다.

첫째, 상품에 대한 성능, 품질, 가격, 거래조건 등을 과장하거나 조작하는 등 광고의 내용이 거짓이거나 일부분이 거짓일 경우 또는 광고의 내용이 불충분한 정보를 제공하거나 내용이 표면상으로 사실이나 함축적으로는 허위인 경우는 기만

광고라고 할 수 있다. 따라서 광고의 진실성 확보가 중요하다.

둘째, 광고의 윤리성과 품위와 관련된 문제이다. 예를 들어 퇴폐적인 분위기의 광고, 선정적인 광고, 혐오감을 주는 광고, 순화되지 않은 언어를 사용하는 광고, 여성의 성의 상품화 등과 같이 특정대상이나 특정계층에 도식적인 이미지를 형성하는 광고 등의 문제가 제기되고 있다.

셋째, 광고의 사회적 역기능과 관련된 문제이다. 광고는 사회 전체에 커다란 역기능을 할 수 있다. 과잉광고에 의한 제품차별화는 가격인상, 과소비, 정보의 유용성의 저하, 경제적 자원의 비효율적 배분 등을 초래할 수 있다. 또한 광고되는 제품을 구입할 수 없는 사람들에게 있어서는 광고에 의해서 만들어진 욕구불만이 계속 쌓여가 심리적 기아상태를 초래하게 되어 사회 전체적으로는 일종의 심리적 낭비가 초래된다.

넷째, 오늘날의 광고는 소비자에게 정보전달매체로서의 역할보다는 소비자의 욕구를 자극시키는 설득적 역할에 치중함으로써, 실질적인 구매안내자로서의 역할을 수행하지 못하고 있는 경우가 많다. 물론 소비자 개개인의 지식수준이나 인지적인 반응, 과거의 경험이나 신념, 처해진 상황 등에 따라 다를 수 있으나 광고의 설득적 기능은 소비자기호를 왜곡시켜 잘못된 구매의사결정을 유발시킬 수 있는 것이다.

이상과 같이 소비자 설득을 위해 사실을 과장하거나 진실과 정확성이 결여된 허위 · 과장의 기만광고는 사업자간의 경쟁을 왜곡시켜 공정한 경제질서를 해치는 원인이 된다. 또한 소비자의 알 권리와 선택할 권리를 침해하고 소비자의 의사결정을 왜곡시켜 경제적 손실을 가져오게 할 뿐만 아니라 궁극적으로는 사회적 낭비를 초래한다. 따라서 소비자의 알 권리와 선택할 권리를 보장하고 사회적 낭비를 막기 위해서는 허위 · 과장광고에 대한 적절한 규제가 필요하다.

어떠한 광고의 유형이 소비자를 오도하는 기만광고인지를 파악하는 것은 매우 어렵고 논란의 여지가 많다. 코헨(Cohen)은 광고에서 기만성을 발견하는 기준으로 다음의 다섯 가지 경우를 들고 있다. 즉, ① 광고내용이 거짓일 경우, ② 광고내용의 일부분은 사실이고 일부분은 거짓일 경우, ③ 광고내용이 불충분한 정보로 이루어진 경우(정보의 부족은 소비자의 경제적인 문제에 관한 것뿐만 아니라 건강과 안전상의 위험을 야기하기도 한다), ④ 제품의 판매를 유도하기 위해 제품특성에 대한 거짓증거로 광고하는 행위, ⑤ 광고내용이 문자상으로나 기술적으로는 사실이나 함축적인 허위를 나타낼 경우이다.

따라서 광고의 주장이 사실과 다르며, 애매한 표현이나 생략 등으로 충분한 정보를 제공하지 않으면, 광고에서 사용되는 증거내용이 허위이며, 소비자가 합리적으로 행동하는 상황 하에 소비자를 오도하기 쉬운 광고, 광고내용은 합리적인 사실이나 광고의 전체인상이 허위인 경우에 광고의 기만성이 있다고 할 수 있다.

한편, 광고가 객관적으로 나타난 사실만을 근거로 하여 상품에 대한 정보를 제공한다면 이는 소비자에게 유용한 정보로 받아들여질 것이다. 그러나 광고가 제품이 가진 기본적인 속성과 사실을 넘어선 감정적 소구를 이용할 때는 과도한 설득과 과장이 조장되고 결국 소비자들은 이러한 감정적 소구에 의하여 합리적인 의사결정에 어려움에 처하게 된다. 이를 광고의 조작성이라 할 수 있다.

따라서 소비자들이 이러한 광고의 감정적이며 설득적 소구의 영향에서 벗어날 수 있는 방안도 강구하여야 할 것이다. 그러나 광고에 사용된 방법이나 소구에 관계없이 단지 상품에 대한 설득이 조작적이라는 증거를 찾기가 힘들고 이는 주로 소비자의 가치판단에 근거를 두고 판단을 해야 하기 때문에 어려운 점이 많다.

광고의 효과

광고메시지(message)는 소비자에게 정보를 전달하거나 소비자를 설득하기 위한 것이다. 정보의 전달을 위한 광고는 신제품의 출시를 알리기 위한 경우, 소비자들에게 상품의 특성, 가격 또는 취급점포에 대한 정보를 제공하려는 경우 등이 있다. 한편 소비자를 설득하기 위한 광고는 소비자들에게 상품의 편익을 확산시키거나, 시험구매를 유도하거나, 상품구매와 관련된 불확실성을 감소시켜 주려는 등의 목표를 갖는다. 이 같은 목표들을 달성하기 위해 다양한 광고메시지들이 결정되는데, 이러한 광고의 효과들 중에서 소비자 연구자들이 특히 많이 다루어온 네 가지 이슈로는 ① 일면적 광고와 양면적 광고의 효과, ② 비교광고의 효과, ③ 유머소구의 효과, ④ 공포소구가 있다.

1 일면적 광고와 양면적 광고의 효과

일면적 광고는 우리 접하게 되는 대부분의 광고메시지 유형으로서 상품의 긍정적인 측면만을 강조하는 광고이다. 반면, 양면적 광고는 상품에 관한 긍정적 정보와 부정적 정보를 동시에 포함하는 광고를 말한다. 일반적으로 양면적 광고에 포함되는 부정적인 정보는 긍정적 정보에 비해 상대적으로 덜 중요한 경우가 대부분이다. 그러나 부정적인 정보를 포함시키는 경우 정보원천의 신뢰성을 높일 수 있을 뿐만 아니라 메시지에 대한 저항을 감소시킬 수 있기 때문에 조건에 따라 효과적인 메시지전략으로 사용될 수 있다. 예컨대, 품질은 탁월하지만 경쟁제품들에 비해 값이 비싼 상품의 경우 "값은 좀 비싸지만 좋은 원료를 사용하여 성능이 탁월합니다"라는 식의 광고는 자사제품의 단점들 중 소비자들이 이미 알고 있거나 짐작하고 있는 자사제품의 단점들 중 부정적 속성을 미리 소비자들에게 말해 줌으로써 광고메시지 전체의 신뢰성을 높이려는 노력이라고 하겠다.

양면적 광고는 반박소구(refutational appeal)의 형태를 띠는 경우와 그렇지 않은 경우가 있다. 예를 들면 렌트카 회사인 AVIS는 시장에서 2위의 위치를 차지하고 있었기 때문에 "우리는 2등입니다. 그래서 더 열심히 일합니다(We're No.2, we try harder)"라는 광고 캠페인을 통해 1위의 위치를 차지하고 있는 Hertz보다 더 열심히 노력한다는 것을 설득력 있게 전달할 수 있었다. 이와 같은 경우는 반박소구를 이용한 양면적 메시지라고 하겠다. 한편 비반박소구를 이용한 양면적 광고는 상품에 관한 긍정적 및 부정적 정보를 열거하는 광고를 말한다.

광고에서 자사상표에 대해 부정적인 정보를 제공하는 것은 흔히 사용되는 전략은 아니다. 광고주가 자발적으로 자신의 단점을 소비자들에게 광고를 통해 알리는 것을 꺼리기 때문이다. 따라서 양면적 광고는 소비자들이 광고주의 상품이 갖는 단점을 대개 다 인지하고 있거나 쉽게 추론할 수 있을 때 사용된다. 광고주들은 자신의 단점을 광고에 포함하기 때문에 얻게 되는 손실과 부정적 정보를 제시함으로써 얻을 수 있는 소비자의 신뢰를 비교하여 이득이 손실보다 더 크다고 판단될 때에만 양면적 광고를 사용하는 것이 바람직하다.

양면적 광고 내에서도 메시지를 구성하는 몇 가지 요소가 변함에 따라 설득효과는 달라질 수 있다. 양면적 광고에 있어 중요한 구조변수들(structure variables)로는 부정적 정보의 양, 부정적 정보의 위치, 반박소구의 유무, 부정적 속성의 유형 등이 있는데 이들을 변화시킴에 따라 설득효과는 달라질 수 있다. 예컨대 부정적 정보는 초기효과(primacy effect)와 최근효과(recency effect) 때문에 광고메시지의 맨 처음이나 맨 나중에 위치하는 것보다는 중간에 위치하는 것이 보다 더 설득적이며 부정적 정보의 양은 전체 정보의 40%를 넘지 않는 것이 효과적이다. 또한 반박소구는 비교적 중요한 부정적 정보에 대한 반박일 때에만 효과적이며, 반박의 유무와는 상관없이 포함된 부정적 정보가 매우 중요한 속성(예컨대 자동차의 엔진 성능)에 관한 것일 경우 양면적 광고는 비효과적이다.

2 비교광고의 효과

비교광고(comparative advertising)는 자사상품과의 대비를 위해 경쟁상품 또는 상표명을 명시적으로 거명하는 광고를 말한다. 미국에서는 1976년 네트워크 TV에서의 비교광고를 허용한 이래 그 활용 정도가 점증해 왔다. 우리나라에서는 공정거래위원회의 공정거래지침과 방송위원회의 방송심의에 관한 규정에 의해 비교광고가 금지되어 오다가 1995년부터 비교광고가 제도상으로 허용되기 시작했다.

비교광고가 많이 활용되는 외국의 경우, 비교광고는 거의가 일면적(one-sided) 광고이다. 즉, 비교광고는 광고의 대상이 되는 상품의 강점과 경쟁제품의 약점을 동시에 제시함으로써 소비자들에게 자사상품의 강점을 부각시키려고 노력한다. 예를 들면 미국의 통신회사인 MCI는 경쟁사인 AT&T에 비해 저렴하면서도 품질 좋은 서비스를 제공한다고 주장하며, 일본의 자동차 회사인 닛산은 미국시장에서 도요타의 캠리(Camry)와 자사의 스탠자(stanza)의 가격을 비교함으로써 자사상품의 경제성을 강조하기도 한다.

비교광고는 소비자들에게 좀더 많은 정보와 선택을 위한 합리적인 근거를 제공한다. 그러나 비교광고에 관한 많은 연구들은 비교광고의 효과에 대한 의문을 제기하고 있다. 예컨대 Swinyard는 비교광고가 일면적인 경우, 소비자들이 광고 메시지를 잘 믿으려 하지 않으며 공격당하는 경쟁브랜드에 대한 동정심을 갖게 된다는 것을 발견하였다. 또한 광고대행업체인 Ogilvy & Mather의 조사에 의하면 소비자들은 비교광고에서 광고주의 브랜드와 경쟁브랜드를 혼동해서 기억하는 경우가 많으며, 그렇지 않은 광고와 다를 바가 없었다.

이와는 반대로 비교광고의 긍정적인 효과를 밝혀낸 연구들도 상당수 볼 수 있다. 예를 들면 Gotlieb and Sarel은 정보원천의 신뢰성이 높은 비교광고는 그렇지 않은 광고와 비교하여 볼 때 더 잘 눈에 뜨일 뿐만 아니라 소비자들의 구매의도를 높여 준다는 것과 기존제품보다는 신제품을 위한 비교광고가 효과적이라는 것을 밝혀냈다. 또한 Swinyard는 비교광고에서 경쟁브랜드의 장점을 언급하고나서 광고주 브랜드의 주장을 펴나가는 양면적 광고의 경우 소비자들로부터 신뢰도를 높일 수 있다는 것을 발견하였다. 그러나 현실적으로 경쟁브랜드의 장점을 언급하는 광고는 광고주가 받아들이기 어려울 것이다.

비교광고와 관련하여 Pechmann and Stewart는 시장점유율이 낮은 브랜드의 경우 더 효과적이라는 것을 보여주었다. 상대적으로 시장점유율이 낮은 상표는 높은 시장점유율을 가진 상표에 비해 비교광고를 사용하더라도 잃을 것이 별로 없으며, 소비자들의 눈에 광고주의 상표가 시장의 선두 브랜드와 유사한 수준의 품질을 가진 것으로 인식하도록 만드는 것을 도와준다. 따라서 해태콜라가 코카콜라와 자기상표를 비교하는 광고는 효과적일 수 있지만 코카콜라가 해태콜라를 자기상표와 비교하는 광고는 그리 효과적이 못될 것이다.

FASHION MARKETING TREND

패션계도 비교광고

#1 자전거를 탄 여자가 쇼윈도 앞에 멈춰 선다. 쇼핑을 마치고 환하게 웃으며 나오는 그녀는 자전거를 그냥 버려두고 걸어간다. 넘어진 자전거의 헛돌고 있는 바퀴를 클로즈업하면서 광고의 첫 멘트가 나온다. '굿바이 폴'

#2 폴로 경기복에 말을 탄 남자가 매장 안으로 들어간다. 새 옷으로 갈아입고 나온 그 역시 말을 버려두고 걸어간다. 멘트는 여전히 '굿바이 폴'

LG패션 '헤지스'가 빈폴, 폴로를 겨냥해 만든 광고 '굿바이 폴'

LG패션 '헤지스(Hazzys)'의 광고가 눈길을 끌고 있다. 업계 1, 2위 브랜드인 '빈폴'과 '폴로'를 겨냥한 비교광고를 시작했기 때문이다. 광고 속 모델은 빈폴과 폴로의 상징인 자전거와 말을 버리고 가며 광고 카피는 두 브랜드의 돌림자인 '폴'을 사용한 '굿바이 폴'이다. 광고를 본 소비자는 '굿바이 폴'이 폴로와 빈폴을 암시하는 것을 알아채고 재미있어 한다. 패션업계에서 비교광고를 한 것은 이번이 처음으로 헤지스를 폴로, 빈폴과 함께 트레디셔널 캐주얼 의류의 '빅3'로 소비자들에게 알리려는 공격적인 마케팅의 일환이 되었다.

비교광고는 자사 제품의 강점은 띄우면서 은근히 경쟁사의 상품을 깎아내리는 광고기법이다. 헤지스 광고를 제작한 메이트커뮤니케이션즈는 점유율이나 인지도 등에서 빈폴과 폴로에게 뒤지는 헤지스를 소비자들에게 각인시키려고 비교광고의 방법을 택했으며 잘생긴 모델이 멋진 옷을 입고 나오는 전형적인 패션광고의 틀을 유지하면서 전략적인 메시지를 함께 전달하려고 하였다고 했다. 광고를 본 소비자들은 경쟁업체를 기분나쁘지 않을 정도로 약올리는 아이디어가 재미있다고 하였으며 의류광고도 전략적일 수 있다는 것을 보여준 사례가 되었다.

자료: 조선일보, 2004. 10. 28.

3 유머소구의 효과

유머는 소비자들을 설득하기 위해 자주 사용되는 소구방법이다. 미국이나 유럽의 광고에서만큼 자주 활용되지는 않지만 우리나라의 광고에서도 유머소구는 상당한 활용도를 보이고 있다. 그러나 유머소구가 얼마나 효과적인가 하는 문제에 대해서는 상반되는 실증적 증거를 얻은 경우가 많다. 이같이 상반되는 실증연구 결과 때문에 광고에서의 유머 활용은 많은 논란의 대상이 되고 있다. 유머소구의 활용을 옹호하는 사람들은 유머가 누구에게나 통할 수 있는 언어이기 때문에 청중들에게의 의사전달을 손쉽게 만들어 준다고 주장한다. 반대로 유머소구에 비호의적인 사람들은 유머가 반드시 일방적으로 통용되는 언어는 아니라는 점을 강조한다.

예컨대 20대에게 재미있다고 느껴지는 광고가 30~40대의 소비자에게는 그렇지 않은 경우가 많으며 그 밖에 지역, 성별, 직업 등에 따라서도 차이를 보이는 경우도 많다. 더구나 유머소구는 반복할수록 그 효과가 약화되며 15초나 20초짜리 TV광고를 통해 유머를 제대로 전달하기란 여간 힘든 일이 아니다.

일반적으로 유머소구는 그것이 성공적인 경우 소비자들의 주의를 끄는 역할을 하지만 지나치게 재미있어 소비자들의 정상적인 제품에 관한 정보처리를 방해하는 경우가 있다. 따라서 유머소구는 소비자들의 주의를 상표나 제품에 관한 정보처리로부터 적당히 분산시켜 메시지에 대해 비호의적인 태도를 가진 소비자들이 반박주장을 떠올릴 가능성을 감소시킬 수 있을 때 효과적인 설득의 도구가 될 수 있다. 또한 유머가 광고되는 제품과 전혀 동떨어진 것일 때에는 효과적일 가능성이 적으며, 제품의 사용자에 관한 유머보다는 제품 그 자체와 관련된 유머일 경우 효과적일 확률이 높다.

유머소구는 소비자들의 주의를 끌고 반박주장의 발생가능성을 줄여 주는 역할을 하지만 메시지 자체로부터의 주의분산이 야기되기 때문에 소비자들이 메시지를 충분히 이해하는 데는 오히려 방해가 되는 경우가 많다. 따라서 유머소구와 비유머소구는 그 설득력에 있어 일반적으로 별 차이를 보이지 않는다. 다만 유머소구는 주된 메시지로부터의 분산효과를 갖고 있기 때문에 소비자들이 비교적 친숙한 제품의 광고에 활용하는 것이 효과적일 것이다. 기존제품과는 상당히 다른 신제품이거나 소비자들이 이해해야 할 정보의 양이 많은 경우 유머소구는 그다지 적절한 메시지전략이라고 보기 어렵다.

MARKETING NOTE

유머소구의 광고

KTF는 작년 2월 쇼 프리런칭 시리즈를 시작으로 현재까지 동시다발적이면서도 소비자들의 뇌리에 각렬하게 작용하는 쇼 캠페인을 계속 진행하고 있다. 광고 마케팅 업계 관계자들은 '쇼를 하라' 캠페인은 성공을 위한 모든 요소를 담고 있다고 설명했다. 먼저 우선 '쇼를 하라'라는 매우 친숙한 표현을 활용했다는 점이 강점으로 꼽힌다. 'KTF의 새로운 서비스 쇼를 이용하라'라는 이중의 의미를 담은 카피는 워낙 익숙한 일상어이기 때문에 쉽게 전파되면서 빨리 기억되는 효과를 발휘했다. 유머가 주를 이룬 광고도 쇼의 인지도 상승에 기여했는데 쇼라는 단어 자체에서 느껴지는 분위기가 그렇듯이 쇼 캠페인은 활달한 분위기에 실린 유머를 통해 광고를 보는 것만으로도 기분을 좋게 만들어 주는 역할을 했다. KTF 관계자는 "쇼는 3G 서비스의 가장 차별적인 특징인 비주얼을 강조하고, 고객 삶에 다양한 즐거움을 주겠다는 의미를 내포하고 있다"면서 "이제는 언제 어디서나 편리하고 즐거운 서비스의 이미지를 떠올리는 브랜드로 자리매김했다"고 밝혔다.

자료: 아시아경제
사진: www.newsva.co.kr

4 공포소구의 효과

대부분의 마케팅 커뮤니케이션에서는 어떤 제품이나 서비스를 사용함으로써 소비자들이 얻을 수 있는 효용이나 편익을 알리려고 노력한다. 그에 반해 공포소구(fear appeal)는 소비자에게 어떤 제품의 사용이나 비사용으로 인한 위험을 알리려고 하는 것이다. 예컨대 마약이나 담배의 사용과 관련된 위험을 소비자에게 알리거나 보험에 가입하지 않고 재난을 만났을 때의 위험을 보여주는 것 등이 그 예이다.

일반적으로 공포소구는 지나치게 위협적인 경우에는 실패할 가능성이 높다. 예컨대 말기 암환자의 모습을 보여주는 금연캠페인의 경우, 흡연자들은 메시지를 무시해 버리거나, 인지부조화를 감소시키기 위한 지각상의 방어기제(perceptual defense)를 작동시키고 그 메시지를 받아들이지 않게 된다.

반면 공포소구가 소비자들의 근심(anxiety)을 불러일으키지 못하는 경우에도 설득효과를 갖기 어렵다. 공포소구가 가장 효과적인 경우는 극단이 아닌 중간 정도의 공포심을 불러일으키는 메시지들이다.

그림 12-3 공포소구의 효과를 겨냥한 금연광고 시리즈

AIDS를 예방하기 위한 캠페인에 공포소구를 활용하여 Tanner와 그의 동료들은 다음과 같은 경우에 가장 설득효과가 높다는 것을 발견하였다: ① 메시지를 통해 AIDS가 얼마나 무서운 병인가를 인식할 수 있어야 한다. ② 메시지를 통해 소비자들이 AIDS에 걸릴 수 있다는 사실을 인식해야 한다. ③ 메시지에 공포심을 불러일으키는 내용뿐만 아니라 문제를 해결할 수 있는 해결책이 언급되어야 한다. ④ 그 해결책이 쉽게 실천할 수 있는 것이어야 한다.

결론적으로 공포소구는 메시지에 의해 야기되는 공포심의 수준이 중간 정도이면서 위협을 피할 수 있는 해결책이 함께 제시될 때 효과적이라는 것을 알 수 있다. 그러나 흡연을 아직 시작하지 않은 사람들에게 흡연을 시작하지 않도록 하기 위한 공포소구는 높은 수준의 공포심을 야기함으로써 흡연을 조건반사적으로 회피하도록 만드는 것도 효과적인 방법이 될 수 있다. 단, 어떤 경우에도 사실에 근거하여 진실성이 느껴지는 공포소구라야 설득효과를 가질 수 있을 것이다.

FASHION MARKETING TREND

패션브랜드의 스토리텔링을 통한 감성광고

LG 패션의 트래디셔널 캐주얼 브랜드 헤지스는 헤지스의 'H'를 응용하여 Happening, Heart, Happiness 등을 주제로 한 러브스토리 광고를 통해 고품격의 감성광고를 선보였다. 이는 제일모직 빈폴이 유명 빅모델을 캐스팅해 스토리텔링 감성광고를 실시한데 이어 이루어진 것으로, 헤지스 레이디스 런칭에 따른 감성적 이미지를 전달하고자 하였다.

〈헤지스〉

헤지스의 광고는 두 남녀의 우연한 만남에서 사랑을 이루고 해피엔딩의 막을 내리는 스토리다. 핵심적인 몇 개의 단어와 화면을 통해 소비자들은 각각 자신만의 이야기로 헤지스의 관고 스토리를 이해한다. 그러한 이야기는 '나에게도 있을 수 있는 일'이란 여운을 남기며 스토리 자체에 몰입하게 만드는 동시에 자신의 감상을 헤지스와 동일시하게끔 만드는 효과가 나타나게 한다.

〈빈폴〉

빈폴은 TV 광고를 통해 우연히 마주친 다니엘 헤니와 기네스 펠트로의 비하인드 스토리를 자사 홈페이지에 이어나가면서 이슈를 뿌렸다. 뉴욕의 소설가이자 신문기자인 헤니가 런던의 거리 찻집에서 어떤 여자와 지나치는 것으로 시작되는 이야기는 네티즌을 대상으로 비하인드 스토리를 공모해 더욱 인기를 끌었다.

자료:삼성디자인넷

광고전략의 수립

위에서 광고의 기능과 효과에 대해 알아보았다. 마케터들은 효율적인 광고전략을 실행함으로써 광고의 효과를 극대화하고자 한다. 효율적인 광고전략을 수립하기 위해서 마케팅 관리자는 항상 표적시장 광고관리에 돌입해야 한다. 광고관리자들이 수행해야 하는 의사결정에는 첫째, 광고의 목적, 둘째, 광고의 예산, 셋째, 광고의 메시지, 넷째, 사용매체, 다섯째, 광고효과의 평가와 같은 다섯 가지 종류가 있다([그림 12-3] 참조).

그림 12-3 광고관리의 주요 의사결정내용

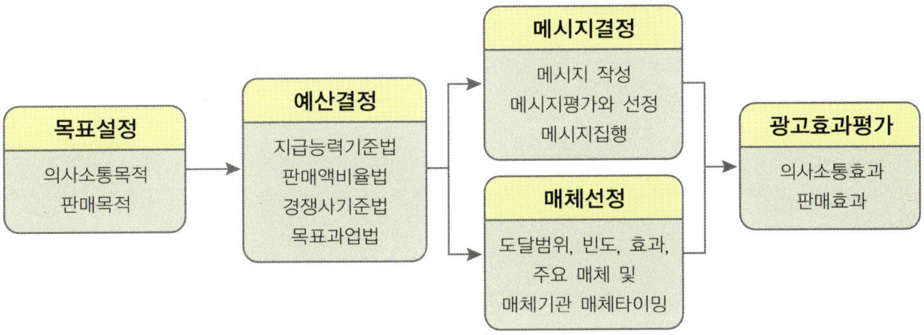

1 광고목표설정

광고목표를 설정하는 것은 광고관리의 출발점이다. 광고목표는 표적시장의 특성과 시장에서의 위상정립 목표, 그리고 현재 실행중인 마케팅믹스의 특성 등을 배경으로 하여 결정된다. 즉, 광고의 목표는 회사 전체의 마케팅목표를 보다 효율적으로 성취시킬 수 있는 방향으로 세워져야 한다.

광고의 목표는 정보제공, 설득, 상기의 세 가지로 나누어 볼 수 있으며 그 구체적인 예는 [표 12-2]와 같다.

정보제공

정보제공을 목표로 하는 광고는 주로 도입기상품들에 많이 사용된다. 이러한 광고는 주로 일차적 수요(primary demand)를 생성시키는 것을 주요 목표로 한다. 과거 국내에 알로에 관련 제품들이 도입될 때 거의 모든 광고들이 알로에의 신비스러운 효능에 대한 정보를 제공하는 것을 목표로 삼았다.

설 득

설득을 목표로 하는 광고는 경쟁상황이 심화될 때 자주 사용된다. 이러한 종

표 12-2 광고목표의 구체적인 예

① 정보제공 신제품을 시장에 소개함 제품의 새로운 용도를 제시함 가격변경을 시장에 알림 제품사용법을 설명함	 부가적 서비스를 설명함 잘못된 인식을 수정함 소비자의 회피를 감소시킴 기업이미지를 제고함
② 설 득 상표선호도 수립 타상표로부터의 전환을 유도함 소비자의 제품인식을 변경시킴	 즉시 구매하도록 설득함 판매원의 방문을 수락하도록 함
③ 상 기 그 제품이 곧 필요하게 될 것을 상기시킴 구매장소를 상기시킴	 비성수기에도 기여하도록 상기시킴 최상의 인식상태를 유지하도록 함

류의 광고는 특정한 상표에 대한 선택적 수요를 자극하는 것이 그 목적이다. 우리 주위에서 볼 수 있는 대부분의 광고가 이러한 종류들이다. 비교광고는 설득을 목표로 하는 광고의 대표적인 유형이라고 할 수 있다.

상 기

제품을 상기시키는 것을 목표로 하는 광고는 주로 성숙기에 도달한 제품에 있어서 사용된다. 이러한 종류의 광고는 소비자들로 하여금 특정제품을 계속해서 생각하도록 하는 것을 목표로 한다. Coca-Cola의 대부분의 광고는 설득적 측면을 가진 상기광고이다. 우리나라의 대부분의 술 광고 목표가 소비자들에게 자사제품을 다시 상기시킴으로써 술을 마실 때 특정상표를 주문하도록 유도하고 있는 것을 볼 수 있다.

상기광고의 한 종류로서 강화를 목표로 하는 광고가 있다. 이는 소비자들에게 자사상표를 구매한 것이 올바른 선택이었다는 확신을 주기 위한 광고이다.

광고목표의 선택은 현재의 마케팅상황에 대한 세밀한 분석에 근거하여 결정하여야 한다. 예를 들어, 제품계열이 성숙기에 있고, 회사가 시장선도자이고, 제품의 사용빈도가 매우 낮은 경우라면, 그에 알맞은 광고목표는 더 많이 자사제품을 사용하도록 자극·조장하는 것이다. 이와는 대조적으로, 그 제품계열이 새롭고, 회사가 시장선도가 아니지만, 자사의 제품이 선도기업의 제품보다 월등하다면, 시장선도자 제품보다 자사제품의 월등함을 확신시키는 것이 적절한 광고목표가 될 것이다.

2 광고예산결정

일단 광고의 목표가 설정되면 제품별로 광고예산이 결정되어야 한다. 광고의 기본역할은 제품에 대한 수요를 증대시키는 것이다. 하지만 얼마나 많은 액수의 광고예산을 편성해야만 회사가 원하는 수준의 수요를 유발할 수 있을 것인가라는 질문에 대한 대답을 하기란 매우 어렵다. 만일 광고예산이 너무 많다면 이는 비효율적인 자본사용이 될 것이다. 즉, 광고 이외의 다른 용도로 자본을 사용했으면 더욱 효율적인 경영이 될 수 있었기 때문이다.

광고예산을 결정하기 위해 고려해야 하는 요인들은 다음과 같다.

소비재와 산업재시장의 광고예산

일반적으로 국내시장에서는 소비재를 제조, 판매하는 회사들은 광고에 대한 지출이 많고, 산업재를 제조, 판매하는 회사들은 광고에 대한 지출이 적은 편이다. 대부분의 의류브랜드들은 주로 잡지광고를 이용하여 일반 소비자들에게 브랜드의 차별화된 이미지를 심어주기를 원한다. ' 반면에 산업재 회사들은 판매를 거의 영업 인력에게 광고를 의존한다. 그리고 산업재 회사의 고객들은 다른 회사나 국가기관들이기 때문에 광범위한 시장을 커버할 수 있는 광고의 사용은 불합리하다. 하지만 요즈음은 이런 종류의 산업재 회사들도 회사의 이미지 광고를 CI전략의 한 가지 도구로 사용하고 있기도 하다.

MARKETING NOTE

걸어 다니는 소비자를 이용한 광고

현대사회에서 사업의 성패는 홍보에 달려 있다고 해도 과언이 아니다. 아무리 기발하고 소비자에게 필요한 상품이라도 소비자가 모르면 사장되고 만다. 광고와 관련해 기업이 공통적으로 느끼는 예로는 적은 비용으로 최대의 광고효과를 올리는 방법을 찾기가 낙타가 바늘구멍을 통과하는 것만큼 어렵다는 점이다.

마이클 월슨 씨는 이런 방법을 찾는다면 반드시 성공할 수 있다는 확신을 갖게 됐다. 이렇게 생각한 그는 미련없이 사표를 던지고 "에드 그리에이션"이라는 마케팅회사를 설립했다. 그가 개발한 아이템은 최고급품질의 티셔츠, 재킷, 모자 등에 고객회사의 로고나 광고카피를 인쇄한 뒤 소비자들에게 판매하는 일이었다. 티셔츠 등을 기존제품가격의 절반 이하로 소비자에게 제공하고 업체에서 광고비를 받았다. 애드크리에이션사는 이런 방법으로 광고수익과 판매수익을 동시에 챙길 수 있었고 고객회사는 저렴한 비용으로 엄청난 광고효과를 보았다. 일석이조였다. 이 방법은 비싼 광고료 때문에 매체광고는 엄두도 못내는 소규모업체로부터 환영을 받았다.

이월효과

광고예산을 결정할 때 꼭 고려해야 할 사항은 광고의 이월효과이다. 광고는 실시되고 있는 그 기간 이후에까지도 효과가 지속된다는 것이다. 그럼에도 불구하고 자본예산으로 지출되는 자금은 해당연도에서만이 비용으로 처리된다. 따라서 이렇게 광고비용을 단기간에 비용으로 처리한다는 것은 회사가 신제품을 시장에 도입시키는 데 대단한 방해요인이 된다.

제품수명주기 단계

신제품은 일반적으로 인식을 고취하고 또한 소비자가 사용할 수 있게끔 해야 하기 때문에 많은 광고예산이 소요된다. 이에 반해, 기존상표는 판매액에 대한 낮은 비율의 예산으로 뒷받침되는 것이 보통이다.

시장점유율

시장점유율이 높은 상표는 시장점유율을 유지하기 위하여 판매액의 일정비율로서 적은 광고비가 소요된다. 그러나 시장을 확장시키고 경쟁사로부터 시장점유율을 빼앗기 위해서는 많은 광고비가 요구된다. 따라서 시장점유율의 증대는 곧 광고예산의 증대를 뜻할 수 있다.

경 쟁

경쟁사가 많고, 광고비가 많이 소요되는 시장에서 어떤 상표는 그 시장에서 더 잘 드러나게 하기 위해 보다 강하게 광고를 해야만 한다. 예를 들어, 패션시장 내에서도 경쟁이 치열한 캐주얼 의류상표들은 경쟁사보다 앞서기 위해서 광고예산을 많이 사용하고 광고전략의 결정에서도 매우 민감한 것을 볼 수 있다.

광고빈도

표적소비자들에게 회사가 전달하기를 원하는 메시지를 도달시키는 데 필요한 광고의 노출빈도에 의해서 광고예산이 결정된다.

대체가능성

어떤 제품계층의 상표(예: 담배, 맥주, 청량음료 등)들은 차별적인 이미지를 수립하기 위해서 강력한 광고를 해야 한다. 즉, 제품이 아닌 상표의 이미지가 실질적으로 독특한 이점이나 특성을 제공하고 있는 경우에 광고는 더욱 중요하다. 코카콜라는 다른 청량음료와의 차별화를 위하여 코카콜라만의 독특한 이미지를 제품에 심어주기 위해서 대단히 많은 광고예산을 사용한다. 광고에 의해 만들어진 이미지를 빼고 나면 펩시콜라가 코카콜라의 강력한 대체품인 것이다.

3 메시지결정

광고의 메시지는 광고주가 표적소비자들에게 전달하기를 원하는 내용이다. 이러한 메시지의 성패를 결정하는 데는 창의성이 가장 중요하다. 즉, 광고가 소비자의 주의를 독특한 창의성으로 집중시킨 후에야 그 상표의 판매를 증가시킬 수 있는 것이다. 따라서 효과적인 광고카피는 AIDA(Attention, Interest, Desire, Action)의 원칙에 따라 작성되어야 한다고 한다. AIDA의 원칙이란 소비자의 주의를 집중시키고 흥미를 끌며, 욕구를 불러일으켜 최종적으로 행동을 하게 해야 한다는 것을 말한다.

광고 관리자는 효과적인 광고전략을 수립하기 위하여 메시지 아이디어개발, 메시지평가와 선정, 메시지 집행에 대한 의사결정을 하게 되는데, 메시지의 평가는 주로 바람직성, 독특성 및 신뢰성을 고려하여 이루어진다. 우선, 메시지는 그 제품에 관해 바람직스러운 것이나 흥미 있는 것을 전달해야 한다. 또한 메시지는 그 제품범주의 모든 상표에서 볼 수 없는 독특한 것을 제시해야 하며 믿을 만해야 한다.

4 매체결정

광고 관리자의 다음 과업은 광고매체를 결정하는 것이다. 이 단계에서는 ① 도달범위와 빈도 및 효과강도의 결정, ② 매체선정, ③ 매체수단의 선정, ④ 광고시기 등을 결정하여야 한다.

도달범위와 빈도 및 효과강도의 결정

바람직한 매체선정이란 광고목적을 달성하기 위하여 필요한 노출횟수를 표적청중에게 제공하는 것이다. 청중의 광고제품에 대한 인식은 다음 세 가지에 의해서 좌우된다.

- **도달범위:** 일정기간 동안 표적청중들에게 광고가 도달하는 범위를 말한다. 즉, 1년 동안 자사의 광고에 노출된 사람의 수를 말한다.
- **노출빈도:** 특정기간 동안 표적청중이 광고메시지에 노출되는 횟수를

말한다.

- **효과강도:** 광고가 1회 노출될 때 표적청중에게 줄 수 있는 효과를 뜻한다. 일반소비자들에게는 TV광고가 다른 어떤 광고보다 노출효과가 크다고 할 수 있다. 물론 표적청중에게 인식시키고 싶은 수준이 높아질수록 광고의 노출범위, 노출빈도, 노출효과도 높아져야 한다.

다음은 위 세 가지 개념을 사용하여 주어진 예산으로 매체계획을 수립하는 예를 들어보기로 한다. 광고주가 1,000만원의 광고예산이 있고, 평균 1,000명당 노출비용이 500원이 소요된다고 가정하여 보자. 이것은 광고주가 2,000만 명의 노출을 구입할 수 있는 것을 의미한다(1,000만원/500원)×1,000. 하지만 광고주가 평균 노출횟수를 10회로 증가시키기를 원한다면, 주어진 예산으로는 200만 명에게 도달할 수 있다(2,000만 명/10). 그리고 1,000명 노출당 1,000원이 드는 양질의 매체를 사용한다면 1,000만 명에게 도달할 수 있게 된다. 이렇게 위의 세 가지 요소들은 상쇄관계를 가지고 있다. 이들을 실제 응용할 때는 다음과 같은 사항들을 유념하여야 한다. 노출범위는 신제품을 출시하거나, 또는 아직 확정되지 않은 표적시장을 추구하고자 할 때 중요한 것인 반면에, 노출빈도는 강력한 경쟁자가 있거나, 소비자의 저항이 높을 때 그리고 자주 구매되는 구매빈도가 높은 제품의 광고시 대단히 중요하다.

매체선정

매체계획자는 광고를 노출시킬 매체의 유형을 결정하기 위해 노출범위, 노출빈도 및 노출효과를 각종 매체유형의 능력별로 파악해야 한다. 주요 매체 유형별 특성은 [표 12-3]에서 설명되고 있다. 매체선정시 고려하여 할 요인들은 다음과 같다.

- **표적청중의 매체습관:** 예를 들면 10대를 대상으로 한 광고는 저녁 연예오락 TV나 라디오의 저녁 음악프로 등이 적절할 것이다.
- **제품:** 매체유형에 따라서 시각화, 설명, 신뢰성, 색채 등의 표현능력에 차이가 있다. 따라서, 시각화와 색채가 중요한 패션상품의 경우 패션잡지의 화보면을 이용하는 것이 일간지보다 효과적일 수 있다.
- **메시지:** 내일 예정인 할인판매를 알리는 메시지라면 라디오나 신문이 적합할 것이다. 기술관련 자료가 많이 포함된 메시지는 전문잡지를 이

표 12-3 광고 매체유형별 특성

매체	장 점	단 점
신문	유연성, 적시성, 광범위한 도달력, 높은 신뢰도	짧은 수명, 낮은 화보의 질, 정보 재전달력 낮음
TV	시청각 자극, 높은 흥미유발, 광범위한 도달력	높은 광고비. 순간적 노출. 낮은 청중 선택력, 높은 잡음
라디오	대량 전달, 지리적 인구통계학적 청중 선택 가능, 저비용	청각적 제시만 가능, TV보다 관심도 낮음. 순간적 노출
잡지	청중 선별력, 신뢰도와 명성, 좋은 인쇄 품질, 긴 광고 수명, 정보 재전달력 높음	긴 광고 대기시간, 한정된 독자의 범위
옥외광고	반복노출 가능, 저비용, 저경쟁	청중 선별력 제한, 독창성 제약
우편물	높은 선별력, 통제력, 상호작용 가능성, 저비용	비용낭비 가능성
전화광고	많은 사용자에 접근, 개인적 접촉 기회	고비용
인터넷	높은 선별력, 상호작용 가능성, 저비용	컴퓨터 사용자에 제한됨

용하는 것이 좋다.

- **비용:** TV광고는 매우 비싸고, 신문광고는 저렴한 편이다. 이때 비용의 기준으로는 총비용이 아니라, 1,000명 노출당 비용(Cost-per-thousand Exposure: CPM)이 기준이 된다. 우리나라에서는 TV, 라디오, 신문을 광고매체로 가장 많이 이용해 왔고 우편광고나 옥외광고 등도 활용한다. 최근 인터넷이 주요한 광고매체로 사용되며, 소비자와 상호작용이 가능

그림 12-4 인터넷 배너광고의 예

한 쌍방향 커뮤니케이션 매체로서, 광고에 대한 신속하고 정확한 반응을 얻을 수 있으며, 개인화된 광고 또한 가능하다. 인터넷을 활용한 광고의 유형 또한 다양해져 배너광고, 스폰서십, 제품위치(product placement), 애드버토리얼(advertorial), 틈입형 광고(interstitials) 등이 있다.

매체수단의 선정

이 단계는 구체적인 매체를 선정하는 단계이다. 광고 관리자는 원가 면에서 가장 효율적인 매체를 선정하기를 원한다. 매체수단을 선정할 때 고려되어야 하는 사항은 특정매체의 청중의 규모 및 특성과 매체비용이다. 청중의 규모 및 특성을 측정할 때는 다음 네 가지 요소들이 고려되어야 한다.

- **발행부수**: 광고가 배부되는 실질적인 단위의 수
- **청중**: 매체수단에 노출되는 사람의 수
- **유효청중**: 매체수단에 노출되는 사람들 중에서 광고주의 목표청중의 수
- **유효광고 노출 청중**: 실제로 그 광고를 보는 목표청중의 수

광고의 비용은 1,000명 노출당 비용을 기준으로 고려된다. 예를 들어서 A일간지에 전면 4색 광고의 비용이 1,000만원이고 추정독자의 수가 50만 명이라면 1,000명당 도달비용은 2만원이다. 이런 식으로 타매체의 비용도 계산하여 비교분석하여 비용이 가장 낮은 매체를 선정하면 된다. 하지만 매체의 비용결정시 다음 사항들도 함께 고려되어야 한다.

첫째, 특정매체의 청중의 특성이 고려되어야 한다. 여성용 내의 광고를 여성잡지보다 주간조선이 청중의 수가 많다고 해서 후자에 게재하는 것은 타당하지 못하다. 주간조선은 여성보다는 남성이 주요 목표청중이기 때문이다. 둘째, 매체선정은 구독자의 관심유발 정도를 고려해야 한다. 일간지 구독자보다는 여성잡지 구독자들이 광고에 더욱 관심을 갖기 때문이다. 셋째, 매체의 권위와 신뢰성이 고려되어야 한다. 예를 들자면 선데이서울, 수사야화 등의 잡지들보다는 주간조선의 기사내용이 더 신뢰성이 있다는 식이다.

광고시기의 결정

광고 관리자는 계절성과 경제동향을 고려하여 연중 광고실행계획을 수립해야

그림 12-5 광고의 시간배분 유형

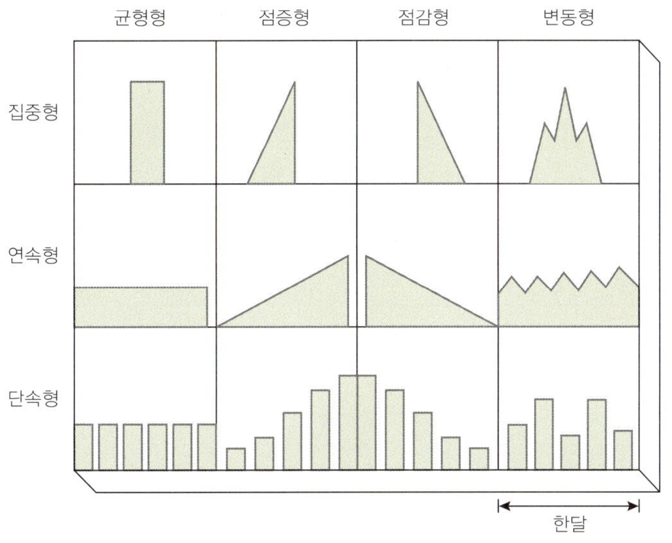

한다. 기업은 계절적 유형에 따라, 계절적 유형과는 반대로, 연중 내내 동일하게 광고비를 지출할 수 있는 세 가지 방법을 선택할 수 있다. 대개의 기업들은 계절적 유형에 맞춘 광고비정책을 추구한다. 스키복 광고는 주로 날씨가 추워지면 시작되며, 스키장 광고는 겨울에 시도된다. 하지만 아이스크림 광고는 연중 실시되는데 이는 수요발생을 연중 고르게 발생시키기 위한 것이다.

광고 관리자는 또한 최고의 광고효과를 얻기 위하여 단기간 내에 광고비를 할당하는 방법에 대한 의사결정을 하여야 한다. 첫째, 그달의 광고메시지를 월중 한 곳에 집중시키는 방법, 둘째, 월중 고루 분산시키는 방법, 셋째, 월중광고를 간헐적으로 실시하는 방법 등이 있다. [그림 12-5]는 이러한 월중광고시기 운영방법들의 예이다. 광고 빈도의 운영방법은 또한 일정수준의 빈도, 상승빈도, 하향빈도, 변화빈도의 네 가지 방법으로 나누어 볼 수 있다.

5 광고효율성 평가

커뮤니케이션 효과조사

커뮤니케이션 효과조사란 광고메시지가 효율적으로 전달되었는가를 조사하는 것으로서 카피테스트라고 한다. 광고가 실제 매체에 시행되기 전에 조사할 수도 있고, 광고가 실시된 후에 조사할 수도 있다. 커뮤니케이션 효과 조사방법에는 다음 세 가지가 있다. 첫째, 직접평가법으로서, 이 방법은 소비자패널에게 다양한 종류의 광고를 보여준 후 광고를 평가하도록 요청하는 것이다. 이러한 직접법은 광고의 주의집중력, 인지도, 감정적 및 행동적 감정을 평가하기 위해서 사용된다.

광고의 실제적인 효과를 측정하는 불완전한 측정법이기는 하지만, 잠재적으로 보다 효과적 광고인 경우에는 높은 점수가 나온다. 둘째, 포트폴리오 실험은 각 소비자에게 여러 가지 광고물을 나누어 주어, 일정시간 동안 보고, 듣게 한다. 일정기간 동안 보고, 듣게 한 후 광고에 대해서 응답자들에게 묻거나, 광고내용을 기억하게 한다. 이때 면접자가 도와줄 수도 있고, 도와주지 않을 수도 있다. 응답자들의 기억수준은 어떤 광고물이 뚜렷하게 부각되는가 또한 그 메시지가 어느 정도 이해되고 기억되는가를 나타낸다. 셋째, 실험실실험이란 소비자의 광고물에 대한 심리 반응, 즉 맥박, 혈압, 안구 움직임, 긴장도 등을 측정하기 위해 장비를 사용하는 방법이다. 이 실험법은 광고에 대한 주의집중력을 측정하는 것이다. 그러나 약점은 신념, 태도 또는 의도에 대한 광고의 효과에 대해서는 어느 것도 밝힐 수가 없다는 것이다. 광고 관리자는 이러한 방법들을 동원하여 광고 캠페인의 전반적인 커뮤니케이션 효과를 측정하여야 한다.

판매효과조사

광고의 커뮤니케이션 효과를 측정하는 것만으로는 광고의 현실적 효과를 파악할 수 없다. 따라서 광고 관리자는 광고의 판매액에 대한 효과를 또한 측정하여야 한다.

광고의 판매효과는 커뮤니케이션 효과보다는 일반적으로 측정하기가 어렵다. 왜냐하면, 판매는 광고 이외의 다른 많은 요소, 즉 제품특성, 가격, 구매용이성, 경쟁자의 행동 등에 영향을 받기 때문이다. 이러한 광고 이외의 요인들이 적거나, 또는 통제가능성이 높을수록 광고의 판매에 대한 효과를 측정하기가 용이해진다. 판매효과는 우편주문 상황에서 측정하기가 가장 쉽고, 상표나 기업이미지 고취광고를 측정하기가 가장 어렵다.

판매효과조사는 다음의 두 가지 방법으로 이루어진다. 첫째, 과거자료 분석법이다. 이 방법은 과거의 매출액을 해당 연도의 광고비 지출액 또는 시차를 둔 광고비지출액과 관련시켜 해석하는 것이다. 둘째, 실험자료 분석이다. 이 방법은 실험디자인을 통해 판매효과를 알아보는 것이다.

3. 판매촉진

판매촉진이란 회사가 특정한 제품의 판매를 늘리기 위하여 짧은 기간 동안에 여러 가지 유인수단(예: 쿠폰, 할인 등)을 사용하여 소비자들이나 중간상들을 상대로 벌이는 광고, 인적 판매, 홍보 이외의 모든 커뮤니케이션 활동을 말한다. 따라서 판매촉진은 무엇보다도 제품의 단기적인 판촉 효과를 얻고자 할 때 사용되는 아주 강력한 커뮤니케이션 수단이다.

판매촉진의 본질과 목적

판매촉진을 광고나 인적 판매와 분리하여 서로를 구별하곤 하지만 이들 셋은 서로 밀접한 관계에 있으며 광고와 인적 판매의 다리역할을 판매촉진이 한다고 할 수 있다. 실제로 판매촉진과 광고를 같이 했을 때가 판매촉진만 할 때보다 훨씬 더 효과가 있었다는 연구결과도 있다. 따라서 회사에서 때로는 판매촉진의 효과를 높이기 위하여 광고나 인적 판매와 같은 다른 커뮤니케이션 수단과 결합하여 다양한 판매촉진의 수단을 사용하기도 한다.

판매촉진의 수단은 쿠폰, 프리미엄, 할인, 무료견본 등 매우 다양하며 과거에는 이 수단이 제조업체의 전유물이었으나 요즈음에는 각종 사회단체를 포함한 거의 모든 기관에서 사용하고 있기 때문에 이의 사용이 급격한 증가추세에 있다. 아래와 같은 마케팅 환경요인이 판매촉진의 사용을 촉진시키는 요인들이다.

1 판매촉진의 단기 지향성

판매촉진의 성격이 단기간에 실제 판매량의 증진을 꾀할 수 있기 때문에 많은 회사에서 이를 선호하고 있다.

2 경쟁압력

경쟁사의 상표수가 증가하고 이들 상표가 대동소이하며 경쟁사들이 자주 판매촉진의 수단을 이용한다.

3 경제적인 사정

물가의 상승으로 인하여 소비자들이 점점 가격에 민감해져서 판매촉진의 수단에 의해 쉽게 기존의 상표를 바꾼다.

4 소매점에서의 판매품질 저하

많은 소매점에서 판매의 방법을 셀프서비스로 전환하였으며 일부 소매점 판매원의 판매기술이 떨어지고 있다.

또한 회사에서 이 판매촉진의 수단들을 사용하는 데는 여러 가지 이유가 있는데 이를 요약하면 크게 아래의 세 가지 목적으로 나눌 수 있다. 첫째, 최종소비자(가계 혹은 기업)의 수요를 자극하기 위하여, 둘째, 판매원과 중간상의 마케팅활동을 원활하게 하기 위하여, 셋째, 광고나 인적 판매와 결합하여 커뮤니케이션 효과를 높이기 위하여 활용한다.

판매촉진의 목적은 기본적으로 마케팅목적으로부터 파생하며 표적시장의 유형에 따라 구분되어야 한다. 위에 제시된 세 가지 목적은 다시 구체적인 실천 목표를 가지게 되는데 이에 대해서는 뒤에서 다시 보기로 한다.

판매촉진의 관리

효과적인 판매촉진을 위해서는 우선 목표를 세우고, 판매촉진예산을 설정하고, 적절한 판매촉진의 수단을 골라서 완전한 시행계획을 수립하여 사전시험을 하여 실행에 옮긴 후 평가를 하여야 한다. 이를 자세히 알아보기로 하자.

1 판매촉진의 목표설정

앞에서 우리는 회사가 판매촉진을 하는 데는 크게 세 가지 이유가 있다고 하였다. 판매촉진의 구체적인 목표는 광고나 인적 판매와 마찬가지이다. 앞에서 언급한 판매촉진의 목적을 보다 구체화한 예를 몇 가지 아래에서 소개하기로 한다.

- 신제품에 대한 소비자의 초기 구매를 증대시킨다.
  우편을 통하여 신제품의 무료견본을 보낸다.
- 현재의 구매습관을 바꾼다.
  편의품일 경우 대폭 할인할 수 있는 쿠폰을 보내어 자주 상표를 변경하여 사람을 유인한다.
- 현고객의 사용량을 늘린다.
  자주 이용하는 고객에게 할인혜택을 부여한다.
- 충동구매를 촉진시킨다.
  복도 진열이나 계산대의 진열을 통하여 충동구매상품의 판매량을 증진시킨다.

MARKETING NOTE

Tryvertising

광고가 신뢰 또는 인정을 받음으로 해서 성과 또한 이와 관련하여 증가하고 있다(Forrester 보고서에서 미국 소비자의 13%만 광고 때문에 제품을 구입하였다고 했고, 6%는 회사가 광고에서 일반적으로 진실을 말하고 있다고 믿었다). 그래서 체험하기(Trying Out)나 샘플링은 새로운 광고가 될 수 있다.

이러한 트렌드를 Tryvertising이라고 정의할 수 있다. Tryvertising에 있어서 '관계'란 없다. 오직 냉정하고 치밀한 그리고 까다로운 소비자가 있을 뿐이다. 소비자에게 새로운 경험을 제공하고 먼저 사용해보게 함으로써, 기업과 기업의 제품을 알리는 것은 아주 세련되고 효과적인 방법이다. 소비자의 관점은 제품의 성능에 있는 것이 아니라 기업이 소비자에게 보이는 Respect에 있음을 명심해야 한다.

iTunes의 30초 샘플 서비스에서부터 관련 제품 유통의 세분화된 회사까지 현재 Tryvertising이 진행중에 있으며, 이는 소비자들이 구매 전에 체험하는 것을 가능하게 해준다. 여기에 가장 최근의 Tryvertising으로 주목받고 있는 리스트들이 있다.

Nike Trial Vans는 최근 1,000켤레의 신발을 구비하고 영국/아일랜드, 프랑스, 이탈리아, 스페인을 투어하고 있다. 이는 무료이고 어떠한 구속도 없다. 사람들이 실제로 뛰는 곳에 자리잡고 있는 이 밴은 Tryvertising의 중요한 요소를 보여준다.

Tryvertising과 실제품들은 주로 소비자들이 싫지만 어쩔수 없이 머물러야 하는 공간에 마련되어 있다. 예를 들자면 대기실이나 비즈니스 라운지 같은 곳이다. 호텔, 공항, 사무실 심지어는 크루즈에서 이러한 서비스를 제공한다면 광고의 자리를 대신할 수 있을 것이다.

자료: 삼성디자인넷

2 판매촉진예산의 설정

판매촉진의 예산은 전체 커뮤니케이션 믹스예산을 설정할 때 정한다. 광고, 인적 판매, 홍보 등의 다른 수단과 결합하여 커뮤니케이션 예산이 설정되어 있는 경우에는 자칫 광고나 인적 판매 등에 의하여 판매촉진이 등한시될 우려가 있기 때문에 이 점에 유의를 하여야 한다.

3 적절한 판매촉진 수단의 선택

판매촉진관리의 핵심은 판매촉진목표를 달성하기 위한 최선의 판매촉진 수단을 고르는 일이다. [표 12-4]에서 보는 바와 같이 판매촉진의 수단은 판매촉진의 목적과 추구하는 다양한 목표에 따라 달라진다. 판매촉진 수단의 선택에 영향을 미치는 요인은 ① 회사의 판매촉진목표, ② 표적시장, ③ 제품특성, ④ 수단사용의 비용, ⑤ 현재의 경제상황과 같다.

풀전략(Pull strategy)을 구사하여 판매량을 증진시키는 것이 회사의 목적이라면 쿠폰이나, 현금할인, 무료견본 등의 수단을 사용하여 광고와 더불어 소비자에게 직접촉진을 하는 방법이 최선일 것이다. 반면에 회사의 목적이 푸시전략(push strategy)을 채택하여 경쟁으로부터 시장점유율을 보호하고자 한다면 [표 12-4]에 제시된 중간상 촉진수단이나 판매원 촉진수단을 이용해야 할 것이다.

표 12-4 표적시장별 주요 판매촉진 수단

최종소비자(가계 혹은 기업)	중간상(혹은 그들의 판매원)	제조업자 판매원
쿠폰 현금할인 경품 무료견본 경연대회 및 추첨 제품전시	박람회 POP 진열 제품의 무료 제공 광고비 제공 경품 또는 경로조성금 재구매공제	판매경진대회 판매원훈련 판매원회의 판매용구 지원 내부기관지

또한 표적시장이 최종소비자시장이냐 아니면 중간상 혹은 판매원이냐에 따라 수단의 선택은 달라지며 제품에 따라 견본이 가능한 제품이 있을 것이고 전시(demonstration)가 오히려 효과적인 제품이 있을 것이다. 규모가 대단히 큰 시장을 상대로 견본을 수단으로 선택할 수는 없을 것이며 불경기나 인플레이션하에서는 쿠폰이나 현금할인혜택 등의 수단이 효과적일 것이다.

4 판매촉진시장계획의 수립

판매촉진의 목표에 따라 수단을 결정하였으면 이제는 이를 구체적으로 어떻게 실행할 것인가를 놓고 세부적인 계획을 세워야 한다. 실행계획 수립시에 마케팅 관리자가 염두에 두어야 할 내용을 요약하면 아래와 같다.

- 판매촉진수단을 어느 정도 사용할 것인가
- 구체적으로 어떠한 사람을 판촉의 대상으로 할 것인가
- 판매촉진수단을 누가, 어떻게 배포할 것인가
- 언제, 기간은 어느 정도 할 것인가

5 판매촉진 시행계획의 사전시험

어떠한 계획이건 사전에 시험을 하게 되면 그만큼 위험부담이 줄어드는 만큼 판매촉진의 시행계획도 예외는 아니다. 시험결과 어떠한 문제점을 발견하게 되면 시행 이전에 모두 시정을 하여 완벽한 판매촉진이 이루어지도록 해야 한다. 시험방법은 특정지역의 고객을 상대로 몇 가지 촉진수단들을 제시하고 그 효과를 점수나 서열로 평가를 하여 신속하게 시험을 할 수 있다.

6 판매촉진결과의 평가

판매촉진행사를 실시하고 나면 회사는 반드시 그 결과를 평가하여야 한다. 하지만 판매촉진을 평가하는 기업은 거의 없다고도 할 수 있으며 설사 있다 하더라도 수박 겉핥기 식에 그치고 마는 게 현실이다. 마케팅 관리자가 판매촉진결과를 평가할 때에 유의해야 할 사항은 아래와 같다.

- 판매촉진의 결과가 목표와 비교하여 어떻게 변화하여 왔으며 지금의 상황은 어떠한가? 이는 판매촉진활동을 시행하기 전과 시행 도중, 시행 후의 판매량 변화과정을 분석하여야 한다는 말이다. 가령 판매촉진 실시 전에 15%의 시장점유율이 시행중에는 25%로 올라갔다가 행사가 끝난 직후에는 13%로 떨어졌으며 일정 기간이 경과하고 난 후에 점유율이 17%선을 유지한다면 이 판매촉진행사는 성공적이었다고 평가할 수 있다. 왜냐하면 행사 도중에 점유율이 10% 정도 증가한 것은 새로운 고객도 창출되었고 기존의 고객들도 다량의 제품을 구매하였다는 증거이며 행사 후 다시 13%로 떨어진 것은 행사기간중에 평소보다 많

은 양의 제품을 사들여 아직 이들을 다 쓰지 못하였다는 증거이며 얼마 후 17%의 점유율을 꾸준히 유지한다는 것은 신규고객을 창출하였다는 뜻이다. 만일 시장점유율이 판매촉진시행 전의 수준으로 되돌아갔다면 이는 일시적 수요패턴만 변화시켰다고밖에 볼 수 없다.

- 어떠한 사람들이 촉진활동을 통하여 좋은 반응을 보였으며 행사 이후에 이들의 행동은 구체적으로 어떻게 변하고 있는가?
- 이전의 판매촉진행사와 비교하여 행사의 시기, 기간, 분배방법 등에 따라 그 결과가 어떻게 달라지고 있는가?

패션제품의 소비자 판매촉진

소비자 판매촉진은 최종소비자의 구매를 자극하기 위해 기업이 실시하는 판매촉진수단을 말하는 것으로, 패션제품의 대표적인 소비자 판매촉진수단으로는 비주얼 머천다이징, 스페셜 이벤트, PPL, 판촉물 증정 등이 있다.

1 비주얼 머천다이징(Visual Merchandising: VMD)

최근 패션점포는 단순히 제품을 파는 공간이라기보다는 기업 및 브랜드의 이미지를 전달하고 라이프스타일을 제안하는 문화공간의 역할을 한다. 따라서 독창적인 점포이미지를 형성하고 유지하는 것은 패션점포가 치열한 경쟁 속에서 차별적 우위를 점하고 표적고객들에게 좋은 이미지를 강화하여 구매동기를 부여하는 중요한 방법이 될 수 있다. 이와 같이 패션제품을 효과적으로 제시하기 위해 제품과 서비스의 기획의도를 시각적 요소에 의해 연출하고 통합적으로 관리하는 활동을 비주얼 머천다이징이라고 한다.

VMD는 일반적으로 디스플레이(Display)와 같은 의미로 사용되고 있다. 그러나 엄밀히 말하면 디스플레이라는 말은 단순히 상품을 전시한다는 의미만을 지니고 있는 반면, VMD는 패션점포의 마케팅전략과 목표, 취급상품의 특성을 고려하여 표적고객의 선호와 구매행동에 맞도록 상품을 시각적으로 구성, 제시하여 인식시키고 제품의 판매를 돕기 위한 총체적인 표현전략이다. 즉, 특히 이미지가 중시되는 패션점포에서 VMD는 독창적이고 차별적인 점포 아이덴티티를 부여하는 중요한 역할을 하는 것이며, 따라서 다른 어떤 촉진믹스들보다 중요한 역할을 한다고 할 수 있다.

반면, 디스플레이는 VMD를 전개하기 위해 사용되는 방법의 하나로서 시각적으로 상품을 전시 또는 진열하는 하나의 상품표현(visual merchandising presentation) 방법이다. 디스플레이의 핵심은 소비자들이 들어오기 쉽고, 보기 쉽고, 구매하기 쉬우면서도 흥미를 느낄 수 있도록 호의적 점포이미지를 형성하고 판매효율을 높이는 것이다. 이러한 효과적인 상품표현을 위해 상품 외에도 소도구, 조명, 색상, 음악, 향기, 표시물과 그래픽 등 다양한 수단들을 적절히 조합하여 사용한다.

패션점포의 디스플레이는 그 위치와 장소에 따라 윈도 디스플레이, 매장 내부 디스플레이, 매장 외부 디스플레이의 세 가지 유형으로 분류된다.

FASHION MARKETING TREND

영국 셀프리지 백화점의 차별화된 VMD 전략

영국의 셀프리지 백화점은 패션지향적인 high-end retailer로 포지셔닝하기 위한 목적으로 입점 브랜드 개편과 함께 점포의 외관과 내부 디스플레이를 리뉴얼하였다. 런던 셀프리지 백화점의 Superbrand store는 층 전체를 Alexander Macquin, Burbery Prosum, Gucci 등의 8개의 핵심 브랜드로 채우고 북아프리카 분위기의 레스토랑인 Momo를 함께 구성하여 고급스러운 점포이미지를 추구하였으며, 버밍엄 샐프리지 백화점은 첨단 미래감각을 보여주는 점포외부 디자인을 도입함으로써 최첨단의 패션제품을 판매하는 리테일러의 이미지를 표현하고자 하였다. 이를 통해 소비자들이 쇼핑의 목적 외에 반드시 방문해야 하는 패션의 중심지로서의 점포이미지를 창출할 수 있었다.

자료: 2012 유통트렌드, 삼성디자인넷
사진: http://blog.naver.com/pkhslhlmh

윈도 디스플레이(Window Display)

윈도 디스플레이는 패션점포에서 판매하는 제품들을 흥미로운 조합으로 만들어 점포 앞을 지나가는 잠재고객에게 판매를 위한 메시지를 전달하는 중요한 방법으로서, 패션점포의 내부와 외부를 연결하는 중요한 커뮤니케이션 공간이다. 독창적이고 흥미로운 윈도 디스플레이는 잠재고객들의 시선을 끌어 점포와 제품에 관심을 가지도록 만드는 판매촉진 수단으로, ZARA나 H&M과 같은 패션 전문점들은 시즌의 주요 컬렉션을 컨셉에 따라 디스플레이하고 지속적으로 관리함으로써 디스플레이를 3차원적인 광고수단으로 활용하여 성과를 얻고 있다.

미국의 Barney's New York이나 Sacks Fifth와 같은 패션전문 백화점들은 윈도 디스플레이를 활용하여 고급 패션전문점으로서의 이미지를 표현하고 트렌드를 선도하는 패션유통업체의 이미지를 강화하고 있으며, 고급 쥬얼리를 판매하는 티파니의 경우 감각적이고 고급스러운 윈도 디스플레이를 통해 차별화를 꾀하고

그림 12-6 ZARA의 윈도 디스플레이

윈도 디스플레이를 통해 최신의 패션트렌드를 반영한 제품들을 선보이고 있음

그림 12-7 Barney's NewYork의 윈도 디스플레이

고급 패션전문 백화점으로서의 이미지를 표현하기 위해 감각적인 윈도 디스플레이를 선보이고 있음

있다.

윈도 디스플레이는 상품을 제시하는 방법에 따라 다양한 유형으로 나누어 질 수 있다. 우선, 사용목적에 따라 판매 디스플레이와 프레스티지 디스플레이로 나누어지는데, 특정 시기에 단기적으로 판촉활동을 위해 사용되는 것을 판매디스플레이라고 하며 점포의 독창성을 전달하기 위한 이미지 지향의 디스플레이를 프레스티지 디스플레이라고 한다. 이 외에도, 대표적인 상품을 보여주는 단일 카테고리 디스플레이, 하나의 주제하에 패션스토리를 제안하는 관련 상품 디스플레이, 연속적인 윈도를 활용하여 공통적인 주제를 제시하는 시리즈 디스플레이 등 다양한 윈도 디스플레이 기법들이 존재한다.

매장 내부 디스플레이(In-store Display)

매장 내부 디스플레이는 매장 내부공간을 매력적으로 연출함으로써 윈도 디스플레이에서 제시되었던 제품이나 이미지에 대한 부가적인 정보를 제공하는 기능을 지니고 있으며, 윈도 디스플레이에 의해 자극된 소비자들의 호감을 실질적인 구매의도로 전환하는 데 그 목적이 있다. 따라서 매장 내부 디스플레이는 윈도우 디스플레이와 일관된 이미지를 전달하는 동시에, 제품이나 스타일에 대한 구체적인 정보와 코디네이션과 같은 제품 사용의 예를 제시할 수 있을 때 더욱 효과적일 수 있다([그림 12-8] 참조).

내부 디스플레이는 점포 내에서의 고객의 이동경로를 예측하는 동선계획이나

그림 12-8 패션 멀티브랜드 숍의 VMD

10 Corso Como와 MUE의 외관 및 내부 디스플레이

공간배치와 밀접한 관련을 가지는데, 고객과 판매원의 동선이 효율적으로 이루어지는 동시에 점포의 이미지를 적절하게 표현하기 위해 다양한 상품진열방법을 활용한다. 구체적인 매장 내부 디스플레이 유형으로는 셀프서비스 디스플레이(self-service display), 진열장 디스플레이(showcase display) 그리고 카운터 디스플레이(counter display)가 있다.

매장 외부 디스플레이(Exterior Display)

매장 외부 디스플레이란 점포의 외부를 장식하여 이미지를 연출하는 것으로, 고객이 처음으로 접하는 점포의 이미지를 결정짓는 중요한 디스플레이 요소이다. 특히, 매장의 외부는 실제로 점포에 들어가 보지 않은 소비자들에게도 노출되어 전반적인 이미지를 좌우한다는 점에서 그 영향력이 크다고 할 수 있다. 매장 외부 디스플레이는 점포 아이덴티티를 형성하는 데 중요한 역할을 하며, 주변 환경과 조화를 이루는 동시에 눈에 띄기 쉽도록 디자인되어야 한다. 최근, 패션점포의 매장 외부 디스플레이의 효과에 대한 인식이 높아지면서 백화점이나 대형 패션 멀티브랜드 숍들이 독창적이고 화려한 매장 외부 디스플레이들을 선보이고 있다.

2 기타 판매촉진도구

VMD 외에 패션점포는 패션쇼나 전시회 등의 스페셜 이벤트를 판매촉진도구로 활용하고 있으며, 이외에도 스폰서십을 통한 문화행사 지원, 판촉물 증정이나 PPL(Product Placement) 등의 다양한 판매촉진 방법들이 존재한다. 최근 백화점이나 고급 패션전문점들은 개최하는 소규모의 패션쇼인 트렁크 쇼를 점포 내에서 개최하거나 패션점포 내에 전시공간을 마련하는 등의 방법을 통해 고품격의 문화공간으로서의 이미지를 부각시키고자 한다. 또한 신세대 소비자들을 표적고객으로 하는 스트리트 패션브랜드나 캐주얼 브랜드들은 웹사이트를 통한 다양한 이벤트 기획을 통해 판매촉진활동을 펼치기도 한다.

판촉물 증정은 기업명이나 상표명이 있는 선물을 소비자에게 제공함으로써 판매를 촉진시키는 동시에 광고효과를 꾀하는 방법으로, 패션업계에서는 브랜드 이미지에 맞는 독특한 패션소품을 증정하거나 일회용이 아닌 독립적인 제품으로서의 가치가 있는 패키지를 증정함으로써 브랜드의 노출과 인지도를 높이는 전략을 사용하기도 한다.

그림 12-9 한섬의 'Post feminity' 전시회

그림 12-10 쌈지 스페이스

아방가르드를 추구하는 작품을 전시하는 공간으로 브랜드 쌈지의 독특한 이미지를 형성하는 데 기여하고 있다.

FASHION MARKETING TREND

패션과 PPL(Product Placement)

영화와 드라마에 삽입된 PPL의 대표적인 예

1980년 아르마니는 영화 '아메리칸 지골로(American Gigolo)'에 의상협찬을 하면서 세계적인 브랜드로 발돋움을 하는 계기를 맞았다. 이렇듯 각종 영화와 TV프로그램에는 유명 인사가 빠지지 않고, 브랜드 측에서는 이를 이용하여 노출을 꾀한다. 영화 속 패션과 소품들은 영화의 주제를 상징하는 중요한 요소로 자리잡았고, 주인공의 명품 아이템들은 당대를 풍미하며 수많은 트렌드를 낳았다. 영화 '카사블랑카'의 버버리는 PPL의 전통적인 예로 꼽히고 있으며, 영화 '로미오와 줄리엣'에 협찬한 D&G와 프라다 의상은 고전을 현대적 이미지로 재구성하고자 하는 영화의 의도와 잘 조화된 대표적인 예라고 할 수 있다.

최근 패션 트렌드에 큰 영향을 미친 PPL로는 영화 '악마는 프라다를 입는다'의 샤넬 등의 명품 브랜드 상품의 노출과 '섹스앤더시티(Sex and the City)'의 지미추(Jimmy Choo)와 마놀로 블라닉

(Manolo Blahnik) 등이 대표적이다.

다음은 패션브랜드의 PPL전략이 실질적인 매출에 미치는 영향에 대한 기사의 예이다.

여성복 매출 'PPL 효과' 톡톡

뜨는 드라마에 잘나가는 연예인이 입은 옷, 신발, 액세서리 등이 유행을 타면서 매출증대로 큰 재미를 보고 있다. 이에 따라 업체마다 PPL 전문가를 뽑기도 하고 백화점들도 드라마 협찬 페스티발을 열어 매출 늘리기에 적극 나서고 있다. 드라마나 각종 프로그램에서 연예인 협찬이 예전부터 없던 일도 아니지만 최근 들어 거액의 스타마케팅에 무리를 하느니 브랜드를 알리는 홍보뿐 아니라 소비에까지 직접 연결된 소비형태에서 제품개발에 흐름을 알 수 있는 하나의 매개체로써 PPL을 적극 활용하는 양상을 보이고 있다.

특히 여성복 업계에서는 PPL 효과가 소비자들의 라이프스타일 제안으로 적극 활용되어, 잘 팔리는 소비유행을 제시하고, 새롭고 독창적인 디자인을 만들어 낼 수 있는 수단으로도 적극 활용되고 있다. 재밌는 드라마나 유행 프로그램을 보면서 소비자들이 색다른 유행을 파악하기 때문이다. 이에 따라 최근 캐릭터 커리어업계는 자사의 제품을 영화, 드라마를 통해 PPL 방식으로 노출을 시도, 매출과 직결될 수 있는 마케팅전략을 강화해 나가고 있다. 성창인터패션의 'AK앤클라인'은 한창 주가를 올리고 있는 강성연에게 플라워 트렌치코트를 협찬, 100장이 완판된 데 이어 현재 4차 리오더까지 들어간 상태다.

아이디룩의 '레니본'은 PPL 마케팅이 입소문을 타면서 상반기 매출이 신장세를 이어가고 있다. 강성연과 이다해를 통해 인기상품을 선보인 '레니본'은 상품판매는 물론 매장으로까지 신규고객들이 유입되면서 성공적인 마케팅 효과를 누리고 있다. '레니본'은 "PPL은 단시간 내에 매출을 올리는 데 효과적"이라며 "연예인들의 스타일에 관심이 많은 국내 소비자들의 특성상 PPL은 기대 이상의 마케팅인 셈"이라고 말했다.

또한, 사랑과 야망에 협찬하고 있는 '샤트렌'의 경우 사랑과 야망을 기억하는 세대들의 향수를 불러일으키면서 PPL 효과를 톡톡히 보고 있다. 이런 현상은 남성복시장에까지 확산되고 있다. 우성 I&C의 'BON' 매장에서는 MBC 드라마 '궁'에서 주지훈이 입었던 옷을 구매하는 고객들이 늘자, 해당 아이템을 구매하는 고객에게 고급 행커칩을 증정하고, 홈페이지에는 '나도 황태자' 이벤트를 진행해 나가면서 매출의 효과를 보고 있다.

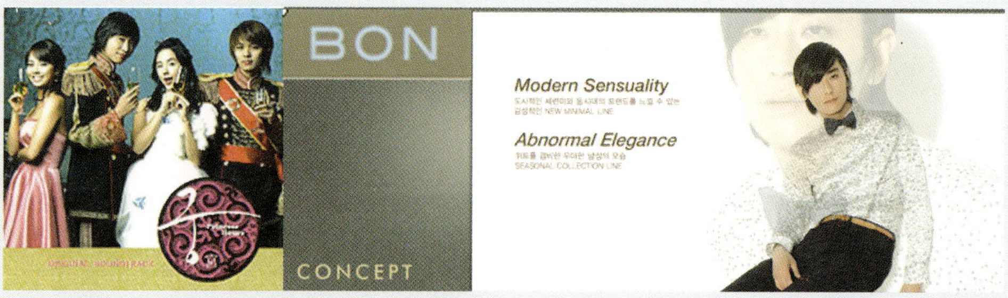

자료: 한국섬유신문, 2006. 3. 24.

4. 홍 보

우리는 지금까지 회사의 제품이나 서비스를 회사 자체의 자원과 노력으로 소비자들에게 알리는 커뮤니케이션 활동, 즉 광고와 판매촉진에 대하여 알아보았다. 아래에서는 비인적 판매의 마지막 수단인 홍보 및 이와 유사한 PR의 성격과 이들의 수단들에 대하여 알아보기로 하자.

홍보의 성격

홍보(publicity)란 앞에서도 말했듯이 인쇄물이나 전파매체(신문, TV, 라디오, 잡지 등)에 자기 회사의 제품이나 서비스와 관련한 기사를 다루게 하여 돈을 들이지 않고 소비자들의 수요를 자극하는 것이다. 회사에서 적극적으로 홍보거리를 개발하여 이를 각종 매스컴과 접촉하여 나가게 하는 일이 홍보 관련 전문가들이 해야 할 일인데 이렇게 보면 홍보업무가 단순한 기업의 홍보에만 그치는 게 아니라 공중관계(public relation)에까지 미치게 된다.

공중관계란 회사와 직접 간접으로 관련이 있는 공중, 즉 고객, 종업원, 주주, 각종 정부 및 사회단체, 일반 대중들과 호의적인 관계를 유지하고 창조하기 위하여 수행하는 일체의 커뮤니케이션활동을 말한다. 따라서 홍보가 어떻게 보면 공중관계의 일부분이지만 회사에서 홍보업무를 수행할 때는 단순한 홍보업무만이 아니라 공중관계 업무까지 동시에 취급하는 게 보통이며 홍보의 개념 자체가 공중관계의 범위로 확대해석될 필요성이 있다고 하겠다. 따라서 이 책에서는 홍보를 공중관계까지를 포함한 포괄적인 개념으로 확대하여 설명하고자 한다.

FASHION MARKETING TREND

패션업계, 브랜드 서포터즈 모시기: 홍보대사로서의 활동

패션업체들이 마케팅 툴의 하나로 브랜드 서포터즈 모시기에 나섰다. 서포터즈는 기존의 요원보다 한 단계 진보한 개념으로 브랜드 관찰보다 체험의 의미가 더욱 강하다. 소비자들의 경험, 시도 등이 구매 패턴으로 변화하는 데 착안, 이를 활용한 마니아 만들기 전략으로 풀이된다. 따라서 브랜드에 대한 탄탄한 충성도를 가질 수 있으며, 고객들이 직접 아이디어를 제안, 상품기획에 반영하기도 한다.

티니위니의 서포터즈 모임 '티모'

지앤코는 이번 시즌 '엘록'의 서포터즈로 제 1 기 엘로커를 모집한다. 엘로커는 패션, 음악, 아트 등 문화 전반의 관심을 가지고 엘록의 옷과 감성이 가장 잘 어울리는 사람들로 구성된다. 약 6개월 동안 대외 홍보는 물론 브랜드 성장을 위한 다양한 활동을 하게 된다.

진도F&은 'PSI'의 서포터즈로 SPACER를 모집한다. 첫번째는 ART SPACER로 언더에서 활동하는 아티스트와 연계하여 'PSI' 온-오프 공간 안에서 다양한 방법을 통해 브랜드 홍보대사로 역할을 담당한다. 진도F&은 아티스트들의 후원자가 되고 아티스트들은 브랜드의 후원자가 되는 것이다.

휴먼드림도 가을부터 '그린 마인즈, 그린 주니어' 후원자를 구성한다. 초등학생을 대상으로 '제이코시'의 캠페인에 참여할 서포터즈를 모집하는 것. '그린 마인드, 그린 주니어'들은 선생님, 친구, 가족, 자연 4가지 주제별로 사랑회복운동을 벌이며 '제이코시'가 주최할 다양한 캠페인에 참여하게 된다.

이 밖에 '데얼스', '티니위니' 등은 서포터즈들을 아이디어 뱅크로 적극 활용하고 있다. '티니위니'의 로열고객이나 '데얼스'의 클럽 회원들은 브랜드에 아이디어를 제공, 날개달린 티셔츠, 푸드 패키지 상품 등의 히트상품을 만들기도 했다.

주요 패션 브랜드 서포터즈 모임

브랜드	서포터즈	주요 활동
티니위니	티모	브랜드 홈페이지 통해 활동, 정기모임과 티니위니 기념일 행사 등 오프라인 활동, 매월 고객 모델인 '티모스타'를 선발해 웹 화보집 발간, '프로슈머 아이디어'라는 콘텐츠 통해 디자인이나 아이디어 실제 반영
데얼스	데얼스클럽	고객의견 제공(단순 마케팅, 홍보뿐만 아니라 전략적인 브랜드 사업부문에서도 크게 활용) 온라인 커뮤니티 사이트 '데얼스클럽'통해 활동
엘록	엘로커	문화&트렌드 조사, 아이디어 제안, 각종 이벤트 및 행사 참여, 온라인 커뮤니티(싸이월드 엘록 타운) 핵심 멤버로 활동, 월 1회 오프라인 모임 및 과제 발표, 품평회 참관 및 실무 참여 기회 제공
아가방	아가방 프로슈머	맞벌이 부부 대상 정기 모임
빈폴	모니터 요원	제품 품평 및 이미지 조사, 매장별 DP 조사, 경쟁브랜드 강점 아이템의 구체적인 조사, 스트리트 패션 조사

자료: 패션채널, 2006. 8. 23.
그림: http://blog.naver.com

홍보의 수단

일반적으로 회사에서는 홍보와 PR 전문가를 고용하여 회사의 좋은 이미지를 창출하고 이를 각종 매스컴과 접촉하여 전문적으로 홍보와 PR활동을 벌이게 한다. 이들의 입장에서 동원할 수 있는 홍보와 PR수단을 열거하면 아래와 같다.

- **뉴스, 기자회견:** 재미있는 기사거리를 만들어 매스컴을 이용하게 한다.
- **인쇄물:** 잡지, 사보, 회사의 각종 보고서, 소책자 등에 회사의 훌륭한 이미지를 소개하여 배포한다.
- **로비활동:** 정부 및 각종 사회단체와 유대관계를 맺으면서 회사에게 유리하게 각종 법규 및 조례를 제정하게 한다.
- **최고경영자의 강연 및 세미나 주최**
- **공공서비스 활동:** 장애인 돕기 모금운동의 전개, 소년 소녀 가장 돕기 운동 등에 적극적으로 참여한다.
- **정보통신기기의 활동:** 정보기기를 활용하여 각종 정보를 소비자들에게 제공하여 이미지를 홍보한다.

위에서 소개한 것 이외에도 홍보 및 PR의 수단에는 회사의 창의적인 노력의 여하에 따라서 얼마든지 다른 훌륭한 수단을 개발해 낼 수 있다.

이상에서 살펴본 홍보는 우리가 지금까지 배운 광고나 판매촉진과는 다른 점이 다소 많다. 첫째, 광고는 판매에 직접적인 영향을 미치고자 설계되어지지만 홍보의 경우는 그렇지 않으며, 둘째, 홍보는 뉴스형식으로 전해지기 때문에 광고에 비해 신뢰성이 훨씬 더 있으며, 셋째, 홍보는 특정사건이 일어나면 적시에 활용할 수 있는 반면에 광고는 그렇지 않으며, 넷째, 광고는 반복해서 낼 수 있는 반면에 홍보는 한시적이며 1회용이 많다, 하지만 무엇보다도 홍보는 다른 커뮤니케이션 수단에 비해서 비용면에서 월등한 혜택을 누릴 수 있다, 물론 PR의 경우에는 어느 정도의 비용이 드는 것은 당연하다.

회사에서 홍보나 PR을 하려고 하면 이도 광고나 판매촉진과 마찬가지로 목표를 세우고 세밀한 시행계획을 수립하여 조직적으로 실시해야 한다. 앞에서도 살펴보았듯이 회사에서 활용하기 여하에 따라서는 엄청난 효과를 볼 수 있는 것이 바로 홍보와 PR이라는 것을 명심하여야겠다.

FASHION MARKETING TREND

베네통의 홍보전략

컬러스(Colors)

베네통 커뮤니케이션 전략의 대표적인 것 중 하나인 잡지 컬러스. 컬러스는 베네통의 마케팅과는 상관없는 독립적 편집부에 의해 만들어지며 전세계의 다양한 문화를 편견 없이 소개하는 것을 목표로 두고 있다. 베네통은 컬러스를 통하여 전세계인을 소비자로 하는 기업에 있어서 문화에 대한 편견이란 얼마나 소용없는 것인가를 알려준다.

베네통의 잡지 'Colors'와 커뮤니케이션 연구소 'Fabrica'

Fabrica

베네통 광고의 귀재 올리베로 토스카니가 설립한 패브리카는 베네통이 만든 커뮤니케이션에 관한 연구센터이다. 이곳에서 전세계에서 모인 학생들이 '창의성의 전사'로 교육을 받고 있다.

그림: http://blog.naver.com/marunee
http://blog.naver.com/pati35
http://imagesearch.naver.com

요 약

1. 회사의 마케팅 커뮤니케이션 목적을 이루기 위한 수단에는 크게 광고, 인적 판매, 판매촉진, 홍보 네 가지가 있다. 각각의 믹스들은 개별적으로 작용하는 것보다는 다른 수단들과 통합해 사용할 때 그 효과가 더욱 커지게 되며, 이와 같은 커뮤니케이션 믹스들의 통합적 사용전략이 '통합적 마케팅 커뮤니케이션(IMC)'이다.

2. 광고는 사업자가 공급하는 상품 또는 용역의 품질, 규격, 내용 및 거래조건 등에 관한 사항에 대해서 신문, 잡지, TV, 라디오, 포스터, 간판, 네온사인, 전단, 팸플릿 등 여러 매체를 이용하여 소비자에게 선전 또는 표시하는 행위이며, 이는 사업자의 판매촉진수단이 된다.

3. 광고가 객관적으로 나타난 사실만을 근거로 하여 상품에 대한 정보를 제공한다면 소비자에게 유용한 정보로 받아들여지지만 제품이 가진 기본적인 속성과 사실을 넘어서 감정적 소구를 이용할 때는 소비자들의 합리적인 의사결정에 어려움을 끼치게 된다.

4. 판매촉진은 제품의 단기적인 판촉 효과를 얻고자 할 때 사용되는 강력한 커뮤니케이션 수단이며 광고와 인적 판매의 다리 역할을 한다.

5. 홍보란 인쇄물이나 전파매체(신문, TV, 라디오, 잡지 등)에 자기회사의 제품이나 서비스와 관련한 기사를 다루게 하여 돈을 들이지 않고 소비자들의 수요를 자극하는 것이다. 회사의 좋은 이미지를 창출하기 위해서 홍보와 PR전문가를 고용하거나 각종 매스컴과 접촉하여 전문적으로 PR수단을 벌이게 한다.

생각해 볼 문제

1 광고에 사용되는 매체별 장단점을 비교해 보고 패션광고에 보다 적합한 유형이 어떤 것인지 생각해 보자.

2 패션브랜드 광고에 감성광고 기법이 자주 사용되는 이유는 무엇인가?

3 기존에 사용되지 않았던 새로운 매체를 사용한 광고사례를 조사하여 보자.

4 브랜드 성격에 따른 효과적 IMC 방법에는 어떤 것이 있을 지 생각해 보자.
(예: GAP 브랜드에 효과적이라고 생각되는 IMC전략을 세워보자)

Chapter 13
인적 판매와 판매원관리

우후죽순으로 브랜드들이 론칭되고 해와 SPA 브랜드들이 거대 유통기업의 힘을 얻어 국내에 상륙하면서 브랜드 포화상태를 이루었다. 비슷한 컨셉과 스타일, 치열한 패션업체 간의 경쟁에서 살아남기 위해서 그 무엇보다 브랜드 충성도가 중요한 시대가 왔고 이에 따라 기업의 경영 능력만큼이나 전문 판매원의 역할 또한 그 중요성이 커지고 있다.

샵마스터라는 직업은 90년대 초반에 우리나라에 처음 등장하였다. 샵마스터는 코디네이터와 스타일리스트의 역할을 동시에 담당할 수 있는 유통 패션전문가이다. 매장들이 점차 전문화, 대형화되면서 샵마스터는 매장을 경영하는 CEO 역할을 하고 있으며 전문 인력으로서 샵마스터의 수요는 더욱 증가할 것으로 보인다.

샵마스터는 매장의 책임자로서 패션에 대한 전문지식은 물론 판매노하우, 영업, 패션바잉능력, 전산, 디스플레이 등 다양한 지식과 소양을 갖추고 이를 고객의 니즈에 부합시켜 이익을 창출해내는 중요한 역할을 담당해야 한다. 샵마스터는 탁월한 능력을 발휘해 고정 고객을 확보할 수 있어야 하며 철저한 자기관리와 서비스 정신을 바탕으로 고객의 구매를 유도할 수 있어야 한다. 이들은 매장의 매출을 끌어올리는 일등공신임과 동시에 매장과 본사의 브릿지역할, 움직이는 마네킹, 기획에 있어서의 조언자 역할까지도 담당하기 때문에 매우 중요하며 이에 따라 능력 있는 샵마스터의 연봉은 1억원을 호가하기도 한다.

우수한 샵마스터를 확보하기 위해, 기업은 끊임없이 노력을 하고 있다. 그 이유는 샵마스터의 판매 및 고객관리능력은 매출에 크게 영향을 주기 때문이다. 본 장에서는 인적 판매의 개념과 특성, 인적 판매과정 및 판매원관리에 대해 살펴본다.

페라가모 매장(www.salvatoreferragamo.it.)

자료: http://blog.naver/vanillashop

1. 인적 판매의 개념과 특성

우리는 앞의 예에서 샵마스터, 즉 판매원의 역할과 중요성을 알 수 있었다. 회사의 입장에서 인적 판매와 관련하여 해야 할 일은 두 가지로 생각해 볼 수 있는데, 하나는 판매원의 판매행위와 관련한 것이며 또 다른 하나는 판매원을 선발, 훈련, 평가하는 판매원의 관리이다. 이에 관하여 순서대로 아래에서 알아보기로 하자.

인적 판매원의 중요성

인적 판매(personal selling)란 커뮤니케이션 믹스의 한 요소로서 판매원이 직접 고객과 만나 자기 회사의 제품이나 서비스를 구입하도록 설득하는 커뮤니케이션 활동을 말하며 판매원 판매 혹은 종업원 판매라고도 한다. 따라서 인적 판매는 고객과 직접 접촉하여 그들의 표정을 살펴가면서 제품의 편익을 설명하여 궁극적으로 사게 만드는 활동이기 때문에 커뮤니케이션의 다른 어떤 수단보다도 강력하다. 요즈음 이러한 인적 판매의 중요성이 날로 증가하고 있는데 그 이유를 요약하면 아래와 같다.

- 제품이 다양하고 복잡해지고 있다. 소비자들이 판매원으로부터 일일이 교육을 받지 않으면 안 될 정도로 제품의 사용방법이나 기능이 복잡해지고 있다.
- 판매원이 전문직이 되고 있다.
- 소비자들의 특정제품에 대한 충성도가 높아지고 있다. 대부분의 소비자들이 자기가 지금까지 믿고 사용해오던 제품에 대한 태도를 바꾸는데 주저한다.

• 전 사원의 판매원화 경향이 늘고 있다. 최고경영자로부터 말단사원에 이르기까지 조직의 전 구성원이 판매일선에 나서고 있다.

판매원의 역할 및 고정관념

판매원이라고 해서 모두 똑같은 임무를 수행하는 것은 아니다. 특정 판매원의 역할은 그 기업의 영업내용에 따라 상이하며 또한 그 판매원의 직무에 따라 다를 수도 있다. 하지만 일반적으로 판매원은 회사를 대표하여 아래의 [그림 13-1]에서 제시하고 있는 역할을 수행한다.

그림 13-1 판매원의 역할

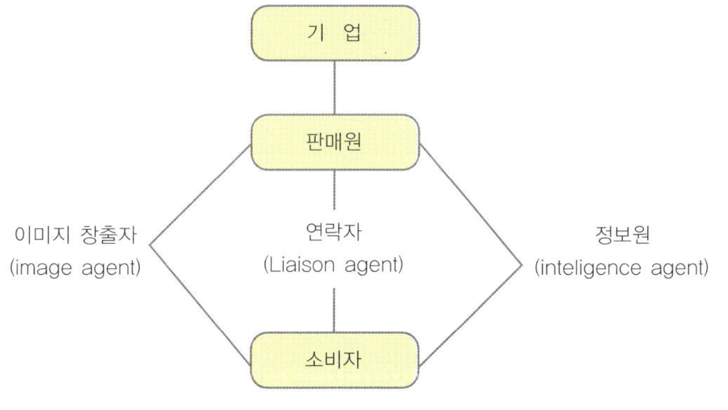

1 이미지 창출자(image agent)

소비자들은 판매원을 보고 제품이나 서비스는 물론 그 회사를 평가한다. 따라서 판매원은 움직이는 광고인 셈이다.

2 연락자(liaison agent)

고객과 직접 접촉을 통하여 제품과 서비스를 전달하고 불만사항을 회사에 전달하는 연락자로서의 역할이야말로 우리가 알고 있는 판매원의 전부일지도 모른다. 또한 때로는 고객들의 상담자로서의 역할을 수행하기도 한다. 토지매입보상을 많이 받은 지구의 주민들을 상대로 영업활동을 하는 은행원의 경우는 이들에게 재무적인 상담을 곁들여서 영업을 하여야 함은 물론이다.

3 정보원(intelligence agent)

판매원은 회사의 최전방공격수이자 방어수이며 관찰병이다. 따라서 항상 고객을 대면하면서 그들의 기호변화, 경쟁상태 등과 같은 시장상황의 변화에 대한 정보를 회사에 보고하여야 한다.

MARKETING NOTE

어떤 사람을 판매원이라고 해야 하나?

물건을 파는 사람만이 판매원인가? 그렇지 않다. 같은 회사에서 근무하고 있는 사람이라 할지라도 그 사람이 영업하는 분야 혹은 기능에 따라 판매원의 임무는 달라지는 법이다. 매일 수십 군데의 일선점포를 트럭으로 방문하는 해태우유의 판매사원과 삼보컴퓨터의 영업사원은 그 업무가 완전히 다르다. 따라서 판매원의 종류는 그가 담당하는 업무의 종류만큼이나 다양하다고 할 수 있다.

- **배달판매원**(deliverer): 단순히 상품을 배달만 하는 배달원도 역시 판매원이다.
- **매장 내 주문수령자**(inside order-taker): 이는 단순히 점원역할을 하는 사람들이다. 매장에 앉아 이미 구매를 마친 고객들의 편의를 돌보는 역할이 이들의 주된 임무이다.
- **주문창출자**(order-getter): 이들은 직접 밖으로 나가 고객과 접촉하면서 잠재고객을 고객으로 전환시키기도 하면서 창의적인 영업활동을 전개한다. 이들은 전문지식과 사교력을 겸비하고 있으며 업무의 수행을 위하여 고객을 탐색, 접근, 설득하여 주문을 창출한다. 많은 보수와 여행 그리고 그만한 재량권을 가지고 있는 게 보통이다.
- **사절단**(missionary): 이들은 고객으로부터 직접주문을 받거나 권유하지 않고 단지 고객이나 중간상을 주기적으로 방문하여 상담도 하고 판매원을 교육시켜 주는 등의 서비스를 제공하여 영향력을 행사한다.

판매원이 하는 역할을 볼 때 회사의 꽃은 역시 판매원임에 분명하다. 하지만 우리는 전통적으로 판매원하면 '신문쟁이', '보험쟁이', '책쟁이'와 같이 '쟁이'라는 단어를 떠올리는 것도 부인 못하는 사실이다. 판매원하면 생각나는 게 무엇입니까?라는 물음에 대한 대답은 여행, 돈, 개성, 독촉, 말을 빨리하는 사람, 커미션, 외모, 스트레스, 적극성 등이다.

인적 판매의 장 · 단점

1 인적 판매의 장점

융통성(flexibility)

다른 커뮤니케이션 수단과는 달리 인적 판매는 판매원이 고객의 욕구와 표정 및 행동에 맞추어서 즉석에서 커뮤니케이션을 달리할 수 있는 융통성이 있다.

집중성(focusing)

진실로 고객이 될 만한 사람에게만 초점을 맞추어 접근을 할 수 있다. 이로 인하여 커뮤니케이션 자원의 낭비를 최소화할 수 있다. 대부분의 광고의 경우 메시지가 진실로 고객이 될 만한 사람에게만 전달된다고 할 수 없다는 점에 비추어 보면 인적 판매의 장점은 더욱 두드러진다.

판매의 완결성(results in the actual sale)

다른 커뮤니케이션 수단들은 판매를 완결한다기보다는 잠재고객들로 하여금 구매하도록 하는 역할을 주로 하는 데 반하여 인적 판매는 판매행위를 그 자리에서 완결할 수 있다는 장점이 있다.

2 인적 판매의 단점

높은 비용(high cost)

판매원의 방문출장비, 여행경비, 커미션, 보너스, 임금 등에서 유지비용이 엄청나게 든다. 인적 판매의 높은 비용에 대처하기 위해서 많은 기업에서 대체안으로 텔레마케팅(telemarketing)을 구사하고 있다. 이 방법은 고객을 직접 찾아가 대면하는 것이 아니라 전화나 컴퓨터로 대화를 하는 것이다. 특히 이 방법은 제품의 조작방법이나 기술적인 조언을 주고자 할 때, 멀리 있는 고객과의 판매상담, 아주 적은 액수의 구매상담 등에 대단히 효과적이다.

우수한 인적 자원 확보에의 어려움(unable to attract the caliber of people needed)

시간적 제약(time consuming)

2. 인적 판매과정

판매는 한마디로 상대방을 설득하는 행위이다. 남을 설득하기도 하고 설득당하기도 하는 것이 우리의 일상생활이라고 볼 때 우리는 매일 무엇인가를 남에게 판매하면서 생활한다고 할 수 있다. 남편은 아내에게 자기의 주장을 집요하게 설명하여 설득시켜 자기의 주장을 판매하고, 아들은 대학의 판매행위에 이끌려 특정대학을 지원하고, 딸은 전도사의 말을 듣고 교회에 다니게 된다. 이 모든 것이 판매행위이며 우리는 그 속에서 살아가고 있다.

보부상에서부터 엿장수, 두부장수, 약장수에 이르기까지 어떻게 보면 판매야말로 이 세상에서 가장 오랜 역사를 지닌 전문 직업일지도 모른다. 하지만 이들의 판매행위와 현대기업의 전쟁에 가까운 전문판매행위는 근본적으로 다르다.

전문적인 판매행위에 있어서 왕도는 없다. 하지만 일련의 판매행위가 어떠한

그림 13-2 인적 판매과정

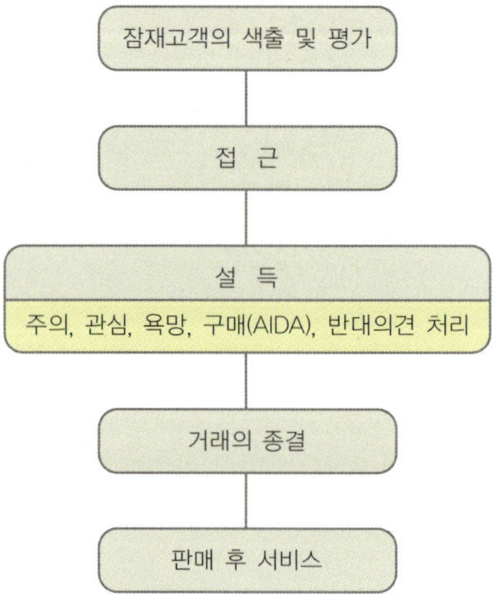

계획적인 절차에 의해서 이루어져야 한다는 점은 아무도 부인할 수 없는 사실이다. 아래에서는 판매과정 [그림 13-2]를 중심으로 알아보기로 하자.

잠재고객의 파악 및 평가

판매과정의 제일 첫 과제는 가능성 있는 잠재고객을 찾아내어 이를 평가하는 일이다. 회사의 마케팅전략이 치밀하게 디자인되어 있다면 각 세분시장의 잠재고객은 쉽게 파악될 것이다.

- 각종단체에 가입(로타리클럽, 라이온스클럽, 각종 사회단체)
- 현재의 고객, 경쟁관계의 판매사원, 중간상, 동료 등
- 정기간행물, 전화번호부, 동창회명부 등 각종 인쇄물
- 가가호호(家家戶戶) 방문

물론 이외에도 여러 가지 다른 방법이 있을 수 있으며 어떠한 방법을 이용하든지 간에 판매원은 잠재고객의 명단을 확보하고 난 다음 이들에 대한 정보를 수집하여 평가하는 작업을 하여야 한다. 잠재고객의 평가는 잠재고객에 관하여 가능한 대로 많은 정보를 수집하여 이를 토대로 구매능력(ability)과 구매의지(willingness)를 집중적으로 평가하여야 한다.

접 근

잠재고객을 색출하여 이들에 대한 평가가 이루어지면 고객에게 다가갈 준비가 완료된 셈이다. 고객에게 다가가는 방법도 판매원의 개성과 스타일에 따라 상당히 다르다. 매사에 치밀한 판매원은 고객과의 첫 만남을 위하여 사전에 치밀하게 각본을 세워 이를 충분히 연습한 후에 다가갈 것이다. 불시방문은 가능하면 피하는 게 좋으며 전화로 미리 약속을 하고 찾아가는 것이 거부감을 줄이는 방법이다. 아무튼 고객에의 접근과 관련하여 명심하여야 할 것은 '처음이 전부이다' 라는 사실이다.

설 득

고객과 대면을 하면 판매원은 이들에게 상품을 제시하면서 설득작업을 벌이게 된다. 이 과정은 판매의 핵심과정으로서 보통 AIDA(attention, interest, desire, action) 접근방법을 사용하는데 이에 관하여 자세히 알아보도록 하자.

MARKETING NOTE

AIDA 방법의 전개

사람을 설득시키는 과정에서 AIDA 방법이란 우선 주의(attention)를 끈 다음 고객으로부터 관심과 욕구(interest and desire)를 불러일으켜 사게(action) 만드는 과정이다. 거지가 남의 대문 앞에서 밥 한 그릇을 얻기 위하여 어떻게 하는가? 구성진 장타령 한 곡을 읊고 간단한 심부름을 해주고는 밥 한 그릇 받아쥐고 나온다. 이 과정을 AIDA 접근방법으로 설명하여 보자.

- **주의 끌기(attention):** '밥 좀 주소', '각설이 대령이요', '이리 오너라' 등
- **관심 및 욕구유발(interest and desire):** 장타령을 한 곡조 구성지게 읊는다. "얼씨구 들어간다. 절씨구 들어간다. 작년에 왔던 각설이 죽지도 않고 또 왔네..........." 그리고 대문 안으로 들어가 빗자루로 마당을 쓸기 시작한다.
- **구매(action):** 밥 한 그릇 김치 한 줄기 받아들고 나온다.

1 주의를 끈다(attention)

주의단계는 고객을 만나 호기심을 자극하는 게 기본목적이다. 소비자가 상품을 잘 알고 있고 인기가 있는 것이라면 상품의 제시만으로 충분한 주의를 끌 수가 있지만 이런 일은 드물다. 자기를 소개한 사람의 이름을 대거나 아니면 고객의 친구, 친지 등의 이름을 아뢰면서 주의를 끌 수도 있다. 물론 고객의 개성과 만나는 장소 그리고 주위의 환경에 따라 방법은 달라질 수도 있다. 따라서 이 주의를 끄는 방법은 판매원의 창의적인 노력이 요구되는 부분이기도 하다.

2 관심을 가지게 하여 욕구를 유발시킨다(interest and desire)

주의를 집중시키고 나면 고객들의 관심을 유지시켜 사고 싶은 욕구가 일어나도록 하여야 하는데 이 부분이 사실상 가장 어렵다. 이 단계에서는 자사 상품의 속성과 편익을 경쟁사와 비교하여 자세히 설명할 필요가 있다. 이 과정에서 가장 중요한 것은 고객들에게 신뢰감을 심어주는 일이다. 신뢰심을 심어주기 위해서는 고객의 수준과 취향에 맞는 메시지를 개발하여 전달하는 것도 중요하다. 동정심

에 호소한다거나, 경우에 따라서는 "이 제품을 사용하지 않으면 엄청난 손해를 볼 것입니다"와 같은 두려움과 공포가 담긴 메시지를 사용할 수도 있다.

3 반대의견처리(meet objections)

거의 모든 경우에 판매원이 고객을 설득하는 동안 고객이 이의를 제기해 온다. 고객의 이의제기는 판매원의 설명에 대한 이해부족의 차원에서 올 수도 있고 다분히 "왜 바쁜데 귀찮게 구느냐?" 식의 노골적인 거부감의 표현일 수도 있다. 따라서 판매원은 우선 고객의 이의사항을 귀담아 듣는 자세가 중요하며 일단 듣고 난 후 자기가 갖고 있는 기지를 모두 발휘하여 고객의 반대의견을 처리하여야 한다.

거래의 종결

거래의 종결은 상담의 마무리를 의미하며 판매원의 궁극적인 목표이다. 또한 이 거래의 종결은 AIDA 접근방법의 마지막 단계인 구매단계이기도 하다. 하지만 한 번의 방문으로 거래가 이루어지는 것이 가장 바람직하겠지만 그러한 경우는 매우 드물며 거래를 마무리하는 데에도 세심한 주의를 기울여야 한다. 상담을 진행하면서 고객의 사고자 하는 욕구가 최고조에 다다랐을 때 아래와 같은 마무리 메시지를 자연스럽게 전달하면서 마무리하면 좋다.

- 가격은 말씀드린 대로 30% 할인해서 드리겠습니다.
- 배달은 집으로 해 드릴까요?
- 이 물건이 저 물건보다는 훨씬 좋아 보입니다.
- 이것으로 하시겠습니까? 저것으로 하시겠습니까? 등

판매 후 서비스

한 상품의 판매의 종결은 곧 다른 상품판매의 시작이다. 판매원은 상품의 배달 여부를 확인하고 직접 방문하든지 아니면 전화로 상품의 사용상태에 대하여 확인할 필요가 있으며 만일 고객이 조금이라도 불만사항을 토로하면 이를 즉시 해소하여야 한다. 그 상품에 대한 고객들의 긍정적인 평가는 회사의 가장 큰 자산이다.

3. 판매원관리

인적 판매의 비중이 높은 회사에서는 이들이 어느 정도 하느냐에 따라 기업의 성패가 달려 있다. 이들은 회사와 고객을 연결하는 연락자로서 회사의 이미지를 창출할 뿐만 아니라 고객으로부터 정보를 수집하여 회사에 제공하는 아주 중요한 역할을 수행한다. 그만큼 비용도 많이 들기 때문에 이들을 효율적으로 관리하지 않으면 안된다. 판매원관리란 회사에서 판매원을 선발, 훈련, 조직, 평가하여 판매목표를 달성할 수 있도록 관리하는 것을 말한다. [그림 13-3]은 이 판매원관리의 내용을 표시하고 있는데 이에 관하여 자세히 알아보도록 하자.

그림 13-3 판매원관리의 주요 내용

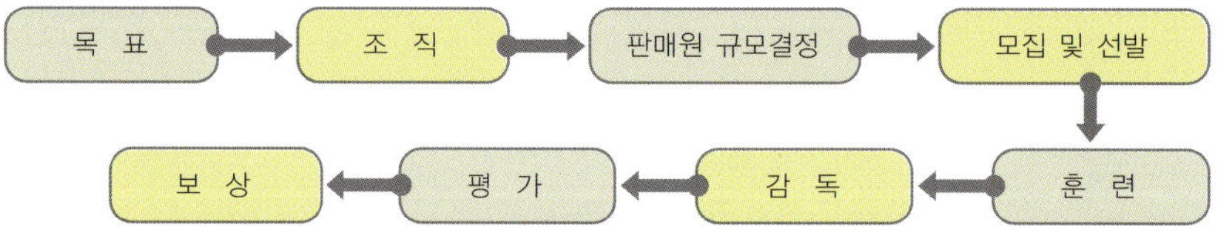

판매원의 목표설정

판매원관리의 첫번째 과제는 판매원의 목표를 설정하는 일이다. 판매원의 목표는 회사의 전체 판매목표, 즉 시장점유율, 판매량, 수익률 등에 기초하여 수립하여야 한다. 이때 판매원 각자의 의사를 최대한으로 반영하여 결정하여야 함은 물론이다. 또한 이 목표는 구체적이고 측정가능하며 달성 가능한 범위 내에서 수립되어야 한다. 이러한 목표의 예를 몇 가지 소개하면 아래와 같다.

- 6월 말에는 전 월과 비교하여 적어도 5% 이상 판매액을 증가시킨다.
- 6월 말까지 호남지역의 거래선을 지금의 20개에서 28개로 늘린다.
- 6월 말까지 고객의 한 달 평균이용횟수를 지금의 1회에서 1.5회로 늘린다.

판매원의 조직

판매원의 관리를 효율적으로 하고 판매성과를 극대화하기 위해서는 판매원을 전략적으로 묶어야 한다. 묶는 방법은 회사의 전략적인 차원에서 이루어지기 때문에 제각기 상이할 수 있다.

1 지역별 조직(territorial-salesforce structure)

이 지역별 조직은 판매원별로 전담지역을 할당하여 관리하는 방법이다. 지역별 조직은 판매원의 영토를 시, 군, 구 혹은 우편번호별로 정하기 때문에 그 지역에서 확실한 인간관계를 유지할 수 있어 판매의 효율을 기대할 수 있으며 또한 영업성과에 대한 책임이 명확해진다. 반면에 아무리 지역이 할당되어 있다 하더라도 인접지역의 판매원과 갈등을 불러일으킬 수도 있다. 이 방법은 그 산업에 속한 기업들이 전국에 걸쳐 흩어져 있을 때 효과적이다.

2 제품별 조직(product-salesforce structure)

이 조직형태는 많은 제품계열을 가지고 있으면서 각 계열에서 생산되는 제품이 각기 기술적인 제품일 경우 판매원은 전문적인 지식을 갖추어야 하는데 이러한 경우에 적합하다. 전화기, 컴퓨터, 사무기기 등과 같이 제품의 종류가 다양할 때 각 제품별로 판매팀을 구축하면 더욱 효과적인 판매활동을 할 수 있을 것이다. 하지만 고객이 같은 회사에서 나오는 서로 다른 계열의 제품, 즉 전화기와 컴퓨터를 구입하고자 하는 경우, 전화기 판매원은 전화기만 팔고 나오고 컴퓨터 판매원은 같은 고객을 다시 방문해야 하는 경우도 생길 수 있기 때문에 서로가 잘 협조하여야 한다.

3 고객별 조직(customer-salesforce structure)

고객별로 판매원을 배정하는 방법인데 고객이 전국에 널리 퍼져 있을 경우에는 움직이는 거리도 길어지고 비용도 많이 들기 때문에 바람직하지 않지만 고객이 어느 지역을 중심으로 몰려 있을 때 대단히 효과적이다. 가령 소형컴퓨터 소프트웨어 회사에서 호텔, 병원, 중소기업 등으로 고객을 나누어 판매원을 할당하면 담당분야의 고객에 관해서는 전문가가 될 수 있다.

이상의 세 가지 판매원의 조직형태를 여기서는 이야기했지만 회사에 따라 위 세 가지 형태 중 한두 가지를 혼합하여 사용할 수도 있으며 경우에 따라서는 세 가지 형태 모두를 이용할 수도 있다는 점을 알아야겠다.

판매원의 규모결정

판매량은 판매원수와 직접적인 관련이 있다. 판매원의 수가 늘어나면 판매량도 늘어나지만 그와 비례해서 판매비용도 증가하기 때문에 회사로서는 이 점을 감안하여 최적의 판매원수를 결정하여야 한다. 최적의 판매원수를 결정하는 방법으로는 여러 가지가 있을 수 있지만 가장 많이 쓰이는 방법은 업무량(workload)으로 결정하는 방법이다. 이 방법은 고객의 수(N), 고객당 판매원이 연간 방문해야만 하는 방문횟수(F), 1회 방문에 소요되는 평균시간(L) 등을 알아서 이들을 곱한 값을 한 사람의 판매원이 쓸 수 있는 연간 작업시간(S_t)으로 나누어 판매원수를 결정하는데, 예를 통하여 알아보기로 하자.

고객의 유형	고객의 수(N)	방문횟수(F)	방문의 평균 소요시간(L)	방문에 필요한 시간($N \times F \times L$)	판매원의 연간 작업시간(S_t)
슈퍼마켓	1,000	60	40분	40,000시간	주 48시간 × 연 50주 = 2,400시간
백화점	10	30	60분	300시간	
식당	60	30	60분	1,800시간	
판매원수 = $N \times F \times L$ / S_t				총: 42,100시간	2,400시간

필요 판매원의 수 : 총 42,100시간 / 2,400시간=17.5 즉 18명

하지만 이 업무량으로 판매원을 결정하는 방법은 이익을 극대화할 수 있는 방법을 고려하지 않은 채 단순히 판매업무를 소화하기 위해 필요한 판매원의 수를 알 수 있을 뿐이라는 단점이 있다.

이 방법 이외에 전체 예산 가운데 가용한 예산을 판매원 한 사람을 지원해 주는 데 들어가는 비용으로 나누어 판매원수를 결정하는 방법이 있는데 이를 형편되는대로 쓰기(as many as you can afford)방법이라고 한다.

모집 및 선발

모집 및 선발은 이제 어떠한 사람을 뽑을 것인가?의 문제이다. 훌륭한 판매원의 선발은 회사의 성공과 직결되는 문제라서 그만큼 어렵다. 그 이유는 컴퓨터를 판매하는 사람과 페인트를 판매하는 사람의 판매기술이 같을 수가 없듯이 판매원의 기본조건은 회사의 업무와 상대해야 하는 고객에 따라 달라야 하기 때문이다. 따라서 자기 회사에서 꼭 필요로 하는 사람을 뽑기 위해서는 그만큼 세심한 계획과 주의를 기울여야 하는데 아래와 같은 단계로 나누어 생각해 보면 쉬울 것이다.

첫째, 우리 회사에 판매원들이 들어와서 해야 할 일, 즉 직무는 무엇인가?

둘째, 우리 회사제품을 판매하는데 판매원들은 기본적으로 어떠한 자질을 갖추어야 하는가? 즉, 판매원 선발의 기본요건을 정해야 한다. 판매원의 기본요건과 관련하여 판매경력의 성숙도, 판매기술, 외모, 협동심, 언변, 성격, 정확성, 태도 등이 일선 판매관리 담당자들이 중요하다고 여기는 사항들이다. 물론 이러한 요건들은 일반적인 것이라서 자기 회사에 맞지 않을 수도 있다. 가령 은행의 영업사원은 무엇보다도 예금의 유치능력이 뛰어나야 하지 않겠는가? 따라서 회사별로 자기 회사에 맞는 기본요건을 설정하여 판매원 선발의 기준으로 삼아야 한다.

셋째, 판매원 모집을 공고하여 선발한다. 이 경우 적성검사와 신체검사 그리고 지능검사 등을 실시하여 기본요건에 부합하는 사람을 판매원으로 채용한다.

판매원의 훈련

부처님의 설법도 중생에 따라 다르듯이 판매원도 고객마다 설법을 달리해야 할 경우가 많을 것이다. 따라서 판매원은 그만큼 서로 다른 설법을 배우지 않으면 안 된다.

회사에서 판매원훈련의 계획을 수립할 때에 필히 염두에 두어야 할 사항을 요약하면 아래와 같다.

- 훈련프로그램의 목표
- 훈련자의 선정
- 훈련프로그램의 내용
- 훈련의 시기 및 장소
- 훈련 및 교육의 구체적인 방법

판매원의 교육 및 훈련방법은 그 목적과 대상에 따라 다를 수 있지만 일반적으로 강의, 회의, 사례연구, 역할연기법, 감수성훈련, 프로그램학습 등의 방법이 사용된다. 요즈음 기업에서 신입사원의 훈련에 많이 이용되는 생존게임(survival game) 등도 판매원의 훈련에 이용될 수 있을 것이다. 한 가지 중요한 사실은 교육 및 훈련의 효과는 단기간에 나타나지 않는다는 사실이다. 그러므로 훈련은 지속적이고 반복적으로 이루어져야한다.

판매원 지도와 감독

판매원을 지도하고 감독한다는 말은 한마디로 그동안 선발되어 훈련을 받은 판매원들이 판매활동을 시작하면 이들이 효과적인 판매활동을 하도록 필요한 지도를 하는 것을 말한다. 효과적인 판매활동을 할 수 있도록 지도한다는 말은 이들에게 ① 판매구역(sales territories)을 설정해 주고, ② 고객별 목표와 방문횟수 그리고 ③ 판매시간의 효율적인 이용방법 등을 적절하게 할당하고 지도하는 것을 포함한다.

판매원의 하루를 점검해 보고 고객에게 다가가는 시간, 점심 먹는 시간, 사무처리 시간, 전화 거는 시간 등 의외로 부수적인 시간이 많이 든다. 평균적으로 볼 때 전체 활동시간의 약 25% 정도만이 순수하게 판매활동에 사용되는 시간이다. 이렇게 볼 때 판매원의 순수 판매활동시간을 25% 수준에서 30% 정도의 수준으로 향상시키기 위한 지도와 감독은 곧 회사의 이익과 직결된다고 하겠다.

최근에 일부 회사에서는 판매원이 판매활동에만 전념할 수 있도록 내부에서 이들을 보조하는 내무판매원을 두는 경우도 있고 또 정보통신매체를 이용한 텔레마케팅의 비중을 높이는 경우도 있다.

평　가

평가가 없는 판매원관리는 사실상 무의미하다. 따라서 회사에서는 판매원 개개인의 판매활동을 평가하여 지도하고 보상의 기준으로 삼아야 한다. 판매원을 적절하게 평가하기 위한 절차는 아래와 같다.

> 평가기준의 결정 → 평가자료의 수집을 위한 방법의 개발 → 평가자료의 수집 → 평가기준과 성과와의 비교 → 기준과 성과와의 차이를 지도 · 개선

평가기준으로서는 양적인 기준과 질적인 기준으로 구분할 수 있는데 이들을 구분하면 [표 13-1]과 같다.

표 13-1 판매원의 업적평가기준

양적인 기준	질적인 기준
판매량, 판매액 목표대비 판매할당량 달성률 주문량, 목표대비 주문량 달성률 판매경비, 판매액(량)대비 경비비율 방문횟수, 1회 방문비용 평균고객의 수, 신규고객(상실고객)의 수 고객당 평균판매액(량), 고객당 평균이익 등	협력성, 적극성, 창의성 회사방침의 준수, 고객의 신뢰성, 근무태도 등

평가자료의 수집을 위한 방법으로는 판매원의 활동보고서(work plan), 사후보고서 등과 같은 판매보고서(sales report), 그리고 비용보고서(expense report) 등과 같은 각종 보고서를 주로 이용하는데 이들은 모두 양적인 기준을 평가하기 위한 것이다. 질적인 기준을 평가하기 위한 자료는 주로 상위감독자의 관찰을 이용하는데 경우에 따라서는 동료들 간에 상호 평가를 하게 하여 이 자료를 이용하기도 한다.

평가기준과 성과를 비교할 때에는 단순히 자료를 이용하여 현재와 과거와의 업적을 비교하거나 아니면 성과를 판매원 간에 직접 비교할 수 있다. 판매원을 평가할 때 주의해야 할 점은 판매상황, 즉 그 사람이 맡고 있는 판매구역, 그 지역의 잠재고객의 수, 성장가능성 등을 고려하여 상호간 비교를 하여야만 공정한 평가를 할 수 있다는 점이다. 호랑이 굴에서 싸우고 있는 사람과 고양이 굴에서 싸우고 있는 사람을 단순 비교할 수는 없다는 말이다.

평가가 이루어지면 평가결과를 가지고 적절한 보상계획과 지도계획을 수립하여야 한다.

보 상

누구나 일한 만큼의 보상을 받지 못하면 일할 기분이 나지 않는 법이다. 보상의 가장 중요한 형태는 물론 돈이지만 돈만이 능사는 아니며 그 이외에 승진, 칭찬, 인정, 재량권 등 판매원의 사기와 관련되는 비금전적인 보상도 대단히 중요한 보상의 한 형태임에 틀림없다는 사실을 알아야 하겠다.

판매원들에게 금전적인 방법으로 보상을 해 주는 방법에는 크게 세 가지가 있는데 정기적으로 일정액을 보수로 지급하는 고정보수제(straight salary plan), 이와는 정반대로 전적으로 판매성과에 따라 보수를 지급하는 성과급제(straight commission plan)가 있다.

고정보수제는 판매원을 행정적으로 관리하기 쉬울 뿐만 아니라 판매원 역시 심리적으로 안정된 마음가짐으로 판매활동에 종사할 수 있다는 장점이 있는 반면에 판매원들이 고정적인 보수를 받기 때문에 일을 열심히 하지 않을 수도 있다는 치명적인 단점이 있다.

반면에 성과급제는 일한 만큼 가져가기 때문에 판매원 스스로가 열심히 일하게 되며, 고정적인 판매비의 지출이 없고 판매량에 따라 판매비가 결정되기 때문에 판매비를 낭비하지 않으며, 커미션의 조정을 통하여 판매원의 관리를 효율적으로 할 수 있다는 장점이 있다. 하지만 이 제도 역시 치명적인 단점을 가지고 있는데 다름이 아니라 판매원이 고객에게 제품의 구매를 강요하거나 할인 등과 같은 변칙적인 판매방법을 동원할 가능성이 있다는 점이다. 또한 실적이 나쁘면 가져가는 것이 적기 때문에 판매원 간의 위화감이 조성되어 전체적인 사기가 떨어질 우려가 있다.

따라서 많은 회사에서 이 두 방법을 혼합하여 보수의 일부는 고정적으로 지급하고 나머지는 성과에 따라 커미션을 지급하는 이른바 혼합형 제도(combination)를 실시하고 있다.

이렇게 모든 제도가 장·단점을 갖고 있기 때문에 어떠한 제도를 채택할 것인가는 회사의 경영철학과 취급제품에 따라 달라질 수도 있다.

FASHION MARKETING TREND

'퍼스널 쇼퍼' 신개념 패션 직종으로 뜬다

일 대 일로 개인의 쇼핑을 도와주는 '퍼스널 쇼퍼(Personal shopper)' 서비스가 패션유통업계에 확산되고 있다. '퍼스널 쇼퍼'란 매장에 직접 들르기 힘든 고객, 가령 유명 연예인이나 대기업 대표를 대신해 그들이 원하는 물건을 사주는 사람을 의미한다. 대형 백화점들이 우수 고객을 대상으로 옷부터 액세서리까지 코디해 주고 상황에 따라서는 고객의 스케줄에 맞춰 의상을 제안해 주는 개인 코디네이터를 '퍼스널 쇼퍼'로 이름 붙이면서 새로운 직종으로 떠오르고 있다.

이들은 고객의 취향과 옷 사이즈를 모두 외우고 옷장 속에 어떤 스타일의 옷들로 채워져 있는지도 파악해야 한다. 고객에게 항상 새로운 스타일을 제안하기 위해 해외 패션 동향과 신상품 정보를 기본적으로 인지해야 함은 물론이다. 국내에서 이 서비스를 처음 도입한 곳은 갤러리아백화점이다. 갤러리아는 지난 2004년 고객을 대상으로 이 제도를 도입하면서 샵 매니저였던 양유진 씨를 '퍼스널 쇼퍼'로 기용했다.

롯데백화점도 작년 3월 명품관 '에비뉴엘' 오픈과 함께 우수고객 100명을 대상으로 '퍼스널 쇼퍼' 서비스를 시작했다. 신세계백화점도 본점 리뉴얼과 함께 1% 고객을 대상으로 '퍼스널 쇼퍼' 2명을 운영하고 있다. 이처럼 일부 고객들만을 위해 운영되던 '퍼스널 쇼퍼'는 점차 일반인들에게까지 확대되고 있다.

현대백화점은 최근 무역센터점에 일반 남성 고객들을 위한 '퍼스널 쇼퍼'를 기용했다. 이들은 찾아온 고객의 직업과 구매 성향, 선호 브랜드를 파악한 다음 함께 매장을 돌아다니며 고객에게 어울리는 옷을 골라주는 역할을 하고 있다. 특정 매장에 소속된 점원은 그 코너 물건만 열심히 팔지만 이들은 여러 매장의 제품을 객관적으로 제안해 소비자들이 합리적인 쇼핑을 할 수 있다는 장점이 있다.

좌 & 우상: 파리는 물론 미국, 러시아 등 수많은 글로벌 고객들의 스타일과 쇼핑을 책임지고 있는 퍼스널 쇼퍼 엘라노어 쉐드빌의 사이트 www.personalshopperparis.com과 고객들을 위한 옷을 고르고 있는 모습
그녀가 패셔니스타를 갈망하는 여성들에게 강조하는 것은 '자신의 시그너처 스타일을 찾아라'
우하: '퍼스널 쇼퍼' 서비스가 제공되는 삼성동 코엑스 현대백화점 6층의 코디실

패션업계에서도 '퍼스널 쇼퍼'를 도입하는 곳이 생겨나고 있다. LG패션은 신사복 '알베로'의 일반 고객을 대상으로 지난달부터 '퍼스널 쇼퍼' 서비스를 시작했다. '알베로'는 이미지를 연구하는 이미지클리닉 연구소와 제휴, 방문 고객에게 개인별 패션 스타일을 컨설팅해 주고 관련 제품까지 추천해 주고 있다.

'퍼스널 쇼퍼' 확대 사업을 추진하고 있는 이미지클리닉 연구소는 "한국에서는 퍼스널 쇼퍼가 백화점의 일부 VIP 고객들만 이용할 수 있는 서비스지만 미국에서는 작은 가게에서도 이런 서비스를 제공하고 있다"며 "사치가 아니라 쇼핑을 경제적이고 합리적으로 할 수 있도록 도와주는 서비스"라고 했다.

자료: 어패럴뉴스, 2006. 5. 17.
그림: www.personalshopperparis.com
http://blog.naver.com/

요 약

1. 인적 판매는 커뮤니케이션 믹스의 한 요소로서 다른 어떠한 요소보다도 효과적이며 강력한 커뮤니케이션 방법이다.

2. 인적 판매는 다른 커뮤니케이션 수단과 비교할 때 융통성이 있고 집중성이 있으며 즉시에서 판매를 완결할 수 있다는 장점이 있는 반변에 엄청난 비용이 들고 능력있는 판매원을 구하기가 쉽지 않을 뿐만 아니라 시간적 제약이 따른다는 단점이 있다.

3. 인적 판매는 일반적으로 잠재고객의 색출 및 평가, 접근, 설득, 거래의 종결, 판매 후 서비스의 절차를 통하여 이루어진다.

4. 판매원관리란 회사에서 판매원을 선발, 훈련, 조직, 평가하여 판매목표를 달성할 수 있도록 관리하는 것을 말하며 판매원의 보수는 성과급제, 고정보수제와 혼합형이 있어 회사의 판매원 관리목표에 따라 각 제도의 장·단점을 파악하여 선택할 수 있으나 주로 혼합형이 쓰인다.

생각해 볼 문제

1. 판매원관리에는 많은 비용이 소요된다. 그럼에도 불구하고 인적 판매가 더욱 효과적인 이유는 무엇인가?

2. 의류상품 구매경험을 바탕으로 고객의 입장에서 본 최고의 판매사원이 되기 위한 자질은 무엇인지 논의해 보자.

3. 판매원의 판매능력을 향상시키기 위한 트레이닝에는 어떠한 것들이 있는지 생각해 보자.

4. 판매원들에게 금전적인 방법으로 보상을 해주는 방법에 대해 공부해 보고 각각의 장단점을 비교해 보자.

PART V

마케팅평가

5부

chapter 14 마케팅활동의 조직 · 집행 · 통제

Chapter 14

마케팅활동의 조직 · 집행 · 통제

국내 굴지의 의류소재 회사인 M사는 니트 부문의 마케팅관리를 보다 효율적으로 실행하기 위해서 마케팅관리 조직의 재구성을 고려하고 있다. 5년 전 니트 부문의 마케팅 관련부서는 마케팅부와 영업부로 조직되어 있었다. 당시 마케팅부는 제품기획에서부터 판매계획까지를 담당하였다. 영업부는 마케팅부서에서 결정한 판매목표를 달성하기 위하여 영업사원관리와 대리점 사원들의 교육훈련을 담당하였다. 그러나 영업부와 마케팅부는 서로 업무영역의 중복 및 판매목표 결정권 문제 때문에 자주 갈등을 겪게 되었다. 마케팅 관련조직의 비효율성을 발견한 M사의 니트 부문 기획실에서는 다시 영업부와 유통기획부로 재편하였다. 유통기획부는 기존 마케팅 부서의 업무에다 대리점 관리기능을 더 하였다. 영업부는 판매사원의 관리와 지역별 영업관리 및 교육훈련 업무를 담당하였다. 하지만 이도 조직개편의 효과로 잠시뿐, 대리점관리 및 영업을 바꾸어 보았지만 결과는 신통치 않았다. 따라서 M사의 니트 부문의 기획실은 마케팅 관련부서의 조직을 재편하기로 결정하였다. 하지만 기획실은 어떻게 조직을 재편하여야 관리능률을 증가시킬 수 있을 것인지에 관해서는 답답하기는 다른 부서원들과 마찬가지이다.

아무리 우수한 제품이나 마케팅인력을 보유하고 있다 하여도 마케팅조직이 효율적으로 구성되어 있지 못하면 마케팅관리의 실효를 거둘 수 없다. 본 장에서는 먼저 마케팅부서의 조직유형에 대해서 알아본 후, 마케팅부서와 타부서와의 관계 그리고 마지막으로 마케팅관리의 집행방법에 관하여 알아보기로 한다.

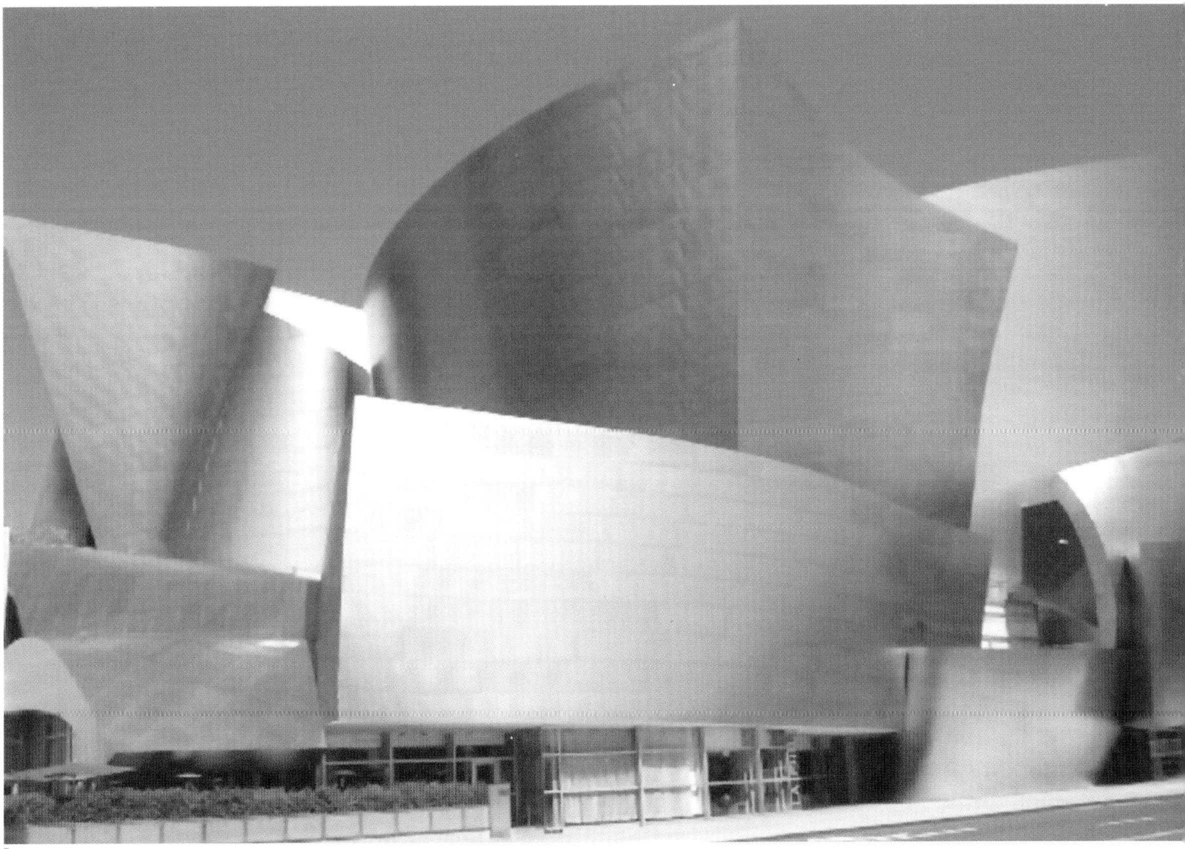

루이 비통 본사(tfile.nate.com)

1. 마케팅 부서의 조직유형

기업은 판매제품의 특성, 판매지역의 넓이, 구매자의 특성 등을 고려하여 마케팅 부서를 조직하여야 한다. 마케팅 부서의 조직유형은 크게 다음 네 가지를 들 수 있다.

기능별 조직

가장 흔한 마케팅 조직형태는 [그림 14-1]에서 보는 바와 같이 다양한 분야의 마케팅 전문가가 마케팅 책임자의 조정 아래 위치하게 되는 기능별 조직이다.

그림 14-1 기능별 조직

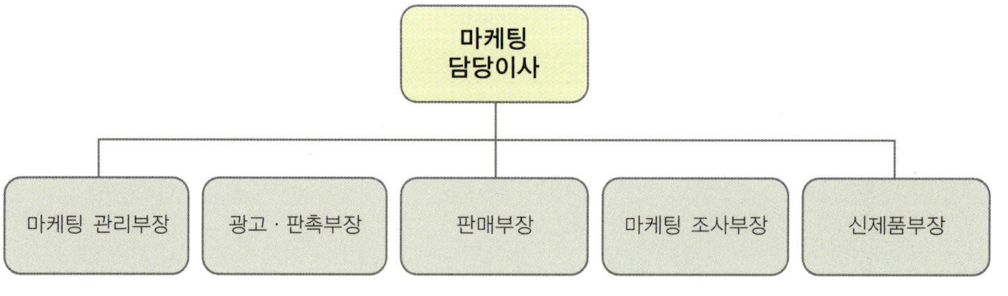

기능별 마케팅조직의 주요 장점은 관리의 단순성이다. 하지만 다른 한편으로 이런 형태는 기업의 제품과 시장이 늘어나게 되면서 효율성이 낮아지는 단점이 있다. 보다 구체적으로 얘기하면 다음과 같다. 첫째, 제품이나 시장에 대해 완전한 책임을 지고 있는 사람이 없기 때문에 특정제품과 시장에 대해 부적절한 계획

수립이 이루어질 수가 있다. 둘째, 각 기능분야가 다른 분야보다 더 많은 예산과 지위를 얻기 위해 경쟁하게 된다. 최고경영자는 서로 상충되고 있는 기능별 전문가들의 주장을 면밀히 검토하고 조정해야 하는 어려운 문제에 직면하게 된다.

지역별 조직

전국적인 시장에 판매를 하고 있는 기업은 판매원을 지역별로 조직화하는 수가 많다([그림 14-2] 참조). 기업은 지역시장을 보다 잘 관리하기 위하여 지역시장의 전문가들을 채용 혹은 육성하게 된다. 소위 경남사업본부, 서울사업본부 등의 조직이 그 예이다. 이 조직은 판매원들이 최소한의 교통시간과 비용으로 그들의 고객을 제대로 이해하게 하는 데 효과적이다.

그림 14-2 지역별 조직

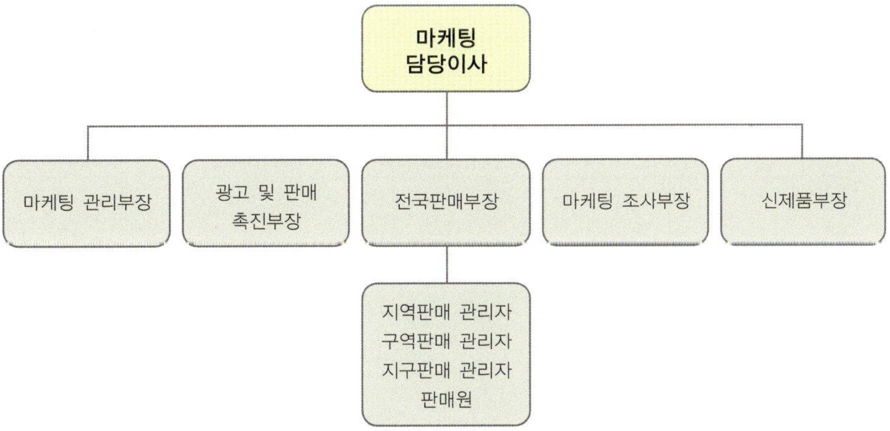

제품관리 조직

다양한 제품이나 상표를 생산하는 기업은 [그림 14-3]과 같은 제품관리조직을 이용하는 수가 많다. 제품관리조직은 특정의 제품이나 상표를 책임지는 제품관리자 또는 상표 관리자를 지휘 감독하는 제품군 관리자가 있고, 다시 이들을 지휘 감독하는 총 제품 부장에 의해 이끌어지는 조직이다.

이 때, 제품 관리자는 특정제품이나 상표에 대한 포괄적인 전략을 수립하고 집행하는 역할을 수행한다. 제품관리조직은 한 기업이 매우 상이한 형태의 제품을 생산하고 있을 때 특히 바람직한 조직구조이다.

제품관리조직은 다음과 같은 여러 가지 장점을 가지고 있다.

첫째, 제품 관리자는 자신이 담당한 제품의 특성에 맞는 가장 효율적인 마케팅믹스를 개발할 수 있다. 둘째, 제품 관리자는 담당제품의 시장 및 소비자에 대해 잘 파악하고 있으므로 시장에서의 문제점에 신속히 대응할 수 있다. 셋째, 자사의 상품이나 상표를 선호하는 소비자들 중 소규모집단들도 소홀히 하지 않을 수 있다.

그러나 각 제품 관리자로 하여금 담당한 제품에 대한 단기적 성과에만 몰두케 함으로써 제품의 장기적인 이점을 구축하는 데 장애가 될 수도 있으며, 각 제품별 업무를 수행하기 위해 광고, 판매, 제조부서의 업무협조를 많이 필요로 하기 때문에 갈등의 소지가 있고 비용이 많이 소요될 수 있다는 단점도 지니고 있다.

그림 14-3 제품관리조직

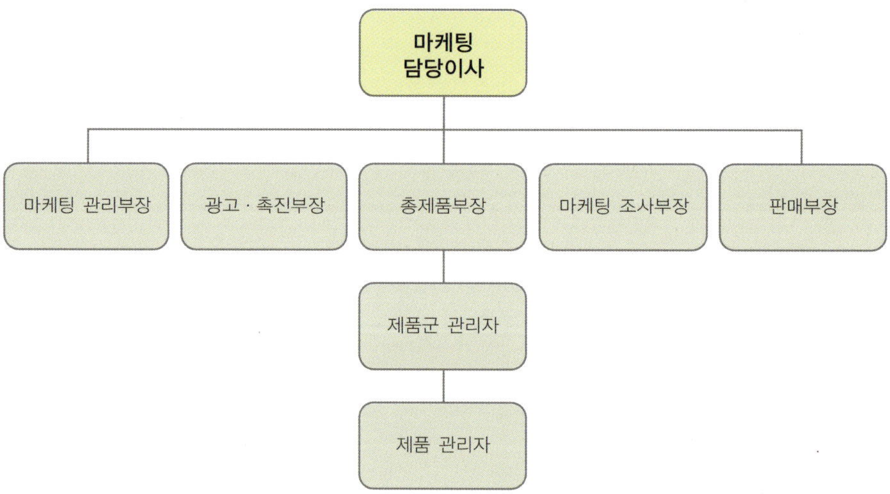

시장별 조직

동일한 제품을 다양한 시장에 판매하거나, 고객들이 독특한 구매 관행을 가진 집단으로 분류되는 경우에는 시장별 조직이 바람직하다.

시장별 조직은 [그림 14-4]와 같은 형태를 갖는다. 마케팅 담당이사는 여러 명의 시장 관리자들을 감독한다. 시장 관리자는 자기 시장에서의 제품과 이윤에 대한 장기계획과 연간계획을 수립하는 책임을 갖는다. 그래서 이들은 마케팅조사, 광고, 판매, 기타 다른 부서들의 도움을 얻으려고 노력하여야 한다. 이 시장별 조직의 주요 장점은 기업조직이 특정고객 세분시장의 기본적 욕구를 중심으로 조직된다는 것이다.

다양한 종류의 시장에서 다양한 종류의 제품을 판매하는 기업은 시장별 조직의 형태만으로 마케팅관리를 수행하는 것이 불가능하다. 따라서 이러한 경우 시장은 시장 관리자가, 제품은 제품 관리자가 관리하는 소위 매트릭스 조직이 효율적이다.

그림 14-4 시장별 조직

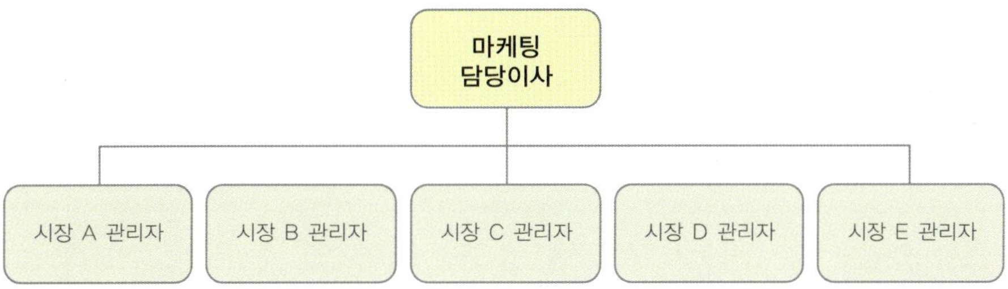

[그림 14-5]는 매트릭스 조직을 이용한 제품 시장관리 조직의 형태이다. 각 제품 관리자들은 자신들이 담당하는 제품에 대한 매출 계획 및 이익 계획을 수립하고 자기가 담당하는 제품이 시장에서 얼마나 팔릴 수 있을 것인가를 추정하기 위해 시장 관리자들과 접촉한다. 반면에, 시장 관리자들은 자신이 취급하는 제품의 미래의 수익성이 높은 시장을 발견하기 위해서는 다른 제품의 취급가능 여부와 가격 등에 대해 알아야 하므로 제품 관리자들과 접촉한다.

이 매트릭스 조직은 각각의 제품과 시장에 대해 관리자들의 노력이 분할되어야 한다는 것을 보여주고 있다. 그러나 이 조직 역시 몇 가지 단점들이 있다. 이러한 조직을 관리하는 데는 비용이 많이 소요되며, 조직의 탄력성 역시 감소되는 경향이 있고, 추가적인 조직내부 갈등이 생길 소지가 많다. 그러나 어떤 경영자들은 이 조직의 이점이 갈등발생의 가능성이나 조직관리비용의 증가보다는 훨씬 크다고 보고 있다.

그림 14-5 제품/시장별 조직

	시장 A	시장 B	시장 C	시장 D	시장 E
제품 Ⅰ					
제품 Ⅱ					
제품 Ⅲ					
제품 Ⅳ					
제품 Ⅴ					

2. 마케팅집행

마케팅집행이란 마케팅계획에 따라 임무를 부과하고, 이렇게 부과된 임무가 목표달성을 위한 최적의 방법으로 집행되게끔 하는 관리활동이다. 마케팅집행에 결정적인 영향을 미치는 ① 문제인식과 진단기술, ② 문제가 기업의 어느 수준에서 발생하고 있는가를 평가하는 기술, ③ 계획집행기술, ④ 집행경과의 평가기술 네 가지 사항에 대해서 알아보기로 한다.

문제 진단

전략과 집행 사이의 밀접한 상호관련성은 마케팅계획의 결과가 기대를 충족시키지 못했을 때 진단적 문제를 더욱 어렵게 한다. 예를 들어, 판매 수준이 저조한 것이 잘못된 전략의 결과인가 아니면, 잘못된 집행의 결과인가? 더욱이 그 문제가 무엇이며 그것에 대해 무엇이 행해져야 하는가를 결정하는 것이 마케팅집행에 있어 매우 중요하다.

기업수준별 집행

마케팅집행과 관련된 문제는 다음 세 종류의 각기 다른 기업의 수준에서 발생될 수 있다. 첫째, 마케팅기능을 수행하는 수준이다. 판매, 광고, 신제품개발, 유통관리 등의 일련의 마케팅활동들을 집행하는 기능적 수준이다. 예를 들자면 신제품시장에 늦게 진입한 회사가 어떻게 하면 높은 상표충성도를 달성할 수 있는가와 같은 마케팅 집행활동이다. 둘째, 마케팅 기능들을 통합하여 공통된 목표를 달성하려는 수준이다. 예를 들자면 특정한 제품의 가격결정과 유통경로관리가 유기적인 관계를 가지고 집행되는 것을 뜻한다. 셋째, 마케팅 정책수준이다. 이는 관리자가 기업구성원들에게 기업이 추구하는 마케팅의 목표가 무엇인지를 알리는 수준이다. 따라서 리더십, 월급, 사원선발 및 훈련, 판매정책 들을 통하여 기업이 마케팅관리를 어떻게 하기를 원한다는 것을 조직구성원들에게 알려야 한다.

마케팅집행

마케팅이 위에서 언급한 세 가지 수준에서 집행되기 위해서는 다음 네 가지 집행기술이 필요하다.

첫째, 할당기술인데, 이는 마케팅 관리자가 시간, 금전, 요원들의 기능, 정책 등의 수준에 할당하는 기술이다. 예를 들어, 상업전시회에 얼마나 많은 예산을 지출할 것이냐(기능적 수준)를 결정하고, 또는 제품에 대해 어떤 보증을 해야 하는가(정책적 기준)를 정하는 것이 할당기술이다.

둘째, 조사기술이다. 이는 마케팅활동의 결과를 평가하기 위한 통제시스템을 개발하고 관리하는 것이다. 이러한 통제에는 네 가지 유형이 있는데, 연간계획통제, 우익성 통제, 효율성 통제, 전략적 통제가 그것이다.

셋째, 조직화 기술이다. 이는 효과적으로 업무를 수행하는 조직을 수립하는 것이다.

넷째, 상호작용기술이다. 이는 다른 부서에 영향을 미침으로써, 어떤 과업을 수행하게끔 하는 관리자의 능력이라 할 수 있다. 즉, 마케팅 관리자들은 조직의 구성원들에게 동기를 부여할 수 있는 능력을 가지고 있어야 할 뿐만 아니라, 외부기관, 즉 마케팅 조사회사, 광고대행사, 판매상, 도매상, 대리점의 목적이 당 기업의 목적과 조화를 이루게 하게끔 동기를 부여하여야 한다. 예를 들어, 유통경로내의 갈등을 관리하기 위해서는 상당히 높은 수준의 상호작용 기술이 요구된다.

집행평가

시장에서 좋은 성과를 달성했다고 반드시 마케팅이 효과적으로 집행되었다고 볼 수 없다. 마케팅집행에 대한 평가는 아래 내용에 대해서 긍정적 결과가 나타났을 때 우수하다고 할 수 있다.

- 분명한 마케팅전략이 존재하고 강력한 마케팅지도력 및 문화가 조성되어 있는가?
- 마케팅기능들이 다양한 표적시장을 관리하기 위하여 통합되어 있는가?
- 마케팅 관리자가 다른 마케팅인력들이나 다른 부서, 그리고 고객 및 거래처들과 효율적으로 관계를 유지하고 있는가?
- 고객이나 경쟁자 및 유통기관들을 이해하는 데 필요한 조사체제를 갖추고 있는가?
- 경영자 마케팅 관리활동에 얼마나 많은 자본과 시간 및 인력을 투자하고 있는가?

3. 마케팅활동의 평가와 통제

MARKETING NOTE

계획을 위한 계획

올해도 어김없이 11월 중순이 되자 M사 기획실에서는 모든 부서로 하여금 다음 해 계획과 앞으로 5년간을 다루는 중장기계획을 작성하여 보고하도록 요구하고 있다. M사 마케팅부 C과장은 올해도 또 자신이 마케팅 계획수립담당자로 선발된 것에 대하여 별로 자랑스럽게 생각하지 않고 있었다. 기획실에서 내려 보낸 소위 연차계획서 형식과 중장기계획서 형식을 보면 공대출신인 C과장으로서는 이해할 수 없는 것이 한두 가지가 아니었다. 게다가 향후 5년간의 시장성장률 예측이라든가 경쟁사의 마케팅전략 예측과 같은 분야는 현재 M사의 정보분석능력을 훨씬 뛰어넘는 수준인 것이다. 결국 작년과 마찬가지로 C과장의 마케팅계획은 주먹구구식의 소위 '때려맞히기'로 빠져버리는 것이다. 마케팅 계획수립자로서 더욱 맥빠지는 일은 연말이 되면 그 다음 해 계획에 대해서만 모두들 흥미를 나타내는 반면, 해당 연도의 마케팅계획의 목표에 대한 성과분석이나 통제에 대해서는 아무도 입을 여는 사람이 없다는 것이다. 이러한 상황에서 C과장은 보다 효율적인 마케팅활동에 대한 통제방법이 사내에 설치되지 않는 한 계획실행이란 불가능하다고 생각하고 있다.

마케팅통제는 네 가지 유형으로 구분해 볼 수 있다([표 14-1] 참조).

첫째, 연차계획통제의 경우, 마케팅 담당자들이 연차계획에 의해 다양한 성과를 검토하는 것으로서, 필요한 경우 수정조치를 취할 수 있다. 둘째, 수익성통제는 다양한 제품, 지역, 시장, 유통경로의 실제 수익성을 평가 · 통제하는 것이다. 셋째, 효율성통제는 상이한 마케팅수단과 비용의 생산성을 향상시키기 위한 방안을 탐색하는 것이다. 넷째, 전략적 통제는 기업의 기본적 전략이 기업의 기회와 잘 조화되는가를 주기적으로 검토하는 것이다. 이제부터 네 가지 마케팅 통제 유형에 대해 살펴볼 것이다.

표 14-1 마케팅통제의 유형

통제의 유형	주요 책임자	통제 목적	접근방법
I. 연차계획통제	최고경영자 중간관리자	계획된 결과를 달성하였는가를 검토	판매 분석, 시장점유율 분석, 마케팅비용/판매비율, 고객태도 추적
II. 수익성통제	마케팅 감사인	기업이 이득을 보는지 손실을 보는지를 평가	제품별, 지역별, 세분시장별, 거래경로별, 주문규모별 수익성
III. 효율성통제	마케팅 감사인	지출능률, 마케팅비용의 영향의 평가와 개선	판매원, 광고, 판매촉진 및 유통의 능률
IV. 전략적 통제	최고경영자 마케팅 감사인	최적의 마케팅 기회를 추구하는지, 그리고 그것이 효과적인지를 검토	마케팅감사

연차계획통제

연차계획통제의 목적은 연차계획에서 수립된 판매, 이윤, 기타 목표들을 달성하였는가를 확인하는 것이다. 여기에는 [그림 14-6]에서 보는 바와 같이 네 단계가 있다.

그림 14-6 연차계획통제과정

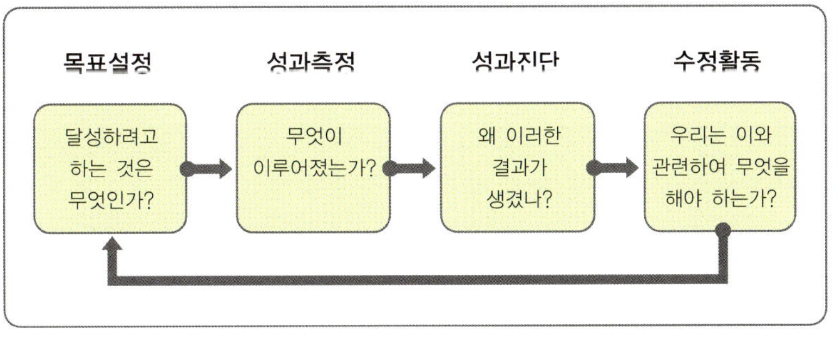

첫째, 경영진은 연간계획에 중간목표로서의 월별 혹은 분기별 목표를 규정해야 한다. 둘째, 경영진은 시장에서의 성과를 추적 감시해야 한다. 셋째, 경영진은 성과차이의 심각한 원인이 무엇인가를 결정해야 한다. 넷째, 목표와 성과 사이의 차이를 줄이기 위해 수정조치를 취해야 한다. 그런데 연간계획과정에서 결정된 목표의 성취 여부를 통제하는 데는 ① 판매 분석, ② 시장점유율 분석, ③ 마케팅

비용, ④ 만족도 분석 등 네 가지의 방법이 있는데, 아래에서는 이들 통제방법을 보다 구체적으로 알아보도록 하겠다.

1 판매 분석

판매 분석이란 목표판매액과 실제판매액을 비교 분석함으로써 마케팅성과를 평가하여 통제를 시도하는 방법이다. 크게 두 가지 평가수단이 있다. 첫째, 판매차이 분석이다. 이는 판매성과차이에 대한 각 상이한 요인의 상대적 기여도를 결정하는 것이다. 예컨대, 니트셔츠를 생산하는 어느 회사의 연간 계획에 의한 1/4분기의 판매목표가 장당 10만원에 4,000장, 즉 4억원의 판매액을 달성하는 것이었다고 가정하자. 그런데 실제로 1/4분기 말에 조사해 보니 판매실적은 장당 8만원에 3,000장, 즉 2.4억원에 그쳤다면 판매성과차이는 1.6억원, 즉 목표의 40%에 해당하는 것이 된다. 그러면 이 성과차이 중 가격과 수량에서 기인한 것은 다음과 같다.

가격하락으로 인한 차이 = (10만원 − 8만원)(3,000) = 0.6억원(37.5%)
수량미달로 인한 차이 = (10만원)(4,000 − 3,000) = 1억원(62.5%)/1.6억원(100%)

따라서 성과차이의 약 2/3가 목표판매량을 달성치 못한 데서 기인하고 있음을 알 수 있다. 따라서 회사는 목표판매량을 달성하지 못한 이유를 세밀히 검토하여야 한다. 둘째, 미시적 판매분석방법이다. 미시적 판매분석은 기대한 판매량을 달성하지 못한 특정제품과 지역, 기타 등을 분석 검토하는 것이다. 예를 들어 세 지역에서 판매하고 있는 각각의 기대판매량은 1,500장, 500장, 2,000장으로서 총 4,000장이라고 하자. 그런데 실제판매량은 각각 1,400장, 525장, 1,075장이였다. 즉, 제 1 지역은 기대판매량에서 7% 미달, 제 2 지역은 5% 초과, 제 3 지역은 46% 미달이 생긴 것이다. 즉, 제 3 지역이 가장 큰 곤란을 야기하고 있다. 판매담당자는 제 3 지역이 이처럼 부진을 보인 이유를 면밀히 분석하여야 한다.

2 시장점유율 분석

판매성과의 평가와 분석만으로 사회경쟁과의 상대적인 실적을 밝혀낼 수는 없다. 왜냐하면 판매의 증대는 경기의 호전이나 회사의 마케팅노력의 개선 중 어느 하나 혹은 양쪽에 기인할 수도 있기 때문이다. 따라서 회사의 시장점유율이 증가하고 있다면, 경쟁사를 이기고 있다는 것이다. 그러나 시장점유율이 하락하고 있다면, 경쟁사에 비하여 시장을 상실하고 있는 것이다. 시장점유율 분석이 가장 중요한 자료는 전체 시장규모와 경쟁사의 판매실적이다. 통계청 자료, 한국은행 자료 등으로 전체 시장규모를 추정할 수 있지만, 아직 이러한 경쟁사의 정확한 판매액의 자료들은 결국 경쟁사의 관리자들을 통해서 입수할 수밖에 없는데 대부분 과장된 자료일 확률이 높다.

3 마케팅비용 분석

판매액이나 시장점유율이 회사의 마케팅노력을 평가 · 통제하기 위한 주요 수단이기는 하지만 수익성을 밝혀주지는 못한다는 데 그 한계점이 있다. 따라서 회사가 필요로 하는 것은 매출에 관한 자료 이외에 각 지역, 제품라인, 기타 마케팅 단위의 상대적 수익성분석에 사용될 마케팅비용일 것이다. 마케팅비용 분석은 기업의 운영비에 대한 분석으로 마케팅 관리자는 예산목표를 실시하여야 한다. 이러한 마케팅비용은 판매원비용, 광고비, 판매촉진비, 마케팅조사비, 판매관리비 등으로 구성된다.

마케팅비용 분석에서 마케팅 관리자가 주의하여야 할 점은 비용할당이다. 즉, 전체 마케팅비용을 개별적인 지역, 제품 또는 다른 마케팅 단위로 할당하는 것은 상당히 어려운 직무이다. 예를 들어서 제일모직의 '빈폴' 광고에 소요된 비용을 제일모직에서 판매하는 제품별이나 지역시장별로 나누어 분석한다는 것은 불가능한 것이다.

4 고객만족도 분석

앞에서 설명한 연차계획의 통제방법들은 모두 계량적인 특성을 가지고 있으며 이는 시장상황의 변화가 임박해서야만이 경영자에게 알려지는 단점이 있다. 따라서 판매액, 시장점유율 등의 변화를 조기에 파악할 수 있는 방법으로 소비자들의 만족도 분석이 사용된다. 고객만족도를 추적분석해 보면 고객의 태도가 판매에 영향을 주기 전에 마케팅 담당자가 대응조치를 취할 수 있다. 현재 국내에서도 기업들이 고객만족도의 중요성을 인식하여 경영활동에 활발히 사용하고 있다. 고객만족도 분석방법은 다음과 같다.

불평 및 제안시스템

시장지향적 기업들은 고객으로부터의 구두 및 서면 불평을 기록하고 분석을 한다. 그리고 가장 자주 발생하는 불평유형의 원인을 시정한다. 호텔, 식당, 은행과 같은 업체에서는 제안카드를 제공하며 여러 가지 창의적인 방법으로 제안제도를 활용하는 기업도 있다.

고객패널조사

어떤 기업은 전화나 우편, 설문지를 통해 주기적으로 자신의 태도를 전달해 주기를 약속한 소비자들로 구성된 패널을 운영하고 있다. 이러한 패널은 고객불평과 제안시스템보다는 대표성이 있는 소비자태도를 밝혀준다.

소비자조사

담당자들의 친근감, 서비스의 질 등을 평가하기 위해 소비자 중 무작위로 선정된 표본에게 설문지를 보낸다. 이 시스템은 고객들의 평가점수를 더 잘 관리함으로써 우수한 고객서비스를 제공하도록 그 구성원들에게 동기를 부여할 수 있다.

수익성통제

연차계획통제 외에도 기업은 다양한 제품이나 사업영역, 고객집단, 거래경로, 주문규모별 수익성을 측정해야 할 필요도 있을 것이다. 이 수익성정보는 어떤 제품이나 마케팅활동이 확대 혹은 축소, 제거되어야 하는지 여부를 결정하는 데 도움을 준 것이다.

1 마케팅수익성 분석방법

만약 어떤 기업이 유통경로별로 수익성을 판단하려고 할 때, 수익성통제는 크게 3단계로 이루어진다. 제 1 단계는 기능별 비용을 산출하는 단계이다. 제 2 단계는 기능별 비용을 여러 유통경로별로 할당하는 단계로서, 얼마나 많은 기능별 비용이 여러 유통경로별 매출액과 연관되어 있는가를 측정하기 위한 것이다. 마지막 단계는 유통경로별 손익계산서를 작성하는 단계이다. 경로별 손익계산서를 작성함으로써 경로별 수익성을 판단할 수 있고, 경로별로 수정조치가 필요한 경우 그 방안을 강구할 수 있게 된다.

2 수익성 분석결과의 활용

마케팅 관리자는 판매지역의 잠재판매액과 실제판매액으로부터 얻어진 이익을 비교하여 다음과 같은 의사결정을 행할 수 있다. 첫째, 현재의 잠재력수준에 맞게 판매지역을 조정한다. 둘째, 분석결과 판매지역의 문제가 유통시스템에 기인한다면 유통시스템을 변경한다. 셋째, 경쟁이 치열한 지역에서는 촉진 프로그램을 변화시켜 수익성 저하를 막을 수 있다. 넷째, 성과가 극히 저조한 판매지역은 완전히 포기할 수도 있다. 개별적인 제품이나 제품라인의 상대적인 수익성을 파악하면 수익성이 낮은 모델은 제거될 수 있다. 이 때 마케팅 관리자는 하나의 품목제거가 제품라인 전체에 미치는 영향을 반드시 고려하여야 한다. 판매량 분석과 비용 분석의 결합이 이루어지면 마케팅 관리자는 모든 고객집단들의 상대적인 수익성을 파악할 수 있다.

효율성통제

수익성 분석을 통해서 문제가 제기된 시장이나 제품에 대하여 마케팅활동의 문제점, 즉 효율성을 평가하여 통제에 사용하여야 한다. 다음과 같은 마케팅활동의 효율성 평가방법이 있다.

1 판매원효율성

마케팅조직 각 계층의 판매 관리자들이 판매원능률을 평가하기 위해서는 판매원능률의 지표가 되는 다음의 주요 요인들을 우선 검토해볼 필요가 있다.

- 판매원 일인당 평균 판매방문횟수
- 접촉당 평균 판매방문시간
- 판매방문당 평균수익
- 판매방문당 평균코스트
- 판매방문당 여비
- 100회 판매방문당 수주비율
- 기간당 개척신규고객수
- 기간당 해약고객수
- 총 판매상의 판매원 코스트 비율

위에 열거된 각 요인들의 효율성을 평가할 때 자사의 과거 경영자료, 경쟁사와 업계의 평균치들이 그 기준으로 사용될 수 있다. 하지만 국내 경영여건상 이러한 객관성 있는 자료들의 확보는 거의 불가능한 실정이다.

2 광고의 효율성

광고의 효율성은 쉽게 측정하기는 어려우나 다음과 같은 척도를 통해 광고비의 능률도 측정할 수 있다.

- 매체별 및 매체기관별 1,000명 도달 목표구매자당 광고비
- 소구단계별 오디언스의 비율
- 광고내용 및 효과에 대한 소비자의견
- 제품에 대한 태도의 사전·사후 측정
- 광고에 의해 유발된 질문의 건수

3 판매촉진의 효율성

판매촉진의 효율성을 높이기 위해서, 경영자는 판매촉진에 소요되는 비용과 판매액에 미치는 효과를 기록해야 한다. 또한 다음 요인들도 검토해야 한다.

- 특별가격으로 판매한 판매량의 비율
- 총판매액 대비 전시비용
- 청구한 쿠폰의 비율
- 전시결과로 문의한 횟수

4 유통경로의 효율성

마케팅 담당자는 재고관리, 창고입지, 수송방법 등의 물류시스템의 효율성을 개선하여야 한다. 우리나라 기업들은 최근에 와서 물류관리의 중요성을 인식하고 전산화를 시도하여 자동화된 물류관리를 도입하여 유통경로관리의 효율성을 높이려고 힘쓰고 있는 실정이다.

전략적 통제

기업은 정기적으로 전반적인 마케팅활동의 효과를 평가할 필요가 있다. 마케

팅의 목표, 방침, 전략 및 활동계획 등은 급속히 진부화될 수 있기 때문이다. 기업이 시장에 대한 자사의 접근방법을 주기적으로 평가하여 통제하는 데는 크게 마케팅 유효성평가와 마케팅감사 등의 두 가지 방법이 있다.

1 마케팅 유효성평가

마케팅 유효성은 현재의 판매량이나 이윤수준만으로 정확히 파악될 수 없다. 즉, 현재의 판매량성과가 좋지 않지만 효과적인 마케팅활동이 수행되고 있으면 장기적으로는 높은 수준의 판매량과 이윤을 획득할 수 있기 때문이다.

기업이나 사업부의 마케팅 유효성은 소비자철학, 통합적 마케팅조직, 적절한 마케팅정보, 전략적 지향성 및 운영효율성의 다섯 가지 속성으로 평가되어질 수 있다. 이때 측정된 조직이 26점 이상을 획득하면 그 조직의 마케팅 유효성은 대단히 우수한 것으로 평가될 수 있다([표 14-2] 참조).

표 14-2 마케팅 유효성 평가검토표

1. 고객철학

A. 경영자는 표적시장의 욕구를 충족하는 방향으로 기업이 경영되어야 한다는 중요성을 인식하고 있는가?

점수

0 □ 현재의 판매와 누군가가 사줄 신제품만 생각한다.

1 □ 그다지 효과적이지 않지만 광범한 시장과 욕구의 충족만 생각한다.

2 □ 장기적 성장과 가능성에 맞춰 정립된 시장욕구를 전제로 생각한다.

B. 경영층은 다른 세분시장에 대해 다른 제품과 마케팅계획을 개발·적용하려 하는가?

0 □ 아니다. 전혀 그런 생각을 하고 있지 않다.

1 □ 약간. 경로에 대해 장기적인 견해는 가지고 있으나 현재의 고객에게 판매하고 봉사하는 데 모든 노력을 기울인다.

2 □ 그렇다. 마케팅시스템의 변화에 따라 위협과 기회가 생김을 알고 총체적 마케팅시스템관을 가진다.

2. 통합적 마케팅조직

C. 주요 마케팅기능은 고도의 수준에서 통합·통제되고 있는가?

0 □ 아니다. 판매와 마케팅기능은 최고경영층의 수준에서 통합되지 않아서 이따금 갈등이 생긴다.

1 □ 약간. 공식적으로 주요 기능의 통합과 통제는 이루어지나 조정과 협조는 만족스럽지 못하다.

2 □ 그렇다. 주요한 마케팅기능이 효과적으로 통합되어 있다.

D. 마케팅경영층은 연구개발, 제조, 구매, 물적 유통 및 재무부문의 경영자와 갈등 없이 잘하고 있는가?

0 □ 아니다. 마케팅부문은 비합리적인 요청을 하여 다른 부문에 책임을 돌리려 한다는 불만이 있다.

1 □ 약간. 각 부문은 저마다 고유영역에서 기능을 수행하나 관계는 우호적이다.

2 □ 그렇다. 각 부문은 효과적으로 협조하여 전사적인 관점에서 최적해결을 한다.

E. 신제품 개발과정은 잘 조직화되고 있나?

0 □ 제대로 안 되고 있다.

1 □ 공식적으로는 기구가 있으나 제대로 기능수행을 못한다.

2 □ 구조화되고 전문요원이 배정되어 기능수행을 하고 있다.

3. 마케팅정보의 충분성

F. 고객, 구매영향요인, 경로 및 경쟁업자에 관해 최근에 실시한 마케팅 조사시기는 언제인가?

0 □ 수년 전

1 □ 2, 3년 전

2 □ 최근

G. 경영층은 각 세분시장, 고객, 제품 및 주문규모에 따른 판매 가능성과 수익성을 얼마나 잘 알고 있는가?

0 □ 전혀 모른다.

1 □ 약간

2 □ 잘 안다.

H. 상이한 마케팅비용의 비용효과성(cost-effectiveness)을 측정하려는 노력을 하고 있는가?

0 □ 거의 않는다.

1 □ 약간 한다.

2 □ 상당한 정도로 한다.

I. 공식적인 마케팅계획의 범위는 어디까지인가?

0 □ 공식적인 마케팅계획이 없다.

1 □ 연차 마케팅계획 정도이다.

2 □ 매년 상세한 연차계획과 장기계획을 수립한다.

J. 현재 마케팅전략의 질적 수준은 어떤가?

0 □ 현재의 전략은 불명확하다.

1 □ 현재의 전략은 명확하나 종래전략의 연장이다.

2 □ 현재의 전략은 명확하며, 혁신적이며, 자료에 입각하여 논리적이다.

K. 경영층의 상황대응적 사고와 계획의 정도는 어떤가?

0 □ 거의 않는다.

1 □ 약간 하기는 하나 공식적인 것은 아니다.

2 □ 공식적으로 중요한 상황을 확인하고 대응계획을 수립한다.

4. 운영 효율성

L. 최고경영층의 마케팅사고는 하위층에 전달·실행되고 있는가?

0 □ 그렇지 않다.

1 □ 어느 정도 잘 된다.

2 □ 성공적이다.

M. 경영층은 마케팅자원을 잘 확보 활용하고 있는가?

0 □ 마케팅자원은 부족하다.

1 □ 마케팅자원은 충분하나 최적활용이 안된다.

2 □ 그렇다. 마케팅자원은 충분하고 효율적으로 활용된다.

N. 경영층은 현장에서의 사태진전에 신속하고 효과적인 대응능력을 나타내는가?

0 □ 아니다. 판매 및 시장정보는 최근의 것이 아니며 대응이 느리다.

1 □ 약간. 경영층은 최신의 판매시장정보를 잘 받는 셈이나 대응시간은 차이가 있다.

2 □ 그렇다. 최신의 정보를 얻을 수 있는 체제를 정비하고 신속한 대응을 한다.

총평점: 각 문항에 체크를 하고 평점을 합계한다. 총점은 30점이며 평가기준은 다음과 같다.

0 ~ 5 : 비효율적

6 ~ 10 : 빈약

11 ~ 15 : 괜찮음

16 ~ 20 : 좋음

21 ~ 25 : 아주 좋음

26 ~ 30 : 훌륭함

2 마케팅감사

이상의 마케팅 유효성의 점검과정을 거친 결과 개선이 필요하다고 인정된 회사나 사업부에 대해서는 보다 철저한 마케팅감사를 실시해 볼 필요가 있다. 마케팅감사는 "회사의 마케팅활동에 대한 문제점과 기회를 발견하고 마케팅성과를 개선할 목적으로 회사의 마케팅환경, 목표, 전략, 활동을 포괄적, 체계적, 독립적, 주기적으로 검토하는 것"으로 정의된다. 정의에서 나타난 바와 같이 마케팅감사는 포괄적, 체계적, 독립적, 주기적이어야 한다는 다음 네 가지의 특징을 지니고 있다.

첫째, 포괄적인 평가: 마케팅감사는 소수의 문제발생 분야뿐만 아니라 특정 기업이나 사업부의 모든 주요 마케팅활동을 포함한다. 만약에 마케팅감사가 가격결정, 광고결정 등의 한정된 마케팅활동만을 평가한다면, 기능적 감사에 불과하고 마케팅문제에 대한 근본적인 원인을 규명하기에는 부족하다.

둘째, 체계적인 평가: 마케팅감사는 마케팅환경, 내부 마케팅시스템, 특정 마케팅활동을 포괄하는 체계적인 일련의 평가과정을 포함하고 있다. 따라서 마케팅감사 이후에 기업의 마케팅유효성을 개선하기 위한 장·단기 프로그램을 개발할 수 있다.

셋째, 독립적인 평가: 마케팅감사는 자체감사, 상호감사, 상부로부터의 감사, 기업의 감사부에 의한 감사, 외부감사 등으로 실시될 수 있다. 일반적으로 독립성, 객관성, 전문지식, 폭넓은 경험을 보유한 외부감사가 더 유용하다.

넷째, 주기적 평가: 마케팅감사는 전형적으로 판매부진, 사기저하 등의 문제가 발생한 이후에 실시하고 기업의 상황이 좋은 경우에도 미래의 환경변화에 대처하기 위해서는 주기적으로 마케팅감사를 실시하여야 한다.

마케팅감사의 구성요소

마케팅감사는 기업의 마케팅활동을 구성하는 여섯 가지 주요 요소를 포함하고 있다. 즉, 마케팅감사는 기업의 환경, 전략, 조직, 시스템, 민감도, 기능 등 전반적인 마케팅 관리활동을 포괄적으로 평가 검토하는 것이다.

마케팅환경 감사: 기업의 전반적인 거시환경과 주요 업무환경의 내용과 변화 및 추세를 분석하는 부분이다.

마케팅전략 감사: 기업의 마케팅목표와 마케팅전략이 현재 및 미래의 마케팅환경에 얼마나 적합한지를 평가·분석하는 부분이다.

마케팅조직 감사: 예측된 환경에 적합한 전략을 실행하는 마케팅조직의 능력을 평가·분석하는 부분이다.

마케팅시스템 감사: 마케팅활동을 분석, 계획, 실행, 통제하는 기업의 마케팅시스템의 질과 적합성을 평가하는 부분이다.

마케팅민감도 감사: 각 제품, 유통경로, 세분시장 등의 수익성과 마케팅비용의 효율성을 평가하는 부분이다.

마케팅기능 감사: 주요한 마케팅믹스인 제품, 가격, 유통, 촉진활동을 분석 및 평가하는 부분이다.

요 약

1. 기업은 판매제품의 특성, 판매지역의 넓이, 구매자의 특성 등을 고려하여 마케팅 부서를 조직하여야 하며 마케팅 부서의 조직은 기능별, 지역별, 제품별, 시장별 유형으로 나뉜다.

2. 마케팅집행이란 마케팅계획에 따라 임무를 부과하고 이렇게 부과된 임무가 목표 달성을 위한 최적의 방법으로 집행되게끔 하는 관리활동이다.

3. 마케팅통제는 네 가지 유형으로 구분해 볼 수 있는데 첫째는 연차계획통제의 경우로 연차계획에 의해 성과를 검토하여 필요한 경우 수정조치를 취할 수 있는 특징을 가지며, 둘째, 수익성통제는 다양한 제품, 지역, 시장, 유통경로의 실제수익성을 평가, 통제하는 것이다. 셋째, 효율성통제는 상이한 마케팅수단과 비용의 효율성을 향상시키기 위한 방안을 탐색하는 것이고, 마지막으로 전략적 통제는 기업의 기본적 전략이 기업의 기회와 잘 조화되는가를 주기적으로 검토하는 것이다.

생각해 볼 문제

1 기업이 마케팅 부서를 조직하기에 앞서 고려해야 할 특성에는 무엇이 있는가?

2 마케팅 부서의 조직유형을 분류하는 네 가지 기준에는 어떠한 것들이 있으며 각각의 분류 유형에 따른 특징에 대해 알아보자.

3 마케팅활동의 전략적 통제란 무엇이며 마케팅 유효성평가는 어떠한 속성으로 평가되어질 수 있는지 알아보자.

Reference

chapter 1

[그림 1-2] P. Kotler, "Marketing Management," 9th ed., Prentice Hall, 1997, p. 14.

[그림 1-3] http://blog.naver.com/niji4ever

[그림 1-4] www.samsungdesign.net

[그림 1-5] http://blog.naver.com/pirakim

http://blog.naver.com/alann

[표 1-1] P. Kotler, "Marketing Management," 9th ed., Prentice Hall, 1997, p. 20.

chapter 2

[그림 2-2] www.firstviewkorea.com

[표 2-1] KOSIS 국가통계포털

chapter 3

[표 3-1] 통계청, 2008.

chapter 4

[그림 4-2] http://cbingoimage.naver.com/data2/bingo_7

http://blog.naver.com/dldualdldual

[그림 4-3] http://blog.naver.com/sssssin84

[그림 4-4] A. H. Maslow, "Motivation and Personality," N.Y.: Harper & Row, 1954.

[그림 4-5] 박찬수, "마케팅 원리," 2003.

[그림 4-6] 박찬수, "마케팅 원리," 2003. p. 157.

[표 4-5] J. Diamond & G. Pintel, "Retail Buying," 7th ed., Prentice Hall, 2005.

chapter 5

[그림 5-4] http://blog.naver.com/tssrjy07

[그림 5-5] Dick A.S. and Basu, K., "Customer loyalty: toward an integrated conceptual framework," Journal of the Academy of Marketing Science, 1994, 22(2), pp. 99~113.

[그림 5-6] Dick A.S. and Basu, K., "Customer loyalty: toward an integrated conceptual framework," Journal of the Academy of Marketing Science, 22(2), pp. 99~113.

chapter 6

[그림 6-1] http://blog.daum.net/sante/14697606

[그림 6-2] http://imagesearch.naver.com

[그림 6-3] http://www.gore-tex.co.kr

[그림 6-4] www.samsungdesign.net

chapter 7

[그림 7-1] R. P. Bagozzi, "Principles of Marketing Management," Science Research Associates inc., 1986, p. 135.

[그림 7-2] P. Kotler, "Marketing management," 9 th ed., Prentice Hall, 1991, p. 431.

[그림 7-6] www.stagestores.com

[그림 7 8] www.samsungdesign.net

[그림 7-9] www.samsungdesign.net

[그림 7-10] www.samsungdesign.net

[그림 7-11] http://ut.uniqlo.com

[그림 7-12] http://www.whoau.com

[그림 7-13] www.samsungdesign.net

Reference

chapter 8

[그림 8-4] 이호정 외, "패션리테일링," 교문사, 2004.
[그림 8-7] www.samsungdesign.net
[그림 8-8] http://cafe.naver.com/fibertest.cafe
[그림 8-9] http://blog.naver.com/nikkysix, http://blog.naver.com/khyp17, http://tong.nate.com/hayana/28947965
[그림 8-10] http://cafe.naver.com/archconstruction.cafe

chapter 10

[그림 10-6] http://www.loccitane.com

chapter 11

[그림 11-6] www.samsungdesign.net
[그림 11-7] www.nexteconomy.co.kr
[그림 11-8] www.changupportal.co.kr
[그림 11-9] www.elle.co.kr

chapter 12

[그림 12-2] P. Kotler and K. Keller, "Marketing Management," 13th ed., Prentice Hall, 2008.
[그림 12-4] www.gmarket.co.kr
[그림 12-6] www.samsungdesign.net
[그림 12-7] www.samsungdesign.net
[그림 12-8] www.10corsocomo.co.kr, http://imagesearch.naver.com

[그림 12-9] www.samsungdesign.net

[그림 12-10] www.ssamzie.com

[표 12-4] W. J. Stanton, M. J. Etzel and B. J. Waker, "Fundamentals of Marketing," McGraw-Hill Inc., 1991, p. 469.

chapter 14

[표 14-2] P. Kotler and K. Keller, "Marketing Management," 13th ed., Pearson Education, 2006, pp. 666~667.

Index

Index

[ㅇ]

Index

Index

공저자 약력

고 은 주

(현) 연세대학교 생활과학대학 의류환경학과 부교수
(현) (사)한국마케팅과학회 회장
(현) Psychology & Marketing, Clothing & Textile Research Journal 등 유명국제학술지 초빙편집위원장
패션마케팅 박사(Virginia Tech University)
패션마케팅 석사(Virginia Tech University)
의생활학 학사(연세대학교)
Journal of Business Research, Irish Marketing Review 등 유명국제학술지 초빙 편집장, Journal of KAMS 편집위원장 역임
ESSEC(프랑스) 등 유명해외대학 초청 패션마케팅 특강
유명 국내외 학술대회 및 학술지에 100편 이상 논문발표 및 게재

김 경 훈

(현) 국립창원대학교 경영학과 교수
(현) (사)한국마케팅과학회 사무총장
(현) 유럽마케팅학회(EMAC) 한국대표상임이사
경영학 박사(USIU at San Diego)
경영학 석사(Southern Illinois University at Cardondale)
경영학 학사(경북대학교)
Journal of Public Policy and Marketing 등 유명국제학술지 편집위원 역임
Ludwig Maximilian University of Munich 등 유명해외대학교 초청 뉴미디어마케팅 특강
유명 국내외 학술대회 및 학술지에 80편 이상 논문발표 및 게재
'마케팅' 등 12편의 저서 집필

문 희 강

(현) 배재대학교 가정교육학과 전임강사
(전) 가톨릭대학교 의류학 전공 겸임교수
생활과학박사(서울대학교)
의류학 석사(Iowa State University)
의류학 학사(서울대학교)
CJ홈쇼핑 패션사업부 상품기획MD, 캐주얼 수입의류브랜드 '에스프리' 바이어, 패션정보사 마케팅 팀장 등 국내외 패션브랜드 상품기획 및 브랜드 컨설팅

마케팅—패션트렌드와의 만남

2008年 9月 10日 초판인쇄
2008年 9月 20日 초판발행

共著者 고은주 · 김경훈 · 문희강
發行人 安 鍾 萬
發行處 (株) 博 英 社
서울特別市 鍾路區 平洞 13-31番地
電話 (733)6771 FAX (736)4818
登錄 1959. 3. 11. 제300-1959-1호(倫)

www.pakyoungsa.co.kr e-mail: pys@pakyoungsa.co.kr

定 價 38,000원 ISBN 978-89-7189-855-0